DR. OETKER KALTE KÜCHE VON A–Z

DR. OETKER
KALTE KÜCHE VON A–Z

Dr. Oetker Verlag

Abkürzungen

EL	=	Esslöffel
TL	=	Teelöffel
Msp.	=	Messerspitze
Pck.	=	Packung/Päckchen
g	=	Gramm
kg	=	Kilogramm
ml	=	Milliliter
l	=	Liter
evtl.	=	eventuell
geh.	=	gehäuft
gestr.	=	gestrichen
TK	=	Tiefkühlprodukt
°C	=	Grad Celcius
Ø	=	Durchmesser

Kalorien-/Nährwertangaben

E	=	Eiweiß
F	=	Fett
Kh	=	Kohlenhydrate
kcal	=	Kilokalorie
kJ	=	Kilojoule

Hinweise zu den Rezepten

Lesen Sie bitte vor der Zubereitung – besser noch vor dem Einkaufen – das Rezept einmal vollständig durch. Oft werden Arbeitsabläufe oder -zusammenhänge dann klarer.

Zutatenliste

Die Zutaten sind in der Reihenfolge ihrer Verarbeitung aufgeführt.

Arbeitsschritte

Die Arbeitsschritte sind einzeln hervorgehoben, in der Reihenfolge, in der wir sie ausprobiert haben.

Backofeneinstellung

Die in den Rezepten angegebenen Backtemperaturen und -zeiten sind Richtwerte, die je nach individueller Hitzeleistung des Backofens über- oder unterschritten werden können. Bitte beachten Sie deshalb bei der Einstellung des Backofens die Gebrauchsanweisung des Herstellers und machen Sie nach Beendigung der angegebenen Backzeit eine Garprobe.

Zubereitungszeit

Die Zubereitungszeit beinhaltet nur die Zeit für die eigentliche Zubereitung, die Backzeiten sind gesondert ausgewiesen. Längere Wartezeiten wie z. B. Kühlzeiten sind ebenfalls nicht mit einbezogen.

Vorwort

Kalte Küche von A–Z. Das Standardwerk für Ihre Kalte Küche.

Von Aioli bis Zwiebelkuchen-Häppchen finden Sie in diesem Lexikon Gerichte, die kalt serviert werden.
Klassiker und moderne Rezepte, die handgeschrieben von Hobbykoch zu Hobbykoch weitergegeben werden, haben wir in diesem Buch zusammengestellt.

Gehen Sie mit uns auf Entdeckungsreise durch die Welt der Kalten Küche, von Deutschland bis Mexiko, von pikant bis süß.
Empfangen Sie Ihre Freunde, Verwandten oder die Liebsten ganz entspannt, denn Cocktail-Igel, Doppeldeckerschnittchen, Kartoffelsalate und Co. können gut vorbereitet und müssen nicht warm gehalten werden.
Oder verwöhnen Sie sich nach einem anstrengenden Tag selbst mit Häppchen, Schnittchen oder Salaten.

Rezeptvorschläge helfen Ihnen bei der Planung und der Auswahl für ein größeres kaltes Buffet.

Eine Buchstabenleiste zeigt Ihnen, wo Sie sich im Alphabet befinden.

Alle Rezepte sind am Ende des Buches noch einmal thematisch sortiert nach:
Salate und Salatcocktails, Suppen, Pasteten, Terrinen und Mousse, Sülzen und Aspik, kaltes Fleisch, kalter Fisch, Saucen und Dips, Buttermischungen, Brotaufstriche, Schnittchen, Sandwiches, Canapés, Käsezubereitungen, Brotspezialitäten, pikant Eingelegtes, Röllchen und allerlei Gefülltes, Desserts, Gemüse, Snacks, Eierspeisen, pikantes Salzgebäck und pikantes Gebäck.

Aioli

4–6 Portionen

3 Knoblauchzehen
1 Eigelb (Größe M)
1 TL Zitronensaft
1 Msp. Meersalz
frisch gemahlener Pfeffer
150 ml Olivenöl

Zubereitungszeit: 10 Minuten

Insgesamt:
E: 4 g, F: 156 g, Kh: 2 g,
kJ: 5866, kcal: 1401

Schnell

1. Knoblauch abziehen, durch eine Knoblauchpresse drücken oder im Mörser fein zerdrücken.
2. Eigelb, Zitronensaft, Knoblauch, Salz und Pfeffer in einen Rührbecher geben. Zutaten mit Handrührgerät mit Rührbesen auf höchster Stufe so lange schlagen, bis das Eigelb hellgelb ist.
3. Olivenöl unter ständigem Schlagen zuerst tropfenweise, dann langsam (in einem dünnen Strahl) hinzugeben.
4. Die Aioli kalt stellen, nochmals mit Salz und Pfeffer abschmecken.

Tipp:
Wenn es schneller gehen soll, fertige Mayonnaise, mit etwas Joghurt gemischt, verwenden, mit Knoblauch, Salz, Zitronensaft und Safran abschmecken. Aioli schmeckt sehr gut zu gegrilltem Fleisch, z. B. Lammkoteletts oder zu Gemüse, z. B. Zucchini, Möhren, Frühlingszwiebeln, Sellerie.

Ajvar
(Jugoslawische Paprikasauce)

8–10 Portionen

3 rote Paprikaschoten
1 EL Olivenöl für das Backblech

1 Aubergine (etwa 300 g)
1 rote Peperoni
2 Knoblauchzehen
1 Zwiebel
1 Fleischtomate (etwa 250 g)
8 EL Olivenöl
2 EL Zitronensaft
Salz, frisch gemahlener Pfeffer
Paprikapulver edelsüß

Zubereitungszeit: 60 Minuten, ohne Ruhe- und Abkühlzeit

Insgesamt:
E: 11 g, F: 83 g, Kh: 43 g,
kJ: 4037, kcal: 964

Raffiniert – gut vorzubereiten

1. Paprika halbieren, entstielen, entkernen und die weißen Scheidewände entfernen. Schoten waschen, trockentupfen und vierteln. Paprikaviertel mit der Hautseite nach oben auf ein Backblech (gefettet, mit Backpapier belegt) legen. Das Backblech in den Backofen schieben.
   Ober-/Unterhitze: etwa 220 °C (vorgeheizt)
   Heißluft: etwa 200 °C (vorgeheizt)
   Gas: Stufe-4–5 (vorgeheizt)
   Backzeit: etwa 15 Minuten
   (Paprika so lange backen, bis die Haut Blasen wirft).
2. Das Backblech auf einen Rost stellen. Paprikaviertel 10 Minuten unter einem feuchten Tuch ruhen lassen, dann häuten.
3. Aubergine waschen, trockentupfen, Stängelansatz entfernen. Aubergine dünn schälen und in Würfel schneiden. Auberginenwürfel in einem kleinen Topf bei schwacher Hitze 10 Minuten dünsten und erkalten lassen.
4. Peperoni waschen, trockentupfen, halbieren und entkernen. Knoblauch und Zwiebel abziehen, in kleine Würfel schneiden.
5. Tomate waschen, kreuzweise einschneiden und einige Sekunden in kochendes Wasser legen. Tomate kurz in kaltem Wasser abschrecken, enthäuten, halbieren, entkernen und Stängelansatz entfernen. Fruchtfleisch in Stücke schneiden.

6. Die vorbereiteten Zutaten mit Olivenöl und Zitronensaft in eine hohe Rührschüssel geben und mit dem Pürierstab zerkleinern (es soll jedoch kein Mus entstehen). Die Sauce mit Salz, Pfeffer und Paprika abschmecken.

Tipp:
Ajvar schmeckt sehr gut zu gegrilltem Lammfleisch oder zu Schweinemedaillons. Sehr lecker auch zu gegrilltem Gemüse.

Ajvar-Tomaten-Aufstrich

10 Portionen (etwa 250 g)

2 Tomaten (etwa 50 g)
200 g Doppelrahm-Frischkäse
1–2 EL Ajvar (Paprikamus)
Salz, frisch gemahlener Pfeffer

Zubereitungszeit: 20 Minuten

Insgesamt:
E: 23 g, F: 64 g, Kh: 9 g,
kJ: 2938, kcal: 701

Für Gäste

1. Tomaten waschen, abtropfen lassen, kreuzweise einschneiden, mit kochendem Wasser übergießen. Anschließend mit kaltem Wasser abschrecken. Tomaten enthäuten, vierteln und die Stängelansätze herausschneiden. Tomaten in kleine Würfel schneiden.
2. Frischkäse mit Ajvar verrühren, mit Salz und Pfeffer abschmecken. Tomatenwürfel unterrühren.
3. Den Aufstrich in 2 gründlich gereinigte, gespülte und getrocknete Gläser füllen und mit einem Deckel fest verschließen, kalt stellen.

Brotempfehlung:
Ciabatta oder Stangenweißbrot.

Tipp:
Der Aufstrich ist gekühlt etwa 5 Tage haltbar.

Amaretti-Pfirsiche

4 Portionen

4 reife Pfirsiche
1 Bio-Zitrone (unbehandelt, ungewachst)
1 Vanilleschote
200 ml halbtrockener Weißwein oder Traubensaft
75 ml Wasser
1 EL Zucker
einige Blättchen frische Minze
200 g frische Himbeeren oder Johannisbeeren
4 TL Crème fraîche

etwa 8 kleine italienische Mandelkekse (Amarettini)

Zubereitungszeit: 20 Minuten, ohne Abkühlzeit

Insgesamt:
E: 8 g, F: 13 g, Kh: 71 g,
kJ: 1965, kcal: 472

Mit Alkohol – für Gäste – gut vorzubereiten

1. Pfirsiche waschen, kurze Zeit in kochendes Wasser legen (nicht kochen lassen), in kaltem Wasser abschrecken und enthäuten. Pfirsiche halbieren und entsteinen.
2. Zitrone gründlich waschen, abtrocknen und in Scheiben schneiden. Vanilleschote längs aufschneiden.

Amaretti-Pfirsiche

3. Wein oder Saft, Wasser, Zucker, Vanilleschote und Zitronenscheiben in einem breiten Topf zum Kochen bringen. Pfirsichhälften hinzugeben und kurz aufkochen lassen. Topf von der Kochstelle nehmen. Minze abspülen und trockentupfen. Die Blättchen in Streifen schneiden und in den Weinsud geben. Pfirsichhälften in dem Weinsud erkalten lassen.
4. Himbeeren verlesen oder Johannisbeeren waschen, abtropfen lassen und entstielen. Pfirsichhälften aus dem Weinsud nehmen und abtropfen lassen.
5. Pfirsichhälften mit Himbeeren oder Johannisbeeren auf Tellern anrichten. Jeweils einen Teelöffel Crème fraîche darauf geben.
6. Amarettini in einen Gefrierbeutel geben, Beutel fest verschließen. Amarettini mit einer Teigrolle zerbröseln. Die Pfirsichhälften mit den Amarettinibröseln bestreuen. Sofort servieren.

Tipp:
Die Pfirsichhälften können schon am Vortag zubereitet werden.

Amerikanischer Quark-Dip

8–10 Portionen

750 g Speisequark (Magerstufe)
150 g Naturjoghurt
125 ml (1/8 l) Milch
4 EL Speiseöl
2 mittelgroße Zwiebeln
3 Knoblauchzehen
Salz, frisch gemahlener Pfeffer
150 g Sonnenblumenkerne

Zubereitungszeit: 10 Minuten, ohne Abkühlzeit

Insgesamt:
E: 141 g, F: 122 g, Kh: 59 g, kJ: 8253, kcal: 1972

Preiswert

1. Quark, Joghurt, Milch und Speiseöl in eine Schüssel geben und gut verrühren.
2. Zwiebeln und Knoblauch abziehen, sehr fein hacken und unter die Quark-Joghurt-Masse rühren. Mit Salz und Pfeffer kräftig abschmecken.
3. Sonnenblumenkerne in einer Pfanne ohne Fett unter Wenden goldbraun rösten, etwas abkühlen lassen und unter den Dip rühren.

Tipp:
Amerikanischer Quark-Dip passt zu Gemüsespießen oder zu feurig gewürzten Spareribs.

Amerikanischer Salat

Amerikanischer Salat

4 Portionen

Für die Salatsauce:
150 g Magermilchjoghurt
2–3 EL gemischte, gehackte Kräuter, z. B. Petersilie, Schnittlauch
1 EL Obstessig oder Zitronensaft
Salz, frisch gemahlener Pfeffer

Für den Salat:
1 Banane
2 mittelgroße rote Äpfel
3 Stangen (etwa 150 g) Staudensellerie
1/2 Kopf Eisbergsalat

Zubereitungszeit: 20 Minuten

Insgesamt:
E: 10 g, F: 2 g, Kh: 59 g, kJ: 1316, kcal: 315

Preiswert – schnell

1. Für die Sauce Joghurt in einer Schüssel glatt rühren. Kräuter, Obstessig oder Zitronensaft, Salz und Pfeffer unterrühren.
2. Für den Salat Banane schälen und in Scheiben schneiden. Äpfel waschen, abtrocknen, vierteln, entkernen und ebenfalls in Scheiben schneiden. Sellerie putzen und die harten Außenfäden abziehen. Sellerie waschen, abtropfen lassen und in feine Scheiben schneiden. Bananen-, Apfel- und Selleriescheiben vorsichtig unter die Joghurtsauce rühren.
3. Von dem Eisbergsalat die welken Blätter entfernen. Salatblätter waschen, gut abtropfen lassen und in etwa 2 cm breite Streifen schneiden. Salatstreifen unter den Salat heben und sofort servieren.

Tipp:
Eine komplette leichte, aber sättigende Mahlzeit machen Sie daraus, wenn Sie zu diesem Salat gebratenes Hähnchenfilet und Vollkornbrot reichen.

Anchoiade-Schnittchen

8 Portionen (etwa 120 g)

2 Knoblauchzehen
80 g Anchovisfilet
(Sardellen aus dem Glas)
1 TL Tomatenmark
3 EL Olivenöl
etwas Zitronensaft
frisch gemahlener Pfeffer

8 kleine Scheiben Baguette
etwas gehackte Petersilie

Zubereitungszeit: 20 Minuten

Insgesamt:
E: 26 g, F: 33 g, Kh: 63 g,
kJ: 2752, kcal: 658

Für Gäste – raffiniert

1. Knoblauch abziehen. Anchovisfilets abspülen und trockentupfen, mit Knoblauch und Tomatenmark zu einem ganz feinen Püree hacken und in eine Schüssel geben.
2. Olivenöl tropfenweise unterrühren, mit Zitronensaft und Pfeffer würzen.
3. Baguettescheiben von einer Seite rösten. Die ungeröstete Seite mit Anchoviscreme bestreichen und auf einer Platte anrichten. Mit gehackter Petersilie bestreuen und servieren.

Tipp:
Anchoiade-Schnittchen mit Scampis, Eierscheiben, Tomatenwürfeln und Schnittlauchröllchen garnieren.

Anchoiade-Schnittchen

Angemachter Camembertaufstrich

Angemachter Camembertaufstrich

10 Portionen (etwa 450 g)

1 große Zwiebel
400 g Camembert
5–6 EL Schlagsahne oder Milch
3–4 gestr. TL Paprikapulver edelsüß
1 Bund Schnittlauch
frisch gemahlener Pfeffer

Zubereitungszeit: 30 Minuten

Insgesamt:
E: 85 g, F: 100 g, Kh: 10 g,
kJ: 5484, kcal: 1311

Einfach

1. Zwiebel abziehen und in kleine Würfel schneiden. Camembert in kleine Stücke schneiden und mit einer Gabel zerdrücken. Zwiebelwürfel und Sahne oder Milch unterrühren, mit Paprika würzen.
2. Schnittlauch abspülen, trockentupfen und in feine Röllchen schneiden. Schnittlauchröllchen unter die Camembertmasse rühren, mit Pfeffer abschmecken.
3. Den Camembertaufstrich in 2 gründlich gereinigte, gespülte und getrocknete Gläser füllen, mit Deckeln fest verschließen und kalt stellen.

Brotempfehlung:
Kräcker oder Weißbrot.

Tipp: Schnittlauchröllchen zum Garnieren bereitstellen.

Antipasti-Salat

Antipasti-Salat

4 Portionen

250 g Cocktailtomaten
gemischte frische Kräuter (z. B. je 3–4 Stängel Basilikum, Thymian, Majoran, Rosmarin)
1 Knoblauchzehe
je 1 Glas grüne und schwarze Oliven ohne Stein (Abtropfgewicht je 170 g)
400 g kleine Mozzarellakugeln
3 EL Balsamico-Essig
8 EL Olivenöl
Salz, frisch gemahlener Pfeffer

Zubereitungszeit: 20 Minuten, ohne Durchziehzeit

Insgesamt:
E: 85 g, F: 244 g, Kh: 19 g,
kJ: 10987, kcal: 2624

Vegetarisch

1. Tomaten waschen, trockentupfen, halbieren und die Stängelansätze herausschneiden. Tomatenhälften in eine Schüssel geben.
2. Kräuterstängel abspülen und trockentupfen. Die Blättchen bzw. Nadeln von den Stängeln zupfen. Blättchen bzw. Nadeln fein hacken. Knoblauch abziehen und fein hacken.
3. Oliven in einem Sieb abtropfen lassen. Gehackte Kräuter, Knoblauch, Oliven und Mozzarellakugeln mit den Tomatenhälften vermischen. Essig und Olivenöl unterheben. Den Salat mit Salz und Pfeffer würzen.
4. Den Salat kalt gestellt etwa 1 Stunde durchziehen lassen, dabei gelegentlich umrühren.

Tipp:
Statt kleiner Mozzarellakugeln können Sie auch 400 g Mozzarella-Käse in kleine Würfel schneiden.

Beilage:
Ofenwarmes Ciabatta-Brot.

Apfel-Lebercreme-Canapés

30 Stück

5 sehr kleine, säuerliche Äpfel
Saft von 1 Zitrone
2–3 EL kaltes Wasser
etwa 175 g Leberpastete oder Lebercreme

30 Pumpernickeltaler
$^1/_2$ Bund glatte Petersilie
10 gefüllte Oliven

Zubereitungszeit: 30 Minuten

Insgesamt:
E: 46 g, F: 61 g, Kh: 173 g,
kJ: 6084, kcal: 1456

Für Gäste

1. Äpfel schälen und das Kerngehäuse mit einem Apfelausstecher ausstechen. Äpfel in etwa 1 cm dicke Scheiben schneiden.
2. Zitronensaft mit Wasser in einem flachen Teller verrühren, Apfelscheiben kurz hineintauchen, herausnehmen und trockentupfen. Apfelscheiben dick mit Leberpastete oder Lebercreme bestreichen.
3. Apfelscheiben mit einer runden, gezackten Form (in Größe der Pumpernickeltaler) ausstechen und auf die Taler legen.
4. Petersilie abspülen und trockentupfen. Die Blättchen von den Stängeln zupfen. Apfel-Lebercreme-Canapés mit gefüllten Oliven und Petersilienblättchen garniert servieren.

Apfel-Möhren-Rohkost

2 Portionen

2 kleine Äpfel (etwa 200 g)
150 g Möhren
150 g Naturjoghurt (3,5% Fett)
1 TL Zitronensaft
Zucker
evtl. gemahlener Zimt

Zubereitungszeit: 15 Minuten

Insgesamt:
E: 6 g, F: 5 g, Kh: 34 g,
kJ: 975, kcal: 234

Schnell

1. Äpfel schälen, halbieren und entkernen. Apfelhälften auf einer Haushaltsreibe raspeln. Möhren putzen, schälen, waschen, abtropfen lassen und ebenfalls raspeln.
2. Joghurt mit Zitronensaft verrühren. Mit etwas Zucker abschmecken.
3. Apfel- und Möhrenraspel in einer Schüssel mischen. Die Joghurtsauce unterziehen. Nach Belieben mit Zimt abschmecken.

Rezeptvorschläge für ein Salat-Buffet

Für ein Salat-Buffet benötigen Sie für 10–12 Personen:
3 x Rezept **Antipasti-Salat** Seite 10
2 x Rezept **Fischsalat, bunt** Seite 99
4 x Rezept **Salat „Fiesole“** Seite 321
2 x Rezept **Salat von Champignons, Zuckerschoten und Lachs** Seite 323
2 x Rezept **Obstsalat, fein** Seite 260

Außerdem:
etwa 1,8 kg Brot (verschiedene Brotsorten)

Vorbereitungen am Vortag:
- Kartoffeln für den bunten Fischsalat kochen und pellen, den Fisch garen und alles kalt stellen.
- Fleisch für den Salat Fiesole braten und kalt stellen.
- Pinienkerne rösten.

Vorbereitungen am Tag des Buffets:

5 Stunden vorher:	• Fleisch für den Salat Fiesole schneiden und den Salat fertig stellen.
4 Stunden vorher:	• Antipasti-Salat zubereiten.
3 Stunden vorher:	• Den Fischsalat fertig zubereiten.
2 Stunden vorher:	• Salat von Champignons, Zuckerschoten und Lachs zubereiten.
1 Stunde vorher:	• Obstsalat zubereiten.
	• Brot schneiden.

Es eignen sich auch folgende zusätzliche Rezepte:
2 x Rezept **Brokkoli-Lachs-Salat** Seite 39
1 x Rezept **Bohnensalat mit Kasseler** Seite 36
1 x Rezept **Budapester Salat** Seite 44
3 x Rezept **Käsesalat mit Putenbrust** Seite 189
3 x Rezept **Amerikanischer Salat** Seite 8
Außerdem: Brot

Apfel-Porree-Salat, pikant

4 Portionen

4 Äpfel (je etwa 100 g)
4 EL Zitronensaft
2 kleine Stangen Porree (Lauch)
300 g Naturjoghurt ((3,5 % Fett)
2 TL Zucker, Salz
$^1/_2$ Beet (Kästchen) Gartenkresse
einige Blätter Kopfsalat
40 g gehackte Walnusskerne

Zubereitungszeit: 25 Minuten, ohne Durchziehzeit

Insgesamt:
E: 19 g, F: 36 g, Kh: 69 g, kJ: 3060, kcal: 733

Preiswert

1. Äpfel schälen, halbieren und entkernen. Apfelhälften grob raspeln und mit etwas Zitronensaft mischen.
2. Porree putzen, die Stangen längs halbieren, gründlich waschen und abtropfen lassen. Porreegrün entfernen. Die weißen Stücke in feine Streifen schneiden.
3. Joghurt mit restlichem Zitronensaft, Zucker und Salz verrühren. Geraspelte Äpfel und Porreestreifen untermischen. Den Salat etwa 20 Minuten durchziehen lassen.
4. Kresse abspülen und trockentupfen. Kresse vom Beet abschneiden. Salatblätter abspülen und trockentupfen.
5. Den Apfel-Porree-Salat mit Kresse und Salatblättern in einer Schale anrichten. Vor dem Servieren mit Walnusskernen bestreuen.

Tipp:
Milder im Geschmack wird dieser Salat, wenn Sie die Porreestreifen kurz in 1 Teelöffel Speiseöl andünsten.
Der Salat schmeckt gut zu gebratenem Fisch, z. B. Scholle.

Apfel-Porree-Salat, pikant

Apfel-Trauben-Gelee

4 Portionen

6 Blatt weiße Gelatine
500 ml ($^1/_2$ l) Apfelsaft, naturrein
je 200 g blaue und grüne Weintrauben
16 kleine Zitronenmelisseblättchen

Zubereitungszeit: 20 Minuten, ohne Kühlzeit

Insgesamt:
E: 11 g, F: 1 g, Kh: 113 g, kJ: 2246, kcal: 537

Gut vorzubereiten

1. Gelatine in kaltem Wasser nach Packungsanleitung einweichen. Etwas Apfelsaft erwärmen (nicht kochen). Gelatine leicht ausdrücken und unter Rühren vollständig darin auflösen. Restlichen Apfelsaft hinzugießen und gut verrühren, abkühlen lassen, bis der Apfelsaft anfängt zu gelieren.

2. Weintrauben abspülen, abtropfen lassen, entstielen, halbieren oder vierteln und entkernen. Melisseblättchen abspülen und trockentupfen. Den gelierenden Apfelsaft, Melisseblättchen und Weintraubenhälften in 4 Dessertgläser füllen. 3 Stunden kalt stellen, bis der Apfelsaft fest geworden ist.

Apfel-Trauben-Gelee

Tipp:
Das Gelee schmeckt auch köstlich mit exotischen Fruchtsäften, z. B. Maracuja- oder Mangosaft. Dazu eine Vanillesauce servieren.

Appetithappen

8-10 Portionen

24 Scheiben Weißbrot

120 g Butter
3-4 Kiwis
12 dicke Scheiben Rinderfilet (Aufschnitt)

vorbereitete Salatblätter
6-8 Räucherlachsscheiben
125 g Eiersalat (Fertigprodukt)

6-8 Scheiben Bündner Fleisch oder Lachsschinken
etwa 24 grüne Weintrauben

1-2 hart gekochte Eier
Spargelspitzen aus dem Glas
Kaviar
6 runde Scheiben Weißbrot oder Baguette-Brot
30 g Butter
4 Radieschen
300 g Krabbenfleisch
etwas Zitronensaft
vorbereitete Salatblätter
einige Dillspitzen

8 runde Pumpernickelscheiben
30 g Butter
8 dicke Scheiben Pfefferkäse
8 Walnusskernhälften
1 Radieschen

Zubereitungszeit: 50 Minuten

Insgesamt:
E: 318 g, F: 299 g, Kh: 460 g, kJ: 24540, kcal: 5858

Für Gäste

1. Weißbrotscheiben mit Butter bestreichen. Kiwis schälen und in Scheiben schneiden. 6 Weißbrotscheiben fächerartig mit je 2 Scheiben Rinderfilet und dazwischen mit 2 Kiwischeiben belegen.
2. Sechs weitere Weißbrotscheiben zuerst mit Salatblättern belegen, Räucherlachsscheiben jeweils zu einer Tüte formen, darauf geben und mit Eiersalat garnieren.
3. Bündner Fleisch oder Lachsschinken aufrollen und jeweils in die Mitte von weiteren 6 Weißbrotscheiben legen. Weintrauben waschen, trockentupfen und dekorativ auf den Weißbrotscheiben verteilen.
4. Eier pellen und in Scheiben schneiden. Die restlichen Weißbrotscheiben mit je einem Salatblatt belegen, je 1 Eischeibe und dann 1-2 Spargelspitzen darauf legen, mit Kaviar garnieren.
5. Stangenweißbrot-Scheiben mit Butter bestreichen. Radieschen putzen, waschen, trockentupfen und in dünne Scheiben schneiden. Krabbenfleisch mit Zitronensaft beträufeln. Jeweils eine Hälfte der Brotscheiben mit Radieschenscheiben belegen, restliche Brotscheiben mit Salat belegen und das Krabbenfleisch darauf verteilen. Mit Dillspitzen garnieren.
6. Pumpernickelscheiben mit Butter bestreichen. Pfefferkäsescheiben darauf verteilen. Die Käsescheiben mit je einer Walnusskernhälfte und einer Radieschenscheibe garnieren.

Appetithappen

Tipp:
Die Appetithäppchen können auch nur mit Weißbrotscheiben zubereitet werden. Sie können die Scheiben auch toasten und mit verschiedenen Buttermischungen bestreichen. Wichtig bei den Appetithäppchen sind ein fantasievoller Belag und eine hübsche Garnierung.

Aprikosen- oder Pfirsich-Vinaigrette

Aprikosen- oder Pfirsich-Vinaigrette

10 Portionen

1 Schalotte
2 reife Pfirsiche oder 4 reife Aprikosen
100 ml weißer Balsamico-Essig
50 g mittelscharfer Senf
1/2 geh. EL flüssiger Blütenhonig
1 gestr. TL Salz
frisch gemahlener Pfeffer
175 ml Speiseöl
100 ml kalt gepresstes Olivenöl
25 ml Walnusskernöl
evtl. etwas Orangensaft

Zubereitungszeit: 15 Minuten

Insgesamt:
E: 6 g, F: 301 g, Kh: 32 g,
kJ: 11884, kcal: 2838

Raffiniert

1. Schalotte abziehen und in kleine Würfel schneiden. Pfirsiche oder Aprikosen abspülen, kurz in heißes Wasser legen und mit kaltem Wasser abschrecken. Die Haut abziehen. Pfirsiche und Aprikosen halbieren, den Stein herauslösen.
2. Schalottenwürfel, Pfirsich- oder Aprikosenhälften, Essig, Senf, Honig, Salz und Pfeffer in einen hohen Rührbecher geben und mit einem Mixstab fein pürieren. Die 3 Öle in einem dünnen Strahl hineinlaufen lassen, dabei die Sauce weiter pürieren bzw. mixen, bis eine homogene Verbindung entsteht. Ist die Vinaigrette zu dickflüssig, etwas Orangensaft hinzugeben.
3. Die Vinaigrette in ein vorbereitetes Glas füllen, mit einem Deckel verschließen und kalt gestellt aufbewahren. Vinaigrette vor Gebrauch gut schütteln und innerhalb von 3–4 Tagen verbrauchen.

Tipp:
Die Vinaigrette ist so lecker, dass man sie am liebsten mit dem Löffel essen möchte. Sie passt gut zu knackigen Blattsalaten, Tomaten oder zu gebratener Leber. Statt frischer Pfirsiche und Aprikosen 125 g gut abgetropfte Aprikosenhälften aus Dose oder Glas verwenden.

Immer daran denken:
Beim Essig Geizhals, beim Öl Verschwender, zum Rühren ein Verrückter.

Aprikosen-Sanddorn-Aufstrich

10 Portionen (etwa 380 g)

60 g getrocknete Aprikosen
100 g fettreduzierter Frischkäse (17 % Fett)
75 g Sanddorn (Fruchtzubereitung ungesüßt, aus dem Reformhaus)
125 g Hüttenkäse
25 g Zucker

Aprikosen-Sanddorn-Aufstrich

Zubereitungszeit: 15 Minuten

Insgesamt:
E: 32 g, F: 45 g, Kh: 78 g,
kJ: 3653, kcal: 874

Schnell

1. Aprikosen in kleine Stücke schneiden. Frischkäse mit Sanddorn und Hüttenkäse verrühren, Aprikosenstücke unterheben.
2. Aprikosen-Sanddorn-Aufstrich mit Zucker verrühren und in 2 gründlich gereinigte, gespülte und getrocknete Gläser füllen. Die Gläser mit Deckeln fest verschließen und kalt stellen.

Brotempfehlung:
Vollkorntoast oder Rosinenbrötchen.

Artischockenblätter mit Shrimps

Artischockenblätter mit Shrimps

4 Portionen

2 Artischocken
1 Zitrone
Salzwasser
2 EL Weißweinessig
2 Lorbeerblätter

Für den Frischkäse-Dip:
200 g Doppelrahm-Frischkäse
2 TL fein gehackte Kapern
2–3 EL Schlagsahne (je nach Konsistenz des Frischkäses)
Salz, Cayennepfeffer

Für den Belag:
200 g Shrimps
2 TL Kapern

Zubereitungszeit: 55 Minuten, ohne Abkühlzeit

Insgesamt:
E: 67 g, F: 74 g, Kh: 14 g,
kJ: 4150, kcal: 990

Raffiniert

1. Artischocken waschen, die äußeren, unansehnlichen Blätter abschneiden. Die Blattspitzen mit einer Küchenschere gerade schneiden. Zitrone halbieren und die Schnittflächen der Artischocken mit dem Zitronenfruchtfleisch abreiben.
2. Artischocken in kochendes Salzwasser geben, Essig und Lorbeerblätter hinzufügen, wieder zum Kochen bringen und zugedeckt bei schwacher Hitze 25–30 Minuten garen, bis sich die Blätter leicht herausziehen lassen.
3. Die Artischocken mit einem Schaumlöffel herausnehmen und mit dem Boden nach oben auf einem Sieb abtropfen und abkühlen lassen.
4. Die Artischockenblätter herauszupfen und auf einer großen Platte anrichten. Das Heu von den Artischockenböden entfernen, die Böden in die Mitte setzen.
5. Für den Dip Frischkäse und gehackte Kapern glatt rühren, Sahne nach und nach hinzufügen. Nur so viel Sahne verwenden, dass der Dip cremig und nicht dünnflüssig wird. Den Dip mit Salz und Cayennepfeffer abschmecken.
6. Die Masse in einen Spritzbeutel mit großer Spritztülle füllen und auf die Artischockenblätter spritzen. Mit Shrimps und Kapern belegen.

Artischockenherzen mit Tomaten und Oliven

Artischockenböden, garniert

4 Portionen

8–10 Artischockenböden (aus 1 Dose, Abtropfgewicht 210 g)
etwa 150 g Geflügelleberpaste (aus der Dose)
2 EL Crème fraîche
knapp 1 EL Weinbrand

rote Paprikastücke
Minzeblättchen

gewaschene, trockengetupfte Salatblätter
Walnusskernhälften
Paprikastreifen

Zubereitungszeit: 20 Minuten

Insgesamt:
E: 38 g, F: 55 g, Kh: 19 g,
kJ: 3085, kcal: 739

Für Gäste – mit Alkohol

1. Artischockenböden in einem Sieb abtropfen lassen.
2. Geflügelleberpastete in eine Rührschüssel geben, mit Crème fraîche und Weinbrand zu einer geschmeidigen Masse verrühren und in einen Spritzbeutel mit Sterntülle füllen.
3. Die Masse auf die Artischockenböden spritzen, mit Paprikastücken und Minzeblättchen garnieren.
4. Die Artischockenböden auf Tellern mit Salatblättern, Walnusskernhälften und Paprikastreifen anrichten.

Beilage:
Frisches Baguette und Butter.

Artischockenherzen mit Tomaten und Oliven

4 Portionen

16 Artischockenherzen (aus 3 Dosen, Abtropfgewicht je 240 g)
16 Cocktailtomaten
je 1 kleines Glas grüne und schwarze Oliven, ohne Stein (je etwa 150 g)

Für die Marinade:
2 Knoblauchzehen
3 EL weißer Balsamico-Essig
Salz, frisch gemahlener Pfeffer
5 EL Olivenöl

Zubereitungszeit: 30 Minuten, ohne Durchziehzeit

Insgesamt:
E: 25 g, F: 126 g, Kh: 35 g,
kJ: 5830, kcal: 1388

Für Gäste – etwas teurer

1. Artischockenherzen in einem Sieb abtropfen lassen und vierteln. Tomaten waschen, trockentupfen, evtl. Stängelansätze entfernen. Oliven abtropfen lassen. Die Salatzutaten in eine Schüssel geben und mischen.
2. Für die Marinade Knoblauch abziehen und durch eine Knoblauchpresse drücken. Essig mit Knoblauch, Salz und Pfeffer verrühren, Olivenöl unterschlagen. Die Marinade zu den vorbereiteten Salatzutaten geben und untermischen. Den Salat unter gelegentlichem Umrühren etwa 30 Minuten durchziehen lassen.

Tipp:
Dieser Salat kann auch mit kleinen jungen Artischocken zubereitet werden: Dazu Artischocken vierteln, kurz waschen, abtropfen lassen, mit Zitronensaft beträufeln und in kochendem Salzwasser etwa 10 Minuten garen. Anschließend in ein Sieb geben, mit kaltem Wasser übergießen, abtropfen und erkalten lassen. Zusätzlich kann der Salat mit Basilikumblättchen verfeinert werden.

Aufschnitt in Radieschen-Vinaigrette

Aufschnitt in Radieschen-Vinaigrette

4–6 Portionen

Für die Vinaigrette:

1 Bund Radieschen (etwa 200 g)
2 Pck. Gartenkresse
1 EL mittelscharfer Senf
3 EL milder Weißweinessig
8 EL Olivenöl
Salz
frisch gemahlener Pfeffer
1 Bund Schnittlauch
250 g Rinderbratenaufschnitt
250 g Schweinebratenaufschnitt

Zubereitungszeit: 30 Minuten

Insgesamt:
E: 144 g, F: 130 g, Kh: 5 g,
kJ: 7362, kcal: 1757

Einfach – schnell

1. Für die Vinaigrette Radieschen putzen, waschen, abtrocknen, fein hacken und in eine Schüssel geben.
2. Kresse abspülen, trockentupfen und abschneiden. Kresse mit Senf, Essig, Olivenöl und den gehackten Radieschen verrühren. Vinaigrette mit Salz und Pfeffer abschmecken.
3. Schnittlauch abspülen, trockentupfen und in kleine Röllchen schneiden.
4. Bratenaufschnitt auf einer großen Platte anrichten und mit der Radieschen-Vinaigrette beträufeln. Schnittlauchröllchen darauf streuen.

Tipp:
Statt Rinder- und Schweinebratenaufschnitt eignet sich auch Kalb- oder Geflügelfleischaufschnitt.

Beilage:
Vollkornbaguette.

Aufstrich vom Räucherlachs

10 Portionen (etwa 450 g)

200 g Räucherlachs
2 Frühlingszwiebeln
1 Bund Dill
200 g Doppelrahm-Frischkäse
1 EL flüssiger Honig, z. B. Sommerblütenhonig
1 EL mittelscharfer Senf
frisch gemahlener Pfeffer

Zubereitungszeit: 30 Minuten

Insgesamt:
E: 63 g, F: 77 g, Kh: 27 g,
kJ: 4414, kcal: 1053

Raffiniert

1. Räucherlachs in kleine Würfel schneiden. Frühlingszwiebeln putzen, waschen, abtropfen lassen und in feine Ringe schneiden.
2. Dill abspülen und trockentupfen. Die Spitzen von den Stängeln zupfen. Spitzen fein schneiden oder hacken.
3. Frischkäse mit Honig und Senf verrühren. Dill unterrühren. Räucherlachswürfel und Frühlingszwiebelringe hinzugeben und unterrühren, mit Pfeffer abschmecken.
4. Den Aufstrich in 2 gründlich gereinigte, gespülte, getrocknete Gläser füllen, mit Deckeln fest verschließen und kalt stellen.

Brotempfehlung:
Pumpernickel oder dunkles Vollkornbrot.

Aufstrich vom Räucherlachs

Avocadobrote

Avocado-Dip

4 Portionen

2 Knoblauchzehen
1/2 gestr. TL Salz
2 Limetten
2 reife Avocados
Chilipulver
frisch gemahlener Pfeffer
2 Fleischtomaten
1 Bund glatte Petersilie
3 Bio-Limetten (unbehandelt, ungewachst)

Zubereitungszeit: etwa 30 Minuten

Insgesamt:
E: 13 g, F: 112 g, Kh: 29 g,
kJ: 5070, kcal: 1210

Für Gäste

1. Knoblauch abziehen, mit Salz fein zerreiben und in eine Schüssel geben. Limetten halbieren, den Saft auspressen und unterrühren.
2. Avocados längs halbieren und den Stein herausnehmen. Das Fruchtfleisch mit einem Löffel herauslösen und mit

Avocado-Dip

Avocadobrote

12 Stück

1 reife Avocado
2–3 TL Zitronensaft
80 g Roquefort-Käse
frisch gemahlener, weißer Pfeffer
6 rechteckige Scheiben Vollkornbrot
4 kleine Tomaten
1 Kästchen Radieschen- oder Gartenkresse

Zubereitungszeit: 15 Minuten

Insgesamt:
E: 44 g, F: 81 g, Kh: 121 g,
kJ: 5837, kcal: 1394

Schnell

1. Avocado halbieren und den Stein herauslösen. Das Fruchtfleisch mit einem Löffel aus der Schale lösen, in kleine Stücke schneiden und mit etwas Zitronensaft mischen.
2. Avocadostücke in einen hohen Rührbecher geben, Roquefort-Käse hinzufügen und mit einem Mixstab pürieren. Mit Zitronensaft und Pfeffer würzen.
3. Vollkornbrotscheiben mit der Avocadocreme bestreichen und diagonal halbieren (größere Scheiben nochmals durchschneiden).
4. Tomaten waschen, trockentupfen, vierteln, entkernen und die Stängelansätze herausschneiden. Tomaten in Scheiben schneiden. Jeweils 1 Tomatenscheibe in die Mitte der einzelnen Brotscheiben legen.
5. Kresse abspülen und trockentupfen. Kresse abschneiden. Die Avocadobrote damit garnieren.

einer Gabel fein zermusen, mit Chili und Pfeffer würzen.

3. Tomaten waschen, kreuzweise einschneiden und einige Sekunden in kochendes Wasser legen. Tomaten kurz in kaltem Wasser abschrecken, enthäuten, halbieren, entkernen und Stängelansätze entfernen. Tomaten in kleine Stücke schneiden und unter das Avocadomus heben.
4. Petersilie abspülen und trockentupfen. Die Blättchen von den Stängeln zupfen. Blättchen klein schneiden und vorsichtig unter das Avocado-Tomaten-Mus rühren.
5. Limetten gründlich waschen, trockenreiben und in Scheiben schneiden. Avocado-Dip kuppelartig in die Mitte einer runden Platte geben. Die Limettenscheiben dachziegelartig darum legen.

Beilage:
Tortilla-Chips.

Tipp:
Wenn Sie Koriandergrün bekommen und mögen, dieses statt Petersilie verwenden. Das Avocadomus wird nicht so schnell braun, wenn Sie die Steine der Avocados in den Dip legen und erst kurz vor dem Servieren herausnehmen.

Avocados mit Krabben

4 Portionen

2 reife Avocados
2 EL Zitronensaft

Für die Sauce:
2 EL Crème fraîche
1 EL Milch
1 TL fein gehackter Dill
Salz, frisch gemahlener Pfeffer

Avocados mit Krabben

Zucker
Zitronensaft
Worcestersauce

Für die Füllung:
4 mittelgroße Tomaten
100 g frische Krabben oder Shrimps, ohne Schale
Salz
gewaschene, trockengetupfte Salatblätter
einige Bio-Zitronenscheiben (unbehandelt, ungewachst)
Dillzweige
Petersilienstängel

Zubereitungszeit: 25 Minuten, ohne Durchziehzeit

Insgesamt:
E: 33 g, F: 124 g, Kh: 20 g, kJ: 5557, kcal: 1328

Für Gäste

1. Avocados längs halbieren und den Stein herauslösen. Die Avocadohälften mit einem Löffel so aushöhlen, dass ein etwa $^1/_2$ cm breiter Rand stehen bleibt. Das Fruchtfleisch in kleine Stücke schneiden. Acocadowürfel und -hälften mit Zitronensaft beträufeln.
2. Für die Sauce Crème fraîche mit Milch und Dill verrühren. Mit Salz, Pfeffer, Zucker, Zitronensaft und Worcestersauce würzen.
3. Für die Füllung Tomaten waschen, trockentupfen, vierteln, entkernen und die Stängelansätze herausschneiden. Tomatenviertel in kleine Würfel schneiden.
4. Krabben oder Shrimps mit den Avocadostücken und Tomatenwürfeln unter die Sauce rühren, etwas durchziehen lassen.
5. Die Avocadohälften leicht mit Salz ausstreuen und die Krabben-Avocado-Masse hineingeben. Die gefüllten Avocadohälften auf Salatblättern anrichten. Mit Zitronenscheiben, Dillzweigen und Petersilienstängeln garnieren.

Beilage: Baguette oder Toast.

Variante:
Die Sauce auf den Krabben oder Shrimps verteilen.

Avocado-Tatar mit Garnelen

4–6 Portionen

4 Tomaten (etwa 400 g)
2 hart gekochte Eier
1 Topf Schnittlauch
1 Topf Petersilie
4 reife Avocados (etwa 1 kg)
2–3 EL Zitronensaft

Für die Marinade:

3 EL Balsamico-Essig
Salz, frisch gemahlener Pfeffer
8 EL Olivenöl

12 geschälte Riesengarnelen, ohne Kopf
2 EL Olivenöl

Zubereitungszeit: 35 Minuten

Insgesamt:

E: 43 g, F: 268 g, Kh: 12 g,
kJ: 11325, kcal: 2706

Raffiniert – einfach

1. Tomaten waschen, abtrocknen, halbieren und die Stängelansätze herausschneiden. Tomaten entkernen und das Fruchtfleisch in kleine Würfel schneiden.

Avocado-Tatar mit Garnelen

2. Eier pellen und würfeln. Schnittlauch und Petersilie abspülen, trockentupfen. Die Petersilienblättchen von den Stängeln zupfen (einige Blättchen zum Garnieren beiseite legen) und klein schneiden. Schnittlauch in Röllchen schneiden.
3. Avocados längs halbieren und jeweils den Stein herausnehmen. Avocados schälen und das Fruchtfleisch in kleine Würfel schneiden. Avocadowürfel sofort mit Zitronensaft mischen.
4. Für die Marinade Essig mit Salz und Pfeffer verrühren, Olivenöl unterschlagen. Avocado-, Tomaten-, Eierwürfel, Petersilie und Schnittlauchröllchen in eine Schüssel geben und mit der Marinade mischen.
5. Von den Garnelen evtl. den Darm entfernen. Garnelen unter fließendem kalten Wasser abspülen und trockentupfen. Olivenöl in einer Pfanne erhitzen. Die Garnelen darin von beiden Seiten etwa 4 Minuten braten, bis sie sich rötlich färben, mit Salz und Pfeffer würzen.
6. Avocado-Tatar mit je 2-3 Garnelen auf Tellern anrichten und mit den beiseite gelegten Petersilienblättchen garnieren.

Rezeptvorschläge für ein Fisch-Buffet

Für ein Fisch-Buffet benötigen Sie für 10-12 Personen:

3 x Rezept **Gurkensuppe, kalt** Seite 145
2 x Rezept **Avocado-Tartar mit Garnelen** Seite 20
1,5 x Rezept **Lachsröllchen Gourmet** Seite 219
2 x Rezept **Matjes-Palette** Seite 238
3 x Rezept **French Dressing** Seite 115

Außerdem:

3-4 Köpfe unterschiedliche Blattsalate
z.B. Kopsalat, Frisée, Lollo Rossa, Eisbergsalat, Eichblattsalat, Radicchio etc
1,5 kg gemischtes Brot

Vorbereitungen am Vortag:

Im Laufe des Tages:	• French Dressing zubereiten und kalt stellen.
Am Abend:	• Gurkensuppe vorbereiten und kalt stellen.

Vorbereitungen am Tag des Buffets:

5 Stunden vorher:	• Blattsalat waschen, trockenschleudern, in mundgerechte Stücke zupfen und in einer Schüssel mischen.
	• Salate zudecken und kalt stellen. French Dressing separat dazu servieren.
4 Stunden vorher:	• Matjes-Platte zubereiten und kalt stellen.
3 Stunden vorher:	• Lachsröllchen zubereiten und kalt stellen.
2 Stunden vorher:	• Avocado-Tartar zubereiten und kalt stellen.
Kurz vorher:	• Gurkensuppe nachwürzen. Brot aufschneiden und anrichten.

Es eignen sich auch folgende zusätzliche Rezepte:

3 x Rezept **Kräutersuppe** Seite 212
2 x Rezept **Salat von Champignons, Zuckerschoten und Lachs** Seite 323
3 x Rezept **Heringssalat, pikant** Seite 157
3 x Rezept **Kartoffel-Bohnen-Salat mit Tunfisch** Seite 174
1 x Rezept **Spargelsalat mit Garnelen** Seite 362

Baguette mit Tomate und Mozzarella

Baguette mit Tomate und Mozzarella

4 Portionen

4 Baguettebrötchen
8 EL kalt gepresstes Olivenöl
4 abgespülte, trockengetupfte Salatblätter
4 Fleischtomaten
250 g Mozzarella
4 Stängel Basilikum
Salz, frisch gemahlener Pfeffer

Zubereitungszeit: 15 Minuten

Insgesamt:
E: 74 g, F: 134 g, Kh: 144 g, kJ: 8736, kcal: 2084

Schnell – einfach

1. Brötchen quer durchschneiden und mit etwas Olivenöl beträufeln. Die unteren Hälften mit je einem Salatblatt belegen.
2. Fleischtomaten waschen, trockentupfen und die Stängelansätze herausschneiden. Tomaten in Scheiben schneiden. Mozzarella ebenfalls in Scheiben schneiden.
3. Tomaten- und Mozzarellascheiben dachziegelartig auf den Salat legen. Basilikum abspülen und trockentupfen. Die Blättchen von den Stängeln zupfen. Blättchen in Streifen schneiden und auf dem Tomaten-Mozzarella-Belag verteilen.
4. Mit Salz und Pfeffer würzen, mit dem restlichen Olivenöl beträufeln. Die oberen Brötchenhälften darauf legen und sofort servieren.

Baguettescheiben, belegt

30 Stück

300 g Schweinefilet
Salz, Pfeffer
1 EL Speiseöl

2 Baguettestangen (etwa 600 g)
100 g weiche Butter
30 gemischte Salatblätter, z. B. Kopfsalat, Eichblattsalat, Feldsalat

10 kleine, dünne Scheiben roher Schinken
10 kleine, dünne Scheiben Putenbrustaufschnitt
10 Scheiben Lachsschinken
5 große Scheiben Salami
300 g Thüringer Mett

2–3 entsteinte grüne Oliven
5 Kapernäpfel
3 Cocktailtomaten
1–2 gelbe Tomaten
5 Majoranblättchen
einige Schnittlauchhalme
einige Dillspitzen
5 Scheiben Salatgurke
einige Zwiebelringe
1 EL rote Paprikawürfel
Remoulade
10 grüne blanchierte Spargelspitzen

Zubereitungszeit: 45 Minuten, ohne Abkühlzeit

Insgesamt:
E: 231 g, F: 224 g, Kh: 324 g, kJ: 17824, kcal: 4259

Klassisch

1. Schweinefilet unter fließendem kalten Wasser abspülen, trockentupfen, in 5 Scheiben schneiden, mit Salz und Pfeffer würzen. Speiseöl in einer Pfanne erhitzen. Die Filetscheiben von beiden Seiten darin anbraten und in weiteren etwa 6 Minuten fertig braten. Filetscheiben herausnehmen und erkalten lassen.
2. Die Baguettestangen in etwa 1 cm dicke Scheiben (30 Stück) schneiden und mit Butter bestreichen. Salatblätter waschen und trockentupfen, evtl. in Schnittchengröße zerteilen.
3. Die Schnittchen mit Salatblättern belegen. Jeweils 5 Schnittchen mit je 2 Scheiben Schinken, mit je 2 Scheiben Putenbrustaufschnitt, mit je 2 Scheiben Lachsschinken, mit je 1 Scheibe Salami sowie mit den gebratenen Filetscheiben

Bananenaufstrich

belegen. Thüringer Mett eventuell mit Salz und Pfeffer nachwürzen und auf 5 Schnittchen verteilen.

4. Oliven und Kapernäpfel abtropfen lassen. Oliven in Scheiben schneiden. Tomaten waschen, trockentupfen und halbieren. Die Stängelansätze herausschneiden. Gelbe Tomaten in Scheiben schneiden. Majoranblättchen, Schnittlauchhalme und Dillspitzen abspülen und trockentupfen.
5. Die Schnittchen auf einer großen Platte anrichten. Nach Belieben Schinkenschnittchen mit Gurkenscheiben und Majoranblättchen, Mettschnittchen mit Olivenscheiben und Zwiebelringen, Lachsschinkenschnittchen mit Tomatenscheiben, -hälften und Dillspitzen, Salamischnittchen mit Kapernäpfeln, Filetschnittchen mit Remoulade und Spargelspitzen, Putenbrustschnittchen mit Schnittlauch und Paprikawürfeln garnieren.

Baguettescheiben, belegt

Bananenaufstrich

12 Portionen (etwa 500 g)

2 Bananen
Saft von 1 Zitrone
250 g Speisequark (Magerstufe)
2 EL Kokosraspel
40 g Korinthen
1–2 EL Zucker

Zubereitungszeit: 15 Minuten

Insgesamt:
E: 38 g, F: 20 g, Kh: 102 g, kJ: 3244, kcal: 775

Schnell – für Kinder

1. Bananen schälen, der Länge nach vierteln und in kleine Würfel schneiden. Bananenwürfel mit Zitronensaft beträufeln.
2. Quark mit Kokosraspeln, Korinthen und Zucker verrühren, Bananenwürfel unterheben.
3. Den Aufstrich in 2 gründlich gereinigte, gespülte, getrocknete Gläser füllen, mit Deckeln fest verschließen und kalt stellen. Gekühlt 3–4 Tage haltbar.

Brotempfehlung:
Rosinenbrötchen, Toast- oder Knäckebrot.

Bananen-Quark-Creme

Bananensalat mit Zimtjoghurt

4 Portionen

Für den Bananensalat:

4 Bananen
2 Orangen
6 EL Orangensaft
1 EL flüssiger Honig

Für den Zimtjoghurt:

300 g Sahnejoghurt
1 EL Dr. Oetker Vanillin-Zucker
1 TL gemahlener Zimt

4 EL Cornflakes oder
gehackte Pistazienkerne

Zubereitungszeit: 20 Minuten

Insgesamt:

E: 24 g, F: 47 g, Kh: 188 g,
kJ: 5501, kcal: 1311

Schnell

1. Für den Salat Bananen schälen und in Stücke oder Scheiben schneiden. Orangen so dick abschälen, dass die weiße Haut mit entfernt wird. Orangen zuerst in Scheiben schneiden, dann vierteln.

Bananensalat mit Zimtjoghurt

Bananen-Quark-Creme

4 Portionen

1 Eigelb (Größe M)
50 g Zucker
250 g Speisequark (Magerstufe)
3 EL Kondensmilch

1 Pck. Saucenpulver Vanille-Geschmack
2 EL Zucker
250 ml (1/4 l) Milch
1 Eiweiß (Größe M)
2 Bananen
evtl. Bananen zum Garnieren

Zubereitungszeit:
25 Minuten, ohne Kühlzeit

Insgesamt:

E: 52 g, F: 17 g, Kh: 157 g,
kJ: 4354, kcal: 1040

Einfach

1. Eigelb mit Zucker schaumig rühren, Quark und Kondensmilch hinzufügen, mit einem Schneebesen zu einer geschmeidigen Masse verrühren.
2. Saucenpulver mit Zucker und Milch in einem kleinen Topf glatt rühren und unter Rühren kurz aufkochen lassen. Topf von der Kochstelle nehmen. Eiweiß steif schlagen und unterheben.
3. Die Vanillecreme zur Quarkmasse geben und kräftig durchschlagen. Bananen schälen, mit einer Gabel zerdrücken und unter die Quarkcreme heben.
4. Die Bananen-Quark-Creme in eine Glasschale oder in 4 Glasschälchen füllen und kalt stellen. Bananen-Quark-Creme nach Belieben mit Bananenstückchen garnieren und gut gekühlt servieren.

Tipp:

Die Speise erst kurz vor dem Servieren zubereiten, damit sie ihre helle Farbe behält. Statt Saucenpulver können Sie auch 1 Päckchen Pudding-Pulver Mandella-Geschmack verwenden, dann den Pudding jedoch mit 500 ml (1/2 l) Milch nach Packungsanleitung zubereiten.

Bananenschiffchen

Bananen- und Orangenstücke in einer Schüssel mischen.
2. Orangensaft mit Honig verrühren und über die Bananen-Orangen-Mischung gießen.
3. Für den Zimtjoghurt Joghurt mit Vanillin-Zucker und Zimt schaumig schlagen.
4. Den Bananensalat mit Cornflakes oder Pistazienkernen bestreuen und mit dem Zimtjoghurt servieren.

Tipp:
Zimtjoghurt in Schälchen füllen und den Bananensalat darauf verteilen. Mit Pistazienkernen bestreuen.

Bananenschiffchen

8 Portionen

100 g abgezogene, gehobelte Mandeln
8 Bio-Bananen
Saft von 2 Zitronen
2 EL Zucker
250 ml ($^1/_4$ l) Schlagsahne
2 Pck. (250 g) Vanille- und Schokoladeneis

Zubereitungszeit: 20 Minuten, ohne Abkühlzeit

Insgesamt:
E: 55 g, F: 198 g, Kh: 335 g,
kJ: 14247, kcal: 3405

Raffiniert – für Gäste

1. Mandeln in einer Pfanne ohne Fett unter Wenden hellbraun rösten, herausnehmen und auf einem Teller erkalten lassen.
2. Bananen mit den Schalen waschen, abtrocknen und der Länge nach halbieren. Zitronensaft mit Zucker verrühren und auf die Bananenhälften geben.
3. Sahne steif schlagen und in einen Spritzbeutel mit Sterntülle füllen. Vanille- und Schokoladeneis in Würfel schneiden.
4. Die Bananenhälften mit der Sahne aus dem Spritzbeutel verzieren und die Eiswürfel darauf verteilen. Die Bananenschiffchen mit Mandelblättchen bestreuen.

Beilage:
Eiswaffeln.

Tipp:
Sie können die Bananen auch vor dem Halbieren schälen.

Basilikum-Käse-Aufstrich

12 Portionen (etwa 500 g)

25 g Pinienkerne
200 g Schafkäse
1 Knoblauchzehe
150 g weiche Butter
100 ml Schlagsahne
40 g geriebener Parmesan-Käse
2 Pck. TK-Basilikum (je 25 g)

Zubereitungszeit: 30 Minuten, ohne Abkühlzeit

Insgesamt:
E: 57 g, F: 220 g, Kh: 9 g,
kJ: 9448, kcal: 2257

Klassisch

1. Pinienkerne in einer Pfanne ohne Fett unter Rühren rösten, erkalten lassen und fein hacken. Schafkäse in kleine Stücke schneiden, mit einer Gabel zerdrücken. Knoblauch abziehen und durch eine Knoblauchpresse drücken.
2. Käsebrösel mit Butter, Sahne und gehackten Pinienkernen pürieren. Parmesan-Käse, Knoblauch und Basilikum unterrühren.
3. Basilikum-Käse-Aufstrich in 2 gründlich gereinigte, gespülte und getrocknete Gläser füllen, mit Deckeln fest verschließen und kalt stellen.

Brotempfehlung:
Ciabatta.

Tipp:
Der Aufstrich ist gekühlt 3–4 Tage haltbar. Zum Garnieren zusätzlich geröstete Pinienkerne zubereiten. Sie können den Aufstrich auch mit frischem Basilikum zubereiten.

Basilikum-Käse-Aufstrich

Basilikum-Pesto

Basilikum-Pesto

10 Portionen (etwa 250 ml [1/4 l])

3-4 Knoblauchzehen
1 gestr. TL Salz
50 g Pinienkerne
8 EL gehackte Basilikumblättchen
100 g frisch geriebener Pecorino- oder Parmesan-Käse
200 ml kalt gepresstes Olivenöl

Zubereitungszeit: 20 Minuten

Insgesamt:
E: 46 g, F: 260 g, Kh: 8 g,
kJ: 10521, kcal: 2513

Klassisch

1. Knoblauch abziehen, mit Salz, Pinienkernen und Basilikumblättchen im Mörser so lange zerstoßen, bis eine cremeartige Masse entstanden ist.
2. Käse hinzufügen und unterarbeiten. Zuletzt Olivenöl unterrühren.
3. Pesto in vorbereitete Gläser füllen. Gläser mit Twist-off-Deckeln® verschließen.

Tipp:
Basilikum-Pesto ist gekühlt etwa 6 Wochen haltbar. Sie können es zu Nudeln oder Tomaten mit Mozzarella reichen.

Basmatireissalat

8–10 Portionen

Für den Salat:
500 g Basmati- mit Wildreis (fertig gemischt)
600 g Entenbrust
Salz, frisch gemahlener Pfeffer
3 EL Speiseöl
150 g Shiitake-Pilze
1 rote Paprikaschote
2 frische Baby-Ananas
1 Stange Porree (Lauch)

Für die Sauce:
6 EL Reisessig (ersatzweise Obstessig)
Salz, frisch gemahlener Pfeffer
etwas Sambal Oelek
4 EL Walnussöl
6 EL Olivenöl

Zubereitungszeit: 60 Minuten, ohne Abkühl- und Durchziehzeit

Insgesamt:
E: 159 g, F: 210 g, Kh: 436 g, kJ: 17861, kcal: 4240

Raffiniert

1. Für den Salat die Reismischung nach Packungsanleitung bissfest garen. Reis abtropfen und abkühlen lassen.
2. Entenbrust unter fließendem kalten Wasser abspülen und trockentupfen, evtl. die Haut kreuzweise einritzen. Entenbrust mit Salz und Pfeffer bestreuen. 2 Esslöffel Speiseöl in einer Pfanne erhitzen. Entenbrust darin von beiden Seiten einige Minuten kross braten, herausnehmen, in Alufolie wickeln, auf ein Backblech legen und in den Backofen schieben. Entenbrust im vorgeheizten Backofen bei etwa 80 °C 15 Minuten ruhen lassen.

Basmatireissalat

3. Shiitake-Pilze putzen, in Scheiben schneiden, kurz anbraten und zum Reis geben.
4. Paprika halbieren, entstielen, entkernen und die weißen Scheidewände entfernen. Schote waschen, trockentupfen und in dünne Streifen schneiden.
5. Ananas schälen, vierteln und den harten Mittelteil herausschneiden. Das Fruchtfleisch in Würfel schneiden.
6. Porree putzen, die Stange längs halbieren, gründlich waschen, abtropfen lassen und in feine Streifen schneiden.
7. Für die Sauce Essig mit Salz, Pfeffer und Sambal Oelek verrühren. Beide Sorten Öl unterschlagen.
8. Entenbrust in Scheiben schneiden, zusammen mit den vorbereiteten Salatzutaten unter den Reis heben. Sauce hinzugeben und untermengen. Den Salat gut durchziehen lassen.

Bauernbrotschnittchen mit Harzer Käse

10 Stück

4 rote Zwiebeln (etwa 200 g)
6 EL milder Essig,
z. B. Weißweinessig
80 g Salatmayonnaise
1 TL Kümmelsamen
Salz
frisch gemahlener Pfeffer
5 große Scheiben Bauernbrot oder Mischbrot
400 g Harzer Käse

1 TL Kümmelsamen

Zubereitungszeit: 25 Minuten, ohne Abkühlzeit

Bauernbrotschnittchen mit Harzer Käse

Insgesamt:
E: 139 g, F: 46 g, Kh: 160 g, kJ: 6961, kcal: 1663

Preiswert

1. Zwiebeln abziehen. Eine Zwiebel zuerst in Scheiben schneiden, dann in Ringe teilen und zum Garnieren beiseite legen. Restliche Zwiebeln halbieren und in kleine Würfel schneiden.
2. Essig mit den Zwiebelwürfeln in einem Topf zum Kochen bringen und zugedekkt etwa 3 Minuten köcheln lassen. Zwiebel-Essig-Mischung erkalten lassen.
3. Zwiebel-Essig-Mischung mit der Mayonnaise verrühren, mit Kümmel, Salz und Pfeffer würzen.
4. Brotscheiben halbieren und mit der Zwiebel-Mayonnaise-Masse bestreichen. Käse in 20 dünne Scheiben schneiden. Die Schnittchen mit je 2 Käsescheiben belegen.
5. Die Schnittchen mit den beiseite gelegten Zwiebelringen garnieren und mit Kümmelsamen bestreuen.

Tipp:
Je nach Belieben können Sie auch einen anderen Sauermilchkäse verwenden.

Bayerische Creme mit Himbeersauce

Bayerische Creme mit Himbeersauce

4 Portionen

Für die Creme:

6 Blatt weiße Gelatine
250 ml (¹/₄ l) Milch
Mark von 1 Vanilleschote
1 Prise Salz
2 Eigelb (Größe M)
60 g Zucker
200 ml Schlagsahne

Für die Himbeersauce:

180 g reife Himbeeren
30 g Puderzucker
etwas Himbeergeist

Zubereitungszeit: 35 Minuten, ohne Abkühlzeit

Insgesamt:

E: 29 g, F: 83 g, Kh: 114 g, kJ: 5845, kcal: 1397

Für Gäste – mit Alkohol

1. Für die Creme Gelatine in kaltem Wasser nach Packungsanleitung einweichen. Milch mit Vanillemark und Salz in einem Topf aufkochen lassen. Topf von der Kochstelle nehmen.
2. Eigelb und Zucker in eine Rührschüssel geben und mit Handrührgerät mit Rührbesen schaumig schlagen. Die heiße Milch nach und nach einrühren. Die Eigelbmilch wieder in den Topf zurückgießen und unter ständigem Rühren auf etwa 86 °C erhitzen (wenn der Kochlöffel cremig überzogen ist und beim Abblasen des Kochlöffels eine Rose entsteht, hat die Masse die richtige Temperatur).
3. Den Topf von der Kochstelle nehmen. Die Masse durch ein Sieb geben. Gelatine gut ausdrücken und in der Masse unter Rühren auflösen. Die Masse in einem Gefäß mit Eiswasser unter gelegentlichem Umrühren abkühlen lassen.
4. Sahne steif schlagen. Wenn die Masse anfängt dicklich zu werden, Sahne vorsichtig unterheben. Die Creme in Förmchen füllen und mindestens 2 Stunden kalt stellen.
5. Für die Himbeersauce Himbeeren verlesen (einige Beeren zum Garnieren beiseite legen), mit Puderzucker und Himbeergeist kurz aufkochen lassen und durch ein feines Sieb passieren. Die Sauce bis zum Servieren kalt stellen.
6. Die Förmchen kurz in heißes Wasser tauchen, die Creme auf Teller stürzen und die Himbeersauce angießen. Mit den beiseite gelegten Himbeeren garnieren.

Tipp:
Die Bayerische Creme ist eine Grundcreme, die man beliebig mit anderen Zutaten, z. B. mit 3–4 Esslöffeln Kirschwasser in eine Kirschwassercreme, mit 200 g Fruchtpüree (dann 2 Blatt Gelatine mehr verwenden) in eine Fruchtcreme oder mit 100 g flüssiger Kuvertüre in eine Schokoladencreme verwandeln kann.

B-B-Q-Sauce (Barbecue-Sauce)

12–15 Portionen

300 ml starker Kaffee (Espresso oder Mokka)
1 Gemüsezwiebel (etwa 200 g)
1 kleines Bund krause Petersilie

B-B-Q-Sauce

1 TL Sambal Oelek
1 l (1 kg) Tomatenketchup
Zubereitungszeit: 20 Minuten

Insgesamt:
E: 28 g, F: 4 g, Kh: 285 g,
kJ: 5538, kcal: 1324

Klassisch

1. Kaffee vorbereiten und kalt stellen. Zwiebel schälen, halbieren und in kleine Würfel schneiden.
2. Petersilie abspülen und trockentupfen. Die Blättchen von den Stängeln zupfen. Blättchen fein hacken.
3. Kaffee in eine Schüssel gießen. Zwiebelwürfel, Petersilie, Sambal Oelek und Ketchup hinzufügen und gut verrühren.
4. Die Sauce in vorbereitete Gläser oder Flaschen füllen, fest verschließen und kalt stellen. Sauce durchziehen lassen. Die BBQ-Sauce kann schon nach einem Tag verwendet werden.

Tipp:
Die Sauce ist gekühlt 3-4 Wochen haltbar. Sie eignet sich besonders gut zu gegrilltem Fleisch und zum Bestreichen von gebackenen Sparerips. Oder als Dip-Sauce zu Frittiertem reichen.

Beerenketchup mit Zimt und Minze

etwa 1 1/4 l

2 kg frische Beeren, z. B. Brombeeren
800 g Zucker
600 ml Weißweinessig
1/2 TL gemahlene Gewürznelken
1/2 TL gemahlener Piment
1 Zimtstange
3 Zweige Minze
Salz, frisch gemahlener Pfeffer

Zubereitungszeit: 45 Minuten

Insgesamt:
E: 26 g, F: 20 g, Kh: 850 g,
kJ: 16339, kcal: 3914

Raffiniert

1. Beeren verlesen, abspülen, abtropfen lassen. Beeren mit Zucker, Essig, Nelken, Piment und Zimtstange in einem Topf unter ständigem Rühren bei schwacher Hitze zum Kochen bringen. Beeren zugedeckt bei mittlerer Hitze etwa 1 Stunde kochen lassen, dabei ab und zu umrühren.
2. Zimtstange entfernen. Die Beerenmasse durch ein feines Sieb streichen oder durch eine Flotte Lotte geben. Den Beerensaft (Ketchup) dabei auffangen.
3. Minze abspülen und trockentupfen. Die Blättchen von den Stängeln zupfen. Blättchen in feine Streifen schneiden und unter den Beerensaft (Ketchup) rühren. Mit Salz und Pfeffer abschmecken.
4. Den heißen Beerensaft (Ketchup) sofort in vorbereitete Gläser füllen und mit Twist-off-Deckeln® verschließen.

Tipp: Beerenketchup kalt, trocken und dunkel aufbewahren und innerhalb von etwa 4 Wochen verwenden. Beerenketchup passt gut zu gereiftem Hartkäse mit kräftigem Geschmack.

Beerenketchup mit Zimt und Minze

Beeren mit Mandelcreme

4–6 Portionen

Beeren mit Mandelcreme

Für die Mandelcreme:
100 g abgezogene, gehackte Mandeln
600 ml Schlagsahne
6 Eier (Größe M), 2 EL Zucker

200 g gemischte Beeren, z. B. Brombeeren, Erdbeeren, Himbeeren, Johannisbeeren
gesiebter Puderzucker
vorbereitete Zitronenmelisseblättchen

Zubereitungszeit: 75 Minuten, ohne Abkühlzeit

Insgesamt:
E: 76 g, F: 282 g, Kh: 73 g,
kJ: 13351, kcal: 3190

Für Gäste

1. Für die Mandelcreme Mandeln und Sahne in einen Topf geben, unter Rühren zum Kochen bringen und bei schwacher Hitze etwa 15 Minuten kochen lassen. Topf von der Kochstelle nehmen, Mandelsahne erkalten lassen.
2. Eier und Zucker unter die Mandelsahne rühren und gut verschlagen. Die Mandel-Eier-Sahne in 4–6 kleine Auflaufformen (gefettet) füllen. Die Formen in eine Fettfangschale (zur Hälfte mit Wasser gefüllt) stellen. Die Fettfangschale in den Backofen schieben und die Masse stocken lassen.
   Ober-/Unterhitze: etwa 180 °C (vorgeheizt)
   Heißluft: etwa 160 °C (nicht vorgeheizt)
   Gas: Stufe 2–3 (nicht vorgeheizt)
   Garzeit: etwa 45 Minuten.
3. Die Formen aus der Fettfangschale nehmen und auf einem Kuchenrost gut abkühlen lassen. Die Mandelcreme aus den Formen auf Dessertteller stürzen.
4. Die Beeren verlesen, putzen, waschen (Himbeeren nicht waschen) und auf den Tellern verteilen. Mit Puderzucker bestäuben und mit Zitronenmelisseblättchen garnieren.

Tipp:
Es sieht sehr dekorativ aus, wenn das Dessert auf einem Spiegel aus Himbeer- oder Erdbeerpüree angerichtet wird. Dazu 300 g Himbeeren oder Erdbeeren pürieren, durch ein Sieb streichen und mit etwas Puderzucker und nach Belieben mit Himbeergeist abschmecken. Das Püree auf Tellern verteilen, die Mandelcreme darauf geben und mit den Früchten garnieren.

Beeren mit Orangen-Quark-Creme

Beeren mit Orangen-Quark-Creme

4 Portionen

600 g frische Beeren nach Wahl oder TK-Beeren
400 g Speisequark (20 % Fett)
100 ml frisch gepresster Orangensaft (Saft von 1–2 Orangen)
3–4 EL Zucker

Zubereitungszeit: 15 Minuten, ohne Auftauzeit

Insgesamt:
E: 55 g, F: 23 g, Kh: 94 g,
kJ: 3679, kcal: 879

Schnell

1. Beeren verlesen, evtl. abspülen und abtropfen lassen. TK-Beeren nach Packungsanleitung auftauen lassen. Beeren auf 4 Tellern anrichten.
2. Quark und Orangensaft verrühren, mit Zucker süßen. Orangen-Quark-Creme auf den Beeren verteilen.

Tipp:
Extra locker und luftig wird der Quark, wenn Sie ein bis zwei frische, gut gekühlte Eiweiß steif schlagen und locker unter den angerührten Quark heben.

Beeren-Orangen-Creme

Beeren-Orangen-Creme

4 Portionen

14 Pfefferminzblättchen
3 EL Wasser
2 Eigelb (Größe M)
50 g Zucker
200 g Speisequark (Magerstufe)
2 EL Orangenlikör
3 Blatt weiße Gelatine
200 g frische, gemischte Beeren, z. B. Johannisbeeren, Blaubeeren, Himbeeren
2 Eiweiß (Größe M)
125 ml (1/8 l) Schlagsahne

Zubereitungszeit: 50 Minuten, ohne Abkühlzeit

Insgesamt:
E: 49 g, F: 53 g, Kh: 78 g,
kJ: 4468, kcal: 1068

Für Gäste – mit Alkohol

1. Pfefferminzblättchen abspülen und trockentupfen. Wasser aufkochen lassen und 4 der Pfefferminzblättchen darin etwas ziehen lassen. Dann Minzeblättchen entfernen.
2. Das heiße Minzewasser mit Eigelb und Zucker mit Handrührgerät mit Rührbesen auf höchster Stufe zu einer cremig weißen Schaummasse rühren. Quark und Orangenlikör unterrühren.
3. Gelatine in kaltem Wasser nach Packungsanleitung einweichen, leicht ausdrücken. Die ausgedrückte Gelatine in einem kleinen Topf unter Rühren erwärmen (nicht kochen), bis sie völlig gelöst ist, leicht abkühlen lassen. Gelatine mit etwas von der Quarkcreme verrühren, dann restliche Creme unterrühren.
4. Beeren putzen, waschen (Himbeeren nicht waschen), abtropfen lassen, entstielen. Einige Johannisbeerrispen, Blaubeeren und Himbeeren zum Garnieren beiseite legen. Sobald die Creme anfängt dicklich zu werden, Beeren und die restlichen Pfefferminzblättchen unterziehen. Eiweiß und Sahne getrennt steif schlagen und unterheben.
5. Die Creme in Portionsschälchen oder -gläser füllen. Mit Johannisbeerrispen, Blaubeeren und Himbeeren garnieren.

Bierknacker-Salat

Bierknacker-Salat

8–10 Portionen

Für den Salat:
10 Bierknacker oder dünne Rauchenden (etwa 500 g)
2 kleine Köpfe Eisbergsalat
2 Bund Frühlingszwiebeln
3 rote Zwiebeln
2 Bund Radieschen

Für die Sauce:
100 ml Weinessig
Salz
etwas Zucker
frisch gemahlener schwarzer Pfeffer
125 ml (1/8 l) Maiskeimöl

3 Laugenbrezeln

Zubereitungszeit: 45 Minuten

Insgesamt:
E: 118 g, F: 285 g, Kh: 186 g, kJ: 15813, kcal: 3771

Einfach

1. Für den Salat Bierknacker oder Rauchenden in dünne Scheiben schneiden und in eine große Schüssel geben.
2. Vom Eisbergsalat die welken Blätter entfernen. Salatköpfe halbieren und in grobe Stücke zerteilen. Salat kurz unter fließendem kalten Wasser abspülen, trockentupfen und zu den Wurstscheiben geben.
3. Frühlingszwiebeln putzen, waschen, abtropfen lassen und in Ringe schneiden. Zwiebeln abziehen, halbieren und in dünne Scheiben schneiden. Radieschen putzen, waschen, trockentupfen und vierteln. Frühlingszwiebelringe, Zwiebelscheiben und Radieschenstücke zur Salat-Wurstscheiben-Mischung geben.
4. Für die Sauce Essig mit Salz, Zucker und Pfeffer verrühren, Maiskeimöl unterschlagen. Die Sauce mit den Salatzutaten vermengen.
5. Brezeln in etwa 1/2 cm dicke Scheiben schneiden und kurz vor dem Servieren unter den Salat heben.

Birnen-Carpaccio mit Mousse à la Vanille

4 Portionen

1 Pck. Mousse à la Vanille (ohne Kochen, für 250 ml [1/4 l] Milch)

Birnen-Carpaccio mit Mousse à la Vanille

250 ml (1/4 l) Milch
4 reife Birnen (je 200 g)
6 EL roter Portwein oder Apfelsaft

Zubereitungszeit: 20 Minuten, ohne Kühlzeit

Insgesamt:
E: 17 g, F: 15 g, Kh: 159 g,
kJ: 3732, kcal: 888

Einfach – mit Alkohol

1. Die Mousse à la Vanille mit Milch nach Packungsanleitung zubereiten. Die Mousse mindestens 2 Stunden kalt stellen.
2. Die Birnen heiß abspülen, abtrocknen und längs vierteln. Kerngehäuse herausschneiden, Blüten und Stängelansätze entfernen. Die Birnenviertel der Länge nach in sehr dünne Spalten schneiden. Birnenspalten auf 4 Teller verteilen und mit je 1 Esslöffel Portwein oder Apfelsaft beträufeln.
3. Von der Mousse mit einem Löffel 8 Nocken abstechen und an die Birnenscheiben legen. Mit dem restlichen Portwein oder Apfelsaft beträufeln.

Tipp:
Die Birnenspalten etwa 3 Minuten in Weißwein oder Portwein dünsten, in der Flüssigkeit abkühlen lassen und erst dann auf den Tellern verteilen.

Abwandlung:
Das Birnen-Carpaccio anstelle der Mousse à la Vanille mit Mousse au Chocolat servieren.

Rezeptvorschläge für ein Buffet für Eilige

Für ein Buffet für Eilige benötigen Sie für 10–12 Personen:
1 x Rezept **Sülze von Zuckerschoten** Seite 374
3 x Rezept **Kalbfleisch mit Tunfischsauce** Seite 171
1 x Rezept **Salat von großen weißen Bohnen** Seite 324
1 x Rezept **Gnocchi-Salat** Seite 134
3 x Rezept **Birnen-Carpaccio mit Mousse à la Vanille** Seite 32

Außerdem:
1,5 kg Brot oder Brötchen.

1–3 Tage im Voraus:
Sülze von Zuckerschoten zubereiten.

Vorbereitungen am Vortag:
- Kalbfleisch kochen und in dem Sud erkalten lassen, Tunfischsauce zubereiten und beides kalt stellen.
- Salatsauce für den Salat von großen weißen Bohnen zubereiten und in ein Schraubglas füllen, restliche Salatzutaten wie beschrieben mischen und kalt stellen.
- Für den Gnocchi-Salat Staudensellerie schneiden, Trauben vorbereiten und beides in eine große, verschließbare Schüssel füllen, Radicchio klein zupfen, in die Schüssel füllen, die Schüssel verschließen und kalt stellen.
- Birnen für das Birnen-Carpaccio, wie im Tipp beschrieben, dünsten und kalt stellen, Mousse in eine Schale füllen, zudecken und kalt stellen.

Vorbereitungen am Tag des Buffets:

2 Stunden vorher:
- Kalbfleisch aufschneiden und mit Tunfischsauce anrichten.
- Sauce für den Salat von großen weißen Bohnen kräftig schütteln, unter die Salatzutaten mischen und den Salat anrichten. Salatsauce für den Gnoccisalat zubereiten, den Salat fertig zubereiten und anrichten.

1 Stunde vorher:
- Sülze von Zuckerschoten stürzen und anrichten. Birnen für das Birnen-Carpaccio anrichten und die Mousse in der Schale dazu stellen.

Kurz vorher:
- Brot und Brötchen aufschneiden und anrichten.

Es eignen sich auch folgende zusätzliche Rezepte:
4 x Rezept **Aufschnitt in Radieschen-Vinaigrette** Seite 17
3 x Rezept **Paprikasalat** Seite 272
2 x Rezept **Weißkohlsalat mit Speck** Seite 407
2 x Rezept **Schafkäse und Chili in Olivenöl** Seite 329
2 x Rezept **Fruchtsülze mit rohem Obst** Seite 118
plus Brot.

Birnen mit Käsenocken

Birnen mit Käsenocken

12 Portionen

Für die Birnen:

750 ml (3/4 l) Rotwein
500 ml (1/2 l) Birnensaft
1 kleine Zimtstange
12 kleine Birnen (etwa 1,4 kg)

Für die Käsenocken:

400 g Blauschimmelkäse, z. B. Gorgonzola
600 g Speisequark (Magerstufe)
150 g weiche Butter
100 g gehackte Walnusskerne
Salz
frisch gemahlener Pfeffer

Zum Garnieren:

einige Minzeblättchen

Zubereitungszeit: 60 Minuten, ohne Kühlzeit

Insgesamt:

E: 175 g, F: 315 g, Kh: 159 g, kJ: 17534, kcal: 4184

Mit Alkohol

1. Für die Birnen Rotwein und Birnensaft in einen Topf geben, Zimtstange hinzugeben und erhitzen.
2. Birnen schälen, Blüten und Stiele entfernen. Birnen in der Rotweinmischung etwa 15 Minuten dünsten. Topf von der Kochstelle nehmen. Birnen in dem Sud erkalten lassen.
3. Für die Käsenocken Blauschimmelkäse durch ein Sieb drücken, mit Quark, Butter und Walnusskernen verrühren. Mit Salz und Pfeffer würzen, etwa 20 Minuten kalt stellen.
4. Von der Käsemasse mit einem Löffel kleine Nocken abstechen.
5. Rotweinbirnen aus dem Sud nehmen, gut abtropfen lassen und mit Käsenocken anrichten. Mit Minzeblättchen garnieren.

Blätterteigpastetchen mit Leberwurst

10 Stück

1 Pck. TK-Blätterteig (450 g, 10 Platten)
200 g Leberwurst, z. B. grobe Gutsleberwurst
250 g Kasseler Aufschnitt
250 g Äpfel , z. B. Boskop, Cox Orange
1 Zwiebel
1 TL gerebelter Beifuß oder Thymian
1 TL mittelscharfer Senf

Zubereitungszeit: 20 Minuten, ohne Auftauzeit

Insgesamt:

E: 108 g, F: 174 g, Kh: 193 g, kJ: 11783, kcal: 2814

Raffiniert – einfach

1. Blätterteigplatten nebeneinander auf zwei Backbleche (mit Backpapier belegt) legen und bei Zimmertemperatur auftauen lassen.
2. Leberwurst aus der Hülle in eine Schüssel drücken. Kasseler Aufschnitt in kleine Würfel schneiden.
3. Äpfel waschen, abtrocknen, vierteln, entkernen und in kleine Würfel schneiden. Zwiebel abziehen, halbieren und in kleine Würfel schneiden.
4. Leberwurst mit Kasselerwürfeln, Apfel- und Zwiebelwürfeln mischen, mit Beifuß oder Thymian und Senf würzen. Die Leberwurstmasse mit einem Teelöffel in die Mitte der einzelnen Blätterteigplatten geben.
5. Die Backbleche nacheinander (bei Heißluft zusammen) in den Backofen schieben.
   Ober-/Unterhitze: etwa 200 °C (vorgeheizt, unteres Drittel)

Blätterteigpastetchen mit Leberwurst

Heißluft: etwa 180 °C (vorgeheizt)
Gas: Stufe 3–4 (vorgeheizt, unteres Drittel)
Backzeit: 15–20 Minuten.

Tipp:
Die Blätterteigpastetchen lassen sich gut vorbereiten und schmecken auch kalt sehr gut. Für Blutwurstpastetchen können Sie statt der Leberwurst und dem Kasseler Aufschnitt etwa 400 g Blutwurst in kleine Würfel geschnitten verarbeiten.

Blätterteigstangen

4 Portionen

300 g TK-Blätterteig

Zum Bestreichen:
1 Eigelb, 3 EL Milch

Zum Bestreuen:
100 g klein gehackte, geröstete Sonnenblumenkerne
30 g Sesamsamen
30 g Mohnsamen

Zubereitungszeit: 30 Minuten, ohne Auftau- und Ruhezeit

Insgesamt:
E: 54 g, F: 159 g, Kh: 130 g, kJ: 9052, kcal: 2163

Schnell

1. Blätterteigplatten nebeneinander zugedeckt nach Packungsanleitung auftauen lassen.
2. Die Teigplatten jeweils auf einer bemehlten Arbeitsfläche in 8 Streifen (etwa 1 1/2 x 9 cm) schneiden und etwas flach drücken.
3. Die Teigstreifen spiralförmig drehen (das eine Ende rechts, das andere Ende links herum drehen) und auf ein Backblech (mit Backpapier belegt) legen.
4. Zum Bestreichen Eigelb mit Milch verschlagen, die Teigstangen damit bestreichen und mit Sonnenblumenkernen, Sesam oder Mohn bestreuen. Die Teigstangen etwa 15 Minuten ruhen lassen. Das Backblech in den Backofen schieben.
   Ober-/Unterhitze: 200–220 °C (vorgeheizt)
   Heißluft: 180–200 °C (vorgeheizt)
   Gas: etwa Stufe 4 (vorgeheizt)
   Backzeit: 10–15 Minuten.
5. Die Blätterteigstangen mit dem Backpapier vom Backblech auf einen Kuchenrost ziehen. Blätterteigstangen erkalten lassen.

Blumenkohlsalat

4 Portionen

1 Blumenkohl (etwa 750 g)
Salzwasser

Für die Remouladensauce:
2 hart gekochte Eier
1 frisches, rohes Eigelb (Größe M)
Salz, 125 ml (1/8 l) Speiseöl
2 EL Essig oder Zitronensaft
1 TL mittelscharfer Senf
2 EL gehackte Kräuter (z. B. Kerbel, Schnittlauch)
etwas Zucker

Zubereitungszeit: 35 Minuten, ohne Abkühlzeit

Insgesamt:
E: 25 g, F: 145 g, Kh: 11 g, kJ: 5993, kcal: 1430

Preiswert

1. Blumenkohl von Blättern und schlechten Stellen befreien, den Strunk herausschneiden. Blumenkohl in Röschen teilen. Blumenkohlröschen unter fließendem kalten Wasser waschen und abtropfen lassen.

Blumenkohlsalat

2. Blumenkohlröschen in kochendem Salzwasser 8–10 Minuten garen, in ein Sieb geben, mit kaltem Wasser übergießen, abtropfen und erkalten lassen.
3. Für die Sauce Eier pellen, Eigelb herausnehmen, durch ein Sieb streichen, mit dem rohen Eigelb und 1 Prise Salz verrühren. Etwa die Hälfte des Speiseöls zuerst tropfenweise, dann in einem dünnen Strahl unterschlagen, bis eine dickliche Masse entstanden ist.
4. Essig oder Zitronensaft und Senf unterrühren. Restliches Speiseöl unterrühren.
5. Das hart gekochte Eiweiß in kleine Würfel schneiden, mit den Kräutern unter die Remouladensauce rühren. Mit Salz und Zucker abschmecken.
6. Die Blumenkohlröschen in eine Schüssel geben. Die Remouladensauce vorsichtig unterheben. Den Salat gut durchziehen lassen.
7. Den Salat vor dem Servieren evtl. noch mit Zucker abschmecken.

Tipp:
Den Salat zum Servieren mit Friséesalat und Tomatenachteln garnieren.

Bohnensalat mit Kasseler

4 Portionen

400 g Kasselerrücken (ohne Knochen)
2 EL Speiseöl
30 g flüssiger Honig
frisch gemahlener Pfeffer
2 Dosen weiße Riesenbohnen (Abtropfgewicht je 250 g)
1 Glas Gewürzgurken (Abtropfgewicht 185 g)
1 Bund Schnittlauch

Für die Sauce:
1-2 EL weißer Balsamico-Essig
6 EL Gurkenflüssigkeit
Salz
frisch gemahlener Pfeffer
4-6 EL Speiseöl

1/2 oder 1 kleiner Kopf Friséesalat

Zubereitungszeit: 40 Minuten, ohne Abkühl- und Durchziehzeit

Insgesamt:
E: 102 g, F: 91 g, Kh: 106 g, kJ: 6955, kcal: 1656

Raffiniert

1. Kasseler unter fließendem kalten Wasser abspülen, trockentupfen und in Würfel schneiden. Speiseöl in einer Pfanne erhitzen. Die Fleischwürfel in zwei Portionen jeweils 8-10 Minuten darin braten, mit Honig und Pfeffer würzen. Die Fleischwürfel herausnehmen und auf einem Teller abkühlen lassen.
2. Riesenbohnen in ein Sieb geben, kalt abspülen und abtropfen lassen. Gewürzgurken ebenfalls in einem Sieb abtropfen lassen, dabei die Gurkenflüssigkeit auffangen und 6 Esslöffel für die Sauce abmessen. Die Gurken in Scheiben schneiden.
3. Bohnen, Gewürzgurkenscheiben und Kasselerwürfel in einer großen Schüssel mischen. Schnittlauch abspülen, trockentupfen und in Röllchen schneiden.
4. Für die Sauce Balsamico-Essig und abgemessene Gurkenflüssigkeit mit Salz und Pfeffer verrühren. Speiseöl unterschlagen. Sauce und Schnittlauchröllchen mit den vorbereiteten Salatzutaten in der Schüssel mischen. Salat etwa 20 Minuten durchziehen lassen.

Bohnensalat mit Kasseler

5. Friséesalat putzen, waschen, trockenschleudern und in kleine Stücke zupfen. Den Friséesalat vorsichtig unter den Salat mischen.

Tipp:
Sie können den Salat auch mit getrockneten Bohnen anstelle der Bohnen aus der Dose zubereiten. Dafür etwa 300 g getrocknete weiße Riesenbohnen über Nacht in Wasser einweichen, am nächsten Tag in dem Wasser etwa 1 Stunde kochen, in ein Sieb geben, mit kaltem Wasser übergießen, abtropfen und erkalten lassen.

Brandteigtorte, pikant

6 Portionen

Für den Brandteig:
250 ml (1/4 l) Wasser
70 g Butter oder Margarine
1 Prise Salz
200 g Weizenmehl
4 Eier (Größe M)

Für die Füllung:
300 g Paprikaschoten
(rot, grün und gelb)
1 Bund Schnittlauch
1 Beet Kresse
250 g Speisequark (Magerstufe)
250 g Salatmayonnaise
Salz, frisch gemahlener Pfeffer
2 hart gekochte Eier zum Garnieren

Zubereitungszeit: 70 Minuten, ohne Abkühlzeit

Insgesamt:
E: 100 g, F: 225 g, Kh: 168 g,
kJ: 13126, kcal: 3135

Für Gäste

1. Für den Teig Wasser mit Butter oder Margarine und Salz am besten in einem Stieltopf zum Kochen bringen.
2. Mehl sieben, auf einmal in die von der Kochstelle genommene Flüssigkeit schütten, zu einem glatten Kloß rühren und unter Rühren etwa 1 Minute erhitzen.
3. Den heißen Kloß sofort in eine Rührschüssel geben. Nach und nach Eier mit Handrührgerät mit Knethaken auf höchster Stufe unterarbeiten. Die Eiermenge hängt von der Beschaffenheit des Teiges ab. Er muss stark glänzen und so von einem Löffel abreißen, dass lange Spitzen hängen bleiben. Teig abkühlen lassen.
4. Einen Kreis (Ø 18–20 cm) auf ein Stück Backpapier zeichnen und auf ein Backblech legen. Den Brandteig in einen Spritzbeutel mit Lochtülle (Ø 13 mm) füllen und Ringe mit jeweils 1/2 cm Abstand in den gezeichneten Kreis spritzen. Restlichen Teig auf den äußeren Ring spritzen. Das Backblech in den Backofen schieben.
   Ober-/Unterhitze: etwa 200 °C (vorgeheizt)
   Heißluft: etwa 180 °C (vorgeheizt)
   Gas: Stufe 3–4 (vorgeheizt)
   Backzeit: etwa 35 Minuten.
5. Den Brandteig mit dem Backpapier vom Backblech auf einen Kuchenrost ziehen. Brandteig erkalten lassen und auf eine Platte legen.
6. Für die Füllung Paprika halbieren, entstielen, entkernen und die weißen Scheidewände entfernen. Schoten waschen, trockentupfen und in kleine Würfel schneiden. Schnittlauch und Kresse abspülen, trockentupfen. Schnittlauch in Röllchen schneiden. Kresse vom Beet schneiden (ein kleines Sträußchen zum Garnieren beiseite legen).
7. Quark mit Mayonnaise glatt rühren. Mit Salz und Pfeffer abschmecken. Paprikawürfel, Schnittlauchröllchen und Kresse unterrühren. Die Kräuter-Quark-Masse in den Brandteig geben.
8. Eier pellen und mit dem Eierschneider sechsteln. Die Brandteigtorte mit den Eiersechsteln und mit dem beiseite gelegten Kressesträußchen garnieren.

Brandteigtorte, pikant

Bratapfelaufstrich

10 Portionen (etwa 500 g)

2 große Äpfel (etwa 500 g)
Saft von 1 Zitrone
2 EL Apfelkraut (Brotaufstrich)
40 g Korinthen
3 EL Weizenkeime (erhältlich im Bioladen oder Reformhaus)
3 EL blütenzarte Haferflocken
1 Pck. Dr. Oetker Vanillin-Zucker

Bratapfelaufstrich

1 TL Dr. Oetker Finesse Orangenfrucht
5 Tropfen Bittermandel-Aroma
1 TL Spekulatius-Gewürz-Mischung
$^{1}/_{4}$ TL gemahlener Zimt

Zubereitungszeit: 25 Minuten

Insgesamt:
E: 19 g, F: 9 g, Kh: 151 g,
kJ: 3316, kcal: 792

Fruchtig

1. Äpfel waschen, abtrocknen, schälen, vierteln und entkernen. Apfelviertel auf einer Haushaltsreibe fein raspeln und mit Zitronensaft verrühren, Apfelkraut unterrühren.
2. Korinthen, Weizenkeime, Haferflocken, Vanillin-Zucker, Orangenfrucht, Aroma, Spekulatius-Gewürz-Mischung und Zimt unterrühren. Den Aufstrich in 2 gereinigte, gespülte und getrocknete Gläser füllen. Gläser mit Deckeln fest verschließen und kalt stellen (innerhalb von 3 Tagen verwenden).

Brotempfehlung:
Rosinenstuten, Brötchen oder Hörnchen.

Brokkoli-Cocktail

4 Portionen

250 g Brokkoli
Salzwasser, 3 Tomaten
125 g Camembert-Käse

Für die Cocktailsauce:
1 Becher (150 g) Crème fraîche
1–2 EL Pernod (Anislikör)
Salz, frisch gemahlener Pfeffer
gewaschene, trockengetupfte Salatblätter
gehackte Pistazienkerne

Zubereitungszeit: 25 Minuten, ohne Abkühlzeit

Insgesamt:
E: 39 g, F: 84 g, Kh: 22 g,
kJ: 4368, kcal: 1049

Schnell – mit Alkohol

1. Vom Brokkoli die Blätter entfernen. Brokkoli waschen und in Röschen teilen. Stängel schälen und in etwa 1 cm dicke Scheiben schneiden. Brokkoliröschen und -scheiben in kochendes Salzwasser geben, zum Kochen bringen und 5–8 Minuten garen. Brokkoli in ein Sieb geben, mit kaltem Wasser übergießen, abtropfen und erkalten lassen.
2. Tomaten waschen, kreuzweise einschneiden und einige Sekunden in kochendes Wasser legen. Tomaten kurz in kaltem Wasser abschrecken, enthäuten, halbieren, entkernen und Stängelansätze entfernen. Fruchtfleisch in Würfel schneiden. Camembert ebenfalls in Würfel schneiden.
3. Für die Sauce Crème fraîche mit Pernod verrühren, mit Salz und Pfeffer würzen. Vier Cocktailgläser mit Salatblättern auslegen. Die vorbereiteten Salatzutaten, bis auf einige Brokkoliröschen, darauf anrichten und mit der Sauce übergießen.

Brokkoli-Cocktail

4. Den Brokkoli-Cocktail mit den beiseite gelegten Brokkoliröschen und Pistazienkernen garniert servieren.

Brokkoli-Lachs-Salat

8–10 Portionen

1 kg Brokkoli
5–6 mittelgroße Möhren
Salzwasser

3 l Wasser
3 gestr. TL Salz
etwas Kurkuma (Gelbwurz)
300 g schmale Bandnudeln
3 Stück (je 150 g) Stremel-Lachs (geräuchertes Lachsfilet)

Zum Marinieren:
2–3 EL heller Balsamico-Essig
Salz
frisch gemahlener Pfeffer
Zucker
1/2 gestr. TL mittelscharfer Senf
5 EL Speiseöl

Für die Sauce:
4 EL Salatmayonnaise
300 g Naturjoghurt
4 hart gekochte Eier
100 g gekochter Schinken
2 EL Schnittlauchröllchen
Salz
Pfeffer
Zucker
etwas mittelscharfer Senf

Zubereitungszeit: 50 Minuten, ohne Marinierzeit

Insgesamt:
E: 199 g, F: 177 g, Kh: 260 g, kJ: 14646, kcal: 3497

Raffiniert

1. Vom Brokkoli die Blätter entfernen. Brokkoli waschen, abtropfen lassen und in Röschen teilen. Stängel schälen und in etwa 1 cm dicke Scheiben schneiden. Möhren putzen, schälen, waschen und in Scheiben schneiden. Brokkoli und Möhrenscheiben in kochendem Salzwasser etwa 8 Minuten bissfest kochen. Anschließend in ein Sieb geben, mit kaltem Wasser übergießen und abtropfen lassen.
2. Wasser in einem großen Topf mit geschlossenem Deckel zum Kochen bringen. Dann Salz, Kurkuma und Nudeln zugeben. Die Nudeln im geöffneten Topf bei mittlerer Hitze nach Packungsanleitung kochen lassen, dabei 4–5-mal umrühren.
3. Anschließend die Nudeln in ein Sieb geben, mit heißem Wasser abspülen und gut abtropfen lassen.
4. Lachs in mundgerechte Stücke oder Streifen schneiden, dabei die Haut entfernen.
5. Zum Marinieren Essig mit Salz, Pfeffer, Zucker und Senf in einer Schüssel verrühren. Speiseöl unterschlagen. Brokkoliröschen, -scheiben und Möhrenscheiben hinzugeben, etwa 30 Minuten marinieren.
6. Für die Sauce Mayonnaise und Joghurt verrühren. Eier pellen, mit Schinken in feine Würfel schneiden und vorsichtig unterrühren. Schnittlauchröllchen unterheben. Die Sauce mit Salz, Pfeffer, Zucker und Senf würzen.
7. Nudeln in eine große Schüssel geben, das marinierte Gemüse darauf legen. Mit Lachsstreifen oder -stücken belegen. Die Sauce in Klecksen darauf verteilen.

Tipp:
Stremel-Lachs ist in Stücke oder Streifen (Stremel) geschnittener, heiß geräucherter Lachs.

Brokkoli-Lachs-Salat

Brombeersauce

Brombeersauce

10 Portionen (etwa 500 ml [1/2 l])

2 Zwiebeln
2 EL Butter
8 EL Brombeergelee
1 Flasche (0,7 l) Rotwein
1 Msp. gemahlener Piment
Salz, frisch gemahlener Pfeffer
evtl. einige frische Brombeeren

Zubereitungszeit: 20 Minuten

Insgesamt:
E: 3 g, F: 34 g, Kh: 149 g,
kJ: 5507, kcal: 1314

Mit Alkohol

1. Zwiebeln abziehen und in kleine Würfel schneiden. Butter in einem Topf zerlassen. Zwiebelwürfel darin goldbraun andünsten. Gelee hinzugeben und unter Rühren erhitzen.
2. Rotwein hinzugießen, zum Kochen bringen und bis zur gewünschten Konsistenz einkochen lassen. Mit Piment, Salz und Pfeffer würzen.
3. Vor dem Servieren einige frische Brombeeren unterheben.

Tipp:
Brombeersauce schmeckt zu kurz Gebratenem und Wild-Pastete.

Brotchips mit Ziegenfrischkäse

12–15 Stück

2 Frühlingszwiebeln
2–3 Basilikumstängel
4 Cocktailtomaten
200 g Ziegenfrischkäse
2–4 EL Schlagsahne
Salz
frisch gemahlener Pfeffer
12–15 Brotchips (Zwiebel-Oregano-Geschmack) aus 1 Tüte Brotchips

Zubereitungszeit: 20 Minuten

Insgesamt:
E: 26 g, F: 65 g, Kh: 42 g,
kJ: 3809, kcal: 2100

Brotchips mit Ziegenfrischkäse

1. Frühlingszwiebeln putzen, waschen, gut abtropfen lassen und in feine Ringe schneiden. Basilikum abspülen und trockentupfen. Die Blättchen von den Stängeln zupfen. Tomaten waschen, trockentupfen und vierteln, Stängel-ansätze entfernen.
2. Ziegenfrischkäse mit Sahne zu einer geschmeidigen Masse verrühren. Zwiebelringe unter die Käsemasse rühren, mit Salz und Pfeffer würzen.
3. Die Käsemasse auf den Brotchips verteilen und mit je einem Tomatenstück und Basilikumblättchen garnieren.

Tipp:
Die Ziegenfrischkäsemasse schmeckt auch gut auf Kräckern oder Crostini.

Brotchips mit zwei Belägen

Brotchips mit zwei Belägen

6 Portionen

Für den Mais-Paprika-Quark:
140 g Gemüsemais aus der Dose (etwa 1/2 Dose)
1/2 Bund Dill
100 ml Schlagsahne
1 Pck. Dr. Oetker Sahnesteif
1 Pck. (200 g) Paprikaquark (20 % Fett)
Salz

Für die Makrelensahne:
200 g geräuchertes Makrelenfilet
250 ml (1/4 l) Schlagsahne
1 Bund Schnittlauch

1 Pck. (250 g) Brotchips

Zubereitungszeit: 35 Minuten, ohne Kühlzeit

Insgesamt:
E: 106 g, F: 180 g, Kh: 195 g, kJ: 12057, kcal: 2875

Raffiniert

1. Für den Mais-Paprika-Quark Mais in ein Sieb geben, mit kaltem Wasser abspülen und gut abtropfen lassen. Dill abspülen und trockentupfen (einige Stängel zum Garnieren beiseite legen). Die Spitzen von den Stängeln zupfen. Spitzen klein hacken. Sahne mit Sahnesteif steif schlagen. Mais, Sahne und Dillspitzen unter den Paprikaquark heben. Mit Salz abschmecken.
2. Für die Makrelensahne Makrelenfilet evtl. entgräten, enthäuten, in Stücke schneiden und mit 150 ml Sahne pürieren. Restliche Sahne steif schlagen und unterheben. Schnittlauch abspülen, trockentupfen und in Röllchen schneiden. 1 Esslöffel Schnittlauchröllchen zum Garnieren beiseite legen. Restliche Schnittlauchröllchen unter die Makrelensahne mischen.
3. Die Quarkmasse und Makrelensahne getrennt in je einen Spritzbeutel ohne Tülle füllen. Die Hälfte der Brotchips mit der Quarkmasse bespritzen und die restlichen Brotchips mit der Makrelensahne bespritzen. Oder mit 2 Teelöffeln auf die Brotchips geben. Die Chips mit den beiseite gelegten Dillzweigen und Schnittlauchröllchen garnieren.

Tipp:
Die Brotchips mit dem Mais-Paprika-Quark-Belag mit Mais und Dillstängeln garnieren. Die Brotchips mit dem Makrelensahne-Belag mit Forellenkaviar und Schnittlauchhalmen garnieren.
Sie können die Beläge bereits einige Stunden vor dem Verzehr zubereiten und kalt stellen. Die Beläge aber erst kurz vor dem Servieren auf die Brotchips geben, damit die Chips nicht durchweichen.

Brotplatte

Gefülltes Baguette
18 Scheiben

3 Baguettebrötchen (etwa 250 g)
150 g Putenleberwurst
1 EL Zitronensaft
2 hart gekochte Eier
1 Bund (etwa 60 g) Rauke (Rucola)

1. Von den Baguettebrötchen jeweils die spitzen Enden abschneiden. Mit einem spitzen, langen Messer (oder einem Gemüseausstecher) etwa 2 cm dicke Löcher hineinbohren.
2. Putenleberwurst mit Zitronensaft vermengen. Eier pellen und fein hacken. Rauke putzen, waschen, trockentupfen und klein hacken.
3. Eierwürfel und Rauke vorsichtig unter die Putenleberwurst rühren. Die Masse in einen Spritzbeutel ohne Lochtülle füllen und in die Baguettebrötchen spritzen.
4. Die Brötchen in Frischhaltefolie wickeln und etwa 2 Stunden kalt stellen. Die Baguettebrötchen in etwa $^1/_2$ cm dicke Scheiben schneiden.

Insgesamt:
E: 53 g, F: 45 g, Kh: 117 g, kJ: 4581, kcal: 1098

Gefüllte Körnerbrötchen
16 Scheiben

2 Roggenkörnerbrötchen (je etwa 75 g)
250 g fertig gekaufter Farmersalat (mit Möhren und Äpfeln)
2 EL gehackte Petersilie
50 g gemahlene Sonnenblumenkerne
einige Schnittlauchhalme
2 dünne Stangen Staudensellerie

1. Die Brötchen waagerecht halbieren und etwas aushöhlen. Salat mit Petersilie und Sonnenblumenkernen verrühren, auf den Brötchenhälften verteilen.
2. Schnittlauch abspülen und trockentupfen. Sellerie putzen und die harten Außenfäden abziehen. Selleriestangen waschen und trockentupfen. Schnittlauchhalme und Selleriestangen der Länge nach in die Mitte der beiden unteren Brötchenhälften legen. Die Brötchen wieder zusammensetzen, gut andrücken und etwa 30 Minuten kalt stellen.
3. Die Brötchen mit einem scharfen Messer in je 8 Scheiben schneiden.

Insgesamt:
E: 26 g, F: 89 g, Kh: 83 g, kJ: 5158, kcal: 1234

Brotplatte

Gefülltes Fladenbrot
16 Stück

1 kleines, ovales Fladenbrot (etwa 120 g)

Für die Füllung:
1 Dose (100 g) Chickenspread (Huhnaufstrich, in gut sortierten Supermärkten erhältlich)
75 g schwarze und grüne entsteinte, in Öl und Kräutern eingelegte Oliven
1 EL gehacktes Basilikum
Salz, Pfeffer
Zitronensaft
1 grüne, türkische Paprikaschote (etwa 50 g)

Zum Garnieren:
8 halbierte Oliven
16 Basilikumblättchen

1. Fladenbrot waagerecht durchschneiden. Für die Füllung Chickenspread mit den klein gehackten Oliven und Basilikum verrühren. Mit Salz, Pfeffer und Zitronensaft abschmecken. Die Füllung auf die Fladenbrothälften streichen.

2. Paprika vierteln, entstielen, entkernen und die weißen Scheidewände entfernen, Schote waschen, trockentupfen und auf die Füllung legen. Die Brothälften aufeinander legen, gut andrücken und mit einem scharfen Messer in 16 Stücke schneiden.
3. Das Brot mit Olivenhälften und Basilikumblättchen garnieren.

Zubereitungszeit: 60 Minuten

Insgesamt:
E: 29 g, F: 85 g, Kh: 66 g,
kJ: 4827, kcal: 1152

Für Gäste

Brotsalat

4 Portionen

300 g Fladenbrot (vom Vortag)
3 Knoblauchzehen
4 EL Olivenöl
250 g Cocktailtomaten
2 rote Zwiebeln
1 rote Paprikaschote
1 Salatgurke (etwa 500 g)
1 Bund glatte Petersilie
15 entsteinte Kräuteroliven
3 EL geschälte Kürbiskerne
Salz, frisch gemahlener Pfeffer
Saft von 3 Zitronen
6 EL Olivenöl

Zubereitungszeit: 40 Minuten, ohne Abkühlzeit

Brotsalat

Insgesamt:
E: 41 g, F: 137 g, Kh: 185 g,
kJ: 9084, kcal: 2169

Vegetarisch

1. Fladenbrot in 1 x 1 cm große Würfel schneiden. Knoblauch abziehen, fein würfeln. Olivenöl in einer Pfanne erhitzen, die Brotwürfel darin anrösten. Kurz bevor die Brotwürfel fertig sind, die Knoblauchwürfel hinzufügen und mit anrösten. Die Brotwürfel aus der Pfanne nehmen und erkalten lassen.
2. Tomaten waschen, abtrocknen, evtl. die Stängelansätze entfernen. Große Tomaten evtl. halbieren. Zwiebeln abziehen, zuerst in dünne Scheiben schneiden, dann in Ringe teilen. Paprika vierteln, entstielen, entkernen und die weißen Scheidewände entfernen. Schote waschen, trockentupfen und in Würfel schneiden.
3. Gurke waschen, abtrocknen und die Enden abschneiden. Die Gurke längs vierteln und in Stücke schneiden. Petersilie abspülen und trockentupfen. Die Blättchen von den Stängeln zupfen. Blättchen klein schneiden.
4. Die vorbereiteten Salatzutaten in eine Schüssel geben, mit Petersilie, Oliven und Kürbiskernen mischen. Mit Salz, Pfeffer und Zitronensaft würzen, mit Olivenöl beträufeln. Brotwürfel unterheben. Den Salat sofort servieren.

Tipp:
Salat und Brotwürfel erst kurz vor dem Verzehr mischen, damit die Brotwürfel nicht durchweichen. Wenn Sie den Salat einige Zeit vor dem Verzehr zubereiten, die Brotwürfel getrennt aufbewahren. Die Kürbiskerne schmecken intensiver, wenn Sie vorher in einer Pfanne ohne Fett geröstet werden.

Buchweizenwaffeln

Buchweizenwaffeln

8–10 Stück

Für den All-in-Teig:
170 g Butter oder Margarine
120 g Buchweizenmehl (erhältlich im Reformhaus)
80 g gesiebtes Weizenmehl
1 gestr. TL Dr. Oetker Backin
1 gestr. TL Salz
250 ml (1/4 l) Milch
4 Eier (Größe M)

Zubereitungszeit: 25 Minuten, ohne Abkühlzeit

Insgesamt:
E: 50 g, F: 178 g, Kh: 162 g,
kJ: 10456, kcal: 2499

Einfach

1. Für den Teig Butter oder Margarine zerlassen und etwas abkühlen lassen. Beide Mehlsorten mit Backpulver mischen und in eine Rührschüssel geben. Salz, Milch, Eier und die abgekühlte Butter oder Margarine hinzufügen. Die Zutaten mit Handrührgerät mit Rührbesen zunächst kurz auf niedrigster, dann auf höchster Stufe in etwa 2 Minuten zu einem glatten Teig verarbeiten.
2. Den Teig in nicht zu großen Portionen in ein gut erhitztes, gefettetes Waffeleisen füllen. Die Waffeln goldbraun backen, mit einer Gabel oder einem Pfannenwender herausnehmen und einzeln auf einen Kuchenrost legen.

Tipp:
Waffeln mit Kräuterquark und Rote-Bete-Salat servieren. Die kalten Waffeln können in einem Toaster aufgebacken werden.

Budapester Salat

6 Portionen

1 küchenfertiges Hähnchen (etwa 1 kg)
1 Bund Suppengemüse (Möhre, Sellerie, Porree [Lauch])
1 1/2–2 l Wasser
Salz

120 g Tomatenpaprika aus dem Glas
2 Gewürzgurken
1 Apfel

Für die Salatsauce:
3–4 EL Kräuteressig
2 EL kaltes Wasser
Salz
frisch gemahlener Pfeffer
3 EL Speiseöl
1 geh. EL Schnittlauchröllchen
Petersilie zum Garnieren

Zubereitungszeit: 60 Minuten, ohne Durchziehzeit

Insgesamt:
E: 163 g, F: 69 g, Kh: 20 g,
kJ: 5717, kcal: 1367

Raffiniert

1. Hähnchen von innen und außen unter fließendem kalten Wasser abspülen und trockentupfen. Suppengemüse putzen, waschen, abtropfen lassen und klein schneiden.
2. Wasser in einem hohen Topf zum Kochen bringen, Hähnchen, Suppengemüse und Salz hinzufügen wieder zum Kochen bringen. Das Hähnchen zugedeckt in 45–50 Minuten gar kochen.
3. Das Hähnchen mit einer Schaumkelle herausnehmen und abkühlen lassen. Das Fleisch vom Knochen lösen, Haut und Sehnen entfernen. Das Fleisch in Streifen schneiden.
4. Tomatenpaprika abtropfen lassen, mit den Gurken in schmale Streifen schneiden. Apfel schälen, vierteln, entkernen, ebenfalls in Streifen schneiden.
5. Hähnchenfleisch mit Tomatenpaprika-, Gurken- und Apfelstreifen in eine Schüssel geben und gut vermengen.
6. Für die Sauce Essig mit Wasser, Salz und Pfeffer verrühren, Speiseöl unterschlagen. Schnittlauchröllchen hinzufügen.
7. Die Salatzutaten mit der Sauce vermengen und den Salat gut durchziehen lassen, nochmals mit Salz und Pfeffer abschmecken.

Budapester Salat

8. Petersilie abspülen und trockentupfen. Den Salat mit Petersilie garniert servieren.

Tipp:
Die Hähnchenbrühe entfetten und für eine Suppe verwenden. Schneller geht es, wenn Sie ein Grillhähnchen verwenden.

Buttervariationen

Butter mit dreierlei Pfeffer

250 g weiche Butter
1 TL grüne Pfefferkörner in Salzlake
1 TL rosa Pfefferbeeren
1 TL frisch gemahlener, schwarzer Pfeffer, Salz

Zubereitungszeit: 15 Minuten

Insgesamt:
E: 1 g, F: 208 g, Kh: 3 g,
kJ: 7949, kcal: 1900

Schnell

1. Butter in eine Rührschüssel geben. Die grünen Pfefferkörner abtropfen lassen.
2. Butter mit Handrührgerät mit Rührbesen so lange schlagen, bis sich ihr Volumen verdoppelt hat und die Butter leicht weißlich geworden ist.
3. Grüne Pfefferkörner und rosa Pfefferbeeren und den gemahlenen Pfeffer zu der Butter geben und gut unterrühren, mit Salz abschmecken.
4. Die Buttermasse auf ein Stück Backpapier oder Frischhaltefolie legen und zu einer Rolle formen. Die Enden zusammendrehen und fixieren. Die Butter im Kühlschrank fest werden lassen.

Abwandlung:

Koriander-Orangen-Butter

250 g Butter wie unter Punkt 2 beschrieben aufschlagen. Abgeriebene Schale von 1 Bio-Orange (unbehandelt, ungewachst) und 2 Esslöffel frisch gehackten Koriander gut unterrühren. Mit Salz und frisch gemahlenem Pfeffer abschmecken. Die Butter wie unter Punkt 4 beschrieben zu einer Rolle formen und einpacken.

Tipp:
Die Butter kann auf Vorrat zubereitet und portionsweise eingefroren werden.

Tomatenbutter

250 g weiche Butter
1/2 Zwiebel
1 Knoblauchzehe
2 TL Speiseöl
1 mittelgroße, reife Tomate
1 TL Tomatenmark
etwas frisch gehackter Liebstöckel (Maggikraut)
Kräutersalz
frisch gemahlener Pfeffer

Zubereitungszeit: 20 Minuten

Insgesamt:
E: 2 g, F: 216 g, Kh: 5 g,
kJ: 8276, kcal: 1978

Raffiniert

1. Butter in eine Rührschüssel geben und mit Handrührgerät mit Rührbesen schaumig schlagen.
2. Zwiebel und Knoblauch abziehen, in kleine Würfel schneiden. Speiseöl in einer Pfanne erhitzen. Zwiebel- und Knoblauchwürfel darin glasig dünsten.

Buttervariationen

3. Tomate waschen, kreuzweise einschneiden und einige Sekunden in kochendes Wasser legen. Tomate in Eiswasser abschrecken, enthäuten und den Stängelansatz entfernen.
4. Tomate mit den Zwiebel- und Knoblauchwürfeln pürieren und unter die Buttermasse rühren. Mit Tomatenmark, Liebstöckel, Kräutersalz und Pfeffer abschmecken. Butter kalt stellen.

Tipp: Die Butter in einen Spritzbeutel mit großer Sterntülle füllen, in ein Schälchen spritzen und kalt stellen.

Abwandlung:

Champignonbutter

250 g weiche Butter, 1/2 Zwiebel, 1 Knoblauchzehe und 2 Teelöffel Speiseöl wie unter Punkt 1 beschrieben zubereiten. Etwa 70 g Champignons putzen, mit Küchenpapier abreiben, evtl. kurz abspülen, trockentupfen und in Stücke schneiden. Champignonstücke zu den glasig gedünsteten Zwiebel- und Knoblauchzwiebeln geben und kurz anbraten. Champignonmasse mit einem Mixstab pürieren, erkalten lassen. Püree unter die Buttermasse rühren. Mit 1 Spritzer Zitronensaft, Salz und etwas frisch gemahlenem Pfeffer kräftig abschmecken.

Caesar-Dressing

Caesar-Dressing

8–10 Portionen

1 Glas (500 g) Salatmayonnaise
je 100 ml Schlagsahne und Milch
2 Knoblauchzehen
3 EL frisch geriebener Parmesan-Käse
1 Sardellenfilet (aus dem Glas)
2 EL Weißweinessig
Salz
frisch gemahlener Pfeffer

Zubereitungszeit: 15 Minuten

Insgesamt:
E: 23 g, F: 310 g, Kh: 33 g,
kJ: 12542, kcal: 2996

Schnell – einfach

1. Mayonnaise mit Sahne und Milch in einen hohen Rührbecher geben. Knoblauch abziehen.
2. Knoblauch, Käse, Sardellenfilet, Essig, Salz und Pfeffer hinzufügen.
3. Die Zutaten mit einem Mixstab pürieren. Dressing mit Salz und Pfeffer abschmecken.

Tipp:
Für 4 Portionen einen Römersalat oder Eisbergsalat putzen, waschen, trockenschütteln und in Stücke schneiden. Mit 2 Esslöffeln des Dressings mischen und in einem tiefen Teller anrichten. Frisch geriebenen Parmesan-Käse, geröstete Brotwürfel und eine kross gebratene Poulardenbrust auf den angerichteten Salat legen (ein köstliches Sommergericht).

California-Salat

4 Portionen

200 g verschiedene Blattsalate, nach Angebot und eigenem Geschmack, z. B. Frisée, Rucola, Lollo rosso, Löwenzahn, Portulak usw.
100 g Gemüse, z. B. Zuckerschoten, grüner Spargel, weißer Spargel, junge Möhren, Frühlingszwiebeln
100 g Früchte, z. B. Erdbeeren, Tamarillos, Pfirsiche, Himbeeren, Melonenspalten, Orangenfilets

Für das Dressing:
1 Frühlingszwiebel
1 EL Himbeeressig
1 EL Sherryessig
3 EL Olivenöl
1 TL Sesamöl
Salz
frisch gemahlener Pfeffer
1 Prise Zucker

2 EL Pinienkerne

3 Stängel Basilikum
5 Stängel Kerbel
3 Stängel Estragon

80 g Lachsfilet
80 g Red-Snapper-Filet
Fleisch von 4 großen Jakobsmuscheln
4 Scampi
Salz, frisch gemahlener Pfeffer
2 EL Olivenöl

Zubereitungszeit: 50 Minuten, ohne Marinier- und Abkühlzeit

California-Salat

Insgesamt:
E: 54 g, F: 62 g, Kh: 27 g,
kJ: 3704, kcal: 885

Raffiniert

1. Blattsalate putzen, waschen, abtropfen lassen und gut trockenschleudern oder -tupfen.
2. Gemüse putzen, waschen und kurz in kochendem Salzwasser blanchieren, anschließend in Eiswasser abschrecken und abtropfen lassen.
3. Erdbeeren, Tamarillos und Pfirsiche waschen, abtropfen lassen, entstielen, entsteinen. Je nach Frucht putzen, in Spalten schneiden, filetieren oder ganz verwenden.
4. Für das Dressing Frühlingszwiebel putzen, waschen, abtropfen lassen und in feine Ringe schneiden. Himbeer- und Sherryessig mit den Zwiebelringen verrühren, Oliven- und Sesamöl unterschlagen. Mit Salz, Pfeffer und Zucker würzen.
5. Das vorbereitete Gemüse mit dem Dressing mischen und etwa 3 Minuten marinieren, dann Blattsalate untermischen.
6. Pinienkerne in einer Pfanne ohne Fett goldbraun rösten, herausnehmen und auf einem Teller abkühlen lassen.
7. Kräuter abspülen und trockentupfen. Die Blättchen von den Stängeln zupfen. Blättchen klein schneiden. Pinienkerne und Kräuter unter den Salat heben.
8. Den Salat auf Tellern verteilen und mit den Früchten garnieren.
9. Fischfilets, Muschelfleisch und Scampi kurz unter fließendem kalten Wasser abspülen und trockentupfen. Mit Salz und Pfeffer bestreuen. Olivenöl in einer Pfanne erhitzen. Fischfilets, Muschelfleisch und Scampi kurz darin braten, herausnehmen, etwas abkühlen lassen und um den angerichteten Salat legen, sofort servieren.

Tipp: Tamarillos werden auch Baumtomaten genannt. In Größe und Form ähneln sie braunroten Pflaumen, die an beiden Seiten spitz zulaufen. Ihr Geschmack ist säuerlich, an Tomaten erinnernd. Red Snapper kann durch einen anderen festfleischigen, weißen Fisch ersetzt werden.

Camemberttoast mit Preiselbeeren

4 Portionen

4 Scheiben Grahambrot oder leichtes Vollkornbrot
6 Birnenhälften aus der Dose
200 g Camembert (30 % Fett)
2 EL Preiselbeerkompott

Zubereitungszeit: 20 Minuten

Insgesamt:
E: 75 g, F: 52 g, Kh: 256 g,
kJ: 7552, kcal: 1808

Für Gäste

1. Brotscheiben leicht toasten. Birnenhälften in einem Sieb gut abtropfen lassen (evtl. mit Küchenpapier trockentupfen) und in Spalten schneiden. Birnenspalten auf den Toastscheiben verteilen.
2. Camembert in Scheiben schneiden und auf die Birnenspalten legen.
3. Die belegten Toastscheiben auf den Rost (mit Backpapier belegt) des Backofens legen. Den Rost in den Backofen schieben. Toastscheiben kurz überbacken, bis der Camembert anfängt zu zerlaufen.
   Ober-/Unterhitze: etwa 200 °C (vorgeheizt)
   Heißluft: etwa 180 °C (vorgeheizt)
   Gas: Stufe 3–4 (vorgeheizt)
   Backzeit: 5–10 Minuten.
4. Die überbackenen Toastscheiben mit Preiselbeerkompott auf Tellern anrichten und sofort servieren.

Tipp: Probieren Sie diesen Toast auch einmal mit cremig, mild würzigem Gorgonzola-Käse.

Camemberttoast mit Preiselbeeren

Canapés mit Camembert

8 Stück

200 g Camembert
1 EL Weizenmehl
1 EL Wasser
1 Ei
75 g abgezogene, gehobelte Mandeln
40 g Butterschmalz
8 Scheiben Stangenweißbrot
40 g Butter

Nach Belieben zum Garnieren:
Ananasstücke
Mandarinenspalten
Kiwischeiben

Zubereitungszeit: 20 Minuten, ohne Abkühlzeit

Insgesamt:
E: 72 g, F: 144 g, Kh: 108 g,
kJ: 8500, kcal: 2031

Für Gäste

1. Camembert in Scheiben schneiden, zunächst in Mehl, dann in mit Wasser verschlagenem Ei und zuletzt in Mandeln wenden.
2. Butterschmalz in einer Pfanne zerlassen. Die Camembertscheiben kurz darin anbraten, herausnehmen, auf Küchenpapier legen und erkalten lassen.
3. Weißbrotscheiben mit Butter bestreichen. Die erkalteten Camembertscheiben auf den Weißbrotscheiben anrichten. Nach Belieben mit Ananasstücken, Mandarinenspalten und Kiwischeiben garnieren.

Tipp:
Sie können die Camembertscheiben auch mit Preiselbeerkonfitüre oder Mixed Pickles garnieren.

Canapés mit Camembert

Canapés mit Käse

10 Stück

100 g Edamer-Käse
25 g fein gehackte Erdnusskerne
10 g fein gehackte Walnusskerne
1–2 EL Salatmayonnaise
1 EL Crème fraîche
10 Pumpernickeltaler

Canapés mit Käse

halbierte Cocktailkirschen
Mandarinenspalten

Zubereitungszeit: 20 Minuten

Insgesamt:
E: 41 g, F: 75 g, Kh: 50 g,
kJ: 4334, kcal: 1036

Schnell

1. Käse in sehr kleine Würfel schneiden, mit Erdnusskernen, Walnusskernen, Mayonnaise und Crème fraîche verrühren. Die Masse in einen Spritzbeutel mit Lochtülle füllen und auf die Pumpernickeltaler spritzen.
2. Die Canapés mit Cocktailkirschen und Mandarinenspalten garnieren.

Tipp:
Es schmeckt auch ein anderer milder Schnittkäse.

Canapés mit Lachs

10 Stück

4–5 Scheiben Weizenmischbrot
30 g Butter
½–1 EL Zitronensaft
abgeriebene Schale von 1 Bio-Zitrone (unbehandelt, ungewachst)
Salz
frisch gemahlener Pfeffer
5 dünne Scheiben Räucherlachs
etwas geriebener Meerrettich (aus dem Glas)
Dillspitzen
gewaschene, trockengetupfte Salatblätter
halbierte Zitronenscheiben von 1 Bio-Zitrone (unbehandelt, ungewachst)

Zubereitungszeit: 15 Minuten

Insgesamt:
E: 28 g, F: 34 g, Kh: 54 g,
kJ: 2743, kcal: 655

Schnell – für Gäste

1. Aus den Brotscheiben mit einer runden Ausstechform (Ø etwa 4 cm) 10 Taler ausstechen.
2. Butter mit Zitronensaft und -schale geschmeidig rühren, mit Salz und Pfeffer würzen. Die Brottaler damit bestreichen.
3. Räucherlachs längs halbieren, in Größe der Brottaler zu Röllchen formen und auf die Brottaler legen. Jeweils einen kleinen Klecks Meerrettich darauf geben und mit Dillspitzen garnieren.
4. Die Canapés auf Salatblättern anrichten und mit Zitronenscheiben garnieren.

Canapés mit Lachs

Canapés mit Parmaschinken und Melone

Canapés mit Parmaschinken und Melone

10 Stück

4–5 Scheiben Weizenmischbrot
40 g Butter
5 dünne Scheiben Parmaschinken
½ kleine Ogenmelone
frisch gemahlener Pfeffer

Zubereitungszeit: 20 Minuten, ohne Abkühlzeit

Insgesamt:
E: 20 g, F: 29 g, Kh: 51 g,
kJ: 2287, kcal: 546

Für Gäste

1. Aus den Brotscheiben mit einer runden Ausstechform (Ø etwa 4 cm) 10 Taler ausstechen.
2. Butter in einer Pfanne zerlassen, die Brottaler von beiden Seiten darin goldbraun braten, herausnehmen, auf Küchenpapier legen, abtropfen und abkühlen lassen.
3. Parmaschinken längs halbieren, zu Tütchen aufrollen und jeweils auf die Brottaler legen.
4. Melonenhälfte entkernen. Aus dem Fruchtfleisch mit einem Kugelausstecher 10 Kugeln stechen. Je 1 Melonenkugel in die Schinkentütchen legen und mit Pfeffer bestreuen.

Canapés mit Wildpastete und Preiselbeeren

10 Stück

4–5 Scheiben Weizenmischbrot
40 g Butter
etwa 80 g Wildpastete (aus der Dose)
1 TL Weinbrand
1 EL Preiselbeeren (aus dem Glas)

Zubereitungszeit: 20 Minuten, ohne Kühlzeit

Insgesamt:
E: 16 g, F: 38 g, Kh: 73 g,
kJ: 2965, kcal: 709

Schnell – mit Alkohol

1. Aus den Brotscheiben mit einer runden Ausstechform (Ø etwa 4 cm) 10 Taler ausstechen.
2. Butter in einer Pfanne zerlassen, die Brottaler von beiden Seiten darin goldbraun braten, herausnehmen, auf Küchenpapier legen, abtropfen und abkühlen lassen.

Canapés mit Wildpastete und Preiselbeeren

3. Wildpastete mit Weinbrand gut verrühren und kalt stellen. Anschließend in einen Spritzbeutel mit Sterntülle füllen und auf die Brottaler spritzen. Die Canapés mit Preiselbeeren garnieren.

Tipp:
Nach Belieben zusätzlich mit etwas Thymian garnieren.

Cappuccinoparfait

Cappuccinoparfait

4 Portionen

3 Eigelb (Größe M)
70 g Zucker
1 EL lösliches Espressopulver
20 ml Tia Maria (Kaffeelikör)
1 Tasse Espresso
375 ml (3/8 l) Schlagsahne
Kakaopulver

Zubereitungszeit: 20 Minuten, ohne Gefrierzeit

Insgesamt:
E: 18 g, F: 137 g, Kh: 88 g,
kJ: 7195, kcal: 1720

Raffiniert

1. Eigelb mit Zucker, Espressopulver, Likör und Espresso in einer Schüssel im heißen Wasserbad aufschlagen. Schüssel in ein kaltes Wasserbad setzen und die Masse kalt schlagen.
2. 250 ml (1/4 l) Sahne steif schlagen und in zwei Portionen unterheben. Die Masse in große Kaffeetassen etwa 3/4 voll einfüllen und zum Gefrieren in den Gefrierschrank stellen. Gut durchkühlen lassen.
3. Das Parfait etwa 15 Minuten vor dem Servieren aus dem Gefrierschrank nehmen. Restliche Sahne halb steif schlagen und auf dem Parfait verteilen. Leicht mit Kakao bestäubt servieren.

Tipp: Tia Maria ist ein Jamaikanischer Kaffeelikör.

Carpaccio

4 Portionen

300 g Rinderfilet
4 EL Zitronensaft
125 ml (1/8 l) Olivenöl
Salz
frisch gemahlener Pfeffer
170 g Parmesan-Käse

Zum Garnieren:
1 Bio-Zitrone (unbehandelt, ungewachst)
etwas Rauke (Rucola)

Zubereitungszeit: 25 Minuten, ohne Gefrier- und Durchziehzeit

Insgesamt:
E: 120 g, F: 196 g, Kh: 8 g,
kJ: 9525, kcal: 2274

Klassisch

Carpaccio

1. Filet unter fließendem kalten Wasser abspülen und trockentupfen. Filet in Frischhaltefolie wickeln und im Gefrierschrank leicht anfrieren lassen.
2. Anschließend das angefrorene Filetstück mit einem scharfen Messer oder einem elektrischen Messer in hauchdünne Scheiben schneiden.
3. Filetscheiben dachziegelartig auf einer großen Platte anrichten. Zitronensaft und Olivenöl auf die Filetscheiben träufeln. Mit etwas Salz und Pfeffer bestreuen.
4. Parmesan in sehr dünne Scheiben hobeln. Die Filetscheiben damit belegen und mit Pfeffer bestreuen.
5. Zum Garnieren Zitrone heiß abwaschen, abtrocknen und in Spalten schneiden. Rauke abspülen und trockentupfen. Carpaccio mit Zitronenspalten und Rauke garniert servieren.

Beilage: Ciabatta-Brot.

Carpaccio vom Fisch

4 Portionen

200 g frischer Lachs, ohne Haut und Gräten
200 g frischer Heilbutt, ohne Haut und Gräten
grobes Salz
frisch gemahlener, weißer Pfeffer
Saft von 1 Limette oder Zitrone
2 EL Olivenöl
1 EL Crème fraîche
2 EL saure Sahne
50 g Kaviar, z. B. von Seehasen
gewaschene, fein geschnittene Salatblätter

Zubereitungszeit: 30 Minuten, ohne Gefrierzeit

Carpaccio vom Fisch

Insgesamt:
E: 87 g, F: 52 g, Kh: 5 g,
kJ: 3537, kcal: 848

Etwas teurer – für Gäste

1. Lachs und Heilbutt unter fließendem kalten Wasser abspülen und trockentupfen.
2. Den Fisch schräg in sehr dünne Scheiben schneiden. Die Lachsscheiben, einander leicht überlappend, zu einem Rechteck auf ein Stück Frischhaltefolie legen. Die Heilbuttscheiben darauf verteilen. Den Fisch mit Hilfe der Frischhaltefolie von der langen Seite her aufrollen. Die Rolle in der Folie im Gefrierschrank anfrieren lassen.
3. Von der Fischrolle die Folie entfernen. Den Fisch in Scheiben schneiden und auf gut gekühlten Portionstellern anrichten. Mit Salz und Pfeffer bestreuen, mit Limetten- oder Zitronensaft und Olivenöl beträufeln.
4. Crème fraîche mit saurer Sahne verrühren. Einen Löffel der Creme jeweils in die Mitte der Fischscheiben geben. Mit Kaviar und Salatblättern garnieren.

Carpaccio von Zucchini mit Gorgonzolacreme und Pinienkernen

Carpaccio von Zucchini mit Gorgonzolacreme und Pinienkernen

4 Portionen

Für die Gorgonzolacreme:

1 Schalotte oder kleine Zwiebel
½ Bund Suppengrün (etwa 150 g, Möhre, Porree [Lauch], Sellerie)
1 Tomate
6 Stängel frische Kräuter, z. B. Kerbel, Dill, Petersilie, Schnittlauch
120 g Gorgonzola-Käse
2 Becher (je 150 g) Crème fraîche
frisch gemahlener, schwarzer Pfeffer

2 kleine Zucchini (je etwa 200 g)
Meersalz
frisch gemahlener schwarzer Pfeffer
2–3 EL Zitronensaft
1–2 EL Olivenöl
je 2 EL geröstete, gehackte Walnuss- und Pinienkerne
etwa 10 blaue Weintrauben
Petersilienblättchen

Zubereitungszeit: 45 Minuten

Insgesamt:
E: 52 g, F: 179 g, Kh: 41 g, kJ: 8254, kcal: 1983

Vegetarisch

1. Für die Creme Schalotte oder Zwiebel abziehen und in kleine Würfel schneiden. Suppengrün putzen, schälen, waschen, abtropfen lassen und ebenfalls in kleine Würfel schneiden. Tomate waschen, kreuzweise einschneiden und einige Sekunden in kochendes Wasser legen. Tomate kurz in kaltem Wasser abschrecken, enthäuten, halbieren, entkernen und Stängelansatz entfernen. Tomate fein würfeln und beiseite legen.
2. Kräuter abspülen und trockentupfen. Von dem Kerbel und der Petersilie die Blättchen von den Stängeln zupfen. Blättchen klein schneiden. Von dem Dill die Spitzen von den Stängeln zupfen. Spitzen klein schneiden. Schnittlauch in kleine Röllchen schneiden.
3. Gorgonzola in eine Schüssel geben und mit einer Gabel zerdrücken. Vorbereitete Kräuter, Schalotten- oder Zwiebelwürfel und Suppengrünwürfel untermengen. Crème fraîche unterrühren. Die Creme mit Pfeffer abschmecken.
4. Zucchini waschen, abtrocknen und die Enden abschneiden. Zucchini in dünne Scheiben schneiden oder hobeln. Zucchinischeiben auf einer Platte zu einer großen Blüte legen. Meersalz mit Pfeffer, Zitronensaft und Olivenöl verrühren. Die Zucchinischeiben damit bestreichen.
5. In die Mitte der Blüte zwei Esslöffel der Creme geben. Weintrauben darumlegen. Mit einigen gehackten Pinien- und Walnusskernen und beiseite gelegten Tomatenwürfeln bestreuen. Nach Belieben mit Petersilienblättchen garnieren.
6. Restliche Creme mit den restlichen Pinien- und Walnusskernen und Tomatenwürfeln bestreuen, mit Petersilienblättchen garnieren und zum Carpaccio reichen.

Dazu passt ein frisches Ciabatta-Brot und ein fruchtiger trockener Weißwein. Gefüllte Schalotte oder Zwiebel und gewürfeltes Suppengrün etwa 5 Minuten in etwas Gemüsebrühe dünsten, abkühlen.

Champignon-Kräuter-Aufstrich

15 Portionen

400 g Champignons
1 Zwiebel
60 g getrocknete, in Öl eingelegte Tomaten
3 EL Olivenöl
Salz, frisch gemahlener Pfeffer
einige Thymian- und Rosmarinstängel
100 g Speisequark (Magerstufe)
50 g Naturjoghurt
100 g Schafkäse

Zubereitungszeit: 30 Minuten, ohne Abkühlzeit

Insgesamt:
E: 53 g, F: 54 g, Kh: 23 g, kJ: 3396, kcal: 812

Raffiniert

1. Champignons putzen, mit Küchenpapier abreiben, evtl. abspülen, trockentupfen und in kleine Würfel schneiden. Zwiebel abziehen und fein würfeln.

2. Tomaten in einem Sieb abtropfen lassen und in kleine Stücke schneiden. Olivenöl in einer Pfanne erhitzen, Zwiebelwürfel darin andünsten. Champignonwürfel hinzufügen und unter Rühren etwa 10 Minuten mit andünsten. Tomatenstücke unterrühren, mit Salz und Pfeffer würzen. Die Champignonmasse erkalten lassen.
3. Kräuter abspülen und trockentupfen. Die Blättchen bzw. Nadeln von den Stängeln zupfen. Blättchen oder Nadeln fein hacken.
4. Quark mit Joghurt verrühren. Schafkäse fein zerbröseln, mit der Champignonmasse pürieren und unter die Quark-Joghurt-Masse rühren. Kräuter unterrühren, mit Salz und Pfeffer würzen.
5. Champignon-Kräuter-Aufstrich in 2 gründlich gereinigte, gespülte und getrocknete Gläser füllen, mit Deckeln fest verschließen und kalt stellen.

Tipp:
Der Aufstrich ist gekühlt etwa 5 Tage haltbar.

Champignon-Kräuter-Aufstrich

Rezeptvorschläge für ein vegetarisches Buffet

Für ein vegetarisches Buffet benötigen Sie für 10–12 Personen:

1 x Rezept **Schnittchen mit Grünkernpaste** Seite 339
1 x Rezept **Baguette mit Tomate und Mozzarella** Seite 22
1 x Rezept **Senfstängel** Seite 350
1 x Rezept **Champignon-Kräuter-Aufstrich** Seite 52
3 x Rezept **Carpaccio von Zucchini mit Gorgonzolacreme und Pinienkernen** Seite 52
3 x Rezept **Obstsalat, klassisch** Seite 262

Außerdem:

etwas Brot und Brötchen.

Vorbereitungen am Vortag:

Im Laufe des Tages:	• Zutaten für die Paste kochen, pürieren.
	• Champignon-Kräuter-Aufstrich zubereiten und kalt stellen.
	• Gorgonzolacreme für das Carpaccio zubereiten, Tomaten würfeln, Weintrauben vorbereiten und alles kalt stellen.
Am Abend:	• Senfstängel backen und trocken lagern.

Vorbereitungen am Tag des Buffets:

4 Stunden vorher:	• Zucchini für das Carpaccio hobeln, anrichten und kalt stellen.
2 Stunden vorher:	• Schnittchen mit Grünkernpaste anrichten.
	• Baguettes zubereiten.
	• Obstsalat zubereiten.
1 Stunde vorher:	• Carpaccio würzen und fertig anrichten.
Kurz vorher:	• Brot und Brötchen anrichten.

Es eignen sich auch folgende zusätzliche Rezepte:

1 x Rezept **Ciabatta** Seite 60
1 x Rezept **Linsenpaste** Seite 229
3 x Rezept **Weizenkörnersalat** mit Schafkäse Seite 408
1 x Rezept **Eiersalat** mit Sprossen Seite 80
2 x Rezept **Weißkohlsalat mit Shiitake-Pilzen** Seite 407
1 x Rezept **Moussaka** Seite 254
1,5 x Rezept **Sommer-Kaltschale mit Pfannkuchenstreifen** Seite 356

Champignons, mariniert

4–6 Portionen

500 g kleine Champignons
4 Schalotten
2 Knoblauchzehen
125 ml (1/8 l) Estragonessig
250 ml (1/4 l) Wasser
2 Lorbeerblätter
10 weiße Pfefferkörner
1 EL Zucker
Salz
4–5 Estragonzweige
1 Minzezweig

Zubereitungszeit: 30 Minuten, ohne Abkühlzeit

Insgesamt:
E: 22 g, F: 0 g, Kh: 21 g, kJ: 811, kcal: 196

Gut vorzubereiten

1. Champignons putzen, mit Küchenpapier abreiben, evtl. abspülen und abtropfen lassen. Champignons in kochendem Salzwasser 2–3 Minuten garen. Anschließend in ein Sieb geben und abtropfen lassen.
2. Schalotten und Knoblauch abziehen, mit Estragonessig, Wasser, Lorbeerblättern, Pfefferkörnern, Zucker und Salz in einem Topf zum Kochen bringen. Estragon und Minze vorsichtig abspülen und in die Flüssigkeit geben. Topf von der Kochstelle nehmen, die Champignons hinzufügen und in der Essigflüssigkeit erkalten lassen.
3. Champignons in sorgfältig gespülte Gläser mit Schraubverschluss geben, die Essigflüssigkeit nochmals erhitzen und darauf gießen. Gläser sofort verschließen und auf den Kopf stellen (etwa 5 Minuten). An einem kühlen Ort aufbewahren.

Beilage: Toast, Butter.

Tipp:
Die marinierten Champignons aus der Marinade nehmen und 1–2 Esslöffel gehackte Petersilie unterheben. Die Champignons auf einem Glasteller anrichten und mit Tomatenachteln garnieren.

Charlotte Russe

6–8 Portionen

Für die Creme:
1 Vanilleschote
500 ml (1/2 l) Milch
4 Eigelb (Größe M)
100 g Zucker
10 Blatt weiße Gelatine
2 EL heißer Orangensaft
etwa 300 g Aprikosenhälften (aus der Dose)
12–15 Löffelbiskuits
3 EL Marillen- oder Aprikosengeist
500 ml (1/2 l) Schlagsahne

Zubereitungszeit: 40 Minuten, ohne Kühlzeit

Insgesamt:
E: 67 g, F: 204 g, Kh: 265 g, kJ: 14093, kcal: 3368

Chicken-Schnittchen

Tipp:
Wer die Charlotte ganz klassisch mag, verzichtet auf Marillengeist und Aprikosenpüree.

Chicken-Schnittchen

10 Stück

400 g Hähnchenbrustfilet
Salz
frisch gemahlener Pfeffer
2 EL Speiseöl
10 Scheiben Weißbrot
4 EL Salatmayonnaise
1 TL Currypulver
1–2 EL Zitronensaft
2 Zweige glatte Petersilie

Zubereitungszeit: 20 Minuten, ohne Abkühlzeit

Insgesamt:
E: 130 g, F: 100 g, Kh: 190 g,
kJ: 9300, kcal: 2220

Für Gäste – mit Alkohol

1. Für die Creme Vanilleschote aufschlitzen und das Mark herauskratzen. Milch mit Vanilleschote und -mark in einem Topf zum Kochen bringen. Topf von der Kochstelle nehmen, Vanilleschote entfernen.
2. Eigelb mit Zucker schaumig schlagen. Nach und nach die heiße Milch unterschlagen. Gelatine in kaltem Wasser nach Packungsanleitung einweichen. Gelatine leicht ausdrücken und in dem heißen Orangensaft unter Rühren auflösen, etwas abkühlen lassen. Gelatine mit etwas von der Vanillecreme verrühren, dann die restliche Vanillecreme unterrühren. Aprikosenhälften in einem Sieb abtropfen lassen und pürieren.
3. Eine Charlotte-Form mit geraden Wänden (Inhalt etwa 1,5 l) mit den Löffelbiskuits auslegen, mit dem Marillen- oder Aprikosengeist beträufeln.
4. Sahne steif schlagen (etwas Sahne zum Verzieren abnehmen). Sobald die Vanillecreme anfängt dicklich zu werden, Sahne unterheben. Ein Drittel der Vanille-Sahne-Creme in die Charlotte-Form geben, mit der Hälfte des Aprikosenpürees bestreichen. Ein zweites Drittel der Vanille-Sahne-Creme darauf verteilen und das restliche Aprikosenpüree darauf streichen.
5. Restliche Vanille-Sahne-Creme darauf geben und glatt streichen. Die Charlotte etwa 24 Stunden kalt stellen und dann auf einen Teller stürzen. Die Charlotte mit geschlagener Sahne verzieren.

Gut vorzubereiten

1. Hähnchenbrustfilets unter fließendem kalten Wasser abspülen, trockentupfen, mit Salz und Pfeffer bestreuen. Speiseöl in einer Pfanne erhitzen. Die Hähnchenbrustfilets hinzugeben und von beiden Seiten 10–15 Minuten goldbraun braten. Filets erkalten lassen und in 20 dickere Scheiben schneiden.
2. Die Brotscheiben toasten. Mayonnaise mit Curry, Salz und Zitronensaft verrühren. Die Brotscheiben damit bestreichen. Jeweils 2 Hähnchenbrustfiletscheiben darauf legen.
3. Petersilie abspülen und trockentupfen. Die Blättchen von den Stängeln zupfen. Chicken-Schnittchen mit den Petersilienblättchen garniert servieren.

Chili-Tomaten

8–10 Portionen

Für die Sauce:
100 ml Olivenöl
3 EL Weinessig
8–10 mittelscharfe rote Chilischoten
1 gestr. TL Zucker

1 kg Tomaten
Salz, 3–4 Zwiebeln
2 Bund Frühlingszwiebeln (je ca. 250 g)

Zubereitungszeit: 60 Minuten, ohne Durchziehzeit

Insgesamt:
E: 17 g, F: 104 g, Kh: 77 g,
kJ: 5517, kcal: 1316

Gut vorzubereiten

1. Für die Sauce Olivenöl mit Weinessig in einen hohen Rührbecher geben und verrühren.
2. Chilischoten waschen, abtrocknen, entstielen, längs halbieren und entkernen. Chilischoten grob zerkleinern und zur Essig-Öl-Mischung geben. Die Zutaten mit einem Mixstab pürieren, Zucker unterrühren. Die Sauce etwa 12 Stunden durchziehen lassen.
3. Tomaten waschen, abtrocknen, halbieren, entkernen und die Stängelansätze entfernen. Das Fruchtfleisch in Würfel schneiden und mit Salz würzen.
4. Zwiebeln abziehen und fein würfeln. Frühlingszwiebeln putzen, das dunkle Grün bis auf etwa 15 cm entfernen. Frühlingszwiebeln waschen, abtropfen lassen und in Ringe schneiden.
5. Die vorbereiteten Salatzutaten in eine Schüssel geben und mischen. Die Sauce unterheben. Die Chili-Tomaten etwas durchziehen lassen.

Tipp: Chili-Tomaten passen gut zu gegrilltem Fisch, Fleisch und zu Taco-Chips. Wer es weniger scharf mag, sollte grüne Chilischoten verwenden.

Chinakohlsalat mit Bündner Fleisch

2 Portionen

350 g Chinakohl
200 g Bündner Fleisch
3 Orangen
1 Grapefruit
125 g blaue Weintrauben

Für die Salatsauce:
7 EL Salatmayonnaise (etwa 120 g)
1 EL Weinbrand
Salz, frisch gemahlener Pfeffer
etwas Zucker

Zubereitungszeit: 35 Minuten

Insgesamt:
E: 88 g, F: 83 g, Kh: 93 g,
kJ: 6469, kcal: 1547

Mit Alkohol – für Gäste

1. Chinakohl putzen, vierteln und den Strunk herausschneiden. Die Blätter waschen, abtropfen lassen und in Streifen schneiden.
2. Das Bündner Fleisch ebenfalls in schmale Streifen schneiden. Orangen und Grapefruit so schälen, dass die weiße Haut mit entfernt wird. Orangen und Grapefruit über einer Schüssel filetieren, den Saft dabei auffangen. Trauben waschen, trockentupfen, entstielen, halbieren und entkernen.
3. Für die Sauce Mayonnaise mit dem aufgefangenen Orangen- und Grapefruitsaft, Weinbrand, Salz, Pfeffer und Zucker verrühren.
4. Die Salatzutaten in einer Schüssel anrichten. Die Sauce nach Belieben in Klecksen auf den Salat geben oder den Salat mit der Sauce übergießen und einige Minuten durchziehen lassen.

Chinasauce, süß-scharf

7 Portionen (etwa 350 g)

3 Zwiebeln
3 Knoblauchzehen
4 EL Speiseöl
250 ml (1/4 l) Sherry (medium)
5 EL Tomatenketchup
2 EL flüssiger Honig
Chilisauce oder Tabasco
Salz
etwas Weißweinessig
Sojasauce
frisch gemahlener Pfeffer

Chinesi:

Zubereit

Insgesan
E: 6 g, F:
kJ: 4038,

Raffiniert

1. Zwiebel
   fein wür
   erhitzen.
   würfel u
   darin dür
2. Sherry, Ke
   Sauce unt... aufkochen lassen.
   Mit Chilisauce oder Tabasco, Salz, Essig, Sojasauce und Pfeffer würzen.
3. Die Sauce zugedeckt erkalten lassen und vor dem Servieren nochmals abschmecken.

Tipp: Chinasauce zu ausgebackenen oder gegrillten Garnelen oder kaltem Geflügel servieren.

Chinesische Sauce

10 Portionen (etwa 500 g)

100 ml Sojasauce
100 ml trockener Weißwein (Riesling oder Silvaner)
2 EL Weißweinessig

250 ml (¼ l) Wasser
2–3 Knoblauchzehen
1 Msp. gemahlener Ingwer
1 EL Zucker
2 Sternanis
½ Stange Zimt
5 Gewürznelken
1 EL Speisestärke

n

sser in
h abzie-
gen. Mit
und
Kochen
köcheln
... Sieb
gießen.

2. Speisestärke mit etwas kaltem Wasser anrühren, die Sauce damit binden. Tomatenketchup unterrühren und einmal aufkochen lassen. Die Sauce mit Salz und Pfeffer abschmecken.

Chinesische süße Chilisauce (hinten), Chinasauce, süß-scharf (vorne)

Tipp: Die chinesische Sauce schmeckt zu Fischfilet, Schweinefleisch, Geflügel, zu ausgebackenen Scampis und Tintenfischringen.

Chinesische süße Chilisauce

12–14 Portionen (etwa 700 g)

Je 1 rote, grüne und gelbe Paprikaschote (etwa 600 g)
2 EL Speiseöl
500 ml (½ l) süße Chilisauce
200 ml Sweet & Sour Sauce (erhältlich im Asialaden)
frisch gemahlener Pfeffer
4 EL Sojasauce

Zubereitungszeit: 35 Minuten

Insgesamt:
E: 43 g, F: 33 g, Kh: 181 g,
kJ: 5924 , kcal: 1414

Schnell

1. Paprika halbieren, entstielen, entkernen und die weißen Scheidewände entfernen. Die Schoten waschen, trockentupfen und in dünne Streifen schneiden.
2. Speiseöl in einem Topf erhitzen, Paprikastreifen darin andünsten. Chilisauce und Sweet & Sour Sauce hinzugeben und etwa 5 Minuten unter Rühren leicht einkochen lassen. Mit Pfeffer und Sojasauce würzen.

Tipp:
Chilisauce passt zu gegrillten Garnelen, rohem Tunfisch oder Lachs und Reisgerichten. Sie kann durch Zusatz von Tabasco oder Chilischoten in eine scharfe Sauce umgewandelt werden.

Chips mit Avocado-Dip

6–8 Portionen

1 Bio-Limette (unbehandelt, ungewachst)
1 Zwiebel
2 große Avocados
4 Stängel frischer Koriander
2 EL Salatmayonnaise
1 TL Salz
frisch gemahlener Pfeffer
1/2 TL Currypulver

würzige Chips

Zubereitungszeit: 15 Minuten, ohne Kühlzeit

Insgesamt, ohne Chips:
E: 10 g, F: 133 g, Kh: 18 g,
kJ: 5432 , kcal: 1297

Raffiniert

1. Limette heiß abwaschen, abtrocknen und die Schale abreiben. Limette halbieren und auspressen.
2. Zwiebel abziehen und in kleine Würfel schneiden. Avocados halbieren, die Steine herausnehmen. Avocados schälen, das Fruchtfleisch in Stücke schneiden und mit Limettensaft beträufeln.
3. Koriander abspülen und trockentupfen. Die Blättchen von den Stängeln zupfen (einige Blättchen zum Garnieren beiseite legen).
4. Zwiebelwürfel, Avocadostücke, Limettenschale, Korianderblättchen, Mayonnaise, Salz, Pfeffer und Curry in einen hohen Rührbecher geben und mit einem Pürierstab kurz pürieren. Den Dip bis zum Servieren kalt stellen.
5. Den Dip mit den beiseite gelegten Korianderblättchen garnieren. Chips dazu reichen.

Chorizo-Spießchen, würzig

Chips mit Paprika-Dip

6–8 Portionen

Für den Dip:
1 kleine Zwiebel
1 gelbe oder rote Paprikaschote
2–3 EL Salatmayonnaise
1/2 gestr. TL Salz
frisch gemahlener Pfeffer
1/2 TL Paprikapulver edelsüß
6 EL (120 g) Doppelrahm-Frischkäse

würzige Chips oder Nachos

Zum Bestäuben:
Paprikapulver edelsüß

Zubereitungszeit: 15 Minuten

Insgesamt, ohne Chips:
E: 16 g, F: 71 g, Kh: 19 g,
kJ: 3254 , kcal: 777

Für Gäste

1. Für den Dip Zwiebel abziehen und in kleine Würfel schneiden. Paprika halbieren, entstielen, entkernen und die weißen Scheidewände entfernen. Schoten waschen, trockentupfen und in kleine Stücke schneiden.
2. Zwiebelwürfel mit Paprikastücken und Mayonnaise in einen hohen Rührbecher geben und fein pürieren. Mit Salz, Pfeffer und Paprika würzen. Frischkäse unterrühren.
3. Den Dip in eine kleine Schale füllen, mit Paprika bestäuben und zu den Chips oder Nachos reichen.

Tipp:
Servieren Sie den Dip zu einer Rohkostplatte. Besonders fein kann der Dip püriert werden, wenn die Zwiebelwürfel und Paprikastücke vor dem Pürieren einige Minuten in einem Topf mit 1 Esslöffel Speiseöl weich gedünstet werden.

Chorizo-Spießchen, würzig

16 Scheiben

1 schmales Stangenbaguette (etwa 350 g)

1 kleiner Lollo bionda (etwa 200 g)
4 EL Olivenöl
480 g Chorizo-Wurst (spanische Paprikawurst, 12 Scheiben)
evtl. frisch gemahlener Pfeffer

2 rote Zwiebeln (etwa 100 g)

16 große, mit Paprika gefüllte grüne Oliven (etwa 160 g)

1 Bund Majoran zum Garnieren

Außerdem 16 kleine Holzstäbchen

Zubereitungszeit: 45 Minuten

Insgesamt:
E: 128 g, F: 196 g, Kh: 176 g,
kJ: 12448, kcal: 2972

Raffiniert

1. Baguette in 16 Stücke (je etwa 20 g) schneiden. Lollo bionda putzen und von schlechten Blättern befreien. Lollo bionda waschen, trockentupfen oder trockenschleudern.
2. Olivenöl in einer großen Pfanne erhitzen. Baguettestücke- und Wurstscheiben portionsweise von beiden Seiten leicht darin anbraten, herausnehmen und nach Belieben mit Pfeffer bestreuen. Zwiebeln abziehen, zuerst in Scheiben schneiden, dann in Ringe teilen.
3. Baguettestücke zuerst mit einem Salatblatt, dann mit einer Wurstscheibe, Zwiebelringen und zuletzt mit einer Olive belegen. Die Oliven jeweils mit einem Holzstäbchen feststecken.
4. Zum Garnieren Majoran abspülen und trockentupfen. Die Spießchen auf einer Platte anrichten und mit Majoranzweigen garnieren.

Rezeptvorschläge für ein spanisches Buffet

Für ein spanisches Buffet benötigen Sie für 10–12 Personen:

2 x Rezept **Chorizo-Spießchen, würzig** Seite 59
2 x Rezept **Chicken-Schnittchen** Seite 55
2 x Rezept **Crostini mit rohem Schinken** Seite 68
1 x Rezept **Champignons, mariniert** Seite 54
2 x Rezept **Salat von großen weißen Bohnen** Seite 324

Außerdem:

2–3 Baguettebrote, Maisbrot oder spanisches Weißbrot

Eine Woche im Voraus:

Champignons, mariniert zubereiten.

Vorbereitungen am Vortag:

Im Laufe des Tages:
- Hähnchenbrust für Chicken-Schnittchen braten, kühl stellen.
- Salat von großen weißen Bohnen ohne Beilage und ohne Basilikum zubereiten.

Am Vorabend:
- Salat für die Chorizo-Spießchen vorbereiten und im Gefrierbeutel im Kühlschrank aufbewahren.
- Tomaten für die Crostini enthäuten und würfeln.

Vorbereitungen am Tag des Buffets:

3 Stunden vorher:
- Die Chorizo-Spießchen zubereiten.

2 Stunden vorher:
- Fleisch für die Chicken-Schnittchen schneiden, Schnittchen fertig stellen.
- Basilikum zum Salat von großen weißen Bohnen geben.

1 Stunde vorher:
- Crostini fertig stellen.
- Brote aufschneiden.

Es eignen sich auch folgende zusätzliche Rezepte:

2 x Rezept **Oliven im Speck-Käse-Mantel** Seite 264
2 x Rezept **Rot-grüne Paprikatorte mit Salat** Seite 316
3 x Rezept **Tunfischsalat** Seite 397
3 x Rezept **Fladenbrot mit Kräutern** Seite 104
3 x Rezept **Obstsalat mit Cream Sherry** Seite 262

Ciabatta

4 Stück

Für den Hefeteig:

1/2 Pck. (21 g) frische Hefe
500 ml (1/2 l) lauwarmes Wasser
950 g Weizenmehl (Type 550)
5 EL (75 ml) lauwarme Milch
1 EL Olivenöl
1 gestr. EL Salz
evtl. 2–3 EL lauwarmes Wasser

Zubereitungszeit: 70 Minuten, ohne Ruhe- und Teiggehzeit
Backzeit: 20–25 Minuten je Backblech

Insgesamt:
E: 101 g, F: 23 g, Kh: 690 g, kJ: 14341, kcal: 3423

Dauert länger

1. Für den Vorteig 1/4 Päckchen frische Hefe in 250 ml (1/4 l) Wasser bröckeln, 3–4 Minuten stehen lassen, dann sorgfältig verrühren. Mehl sieben, 350 g davon zu der Hefemischung geben und gut untermischen. Den Vorteig zugedeckt bei Zimmertemperatur gut 12 Stunden ruhen lassen.
2. Restliche Hefe in die Milch bröckeln, 3–4 Minuten stehen lassen, dann sorgfältig verrühren. Restliches Wasser, Olivenöl und den Vorteig hinzugeben. Die Zutaten mit Handrührgerät mit Knethaken sorgfältig verarbeiten. Restliches Mehl mit Salz hinzufügen und etwa 2 Minuten auf niedriger Stufe und 3 Minuten auf mittlerer Stufe durchkneten, evtl. noch Wasser hinzugeben.
3. Den Teig leicht mit Mehl bestäuben, aus der Schüssel nehmen und auf einer bemehlten Arbeitsfläche leicht durchkneten, evtl. etwas Mehl unterarbeiten. Der Teig soll relativ weich bleiben. Nochmals zugedeckt an einem warmen Ort etwa 1 Stunde gehen lassen, bis er sich verdoppelt hat und Blasen zeigt.
4. Den Teig auf der gut mit Mehl bestäubten Arbeitsfläche in 4 Portionen teilen, aber nicht durchkneten. Die Teigportionen zu je einem Rechteck (etwa 10 x 25 cm) ausrollen. Jedes Teigrechteck auf ein Stück gemehltes Backpapier legen und mit den Fingern regelmäßig eindrücken. Die Teigrechtecke zugedeckt etwa 90 Minuten ruhen lassen. Der Teig geht nur wenig auf.
5. Zwei Backbleche für etwa 15 Minuten zum Erhitzen in den vorgeheizten Backofen geben, danach mit Backpapier belegen. Die Teigbrote vorsichtig umgedreht darauf legen (dabei aber nicht die Luft herausdrücken!). Das Backpapier vorsichtig entfernen. Die Backbleche nacheinander (bei Heißluft zusammen) in den Backofen schieben.
   Ober-/Unterhitze: 200–220 °C (vorgeheizt)
   Heißluft: 180–200 °C (vorgeheizt)
   Gas: etwa Stufe 4 (vorgeheizt)
   Backzeit: 20–25 Minuten je Backblech.
6. Während der ersten 10 Minuten der Backzeit die Brote dreimal mit Wasser bestreichen.
7. Die Ciabatta-Brote von den Backblechen lösen und auf einem Kuchenrost erkalten lassen.

Ciabatta

Tipp:
Aus dem gleichen Teig können Sie ein Oliven-Tomaten-Brot herstellen. Nach der Stunde Teiggehzeit werden je 100 g schwarze und grüne, entsteinte, gewürfelte Oliven und 6 gewürfelte, getrocknete Tomaten (in Öl eingelegt, abgetropft) unter den Teig geknetet. Den Teig teilen, aus einer Portion ein flaches Brot, aus dem restlichen Teig 6 flache Fladen formen. Nach 90 Minuten Ruhezeit das Brot etwa 30 Minuten und die Fladen etwa 20 Minuten backen.

Ciabatta-Brötchen mit Frikadellen

12 Stück

1 Brötchen (Semmel) vom Vortag
1 Zwiebel
1 Bund Petersilie
500 g Gehacktes vom Schwein
1 Ei (Größe M)
2 TL Senf, z. B. Dijon-Senf
1 TL Pul Biber (geschrotete Pfefferschoten)
Salz, frisch gemahlener Pfeffer
6 EL Olivenöl

6 Ciabatta-Brötchen zum Aufbacken

2 saure Gurken
200 g Delikatessmayonnaise
1 TL Tsatsiki-Gewürzmischung

12 Salatblätter, z. B. Lollo bionda

Zubereitungszeit: 45 Minuten, ohne Abkühlzeit

Insgesamt:
E: 132 g, F: 300 g, Kh: 192 g, kJ: 16500, kcal: 3948

Beliebt

Ciabatta-Brötchen mit Frikadellen

1. Brötchen in kaltem Wasser einweichen und gut ausdrücken. Zwiebel abziehen und in kleine Würfel schneiden. Petersilie abspülen und trockentupfen. Die Blättchen von den Stängeln zupfen. Blättchen fein hacken.
2. Gehacktes in eine Schüssel geben. Ausdrücktes Brötchen, Zwiebelwürfel, Petersilie, Ei und Senf hinzugeben. Die Zutaten gut vermengen. Mit Pul Biber, Salz und Pfeffer würzen.
3. Aus der Fleischmasse mit angefeuchteten Händen 12 flache Frikadellen formen. Olivenöl in einer großen Pfanne erhitzen. Die Frikadellen darin von beiden Seiten in etwa 10 Minuten knusprig braten, herausnehmen und erkalten lassen.
4. Ciabatta-Brötchen nach Packungsanleitung aufbacken und anschließend etwas abkühlen lassen.
5. Gurken in kleine Würfel schneiden. Mayonnaise mit der Gewürzmischung verrühren. Gurkenwürfel unterrühren. Etwa einen Esslöffel der Mayonnaise zum Garnieren beiseite stellen. Salatblätter waschen und trockentupfen.
6. Ciabatta-Brötchen waagerecht aufschneiden. Die Schnittflächen mit der Mayonnaise bestreichen und mit Salatblättern belegen. Je eine Frikadelle darauf legen. Die beiseite gelegte Mayonnaise in Tupfen darauf geben.

Ciabatta-Ecken mit Parmaschinken oder Mortadella

6 Portionen

Ciabatta-Ecken mit Parmaschinken oder Mortadella

2 Ciabatta-Brote (je etwa 300 g), zum Aufbacken

Für die Ciabatta-Ecken mit Parmaschinken:

125 g Rucola (Rauke)
1 rote Zwiebel
2 EL Kräuteressig
3 EL Olivenöl
2 EL Orangensaft
Salz
frisch gemahlener Pfeffer
etwa 24 Scheiben Parmaschinken
einige dünne Melonenscheiben (z. B. Honigmelone)

Für die Ciabatta-Ecken mit Mortadella:

3 Tomaten
3 Frühlingszwiebeln
10 entsteinte Oliven
50 g geriebener Parmesan-Käse
200 g Ricotta (italienischer Frischkäse)
Salz, frisch gemahlener Pfeffer
gerebelter Thymian
12 große Scheiben Mortadella
Thymianzweige

Zubereitungszeit: 50 Minuten, ohne Abkühl- und Durchziehzeit

Insgesamt:

Ciabatta-Ecken mit Parmaschinken
E: 92 g, F: 46 g, Kh: 173 g, kJ: 6221, kcal: 1474

Insgesamt:

Ciabatta-Ecken mit Mortadella
E: 104 g, F: 152 g, Kh: 170 g, kJ: 10487, kcal: 2494

Für Gäste

1. Ciabatta-Brote nach Packungsanleitung aufbacken und etwas abkühlen lassen. Brote waagerecht halbieren, dann jede Brothälfte in 6 Dreiecke schneiden.
2. Für die Ciabatta-Ecken mit Parmaschinken: Rucola waschen, trockentupfen und in große Stücke schneiden. Zwiebel abziehen und in feine Würfel schneiden. Zwiebelwürfel mit Essig, Olivenöl und Orangensaft verrühren. Mit Salz und Pfeffer würzen. Rucola unterheben, etwas durchziehen lassen.
3. Zwölf Ciabatta-Ecken mit etwas von der Rucola-Zwiebel-Mischung belegen und je 2 Scheiben Parmaschinken und eine dünne Melonenscheibe darauf legen, mit Pfeffer bestreuen. Ciabatta-Ecken mit Parmaschinken auf einer Platte anrichten.
4. Für die Ciabatta-Ecken mit Mortadella: Tomaten waschen, abtropfen lassen, kreuzweise einschneiden, kurz in kochendes Wasser legen, dann mit kaltem Wasser abschrecken. Tomaten enthäuten, halbieren, entkernen und die Stängelansätze herausschneiden. Tomaten in kleine Würfel schneiden.
5. Frühlingszwiebeln putzen, waschen, abtropfen lassen und in Ringe schneiden. Oliven in kleine Stücke schneiden. Tomatenwürfel, Zwiebelringe, Olivenstücke und Parmesan-Käse mit Ricotta verrühren, mit Salz, Pfeffer und Thymian würzen.
6. Die restlichen Ciabatta-Ecken mit der Creme bestreichen. Je 1 Scheibe Mortadella darauf legen und auf der Platte mit anrichten. Thymian abspülen und trockentupfen. Ciabatta-Ecken mit Mortadella mit Thymianzweigen garnieren.

Ciabatta-Schnittchen

6 Portionen

Ciabatta-Schnittchen

1 Ciabatta-Brot (etwa 300 g), zum Aufbacken
250 g Mozzarella-Käse
4 mittelgroße Tomaten
200 g Doppelrahm-Frischkäse
frischer, grob gemahlener Pfeffer

Zubereitungszeit: 30 Minuten, ohne Abkühlzeit

Cocktail-Igel

Insgesamt:
E: 103 g, F: 116 g, Kh: 169 g,
kJ: 8978, kcal: 2133

Schnell

1. Ciabatta-Brot nach Packungsanleitung aufbacken, etwas abkühlen lassen. Das Brot waagerecht halbieren, dann in Dreiecke schneiden.
2. Mozzarella-Käse in einem Sieb abtropfen lassen und in dünne Scheiben schneiden.
3. Tomaten waschen, abtrocknen, halbieren und die Stängelansätze herausschneiden. Tomatenhälften in dünne Scheiben schneiden.
4. Die Ciabatta-Schnittchen mit Frischkäse bestreichen. Mozzarella- und Tomatenscheiben abwechselnd dachziegelartig darauf legen und mit Pfeffer bestreuen.

Cocktail-Igel

4 Portionen

50 g Speisequark (Magerstufe)
50 g Doppelrahm-Frischkäse
Salz
Selleriesalz
Zitronensaft

3 Pumpernickelscheiben

4 Cocktailwürstchen (aus dem Glas)
2 grüne Oliven, mit Paprika gefüllt
120 g Mixed Pickles (Blumenkohlröschen, Möhrenscheiben, aus dem Glas)
4 Cornichons
einige Mandarinen (aus der Dose)
150 g Käse, z. B. Gouda-Käse
6 grüne und blaue Weintrauben
1/2 Grapefruit

Außerdem:
Cocktailspieße

Zubereitungszeit: 55 Minuten

Insgesamt:
E: 66 g, F: 69 g, Kh: 90 g,
kJ: 5333 , kcal: 1275

Für die Party

1. Quark und Frischkäse geschmeidig rühren, mit Salz, Selleriesalz und Zitronensaft abschmecken. 2 Pumpernickelscheiben mit der Quark-Frischkäse-Masse bestreichen. Die Scheiben aufeinander legen und mit der dritten Pumpernickelscheibe belegen, evtl. eine Zeit lang kalt stellen.
2. Die Pumpernickelscheiben mit einem scharfen Messer in gleich große Würfel schneiden.
3. Cocktailwürstchen abtropfen lassen und trockentupfen. Oliven abtropfen lassen und in dünne Scheiben schneiden. Mixed Pickles und Cornichons abtropfen lassen, trockentupfen. Mandarinen ebenfalls abtropfen lassen und trockentupfen.
4. Käse in gleich große Würfel schneiden. Weintrauben waschen, entstielen und trockentupfen.
5. Die vorbereiteten Zutaten wie folgt auf Cocktailspieße stecken. Käsewürfel mit Weintrauben und Mandarinen, Cocktailwürstchen mit Olivenringen, Möhrenscheiben mit Blumenkohlröschen und Cornichons, Pumpernickelwürfel ebenfalls auf Cocktailspieße stecken.
6. Die Grapefruithälfte auf einen Teller legen. Die Cocktailspieße igelartig darauf stecken.

Cocktailspieße

Cocktailspieße

4 Portionen

150 g Edamer-Käse
Paprikapulver edelsüß
1/2 Salatgurke
1 Apfel, Zitronensaft

2 Matjesfilets (je etwa 70g)
1 Ananasscheibe (aus der Dose) oder
1 Apfel
2 Scheiben Toastbrot, in Würfeln

150 g Räucherfisch
100 g Käse, z. B. Gouda
2 kleine Gewürzgurken
1 Scheibe Toastbrot, in Würfeln

150 g Brie-Käse
8 grüne Weintrauben
2 Scheiben Pumpernickel

1 Scheibe Kochschinken
1–2 TL Delikatessmayonnaise
Melonenfleisch (etwa 100 g)
etwas Zucker

Außerdem:
Cocktailspieße

Zubereitungszeit: 60 Minuten

Insgesamt:
E: 168 g, F: 172 g, Kh: 124 g,
kJ: 11445, kcal: 2732

Für Gäste

1. Edamer-Käse in Würfel schneiden und in Paprika wälzen. Salatgurke waschen, abtrocknen und mit der Schale in dicke Scheiben schneiden. Apfel waschen, abtrocknen, vierteln, entkernen und mit Zitronensaft beträufeln. Zuerst Apfelviertel, dann Gurkenscheiben und zuletzt Käsewürfel auf Spieße stecken.
2. Matjesfilets in Stücke schneiden. Ananasscheibe abtropfen lassen, trockentupfen und ebenfalls in Stücke schneiden oder Apfel waschen, abtrocknen, halbieren, entkernen und in Spalten schneiden. Matjesfiletstücke mit Ananasstücken oder Apelspalten und Toastbrotwürfeln auf Spieße stecken.
3. Räucherfisch in Stücke schneiden. Käse in Würfel schneiden. Fischstücke mit Gurken, Käse- und Toastbrotwürfeln aufspießen.
4. Brie-Käse in Würfel schneiden. Weintrauben abspülen, trockentupfen und entstielen. Pumpernickel in Stücke schneiden. Zuerst Käsewürfel, dann Weintrauben und zuletzt Pumpernickelstückchen auf Spieße stecken.
5. Schinken mit Mayonnaise bestreichen, von der längeren Seite her zusammenrollen und in Röllchen schneiden. Aus dem Melonenfleisch mit einem Kugelausstecher Kugeln ausstechen und in Zucker wälzen. Schinkenröllchen und Melonenkugeln auf Spieße aufstecken. Die Cocktailspieße auf einer Platte anrichten.

Corned-Beef-Sülze

4–6 Portionen

6 Blatt weiße Gelatine
2 Blatt rote Gelatine
300 ml Fleischbrühe
400 g Corned Beef
1 gestr. TL Salz
frisch gemahlener Pfeffer
2–3 Tropfen Tabasco
1 Glas Maiskölbchen (Abtropfgewicht 135 g)
2 kleine Bockwürste oder Wiener Würstchen (etwa 160 g)
2 Gewürzgurken

Zubereitungszeit: 30 Minuten, ohne Kühlzeit

Insgesamt:
E: 126 g, F: 67 g, Kh: 13 g, kJ: 4864, kcal: 1161

Einfach

1. Weiße und rote Gelatine in kaltem Wasser nach Packungsanleitung einweichen. Brühe in einem Topf erwärmen. Corned Beef hinzufügen und unter Rühren auflösen.
2. Eingeweichte Gelatine leicht ausdrücken und in der warmen Corned-Beef-Masse unter Rühren auflösen. Mit Salz, Pfeffer und Tabasco kräftig abschmecken.
3. Den Boden einer dichten Kastenform (etwa 1,2 l Inhalt) etwa 1/2 cm hoch mit der Corned-Beef-Masse bedecken und für etwa 10 Minuten in den Kühlschrank stellen.
4. Maiskölbchen in einem Sieb abtropfen lassen und in die Form schichten, etwas von der Corned-Beef-Masse darauf geben und glatt streichen (die Maiskölbchen sollten dünn mit der Masse bedeckt sein). Die Form wieder für 10 Minuten in den Kühlschrank stellen.
5. Bockwürste oder Wiener Würstchen längs in die Form legen und ebenfalls mit der Corned-Beef-Masse bedecken. Die Form wieder für 10 Minuten in den Kühlschrank stellen.
6. Gewürzgurken längs vierteln, in die Form legen, die restliche Corned-Beef-Masse darauf verteilen. Die Form für mindestens 6 Stunden oder über Nacht in den Kühlschrank stellen.
7. Die Form kurz in heißes Wasser tauchen. Die Corned-Beef-Sülze auf eine Platte stürzen.

Beilage: Roggenmischbrot.

Corned-Beef-Sülze

Crostini mit Geflügelleber und Tomaten

Crostini mit Geflügelleber und Tomaten

16 Stück

Für die Geflügellebercreme:
1 kleine Knoblauchzehe
1 kleine Zwiebel
2 EL Olivenöl
2 EL Butter
300 g Geflügelleber
1 EL abgetropfte Kapern
1 EL Tomatenmark
100 ml Weißwein
Salz
frisch gemahlener schwarzer Pfeffer
1 EL fein gehackte Petersilie

Für den Tomatenbelag:
2 große Fleischtomaten
2 Knoblauchzehen
2 EL Olivenöl
1/2 Bund Basilikum

16 kleine Scheiben weißes, geröstetes Landbrot

Zubereitungszeit: 60 Minuten, ohne Abkühlzeit

Insgesamt:
E: 90 g, F: 91 g, Kh: 177 g, kJ: 8290, kcal: 1979

Mit Alkohol – für Gäste – gut vorzubereiten

1. Für die Geflügellebercreme Knoblauch und Zwiebel abziehen. Olivenöl in einer Pfanne erhitzen. Butter darin zerlassen. Knoblauch und Zwiebel darin weich dünsten. Geflügelleber unter fließendem kalten Wasser abspülen, trockentupfen, evtl. Sehnen entfernen. Geflügelleber klein schneiden und hinzugeben. Kapern fein hacken, mit dem Tomatenmark zu der Geflügelleber geben und unter mehrmaligem Wenden etwa 5 Minuten garen, Leber herausnehmen.
2. Wein in die Pfanne gießen, zum Kochen bringen und unter Rühren bei mittlerer Hitze einkochen lassen. Mit Salz und Pfeffer würzen. Petersilie und die Leber unterrühren. Die Masse erkalten lassen.
3. Für den Tomatenbelag Tomaten waschen, kreuzweise einschneiden und einige Sekunden in kochendes Wasser legen. Tomaten kurz in kaltem Wasser abschrecken, enthäuten, halbieren, entkernen und Stängelansätze entfernen. Tomaten in Würfel schneiden und in eine Schüssel geben. Knoblauch abziehen, durch eine Knoblauchpresse drücken und zu den Tomatenwürfeln geben. Olivenöl darauf träufeln und vorsichtig mischen.
4. Basilikum abspülen und trockentupfen. Die Blättchen von den Stängeln zupfen. Blättchen klein schneiden und untermengen. Mit Salz und Pfeffer würzen.
5. 8 Brotscheiben mit der Geflügellebercreme bestreichen. Restliche Brotscheiben mit den Tomatenwürfeln belegen.

Tipp:
Zum Rösten der Brotscheiben etwas Olivenöl in einer Pfanne erhitzen. Die Brotscheiben von beiden Seiten darin anrösten.

Crostini mit Olivencreme

4-6 Portionen

100 g entsteinte, schwarze Oliven
4 Sardellenfilets (oder Anchovis)
1 TL abgetropfte Kapern
Zitronensaft
2 EL Olivenöl
Salz, frisch gemahlener, weißer Pfeffer
2 Tomaten
Basilikumstängel

12 geröstete Baguettescheiben
6 kleine, halbierte Sardellenfilets
gewaschene, trockengetupfte Römersalatblätter

Zubereitungszeit: 25 Minuten

Insgesamt:
E: 33 g, F: 61 g, Kh: 132 g, kJ: 5095, kcal: 1217

Schnell

1. Oliven mit Sardellenfilets in einen Rührbecher geben und mit einem Mixstab grob pürieren. Kapern, Zitronensaft und Olivenöl unterrühren. Mit Salz und Pfeffer abschmecken.
2. Tomaten waschen, kreuzweise einschneiden und einige Sekunden in kochendes Wasser legen. Tomaten kurz in kaltem Wasser abschrecken, enthäuten, halbieren, entkernen und Stängelansätze entfernen. Tomaten in Würfel schneiden.
3. Basilikum abspülen und trockentupfen. Die Blättchen von den Stängeln zupfen. Blättchen klein schneiden.
4. Die Baguettescheiben mit der Olivenpaste bestreichen, mit Tomatenwürfeln, halbierten Sardellenfilets, Römersalat und Basilikum garnieren.

Crostini mit Olivencreme

Rezeptvorschläge für Fernsehabend-Snacks

Für ein Buffet für einen Fernsehabend benötigen Sie für 10-12 Personen:
2 x Rezept **Crostini mit Geflügelleber und Tomaten** Seite 66
1 x Rezept **Doppeldeckerschnittchen** Seite 73
1 x Rezept **Ciabatta-Brötchen mit Frikadellen** Seite 61
3 x Rezept **Avocado-Dip** Seite 18
2 x Rezept **Russischer Quarkdip** Seite 319

Außerdem:
Brotchips oder Laugengebäck für den Quarkdip.

Vorbereitungen am Vortag:
Für die Crostini Geflügellebercreme, Tomatencreme und Olivencreme zubereiten und kalt stellen.

Vorbereitungen am Tag des Buffets:

4 Stunden vorher:	• Doppeldeckerschnittchen zubereiten, durchschneiden, in Folie wickeln und bis zum Verzehr kalt stellen.
3-4 Stunden vorher:	• Russischen Quarkdip zubereiten und bis zum Buffet kalt stellen.
3 Stunden vorher:	• Frikadellen für die Ciabatta-Brötchen braten.
2 Stunden vorher:	• die Cremes für die Crostini auf die Brote streichen.
1-2 Stunden vorher:	• Ciabatta-Brötchen aufbacken und füllen. Doppeldeckerschnittchen garnieren.
1 Stunde vorher:	• Avocado-Dip zubereiten, Tortilla-Chips bereit stellen.

Es eignen sich auch folgende zusätzliche Rezepte:
2 x Rezept **Sandwichschnitten** Seite 324
1 x Rezept **Roggenbrotschnittchen mit Heringssalat** Seite 313
1 x Rezept **Schafkäse-Dip** Seite 327
3 x Rezept **Dip Bombay** Seite 72
3 x Rezept **Käse-Dip mit Oliven** Seite 182
plus Chips und etwa 2,5 kg rohes Gemüse zum Dippen.

Crostini mit rohem Schinken

4 Portionen

4 Fleischtomaten (etwa 600 g)
1 Zwiebelbaguette oder Ciabatta- oder Bauernbrot (etwa 500 g, etwa 6 Scheiben pro Portion)
6–8 EL Olivenöl
2 Knoblauchzehen
360 g Parma- oder Seranoschinken (in Scheiben)
Salz
frisch gemahlener Pfeffer
1 kleines Bund oder 1/2 Topf Basilikum

Zubereitungszeit: 30 Minuten

Insgesamt:
E: 108 g, F: 92 g, Kh: 256 g, kJ: 9597 , kcal: 2289

Etwas teurer

Crostini mit rohem Schinken

1. Tomaten waschen, kreuzweise einschneiden und einige Sekunden in kochendes Wasser legen. Tomaten kurz in kaltem Wasser abschrecken, enthäuten, halbieren, entkernen und Stängelansätze entfernen. Tomaten in Würfel schneiden.
2. Brot in dünne Scheiben schneiden. Etwas Olivenöl in einer Pfanne erhitzen. Brotscheiben in mehreren Portionen von beiden Seiten darin hellbraun rösten und herausnehmen.
3. Knoblauch abziehen, in dünne Scheiben schneiden und in dem verbliebenen Olivenöl andünsten.
4. Schinkenscheiben dritteln. Die gerösteten Brotscheiben damit belegen, Tomatenwürfel darauf verteilen. Mit Salz und Pfeffer bestreuen. Brotscheiben auf einer Platte anrichten.
5. Basilikum abspülen und trockentupfen. Die Blättchen von den Stängeln zupfen. Brotscheiben mit Knoblauchscheiben und Basilikumblättchen garniert servieren.

Crostini mit Schinken

Für Gäste

Crostini mit Schinken

10 Stück

6 EL Olivenöl
10 Baguettescheiben
200 g geröstete rote Paprikaschoten (aus dem Glas)
125 g Mozzarella-Käse
100 g Sahnequark
10 Scheiben luftgetrockneter Knochenschinken (etwa 125 g)
2–3 Basilikumstängel
frisch gemahlener schwarzer Pfeffer

Zubereitungszeit: 30 Minuten

Insgesamt:
E: 75 g, F: 105 g, Kh: 115 g, kJ: 7185, kcal: 1716

1. Olivenöl in einer großen Pfanne erhitzen. Die Baguettescheiben portionsweise darin von beiden Seiten knusprig braun braten.
2. Paprika etwas abtropfen lassen und in etwa 2 cm breite Streifen schneiden. Mozzarella ebenfalls abtropfen lassen und in 10 Scheiben schneiden.
3. Crostinischeiben mit dem Quark bestreichen. Schinkenscheiben von der schmalen Seite her aufrollen. Je ein Schinkenröllchen und eine Mozzarellascheibe auf eine Crostinischeibe legen. Paprikastreifen quer darüber legen.
4. Basilikum abspülen und trockentupfen. Die Blättchen von den Stängeln zupfen. Crostinischeiben mit Pfeffer bestreuen und mit den Basilikumblättchen garniert servieren.

Tipp:
Für eine vegetarische Variante den Knochenschinken durch eine zweite Mozzarellascheibe ersetzen.

Currysauce

12–15 Portionen

600 ml Wasser
1 EL Currypulver (indisch)
2–3 EL Zucker
1 TL Paprikapulver rosenscharf
1 TL Sambal Oelek
1 l (1 kg) Tomatenketchup

Zubereitungszeit: 25 Minuten

Insgesamt:
E: 26 g, F: 5 g, Kh: 319 g,
kJ: 6094, kcal: 1457

Currysauce mit Bohnen

Schnell

1. Wasser in einen Topf geben, Curry, Zucker, Paprika und Sambal Oelek hinzufügen und zum Kochen bringen.
2. Topf von der Kochstelle nehmen. Ketchup einrühren und unter ständigem Rühren bei schwacher Hitze etwas einkochen lassen.
3. Die Currysauce kann sofort verwendet werden. Oder die Sauce in vorbereitete Gläser oder Flaschen füllen und fest verschließen.

Tipp: Die Currysauce passt gut zur klassischen Currywurst. Sie ist gekühlt 3–4 Monate haltbar.

Currysauce

Currysauce mit Bohnen

4 Portionen

250 g grüne Bohnen
1 Zwiebel
1 EL Butterschmalz
1–2 TL Currypulver
300 ml Hühner- oder Fleischbrühe
1 sehr reife Banane
1 rote Peperoni
Salz
frisch gemahlener Pfeffer

Zubereitungszeit: 25 Minuten

Insgesamt:
E: 9 g, F: 22 g, Kh: 35 g,
kJ: 1568 , kcal: 374

Raffiniert

1. Von den Bohnen die Enden abschneiden, evtl. abfädeln. Bohnen waschen, abtropfen lassen, sehr schräg in Streifen schneiden (schnippeln). Zwiebel abziehen und kleine Würfel schneiden.
2. Butterschmalz in einem Topf erhitzen, die Bohnen hinzugeben und mit Curry bestäuben. Brühe hinzugießen, zum Kochen bringen und zugedeckt etwa 10 Minuten garen.
3. Banane schälen und mit einer Gabel zerdrücken. Bananenmus in die Sauce rühren und die Sauce damit binden.
4. Peperoni waschen, trockentupfen, halbieren und entkernen. Peperonihälften in Streifen schneiden und unter die Sauce rühren. Mit Salz und Pfeffer abschmecken.

Tipp: Die Sauce kann pikant bis scharf abgeschmeckt werden. Sie schmeckt zu Geflügel, hellem Fleisch oder Leber. Je länger die Peperoni mitkocht, desto schärfer wird die Sauce.

Dattelchutney

8 Portionen (etwa 500 ml [1/2 l])

150 g frische Datteln
50 g Ingwerwurzel (nicht zu dicke Knollen kaufen, diese sind häufig holzig)
4 EL Feigenlikör
1 TL Sambal Oelek
2 EL geröstete, gehobelte Mandeln
125 ml (1/8 l) Schlagsahne
etwa 1 EL Sherry

Zubereitungszeit: 35 Minuten

Insgesamt:
E: 12 g, F: 56 g, Kh: 98 g,
kJ: 4338, kcal: 1036

Raffiniert – mit Alkohol

1. Die Haut der Datteln abziehen. Datteln längs halbieren und die Steine herausnehmen. Dattelhälften in kleine Würfel schneiden. Ingwer schälen, abspülen, trockentupfen und ebenfalls in kleine Würfel schneiden.
2. Dattel- und Ingwerwürfel in eine Schüssel geben. Likör, Sambal Oelek und Mandeln hinzugeben. Die Zutaten gut vermengen.
3. Sahne cremig (halb steif) schlagen und unter die Dattel-Ingwer-Masse heben. Mit Sherry abschmecken.

Tipp:
Dattelchutney passt gut zu kaltem Geflügelfleisch und zu kaltem Braten. Statt der frischen Datteln können Sie auch getrocknete Datteln verwenden.

Dattelchutney

Datteln mit Käse im Schinkenmantel

24 Stück

24 frische Datteln
1 Scheibe (100 g) Manchego-Käse
24 abgezogene, ganze Mandeln
12 dünne Scheiben Seranoschinken

8 Kopfsalatblätter

Zubereitungszeit: 20 Minuten

Insgesamt:
E: 76 g, F: 63 g, Kh: 238 g
kJ: 7727, kcal: 1844

Raffiniert

1. Datteln waschen, abtropfen lassen und die harte Schale abziehen. Die Früchte an der „Naht" aufschlitzen und entsteinen.
2. Käse in 24 Stifte schneiden, die der Länge der Dattelsteine entsprechen.
3. Die Datteln jeweils mit einem Käsestift und 1 Mandel füllen.
4. Schinkenscheiben längs halbieren. Die Datteln jeweils mit den Schinkenscheiben umwickeln.
5. Die Datteln mit der Nahtseite nach unten auf ein Backblech (mit Alufolie belegt) legen. Das Backblech in den Backofen schieben und die Datteln knusprig braun backen.
   Ober-/Unterhitze:
   etwa 240 °C (vorgeheizt)
   Heißluft: etwa 220 °C (vorgeheizt)
   Gas: etwa Stufe 5 (vorgeheizt)
   Backzeit: etwa 6 Minuten.
6. Die Datteln vom Backblech nehmen und abkühlen lassen.
7. Salatblätter abspülen und trockentupfen. Eine Platte mit den Salatblättern auslegen. Die Datteln darauf anrichten.

Tipp:
Statt der frischen Datteln können Sie auch getrocknete Datteln verwenden. Am besten geeignet sind die dickfleischigen Naturdatteln, die es meist lose zu kaufen gibt. Die Datteln können auch unter dem vorgeheizten Grill in etwa 6 Minuten knusprig braun gegrillt werden.

(einige Riegel evtl. in Form schneiden). Die Schokoladenmasse darauf verteilen und glatt streichen. Die Form 3–4 Stunden in das Gefrierfach stellen.

4. Die weiße Kuvertüre in Stücke hacken und wie unter Punkt 1 beschrieben auflösen.
5. Die Rehrückenform aus dem Gefrierfach nehmen, auf eine Platte stürzen und die Klarsichtfolie entfernen. Die Pralinen-Eisbombe mit Hilfe eines kleinen Löffels mit der Kuvertüre besprenkeln (oder die Kuvertüre in einen kleinen Gefrierbeutel füllen, eine Ecke abschneiden und die Eisbombe damit verzieren).
6. Nach Belieben die abgeschnittenen Enden der Schokoriegel hacken und die Eisbombe damit bestreuen.

Die längste Pralinen-Eisbombe der Welt

16 Portionen

150 g Vollmilch-Kuvertüre
100 g Halbbitter-Kuvertüre
3 Becher (je 125 g) Crème double
25 g gesiebter Puderzucker
4–5 EL Rum oder Orangensaft
15 Milchschokoladen-Riegel mit Waffel und Nougatcremefüllung
100 g weiße Kuvertüre

Zubereitungszeit: 25 Minuten, ohne Gefrierzeit

Insgesamt:
E: 42 g, F: 335 g, Kh: 336 g, kJ: 19126, kcal: 4600

Für Gäste – mit Alkohol

1. Beide Kuvertüresorten in Stücke hacken, in einem kleinen Topf im Wasserbad bei schwacher Hitze zu einer geschmeidigen Masse verrühren.
2. Crème double mit Handrührgerät mit Rührbesen steif schlagen. Puderzucker und Rum oder Orangensaft unterrühren. Die aufgelöste Kuvertüre unterrühren.
3. Eine Rehrückenform (Länge 30 cm) mit Klarsichtfolie auskleiden und mit den Schokoladenriegeln auslegen

Die längste Pralinen-Eisbombe der Welt

Dip Bombay

Dip Bombay

8 Portionen

2 mittelgroße Äpfel
2 EL Zitronensaft
2 Becher (je 150 g) Crème fraîche
150 g Naturjoghurt
1 EL Currypulver
Salz
frisch gemahlener Pfeffer

Zubereitungszeit: 25 Minuten

Insgesamt:
E: 14 g, F: 97 g, Kh: 46 g,
kJ: 4725, kcal: 1142

Schnell

1. Äpfel schälen, vierteln, entkernen und in kleine Würfel schneiden. Mit Zitronensaft beträufeln.
2. Apfelwürfel mit Crème fraîche, Joghurt und Curry verrühren. Den Dip mit Salz und Pfeffer würzen.

Tipp: Dip Bombay zu Geflügelfleisch reichen. Der Dip bekommt eine fruchtige Note, wenn Sie zusätzlich Bananen- und Orangenstückchen unterrühren.

Dolmadakia

4–6 Portionen

200 g eingelegte Weinblätter
100 g Zwiebeln
2 EL Speiseöl
400 g Kalbhackfleisch (ersatzweise Rinderhackfleisch)
125 g Rundkornreis
375 ml ($^3/_8$ l) Salzwasser
$^1/_2$ EL geschnittene Minzeblättchen
1 EL gehackte Petersilie
gemahlener Zimt
Salz
frisch gemahlener Pfeffer
Saft von 1 Zitrone
500–750 ml ($^1/_2$–$^3/_4$ l) Hühnerbrühe

Zubereitungszeit:
75 Minuten, ohne Abkühlzeit

Insgesamt:
E: 95 g, F: 50 g, Kh: 105 g,
kJ: 5360, kcal: 1280

Gut vorzubereiten – für Gäste

1. Weinblätter vorsichtig auseinander falten, unter fließendem kalten Wasser abspülen, trockentupfen und auf einer Arbeitsfläche ausbreiten.
2. Zwiebeln abziehen und in sehr kleine Würfel schneiden. Speiseöl in einer Pfanne erhitzen. Zwiebelwürfel darin glasig dünsten. Hackfleisch hinzufügen und kurz mit andünsten, evtl. Fleischklümpchen mit einer Gabel zerkleinern. Hackfleischmasse in eine Schüssel geben.
3. Reis in kochendes Salzwasser geben, zugedeckt zum Kochen bringen und nach Packungsanleitung garen. Reis in ein Sieb geben, mit kaltem Wasser übergießen, abtropfen lassen und zur Hackfleischmasse geben. Minze und Petersilie hinzufügen. Die Zutaten gut vermengen, evtl. verkneten. Mit Zimt, Salz, Pfeffer und etwas Zitronensaft abschmecken.
4. Jeweils 1 Esslöffel der Hackfleisch-Reis-Masse auf ein Weinblatt geben, die Ränder überschlagen und das Blatt aufrollen.
5. Einen Topf mit den restlichen Weinblättern auslegen, die Röllchen mit der Nahtseite nach unten einschichten und

Dolmadakia

so viel Hühnerbrühe hinzugießen, dass die Röllchen knapp bedeckt sind. Restlichen Zitronensaft darauf träufeln, zum Kochen bringen und zugedeckt bei schwacher Hitze etwa 30 Minuten garen. Dolmadakia in dem Topf erkalten lassen. Dolmadakia herausnehmen und servieren.

Doppeldeckerschnittchen (Salami-Schinken-Schnittchen)

10 Stück

10 Scheiben Pumpernickelbrot
1 kleine Salatgurke
etwa 100 g Paprika-Brotaufstrich (aus dem Kühlregal)
10 Scheiben Lachsschinken oder Rauchfleisch
10 Scheiben Salami
1 EL gewürfelte, rote Paprikaschote

Zubereitungszeit: 30 Minuten

Insgesamt:
E: 60 g, F: 40 g, Kh: 200 g, kJ: 6070, kcal: 1450

Gut vorzubereiten

1. Pumpernickelscheiben halbieren. Gurke waschen, abtrocknen und die Enden abschneiden. Gurke in dünne Scheiben schneiden. Etwa zwei Drittel des Brotaufstrichs auf 10 Pumpernickelhälften streichen. Jeweils 2–3 Gurkenscheiben darauf legen und mit den restlichen 10 Pumpernickelhälften belegen.
2. Je eine Scheibe Lachsschinken oder Rauchfleisch und Salami dekorativ darauf setzen. Restlichen Brotaufstrich in Tupfen auf die Schnittchen setzen und mit den Paprikawürfeln garnieren.

Rezeptvorschläge für ein Buffet mit Snacks

Für ein Buffet mit Snacks benötigen Sie für 10–12 Personen:

3 x Rezept **Mozzarella-Sülzen, kleine** Seite 255
2 x Rezept **Dolmadakia** Seite 72
1,5 x Rezept **Toastschnittchen mit Geflügelaspik** Seite 381
1,5 x Rezept **Käse-Crostini** Seite 182
1 x Rezept **Oliven-Tomaten-Crostini** Seite 265

Außerdem:

3–4 große Fladen- oder Ciabatta-Brote

Vorbereitungen am Vortag:

- Mozzarella-Sülzen zubereiten und kalt stellen.
- Dolmadakia zubereiten und kalt stellen.
- Rucola für die Toastschnittchen waschen, trockenschleudern und die Rucola-Butter zubereiten. Übrige Rucola im Gefrierbeutel im Kühlschrank aufbewahren.
- Käsemasse für die Käse-Crostini zubereiten und kalt stellen.

Vorbereitungen am Tag des Buffets:

3 Stunden vorher:	• Dolmadakia abtropfen lassen und anrichten.
2–3 Stunden vorher:	• Mozzarella-Sülzen stürzen.
	• Toastschnittchen fertig zubereiten.
2 Stunden vorher:	• Käse-Crostini fertig stellen.
1–2 Stunden vorher:	• Oliven-Tomaten-Crostini zubereiten.
Kurz vorher:	• Fladen- oder Ciabatta-Brote aufschneiden und anrichten.

Es eignen sich auch folgende zusätzliche Rezepte:

1 x Rezept **Spinattaler, kleine** Seite 368
1 x Rezept **Tomaten, gefüllt** Seite 386
2 x Rezept **Roastbeefhäppchen** Seite 312
1x Rezept **Tatar-Schnittchen** Seite 378
3 x Rezept **Avocados mit Krabben** Seite 19

Dreiecksschnittchen

6 Portionen

1 Ciabatta-Brot (etwa 300 g), zum Aufbacken

100 g Doppelrahm-Frischkäse
2 EL Ajvar (jugoslawische Paprikapaste)
2 EL geriebener Parmesan-Käse
Salz,frisch gemahlener Pfeffer
gerebelter Thymian
80 g getrocknete, in Öl eingelegte Tomaten
etwa 24 Scheiben italienische Salami
einige Basilikumstängel
einige entsteinte grüne Oliven

Zubereitungszeit: 30 Minuten, ohne Abkühlzeit

Insgesamt:
E: 76 g, F: 89 g, Kh: 167 g,
kJ: 7435, kcal: 1765

Für Gäste

1. Ciabatta-Brot nach Packungsanleitung aufbacken und etwas abkühlen lassen. Das Brot waagerecht halbieren, dann in je 5 Dreiecke schneiden.
2. Frischkäse mit Ajvar und Käse verrühren, mit Salz, Pfeffer und Thymian würzen. Eingelegte Tomaten in einem Sieb abtropfen lassen und in kleine Würfel schneiden.
3. Die Ciabatta-Dreiecke mit der Käsecreme bestreichen, Tomatenwürfel darauf verteilen, mit je 2 Scheiben Salami belegen.
4. Basilikum abspülen und trockentupfen. Die Blättchen von den Stängeln zupfen. Oliven in Scheiben schneiden. Die belegten Ciabatta-Dreiecke auf einer Platte anrichten, mit Olivenscheiben und Basilikumblättchen garnieren.

Drei-Schichten-Käse, pikant

8 Portionen

Für die weiße Schicht:
2 Blatt weiße Gelatine
200 g Speisequark (Magerstufe)
200 g Doppelrahm-Frischkäse
1 TL geriebener Meerrettich (aus dem Glas)
Salz, frisch gemahlener Pfeffer

Für die gelbe Schicht:
3 Blatt weiße Gelatine
200 g reifer Camembert-Käse

Dreiecksschnittchen

125 ml ($^1/_8$ l) Schlagsahne
1 kleine gelbe Paprikaschote
$^1/_2$ TL Currypulver
1 Dose gemahlener Safran (0,2 g)

Für die orangefarbene Schicht:
3 Blatt weiße Gelatine
200 g Weichkäse, z. B. Castello weiß
150 g Crème fraîche
2–3 TL Tomatenmark
1 TL Paprikapulver edelsüß
1 Tomate

Zubereitungszeit:
50 Minuten, ohne Kühlzeit

Insgesamt:
E: 148 g, F: 233 g, Kh: 36 g,
kJ: 11918, kcal: 2853

Vegetarisch

Drei-Schichten-Käse, pikant

1. Für die weiße Schicht Gelatine in kaltem Wasser nach Packungsanleitung einweichen. Speisequark mit Frischkäse cremig rühren. Meerrettich unterrühren, mit Salz und Pfeffer abschmecken. Gelatine leicht ausdrücken und in einem kleinen Topf unter Rühren erwärmen (nicht kochen), bis sie völlig gelöst ist. Aufgelöste Gelatine mit 1–2 Esslöffeln von der Quark-Frischkäse-Masse verrühren, dann die restliche Masse unterrühren.
2. Für die gelbe Schicht Gelatine in kaltem Wasser nach Packungsanleitung einweichen. Die Rinde vom Camembert abschneiden. Camembert in kleine Stücke schneiden und mit der Sahne pürieren. Paprika halbieren, entstielen, entkernen und die weißen Scheidewände entfernen. Die Schote waschen, abtropfen lassen, in kleine Würfel schneiden, grob pürieren und unter die Camembertmasse rühren.
3. Gelatine leicht ausdrücken und wie unter Punkt 1 beschrieben auflösen. Aufgelöste Gelatine mit 1–2 Esslöffeln von der Camembertmasse verrühren, dann die restliche Masse unterrühren, mit Curry, Safran, Salz und Pfeffer abschmecken.
4. Für die orangefarbene Schicht Gelatine in kaltem Wasser nach Packungsanleitung einweichen. Käse in Stücke schneiden und mit Crème fraîche pürieren. Gelatine leicht ausdrücken und wie unter Punkt 1 beschrieben auflösen.
5. Aufgelöste Gelatine mit 1–2 Esslöffeln von der Käse-Crème-fraîche-Masse verrühren, dann die restliche Masse unterrühren. Mit Tomatenmark, Paprika, Salz und Pfeffer abschmecken.
6. Tomate abspülen, kreuzweise einschneiden und mit kochendem Wasser übergießen. Tomate mit kaltem Wasser abschrecken, enthäuten, halbieren, entkernen und den Stängelansatz herausschneiden. Tomate fein würfeln und unter die orangefarbene Käsecreme rühren.
7. In eine Kastenform (25 x 11 cm, mit Frischhaltefolie ausgelegt) zuerst die weiße Käsecreme einfüllen, glatt streichen. Die Form für etwa 30 Minuten kalt stellen. Dann die gelbe Käsecreme einfüllen, verstreichen und wieder etwa 30 Minuten kalt stellen. Zuletzt die orangefarbene Käsecreme einfüllen und verstreichen.
   Die Form über Nacht kalt stellen.
8. Drei-Schichten-Käse vorsichtig aus der Form stürzen und die Frischhaltefolie entfernen.

Eier, gefüllt mit Gemüsemus

Eier, gefüllt mit Gemüsemus

4–6 Portionen

Für das Brokkolimus:
150 g gekochte Brokkoliröschen
2 geh. TL Crème double
Salz, frisch gemahlener Pfeffer
frisch geriebene Muskatnuss
6 hart gekochte Eier
12 kleine Salamischeiben
evtl. gekochte Brokkoliröschen zum Garnieren

Für das Möhrenmus:
150 g gekochte Möhren
75 g Doppelrahm-Frischkäse
1–1 $^{1}/_{2}$ TL Zitronensaft
Salz, frisch gemahlener Pfeffer
1 Prise Zucker
6 hart gekochte Eier
6 halbierte Putenbrustscheiben (Aufschnitt)
gedünstete Möhrenkugeln

Zubereitungszeit: 45 Minuten

Insgesamt:
E: 114 g, F: 120 g, Kh: 19 g, kJ: 6713, kcal: 1602

Raffiniert

1. Für das Brokkolimus Brokkoliröschen mit Crème double in eine hohe Rührschüssel geben. Mit Salz, Pfeffer und Muskat würzen.
2. Eier pellen, längs halbieren, Eigelb herauslösen und zu den Brokkoliröschen geben. Die Zutaten mit einem Mixstab pürieren und in einen Spritzbeutel mit Sterntülle füllen.
3. Eiweißhälften mit 12 kleinen Salamischeiben auslegen. Die Brokkolimasse darauf spritzen und nach Belieben mit Brokkoliröschen garnieren.
4. Für das Möhrenmus Möhren mit Frischkäse und Zitronensaft in eine hohe Rührschüssel geben. Mit Salz, Pfeffer und Zucker würzen.
5. Eier pellen, längs halbieren, Eigelb herauslösen und zu den Möhren geben. Die Zutaten ebenfalls mit einem Mixstab pürieren, mit Zitronensaft, Salz, Pfeffer und Zucker abschmecken. Die Möhrenmasse in einen Spritzbeutel mit Sterntülle füllen.
6. Eiweißhälften mit Putenbrustscheiben auslegen, die Möhrenmasse darauf spritzen und mit Möhrenkugeln garnieren.

Eierplatte

8–10 Portionen

Grüne Eier
3 hart gekochte Eier
2 EL Kräuter-Crème-fraîche
Salz, frisch gemahlener Pfeffer
Olivenöl
2 EL gehackte Kräuter, z. B. Petersilie, Schnittlauch, Majoran

1. Eier längs halbieren, Eigelb herauslösen und durch ein Sieb streichen. Eigelb mit Kräuter-Crème-fraîche verrühren, mit Salz und Pfeffer würzen.
2. Die Eierhälften von außen mit etwas Olivenöl bestreichen und in den Kräutern wälzen.
3. Die Eigelbcreme in einen Spritzbeutel mit Sterntülle füllen und in die Eiweißhälften spritzen. Die Eierhälften mit Kräutern garnieren.

Kaviareier auf Brotscheiben
8 geröstete Baguettescheiben
30 g Butter
2 hart gekochte Eier
4 TL Ketakaviar
4 TL schwarzer Kaviar, z. B. Beluga
einige vorbereite Majoranblättchen

1. Brotscheiben mit Butter bestreichen. Eier pellen, in Scheiben schneiden und auf die Brotscheiben legen.
2. Jeweils 4 Brotscheiben mit den verschiedenen Kaviarsorten belegen und mit Majoran garnieren.

Garnierte Eierhälften

8 hart gekochte Eier
blanchierte Möhrenscheiben
Gurkenscheiben
Kapern (aus dem Glas)
Oliven, Basilikumblättchen
Kerbelblättchen
50 g Shrimps
Dillspitzen
Paprikastreifen

1. Die Eier pellen und halbieren. Nach Belieben die Eierhälften mit den angegebenen Zutaten garnieren.

Pochierte Eier im Nest

1 l Wasser
3 EL Weißweinessig
4 Eier (Größe M)
4 Wirsingblätter, gewaschen, ohne Mittelrippe
4 lange Porreestreifen, etwa 5 mm breit
Rot-Weiß-Mayonnaise (aus der Tube, Fertigprodukt oder nach Belieben nur Mayonnaise oder nur Ketchup)

1. Wasser mit Essig zum Kochen bringen. Eier einzeln in einer Suppenkelle aufschlagen und vorsichtig in das kochende Wasser geben (bei Gas die Flamme klein stellen, bei Strom die Kochstelle ausschalten). Eier 3–4 Minuten darin garen, zwischendurch einmal wenden.
2. Eier mit einem Schaumlöffel herausnehmen, erkalten lassen und dann in Form schneiden.
3. Wirsingblätter und Porreestreifen kurz in kochendem Salzwasser blanchieren, in ein Sieb geben, mit eiskaltem Wasser abschrecken und gut abtropfen lassen.
4. Jeweils ein Ei auf ein Wirsingblatt legen, etwas Mayonnaise darauf spritzen. Die Wirsingblätter über dem Ei zusammenschlagen und mit einem blanchierten Porreestreifen zusammenbinden.

Zubereitungszeit: 1 Stunde, ohne Abkühlzeit

Insgesamt:
E: 154 g, F: 170 g, Kh: 105 g, kJ: 10731, kcal: 2562

Für Gäste

Eierplatte

Eiersalat in Basilikum-Vinaigrette

Eiersalat in Basilikum-Vinaigrette

4 Portionen

6 hart gekochte Eier
150 g Gemüsemais (aus der Dose)
100 g Radieschen
100 g rosa Champignons
3 Tomaten
50 g gegarte Shrimps, ohne Schale
1 EL Cashewkerne

Für die Salatsauce:

3 EL Kräuteressig
1 EL Sherry
1 EL Zitronensaft
4 EL kalt gepresstes Olivenöl
Salz, grob gemahlener Pfeffer
Zucker
etwa 100 g Basilikum

Zubereitungszeit: 30 Minuten

Insgesamt:
E: 69 g, F: 87 g, Kh: 40 g,
kJ: 5170, kcal: 1234

Einfach

1. Eier pellen und in Scheiben schneiden. Mais in einem Sieb abtropfen lassen. Radieschen putzen, waschen, trockentupfen und in Scheiben schneiden.
2. Champignons putzen, mit Küchenpapier abreiben, evtl. kurz abspülen, trockentupfen und ebenfalls in Scheiben schneiden.
3. Tomaten waschen, trockentupfen, vierteln, entkernen und die Stängelansätze herausschneiden. Tomatenviertel in Stücke schneiden.
4. Die vorbereiteten Salatzutaten in eine Schüssel geben. Shrimps und Cashewkerne unterheben.
5. Für die Sauce Essig mit Sherry und Zitronensaft verrühren, Olivenöl unterschlagen. Mit Salz, Pfeffer und Zucker abschmecken.
6. Basilikum abspülen und trockentupfen. Die Blättchen von den Stängeln zupfen. Blättchen klein schneiden und unter die Sauce rühren. Die Sauce zu den Salatzutaten geben und vorsichtig untermischen.

Eiersalat mit frittierten Möhren

4 Portionen

400 g Möhren
1 TL Salz
6 Eier
1 Bund Radieschen (etwa 200 g)
1/2 Bund Schnittlauch

Für die Sauce:

2 EL körniger Senf
2 EL Wasser
1 EL Balsamico-Essig
1–2 TL flüssiger Honig
4–6 EL Olivenöl
Salz, frisch gemahlener Pfeffer

Zum Frittieren:

250 ml (1/4 l) Speiseöl
3 EL Weizenmehl

Zubereitungszeit: 45 Minuten, ohne Durchziehzeit

Eiersalat mit frittierten Möhren

Insgesamt:
E: 51 g, F: 104 g, Kh: 41 g,
kJ: 5439, kcal: 1299

Raffiniert

1. Möhren putzen, schälen, waschen und abtropfen lassen. Möhren auf dem Gemüsehobel in sehr dünne Streifen (Julienne) schneiden. Die Möhrenstreifen mit Salz mischen und etwa 30 Minuten stehen lassen.
2. Eier 6–8 Minuten kochen, in kaltem Wasser abschrecken, pellen und sechsteln.
3. Radieschen putzen, dabei die kleinen, zarten Blätter beiseite legen. Radieschen waschen, trockentupfen und in Scheiben schneiden. Die Radieschenblättchen waschen, trockentupfen und in Streifen schneiden. Schnittlauch abspülen, trockentupfen und in lange Röllchen schneiden.
4. Für die Sauce Senf mit Wasser, Essig und Honig verrühren, Olivenöl unterschlagen. Mit Salz und Pfeffer würzen.
5. Zum Frittieren Speiseöl in einer Pfanne erhitzen. Möhrenstreifen gut ausdrücken und portionsweise mit Mehl mischen. Möhren in ein Sieb geben und überflüssiges Mehl abschütteln. Die Möhrenstreifen in mehreren Portionen in dem Speiseöl goldbraun frittieren, mit einem Schaumlöffel herausnehmen, auf Küchenpapier abtropfen und erkalten lassen.
6. Die Möhrenstreifen auf 4 Teller geben. Eiersechstel und Radieschenscheiben darum verteilen, mit den beiseite gelegten Radieschenblätterstreifen und Schnittlauchröllchen bestreuen. Den Salat mit der Sauce beträufeln und sofort servieren.

Tipp:
Der Salat eignet sich auch gut als Vorspeise. Dann reicht er für 6 Portionen.

Eiersalat mit Rindfleisch

6 Portionen

6 hart gekochte Eier
250 g Tomaten
200 g gekochtes Rindfleisch
½ Kopf Endiviensalat

Für die Marinade:
3 EL Weißweinessig
Salz
frisch gemahlener Pfeffer
1 EL Zucker
Paprikapulver edelsüß
1 TL mittelscharfer Senf
4 EL Speiseöl

Zubereitungszeit: 20 Minuten, ohne Durchziehzeit

Insgesamt:
E: 104 g, F: 93 g, Kh: 24 g,
kJ: 5657, kcal: 1349

Schnell

1. Eier pellen und sechsteln. Tomaten waschen, trockentupfen, vierteln, entkernen und die Stängelansätze herausschneiden. Tomatenviertel nochmals durchschneiden. Rindfleisch in Streifen schneiden. Endiviensalat putzen, waschen, trockentupfen und in breite Streifen schneiden.
2. Die vorbereiteten Salatzutaten mischen und in eine Schale oder in ein großes Glas geben.
3. Für die Marinade Essig mit Salz, Pfeffer, Zucker, Paprika und Senf verrühren, Speiseöl unterschlagen. Die Marinade auf den Salatzutaten verteilen. Den Salat kalt gestellt etwa 20 Minuten durchziehen lassen.

Beilage: Vollkornbrot und Butter.

Eiersalat mit Rindfleisch

Eiersalat mit Sprossen

12 Portionen

20 Eier
2 Pck. (je 125 g) frische, gemischte Sprossen
1 Kopf Eisbergsalat
500 g Cocktailtomaten

Für die Sauce:
250 g Salatmayonnaise
3–4 EL mittelscharfer Senf
200 ml Schlagsahne
Salz, Pfeffer
Zucker

Zubereitungszeit: 40 Minuten

Insgesamt:
E: 170 g, F: 322 g, Kh: 73 g,
kJ: 16210, kcal: 3867

Vegetarisch

Eiersalat mit Sprossen

1. Eier in zwei Portionen in jeweils 8 Minuten wachsweich kochen und mit kaltem Wasser abschrecken. Sprossen in kochendes Wasser geben, zum Kochen bringen. Sprossen in ein Sieb schütten, mit kaltem Wasser übergießen und abtropfen lassen.
2. Eisbergsalat putzen, achteln und den Strunk entfernen. Salatstücke waschen, abtropfen lassen und quer in schmale Streifen schneiden. Tomaten waschen, trockentupfen und halbieren.
3. Für die Sauce Mayonnaise und Senf verrühren. Sahne steif schlagen und unterheben. Mit Salz, Pfeffer und Zucker abschmecken.
4. Salatstreifen und Sprossen mischen, auf einer Platte oder in einer Schüssel anrichten. Tomatenhälften darauf verteilen. Eier pellen, sechsteln (geht am besten mit einem Eierschneider), auf die Salatzutaten geben und mit der Sauce beträufeln.

Abwandlung:
Für Eiersandwiches die Zutaten wie oben angegeben vorbereiten, aber die Eier in Scheiben schneiden. Für jedes Sandwich etwas Salat, Sauce und einige Eierscheiben auf eine Scheibe getoastetes Toastbrot legen und mit einer zweiten Brotscheibe bedecken.

Eier-Senf-Dip

8–10 Portionen

3 hart gekochte Eier
3 Becher (je 125 g) Crème fraîche mit Kräutern
2 Becher (je 200 g) Schmand (Sauerrahm)
2–3 EL grob körniger Senf
Salz
Pfeffer

Zubereitungszeit: 20 Minuten

Insgesamt:
E: 46 g, F: 205 g, Kh: 37 g,
kJ: 9044, kcal: 2175

Einfach

1. Eier pellen und in Würfel schneiden. Crème fraîche mit Schmand und Senf verrühren. Eierwürfel unterrühren.
2. Den Dip mit Salz und Pfeffer würzen.

Tipp:
Eier-Senf-Dip passt zu kaltem Bratenfleisch, Bratfisch, Eisbeinsülze und mariniertem Gemüse.

Eier-Senf-Dip

Eier-Tomaten-Salat

4 Portionen

6 hart gekochte Eier
3 Fleischtomaten
1 Bund Schnittlauch

Für die Salatsauce:
5 EL Weißweinessig, Salz
frisch gemahlener Pfeffer
1 TL mittelscharfer Senf
4 EL Olivenöl

Zubereitungszeit: 15 Minuten, ohne Durchziehzeit

Insgesamt:
E: 48 g, F: 78 g, Kh: 15 g, kJ: 4036, kcal: 961

Schnell – preiswert

1. Eier pellen und vierteln. Tomaten waschen, trockentupfen, vierteln, entkernen und die Stängelansätze herausschneiden. Tomatenviertel nochmals durchschneiden.
2. Schnittlauch abspülen, trockentupfen und in kleine Röllchen schneiden.
3. Für die Sauce Essig mit Salz, Pfeffer und Senf verrühren, Olivenöl unterschlagen. Die Sauce zu den Salatzutaten geben und vorsichtig untermischen. Den Salat etwas durchziehen lassen.

Tipp: Statt mit Schnittlauchröllchen schmeckt der Salat auch gut mit fein geschnittenen Frühlingszwiebeln oder mit dünnen Avocadoscheiben.

Eier-Tomaten-Salat

Eisbeinsülze

6–8 Portionen

1 1/2 kg mageres Eisbein
2 Zwiebeln
1 Möhre
2 Lorbeerblätter
1 TL Pimentkörner
1 TL Wacholderbeeren
Salzwasser

12 Blatt weiße Gelatine
125 ml (1/8 l) Kräuteressig
200 g Gewürzgurken
Salz
grob gemahlener weißer Pfeffer
2 EL gehackte Petersilie

Zubereitungszeit: 30 Minuten, ohne Kühlzeit

Insgesamt:
E: 260 g, F: 81 g, Kh: 5 g, kJ: 7652, kcal: 1829

Deftig

1. Eisbein unter fließendem kalten Wasser abspülen und abtropfen lassen. Zwiebeln abziehen und in grobe Stücke schneiden. Möhre putzen, schälen und abspülen.
2. Eisbein mit Zwiebelstücken, Möhre, Lorbeerblättern, Pimentkörnern und Wacholderbeeren in einen großen Topf geben und mit Salzwasser bedeckt zum Kochen bringen, abschäumen. Eisbein zugedeckt in 1–1 1/2 Stunden gar kochen.
3. Gelatine in kaltem Wasser nach Packungsanleitung einweichen. Eisbein in einem Sieb abtropfen lassen, die Brühe dabei auffangen und 500 ml (1/2 l) davon abmessen. Gelatine leicht ausdrücken und in der abgemessenen heißen Brühe unter Rühren auflösen. Essig unterrühren.

Eisbeinsülze

4. Das Fleisch vom Knochen lösen und in Würfel schneiden, evtl. Fettstreifen entfernen. Gewürzgurken grob würfeln. Die Sülzenflüssigkeit mit Salz und Pfeffer würzen. Nach Belieben mit etwas Gurkenflüssigkeit kräftig abschmecken.
5. Fleisch- und Gurkenwürfel mit der Sülzenflüssigkeit verrühren, Petersilie unterrühren und in eine dichte, längliche Form (30 x 11 cm) füllen. Die Form mindestens 6 Stunden oder über Nacht kalt stellen.
6. Die Form kurz in heißes Wasser tauchen. Die Sülze auf eine längliche Platte stürzen.

Beilage:
Remoulade, Baguette.

Eisbergsalat mit Ziegenkäse und Sherry-Pflaumen

Eisbergsalat mit Ziegenkäse und Sherry-Pflaumen

8–10 Portionen

300 g entsteinte Backpflaumen
6 EL Sherry
1 großer Kopf Eisbergsalat
300 g Cocktailtomaten
400 g schnittfester Ziegenkäse mit Honig

Für die Sauce:
4 EL Schlagsahne
frisch gemahlener Pfeffer
3 EL flüssiger Honig
6 EL Sherry-Essig
100 ml Speiseöl
3 EL Sherry

2 EL Speiseöl
175 g Bacon (Frühstücksspeck)

Zubereitungszeit: 35 Minuten, ohne Durchziehzeit

Insgesamt:
E: 165 g, F: 261 g, Kh: 234 g, kJ: 17166, kcal: 4116

Schnell – mit Alkohol

1. Pflaumen in eine flache Schale legen und mit Sherry übergießen. Pflaumen etwa 20 Minuten durchziehen lassen.
2. Eisbergsalat putzen, achteln und den Strunk entfernen. Salatstücke abspülen, gut abtropfen lassen oder trockentupfen. Salat grob zerschneiden. Tomaten waschen und trockentupfen, evtl. Stängelansätze entfernen. Ziegenkäse in Würfel schneiden.
3. Für die Sauce Sahne, Pfeffer, Honig, Essig, Speiseöl und Sherry in einer Schüssel gut verrühren. Salatstücke, Tomaten und Käsewürfel hinzufügen, vorsichtig vermengen. Den Salat auf einer großen Platte anrichten.
4. Speiseöl in einer Pfanne erhitzen. Die Speckscheiben darin kross braten, herausnehmen und auf Küchenpapier abtropfen lassen. Speckscheiben auf den Salat legen, Pflaumen darauf verteilen. Den Salat sofort servieren.

Tipp: Ziegenkäse mit Honig gibt es meist nur an der Käsetheke. Sie können aber auch anderen schnittfesten Ziegenkäse verwenden.

Eisbombe Bismarck

8 Portionen

4 Eigelb (Größe M)
150 g Zucker
2 Pck. Dr. Oetker Vanillin-Zucker
75 ml Milch
500 ml (½ l) Schlagsahne
2 EL Aprikosenlikör
25 g abgezogene, gemahlene Mandeln
1 Dose Aprikosenhälften (Abtropfgewicht 480 g)
2 Eigelb (Größe M)
50 g Zucker
500 ml (½ l) Schlagsahne

Für das Baiser:
2 Eiweiß (Größe M)
100 g feiner Zucker

geschlagene Schlagsahne
Aprikosenspalten
Schokoladenspäne

Zubereitungszeit: 35 Minuten, ohne Gefrierzeit

Insgesamt:
E: 63 g, F: 412 g, Kh: 474 g, kJ: 25236, kcal: 6029

Für Gäste – mit Alkohol

1. Eigelb mit Zucker, Vanillin-Zucker und Milch in einer Schüssel im Wasserbad mit Handrührgerät mit Rührbesen etwa 5 Minuten cremig schlagen. Die Schüssel aus dem Wasserbad nehmen, Eigelbmasse kalt schlagen.
2. Sahne steif schlagen. Aprikosenlikör, Mandeln und Sahne unter die Eigelbmasse heben. Die Masse in 2 Portionen in der Eismaschine gefrieren lassen. Die Wände einer Eisbombenform (Inhalt etwa 1,5 l) mit einer Eisportion ausstreichen, so dass die Mitte frei bleibt.
3. Aprikosenhälften in einem Sieb abtropfen lassen und pürieren. Eigelb mit Zucker in einer Schüssel im Wasserbad cremig schlagen, Aprikosenpüree unterheben.
4. Sahne steif schlagen und unter die Püreemasse heben, so dass Schlieren sichtbar bleiben. Die Masse in die Mitte der Eisbombenform füllen, glatt streichen und mindestens 6 Stunden gefrieren lassen.
5. Für das Baiser Eiweiß mit Handrührgerät mit Rührbesen auf höchster Stufe steif schlagen. Der Schnee muss so fest sein, dass ein Messerstich sichtbar bleibt. Nach und nach Zucker kurz unterschlagen. Die Masse in einen Spritzbeutel mit Sterntülle füllen und Tupfen auf ein Backblech (mit Backpapier belegt) spritzen. Das Backblech in den Backofen schieben.
   Ober-/Unterhitze: ca. 120 °C (vorgeheizt)
   Heißluft: etwa 100 °C (nicht vorgeheizt)
   Gas: etwa Stufe 1 (nicht vorgeheizt), 25 Minuten Stufe 1, 25 Minuten aus, 25 Minuten Stufe 1.
   Backzeit: 70–100 Minuten
   (dabei einen Holzlöffel zwischen Backofen und Tür klemmen, damit der Dampf entweichen kann).
6. Die Baisertupfen vom Backblech nehmen und auf einem Kuchenrost erkalten lassen. Nach Belieben einige Tupfen zerbröseln. Die Eisbombe auf eine Servierplatte stürzen, mit Sahne, Aprikosenspalten, Schokoladenspänen und Baisertupfen garnieren.

Tipp:
Schneller und einfacher ist es, gekaufte Baiserschalen zu verwenden. Wer keine Eismaschine besitzt, kann die Eisbombe auch in einer Schüssel gefrieren lassen, dabei alle 30 Minuten kräftig mit dem Schneebesen durchschlagen.

Eisbombe Bismark

Eisroulade

6 Portionen

Für die Eisroulade:

120 g Löffelbiskuits
8 EL kalter Espresso (oder starker Kaffee)
30 g abgezogene, gemahlene Mandeln
150 g Sauerkirschkonfitüre
1 Eiweiß (Größe M)
30 g Zucker
125 ml (1/8 l) Schlagsahne
1 TL Dr. Oetker Vanillin-Zucker
1 TL Dr. Oetker Sahnesteif
1–2 EL Kirschwasser

300 g Süßkirschen
150 ml Eierlikör

Zubereitungszeit: 35 Minuten, ohne Gefrierzeit

Insgesamt:
E: 35 g, F: 76 g, Kh: 303 g, kJ: 9459, kcal: 2260

Gut vorzubereiten – mit Alkohol

1. Für die Eisroulade Löffelbiskuits mit einem Sägemesser quer in sehr dünne Scheiben schneiden, mit Espresso und Mandeln mischen. Auf einem etwa 50 cm langen Stück Backpapier in der Mitte ein 25 x 25 cm großes Quadrat markieren. Die Biskuitmasse auf das Quadrat geben und leicht andrücken. Konfitüre aufkochen, auf die Biskuitmasse träufeln und abkühlen lassen.
2. Eiweiß steif schlagen, Zucker unterrühren. Sahne mit Vanillin-Zucker und Sahnesteif steif schlagen. Kirschwasser und Eischnee unter die Sahne heben. Sahnemasse auf der Biskuitplatte verteilen, dabei rundherum einen 2 cm breiten Rand frei lassen.
3. Die Biskuitplatte mit der Sahnemasse mit Hilfe des Backpapiers aufrollen. Das Backpapier an den Enden zusammendrehen (wie ein Bonbon). Die Roulade in dem Backpapier mindestens 3 Stunden gefrieren lassen.
4. Kirschen waschen, abtropfen lassen, entstielen und entsteinen. Die Eisroulade aus dem Gefrierfach nehmen, das Backpapier entfernen. Die Eisroulade in Scheiben schneiden, mit Kirschen und Eierlikör portionsweise anrichten.

Tipp:
Die Eisroulade kann auch mit einem dunklen Biskuitboden zubereitet werden. Dafür aus 3 Eiern, 1 Eigelb, 150 g Zucker, 1 Päckchen Dr. Oetker Vanillin-Zucker, 75 g Weizenmehl, 25 g Speisestärke und 20 g gesiebtem Kakaopulver einen Biskuitteig zubereiten. Den Teig auf einem Backblech (30 x 40 cm, mit Backpapier belegt) verteilen und im vorgeheizten Backofen bei Ober-/Unterhitze etwa 180 °C, Heißluft etwa 160 °C, Gas Stufe 2–3, 10–15 Minuten backen. Biskuitplatte auf Backpapier stürzen und wie ab Punkt 2 beschrieben, weiter verarbeiten.

Emmentaler Käsesalat

4 Portionen

150 g Schweizer Emmentaler-Käse
150 g Greyerzer-Käse
2 Gewürzgurken (etwa 150 g)
1 Bund Radieschen

Für die Salatsauce:

4 EL Weißweinessig
1–2 TL geriebener Meerrettich (aus dem Glas)
1 EL fein geschnittener Dill
5–6 EL Speiseöl
Salz, Zucker, Pfeffer
gewaschene, trockengetupfte Salatblätter
8 Cocktailtomaten

Eisroulade

2 hart gekochte Eier
Schnittlauchröllchen

Zubereitungszeit: 30 Minuten, ohne Durchziehzeit

Insgesamt:
E: 107 g, F: 163 g, Kh: 17 g,
kJ: 8224, kcal: 1964

Schnell

1. Beide Käsesorten und Gurken in feine Streifen schneiden. Radieschen putzen, waschen, trockentupfen und ebenfalls in Streifen schneiden. Die Salatzutaten in eine Schüssel geben.
2. Für die Salatsauce Essig mit Meerrettich und Dill verrühren, Speiseöl unterschlagen. Mit Salz, Pfeffer und Zucker würzen. Die Sauce zu den Salatzutaten geben und untermischen. Salat gut durchziehen lassen. Evtl. nochmals mit Salz, Pfeffer und Zucker abschmecken. Den Käsesalat auf Salatblättern anrichten.
3. Tomaten waschen, trockentupfen, halbieren, evtl. Stängelansätze herausschneiden. Eier pellen und in Sechstel schneiden.
4. Den Käsesalat mit Tomatenhälften, Eierspalten und Schnittlauchröllchen garnieren.

Emmemtaler-Käse-Creme

Emmentaler-Käse-Creme

10 Portionen (etwa 350 g)

etwa 50 g Rucola (Rauke)
250 g Emmentaler-Käse
50 g Butter
3 EL Weißweinessig oder Balsamico bianco
Salz, frisch gemahlener Pfeffer

Zubereitungszeit: 30 Minuten

Insgesamt:
E: 73 g, F: 117 g, Kh: 1 g,
kJ: 5634, kcal: 1346

Für Gäste

1. Rucola verlesen und dicke Stängel abschneiden. Rucola waschen, trockenschleudern und klein schneiden.
2. Vom Käse evtl. die Rinde abschneiden. Käse in kleine Stücke schneiden. Käsestücke mit Butter und Essig in einen Blitzhacker füllen und zu einer cremigen Masse verarbeiten, mit Salz und Pfeffer würzen.
3. Rucola unter die Käse-Creme rühren. Die Käse-Creme in 2 gründlich gereinigte, gespülte und getrocknete Gläser füllen. Gläser mit Deckeln fest verschließen und kalt stellen.

Brotempfehlung:
Schwarzbrot oder kerniges Vollkornbrot.

Tipp:
Wer keinen Blitzhacker zur Verfügung hat, kann auch geriebenen Käse verwenden. Zum Garnieren eignen sich Rucolablätter und Silberzwiebeln.
Die Käse-Creme ist gekühlt etwa 5 Tage haltbar.

Entenbrustaufstrich

12 Portionen (etwa 480 g)

350 g Entenbrust
150 g Schweineschmalz
1 Zwiebel
1 Apfel
$^1/_2$ TL gerebelter Beifuß
1 Msp. gemahlener Piment
Salz, frisch gemahlener Pfeffer

Zubereitungszeit: 20 Minuten

Insgesamt:
E: 58 g, F: 204 g, Kh: 15 g,
kJ: 8805, kcal: 2103

Etwas teurer

1. Entenbrust unter fließendem kalten Wasser abspülen und trockentupfen. Die Haut mit der Fettschicht abschneiden. Haut und Fleisch in kleine Würfel schneiden.
2. Die Hautwürfel in einem Topf ausbraten. Grieben mit einem Schaumlöffel herausnehmen. Die Fleischwürfel in dem Entenfett unter mehrmaligem Wenden anbraten. Schweineschmalz vorsichtig hinzugeben und erhitzen. Die Fleischwürfel etwa 90 Minuten bei schwacher Hitze garen, gelegentlich mit einem Holzlöffel umrühren.
3. Zwiebel abziehen, halbieren und in kleine Würfel schneiden. Apfel waschen, abtrocknen, schälen, halbieren, entkernen und ebenfalls in kleine Würfel schneiden.
4. Nach etwa 60 Minuten Garzeit die Zwiebel- und Apfelwürfel zu den Fleischwürfeln geben. Mit Beifuß, Piment, Salz und Pfeffer würzen.
5. Den Entenbrustaufstrich in gründlich gereinigte, mit heißem Wasser gespülte und getrocknete hitzebeständige Gefäße füllen. Aufstrich etwas abkühlen lassen. Die Gefäße dann verschließen und kalt stellen.

Entenbrustaufstrich

Brotempfehlung:
Schwarz- und Vollkornbrot.

Tipp:
Der Entenbrustaufstrich ist gekühlt etwa 2 Wochen haltbar.

Entenpastete

4 Portionen

1 Pck. (450 g) TK-Blätterteig
2 Entenbrustfilets (je etwa 250 g)
180 g Hähnchenbrustfilet
Salz, frisch gemahlener Pfeffer
1 EL Olivenöl

1 Brötchen (Semmel) vom Vortag
1 Schalotte
50 g Crème fraîche
20 ml Grand Marnier (Orangenlikör)
25 g gehackte Pistazienkerne

Außerdem:
Mehl zum Ausrollen
Milch zum Bestreichen

Entenpastete

Zubereitungszeit: 40 Minuten, ohne Auftau- und Kühlzeit
Backzeit: 35–40 Minuten

Insgesamt:
E: 156 g, F: 169 g, Kh: 201 g,
kJ: 12505, kcal: 2980

Mit Alkohol

1. Blätterteigplatten zugedeckt nebeneinander nach Packungsanleitung auftauen lassen.
2. Entenbrust- und Hähnchenbrustfilets unter fließendem kalten Wasser abspülen und trockentupfen. Von den Entenbrustfilets Fett und Haut abschneiden. Ein Entenbrustfilet längs in 3 Streifen schneiden, mit Salz und Pfeffer würzen.
3. Olivenöl in einer Pfanne erhitzen. Die Entenbruststreifen darin von allen Seiten etwa 10 Minuten gut anbraten, anschließend aus der Pfanne nehmen und erkalten lassen.
4. Das zweite Entenbrustfilet und das Hähnchenbrustfilet in kleine Würfel

schneiden, etwa 10 Minuten tiefgefrieren. Brötchen in kaltem Wasser einweichen und ausdrücken. Schalotte abziehen, halbieren und in feine Würfel schneiden. Fleisch-, Schalottenwürfel und Brötchen in einem Blitzhacker fein zerkleinern.

5. Die Fleischmasse mit Salz und Pfeffer abschmecken, Crème fraîche, Grand Marnier und Pistazienkerne unterrühren oder untermixen. Masse kalt stellen.
6. Blätterteigplatten aufeinander legen und auf einer bemehlten Arbeitsfläche zu einem Rechteck (etwa 30 x 40 cm) ausrollen. Etwa ein Drittel der Teigplatte mit der Fleischmasse bestreichen, dabei am Rand etwa 1 cm frei lassen.
7. Entenbruststreifen auf die Fleischmasse legen und den Teig von der schmalen Seite her, mit der Füllung beginnend, aufrollen. Die Enden gut zusammendrücken. Pastete etwa 20 Minuten kalt stellen.
8. Die Pastete mit der Naht nach unten auf ein Backblech (mit Backpapier belegt) legen. Auf der Pastetenoberfläche mit einem spitzen Messer 3 kleine runde Blätterteigtaler ausschneiden. Pastetenoberfläche mit Milch bestreichen. Das Backblech in den Backofen schieben.
   Ober-/Unterhitze: 180–200 °C
   (vorgeheizt, unteres Drittel)
   Heißluft: 160–180 °C
   (nicht vorgeheizt)
   Gas: Stufe 3
   (vorgeheizt, unteres Drittel)
   Backzeit: 35–40 Minuten.
9. Die Pastete nach dem Backen etwa 5 Minuten ruhen lassen, dann in Scheiben schneiden. Entenpastete kalt servieren.

Tipp:
Die Entenpastete ist gekühlt etwa 3 Tage haltbar.

Rezeptvorschläge für ein französisches Buffet

Für ein französisches Buffet benötigen Sie für 10–12 Personen:

2 x Rezept **Garnelen in Pernodrahm** Seite 122
2 x Rezept **Artischockenherzen mit Tomaten und Oliven** Seite 16
1 x Rezept **Sommersalat mit Roquefortsauce** Seite 359
3 x Rezept **Entenpastete** Seite 86
2 x Rezept **Dattelchutney** Seite 70
2 x Rezept **Heidelbeer-Bavaroise** Seite 153

Außerdem:

4-5 Baguettebrote

Vorbereitungen am Vortag:

- Garnelen garen und kalt stellen, Pernodrahm zubereiten, Salat für die Garnelen vorbereiten und im Gefrierbeutel im Kühlschrank lagern.
- Blumenkohl für den Sommersalat garen und kalt stellen.
- Zutaten für das Dattelchutney klein schneiden und, bis auf die Sahne, verrühren.
- Die Creme für die Heidelbeer-Bavaroise zubereiten und in Schüsseln füllen.

Vorbereitungen am Tag des Buffets:

6 Stunden vorher:
- Die Entenpastete zubereiten, bei Zimmertemperatur lagern.

3 Stunden vorher:
- Artischockenherzen mit Tomaten und Oliven zubereiten.
- Sommersalat mit Roquefortsauce fertig zubereiten.
- Sahne für das Dattelchutney schlagen und unterheben.

2 Stunden vorher:
- Garnelen mit Pernodrahm und Salat anrichten.
- Entenpastete aufschneiden.
- Heidelbeer-Bavaroise evtl. stürzen und anrichten.
- Baguettebrote aufschneiden.

Es eignen sich auch folgende zusätzliche Rezepte:

1 x Rezept **Französische Canapés** Seite 113
3 x Rezept **Putenbraten in weißem Burgundergelee** Seite 295
1 x Rezept **Zucchinistifte, mariniert** Seite 423
1 x Rezept **Französisches Löcherbrot** Seite 114
2 x Rezept **Feigen mit Ziegen-Frischkäse, gefüllt** Seite 94
3 x Rezept **Mini-Charlotten, evtl. ohne Eis** Seite 249
plus Brot.

Entensalat, chinesisch

4 Portionen

1 küchenfertige Flugente
(etwa 1,2 kg)
2 Bio-Orangen (unbehandelt, ungewachst)
1 Bio-Zitrone (unbehandelt, ungewachst)
2 Lorbeerblätter
3–4 Gewürznelken
1 abgezogene Zwiebel
Pfefferkörner, Salz
100 g Sojasprossen (aus dem Glas)
etwas Butter

Für die Salatsauce:
25 g frischer, geschälter Ingwer
1 Eigelb
1 TL mittelscharfer Senf
1 EL Zitronensaft
frisch gemahlener Pfeffer
1 gestr. TL Zucker
125 ml ($^1/_8$ l) Sojaöl
2 EL Sojasauce

Zubereitungszeit: 50 Minuten, ohne Abkühlzeit

Insgesamt:
E: 188 g, F: 199 g, Kh: 46 g,
kJ: 11443, kcal: 2728

Für Gäste – gut vorzubereiten

1. Ente von innen und außen unter fließendem kalten Wasser abspülen, trockentupfen und halbieren. Entenhälften in einen großen Kochtopf geben und so viel Wasser hinzugießen, dass die Entenhälften bedeckt sind.
2. Schale von 1 Orange und 1 Zitrone abreiben. Lorbeerblätter, Nelken, geviertelte Zwiebel, Pfefferkörner hinzufügen, mit Salz würzen, zum Kochen bringen und etwa 1 $^1/_2$ Stunden köcheln lassen.
3. Die garen Entenhälften aus der Brühe nehmen, abkühlen lassen, das Fleisch von den Knochen befreien, enthäuten und in Scheiben schneiden.
4. Orangen und Zitrone von der weißen Haut befreien und die Früchte filetieren.
5. Sojasprossen verlesen, in zerlassener Butter schwenken, abtropfen lassen. Das Entenfleisch auf 4 Portionsteller verteilen, Orangen- und Zitronenspalten darauf anrichten, die Sojasprossen darüber verteilen.
6. Für die Salatsauce Ingwer reiben, Eigelb mit Senf, Zitronensaft, Salz, Pfeffer, Zucker zu einer dicklichen Masse schlagen.
7. Nach und nach Sojaöl unterschlagen, Ingwer und Sojasauce unterrühren. Die Sauce über die Salatzutaten geben.

Entensalat, chinesisch

Erdbeeren mit Cashewcreme

Erdbeeren mit Cashewcreme

etwa 40 Stück

100 g Cashewkerne (ungesalzen)
30 g Rosinen
125 g Doppelrahm-Frischkäse
2 EL Milch
1–2 EL Zitronensaft

etwa 20 mittelgroße frische Erdbeeren

Zubereitungszeit: 20 Minuten

Insgesamt:
E: 34 g, F: 83 g, Kh: 66 g,
kJ: 4857, kcal: 1160

Schnell

1. Cashewkerne mit Rosinen, Frischkäse und Milch in einen Rührbecher geben und mit einem Mixstab fein pürieren. Mit Zitronensaft abschmecken.
2. Erdbeeren waschen, gut abtropfen lassen, Stielansatz nach Belieben herausschneiden. Die Erdbeeren halbieren.
3. Die Cashewcreme in einen Spritzbeutel mit einer großen Sterntülle oder Lochtülle füllen. Die Creme auf die halbierten Erdbeeren spritzen.

Tipp:
Statt der Cashewkerne können auch Walnusskerne verwendet werden. Cashewkerne schmecken noch intensiver, wenn sie in einer Pfanne ohne Fett angeröstet werden.

Erdbeer-Pfirsich-Kaltschale

8–10 Portionen

1 1/2 l Orangensaft
600 ml Weißwein
150 g Perl-Sago
6 frische Pfirsiche
1 1/2 kg frische Erdbeeren
etwas Zucker
1 Msp. gemahlener Zimt
einige gewaschene, abgetropfte Zitronenmelisseblättchen

Erdbeer-Pfirsich-Kaltschale

Zubereitungszeit: 40 Minuten, ohne Kühlzeit

Insgesamt:
E: 20 g, F: 7 g, Kh: 428 g,
kJ: 10407, kcal: 2491

Mit Alkohol

1. Orangensaft mit Weißwein in einem Topf zum Kochen bringen, Sago einrühren, wieder zum Kochen bringen und zugedeckt 15–20 Minuten bei schwacher Hitze kochen lassen.
2. Pfirsiche waschen, kurz in kochendes Wasser tauchen, in kaltem Wasser abschrecken, enthäuten, halbieren und entsteinen. Das Fruchtfleisch in Würfel schneiden.
3. Erdbeeren putzen, waschen, abtropfen lassen und Stängelansätze entfernen. Große Früchte halbieren. Pfirsiche etwa 5 Minuten, Erdbeeren etwa 2 Minuten vor Ende der Kochzeit in die Sagoflüssigkeit geben.
4. Kaltschale mit Zucker und Zimt abschmecken, kalt stellen und gut gekühlt mit Melisseblättchen bestreut servieren.

Tipp:
Anstelle von frischen Pfirsichen können auch Pfirsichhälften aus der Dose (Abtropfgewicht 500 g) verwendet werden. Pfirsiche dann erst nach den Erdbeeren in die Sagoflüssigkeit geben. Für Kinder den Weißwein durch Apfelsaft ersetzen.

Erdbeer-Quark-Speise

Erdbeer-Quark-Speise

4 Portionen

250 g frische Erdbeeren
500 g Speisequark (Magerstufe)
100 ml Milch
1–2 EL Zucker

Zubereitungszeit: 10 Minuten

Insgesamt:
E: 70 g, F: 4 g, Kh: 55 g,
kJ: 2455, kcal: 587

Schnell

1. Erdbeeren waschen, gut abtropfen lassen, entstielen und vierteln.
2. Quark mit Milch und Zucker geschmeidig rühren. Erdbeerviertel unterheben.
3. Die Erdbeer-Quark-Speise in Dessertgläser füllen und kalt stellen.

Tipp:
Statt Erdbeeren können Sie auch 2 Esslöffel Erdbeersirup unter die Quarkmasse rühren und mit Dr. Oetker Vanillin-Zucker abschmecken.

Erdnussaufstrich, pikant

16 Portionen (etwa 500 g)

280 g Hähnchenbrustfilet
Salz, frisch gemahlener Pfeffer
3 EL Rapsöl
1 Zwiebel
2 Knoblauchzehen
100 g Erdnusscreme
1 TL Sambal Oelek
250 g Sahnejoghurt (10 % Fett)

Zubereitungszeit: 30 Minuten, ohne Abkühlzeit

Insgesamt:
E: 95 g, F: 117 g, Kh: 30 g,
kJ: 6357, kcal: 1525

Raffiniert

1. Hähnchenbrustfilet unter fließendem kalten Wasser abspülen, trockentupfen

Erdnussaufstrich, pikant

und in kleine Würfel schneiden, mit Salz und Pfeffer würzen. Rapsöl in einer Pfanne erhitzen, die Hähnchenbrustwürfel darin von allen Seiten knusprig anbraten und 3–4 Minuten weiterbraten.

2. Zwiebel und Knoblauch abziehen, in kleine Würfel schneiden, zu den Fleischwürfeln geben und mit anbraten.
3. Die Pfanne von der Kochstelle nehmen. Erdnusscreme, Sambal Oelek und Joghurt zu den Fleischwürfeln geben und unterrühren.
4. Die Pfanne wieder auf die Kochstelle stellen. Die Zutaten unter Rühren kurz aufkochen und anschließend erkalten lassen. Den Erdnussaufstrich in 2 gründlich gereinigte, gespülte, getrocknete Gläser füllen. Gläser mit Deckeln fest verschließen und kalt stellen.

Brotempfehlung:
Frisches Baguette oder Sonnenblumenkernbrot.

Tipp:
Der Erdnussaufstrich ist gekühlt etwa 5 Tage haltbar.

Erdnusssauce

Erdnusssauce

5 Portionen (etwa 250 ml [1/4 l])

150 ml Hühnerbrühe
60 g geröstete Erdnusskerne
2 rote Chilischoten
100 g Erdnussbutter
evtl. etwas Weißweinessig

Zubereitungszeit: 15 Minuten, ohne Abkühlzeit

Insgesamt:
E: 43 g, F: 80 g, Kh: 20 g, kJ: 4021, kcal: 960

Gut vorzubereiten

1. Hühnerbrühe in einem Topf erhitzen. Erdnusskerne grob hacken. Chilischoten abspülen, trockentupfen, längs halbieren und entkernen. Chilischoten in kleine Würfel schneiden.
2. Erdnussbutter in der Hühnerbrühe schmelzen lassen und glatt rühren. Erdnusskerne und Chiliwürfel hinzugeben und unterrühren, Erdnusssauce erkalten lassen. Nach Belieben mit Essig abschmecken.

Tipp:
Passt zu Sateyspießen und ausgebackenen Hähnchen-Nuggets.

Essigbirnen und Essigpflaumen

Essigbirnen

12 Portionen

3 kg Birnen
750 ml ($^{3}/_{4}$ l) Einmach- oder Weißweinessig (5 % Säure)
500 ml ($^{1}/_{2}$ l) Wasser
2 kg Zucker
1 Stück Zimtstange
4–5 Gewürznelken
Schale von $^{1}/_{2}$ Bio-Zitrone (unbehandelt, ungewachst)
1 Pck. Einmach-Hilfe

Zubereitungszeit: 1 Stunde

Insgesamt:
E: 14 g, F: 7 g, Kh: 2261g, kJ: 38937, kcal: 9301

Preiswert

1. Birnen schälen, halbieren, entstielen und entkernen.
2. Essig mit Wasser, Zucker, Zimtstange, Nelken und Zitronenschale zum Kochen bringen. Birnen portionsweise darin etwa 10 Minuten gar kochen lassen.
3. Birnen mit einem Schaumlöffel herausnehmen, in einen sorgfältig gespülten Steintopf oder in Gläser geben.
4. Den Saft einkochen lassen, Topf von der Kochstelle nehmen und Einmach-Hilfe unterrühren. Den Saft über die Birnen geben und erkalten lassen.
5. Den Steintopf (die Gläser) verschließen und kalt stellen.

Essigpflaumen

12–14 Portionen

3 kg Pflaumen
500 ml ($^{1}/_{2}$ l) Weißweinessig (5 % Säure)
250 ml ($^{1}/_{4}$ l) Wasser
1 $^{1}/_{2}$ kg Zucker
1 Stück Zimtstange
4–5 Gewürznelken
Schale von $^{1}/_{2}$ Bio-Zitrone (unbehandelt, ungewachst)
1 Pck. Einmach-Hilfe

Zubereitungszeit: 1 $^{1}/_{2}$ Stunden

Insgesamt:
E: 19 g, F: 6 g, Kh: 1777 g, kJ: 31088, kcal: 7429

Gut vorzubereiten

1. Pflaumen waschen, abtropfen lassen, trockenreiben und mit einem Holzstäbchen einige Male einstechen.
2. Essig mit Wasser, Zucker, Zimtstange, Nelken und Zitronenschale zum Kochen bringen. Pflaumen portionsweise darin in etwa 8 Minuten gar kochen lassen.

3. Pflaumen mit einem Schaumlöffel herausnehmen, in einem Sieb gut abtropfen lassen und in Gläser oder Töpfe füllen.
4. Den Saft dick einkochen lassen, Topf von der Kochstelle nehmen, Einmach-Hilfe unterrühren. Den Saft über die Pflaumen gießen, erkalten lassen. Gläser oder Töpfe verschließen.

Essiggurken

12 Portionen

2 ½ kg kleine, feste Gurken (für 4 Gläser von je 1 l Inhalt oder einen großen Steintopf)
Salzwasser (auf 1 l Wasser 75 g Salz)

auf je 1 kg Gurken:
150 g Perlzwiebeln
2 TL Gurkengewürz
gewaschene Dilldolden oder Dillzweige

Für die Essig-Zucker-Lösung:
200 g Kandiszucker
1 l Wasser
500 ml (½ l) Weißweinessig

Zubereitungszeit: 1 ½ Stunden, ohne Einleg- und Durchziehzeit

Insgesamt:
E: 23 g, F: 8 g, Kh: 308 g, kJ: 6278, kcal: 1495

Preiswert

1. Gurken waschen, bürsten, abtropfen lassen, mit Salzwasser übergießen und 12–24 Stunden an einem kühlen Ort stehen lassen. Gurken herausnehmen, sorgfältig bürsten, abspülen, abtrocknen und schlechte Stellen entfernen.
2. Gurken, Zwiebeln, Gewürz und Dill in gründlich gereinigte, mit klarem Wasser nachgespülte Gläser oder einen Steintopf schichten.
3. Für die Essig-Zucker-Lösung Kandiszucker mit Wasser zum Kochen bringen, kurz aufkochen lassen, abschäumen.
4. Weinessig unterrühren und abkühlen lassen. Die Lösung über die Gurken gießen. Gurken so fest wie möglich in den Steintopf drücken, mit einem Leinentuch zudecken, mit Brett und Stein beschweren. Die Gurken an einem kühlen Ort (Keller) 4–6 Wochen zugedeckt aufbewahren.

Essiggurken

Feigen mit Ziegen-Frischkäse, gefüllt

Feigen mit Ziegen-Frischkäse, gefüllt

4 Portionen

8 frische, große feste Feigen (etwa 600 g)
300 g Ziegen-Frischkäse
2 cl Portwein
Salz, frisch gemahlener Pfeffer

Zubereitungszeit: 40 Minuten, ohne Durchziehzeit

Insgesamt:
E: 24 g, F: 76 g, Kh: 84 g, kJ: 4876, kcal: 1172

Mit Alkohol

1. Feigen vorsichtig abspülen und trockentupfen. Jeweils an der spitzen Seite der Feigen einen Deckel abschneiden. Das Fruchtfleisch vorsichtig mit einem kleinen Löffel oder einem Kugelausstecher herausnehmen. Darauf achten, dass rundherum eine dünne Wandung stehen bleibt.
2. Frischkäse in eine Schüssel geben, Feigenfruchtfleisch hinzufügen und mit einem Schneebesen oder mit einer Gabel vermengen. Die Frischkäsemasse mit Portwein, Salz und Pfeffer würzen und in einen Spritzbeutel mit Stern- oder Lochtülle geben.
3. Die Frischkäsemasse in die ausgehöhlten Feigen spritzen. Die gefüllten Feigen kalt gestellt etwa 1 Stunde durchziehen lassen.

Tipp:
Die gefüllten Feigen mit Himbeeren, Johannisbeeren und Minze garniert servieren.

Fenchelviertel, gebraten

4 Portionen

4 Fenchelknollen (je etwa 300 g)
4 EL Olivenöl

Für die Marinade:
1 Orange (etwa 200 g)
4–5 Stängel Oregano
1 kleines Bund glatte Petersilie
2 EL Balsamico-Essig
Salz, frisch gemahlener Pfeffer
4 EL Olivenöl

Zubereitungszeit: 35 Minuten, ohne Durchziehzeit

Insgesamt:
E: 28 g, F: 64 g, Kh: 48 g, kJ: 3704, kcal: 884

Vegetarisch

1. Von den Fenchelknollen die Stiele dicht oberhalb der Knollen abschneiden. Braune Stellen und Blätter entfernen. Die Wurzelenden gerade schneiden. Knollen waschen, abtropfen lassen und vierteln. Fenchelviertel in kochendem Salzwasser etwa 5 Minuten blanchieren. Anschließend in ein Sieb geben (die Flüssigkeit dabei auffangen), mit kaltem Wasser übergießen und abtropfen lassen.
2. Olivenöl in einer großen Pfanne erhitzen. Fenchelviertel leicht darin anbraten, bis sie etwas Farbe angenommen haben. Fenchelviertel in eine flache Schale legen.
3. Für die Marinade Orange so schälen, dass die weiße Haut mit entfernt wird. Orangenfrucht vierteln und in Scheiben schneiden. Oregano und Petersilie abspülen und trockentupfen. Die Blättchen jeweils von den Stängeln zupfen. Blättchen grob hacken.
4. Essig mit der aufgefangenen Fenchelflüssigkeit, Salz und Pfeffer verrühren, Olivenöl unterschlagen. Orangenscheiben, Oregano und Petersilie unterrühren. Die Fenchelviertel mit der Marinade übergießen, 1–2 Stunden kalt stellen und durchziehen lassen, dabei ab und zu umrühren.

Tipp:
Wer es etwas säuerlicher mag, kann die Orange durch eine Grapefruit ersetzen.

Filetpastete

6 Portionen

1 Pck. (450 g) TK-Blätterteig
750 g Schweinefilet
Salz, frisch gemahlener Pfeffer
2 EL Olivenöl
125 g Schafkäse
40 g weiche Butter
1 EL gehackte Basilikumblätter
2 EL Schlagsahne
1 Knoblauchzehe

Fenchelviertel, gebraten

4–6 Mangoldblätter oder große Spinatblätter
4 Scheiben gekochter Schinken (200 g)
1 verschlagenes Eiweiß

1 Eigelb
1 EL Milch

Zubereitungszeit: 40 Minuten, ohne Auftau- und Kühlzeit
Backzeit: 30–35 Minuten

Insgesamt:
E: 265 g, F: 207 g, Kh: 171 g, kJ: 15187, kcal: 3628

Für Gäste

1. Blätterteigplatten nebeneinander zugedeckt nach Packungsanleitung auftauen lassen.
2. Schweinefilet unter fließendem kalten Wasser abspülen, trockentupfen, mit Salz und Pfeffer bestreuen.
3. Olivenöl in einer Pfanne erhitzen. Das Filet hinzufügen und von allen Seiten etwa 2 Minuten anbraten. Filet herausnehmen, etwas abkühlen lassen.
4. Schafkäse zerbröseln, mit Butter, Basilikum und Sahne zu einer geschmeidigen Masse verrühren. Knoblauch abziehen, durch eine Knoblauchpresse drücken und unterrühren.
5. Mangold- oder große Spinatblätter waschen, abtropfen lassen und evtl. dickere Stiele abschneiden. Wasser in einem Topf zum Kochen bringen, die Blätter kurz darin blanchieren. Anschließend in ein Sieb geben, mit kaltem Wasser übergießen, abtropfen lassen und auf Küchenpapier legen.
6. Blätterteigplatten aufeinander legen und auf einer bemehlten Arbeitsfläche zu einer rechteckigen Platte (etwa 25 x 35 cm) ausrollen. Zuerst die Schinkenscheiben, dann die Spinat- oder Mangoldblätter darauf verteilen, dabei an jeder Seite einen etwa 1 cm breiten Rand frei lassen. Das Schweinefilet mit der Schafkäsemasse bestreichen und längs auf die Spinat- oder Mangoldblätter legen.
7. Teigränder mit etwas Eiweiß bestreichen, an den kurzen Seiten über die Füllung klappen und von der langen Seite her den Blätterteig um das Filet wickeln. Die Ränder etwas andrücken. Die Pastete mit der Naht nach unten auf ein Backblech (mit Backpapier belegt) legen.
8. Mit einem spitzen Messer 3 kleine Kreise aus der Teigoberfläche herausschneiden. Eigelb mit Milch verschlagen, die Pastete damit bestreichen. Das Backblech in den Backofen schieben.

Ober-/Unterhitze: 200–220 °C (vorgeheizt)
Heißluft: 180–200 °C (nicht vorgeheizt)
Gas: etwa Stufe 4 (nicht vorgeheizt)
Backzeit: 30–35 Minuten.

Filetpastete

Fischerschnittchen

20 Stück

5 Scheiben Toastbrot
40 g Butter
3 hart gekochte Eier
260 g Ölsardinen (aus der Dose)
1–2 EL Zitronensaft
frisch gemahlener, schwarzer Pfeffer
1 rote Zwiebel

Zubereitungszeit: 20 Minuten

Insgesamt:
E: 74 g, F: 83 g, Kh: 52 g,
kJ: 5268, kcal: 1259

Schnell

1. Brotscheiben toasten, etwas abkühlen lassen, dann mit Butter bestreichen und vierteln. Eier pellen und in 20 Scheiben schneiden.
2. Ölsardinen auf Küchenpapier legen, abtropfen lassen und evtl. halbieren. Die Schnittchen jeweils mit einer Eierscheibe, dann mit einem Stück Ölsardine belegen. Mit Zitronensaft beträufeln und mit Pfeffer bestreuen.
3. Zwiebel abziehen, zuerst in Scheiben schneiden, dann in Ringe teilen. Die Schnitten mit Zwiebelringen garnieren.

Tipp:
Statt Ölsardinen können auch geräucherte Makrelenfilets, Forellenfilets oder geräucherter Aal verwendet werden.

Fischpastete mit Mangoldfüllung

8–10 Portionen

Für den Knetteig:
450 g Weizenmehl
100 g Butter oder Margarine
1 gestr. TL Salz
2 Eier (Größe M)
125 ml (1/8 l) kaltes Wasser

Für die Farce:
500 g geräucherte Forellenfilets (ohne Haut)
1 Zwiebel
250 ml (1/4 l) Schlagsahne
125 g entrindetes Toastbrot

Fischerschnittchen

1 Bio-Zitrone (unbehandelt, ungewachst)
1 Ei (Größe M)
1 Eiweiß (Größe M)
2 EL trockener Sherry
Salz, frisch gemahlener Pfeffer
Cayennepfeffer

500 g Mangold
1 Knoblauchzehe
50 g Butterschmalz
frisch geriebene Muskatnuss

1 Eigelb (Größe M)
1 EL Milch

Zubereitungszeit: 60 Minuten, ohne Abkühl- und Ruhezeit
Backzeit: etwa 50 Minuten

Fischpastete mit Mangoldfüllung

Insgesamt:
E: 200 g, F: 267 g, Kh: 420 g,
kJ: 20842, kcal: 4982

Mit Alkohol

1. Für den Teig Mehl in eine Rührschüssel sieben. Butter oder Margarine, Salz, Eier und Wasser hinzufügen. Die Zutaten mit Handrührgerät mit Knethaken gut verrühren. Anschließend auf einer bemehlten Arbeitsfläche zu einem Teig verkneten. Den Teig in Frischhaltefolie gewickelt etwa 30 Minuten kalt stellen.
2. Für die Farce Forellenfilets in Streifen schneiden. Zwiebel abziehen, fein würfeln. Die Hälfte der Sahne in einem Topf erwärmen, das Toastbrot damit begießen, kurz ziehen lassen. Brot mit Forellenstreifen und Zwiebelwürfeln mischen.
3. Zitrone heiß abwaschen und abtrocknen. Zitronenschale abreiben. Zitrone halbieren und auspressen. Zitronensaft und -schale mit Ei, Eiweiß und Sherry verschlagen, unter die Fischfarce mischen, mit Salz, Pfeffer und Cayennepfeffer würzen. Restliche Sahne steif schlagen und ebenfalls unterheben.
4. Mangold putzen, waschen, abtropfen lassen. Stiele von den Blättern schneiden. Knoblauch abziehen, fein würfeln. Butterschmalz in einer Pfanne zerlassen. Knoblauch darin andünsten. Mangoldblätter hinzufügen, unter Rühren etwa 5 Minuten dünsten. Mit Salz und Muskat abschmecken, etwas abkühlen lassen.
5. Gut zwei Drittel des Teiges auf einer bemehlten Arbeitsfläche ausrollen. Eine Kastenform (30 x 11 cm, gefettet) damit auslegen. Die Hälfte der Farce in der Form verteilen. Mangold längs auf die Farce legen. Restliche Farce vorsichtig darauf streichen. Überstehende Teigränder auf die Füllung klappen und mit Wasser bestreichen.
6. Aus dem restlichen Teig auf der bemehlten Arbeitsfläche einen Teigdeckel in Größe der Kastenform ausrollen. Teigdeckel auf die Pastete legen und die Ränder etwas andrücken. Mit einem spitzen Messer 3 Kreise aus dem Teigdeckel schneiden.
7. Eigelb mit Milch verschlagen, die Pastetenoberfläche damit bestreichen. Die Form auf dem Rost in den Backofen schieben.
   Ober-/Unterhitze: etwa 200 °C (vorgeheizt)
   Heißluft: etwa 180 °C (nicht vorgeheizt)
   Gas: Stufe 3–4 (nicht vorgeheizt)
   Backzeit: etwa 50 Minuten, nach 20 Minuten die Hitze um etwa 20 °C (eine Stufe) reduzieren.
8. Die Pastete etwa 10 Minuten im ausgeschalteten Backofen stehen lassen. Dann die Form herausnehmen und auf einen Kuchenrost stellen. Die Pastete in der Form erkalten lassen, dann vorsichtig aus der Form stürzen. Die Pastete in Scheiben schneiden und servieren.

Fischplatte, gemischt

8 Portionen

150 g geräucherter Heilbutt
100 g Bratrollmops
250 g geräucherter Aal
250 g geräucherte Makrelenfilets mit Pfeffer oder Kräutergarnitur
250 g Schillerlocken
250 g Kieler Sprotten
250 g geräucherte Lachspäckchen

Zum Garnieren:
Cocktailtomaten, Schnittlauchhalme
Salatblätter

Zubereitungszeit: 10 Minuten

Insgesamt:
E: 289 g, F: 180 g, Kh: 5 g,
kJ: 11707, kcal: 2794

Schnell – für Gäste

1. Forellenfilets und Aal enthäuten. Makrelenfilets und Schillerlocken in mundgerechte Portionen teilen. Forellenfilets, Aal, Makrelenfilets, Schillerlocken, Kieler Sprotten und Lachspäckchen auf einer großen Platte oder auf einem großen Teller anrichten.
2. Tomaten waschen und abtrocknen. Schnittlauch abspülen und trockentupfen. Salatblätter abspülen und trockentupfen.
3. Die Fischplatte mit Tomaten, Schnittlauchhalmen und Salatblättern garniert servieren.

Tipp:
Als Bestandteil einer gemischten Fischplatte eignen sich auch folgende Räucherfische: Bückling, geräucherter Rogen. Die Fischplatte zusätzlich mit Zitronenscheiben oder -spalten, Dillspitzen und Petersilienblättchen garnieren.

Fischsalat, bunt

6 Portionen

250 g Kartoffeln
1 l Salzwasser

500 g Rotbarschfilet
500 ml ($^1/_2$ l) Wasser
1 gestr. TL Salz
1 kleines Lorbeerblatt
6 Pfefferkörner
einige Senfkörner
1 Msp. frisch gemahlener Pfeffer
1 Zitronenscheibe von 1 Bio-Zitrone (unbehandelt, ungewachst)

1 kleine Dose Erbsen (Abtropfgewicht 250 g)
1 kleine Dose Möhrenwürfel (Abtropfgewicht 250 g)
1 Zwiebel
1 EL fein geschnittene Schnittlauchröllchen

Für die Salatsauce:
2 EL Gemüseflüssigkeit aus den Dosen
2–3 EL Kräuteressig
Salz
frisch gemahlener Pfeffer
Zucker
1 TL mittelscharfer Senf
2 EL Speiseöl

Zubereitungszeit: 40 Minuten, ohne Durchziehzeit

Insgesamt:
E: 117 g, F: 40 g, Kh: 73 g, kJ: 4763, kcal: 1134

Für Gäste

1. Kartoffeln waschen, mit Salzwasser bedeckt zum Kochen bringen und zugedeckt in 25–30 Minuten gar kochen. Kartoffeln abgießen, abtropfen lassen. Kartoffeln heiß pellen, erkalten lassen und in Würfel schneiden.
2. Fischfilet unter fließendem kalten Wasser abspülen und trockentupfen. Wasser in einem Topf zum Kochen bringen. Salz, Lorbeerblatt, Pfefferkörner, Senfkörner, Pfeffer und Zitronenscheibe hinzufügen. Das Fischfilet hinzugeben und etwa 10 Minuten köcheln lassen.
3. Fischfilet mit einer Schaumkelle herausnehmen, auf eine Platte legen und erkalten lassen. Fischfilet in Stücke zupfen.
4. Erbsen und Möhrenwürfel in einem Sieb abtropfen lassen, den Saft dabei auffangen und 2 Esslöffel davon abmessen. Zwiebel abziehen und in kleine Würfel schneiden.
5. Fischfiletstücke mit Kartoffelwürfeln, Erbsen, Möhren-, Zwiebelwürfeln und Schnittlauchröllchen in einer Schüssel mischen.
6. Für die Sauce die aufgefangene Gemüseflüssigkeit mit Essig, Salz, Pfeffer, Zucker und Senf verrühren, Speiseöl unterschlagen. Die Sauce mit den Salatzutaten vermischen und den Salat durchziehen lassen. Nochmals mit Salz und Essig abschmecken.

Fischsalat, bunt

Fischterrine mit zweierlei Fisch und Garnelen

4–6 Portionen (16 Scheiben)

1 große Porreestange (Lauch, etwa 400 g)
½ Topf Kerbel
450 g frisches Lachsfilet, ohne Haut und Gräten
200 g frisches Rotbarschfilet, ohne Gräten
70 g geschälte Garnelen
250 ml (¼ l) gut gekühlte Schlagsahne
1 Ei (Größe M)
1–2 EL Noilly Prat (trockener französischer Wermut)
1–2 EL Limettensaft
Salz
frisch gemahlener Pfeffer

Zubereitungszeit: 40 Minuten, ohne Gefrierzeit
Garzeit: 50–60 Minuten

Insgesamt:
E: 131 g, F: 83 g, Kh: 47 g, kJ: 6290, kcal: 1504

Mit Alkohol

1. Von der Porreestange die äußeren Blätter entfernen, Wurzelende und dunkles Grün abschneiden. Die Stange Schicht für Schicht längs einritzen. Porreestange aufblättern, gründlich waschen und abtropfen lassen.
2. Wasser in einem Topf zum Kochen bringen. Porree etwa 3 Minuten darin blanchieren. Anschließend in ein Sieb geben, mit kaltem Wasser übergießen und abtropfen lassen. Kerbel abspülen und trockentupfen. Die Blättchen von den Stängeln zupfen.
3. Fischfilets und Garnelen unter fließendem kalten Wasser abspülen und trockentupfen. Rotbarschfilet längs so beschneiden, dass ein Stück in Größe von etwa 5 x 22 cm entsteht.
4. Lachsfilet und abgeschnittene Rotbarschfiletstücke in kleine Würfel schneiden, etwa 30 Minuten in das Gefrierfach stellen und anfrieren lassen. Dann in 6–8 Portionen mit jeweils etwas Sahne und dem Ei sehr fein pürieren. Noilly Prat, Limettensaft und Kerbelblättchen unterrühren. Mit Salz und Pfeffer abschmecken.
5. Eine ofenfeste, längliche Terrinenform (etwa 1,2 l Inhalt) mit dem Porree so auslegen, dass der Porree an den langen Seiten über den Terrinenrand ragt. Die Hälfte der Fischmasse darauf geben und glatt streichen. Das Rotbarschfiletstück salzen und längs darauf legen, die restliche Fischmasse darauf verteilen. Die Garnelen darauf legen und andrücken. Die Fischterrine mit dem überhängenden Porree bedecken.
6. Die Form in einen Bräter oder in eine Fettfangschale stellen. Den Bräter oder die Fettfangschale zur Hälfte mit heißem Wasser füllen. Den Bräter auf dem Rost oder die Fettfangschale in den Backofen schieben.
   Ober-/Unterhitze: etwa 150 °C (vorgeheizt, unteres Drittel)
   Heißluft: etwa 130 °C (nicht vorgeheizt)
   Gas: etwa Stufe 1 (nicht vorgeheizt, unteres Drittel)
   Garzeit: 50–60 Minuten.
7. Terrine nach dem Garen aus dem Bräter oder aus der Fettfangschale nehmen und erkalten lassen. Terrine vorsichtig aus der Form stürzen und in Scheiben schneiden.

Fischterrine mit zweierlei Fisch und Garnelen

Beilage:
Toastbrot.

Hinweis: Fisch, Sahne und Ei müssen sich beim Pürieren zu einer glatten Masse verbinden. Um Geschmack und Konsistenz der Masse zu prüfen, 1 Teelöffel davon in siedendes Salzwasser geben und etwa 2 Minuten garen.
Fällt die Masse auseinander, muss sie nochmals kalt gestellt werden. Dann 1 Esslöffel der Masse mit 2 Esslöffeln kalter Sahne verrühren und langsam, nach und nach, das restliche Püree unterarbeiten, evtl. im Blitzhacker.

Fladenbrot

2 Brote

Für den Hefeteig:
350 g gesiebtes Weizenmehl (Type 405)
350 g Weizenmehl (Type 1050)
1 Pck. Dr. Oetker Trockenbackhefe
1 gestr. TL Salz
1 gestr. TL Zucker
150 g Naturjoghurt
250 ml (1/4 l) Milch
50 g Butterflöckchen
2 Eier (Größe M)

1 EL zerlassene Butter
Sesamsamen (geschält)
Schwarzkümmelsamen
Mohnsamen
Korianderkörner

Zubereitungszeit: 20 Minuten, ohne Teiggehzeit
Backzeit: 15–18 Minuten

Insgesamt:
E: 118 g, F: 112 g, Kh: 529 g, kJ: 15382, kcal: 3677

Fladenbrot

Klassisch

1. Für den Teig beide Mehlsorten in eine Rührschüssel geben, mit Trockenbackhefe sorgfältig vermischen. Salz und Zucker hinzufügen. Joghurt mit Milch erwärmen, mit Butterflöckchen und Eiern zu dem Mehlgemisch geben.
2. Die Zutaten mit Handrührgerät mit Knethaken zunächst kurz auf niedrigster, dann auf höchster Stufe in etwa 5 Minuten zu einem glatten Teig verarbeiten. Den Teig zugedeckt so lange an einem warmen Ort stehen lassen, bis er sich sichtbar vergrößert hat.
3. Den Teig leicht mit Mehl bestäuben, aus der Schüssel nehmen und auf einer bemehlten Arbeitsfläche nochmals kurz durchkneten. Den Teig halbieren. Jeweils eine Teighälfte etwas ausrollen und zu einem runden Fladen (etwa 2 cm dick) formen.
4. Die Teigfladen auf ein Backblech (mit Backpapier belegt) legen und mit Butter bestreichen. Einen Teigfladen mit Sesam und Schwarzkümmel bestreuen. Den zweiten Teigfladen mit Mohn und Koriander bestreuen.
5. Die Teigfladen nochmals zugedeckt so lange an einem warmen Ort stehen lassen, bis sie sich sichtbar vergrößert haben. Das Backblech in den Backofen schieben.
   Ober-/Unterhitze: etwa 220 °C (vorgeheizt)
   Heißluft: etwa 200 °C (vorgeheizt)
   Gas: etwa Stufe 4 (vorgeheizt)
   Backzeit: 15–18 Minuten.
6. Die Fladenbrote mit dem Backpapier vom Backblech auf einen Kuchenrost ziehen. Fladenbrote erkalten lassen.

Tipp:
Aus dem Teig einen großen Fladen backen.

Fladenbrot mit Kichererbsenpüree

12 Stück

1 Dose Kichererbsen (Abtropfgewicht 265 g)
150 g Naturjoghurt
2 EL Tahin (Sesampaste, erhältlich in türkischen Geschäften)
1 Bund Frühlingszwiebeln
1 Bund glatte Petersilie
Salz
frisch gemahlener Pfeffer
2 Msp. Pul-Biber (Chili-Gewürzmischung, erhältlich in türkischen Geschäften)
1 rundes Fladenbrot (etwa 400 g)

Zubereitungszeit: 40 Minuten, ohne Abkühlzeit

Insgesamt:
E: 63 g, F: 41 g, Kh: 273 g, kJ: 7365, kcal: 1760

Beliebt

1. Kichererbsen in einem Sieb abtropfen lassen. Kichererbsen pürieren, mit Joghurt und Tahin verrühren. Frühlingszwiebeln putzen, waschen, abtropfen lassen (ein Zwiebelstück zum Garnieren beiseite legen) und in feine Ringe schneiden.
2. Petersilie abspülen und trockentupfen. Die Blättchen von den Stängeln zupfen, Blättchen fein hacken. Zwiebelringe und Petersilie unter die Erbsen-Joghurt-Masse rühren. Mit Salz, Pfeffer und Pul-Biber würzen.
3. Das Fladenbrot im vorgeheizten Backofen bei Ober-/Unterhitze: etwa 200 °C, Heißluft: etwa 160 °C, Gas: Stufe 2–3 etwa 5 Minuten aufbacken. Brot kurz abkühlen lassen, in 12 Tortenstücke schneiden und diese waagerecht halbieren.
4. Die unteren Fladenbrotstücke mit dem Kichererbsenpüree bestreichen und die oberen Brotstücke darauf legen. Mit dem beiseite gelegten Frühlingszwiebelstück garnieren und auf einer Platte anrichten.

Fladenbrot mit Tsatsiki

12 Stück

600 g Naturjoghurt
5 Knoblauchzehen
1 TL Salz
1 EL Olivenöl
1 Salatgurke
1 rundes Fladenbrot (etwa 400 g)

Zubereitungszeit: 35 Minuten, ohne Abkühlzeit

Insgesamt:
E: 49 g, F: 34 g, Kh: 227 g, kJ: 6347, kcal: 1516

Raffiniert

1. Joghurt in einem Sieb (mit Küchenpapier ausgelegt) gut abtropfen lassen. Knoblauch abziehen und durch eine Knoblauchpresse drücken. Knoblauch, Salz und Olivenöl unter den Joghurt rühren.
2. Gurke waschen, abtrocknen und halbieren. Eine Gurkenhälfte entkernen, grob raspeln und in Küchenpapier leicht ausdrücken. Gurkenraspel unter den Joghurt rühren. Nach Belieben nachwürzen. Die zweite Gurkenhälfte längs halbieren und in Scheiben schneiden.
3. Das Fladenbrot im vorgeheizten Backofen bei Ober-/Unterhitze: etwa 180 °C , Heißluft: etwa 160 °C, Gas: Stufe 2–3 etwa 5 Minuten aufbacken. Brot kurz abkühlen lassen, in 12 Tortenstücke schneiden und diese waagerecht halbieren.
4. Die unteren Fladenbrotstücke mit Tsatsiki bestreichen und die oberen Brotstücke darauf legen. Mit den Gurkenscheibenhälften garnieren.

Fladenbrot mit Tunfisch-Frischkäse

12 Stück

2 Dosen Tunfisch in Öl (Abtropfgewicht je 150 g)
2 rote Zwiebeln
1 Bund glatte Petersilie
3 mittelgroße Tomaten
200 g Doppelrahm-Frischkäse
Salz, frisch gemahlener Pfeffer

1 rundes Fladenbrot (etwa 400 g)

einige Cocktailtomaten

Zubereitungszeit: 35 Minuten, ohne Abkühlzeit

Insgesamt:
E: 120 g, F: 108 g, Kh: 216 g, kJ: 10104, kcal: 2364

Beliebt

1. Tunfisch gut abtropfen lassen. Zwiebeln abziehen, halbieren und fein würfeln. Petersilie abspülen und trockentupfen. Die Blättchen von den Stängeln zupfen. Blättchen fein hacken. Tomaten waschen, abtrocknen, vierteln und die Stängelansätze her-

Fladenbrot mit Kichererbsenpüree (links), mit Tsatsiki (vorn), mit Tunfisch-Frischkäse (rechts)

ausschneiden. Tomatenviertel entkernen und in Würfel schneiden. Tunfisch mit Zwiebel-, Tomatenwürfeln, Petersilie und Frischkäse verrühren. Mit Salz und Pfeffer würzen. Cocktailtomaten waschen und trockentupfen.

2. Das Fladenbrot im vorgeheizten Backofen bei Ober-/Unterhitze: etwa 180 °C , Heißluft: etwa 160 °C, Gas: Stufe 2–3 etwa 5 Minuten aufbacken. Brot kurz abkühlen lassen, in 12 Tortenstücke schneiden und diese waagerecht halbieren.

3. Cocktailtomaten waschen und abtrocknen. Die unteren Fladenbrotstücke mit der Tunfischmasse bestreichen und mit den oberen Brotstücken belegen. Mit den Cocktailtomaten anrichten.

Fladenbrot mit Kräutern

2 Stück

Für den Hefeteig:

250 g Weizenmehl (Type 550)
1 Pck. Dr. Oetker Trockenbackhefe
1 TL flüssiger Honig
1 gestr. TL Salz
1–2 TL Kräuter der Provence
6 EL Speiseöl
125 ml (1/8 l) lauwarmes Wasser

Zum Bestreichen oder Beträufeln:

2 TL Olivenöl

Zubereitungszeit: 25 Minuten, ohne Teiggehzeit
Backzeit: 15–20 Minuten je Backblech

Insgesamt:

E: 29 g, F: 70 g, Kh: 191 g,
kJ: 6360, kcal: 1518

Gefriergeeignet

1. Für den Teig Mehl in eine Rührschüssel sieben und mit der Trockenbackhefe sorgfältig vermischen. Honig, Salz, Kräuter, Speiseöl und Wasser hinzufügen.
2. Die Zutaten mit Handrührgerät mit Knethaken zunächst kurz auf niedrigster, dann auf höchster Stufe in etwa 5 Minuten zu einem glatten Teig verarbeiten.
3. Den Teig zugedeckt so lange an einem warmen Ort stehen lassen, bis er sich sichtbar vergrößert hat (etwa 15 Minuten).
4. Den Teig leicht mit Mehl bestäuben, aus der Schüssel nehmen und auf einer bemehlten Arbeitsfläche nochmals kurz durchkneten. Den Teig halbieren und jeweils zu 1 ovalen Fladen (etwa 15 x 25 cm) ausrollen. Die Teigfladen auf Backbleche (mit Backpapier belegt) legen und nochmals zugedeckt so lange an einem warmen Ort gehen lassen, bis sie sich sichtbar vergrößert haben (etwa 15 Minuten).
5. Mit den Fingern Vertiefungen in den Teig drücken. Den Teig mit Olivenöl bestreichen oder beträufeln. Die Backbleche nacheinander (bei Heißluft zusammen) in den Backofen schieben.
   Ober-/Unterhitze: 200–220 °C (vorgeheizt)
   Heißluft: 180–200 °C (vorgeheizt)
   Gas: etwa Stufe 4 (vorgeheizt)
   Backzeit: 15–20 Minuten je Backblech.
6. Die Fladenbrote mit dem Backpapier von den Backblechen auf Kuchenroste ziehen. Fladenbrote erkalten lassen.

Tipp:
Anstelle der Kräuter 2 Esslöffel gehackte grüne oder schwarze Oliven unter den Teig kneten. Das Fladenbrot schmeckt frisch am besten.

Fladenbrot mit Kräutern

Flammeri mit Erdbeersauce

Flammeri mit Erdbeersauce

4 Portionen

1 l Milch
1 Stück Bio-Zitronenschale (unbehandelt, ungewachst)
150 g Hartweizengrieß
70 g Zucker
1 Pck. Dr. Oetker Vanillin-Zucker
2 Eigelb (Größe M)
2 Eiweiß (Größe M)

Für die Erdbeersauce:
500 g Erdbeeren
Saft von ½ Zitrone
1 EL Zucker

Zum Verzieren:
125 ml (⅛ l) Schlagsahne

Zubereitungszeit: 15 Minuten, ohne Kühlzeit

Insgesamt:
E: 65 g, F: 85 g, Kh: 267 g, kJ: 9316, kcal: 2229

Einfach

1. Milch mit Zitronenschale in einem Topf zum Kochen bringen, Zitronenschale entfernen. Den Grieß unter Rühren in die kochende Milch einrieseln und bei schwacher Hitze etwa 5 Minuten quellen lassen.
2. Den Topf von der Kochstelle nehmen. Zucker und Vanillin-Zucker unterrühren. Eigelb sofort unter die Grießmasse rühren. Eiweiß steif schlagen und unter die heiße Grießmasse heben.
3. Flammeri in 4 Puddingschüsseln (mit Wasser ausgespült) geben, glatt streichen und 1–2 Stunden kalt stellen.
4. Für die Erdbeersauce Erdbeeren putzen, waschen, abtropfen lassen, entstielen (einige Erdbeeren mit Grün zum Garnieren beiseite legen) und in einen hohen Rührbecher geben. Erdbeeren mit einem Mixstab zerkleinern oder mit einer Gabel zerdrücken. Erdbeersauce mit Zitronensaft und Zucker abschmecken.
5. Flammeri auf eine Platte stürzen und die Erdbeersauce darum verteilen. Sahne steif schlagen und in einen Spritzbeutel mit Sterntülle geben. Flammeri mit Sahnetupfen verzieren und mit den beiseite gelegten Erdbeeren garnieren.

Fleischbällchen mit Gemüse

16 Stück

Für die Fleischbällchen:

1 Knoblauchzehe
400 g Gehacktes (halb Rind-, halb Schweinefleisch)
25 g fein gehackte Pistazienkerne
1 EL abgezogene, gemahlene Mandeln
Salz
frisch gemahlener Pfeffer

3 EL Speiseöl

etwa 400 g eingelegtes Gemüse, z. B. Tomaten, Artischockenherzen, Paprikastreifen, gefüllte Oliven, Rotweinzwiebeln
2 EL Olivenöl
etwa 20 g gehackte Pistazienkerne

Außerdem:

Holzstäbchen

Fleischbällchen mit Gemüse

Fleischklößchen mit Roquefortfüllung

Zubereitungszeit: 50 Minuten, ohne Abkühlzeit

Insgesamt:

E: 89 g, F: 140 g, Kh: 20 g, kJ: 7074, kcal: 1690

Für Gäste

1. Für die Fleischbällchen Knoblauch abziehen und durch eine Knoblauchpresse drücken. Gehacktes in eine Rührschüssel geben. Knoblauch, Pistazienkerne und Mandeln unterarbeiten. Mit Salz und Pfeffer würzen. Aus der Fleischmasse mit angefeuchteten Händen 16 kleine Bällchen formen.
2. Speiseöl in einer Pfanne erhitzen. Die Fleischbällchen darin rundherum etwa 6 Minuten braten, herausnehmen und erkalten lassen.
3. Eingelegtes Gemüse in einem Sieb gut abtropfen lassen. Die Fleischbällchen mit dem abgetropften Gemüse zusammen auf Holzstäbchen stecken und auf einer Platte anrichten.
4. Olivenöl mit Pistazienkernen verrühren und auf den Spießchen verteilen.

Fleischklößchen mit Roquefortfüllung

12 Portionen

3 Brötchen (Semmeln) vom Vortag
3 Zwiebeln
3 Knoblauchzehen
4–5 EL Speiseöl
1,2 kg Rindergehacktes
4 Eier (Größe M)
5 EL Tomatenketchup
2 Pck. (je 25 g) TK-Petersilie
Salz
frisch gemahlener Pfeffer
300 g Roquefort-Käse
200 g Semmelbrösel

Zum Ausbacken:
1 kg Kokosfett

Zubereitungszeit: 45 Minuten

Insgesamt:
E: 365 g, F: 389 g, Kh: 266 g,
kJ: 25168, kcal: 6010

Gut vorzubereiten

1. Brötchen in kaltem Wasser einweichen. Zwiebeln und Knoblauch abziehen und in kleine Würfel schneiden.
2. Speiseöl in einer Pfanne erhitzen. Zwiebel- und Knoblauchwürfel darin glasig dünsten. Gehacktes, Eier, ausgedrückte Brötchen, Zwiebel- und Knoblauchwürfel, Ketchup und Petersilie in eine Schüssel geben und gut vermengen. Mit Salz und Pfeffer würzen.
3. Roquefort-Käse in kleine Würfel schneiden. Aus dem Fleischteig etwa 48 walnussgroße Klößchen formen. Ein Loch in jedes Klößchen drücken, einen Käsewürfel hineingeben und wieder mit dem Fleischteig umschließen. Die Fleischklößchen in Semmelbröseln wenden.
4. Kokosfett in einem hohen Topf oder in einer Fritteuse erhitzen. Die Fleischklößchen portionsweise schwimmend in siedendem Kokosfett jeweils etwa 5 Minuten ausbacken, mit einer Schaumkelle herausnehmen, auf Küchenpapier abtropfen und erkalten lassen.

Tipp:
Die Fleischklößchen können schon am Vortag zubereitet werden. Die richtige Ausbacktemperatur liegt bei 170–190 °C. Die Temperatur ist erreicht, wenn sich an einem Holzlöffelstiel, den man in das Fett taucht, Bläschen bilden.

Rezeptvorschläge für ein Fingerfood-Buffet

Für ein Buffet mit Fingerfood benötigen Sie für 10–12 Personen:

1 x Rezept **Minicrêpes, gefüllt** Seite 250
1,5 x Rezept **Paprika mit Frischkäsefüllung** Seite 270
2 x Rezept **Italienische Tomaten** Seite 167
1 x Rezept **Fleischklößchen mit Roquefortfüllung** Seite 106
2 x Rezept **Artischockenböden, garniert** Seite 16

Außerdem:

etwa 40 kleine Brötchen und Hörnchen oder 4–5 Baguettebrote.

Vorbereitungen am Vortag:

- Den Salat für die Minicrêpes ohne Putenbrust und Estragon zubereiten und kalt stellen.
- Paprikaschoten mit Frischkäsefüllung füllen und kalt stellen.
- Tomaten für die italienischen Tomaten aushöhlen und kalt stellen.
- Fleischklößchen mit Roquefortfüllung zubereiten und kalt stellen.
- Für die Artischockenböden Leberpaste mit Crème fraîche und Weinbrand verrühren und kalt stellen.

Vorbereitungen am Tag des Buffets:

5 Stunden vorher:	• Minicrêpes backen, den Salat mit Putenbrust und Estragon fertig stellen.
3–4 Stunden vorher:	• Fleischklößchen mit Roquefortfüllung anrichten.
3 Stunden vorher:	• Italienische Tomaten füllen.
2–3 Stunden vorher:	• Paprika mit Frischkäsefüllung anrichten.
2 Stunden vorher:	• Minicrêpes füllen und anrichten. 1–2 Stunden vor dem Essen die Artischockenböden füllen und anrichten.
Kurz vorher:	• Brötchen und Hörnchen anrichten oder Baguette aufschneiden.

Es eignen sich auch folgende zusätzliche Rezepte:

2 x Rezept **Käsebrot, gefüllt** Seite 181
1 x Rezept **Gemüse-Sesam-Kräcker** Seite 132
2 x Rezept **Mini-Burger „Madras Style"** Seite 248
2 x Rezept **Tomaten mit Auberginen-Hähnchen-Füllung** Seite 388
2 x Rezept **Parmaschinkenröllchen mit Rucola-Pesto** Seite 276
plus Brötchen oder Brot.

Fleischpäckchen

Fleischpäckchen

16 Stück

300 g Rindergehacktes
je 2 EL rote und gelbe Paprikawürfel (je 50 g)
2 EL Zucchiniwürfel (50 g)
1 EL rote Zwiebelwürfel
1 EL gehackte Petersilie
Salz
frisch gemahlener Pfeffer
1 TL Tomatenmark
2 EL Speiseöl

75 g magerer Schinkenspeck in Scheiben
2 EL Speiseöl
100 g Feldsalatblätter

Zubereitungszeit: 50 Minuten, ohne Abkühlzeit

Insgesamt:
E: 77 g, F: 86 g, Kh: 12 g,
kJ: 4709, kcal: 1125

Exotisch

1. Gehacktes in eine Rührschüssel geben. Paprika-, Zucchini-, Zwiebelwürfel und Petersilie hinzufügen. Die Zutaten gut vermengen. Mit Salz und Pfeffer würzen, Tomatenmark und Speiseöl gut untermischen.
2. Die Fleischmasse in Form eines Quadrates auf ein mit Öl bestrichenes Brett streichen und mit einem Messer kleine Quadrate von je etwa 30 g ausschneiden.
3. Speckscheiben in dünne Streifen schneiden, die Fleischquadrate damit umwickeln. Speiseöl in einer Pfanne erhitzen. Die Fleischpäckchen darin bei schwacher Hitze 6–8 Minuten braten, herausnehmen und erkalten lassen.
4. Feldsalat putzen, waschen und gut abtropfen lassen oder trockenschleudern. Die Fleischpäckchen mit den Feldsalatblättern garnieren.

Tipp:
Die Fleischquadrate nach Belieben zusätzlich mit Schafkäse und Paprika- oder Zucchinistücken belegen.

Fleischpastete

6–8 Portionen

Für den Knetteig:
225 g Weizenmehl
2 EL kaltes Wasser
140 g kalte Butter
1/2 gestr. TL Salz

Für die Füllung:
1/2 rote Paprikaschote
450 g Gehacktes (halb- Rind-, halb Schweinefleisch)
1 Ei (Größe M)
25 g Semmelbrösel
2 EL abgetropfte Kapern
1 EL rosa Pfefferbeeren
Salz
frisch gemahlener Pfeffer
200 g Kasseleraufschnitt im Stück

1 Ei
1 EL Wasser

Zubereitungszeit: etwa 40 Minuten, ohne Abkühlzeit
Backzeit: 50–60 Minuten

Insgesamt:
E: 158 g, F: 230 g, Kh: 198 g,
kJ: 14658, kcal: 3503

Raffiniert

1. Für den Teig Mehl, Butter, Salz und Wasser in einer Rührschüssel mit Handrührgerät mit Knethaken verrühren. Anschließend auf einer bemehlten Arbeitsfläche zu einem Teig verkneten. Den Teig in Frischhaltefolie gewickelt etwa 30 Minuten kalt stellen.
2. Für die Füllung Paprika entstielen, entkernen und die weißen Scheidewände entfernen. Schote waschen, abtropfen lassen und in Würfel schneiden.
3. Gehacktes mit Ei und Semmelbröseln in einer Schüssel gut vermengen. Kapern und Pfefferbeeren unterarbeiten. Die Masse mit Salz und Pfeffer würzen. Kasseler in etwa 1 cm dicke Stangen schneiden.
4. Etwa drei Viertel des Teiges auf einer bemehlten Arbeitsfläche etwa 3 mm dick ausrollen und eine Kastenform

(25 x 11 cm, gefettet) damit auslegen. Etwa ein Drittel der Gehacktesmasse hineingeben und glatt streichen. Die Kasselerstangen längs darauf legen. Restliche Gehacktesmasse darauf verteilen. Überstehende Teigränder auf die Füllung klappen und dünn mit Wasser bestreichen.

5. Restlichen Teig auf der bemehlten Arbeitsfläche zu einem Rechteck in Größe der Kastenform ausrollen. Die Teigplatte als Deckel auf die Gehacktesmasse legen, Teigränder etwas andrücken. Mit einem spitzen Messer 3 kleine Kreise aus dem Teigdeckel schneiden und dekorativ auf die Pastetenoberfläche legen.
6. Ei mit Wasser verschlagen, die Pastete damit bestreichen. Die Form auf dem Rost in den Backofen schieben.
   Ober-/Unterhitze: etwa 180 °C (vorgeheizt)
   Heißluft: etwa 160 °C (nicht vorgeheizt)
   Gas: Stufe 2–3 (nicht vorgeheizt)
   Backzeit: 50–60 Minuten.
7. Die Form auf einen Kuchenrost stellen. Die Pastete in der Form erkalten lassen. Dann vorsichtig vom Rand lösen und auf eine Platte stürzen.

Fleischplätzchen auf syrische Art

16 Stück

Für die Fleischplätzchen:

300 g Lammhackfleisch
1 EL Olivenöl
1 EL Speiseöl
2 EL geraspelte Möhren (60 g)
1 Ei (Größe M)
2 EL gekochter Reis (60 g)
gemahlener Kreuzkümmel (Cumin)
Salz
frisch gemahlener Pfeffer
Currypulver
80 g Sesamsamen
4 EL Speiseöl

Für das Gurkenmus:

150 g Salatgurke
100 g Doppelrahm-Frischkäse
1 Knoblauchzehe
Salz, Zitronensaft
250 g Salatgurke

Zubereitungszeit: 45 Minuten, ohne Saftzieh- und Abkühlzeit

Insgesamt:
E: 87 g, F: 164 g, Kh: 34 g,
kJ: 8147, kcal: 1946

Exotisch

1. Für die Fleischplätzchen Hackfleisch in eine Rührschüssel geben. Oliven-, Speiseöl, Möhrenraspel, Ei und Reis hinzufügen. Die Zutaten gut vermengen. Mit Kreuzkümmel, Salz, Pfeffer und Curry würzen. Die Masse etwa 1 cm dick auf eine geölte Platte streichen. Mit einer runden Form (Ø 3–4 cm) Plätzchen ausstechen und in Sesam wälzen.
2. Speiseöl in einer Pfanne erhitzen. Die Fleischplätzchen darin von beiden Seiten etwa 6 Minuten bei schwacher Hitze braten, herausnehmen und erkalten lassen.
3. Für das Gurkenmus Gurke schälen, halbieren und die Kerne mit Hilfe eines Löffels entfernen. Die Gurke grob zerkleinern, mit Salz bestreuen und etwa 15 Minuten stehen lassen. Die Gurkenstücke in einem Sieb gut abtropfen lassen, pürieren und mit Frischkäse verrühren.
4. Knoblauch abziehen, durch eine Knoblauchpresse drücken und mit dem Gurkenpüree vermengen. Mit Salz, Pfeffer und Zitronensaft würzen.
5. Gurke waschen, abtrocknen und die Enden abschneiden. Die Gurke in 16 etwa $^1/_2$ cm dicke Scheiben schneiden. Aus der Mitte der Gurkenscheiben Taler ausstechen, so dass Ringe entstehen. Die Gurkenringe auf die Fleischplätzchen legen, das Gurkenmus hineinfüllen und mit den ausgestochenen Gurkentalern garnieren.

Fleischplätzchen auf syrische Art

Fleischspieße mit Käsecremebällchen

16 Stück

400 g Thüringer Mett (gewürztes Schweinegehacktes)
3 EL Speiseöl
200 g Feta-Käse
50 g Ajvar (Paprikazubereitung, aus dem Glas)
1 EL Semmelbrösel
16 Basilikumblättchen

Außerdem:
Holzstäbchen

Zubereitungszeit: 40 Minuten, ohne Abkühlzeit

Insgesamt:
E: 107 g, F: 130 g, Kh: 15 g,
kJ: 6897, kcal: 1648

Einfach

1. Thüringer Mett mit angefeuchteten Händen zu 16 Bällchen von je 25 g formen.

Fleischspieße mit Käsecremebällchen

2. Speiseöl in einer Pfanne erhitzen. Die Fleischbällchen darin von allen Seiten 5–6 Minuten braten, herausnehmen und erkalten lassen.
3. Feta-Käse mit Ajvar und Semmelbrösel pürieren, mit Pfeffer abschmecken. Die Masse mit angefeuchteten Händen zu 16 Bällchen formen und kalt gestellt wieder etwas fest werden lassen.
4. Basilikumblättchen abspülen und trockentupfen. Je ein Fleischbällchen mit einem Basilikumblättchen und einer Käsekugel mit Holzstäbchen zusammenstecken.

Fliegenpilze

Fliegenpilze

8 Stück

8 hart gekochte Eier
8 Tomaten
etwa 30 g Salatmayonnaise aus der Tube
etwas Kresse

Zubereitungszeit: 25 Minuten

Insgesamt:
E: 60 g, F: 66 g, Kh: 13 g,
kJ: 3697, kcal: 880

Raffiniert

1. Eier pellen und an der unteren Seite eine Kuppe abschneiden, damit die Eier gut stehen können.
2. Tomaten waschen, trockentupfen und einen Deckel abschneiden. Die Tomatendeckel aushöhlen und jeweils auf ein Ei setzen.
3. Die Tomatendeckel mit Mayonnaisetupfen verzieren oder die verbliebenen Eiweißkuppen in kleine Würfel schneiden und auf die Tomatendeckel legen.
4. Kresse abspülen und trockentupfen. Die Fliegenpilze auf ein Bett aus Kresse setzen.

Tipp:
Die übrig gebliebenen Tomaten für einen Salat oder für eine Suppe verwenden.

Florentiner Türmchen

4 Portionen

200 g frische Himbeeren
3–4 EL Zucker
150 g Mascarpone (italienischer Frischkäse)
3 EL Maracujanektar
24 Mini-Florentiner (etwa 120 g)
Puderzucker

Zubereitungszeit: 20 Minuten

Florentiner Türmchen

Insgesamt:
E: 21 g, F: 109 g, Kh: 135 g,
kJ: 6782, kcal: 1622

Für Gäste

1. Himbeeren verlesen (nicht waschen). Die Hälfte der Himbeeren durch ein feines Sieb streichen und mit 1–2 Esslöffeln Zucker verrühren.
2. Mascarpone in einer Schüssel kurz aufschlagen. Maracujanektar und den restlichen Zucker unterschlagen.
3. Jeweils 2 Mini-Florentiner mit etwas Mascarponecreme zusammensetzen. Die Türmchen auf eine tiefe Tortenplatte setzen. Himbeerpüree und restliche Himbeeren auf der Platte verteilen. Türmchen mit Puderzucker bestäuben.

Tipp:
Anstelle von Mascarpone kann ersatzweise auch Crème double verwendet werden.

Rezeptvorschläge für ein 60er-Jahre-Buffet

Für ein 60er-Jahre-Buffet benötigen Sie für 10–12 Personen:

2 x Rezept **Fliegenpilze** Seite 110
2 x Rezept **Gurkenschiffchen** Seite 144
2 x Rezept **Hackfleischbällchen auf Pumpernickel** Seite 146
3 x Rezept **Hähnchenkeulen, garniert** Seite 148
3 x Rezept **Cocktail-Igel** Seite 63
3 x Rezept **Tuttifrutti mit Schokosauce** Seite 399

Außerdem:

1, 8 kg gemischtes Brot oder Brötchen.

Vorbereitungen am Vortag:

- Eier für die Fliegenpilze kochen, abschrecken und kalt stellen.
- Segel für die Gurkenschiffchen vorbereiten.
- Hähnchenkeulen braten, garnieren und kalt stellen.
- Schokosauce für das Tuttifrutti zubereiten, zudecken und kalt stellen.

Vorbereitungen am Tag des Buffets:

6 Stunden vorher:	• Hackfleischbällchen zubereiten, auf die Pumpernickeltaler setzen und kalt stellen.
5 Stunden vorher:	• Reis für die Gurkenschiffchen kochen, Salatsauce zubereiten, Gurken aushöhlen. Schinken, Weintrauben und Mandarinen vorbereiten. 2 Stunden vorher: Gurkenschiffchen fertig zubereiten.
4–5 Stunden vorher:	• Cocktailspieße für die Cocktailigel vorbereiten.
4 Stunden vorher:	• Fliegenpilze fertig stellen und kalt stellen. 2–3 Stunden vorher: Die Löffelbiskuits zerbrechen und mit dem Obst in eine große Schale oder 12 Portionsschälchen füllen. Die Sauce separat anrichten.
1–2 Stunden vorher:	• Vorbereitete Spieße für die Cocktailigel auf die Grapefruithälften stecken.

Es eignen sich auch folgende zusätzliche Rezepte:

3 x Rezept **Geflügelcocktail** Seite 126
3 x Rezept **Gemüse-Eier-Sülze im Glas Seite** 126
1 x Rezept **Tomatenkörbchen, gefüllt** Seite 388
3 x Rezept **Schwarzbrottürmchen** Seite 345
2 x Rezept **Lachsröllchen** Seite 218
3 x Rezept **Schokoladenpudding** Seite 342
plus Brot oder Brötchen.

Forellencreme

Forellencreme

4 Portionen (als Vorspeise)

2 geräucherte Forellenfilets (etwa 120 g, ohne Haut)
1 Zwiebel
50 g weiche Butter
1 EL klein gehackte Petersilie
Salz, frisch gemahlener Pfeffer

etwa 12 Scheiben Baguette-Brot

Zubereitungszeit: 20 Minuten

Insgesamt:
E: 45 g, F: 49 g, Kh: 125 g,
kJ: 4738, kcal: 1132

Für Gäste

1. Forellenfilets zerteilen und in eine Schüssel geben. Zwiebel abziehen und in kleine Würfel schneiden. Butter, Petersilie und Zwiebelwürfel zu den Forellenfilets geben. Die Zutaten gut vermengen. Mit Salz und Pfeffer würzen.
2. Die Baguettescheiben mit der Forellencreme bestreichen, auf einer Platte anrichten und sofort servieren.

Tipp: Die Forellencreme-Baguettescheiben jeweils in ein Papierbackförmchen legen und mit glatter Petersilie garnieren.

Forellenpastete

8 Portionen (als Vorspeise)

4 küchenfertige Forellenfilets (ohne Haut und Gräten, je etwa 100 g)

Für die Marinade:
1 Zwiebel
2 EL Schnittlauchröllchen
100 ml Weißwein
5 EL Speiseöl

Für den Teig:
300 g Weizenmehl (Type 550)
1 Ei (Größe M)
1/2 Eigelb (Größe M)
2–3 EL kaltes Wasser
1/2 TL Salz
50 g kaltes Schweineschmalz
70 g kalte Butter

Für die Füllung:
500 g Schollenfilets (ohne Haut und Gräten)
250 g Crème fraîche
2 Eier (Größe M)
20 g Semmelbrösel
1 geh. EL gehackter Dill
abgeriebene Schale von 1 Bio-Zitrone (unbehandelt, ungewachst)
Salz, frisch gemahlener Pfeffer

Zum Bestreichen:
1 verschlagenes Eiweiß
1/2 Eigelb
1 EL Milch

Zubereitungszeit: 90 Minuten, ohne Durchzieh- und Kühlzeit
Backzeit: etwa 1 Stunde

Insgesamt:
E: 240 g, F: 238 g, Kh: 249 g,
kJ: 17212, kcal: 4122

Raffiniert – gut vorzubereiten – mit Alkohol

1. Forellenfilets unter fließendem kalten Wasser abspülen und trockentupfen.
2. Für die Marinade Zwiebel abziehen, zuerst in Scheiben schneiden, dann in Ringe teilen.
   Forellenfilets mit Zwiebelringen und Schnittlauchröllchen in eine flache Schale geben. Wein mit Speiseöl verrühren, die Filets damit begießen, zugedeckt 2–3 Stunden kalt stellen und durchziehen lassen.
3. Für den Teig Mehl in eine Rührschüssel sieben, in die Mitte eine Vertiefung eindrücken. Ei, Eigelb, Wasser und Salz hinzufügen, mit einem Teil des Mehls zu einem dicken Brei verarbeiten.
4. Schmalz und Butter in Stücke schneiden, auf den Teigbrei geben und mit

Forellenpastete

Mehl bedecken. Alle Zutaten von der Mitte aus schnell zu einem glatten Teig verkneten. Den Teig zugedeckt etwa 30 Minuten kalt stellen.

5. Für die Füllung Schollenfilets unter fließendem kalten Wasser abspülen, trockentupfen und in kleine Würfel schneiden. Fischwürfel etwa 30 Minuten in den Gefrierschrank stellen und anfrieren lassen.
6. Fischwürfel mit Crème fraîche und Eiern in 6 Portionen im Blitzhacker sehr fein pürieren, so dass eine glatte Masse entsteht. Semmelbrösel, Dill und Zitronenschale unterheben. Die Schollenfarce mit Salz und Pfeffer kräftig würzen.
7. Den Knetteig nochmals kurz durc kneten. Gut zwei Drittel des Teiges auf einer bemehlten Arbeitsfläche zu einem Rechteck (etwa 30 x 50 cm) ausrollen. Eine Kastenform (30 x 11 cm, gefettet, Boden mit Backpapier belegt) mit dem Teigrechteck auskleiden.
8. Die Hälfte der Schollenfarce in die Form geben. Die Forellenfilets aus der Marinade nehmen, trockentupfen und auf die Farce legen. Restliche Schollenfarce darauf verteilen und leicht andrücken.
9. Den Teigrand etwa 1 cm über der Fischfarce abschneiden. Restlichen Teig auf der bemehlten Arbeitsfläche ausrollen und ein Rechteck in Größe der Kastenform-Oberfläche ausschneiden. 2–3 Löcher (Ø 2–3 cm) ausstechen.
10. Überstehende Teigränder auf die Fischfarce klappen und mit verschlagenem Eiweiß bestreichen. Teigdecke darauf legen und andrücken.
11. Teigreste ausrollen und mit einer Ausstechform kleine Figuren (Schuppen) ausstechen, diese auf der Unterseite mit dem restlichen verschlagenen Eiweiß bestreichen und auf der Pasteten-Oberfläche anordnen. Die Form auf dem Rost in den Backofen schieben.
Ober-/Unterhitze: 180–200 °C (vorgeheizt)
Heißluft: 160–180 °C (nicht vorgeheizt)
Gas: etwa Stufe 3 (nicht vorgeheizt)
Backzeit: etwa 1 Stunde.
12. Eigelb mit Milch verschlagen. Die Pastete nach etwa 30 Minuten Backzeit damit bestreichen. Pastete fertig backen.
13. Die Pastete vorsichtig mit einem Messer vom Formrand lösen, aber in der Form vollständig erkalten lassen.
14. Die Pastete vorsichtig aus der Form stürzen, in Alufolie verpackt 1–2 Tage kalt stellen und durchziehen lassen.

Französische Canapés

Französische Canapés

20 Stück

5 Scheiben Toastbrot
5 Sardellenfilets (25 g, aus dem Glas)
50 g weiche Butter
einige Tropfen Zitronensaft
frisch gemahlener, weißer Pfeffer
etwa 15 Sardinen in Öl (225 g, je nach Größe)
2 Tomaten
1 Bund glatte Petersilie

Zubereitungszeit: 20 Minuten

Insgesamt:
E: 53 g, F: 70 g, Kh: 53 g, kJ: 4438, kcal: 1061

Schnell

1. Toastscheiben toasten. Sardellenfilets sehr fein hacken, mit Butter, Zitronensaft und Pfeffer verrühren.
2. Sardellenbutter auf die Canapés streichen und die Toastscheiben diagonal vierteln.
3. Sardinen abtropfen lassen (am besten auf Küchenpapier legen und abtupfen) und in Größe der Canapés schneiden. Tomaten waschen, trockentupfen, halbieren und Stängelansätze herausschneiden. Tomaten in Scheiben schneiden. Petersilie abspülen und trockentupfen. Die Blättchen von den Stängeln zupfen.
4. Die Toastvierteln jeweils zuerst mit einem Petersilienblatt, dann mit einer Tomatenscheibe und zuletzt mit dem Sardinenfilet belegen.

Französisches Landbrot mit Lachstatar

Französisches Landbrot mit Lachstatar

10 Stück

5 Scheiben Französisches Landbrot oder 10 Scheiben Ciabatta-Brot
8 EL Olivenöl
2 Frühlingszwiebeln
250 g geräucherter Lachs
1 EL Olivenöl
einige Tropfen Zitronensaft
frisch gemahlener Pfeffer
100 g Doppelrahm-Frischkäse
2–3 EL Milch
1–2 Dillstängel

Zubereitungszeit: 20 Minuten

Insgesamt:
E: 76 g, F: 143 g, Kh: 115 g,
kJ: 8593, kcal: 2052

Raffiniert

1. Landbrotscheiben halbieren. Olivenöl in einer großen Pfanne erhitzen. Die Brotscheiben in 2 Portionen darin von beiden Seiten knusprig braten.
2. Frühlingszwiebeln putzen, waschen, abtropfen lassen und in feine Ringe schneiden. Lachs in kleine Würfel schneiden.
3. Lachswürfel mit Frühlingszwiebelringen mischen. Olivenöl unterrühren, mit Zitronensaft und Pfeffer abschmecken.
4. Lachstatar auf den Brotscheiben verteilen und mit einer Gabel etwas andrücken. Frischkäse mit Milch verrühren und kleine Tupfen auf den Tatarbelag setzen.
5. Dill abspülen und trockentupfen. Die Spitzen von den Stängeln zupfen. Die Schnittchen damit garnieren.

Französisches Löcherbrot

4 Brote

Für den Hefeteig:
500 g Weizenmehl
1 Pck. Dr. Oetker Trockenbackhefe
125 ml (1/8 l) lauwarmes Wasser
2 EL Orangensaft
50 g gesiebter Puderzucker
2 Eier (Größe M)
1 Prise Salz
4 EL (50 ml) Olivenöl

2 Eigelb
2 EL Milch
2 EL Fenchelsamen

Zubereitungszeit: 20 Minuten, ohne Teiggehzeit
Backzeit: 20–25 Minuten je Backblech

Insgesamt:
E: 80 g, F: 85 g, Kh: 428 g,
kJ: 11800 , kcal: 2820

Raffiniert

1. Für den Teig Mehl in eine Rührschüssel sieben, mit Trockenbackhefe sorgfältig vermischen. Wasser, Orangensaft, Puderzucker, Eier, Salz und Olivenöl hinzufügen.
2. Die Zutaten mit Handrührgerät mit Knethaken zunächst kurz auf niedrigster, dann auf höchster Stufe in etwa 5 Minuten zu einem glatten Teig ver-

Französiches Löcherbrot

arbeiten. Den Teig so lange an einem warmen Ort stehen lassen, bis er sich sichtbar vergrößert hat.

3. Den Teig leicht mit Mehl bestäuben, aus der Schüssel nehmen, auf einer bemehlten Arbeitsfläche nochmals kurz durchkneten und in vier Portionen teilen.
4. Die Teigportionen jeweils zu einem etwa 2 cm dicken Fladen ausrollen und mit einem scharfen Messer mehrmals kreuzweise einschneiden. Die Schnittstellen vorsichtig auseinander ziehen.
5. Eigelb mit Milch verschlagen, die Teigfladen damit bestreichen und mit Fenchelsamen bestreuen. Die Teigbrote auf Backbleche (mit Backpapier belegt) legen. Die Backbleche nacheinander (bei Heißluft zusammen) in den Backofen schieben.

Ober-/Unterhitze: etwa 200 °C (vorgeheizt)
Heißluft: etwa 180 °C (vorgeheizt)
Gas: Stufe 3–4 (vorgeheizt)
Backzeit: 20–25 Minuten je Backblech.

6. Die Brote mit dem Backpapier von den Backblechen auf Kuchenroste ziehen. Löcherbrote erkalten lassen.

French Dressing

4 Portionen

4 EL Speiseöl
2 EL Weißweinessig
2 EL Rotwein
1 EL mittelscharfer Senf
Salz
frisch gemahlener, schwarzer Pfeffer
1 Prise Zucker
2 EL gehackte Kräuter, z. B. Petersilie, Schnittlauch, Kerbel, Estragon

Zubereitungszeit: 15 Minuten

Insgesamt:
E: 2 g, F: 41 g, Kh: 5 g,
kJ: 1685, kcal: 402

Klassisch – mit Alkohol

1. Essig mit Rotwein und Senf verrühren. Speiseöl unterschlagen. Mit Salz, Pfeffer und Zucker abschmecken, Kräuter unterrühren.

Tipp:
French Dressing eignet sich für Blatt-, Kohl- und Fischsalate. Die Sauce ist im Kühlschrank bis zu 2 Wochen haltbar. Wer gern Salate isst, kann die Menge gleich verdoppeln und hat das French Dressing auf Vorrat.

French Dressing

Frikadellen

4 Portionen

1 Brötchen (Semmel), vom Vortag
2 mittelgroße Zwiebeln
600 g Gehacktes (halb Rind-, halb Schweinefleisch)
1 Ei (Größe M)
Salz
frisch gemahlener Pfeffer
Paprikapulver edelsüß
50 g Butterschmalz oder 4 EL Speiseöl

Zubereitungszeit: 25 Minuten

Insgesamt:
E: 125 g, F: 123 g, Kh: 31 g,
kJ: 7221, kcal: 1723

Schnell

1. Brötchen in kaltem Wasser einweichen. Zwiebeln abziehen und fein würfeln.
2. Brötchen gut ausdrücken und in eine Rührschüssel geben. Gehacktes, Zwiebelwürfel und Ei hinzufügen, gut vermengen. Mit Salz, Pfeffer und Paprika abschmecken.
3. Aus der Masse mit angefeuchteten Händen Frikadellen formen.
4. Butterschmalz oder Speiseöl in einer Pfanne erhitzen. Die Frikadellen von jeder Seite etwa 5 Minuten darin braten, herausnehmen und erkalten lassen.

Tipp:
Die Zwiebeln schmecken milder, wenn sie vor der Verarbeitung in etwas Fett angedünstet werden. Geben Sie 1-2 Esslöffel fein gehackte Petersilie mit in den Fleischteig. 1 rote Paprikaschote halbieren, entstielen, entkernen und die weißen Scheidewände entfernen, Schote waschen, in feine Würfel schneiden und mit unter den Fleischteig kneten.

Frischkäse-Kräuter-Kugeln

Frikadellen

Frischkäse-Kräuter-Kugeln

4 Portionen

200 g Doppelrahm-Frischkäse
250 g französischer Frischrahmkäse (70 % Fett)
Salz, Pfeffer

2 Bund Schnittlauch

Zubereitungszeit: 25 Minuten, ohne Kühlzeit

Insgesamt:
E: 47 g, F: 155 g, Kh: 12 g,
kJ: 6799, kcal: 1623

Für Gäste

1. Die beiden Käsesorten verrühren, mit Salz und Pfeffer würzen, Käsemasse kalt stellen.
2. Aus der Käsemasse mit angefeuchteten Händen etwa 12 Bällchen (Kugeln) formen.
3. Schnittlauch abspülen, trockentupfen und in Röllchen schneiden. Die Käsekugeln in Schnittlauchröllchen wenden, auf einer Platte anrichten und bis zum Verzehr kalt stellen.

Tipp:
Sie können die Kugeln auch in Paprikapulver edelsüß, Dillspitzen, roten Zwiebelwürfeln oder Brotbröseln wenden.

Frischkäse-Pesto-Kugeln

12 Portionen

60 g Pinienkerne
100 g getrocknete, eingelegte Tomaten
1 Bund Basilikum
400 g Doppelrahm-Frischkäse
400 g Ziegen-Frischkäse, z. B. Chavroux
etwa 100 g rotes Pesto (aus dem Glas)
Salz
frisch gemahlener Pfeffer

2–3 Bund Rucola (Rauke)

Zubereitungszeit: 35 Minuten, ohne Abkühlzeit

Insgesamt:
E: 98 g, F: 276 g, Kh: 53 g,
kJ: 12855, kcal: 3090

Raffiniert

1. Pinienkerne in einer Pfanne ohne Fett goldbraun rösten und auf einem Teller erkalten lassen.
2. Tomaten abtropfen lassen, in kochendes Wasser geben und 1–2 Minuten kochen lassen. Tomaten in ein Sieb geben, mit kaltem Wasser abspülen, abtropfen lassen und in kleine Würfel schneiden. Basilikum abspülen und trockentupfen. Die Blättchen von den Stängeln zupfen, Blättchen in Streifen schneiden.
3. Beide Frischkäsesorten mit Pesto glatt rühren. Pinienkerne, Tomatenwürfel und Basilikumstreifen hinzufügen. Mit Salz und Pfeffer würzen. Aus der Käsemasse mit einem Eiskugelformer kleine Kugeln oder mit zwei Esslöffeln Nocken formen.
4. Rucola putzen, abspülen, trockentupfen oder -schleudern und auf einer Platte verteilen. Die Käsekugeln darauf anrichten.

Tipp:
Dazu schmeckt Oliven-Ciabatta oder Baguette.

Frischkäse-Pesto-Kugeln

Fruchtsülze mit rohem Obst

Fruchtsülze mit rohem Obst

6 Portionen

1 mittelgroßer Apfel
1 mittelgroße Orange
1 Banane
1 gut geh. EL Zucker
1 EL Kirschwasser
1 Beutel aus 1 Pck. Götterspeise Zitronen-Geschmack
250 ml (1/4 l) Wasser
100 g Zucker
250 ml (1/4 l) Weißwein

Zubereitungszeit: 20 Minuten, ohne Kühlzeit

Insgesamt:
E: 19 g, F: 1 g, Kh: 164 g,
kJ: 4065, kcal: 970

Mit Alkohol

1. Apfel schälen, halbieren, entkernen und in dünne Scheiben schneiden. Orange so schälen, dass die weiße Haut mit entfernt wird. Orange filetieren und in Stücke schneiden. Banane schälen und in Scheiben schneiden.
2. Das vorbereitete Obst mit Zucker und Kirschwasser mischen und in 6 Schälchen verteilen.
3. Götterspeise mit 250 ml (1/4 l) Wasser und Zucker nach Packungsanleitung zubereiten. Götterspeise abkühlen lassen, dann den Wein unterrühren. Die Obstschälchen mit der Götterspeise füllen, so dass das Obst bedeckt ist.
4. Die Obstschälchen mehrere Stunden kalt stellen, am besten über Nacht, bis die Götterspeise fest geworden ist.

Beilage: Vanillesauce oder steif geschlagene Schlagsahne.

Frühlingsbrötchen

8 Stück

Für den Hefeteig:

375 g Weizenmehl
1 Pck. Dr. Oetker Trockenbackhefe
1–2 TL Salz
1 TL Zucker
150 g Magerjoghurt
125 ml ($^1/_8$ l) lauwarme Milch

Zum Bestreichen:

Kondensmilch
evtl. Sesamsamen

Für den Frühlingsquark:

500 g Speisequark (Magerstufe)
etwas Milch
1 Zwiebel
2 EL fein gehackte Kräuter, z. B. Petersilie, Schnittlauch
Salz, frisch gemahlener Pfeffer
Paprikapulver edelsüß

Nach Belieben:

rote und gelbe Paprikawürfel

Zubereitungszeit: 60 Minuten, ohne Teiggeh- und Abkühlzeit
Backzeit: etwa 15 Minuten

Insgesamt:

E: 120 g, F: 8 g, Kh: 312 g, kJ: 8216, kcal: 1960

Raffiniert

1. Für den Teig Mehl in eine Rührschüssel sieben, mit Trockenbackhefe sorgfältig vermischen. Salz, Zucker, Joghurt und Milch hinzufügen.
2. Die Zutaten mit Handrührgerät mit Knethaken zunächst kurz auf niedrigster, dann auf höchster Stufe in etwa 5 Minuten zu einem Teig verarbeiten. Den Teig zugedeckt so lange an einem warmen Ort stehen lassen, bis er sich sichtbar vergrößert hat.
3. Den Teig leicht mit Mehl bestäuben, aus der Schüssel nehmen und auf einer bemehlten Arbeitsfläche nochmals kurz durchkneten. Aus dem Teig 4 längliche, flache Brötchen formen und auf ein Backblech (mit Backpapier belegt) legen. Teigbrötchen mehrmals diagonal etwa 1 cm tief einschneiden. Die Teigbrötchen nochmals zugedeckt so lange an einem warmen Ort gehen lassen, bis sie sich sichtbar vergrößert haben.
4. Die Teigbrötchen mit Kondensmilch bestreichen und evtl. mit Sesam bestreuen. Das Backblech in den Backofen schieben.
   Ober-/Unterhitze: etwa 200 °C (vorgeheizt)
   Heißluft: etwa 180 °C (vorgeheizt)
   Gas: Stufe 3–4 (vorgeheizt)
   Backzeit: etwa 15 Minuten.
5. Die Brötchen vom Backblech nehmen und auf einem Kuchenrost erkalten lassen. Brötchen quer durchschneiden und etwas aushöhlen.
6. Für den Frühlingsquark Quark mit Milch glatt rühren. Zwiebel abziehen, fein würfeln, mit den Kräutern unter die Quarkmasse rühren. Mit Salz, Pfeffer und Paprika abschmecken.
7. Die Brötchenhälften mit dem Frühlingsquark füllen und auf einer Platte anrichten. Nach Belieben mit Paprikawürfeln bestreuen.

Tipp:
Schneller geht es, wenn Sie frische Baguettebrötchen kaufen.

Frühlingsbrötchen

Frühlings-Salatteller mit Italia-Dressing

Frühlings-Salatteller mit Italia-Dressing

4 Portionen

Für den Salat:

500 g weißer Spargel
etwas Wasser
Salz
1 Prise Zucker
1 TL Butter
200 g Zuckerschoten
etwas Salzwasser
1 Bund junge Möhren mit Grün (etwa 500 g)
1 kleine Salatgurke

Für das Italia-Dressing:

1 Schalotte
1 milde, rote Peperoni (aus dem Glas)
1 TL Kapern (aus dem Glas)
2 EL Weißweinessig
1 EL halbtrockener Weißwein (ersatzweise 2 EL frisch gepresster Orangensaft)
Salz, frisch gemahlener Pfeffer
Zucker
3 EL Olivenöl
1 EL gehackte Kräuter, z. B. Dill, Petersilie

Zubereitungszeit: 50 Minuten

Insgesamt:

E: 22 g, F: 33 g, Kh: 60 g,
kJ: 2681, kcal: 641

Raffiniert – für Gäste – mit Alkohol

1. Für den Salat Spargel von oben nach unten schälen, dabei darauf achten, dass die Schalen vollständig entfernt, die Köpfe aber nicht verletzt werden. Die unteren Enden abschneiden (holzige Stellen vollkommen entfernen). Spargel waschen und abtropfen lassen.
2. Wasser mit Salz, Zucker und Butter in einem Topf zum Kochen bringen. Spargel hinzugeben und zugedeckt etwa 8 Minuten bissfest garen. Den Spargel mit einem Schaumlöffel vorsichtig herausnehmen und abtropfen lassen.
3. Die Zuckerschoten putzen, evtl. abfädeln, waschen und abtropfen lassen.
4. Zuckerschoten zugedeckt in kochendem Salzwasser etwa 3 Minuten bissfest garen. Schoten sofort in eiskaltes

Wasser tauchen. Anschließend in einem Sieb abtropfen lassen.

5. Möhren putzen, schälen, waschen und abtropfen lassen. Möhren zugedeckt in kochendem Salzwasser etwa 10 Minuten bissfest garen und abtropfen lassen.
6. Gurke waschen, abtrocknen und die Enden abschneiden. Gurke längs halbieren, nach Belieben entkernen und in Scheiben schneiden.
7. Spargel, Zuckerschoten, Möhren und Gurkenscheiben auf einer Platte anrichten.
8. Für das Dressing Schalotte abziehen und in kleine Würfel schneiden. Peperoni abtropfen lassen, längs aufschneiden, entkernen und in Stücke schneiden. Kapern abtropfen lassen und fein hacken.
9. Essig mit Wein, Salz, Pfeffer und Zucker verrühren. Olivenöl unterschlagen. Kräuter, Schalottenwürfel, Peperonistücke und Kapern unterrühren. Die Salatzutaten mit dem Dressing beträufeln.

Beilage:
Knuspriges Stangenweißbrot.

Tipp:
Die Italia-Dressing-Sauce eignet sich auch gut für Blattsalate.

Frühlingsschnittchen

Frühlingsschnittchen

10 Stück

4 hart gekochte Eier
1 Bund Radieschen
1 Bund Schnittlauch
5 große Scheiben Mischbrot mit Körnerkruste (etwa 60 g je Scheibe)
40 g weiche Butter
Salz, frisch gemahlener Pfeffer

Zubereitungszeit: 25 Minuten

Insgesamt:
E: 54 g, F: 67 g, Kh: 136 g, kJ: 5760, kcal: 1377

Schnell

1. Eier pellen und in Scheiben schneiden. Radieschen putzen, waschen, abtropfen lassen und in Scheiben schneiden. Schnittlauch abspülen, trockentupfen und in Röllchen schneiden.
2. Brotscheiben halbieren, evtl. vierteln und dünn mit Butter bestreichen. Schnittchen je zur Hälfte mit Ei- und Radieschenscheiben belegen. Mit Salz und Pfeffer bestreuen, mit den Schnittlauchröllchen garnieren.

Garnelen in Pernodrahm

Garnelen in Pernodrahm

4 Portionen

12 große Garnelen mit Schale
(je etwa 80 g)
750 ml (3/4 l) Wasser
Salz
1 Msp. frisch gemahlener Pfeffer
1 EL Anissamen

Für die Sauce:
1 Becher (150 g) Crème fraîche
2–3 EL Pernod (Anisschnaps)
1 Msp. gemahlener Ingwer

50 g gewaschene Feldsalatblätter
1 EL gehackte Pistazienkerne

Zubereitungszeit: 20 Minuten

Insgesamt:
E: 92 g, F: 60 g, Kh: 21 g,
kJ: 4429, kcal: 1066

Schnell – etwas teurer – mit Alkohol

1. Garnelen unter fließendem kalten Wasser abspülen.
2. Wasser in einem Topf mit einem gestrichenen Teelöffel Salz, Pfeffer und Anissamen zum Kochen bringen. Garnelen hinzugeben, zum Kochen bringen und bei schwacher Hitze in etwa 8 Minuten gar ziehen lassen. Garnelen abtropfen lassen, noch warm aus den Schalen lösen und jeweils den Darm entfernen.
3. Für die Sauce Crème fraîche mit Pernod und Ingwer verrühren, mit Salz würzen.
4. Garnelen mit der Sauce auf Feldsalatblättern anrichten. Die Sauce mit Pistazienkernen bestreuen.

Beilage:
Weißbrotscheiben, in Butter geröstet.

Garnelen-Muffins

12 Muffins

Zum Marinieren:
150 g kleine, küchenfertige Garnelen
1 Bund Koriander
1 Flasche (250 ml [1/4 l]) Chinesische Süß-Saure-Sauce (erhältlich im Asia-Laden)

Für den Teig:
250 g Weizenmehl
2 gestr. TL Dr. Oetker Backin
1 gestr. TL Salz
3 Eier (Größe M)
5 EL Speiseöl
1 EL dunkles Sesamöl
100 ml Milch

Zubereitungszeit: 30 Minuten, ohne Marinier- und Abkühlzeit
Backzeit: etwa 30 Minuten

Insgesamt:
E: 79 g, F: 90 g, Kh: 256 g,
kJ: 9977, kcal: 2384

Etwas teurer – für Gäste

1. Zum Marinieren Garnelen evtl. halbieren und jeweils den Darm entfernen. Garnelen abspülen, trockentupfen und in eine flache Schale legen. Koriander abspülen und trockentupfen. Die Blättchen von den Stängeln zupfen (einige Blättchen zum Garnieren beiseite legen). Blättchen klein hacken. Koriander mit 100 ml der chinesischen Sauce verrühren, auf den Garnelen verteilen und etwa 1 Stunde marinieren.
2. Für den Teig Mehl mit Backpulver mischen und in eine Rührschüssel sieben. Salz, Eier, Speise-, Sesamöl und Milch kurz unterrühren. Garnelen mit der Marinade unterheben.

Garnelen-Muffins

3. Den Teig in eine Muffinform (für 12 Muffins, gefettet) geben und glatt streichen. Die Form auf dem Rost in den Backofen schieben.
   Ober-/Unterhitze: etwa 180 °C (vorgeheizt)
   Heißluft: etwa 160 °C (vorgeheizt)
   Gas: Stufe 2–3 (vorgeheizt)
   Backzeit: etwa 30 Minuten.
4. Die Muffins etwa 10 Minuten in der Form stehen lassen, dann aus der Form lösen und auf einem Kuchenrost erkalten lassen.
5. Muffins mit den beiseite gelegten Korianderblättchen garniert servieren. Restliche chinesische Sauce dazu reichen.

Tipp:
Sollen glasierte TK-Garnelen verwendet werden, diese in einem Sieb auftauen lassen und die Glasur abspülen. Garnelen trockentupfen und 150 g abwiegen.

Garnelen-Paprika-Salat

4 Portionen

200 g gegarte King Prawns ohne Schale (Riesengarnelen, TK oder Kühltheke)
250 g rote Paprikaschoten
150 g gelbe Paprikaschoten
1 Knoblauchzehe
3 Frühlingszwiebeln

Für die Sauce:
evtl. 1 grüne Chilischote
Saft von 2 Limetten
Salz
frisch gemahlener Pfeffer
4 EL Haselnussöl

Koriander
Limettenscheiben

Zubereitungszeit: 25 Minuten, ohne Auftau- und Durchziehzeit

Insgesamt:
E: 35 g, F: 46 g, Kh: 43 g, kJ: 3088, kcal: 736

Für Gäste

1. TK-Garnelen auftauen lassen. Garnelen unter fließendem kalten Wasser abspülen und trockentupfen.
2. Paprika halbieren, entstielen, entkernen und die weißen Scheidewände entfernen. Schoten waschen und trockentupfen. Die Haut mit einem Sparschäler dünn abschälen. Paprikahälften in sehr kleine Würfel schneiden. Paprikawürfel mit den Garnelen in eine Schüssel geben.
3. Knoblauch abziehen, durch eine Knoblauchpresse drücken und untermischen. Frühlingszwiebeln putzen, waschen, abtropfen lassen und in kleine Ringe schneiden. Zwiebelringe unter den Salat heben.
4. Für die Sauce nach Belieben Chilischote halbieren, entstielen und entkernen. Schote waschen, trockentupfen und sehr klein hacken. Limettensaft mit Salz und Pfeffer verrühren, Haselnussöl unterschlagen. Chiliwürfel unterrühren. Die Sauce mit den Salatzutaten vermischen. Salat etwa 30 Minuten durchziehen lassen, evtl. nochmals mit den Gewürzen abschmecken.
5. Koriander abspülen und trockentupfen. Die Blättchen von den Stängeln zupfen. Den Salat mit Korianderblättchen und halbierten Limettenscheiben garnieren.

Garnelen-Paprika-Salat

Gazpacho
(Kalte Gemüsesuppe)

8 Portionen

200 g Weißbrot vom Vortag
2 grüne Paprikaschoten
1 kg reife Tomaten
3 abgezogene, zerdrückte Knoblauchzehen
3 Zwiebeln
125 ml (1/8 l) Olivenöl
125 ml (1/8 l) Rotwein
250 ml (1/4 l) Hühnerbrühe
Salz
frisch gemahlener Pfeffer

Als Beilage:
4 Scheiben Toastbrot
2 EL Olivenöl
1/2 Salatgurke
4 Schalotten
4 Tomaten
1 grüne Paprikaschote
20 grüne Oliven (ohne Stein, aus dem Glas)

Zubereitungszeit: 40 Minuten, ohne Kühlzeit

Insgesamt:
E: 43 g, F: 168 g, Kh: 197 g,
kJ: 10722, kcal: 2554

Klassisch – mit Alkohol

1. Weißbrot in kaltem Wasser einweichen. Paprika halbieren, entstielen, entkernen und die weißen Scheidewände entfernen. Schoten waschen und trockentupfen.
2. Tomaten waschen, kreuzweise einschneiden und einige Sekunden in kochendes Wasser legen. Tomaten kurz in kaltem Wasser abschrecken, enthäuten, halbieren, entkernen und Stängelansätze entfernen. Knoblauch und Zwiebeln abziehen. Das vorbereitete Gemüse in Stücke schneiden.
3. Gemüsestücke mit dem gut ausgedrückten Weißbrot, Olivenöl, Rotwein und Hühnerbrühe portionsweise in den Mixer geben und in ein paar Sekunden zu einer glatten Masse verarbeiten. Mit Salz und Pfeffer würzen. Die Suppe zugedeckt einige Stunden kalt stellen.
4. Als Beilage Toastbrot in Würfel schneiden. Olivenöl in einer Pfanne erhitzen. Brotwürfel darin goldgelb rösten und herausnehmen. Gurke waschen, trockentupfen und in Würfel schneiden.
5. Schalotten abziehen und fein würfeln. Tomaten kurz in kaltem Wasser abschrecken, enthäuten, halbieren, entkernen und Stängelansätze entfernen.
6. Paprika halbieren, entstielen, entkernen, die weißen Scheidewände entfernen, die Schote waschen,

Gazpacho (Kalte Gemüsesuppe)

trockentupfen und in Streifen schneiden. Oliven in Scheiben schneiden.
7. Alle vorbereiteten Beilagen getrennt in kleine Schälchen geben. Die Suppe kräftig durchrühren, evtl. einige Eiswürfel hineingeben und mit den Beilagen servieren.

Beilage: Baguette.

Geflügel-Avocado-Salat

Geflügel-Avocado-Salat

10–12 Portionen

600 g geräucherte Putenbrust
3 reife Avocados
1–2 EL Zitronensaft
3 Fleischtomaten
120 g schwarze Oliven ohne Stein
1 Bund glatte Petersilie

Für die Sauce:
3–4 EL Weißweinessig
Salz, frisch gemahlener Pfeffer
100 ml Olivenöl

50 g Cashewkerne

Zubereitungszeit: 50 Minuten

Insgesamt:
E: 149 g, F: 343 g, Kh: 37 g,
kJ: 16094, kcal: 3849

Einfach

1. Putenbrust in Würfel schneiden. Avocados halbieren und die Steine herauslösen. Avocados schälen. Das Fruchtfleisch würfeln und mit Zitronensaft mischen. Tomaten waschen, trockentupfen, vierteln, entkernen und die Stängelansätze herausschneiden. Tomatenviertel ebenfalls in Würfel schneiden.
2. Oliven in Streifen oder Ringe schneiden. Petersilie abspülen und trockentupfen. Die Blättchen von den Stängeln zupfen, Blättchen fein hacken. Die vorbereiteten Zutaten in eine Schüssel geben und vorsichtig mischen.
3. Für die Sauce Essig mit Salz und Pfeffer verrühren, Olivenöl unterschlagen. Die Sauce mit den Salatzutaten vermengen. Cashewkerne auf den Salat streuen.

Tipp:
Salat sofort servieren, da Avocados schnell braun werden. Der Geschmack der Cashewkerne wird noch intensiver, wenn sie vorher in einer Pfanne ohne Fett angeröstet werden.

Geflügelcocktail

Geflügelcocktail

4 Portionen

375 g gebratenes Geflügelfleisch, z. B. Hähnchenbrust
225 g Mandarinen (aus der Dose)
175 g gekochter Spargel (aus dem Glas
175 g Champignonscheiben (aus dem Glas)

Für die Mayonnaise:
1 Eigelb (Größe M)
1 EL Weißweinessig
1 TL mittelscharfer Senf
125 ml (1/8 l) Speiseöl, Salz
frisch gemahlener Pfeffer
Zucker

evtl. Petersilie zum Garnieren

Zubereitungszeit: 30 Minuten, ohne Durchziehzeit

Insgesamt:
E: 120 g, F: 155 g, Kh: 47 g, kJ: 8617, kcal: 2055

Für Gäste

1. Geflügelfleisch in Streifen schneiden. Mandarinen, Spargel und Champignons getrennt in je einem Sieb abtropfen lassen. Spargel in 3–4 cm lange Stücke schneiden. Die vorbereiteten Salatzutaten in einer Schüssel vorsichtig vermengen.
2. Für die Mayonnaise Eigelb, Essig und Senf in einen hohen Rührbecher geben und mit Handrührgerät mit Rührbesen zu einer dicklichen Masse aufschlagen. Speiseöl zuerst teelöffelweise, dann in einem dünnen Strahl unterrühren. Die Mayonnaise mit Salz, Pfeffer und Zucker abschmecken.
3. Die Mayonnaise vorsichtig unter die Salatzutaten heben, kurz durchziehen lassen und in Cocktailgläser füllen. Nach Belieben mit Petersilie garnieren.

Tipp:
Nur ganz frisches Eigelb verwenden, das nicht älter als 5 Tage ist (Legedatum beachten!).

Gemüse-Eier-Sülze im Glas

Gemüse-Eier-Sülze im Glas

4 Portionen

4 hart gekochte Eier, 3–4 Stängel Kerbel
10 Blatt weiße Gelatine
900 ml Gemüsebrühe
250 g fein gewürfelte Möhren
125 ml (1/8 l) trockener Sherry
4–5 EL Weißweinessig
Salz, frisch gemahlener Pfeffer
1 D. Gemüsemais (Abtropfgew. 140 g)

Zubereitungszeit: etwa 60 Minuten, ohne Kühlzeit

Insgesamt:
E: 53 g, F: 27 g, Kh: 35 g, kJ: 3132, kcal: 749

Mit Alkohol

1. Eier pellen und in Scheiben schneiden. Kerbel abspülen, trockentupfen und in kleinere Stängel zupfen. Gelatine in kaltem Wasser nach Packungsanleitung einweichen.
2. Gemüsebrühe in einem Topf zum Kochen bringen. Möhrenwürfel hinzufügen und etwa 10 Minuten garen. Möhrenwürfel in ein Sieb geben, die Brühe dabei auffangen und 750 ml (3/4 l) davon abmessen.
3. Gelatine leicht ausdrücken und unter Rühren in der heißen Brühe auflösen. Sherry und Essig unterrühren. Sülzenflüssigkeit kräftig mit Salz und Pfeffer abschmecken. Mais in einem Sieb abtropfen lassen.
4. Jeweils 1–2 Esslöffel von der Sülzenflüssigkeit in 4 Gläser (mindestens je 0,3 l Inhalt) geben, so dass der Boden der Gläser mit einem Flüssigkeitsspiegel bedeckt ist. Die Gläser in den Kühlschrank stellen und die Flüssigkeit erstarren lassen.
5. Anschließend in jedes Glas eine Schicht Möhrenwürfel geben, diese mit der Sülzenflüssigkeit bedecken. Die Gläser für etwa 5 Minuten in den Kühlschrank stellen.
6. Eine Schicht Mais in die Gläser geben, diese wieder mit der Sülzenflüssigkeit bedecken und für 5 Minuten kalt stellen. 1–2 Eierscheiben und einige kleine Kerbelstängel in jedes Glas legen, mit Sülzenflüssigkeit bedecken und wieder kalt stellen. Restliche Zutaten auf die gleiche Weise verarbeiten. Die gefüllten Gläser mindestens 3 Stunden kalt stellen.

Tipp: Nach Belieben die Gemüse-Eier-Sülze mit einer Meerrettichsahne servieren. Dazu 100 ml Schlagsahne fast steif schlagen. Einen Esslöffel geriebenen Meerrettich und etwas geriebene Zitronenschale unterrühren.

Rezeptvorschläge für ein klassisches Buffet

Für ein klassisches Buffet benötigen Sie für 10–12 Personen:

3 x Rezept **Geflügelcocktail** Seite 126
1/2 Rezept **Goudaröllchen auf Brottalern** Seite 137
2 x Rezept **Leberterrine** Seite 228
1 x Rezept **Gemüse, mariniert (mit der doppelten Menge Paprika)** Seite 126
3 x Rezept **Orangencreme** Seite 266

Außerdem:

1,8 kg gemischtes Brot und Brötchen

Vorbereitungen am Vortag:

- Leberterrinen zubereiten und kalt stellen.
- Paprika für das marinierte Gemüse enthäuten, Marinade zubereiten und beides kalt stellen.
- Orangencreme zubereiten und kalt stellen.

Vorbereitungen am Tag des Buffets:

4 Stunden vorher:	• Gemüse für das Gemüse, mariniert fertig stellen und mit der Marinade mischen.
3 Stunden vorher:	• Geflügelcocktail mischen und anrichten.
2 Stunden vorher:	• Goudaröllchen zubereiten.
1 Stunden vorher:	• Orangencreme garnieren.
	• Brot und Brötchen aufschneiden und anrichten.

Es eignen sich auch folgende zusätzliche Rezepte:

1 x Rezept **Geflügel-Avocado-Salat** Seite 125
2 x Rezept **Fischterrine mit zweierlei Fisch und Garnelen** Seite 100
1 x Rezept **Gurken-Apfel-Salat (mit 3 Salatgurken)** Seite 141
1 x Rezept **Gnocchi-Salat** Seite 134
3 x Rezept **Zitronencreme** Seite 416
plus Brot und Brötchen.

Gemüse, mariniert

8–10 Portionen

je 2 rote, gelbe und grüne Paprikaschoten

3 dünne Zucchini
2 kleine Auberginen
Salz, 2 Köpfe Radicchio
4 Chicoréestauden
200 g Champignons
etwa 125 ml (1/8 l) Olivenöl

Für die Marinade:

4 Schalotten
100 ml Weißwein
100 ml Olivenöl
8 EL Rotweinessig
2 EL Balsamico-Essig
4 Lorbeerblätter
2 TL Salz
2 TL Zucker
frisch gemahlener Pfeffer

Zubereitungszeit: 90 Minuten, ohne Zieh- und Marinierzeit
Backzeit: 10–15 Minuten

Insgesamt:
E: 50 g, F: 158 g, Kh: 103 g, kJ: 8906, kcal: 2125

Gut vorzubereiten – mit Alkohol

1. Paprika vierteln, entstielen, entkernen und die weißen Scheidewände entfernen. Schoten waschen und trockentupfen. Die Paprikaviertel mit der Hautseite nach oben auf ein Backblech (gefettet) legen. Das Backblech in den Backofen schieben.
   Ober-/Unterhitze: etwa 220 °C (vorgeheizt)
   Heißluft: etwa 200 °C (vorgeheizt)
   Gas: Stufe 4–5 (vorgeheizt)
   Backzeit: 10–15 Minuten.

Gemüse, mariniert

2. Die Paprikaschoten so lange backen, bis die Haut dunkel wird und Blasen wirft. Das Backblech aus dem Backofen nehmen. Die Schoten mit einem nassen Tuch zudecken und etwas abkühlen lassen. Dann die Haut abziehen.
3. Zucchini und Auberginen waschen, abtrocknen und die Enden abschneiden. Zucchini und Auberginen in etwa 1 cm dicke Scheiben schneiden. Die Scheiben mit Salz bestreuen und etwa 30 Minuten ziehen lassen. Zucchini- und Auberginenscheiben mit Küchenpapier trockentupfen.
4. Radicchio und Chicorée von schlechten Blättern befreien, vierteln und die Strünke herausschneiden.
5. Champignons putzen, mit Küchenpapier abreiben, evtl. abspülen und abtropfen lassen. Größere Pilze in Scheiben schneiden.
6. Olivenöl portionsweise in einer Pfanne erhitzen. Zucchini- und Auberginenscheiben nach und nach darin von beiden Seiten anbraten, herausnehmen und auf Küchenpapier abtropfen lassen.
7. Nacheinander ebenfalls Radicchio, Chicorée und Champignons anbraten. Die Gemüsezutaten in eine flache Form schichten.
8. Für die Marinade Schalotten abziehen, zuerst in Scheiben schneiden, dann in kleine Ringe teilen. Schalottenringe mit Wein, Olivenöl, beiden Essigsorten, Lorbeerblättern, Salz, Zucker und Pfeffer in einem Topf mischen, zum Kochen bringen. Topf von der Kochstelle nehmen. Marinade leicht abkühlen lassen und über die Gemüsezutaten gießen. Gemüse mindestens 2–3 Stunden marinieren.

Tipp: Eingelegtes Gemüse nach Belieben mit einigen Basilikumblättchen garnieren.

Gemüserelish

Etwa 6 Gläser, je 200 ml

400 g Gemüsezwiebeln (vorbereitet gewogen)

je 200 g rote und grüne Paprikaschoten (vorbereitet gewogen)
400 g Zucchini (vorbereitet gewogen)
2 Knoblauchzehen
6 EL Olivenöl
200 g Fleischtomaten (vorbereitet gewogen)
375 ml (3/8 l) Weißweinessig
200 ml Tomatensaft
2 EL Tomatenmark
2 gestr. TL Salz
2 gestr. EL Paprikapulver edelsüß
1 gestr. TL Currypulver
Pfeffer, Cayennepfeffer
1 Pck. (500 g) Extra Gelier Zucker (2:1)

Zubereitungszeit: 90 Minuten

Insgesamt:
E: 25 g, F: 67 g, Kh: 562 g, kJ: 12841, kcal: 3035

Dauert länger

Gemüserelish

1. Gemüsezwiebeln abziehen, in kleine Würfel schneiden und abwiegen (400 g). Paprika halbieren, entstielen, entkernen und die weißen Scheidewände entfernen. Schoten waschen, trockentupfen, in kleine Würfel schneiden und abwiegen (je 200 g).
2. Zucchini waschen, abtrocknen und die Enden abschneiden. Zucchini längs halbieren, in kleine Würfel schneiden und abwiegen (400 g). Knoblauch abziehen und klein würfeln. Olivenöl in einem Topf erhitzen. Vorbereitetes Gemüse einige Minuten darin andünsten.
3. Tomaten waschen, kreuzweise einschneiden und einige Sekunden in kochendes Wasser legen.
Tomaten kurz in kaltem Wasser abschrecken, enthäuten, halbieren, entkernen und Stängelansätze entfernen. Tomaten in Würfel schneiden und abwiegen (200 g).
4. Tomatenwürfel, Essig, Tomatensaft, Tomatenmark, Salz, Paprika, Curry, Pfeffer, Cayennepfeffer und Extra Gelier Zucker zum gedünsteten Gemüse geben, unter Rühren zum Kochen bringen und etwa 15 Minuten kochen lassen, dabei ab und zu durchrühren.
5. Nach Belieben die Gemüsemasse nach dem Kochen so lange pürieren, bis die Hälfte musig ist. Dann die Gemüsemasse gut verrühren und nochmals unter Rühren aufkochen lassen.
6. Das Relish sofort randvoll in sorgfältig gereinigte und gespülte Gläser füllen, mit Twist-off-Deckeln® verschließen, umdrehen und etwa 5 Minuten auf den Deckeln stehen lassen. Gläser wieder umdrehen.

Gemüsesalat, süß-sauer

8–10 Portionen

400 g Möhren
700 g fest kochende Kartoffeln
400 g Zucchini
1 kleiner Staudensellerie (400 g)
800 g Fleischtomaten
60 g Butter
200 ml Gemüsebrühe
1 Dose Ananasstücke (Abtropfgewicht 340 g)
3–4 EL Mango-Chutney
3–4 EL milder Essig, z. B. Kräuteressig
4–5 EL Gemüsesud
2 gestr. TL gemahlener Kreuzkümmel (Cumin)
Salz
frisch gemahlener Pfeffer
2 gestr. TL Currypulver
1 gestr. TL Zucker

Zubereitungszeit: 60 Minuten, ohne Durchziehzeit

Insgesamt:
E: 31 g, F: 16 g, Kh: 227 g, kJ: 5171, kcal: 1231

Dauert länger

1. Möhren und Kartoffeln waschen, schälen, abspülen, abtropfen lassen und in kleine Würfel schneiden.
2. Zucchini waschen, abtrocknen und die Enden abschneiden. Zucchini würfeln. Staudensellerie putzen und die harten Außenfäden abziehen. Staudensellerie waschen, abtropfen lassen und in Streifen oder Würfel schneiden. Tomaten waschen, trockentupfen, vierteln, entkernen und die Stängelansätze herausschneiden. Tomaten ebenfalls würfeln.
3. Butter in einem großen Topf zerlassen, Möhren- und Kartoffelwürfel darin andünsten. Brühe hinzugießen, zum Kochen bringen und zugedeckt etwa 10 Minuten dünsten lassen. Zucchini- und Staudenselleriewürfel hinzufügen. Das Gemüse weitere etwa 5 Minuten bissfest dünsten.
4. Gemüse in einem Sieb gut abtropfen lassen, den Sud dabei auffangen und 4–5 Esslöffel davon abmessen.
5. Ananasstücke in einem Sieb gut abtropfen lassen und in kleine Stücke schneiden. Mango-Chutney mit Essig, dem Gemüsesud, Kreuzkümmel, Salz, Pfeffer, Curry und Zucker verrühren, mit den Tomatenwürfeln zum gegarten Gemüse geben und unterheben. Den Salat etwa 60 Minuten durchziehen lassen.
6. Den Salat vor dem Servieren nochmals mit den Gewürzen abschmecken.

Gemüsesalat, süß-sauer

Gemüse-Schicht-Pastete

6–8 Portionen

Für das Brokkolipüree:
500 g Brokkoli
500 ml (1/2 l) kochendes Salzwasser
5 Blatt weiße Gelatine
125 ml (1/8 l) Gemüsefond
2 Eiweiß (Größe M)
2 EL Crème fraîche
Salz
frisch geriebene Muskatnuss

Für das Selleriepüree:
400 g Knollensellerie
125 ml (1/8 l) kochendes Salzwasser
5 Blatt weiße Gelatine
125 ml (1/8 l) Gemüsefond
2 EL Crème fraîche
2 Eiweiß (Größe M)
frisch gemahlener Pfeffer
Zitronensaft

Für das Möhrenpüree:
400 g Möhren
125 ml (1/8 l) kochendes Salzwasser
5 Blatt weiße Gelatine
125 ml (1/8 l) Gemüsefond
2 Eiweiß (Größe M)
2 EL Crème fraîche
1 Prise Zucker
gemahlener Ingwer

Speiseöl für die Form

Zubereitungszeit: 60 Minuten, ohne Kühlzeit

Insgesamt:
E: 65 g, F: 53 g, Kh: 35 g,
kJ: 3688, kcal: 887

Für Gäste – gut vorzubereiten

1. Für das Brokkolipüree Brokkoli putzen und die Blätter entfernen. Die Stängel am Strunk schälen, bis kurz vor den Röschen kreuzweise einschneiden und waschen. Brokkoliröschen (einige Röschen zum Garnieren beiseite legen) in kochendem Salzwasser 10–15 Minuten garen. Brokkoli in einem Sieb gut abtropfen lassen, anschließend mit einem Mixstab pürieren.
2. Gelatine in kaltem Wasser nach Packungsanleitung einweichen. Gemüsefond in einem Topf erwärmen (nicht kochen). Topf von der Kochstelle nehmen. Gelatine unter Rühren darin auflösen. Brokkolipüree unterrühren.
3. Eiweiß steif schlagen. Crème fraîche und Eischnee unter die Brokkolimasse rühren. Mit Salz und Muskat abschmecken.
4. Für das Selleriepüree Sellerie schälen, waschen, abtropfen lassen und in kleine Stücke schneiden. Selleriestücke in kochendem Salzwasser 25–30 Minuten garen. Selleriestücke in einem Sieb gut abtropfen lassen, anschließend mit einem Mixstab pürieren.
5. Gelatine in kaltem Wasser nach Packungsanleitung einweichen. Gemüsefond in einem Topf erwärmen (nicht kochen). Topf von der Kochstelle nehmen. Gelatine unter Rühren darin auflösen. Sellerierpüree unterrühren.
6. Eiweiß steif schlagen. Crème fraîche und Eischnee unter die Selleriemasse rühren. Mit Salz, Pfeffer und Zitronensaft abschmecken.
7. Für das Möhrenpüree Möhren putzen, schälen, waschen, abtropfen lassen und in Scheiben schneiden. Möhrenscheiben in kochendem Salzwasser etwa 15 Minuten garen. Möhrenscheiben in einem Sieb gut abtropfen lassen und mit einem Mixstab pürieren.
8. Gelatine in kaltem Wasser nach Packungsanleitung einweichen. Gemüsefond in einem Topf erwärmen (nicht kochen). Topf von der Kochstelle nehmen. Gelatine unter Rühren darin auflösen. Möhrenpüree unterrühren.
9. Eiweiß steif schlagen. Crème fraîche und Eischnee unter die Möhrenmasse rühren. Mit Salz, Zucker und Ingwer abschmecken.
10. Eine dichte Terrinen- oder Pastetenform (z. B. Kastenform, 30 x 11 cm) mit Speiseöl fetten. Zuerst das Selleriepüree hineingeben und glatt streichen. Die Hälfte des Brokkolipürees darauf verteilen. Die beiseite gelegten Brokkoliröschen mit dem Stiel nach oben leicht hineindrücken. Restliches Brokkolipüree darauf geben und glatt streichen. Zuletzt das Möhrenpüree darauf verteilen.
11. Die Form mit einem Deckel oder mit Alufolie verschließen und mindestens 2 Stunden kalt stellen.
12. Die Pastetenform kurz in heißes Wasser stellen. Die Pastete aus der Form stürzen und in nicht zu dünne Scheiben schneiden.

Gemüse-Schicht-Pastete

Beilage:
Knackige Salate.

Gemüse-Schinken-Sülze

8 Portionen

750 ml (3/4 l) Wasser
1 gestr. TL Salz
2 küchenfertig vorbereitete Stangen Staudensellerie oder
4 Stangen grüner Spargel
300 g küchenfertig vorbereitete Möhren
250 g küchenfertig vorbereitete Brokkoliröschen
15 Blatt weiße Gelatine
400 ml Gemüsefond (aus dem Glas)
5–6 EL Weißwein- oder Sherryessig
frisch gemahlener Pfeffer
200 g gekochter Schinken in Streifen

Zubereitungszeit: 40 Minuten, ohne Kühlzeit

Insgesamt:
E: 82 g, F: 8 g, Kh: 26 g, kJ: 2277, kcal: 544

Raffiniert

1. Wasser mit Salz in einem Topf zum Kochen bringen. Selleriestangen längs halbieren. Selleriestangen oder Spargel in etwa 5 cm lange Stücke schneiden. Möhren längs halbieren, von der Mitte je einen länglichen Streifen abschneiden.
2. Die Gemüsestücke getrennt in kochendem Wasser etwa 5 Minuten bissfest garen. Anschließend in ein Sieb geben (Gemüsewasser dabei auffangen), mit eiskaltem Wasser übergießen, abtropfen und erkalten lassen.
3. Gelatine in kaltem Wasser nach Packungsanleitung einweichen. Gemüsefond erhitzen (nicht kochen). Gelatine ausdrücken und in dem Gemüsefond unter Rühren auflösen. Gelatine-Gemüsefond mit dem aufgefangenen Gemüsewasser auf 1 l auffüllen, mit Essig, evtl. Salz und Pfeffer abschmecken.
4. Den Boden einer länglichen Form (etwa 1,5 l Inhalt, mit Frischhaltefolie ausgelegt) etwa 1/2 cm hoch mit der Sülzenflüssigkeit bedecken. Die Form für etwa 10 Minuten in den Kühlschrank stellen.
5. Sellerie- oder Spargelstücke längs auf den Sülzenspiegel legen und mit Sülzenflüssigkeit bedecken. Die Form wieder für etwa 10 Minuten in den Kühlschrank stellen.
6. Nacheinander die Möhrenhälften, Schinkenstreifen, Brokkoliröschen und zuletzt die Möhrenstreifen einschichten. Jede Schicht mit der Sülzenflüssigkeit bedecken und die Form für jeweils 10 Minuten in den Kühlschrank stellen.
7. Die Form mindestens 6 Stunden, am besten über Nacht, in den Kühlschrank stellen. Vor dem Servieren die Sülze auf eine Platte stürzen und die Frischhaltefolie entfernen.

Tipp:
Servieren Sie die Gemüse-Schinken-Sülze mit einem Kräuterdip und frischem Vollkornbrot.

Gemüse-Sesam-Kräcker

8–10 Portionen

1 kg Knollensellerie oder Kohlrabi
1 l Gemüsebrühe
2 Eier (Größe M)
Salz
frisch gemahlener Pfeffer
250 g Sesamsamen, geschält
1 Pck. (200 g) runde Salzkräcker

Zum Bestreichen:
50 g Sahnemeerrettich

Zum Garnieren:
kleine Gewürzgurken
grüne Oliven

Zubereitungszeit: 50 Minuten, ohne Abkühlzeit
Backzeit: etwa 15 Minuten

Insgesamt:
E: 81 g, F: 161 g, Kh: 192 g, kJ: 10651, kcal: 2544

Gemüse-Sesam-Kräcker

Raffiniert

1. Sellerie oder Kohlrabi putzen, schälen, waschen, abtropfen lassen und in 1/2–1 cm dicke Scheiben schneiden.
2. Brühe in einem Topf zum Kochen bringen, Sellerie- oder Kohlrabischeiben hinzugeben und etwa 3 Minuten kochen lassen. Anschließend in ein Sieb geben, mit kaltem Wasser abschrecken und etwas abkühlen lassen.
3. Aus den Sellerie- oder Kohlrabischeiben mit einem Ausstecher runde Scheiben in Größe der Kräcker ausstechen. Eier verschlagen, mit Salz und Pfeffer würzen. Die Gemüsescheiben zuerst durch die Eier ziehen, am Schüsselrand abstreifen und anschließend in Sesam wenden, andrücken.
4. Sesam-Gemüse-Scheiben auf ein Backblech (gefettet) legen. Das Backblech in den Backofen schieben.
   Ober-/Unterhitze: etwa 220 °C (vorgeheizt)
   Heißluft: etwa 200 °C (vorgeheizt)
   Gas: Stufe 4–5 (vorgeheizt)
   Backzeit: etwa 15 Minuten.
5. Sesam-Gemüse-Scheiben vom Backblech nehmen und auf einem mit Backpapier belegten Rost abkühlen lassen.
6. Salzkräcker dünn mit Sahnemeerrettich bestreichen. Sesam-Gemüse-Scheiben darauf legen. Gurken in dünne Scheiben schneiden. Gemüse-Sesam-Kräcker mit Gurkenscheiben und Oliven garniert servieren.

Tipp:
Die Gemüse-Sesam-Kräcker schmecken lauwarm und kalt. Statt mit Sahnemeerrettich können die Salzkräcker auch mit Paprika-Frischkäse bestrichen werden. Die Brühe auffangen und für eine Suppe verwenden.

Gemüsesülze

Gemüsesülze

4 Portionen

1 Zwiebel
100 g Salatgurke
100 g Zucchini
100 g Brokkoliröschen
450 ml Gemüsebrühe
1/2 Bund Petersilie oder Basilikum
8 Blatt weiße Gelatine
5 EL Weißweinessig
1 Prise Zucker
frisch gemahlener Pfeffer

Zubereitungszeit: 45 Minuten, ohne Abkühl- und Gelierzeit

Insgesamt:
E: 17 g, F: 1 g, Kh: 10 g, kJ: 526, kcal: 126

Vegetarisch

1. Zwiebel abziehen und in kleine Würfel schneiden. Gurke schälen. Zucchini waschen, abtrocknen und die Enden abschneiden. Gurke und Zucchini in feine Stifte schneiden.
2. Brokkoli putzen, waschen, abtropfen lassen und in Röschen teilen.
3. 100 ml von der Brühe in einem Topf zum Kochen bringen. Gemüsestifte, Brokkoliröschen und Zwiebelwürfel darin bissfest garen. Topf von der Kochstelle nehmen. Das Gemüse in der Brühe erkalten lassen.
4. Petersilie oder Basilikum abspülen und trockentupfen. Die Blättchen von den Stängeln zupfen, Blättchen klein schneiden.
5. Gelatine in kaltem Wasser nach Packungsanleitung einweichen. Gelatine leicht ausdrücken, in einem kleinen Topf unter Rühren erwärmen (nicht kochen), bis sie völlig gelöst ist, leicht abkühlen lassen. Gelatine unter die restliche, kalte Brühe rühren. Die Brühe mit Essig, Zucker und Pfeffer pikant abschmecken. Gemüse und Zwiebelwürfel in einem Sieb abtropfen lassen.
6. Eine Terrinenform etwa 1 cm hoch mit der Gelatine-Brühe füllen und etwa 10 Minuten kalt stellen (Kühlschrank). Gegartes Gemüse mischen, in die Form geben, mit der restlichen Brühe übergießen, 5–6 Stunden kalt stellen und gelieren lassen.

Geraspelter Salat mit Ziegenfrischkäse-Klößchen

4 Portionen

Für den Salat:
250 g Möhren
200 g Knollensellerie
400 g Zucchini
1 Bund glatte Petersilie

Für die Sauce:
3–4 EL Zitronensaft
Salz
frisch gemahlener Pfeffer
etwas Zucker, 4 EL Olivenöl

Für die Frischkäse-Klößchen:
100 g abgezogene, gehobelte Mandeln
200 g Ziegenfrischkäse
1 TL Olivenöl

Zubereitungszeit: 35 Minuten, ohne Durchzieh- und Abkühlzeit

Insgesamt:
E: 40 g, F: 150 g, Kh: 29 g,
kJ: 6765, kcal: 1622

Raffiniert

1. Für den Salat Möhren und Sellerie putzen, schälen, waschen und abtropfen lassen. Zucchini waschen, abtrocknen und die Enden abschneiden. Möhren, Sellerie und Zucchini auf einer Haushaltsreibe raspeln. Petersilie abspülen und trockentupfen. Die Blättchen von den Stängeln zupfen. Die vorbereiteten Zutaten in eine Schüssel geben.
2. Für die Sauce Zitronensaft mit Salz, Pfeffer und Zucker verrühren. Olivenöl unterschlagen. Die Salatzutaten mit der Sauce mischen. Den Salat etwa 30 Minuten durchziehen lassen.
3. Für die Klößchen Mandeln in einer Pfanne ohne Fett goldbraun rösten, auf einen Teller geben und erkalten lassen.
4. Frischkäse mit Olivenöl und etwas Pfeffer verrühren. Mit zwei kalt abgespülten Teelöffeln etwa 16 kleine Klöße abstechen. Die Klöße sofort in den Mandeln wälzen und bis zum Servieren kalt stellen.
5. Den Salat auf Tellern anrichten und mit den Klößchen servieren.

Tipp:
Anstelle von Ziegenfrischkäse können Sie auch Doppelrahm-Frischkäse verwenden.

Abwandlung:
Nach Belieben zusätzlich 400 g Tomaten waschen, abtrocknen und die Stängelansätze herausschneiden. Tomaten in Scheiben schneiden und auf einer Platte verteilen. Den Salat und die Klößchen darauf anrichten.

Geraspelter Salat mit Ziegenfrischkäse-Klößchen

Gnocchi-Salat

8–10 Portionen

1 kg gegarte Gnocchi (aus dem Kühlregal)
600 g Staudensellerie
400 g grüne Weintrauben
200 g Radicchio
150 g Blauschimmelkäse

Für die Sauce:
400 ml Schlagsahne
4–5 EL Zitronensaft
2 EL Zucker
Salz
frisch gemahlener schwarzer Pfeffer

100 g Walnusskernhälften

Gnocchi-Salat

Zubereitungszeit: 30 Minuten, ohne Durchziehzeit

Insgesamt:
E: 97 g, F: 241 g, Kh: 429 g, kJ: 18184, kcal: 4324

Schnell

1. Gnocchi nach Packungsanleitung zubereiten und in eine große Schüssel geben. Staudensellerie putzen und die harten Außenfäden abziehen. Sellerie waschen und abtropfen lassen. Stangen und Blätter klein schneiden.
2. Weintrauben waschen, abtropfen lassen, trockentupfen und entstielen. Radicchio putzen, halbieren, die Blätter vom Strunk lösen und in Stücke zupfen. Radicchio waschen und gut abtropfen lassen. Blauschimmelkäse klein schneiden.
3. Selleriestücke, Weintrauben, Salat und Käsewürfel mit den Gnocchi mischen.
4. Für die Sauce Sahne mit Zitronensaft verrühren, mit Zucker, Salz und Pfeffer würzen. Die Sauce mit den Salatzutaten vermischen. Salat kurz durchziehen lassen und nochmals mit den Gewürzen abschmecken.
5. Den Salat vor dem Servieren mit Walnusskernhälften bestreuen.

Tipp:
Weintrauben evtl. halbieren und entkernen.

Gorgonzolacreme

4 Portionen

100 g Gorgonzola
150 g saure Sahne
Salz
frisch gemahlener, weißer Pfeffer
2 EL Pistazienkerne

Zubereitungszeit: 10 Minuten

Insgesamt:
E: 29 g, F: 62 g, Kh: 8 g, kJ: 2946, kcal: 704

Schnell

1. Gorgonzola mit der Gabel zerdrücken. Nach und nach mit der sauren Sahne verrühren. Sehr vorsichtig mit Salz und Pfeffer würzen.
2. Die Gorgonzolacreme vor dem Servieren mit grob gehackten Pistazienkernen bestreuen.

Tipp:
Zu Staudensellerie, Möhrenstreifen und Kräckern servieren.

Gorgonzolacreme

Götter-Schicht-Speise

4 Portionen

200 g frische Himbeeren
1 Pck. (2 Beutel) Götterspeise Himbeer-Geschmack
4–5 EL Zucker
500 ml (1/2 l) Wasser
125 ml (1/8 l) Schlagsahne

Zubereitungszeit: 20 Minuten, ohne Gelierzeit

Insgesamt:
E: 36 g, F: 39 g, Kh: 82 g,
kJ: 3677, kcal: 875

Raffiniert

1. Himbeeren verlesen (nicht waschen). Einige Himbeeren zum Garnieren beiseite legen. Restliche Himbeeren in eine Glasschale (Ø etwa 20 cm) geben.
2. Die Götterspeise mit Zucker und Wasser nach Packungsanleitung – aber mit den hier angegebenen Zutaten – zubereiten. Die Hälfte der Flüssigkeit auf die Himbeeren in die Glasschale gießen. Die Schale schräg in den Kühlschrank stellen, Götterspeise fest werden lassen.
3. Ein Drittel der restlichen Flüssigkeit in eine kleine flache Schale gießen und zum Festwerden kalt stellen (Kühlschrank). Die restliche Flüssigkeit in eine Rührschüssel gießen und kurze Zeit kalt stellen.
4. Sahne steif schlagen. Sobald die Götterspeise (Rührschüssel) anfängt dicklich zu werden, sie mit Handrührgerät mit Rührbesen schaumig schlagen und die Sahne unterheben. Die Sahnemasse auf die fest gewordene Götterspeise (Glasschale) füllen, glatt streichen und wieder kalt stellen.
5. Die fest gewordene Götterspeise (kleine flache Schale) in kleine Würfel schneiden. Die Götter-Schicht-Speise mit den beiseite gelegten Himbeeren und den Götterspeisewürfeln garnieren.

Götter-Schicht-Speise

Tipp:
Die Götter-Schicht-Speise kann auch in Portionsschälchen angerichtet werden. Dann nach Belieben die Speise zusätzlich mit 50–100 g verlesenen Himbeeren garnieren.

Götterspeisen-Mix

12 Portionen

je 1 Beutel aus jeweils 1 Pck. Götterspeise Himbeer-, Zitrone- und Waldmeister-Geschmack
240 g Zucker
1,2 l Wasser

Für die Vanillesauce:
500 ml (1/2 l) Milch
50 g Zucker
Mark von 1 Vanilleschote
20 g Speisestärke

Zubereitungszeit: 30 Minuten, ohne Gelier- und Abkühlzeit

Insgesamt:
E: 62 g, F: 15 g, Kh: 327 g,
kJ: 7471, kcal: 1783

Für Kinder

1. Die Götterspeise nach Farben getrennt nach Packungsanleitung mit je 80 g Zucker – aber mit jeweils nur 400 ml Wasser – zubereiten. Die Götterspeise auch nach Farben getrennt jeweils in eine flache Schüssel füllen und fest werden lassen.

Götterspeisen-Mix

2. Die Götterspeise aus den Schüsseln lösen, in Würfel schneiden und in Dessertgläser schichten.
3. Für die Vanillesauce 400 ml der Milch mit Zucker und Vanillemark in einem Topf zum Kochen bringen. Speisestärke mit der restlichen Milch anrühren, in die kochende Milch einrühren und unter Rühren einmal aufkochen lassen. Die Sauce erkalten lassen.
4. Die Vanillesauce über die Speise geben oder getrennt dazu reichen.

Goudaröllchen auf Brottalern

60 Stück

1 Pck. (150 g) Frischkäse mit Kräutern
1 Pck. (200 g) Doppelrahm-Frischkäse
2 Zwiebeln
50 g roher Schinken
80 g mittelalter Gouda-Käse
2 gepellte, hart gekochte Eier
1 Bund Schnittlauch, in Röllchen geschnitten
Salz
frisch gemahlener Pfeffer
Currypulver
6 große Scheiben junger Gouda-Käse (11 x 15 cm, etwa 40 g je Scheibe)
80 g Butter

etwa 60 Schwarzbrottaler (Ø 4 cm) oder Pumpernickeltaler

Zubereitungszeit: 45 Minuten, ohne Kühlzeit

Insgesamt:
E: 168 g, F: 292 g, Kh: 233 g,
kJ: 17831, kcal: 4254

Raffiniert

1. Beide Sorten Frischkäse in eine Schüssel geben.
2. Zwiebeln abziehen und in kleine Würfel schneiden. Schinken, Käse und Eier ebenfalls klein würfeln. Schnittlauch abspülen, trockentupfen und in Röllchen schneiden. Die Zutaten zur Käsemasse geben und unterrühren. Mit Salz, Pfeffer und Curry abschmecken.
3. Von den Goudascheiben die Rinde entfernen. Die Käsemasse auf die Goudascheiben streichen. Die Scheiben von der kürzeren Seite her fest aufrollen. Jede Rolle in einem Stück Alufolie fest einwickeln und mindestens 1 Stunde kalt stellen.
4. Die Goudarollen in etwa 1 cm dicke Scheiben schneiden und auf die dünn mit Butter bestrichenen Schwarzbrottaler legen.

Tipp:
Die Goudaröllchen können 1–2 Tage vor dem Verzehr vorbereitet werden.

Goudaröllchen auf Brottalern

Grieben- und Apfelschmalz

Grieben- und Apfelschmalz

12–15 Portionen (etwa 300 g)

250 g geräucherter fetter Speck
1 große Zwiebel
1 kleiner säuerlicher Apfel
1 TL gerebelter Majoran

Zubereitungszeit: 30 Minuten, ohne Abkühlzeit

Insgesamt:
E: 8 g, F: 222 g, Kh: 16 g, kJ: 8645, kcal: 2066

Einfach

1. Speck in feine Würfel schneiden und in einer Pfanne mit hohem Rand auslassen.
2. Zwiebel abziehen, in kleine Würfel schneiden, zu den ausgelassenen Speckwürfeln in die Pfanne geben und goldgelb werden lassen. Die Hälfte des flüssigen Schmalzes etwas abkühlen lassen und in ein gründlich gereinigtes, gespültes und getrocknetes feuerfestes Glas füllen.
3. Apfel waschen, abtrocknen, vierteln und entkernen. Apfelviertel fein würfeln und zu dem restlichen Schmalz in die Pfanne geben. Etwa 5 Minuten ziehen lassen und von der Kochstelle nehmen. Majoran unterrühren.
4. Apfelschmalz etwas abkühlen lassen und ebenfalls in ein gründlich gereinigtes, gespültes und getrocknetes feuerfestes Glas füllen. Grieben- und Apfelschmalz erkalten lassen, dabei gelegentlich umrühren und mit Deckeln fest verschließen, kalt stellen.

Brotempfehlung:
Mischbrot.

Tipp:
Nach Belieben Apfelschmalzschnitten mit dünnen Apfelspalten bzw. Griebenschmalzschnitten mit in Scheiben geschnittenem Harzer Käse und roten Zwiebelringen oder Schnittlauchröllchen garnieren.

Griechische Käsecreme

10–12 Portionen (etwa 500 g)

250 g Schafkäse
3 Zwiebeln
4 Knoblauchzehen
250 g weiche Butter
frisch gemahlener Pfeffer

Zubereitungszeit: 20 Minuten

Insgesamt:
E: 45 g, F: 255 g, Kh: 10 g, kJ: 10570, kcal: 2525

Einfach

Griechische Käsecreme

1. Schafkäse in kleine Stücke schneiden und anschließend mit einer Gabel zerdrücken.
2. Zwiebeln und Knoblauch abziehen. Zwiebeln halbieren und in kleine Würfel schneiden. Knoblauch durch eine Knoblauchpresse drücken.
3. Butter, Knoblauch und Schafkäse grob pürieren, mit Pfeffer abschmecken. Zwiebelwürfel unterrühren.
4. Die Käsecreme in 2 gründlich gereinigte, gespülte und getrocknete Gläser füllen, mit einem Deckel fest verschließen und kalt stellen.

Brotempfehlung:
Weiß- oder Fladenbrot.

Griechisches Fladenbrot

3 Brote

Für den Hefeteig:
500 g Weizenmehl
30 g frische Hefe
1 TL Zucker
300 ml lauwarmes Wasser
1 TL Salz
3 EL Olivenöl

1 Eigelb
1 EL Milch
Sesamsamen
evtl. grobes Salz oder gehackte Pistazienkerne

Zubereitungszeit: 35 Minuten, ohne Teiggehzeit
Backzeit: etwa 20 Minuten je Backblech

Insgesamt:
E: 62 g, F: 52 g, Kh: 370 g, kJ: 9272, kcal: 2217

Klassisch

Griechisches Fladenbrot

1. Für den Teig Mehl in eine Rührschüssel sieben. In die Mitte eine Vertiefung drücken. Hefe hineinbröckeln, Zucker und etwas von dem Wasser hinzufügen. Mit einer Gabel vorsichtig verrühren und etwa 10 Minuten gehen lassen.
2. Salz, Olivenöl und restliches Wasser hinzufügen. Die Zutaten mit Handrührgerät mit Knethaken zunächst kurz auf niedrigster, dann auf höchster Stufe in etwa 5 Minuten zu einem Teig verarbeiten. Den Teig zugedeckt so lange an einem warmen Ort stehen lassen, bis er sich sichtbar vergrößert hat.
3. Den Teig leicht mit Mehl bestäuben, aus der Schüssel nehmen und auf einer bemehlten Arbeitsfläche nochmals kurz durchkneten. Den Teig dritteln und jeweils zu 1 Kugel formen.
4. Teigkugeln mit der Handfläche flach drücken, so dass Fladen (Ø etwa 20 cm) entstehen. Die Teigfladen auf Backbleche (mit Backpapier belegt) legen. Eigelb mit Milch verschlagen. Teigfladen damit bestreichen und mit Sesam, Salz oder Pistazienkernen bestreuen.
5. Die Backbleche nacheinander (bei Heißluft zusammen) in den Backofen schieben.
   Ober-/Unterhitze: 180–200 °C (vorgeheizt)
   Heißluft: 160–180 °C (vorgeheizt)
   Gas: etwa Stufe 3 (vorgeheizt)
   Backzeit: etwa 20 Minuten je Backblech.
6. Die Fladen mit dem Backpapier von den Backblechen auf Kuchenroste ziehen. Fladen erkalten lassen.

Tipp:
Zusätzlich 100 g entsteinte, in Scheiben geschnittene Oliven unter den Teig kneten.

Grünkohlsalat

Grünkohlsalat

4–6 Portionen

500 g Grünkohl
2 Schalotten
2 EL brauner Zucker
3 EL Zitronensaft
frisch gemahlener Pfeffer
Salz
3 EL Haselnussöl
1 rote Paprikaschote
1 Birne

Zubereitungszeit: 45 Minuten

Insgesamt:
E: 10 g, F: 33 g, Kh: 59 g,
kJ: 2396, kcal: 572

Raffiniert

1. Vom Grünkohl die dicken Rippen entfernen. Den Grünkohl gründlich waschen und in kochendem Wasser etwa 8 Minuten blanchieren. Grünkohl in ein Sieb geben, mit eiskaltem Wasser übergießen und gut abtropfen lassen.
2. Schalotten abziehen und in kleine Würfel schneiden. Schalottenwürfel mit Zucker, Zitronensaft, Pfeffer und Salz verrühren, Haselnussöl unterschlagen.
3. Paprika halbieren, entstielen, entkernen und die weißen Scheidewände entfernen. Schote waschen, trockentupfen und in kleine Würfel schneiden. Die Birne schälen, achteln, entkernen und in Scheiben schneiden.
4. Grünkohl in eine Schüssel geben, mit der Sauce, den Paprikawürfeln und Birnenscheiben mischen. Mit Salz und Pfeffer abschmecken.

Beilage:
Kräftiges Steinofenbrot.

Abwandlung:
Servieren Sie den **Grünkohlsalat mit Entenbrust.** Dafür 2 Entenbrüste (je etwa 350 g) unter fließendem kalten Wasser abspülen und trockentupfen. Entenbrüste in einer Pfanne ohne Fett zuerst auf der Fettseite, dann von der anderen Seite kurz anbraten. Entenbrüste in eine Auflaufform geben und im vorgeheizten Backofen bei Ober-/Unterhitze: etwa 120 °C, Heißluft: etwa 100 °C, Gas: etwa

Gurken-Apfel-Salat

Stufe 1 in 15–20 Minuten fertig braten. Entenbrüste herausnehmen, in Scheiben schneiden, erkalten lassen und mit dem Grünkohlsalat servieren.

Gurken-Apfel-Salat

8–10 Portionen

Für den Salat:

2 Salatgurken (etwa 800 g)
2–3 rote Paprikaschoten
800 g Äpfel (z. B. Jonagold)
1 Bund Dill

Für die Sauce:

6 EL Rotweinessig
6 EL Schlagsahne
300 g Naturjoghurt
etwas Zucker
Salz
frisch gemahlener Pfeffer

Zubereitungszeit: 40 Minuten, ohne Durchziehzeit

Insgesamt:
E: 23 g, F: 37 g, Kh: 131 g, kJ: 4320, kcal: 1034

Preiswert

1. Für den Salat Gurken schälen und die Enden abschneiden. Gurken der Länge nach halbieren, vierteln und in Würfel schneiden.
2. Paprika halbieren, entstielen, entkernen und die weißen Scheidewände entfernen. Schoten waschen, trockentupfen und ebenfalls würfeln. Äpfel schälen, vierteln und das Kerngehäuse herausschneiden. Äpfel grob würfeln.
3. Dill abspülen und trockentupfen. Die Spitzen von den Stängeln zupfen. Spitzen klein schneiden.
4. Für die Sauce Rotweinessig mit Sahne und Joghurt verrühren. Mit Zucker, Salz und Pfeffer würzen.
5. Die vorbereiteten Salatzutaten in eine Schüssel geben und mit der Sauce mischen. Den Salat durchziehen lassen.

Rezeptvorschläge für ein Winter-Buffet

Für ein Winter-Buffet benötigen Sie für 10–12 Personen:

1 x Rezept **Blätterteigpastetchen mit Leberwurst** Seite 34
1 x Rezept **Gemüse-Schicht-Pastete** Seite 131
2 x Rezept **Kartoffelsalat mit Schinkenröllchen** Seite 176
3 x Rezept **Grünkohlsalat mit Entenbrust** Seite 140
1 x Rezept **Birnen mit Käsenocken** Seite 34

Außerdem:

3 Baguette- oder Ciabatta-Brote.

Vorbereitungen am Vortag:

- Gemüse-Schicht-Pastete zubereiten und kalt stellen.
- Kartoffeln für den Kartoffelsalat kochen, pellen und kalt stellen.
- Grünkohl für den Grünkohlsalat blanchieren.
- Birnen dünsten und im Sud erkalten lassen.

Vorbereitungen am Tag des Buffets:

4 Stunden vorher:	• Blätterteig für die Pastetchen auftauen lassen und Pastetchen zubereiten. • Kartoffelsalat zubereiten, kalt stellen und durchziehen lassen.
3 Stunden vorher:	• Grünkohlsalat zubereiten, Entenbrüste braten, abgekühlt aufschneiden und zum Salat geben.
2 Stunden vorher:	• Käsenocken für die gedünsteten Birnen zubereiten.
1 Stunde vorher:	• Gemüse-Schicht-Pastete stürzen und anrichten.
Kurz vorher:	• Baguette- oder Ciabatta-Brote aufschneiden und anrichten.

Es eignen sich auch folgende zusätzliche Rezepte:

3 x Rezept **Paprikasalat, gebraten** Seite 272
2 x Rezept **Joghurtbällchen in Kräuteröl** Seite 168
1 x Rezept **Kasseler-Kürbis-Spießchen** Seite 193
2 x Rezept **Schinkenplatte** Seite 334
1,5 x Rezept **Weißkohlsalat mit Shiitake-Pilzen** Seite 407
plus Brot.

Gurken-Käse-Salat

Gurken-Käse-Salat

8–10 Portionen

Für den Salat:

600 g verschiedene Käsesorten, z. B. Emmentaler, Leerdamer oder Butterkäse
2 Gläser Honiggurken (Abtropfgewicht je 215 g)
2 Gläser Senfgurken (Abtropfgewicht je 230 g)
1 Salatgurke
1 Bund Radieschen

Für die Sauce:

3–4 EL Apfelessig
Salz
frisch gemahlener Pfeffer
etwas Zucker, 7 EL Speiseöl
1–2 TL Dillspitzen
evtl. etwas Senfgurkenwasser
6 hart gekochte Eier

Zubereitungszeit: 45 Minuten

Insgesamt:
E: 203 g, F: 275 g, Kh: 139 g, kJ: 16078, kcal: 3830

Raffiniert

1. Für den Salat Käse in Würfel schneiden. Beide Gurkensorten in ein Sieb geben, abtropfen lassen und in Streifen schneiden.
2. Salatgurke waschen, abtropfen lassen und nach Belieben schälen. Gurke längs halbieren, Kerne mit einem Löffel herauslösen. Gurke in Streifen schneiden. Radieschen putzen, waschen, trockentupfen und achteln oder in Scheiben schneiden.
3. Für die Sauce Essig mit Salz, Pfeffer und Zucker verrühren, Speiseöl unterschlagen, Dillspitzen unterrühren. Evtl. noch etwas Gurkenwasser unterrühren.
4. Die Sauce mit den vorbereiteten Salatzutaten vorsichtig mischen. Salat nochmals mit den Gewürzen abschmecken. Eier pellen, achteln und auf dem Salat verteilen, sofort servieren.

Gurkenscheiben, gefüllt

24 Stück

1 Salatgurke (etwa 600 g)
Saft von 1 Zitrone
Salz
frisch gemahlener Pfeffer
2 EL Olivenöl

Für die Lachsfüllung:

½ Bund Dill
150 g Graved Lachs in Scheiben
frisch gemahlener Pfeffer

Für die Krabbenfüllung:
180 g frische Nordsee-Krabben (ohne Schale)
1 kleines Bund Radieschen (etwa 150 g)
frisch gemahlener Pfeffer
etwas Zitronensaft

Für den Dip:
1 Eigelb (Größe M)
1 EL süßer Senf
200 ml Olivenöl, Pfeffer
½ Bund Dill

Zubereitungszeit: 50 Minuten, ohne Marinierzeit

Insgesamt:
E: 72 g, F: 240 g, Kh: 18 g,
kJ: 10398, kcal: 2484

Gut vorzubereiten

1. Gurke waschen, abtropfen lassen und die Enden abschneiden. Gurke in 2–3 cm dicke Scheiben schneiden (etwa 24 Scheiben). Aus den Gurkenscheiben mit einem kleinen Kugelausstecher oder einem kleinen Löffel Vertiefungen ausstechen.
2. Salzwasser in einem Topf zum Kochen bringen. Gurkenscheiben etwa 2 Minuten darin blanchieren. Anschließend in ein Sieb geben, mit kaltem Wasser übergießen und abtropfen lassen. Gurkenscheiben in eine flache Schale legen. Zitronensaft mit Salz und Pfeffer verrühren, Olivenöl unterschlagen. Die Marinade auf den Gurkenscheiben verteilen und etwa 30 Minuten durchziehen lassen.
3. Für die Lachsfüllung Dill abspülen und trockentupfen. Die Spitzen von den Stängeln zupfen. Spitzen klein schneiden. Lachs in kleine Würfel schneiden und mit dem Dill vermengen. Mit Pfeffer würzen.
4. Für die Krabbenfüllung Krabben evtl. kurz abspülen und trockentupfen. Radieschen putzen, waschen, trockentupfen, in kleine Stifte oder Würfel schneiden und mit den Krabben vermengen. Mit Salz, Pfeffer und etwas Zitronensaft würzen.
5. Für den Dip Eigelb mit Senf in einem Rührbecher mit Handrührgerät mit Rührbesen zu einer dicklichen Masse aufschlagen. Olivenöl zuerst tropfenweise, dann in einem dünnen Strahl unterschlagen. Mit Salz und Pfeffer würzen. Dill abspülen und trockentupfen. Die Spitzen von den Stängeln zupfen. Spitzen klein schneiden. Dill unter den Dip rühren.
6. Die Hälfte der Gurkenscheiben mit der Lachsmasse füllen, die restlichen Gurkenscheiben mit der Krabbenmasse füllen. Die gefüllten Gurkenscheiben auf einer Platte anrichten und mit dem Dip servieren.

Tipp:
Die gefüllten Gurkenscheiben mit einigen Dillzweigen, rosa Pfefferbeeren und Radieschenscheiben garnieren.

Gurkenscheiben, gefüllt

Gurkenschiffchen

Gurkenschiffchen

8 Portionen

300 ml Salzwasser
150 g Langkornreis

1 Scheibe gekochter Schinken (etwa 50 g)
je 125 g grüne und blaue Weintrauben
1 Banane
2 EL Mandarinenspalten aus der Dose

Für die Salatsauce:
1 EL Salatmayonnaise
2 EL Naturjoghurt
1 EL Mandarinensaft aus der Dose
Salz, frisch gemahlener Pfeffer
Zitronensaft

1 Salatgurke (etwa 500 g)

Außerdem:
1 Stück Alufolie
Salzstangen

Zubereitungszeit: 30 Minuten

Insgesamt:
E: 29 g, F: 18 g, Kh: 203 g,
kJ: 4705, kcal: 1124

Raffiniert – für Gäste

1. Salzwasser in einem Topf zum Kochen bringen, Reis hinzufügen, wieder zum Kochen bringen. Den Reis unter gelegentlichem Umrühren bei schwacher Hitze etwa 20 Minuten mit Deckel quellen lassen.
2. Den garen Reis in ein Sieb geben, mit kaltem Wasser abspülen und abtropfen lassen.
3. Schinkenscheibe in sehr kleine Würfel schneiden. Weintrauben waschen, trockentupfen, halbieren, entkernen und in kleine Stücke schneiden. Banane schälen und in Scheiben schneiden. Mandarinen in einem Sieb abtropfen lassen, den Saft dabei auffangen und 1 Esslöffel davon abmessen. Mandarinen halbieren.
4. Reis, Schinkenwürfel, Weintrauben- und Mandarinenstücke in eine Schüssel geben und vorsichtig vermengen.
5. Für die Sauce Mayonnaise mit Joghurt und Mandarinensaft verrühren, mit Salz, Pfeffer und Zitronensaft abschmecken. Die Sauce zu den Salatzutaten geben und vorsichtig unterheben.

Gurkenstücke, gefüllt

6. Gurke waschen, abtrocknen und längs halbieren. Gurkenhälften in je 4 Stücke schneiden und diese so aushöhlen, dass an beiden Seiten ein etwa 1/2 cm hoher Rand stehen bleibt. Die ausgehöhlten Gurkenstücke mit dem vorbereiteten Salat füllen.
7. Zum Garnieren aus Alufolie kleine Segel schneiden, um Salzstangen wickeln und kurz vor dem Servieren in die Füllung stecken.

Gurkenstücke, gefüllt

24 Stück

2 Salatgurken (je etwa 500 g)
24 runde Kräcker
2 Dosen Tunfisch, naturell
(Abtropfgewicht je 150 g)
100 g Schmand oder Crème fraîche
2 EL Semmelbrösel
Salz, Cayennepfeffer
3 EL schwarze Olivenringe
25 g gesalzene, ganze Mandeln

Zubereitungszeit: 20 Minuten

Insgesamt:
E: 87 g, F: 103 g, Kh: 93 g,
kJ: 6895, kcal: 1648

Schnell

1. Gurken waschen und abtrocknen. Einen Teil der Gurkenschale in Längsstreifen mit einem Ziseliermesser oder Zestenreißer abziehen. Gurken in etwa 2 cm dicke Scheiben schneiden und mit einem Kugelausstecher aushöhlen, dabei einen dünnen Boden stehen lassen.
2. Die Kräcker auf einer Platte anrichten und mit je einer Gurkenscheibe belegen.
3. Tunfisch in einem Sieb gut abtropfen lassen und in einen Rührbecher geben. Mit Schmand oder Crème fraîche pürieren. Semmelbrösel unterrühren. Die Masse mit Salz und Cayennepfeffer würzen.
4. Die Gurkenscheiben mit der Tunfischmasse füllen. Mit Olivenringen und Mandeln garnieren.

Tipp:
Sie können die Mandeln auch grob hacken und auf die gefüllten Gurkenstücke streuen.

Gurkensuppe, kalt

4 Portionen

1 Salatgurke (500 g)
Salz
frisch gemahlener Pfeffer
1 Knoblauchzehe
500 g Naturjoghurt (1,5 % Fett)
1–2 EL Olivenöl mit Basilikum
fein gehackte Petersilie

Nach Belieben:
Wassereiswürfel (aus dem Gefrierfach)

Zubereitungszeit: 10 Minuten, ohne Saftziehzeit

Insgesamt:
E: 17 g, F: 20 g, Kh: 26 g,
kJ: 1732, kcal: 415

Schnell – einfach

1. Gurke schälen und die Enden abschneiden. Gurke in kleine Stücke schneiden und mit einem Mixstab pürieren. Gurkenpüree mit Salz und Pfeffer würzen.
2. Knoblauch abziehen, durch eine Knoblauchpresse drücken und unterrühren. Gurkenpüree zum Saft ziehen stehen lassen.
3. Joghurt unter das Gurkenpüree rühren, mit Salz, Pfeffer und Olivenöl abschmecken. Petersilie darauf streuen.
4. Die Suppe sehr kalt, nach Belieben mit Wassereiswürfeln servieren.

Gurkensuppe, kalt

1. Zwiebeln abziehen und in Würfel schneiden. Gehacktes in eine Schüssel geben. Zwiebelwürfel, Eigelb, Paprika, Tomatenketchup und Petersilie hinzufügen. Die Zutaten gut vermengen, mit Salz und Pfeffer abschmecken.
2. Aus der Fleischmasse mit angefeuchteten Händen 8 Bällchen formen. Butterschmalz in einer Pfanne zerlassen. Die Bällchen hinzugeben, von allen Seiten anbraten und in 8–10 Minuten fertig braten. Bällchen aus der Pfanne nehmen und erkalten lassen.
3. Pumpernickeltaler mit Butter bestreichen. Einige Salatblätter darauf legen und die Hackfleischbällchen darauf setzen. Gewürzgurken in dicke Scheiben schneiden und mit kleinen Holzspießchen feststecken.

Tipp:
Hackfleischbällchen können auch aus Geflügel- oder Lammfleisch zubereitet werden. Party-Pumpernickel sind kleine, runde Pumpernickelscheiben. Ersatzweise können Sie auch mit einem Plätzchenausstecher Platten aus großen Pumpernickelscheiben ausstechen oder diese in Quadrate schneiden.

Hackfleischbällchen auf Pumpernickel

8 Stück

2 kleine Zwiebeln
400 g Rindergehacktes
4 Eigelb (Größe M)
1 TL Paprikapulver edelsüß
2 EL Tomatenketchup
2 EL gehackte Petersilie
Salz, frisch gemahlener Pfeffer
40 g Butterschmalz
8 Party-Pumpernickeltaler
40 g Butter
einige vorbereitete Feldsalat- und Friséesalatblätter
1–2 Gewürzgurken

Außerdem:
8 Holzspießchen

Zubereitungszeit: 25 Minuten, ohne Abkühlzeit

Insgesamt:
E: 120 g, F: 136 g, Kh: 168 g,
kJ: 10120, kcal: 2416

Für die Party

Hähnchenbrust-Häppchen

10 Stück

5 Scheiben Weizenbrot
300 g Hähnchenbrustfilet
2 EL Speiseöl
4 EL Salatmayonnaise
1 TL Currypulver, Salz
frisch gemahlener Pfeffer
Zitronensaft
2 Zweige glatte Petersilie

Zubereitungszeit: 20 Minuten

Insgesamt:
E: 82 g, F: 60 g, Kh: 79 g,
kJ: 4984, kcal: 1191

Schnell

1. Brotscheiben halbieren und toasten.
2. Hähnchenbrustfilet unter fließendem kalten Wasser abspülen und trockentupfen.
3. Speiseöl in einer Pfanne erhitzen, Hähnchenbrustfilet von beiden Seiten darin etwa 10 Minuten goldbraun braten, herausnehmen, auf Küchenpapier abtropfen lassen und in Scheiben schneiden.
4. Mayonnaise mit Curry, Salz, Pfeffer und Zitronensaft verrühren. Mayonnaise auf die Brotscheiben streichen, mit je 2 Scheiben Hähnchenbrutstfilet belegen.
5. Petersilie abspülen und trockentupfen. Die Blättchen von den Stängeln zupfen. Die Häppchen mit Petersilienblättchen garniert servieren.

Hähnchenbrust-Häppchen

Hähnchenbrustscheiben, pikant gebraten

4 Portionen

2 Schalotten
2 Fleischtomaten (etwa 300 g)
1 grüne Paprikaschote (etwa 220 g)
1 rote Chilischote
2 Knoblauchzehen
2 Sardellenfilets
4 EL Olivenöl
Salz, Pfeffer
Saft von 1 Limette

4 Hähnchenbrustfilets (je etwa 125 g)

1 Bund Basilikum

Zubereitungszeit: 60 Minuten, ohne Durchziehzeit

Insgesamt:
E: 126 g, F: 33 g, Kh: 22 g,
kJ: 3777, kcal: 902

Gut vorzubereiten

1. Schalotten abziehen. Tomaten waschen, trockentupfen, vierteln, entkernen und die Stängelansätze herausschneiden. Paprika halbieren, entstielen, entkernen und die weißen Scheidewände entfernen. Die Schote waschen und trockentupfen. Chili abspülen, trockentupfen, halbieren und entkernen. Knoblauch abziehen.
2. Schalotten, Tomatenviertel, Paprikahälften, Chilihälften, Knoblauch und Sardellenfilets in kleine Würfel schneiden.
3. Zwei Esslöffel des Olivenöls in einer Pfanne erhitzen. Vorbereitete Gemüse- und Sardellenwürfel portionsweise darin andünsten. Mit Salz und Pfeffer bestreuen. Limettensaft unterrühren.

Hähnchenbrustscheiben, pikant gebraten

4. Hähnchenbrustfilets unter fließendem kalten Wasser abspülen, trockentupfen und in etwa 2 cm dicke Scheiben schneiden. Restliches Olivenöl in einer großen Pfanne erhitzen. Fleischscheiben hinzufügen und von beiden Seiten kross anbraten. Mit Salz und Pfeffer bestreuen und in eine flache Schale legen. Gemüse-Sardellenwürfel-Mischung darauf verteilen, kalt stellen und etwa 1 Stunde durchziehen lassen.
5. Basilikum abspülen und trockentupfen. Die Blättchen von den Stängeln zupfen. Hähnchenbrustfiletscheiben mit Basilikumblättchen bestreut servieren.

Beilage:
Maismehlkräcker und Hot-Chili-Sauce.

Tipp:
Statt Hähnchenbrustfilets kann auch Puten- oder Schweinefleisch verwendet werden.

Hähnchenkeulen, garniert

4 Portionen

4 Hähnchenkeulen (je etwa 250 g)
2 EL Speiseöl
1/2 TL Paprikapulver edelsüß
1 Msp. Currypulver
Salz
frisch gemahlener Pfeffer
4 abgetropfte Pfirsichspalten und Ananasstücke
4 Blättchen Zitronenmelisse
4 Cocktailkirschen
1 Pck. gemahlene Gelatine, weiß
6 EL Weißwein

250 ml (1/4 l) Apfelsaft

Zubereitungszeit: 30 Minuten, ohne Abkühl- und Gelierzeit

Insgesamt:
E: 145 g, F: 94 g, Kh: 75 g,
kJ: 7492, kcal: 1791

Für Gäste – gut vorzubereiten – mit Alkohol

1. Hähnchenkeulen unter fließendem kalten Wasser abspülen und trockentupfen. Speiseöl mit Paprika, Curry, Salz und Pfeffer verrühren. Die Hähnchenkeulen damit bestreichen und auf ein Backblech (mit Backpapier belegt) legen. Das Backblech in den Backofen schieben.
   Ober-/Unterhitze: 200–220 °C (vorgeheizt)
   Heißluft: 180–200 °C (vorgeheizt)
   Gas: etwa Stufe 4 (vorgeheizt)
   Bratzeit: 25–30 Minuten.
2. Hähnchenkeulen vom Backblech nehmen und erkalten lassen. Einen Gitterrost auf ein Backblech stellen. Die Hähnchenkeulen darauf legen. Mit Pfirsichspalten, Ananasstücken, Melissenblättchen und Cocktailkirschen garnieren.
3. Gelatine mit Weißwein anrühren und 10 Minuten zum Quellen stehen lassen. Gelatine unter Rühren erwärmen (nicht kochen), bis sie völlig gelöst ist.
4. Apfelsaft erwärmen, mit der Gelatine verrühren und kalt stellen. Sobald die Flüssigkeit anfängt dicklich zu werden, die mit Obst belegten Hähnchenkeulen damit bestreichen.
5. Den Vorgang so oft wiederholen, bis die Hähnchenkeulen und das Obst völlig mit Aspik überzogen sind. Die restliche Flüssigkeit erstarren lassen und in Würfel schneiden.
6. Hähnchenkeulen auf einer Platte anrichten, mit den Aspikwürfeln garnieren.

Hähnchenkeulen, garniert

Häppchenplatte, bunt

8–10 Portionen

400 g Gouda-Käse im Stück
8 blaue Weintrauben
8 Scheiben Räucherlachs
2 Scheiben Schwarzbrot
etwas Butter
2 Matjesheringe
Tomatenpaprika aus dem Glas
2 Essiggurken
8 Perlzwiebeln
200 g Gehacktes (halb Schweine-/halb Rindfleisch)
1 Zwiebel
50 g Speisequark (Magerstufe)
2 EL Semmelbrösel
30 g frisch geriebener Emmentaler-Käse
Salz

frisch gemahlener Pfeffer
Paprikapulver edelsüß
1–2 EL Speiseöl
6 dünne Scheiben Räucherspeck
8 Sardellenfilets (aus dem Glas)
8 Walnusskernhälften
8 halbe Scheiben Roastbeefaufschnitt

Außerdem:
Holzstäbchen

Zubereitungszeit: 75 Minuten, ohne Abkühlzeit

Insgesamt:
E: 265 g, F: 259 g, Kh: 76 g,
kJ: 15480, kcal: 3694

Für Gäste

1. Käse in mundgerechte, gleich große Würfel schneiden.
2. Weintrauben waschen, trockentupfen und entstielen. Je einen Käsewürfel mit 1 Weintraube belegen und mit einem Holzstäbchen feststecken.
3. Räucherlachsscheiben aufrollen und mit je 1 Käsewürfel auf einen Holzspieß stecken.
4. Schwarzbrotscheiben in mundgerechte Stücke schneiden, mit Butter bestreichen. Matjeshering und Tomatenpaprika in Größe der Schwarzbrotstücke schneiden. Gurken in Scheiben schneiden. Jeweils ein Heringsstück, Tomatenpaprikastück, eine Gurkenscheibe und eine Perlzwiebel mit einem Holzstäbchen auf ein Stück Schwarzbrot stecken.
5. Gehacktes in eine Schüssel geben. Zwiebel abziehen, in kleine Würfel schneiden. Quark, Semmelbrösel, Emmentaler-Käse und Zwiebelwürfel zum Gehackten geben und gut vermengen, mit Salz, Pfeffer und Paprika würzen.
6. Aus dem Fleischteig 6 kleine Bällchen formen, in erhitztem Speiseöl von allen Seiten in etwa 8 Minuten goldbraun braten. Hackbällchen auf Küchenpapier abtropfen und erkalten lassen. Je ein Hackbällchen mit einer Scheibe Speck umwickeln und mit je einem Holzstäbchen feststecken.
7. Sardellen aufrollen, mit je einem Holzstäbchen auf einen Käsewürfel spießen.
8. Je einen Käsewürfel mit einer Walnusskernhälfte und einen weiteren Käsewürfel mit einem Rostbeefröllchen aufspießen.
9. Die einzelnen Häppchen auf einer großen Holzplatte anrichten.

Tipp:
Der Gouda-Käse kann beliebig durch eine andere Käsesorte ersetzt werden. Statt Weintrauben Mandarinen verwenden.

Häppchenplatte, bunt

Harissa (scharfe Chilipaste)

Harissa
(scharfe Chilipaste)

etwa 600 ml

100 g getrocknete rote Chilischoten
4 Knoblauchzehen
4 TL Koriandersamen
4 TL Kreuzkümmelsamen (Cumin)
4 TL Kümmelsamen
2 TL Meersalz
12 EL kalt gepresstes Olivenöl

Zubereitungszeit: 35 Minuten, ohne Durchziehzeit

Insgesamt:
E: 16 g, F: 125 g, Kh: 58 g,
kJ: 5900, kcal: 1409

Klassisch

1. Chilischoten in eine Schüssel geben, mit heißem Wasser übergießen und etwa 1 Stunde durchziehen lassen. Schoten in ein Sieb geben und gut abtropfen lassen. Knoblauch abziehen.
2. Chilischoten mit Knoblauch, Koriander, Kümmelsamen und Salz in eine Schale geben und mit einem Mörser zu einer Paste verarbeiten oder mit einem Mixstab zerkleinern. 10 Esslöffel Olivenöl unter die Paste rühren und in vorbereitete Gläser füllen. Restliches Olivenöl darauf verteilen (versiegeln).
3. Die Gläser mit Twist-off-Deckeln verschließen und bis zum Öffnen mindestens 1 Tag kalt, dunkel und trocken aufbewahren.

Tipp:
Die Paste ist eine vielseitige Würzpaste, die vielen Gerichten das gewisse Etwas gibt. Sie passt gut zu geschmortem Fleisch, Geflügel oder zu Gemüse. Man verwendet sie auch für mit Safran gewürzte Fischsuppen und Eintöpfe oder zum Würzen von Salatsaucen.
Etwas Harissa, vermischt mit geschälten, entkernten, klein gehackten Tomaten und 1 Prise Salz ergibt eine würzige Sauce für Kebabs. Harissa ist kühl und dunkel gelagert etwa 4 Monate haltbar.

Harzer Brote mit Gurkensalat

4 Portionen

4 Scheiben Vollkornbrot
20 g Butter
200 g Harzer Käse

Für den Gurkensalat:
2 Salatgurken (etwa 800 g)
1 Bund Dill
4 EL Speiseöl
3 EL Zitronensaft
Salz
frisch gemahlener Pfeffer
4 Salatblätter
4 Radieschen

Zubereitungszeit: 25 Minuten

Insgesamt:
E: 75 g, F: 59 g, Kh: 86 g,
kJ: 5071, kcal: 1213

Schnell – für Gäste

1. Vollkornbrot mit Butter bestreichen. Harzer Käse in 12 Scheiben schneiden. Die Brotscheiben mit jeweils 3 Käsescheiben belegen.
2. Für den Gurkensalat Salatgurken waschen, abtrocknen und in dünne Scheiben schneiden. Dill abspülen und trockentupfen. Die Spitzen von den Stängeln zupfen. Spitzen klein schneiden.
3. Speiseöl mit Zitronensaft verrühren, mit Salz und Pfeffer würzen, Dill unterrühren. Die Marinade mit den Gurkenscheiben vermengen.
4. Salatblätter abspülen, trockentupfen und eine Salatschüssel damit auslegen. Den Gurkensalat auf den Salatblättern anrichten.
5. Radieschen putzen, waschen, trockentupfen und mehrmals kreuzweise einschneiden. Die Brotscheiben mit Radieschen garnieren.

Harzer Brote mit Gurkensalat

Harzer Käse, eingelegt

Harzer Käse, eingelegt

4 Portionen

500 g Harzer Käse
3 Zwiebeln

Für die Sauce:
5 EL Weißweinessig
1 TL mittelscharfer Senf
5 EL Speiseöl
Salz
frisch gemahlener Pfeffer
Zucker
1 Bund fein geschnittener Schnittlauch

Zubereitungszeit: 20 Minuten, ohne Marinierzeit

Insgesamt:
E: 148 g, F: 50 g, Kh: 11 g,
kJ: 4808, kcal: 1150

Gut vorzubereiten

1. Käse in dicke Scheiben schneiden und schuppenförmig in einem flachen Gefäß anordnen.
2. Zwiebeln abziehen, zuerst in Scheiben schneiden, dann in Ringe teilen. Zwiebelringe darauf verteilen.
3. Für die Sauce Essig mit Senf verrühren, Speiseöl unterschlagen, mit Salz, Pfeffer und Zucker abschmecken. Die Sauce über den Käse gießen. Schnittlauchröllchen darauf verteilen.
4. Den Käse zugedeckt etwa 1 Tag im Kühlschrank stehen lassen.

Harzer Käse zum Streichen

10 Portionen (etwa 480 g)

200 g Harzer Käse
3 Frühlingszwiebeln
200 g Naturjoghurt (10 % Fett)
2 EL Weißweinessig
1 TL mittelscharfer Senf
1 EL Speiseöl, z. B. Olivenöl
1 TL Kümmelsamen
frisch gemahlener Pfeffer

Zubereitungszeit: 20 Minuten

Insgesamt:
E: 66 g, F: 31 g, Kh: 16 g,
kJ: 2659, kcal: 635

Würzig

1. Käse in kleine Würfel schneiden. Frühlingszwiebeln putzen, waschen, abtropfen lassen und in feine Ringe schneiden.
2. Joghurt mit Essig und Senf verrühren, Olivenöl unterschlagen. Käsewürfel, Frühlingszwiebelringe und Kümmel unterrühren, mit Pfeffer abschmecken.
3. Den Harzer-Käse-Aufstrich in 2 gründlich gereinigte, gespülte und getrocknete Gläser füllen, mit Deckeln fest verschließen und kalt stellen. Innerhalb von 3–4 Tagen aufbrauchen.

Brotempfehlung:
Bauern- oder Mischbrot.

Harzer Käse zum Streichen

Hefe-Knäckebrot

24 rechteckige Scheiben

Für den Teig I:

250 g Weizenmehl (Type 1050)
100 g Roggenmehl (Type 1150)
½ Pck. (21 g) frische Hefe
1 TL Zucker, 170 ml lauwarmes Wasser
½ gestr. TL Salz

Für den Teig II:

50 g Weizenmehl (Type 1050)
50 g Roggenmehl (Type 1150)
½ Pck. (21 g) frische Hefe
1 TL Zucker
50 ml lauwarmes Wasser
½ gestr. TL Salz

Zum Bestreuen:

50 g Kürbiskerne

Zubereitungszeit: 60 Minuten, ohne Teiggeh- und Ruhezeit
Backzeit: 20–25 Minuten je Backblech

Insgesamt:

E: 66 g, F: 31 g, Kh: 327 g, kJ: 7816, kcal: 1867

Etwas aufwändiger

1. Für den Teig I Weizen- und Roggenmehl in eine Rührschüssel geben. In die Mitte eine Vertiefung drücken und Hefe hineinbröckeln. Zucker und etwas von dem Wasser hinzufügen, alles mit einer Gabel verrühren und etwa 10 Minuten stehen lassen.
2. Salz und restliches Wasser hinzufügen. Die Zutaten mit Handrührgerät mit Knethaken zunächst kurz auf niedrigster, dann auf höchster Stufe in etwa 5 Minuten zu einem glatten Teig verarbeiten und in einen großen Gefrierbeutel geben. Den Beutel so verschließen, dass der Teig viel Platz hat. Den Teig bei Zimmertemperatur etwa 12 Stunden ruhen lassen (am besten über Nacht).
3. Nach 12 Stunden für den Teig II Weizen- und Roggenmehl in eine Rührschüssel geben. In die Mitte eine Vertiefung drücken. Hefe hineinbröckeln, Zucker und etwas Wasser hinzufügen, alles mit einer Gabel verrühren und etwa 10 Minuten stehen lassen.
4. Salz und restliches Wasser hinzufügen. Teig I in Stücke zupfen, zu Teig II geben und mit Handrührgerät mit Knethaken zunächst kurz auf niedrigster, dann auf höchster Stufe etwa 5 Minuten miteinander verkneten. Den Teig halbieren, eine Teighälfte mit einem Geschirrtuch zudecken und beiseite legen.
5. Zweite Teighälfte auf einer leicht bemehlten Arbeitsfläche zu einem Rechteck (32 x 42 cm) ausrollen, der Länge nach durchschneiden und dann in Rechtecke (7 x 16 cm) schneiden. Teigrechtecke auf ein Backblech (mit Backpapier belegt) legen und mit warmem Wasser bestreichen.
6. Zum Bestreuen Kürbiskerne hacken. Die Teigrechtecke mit der Hälfte der Kürbiskerne bestreuen. Mit einem zweiten Backblech zudecken und etwa 30 Minuten an einem warmen Ort gehen lassen. Beiseite gelegten Teig mit den restlichen Kürbiskernen auf die gleiche Weise verarbeiten. Die Teigrechtecke auf ein zweites Backblech legen und ebenfalls gehen lassen.
7. Die Backbleche nacheinander (bei Heißluft zusammen) in den Backofen schieben.
   Ober-/Unterhitze: etwa 200 °C (vorgeheizt)
   Heißluft: etwa 180 °C (vorgeheizt)
   Gas: Stufe 3–4 (vorgeheizt)
   Backzeit: 20–25 Minuten je Backblech.

Hefe-Knäckebrot

8. Das Knäckebrot mit dem Backpapier von den Backblechen auf Kuchenroste ziehen. Knäckebrot erkalten lassen.

Tipp:
Die Teige können auch jeweils mit 1 Päckchen Dr. Oetker Trockenbackhefe zubereitet werden.

Heidelbeer-Bavaroise

6 Portionen

1 Pck. gemahlene Gelatine, weiß
1 Pck. gemahlene Gelatine, rot
100 ml kaltes Wasser
750 g frische Heidelbeeren
etwas Zitronensaft
200 g gesiebter Puderzucker
6 Eigelb (Größe M)
2 EL lauwarmes Wasser
500 ml (1/2 l) Schlagsahne

Zubereitungszeit: 50 Minuten, ohne Gelierzeit

Insgesamt:
E: 48 g, F: 198 g, Kh: 267 g, kJ: 13059, kcal: 3118

Heidelbeer-Bavaroise

Gut vorzubereiten

1. Beide Packungen Gelatine mit Wasser in einem kleinen Topf anrühren und 10 Minuten zum Quellen stehen lassen.
2. Heidelbeeren verlesen, waschen und gut abtropfen lassen. Gut die Hälfte der Heidelbeeren mit Zitronensaft und 100 g des Puderzuckers pürieren. Gelatine in einem kleinen Topf unter Rühren erwärmen (nicht kochen), bis sie völlig gelöst ist, leicht abkühlen lassen. Gelatine mit 5 Esslöffeln Heidelbeerpüree verrühren, dann restliches Heidelbeerpüree unterrühren.
3. Eigelb mit Wasser schaumig schlagen. Restlichen Puderzucker nach und nach unterschlagen. Die Eigelbmasse unter das Heidelbeerpüree rühren.
4. Sahne steif schlagen. Sobald die Heidelbeermasse anfängt dicklich zu werden, Sahne unterheben. Die Heidelbeercreme in eine mit kaltem Wasser ausgespülte Puddingform (Inhalt 1,5 l) füllen und einige Stunden kalt stellen.
5. Heidelbeer-Bavaroise auf eine Platte stürzen, mit den restlichen Heidelbeeren und Minzeblättchen garnieren.

Tipp:
Nach Belieben mit Sahnetuffs verziert servieren. Die Heidelbeercreme kann auch in 6 kleine Förmchen gegeben werden. Die Gelierzeit verkürzt sich dann auf etwa 2 Stunden, bis die Speise gestürzt werden kann.
Dazu schmeckt eine Vanille-Sahne oder Vanille-Eierlikör-Sahne. Eine Vanillesauce mit den auf der Packung angegebenen Zutaten kochen und erkalten lassen. Dann steif geschlagene Sahne oder Eierlikör unterrühren.

Heringe, eingelegt

Heringe, eingelegt

Eingelegte Matjesheringe

4 Portionen

12 Matjesfilets (500–600 g) oder etwa
10 gewässerte Filets vom Salzhering
(500–600 g)
2 rote Zwiebeln

Für die Marinade:
250 ml ($^1/_4$ l) Wasser
100 ml Weißweinessig
150 g Zucker
1 $^1/_2$ TL Pimentkörner
1 TL weiße Pfefferkörner
1 Lorbeerblatt
1 TL Korianderkörner

Zubereitungszeit: 15 Minuten, ohne Durchziehzeit

Insgesamt:
E: 101 g, F: 87 g, Kh: 159 g,
kJ: 7657, kcal: 1827

Klassisch

1. Fischfilets unter fließendem kalten Wasser abspülen und trockentupfen. Fischfilets in etwa 1 $^1/_2$ cm breite Streifen schneiden. Zwiebeln abziehen und in dünne Scheiben schneiden.
2. Für die Marinade Wasser, Essig und Zucker in eine Rührschüssel geben. So lange verrühren, bis sich der Zucker gelöst hat.
3. Filetstücke und Zwiebelscheiben in eine Schale oder ein großes, hohes Glas geben und mit der Marinade übergießen. Den Fisch zugedeckt kalt stellen und mindestens einen Tag durchziehen lassen.

Fisch in Senfmarinade

4–6 Portionen

12 Matjesfilets (500–600 g)

Zum Einlegen:
500 ml ($^1/_2$) Wasser
100 ml Kräuteressig
3–4 Dillstängel

Für die Marinade:
100 ml schwedischer Senf
(süßer Senf)
1 EL körniger Senf, scharf
3 gestr. EL Zucker
1 gestr. TL Salz
$^1/_2$ TL grob gestoßener, weißer Pfeffer
2 TL Weißweinessig
100 ml Speiseöl
4 EL fein gehackter Dill
4 EL Wasser

Zubereitungszeit: 20 Minuten, ohne Marinierzeit

Insgesamt:
E: 106 g, F: 189 g, Kh: 39 g,
kJ: 9488, kcal: 2264

Für Gäste

1. Matjes unter fließendem kalten Wasser abspülen. Zum Einlegen (Lake) Wasser, Essig und Dill verrühren. Matjes hineinlegen und 4–6 Stunden kalt stellen.
2. Für die Marinade die beiden Senfsorten mit Zucker, Salz, Pfeffer und Essig verrühren. Speiseöl zuerst tropfenweise, dann in einem dünnen Strahl unterschlagen. Dill und Wasser hinzufügen. Die Sauce mit den Gewürzen abschmecken.
3. Matjes aus der Lake nehmen und gut abtropfen lassen. Matjes in etwa 1 $^1/_2$ cm breite, schräge Streifen

schneiden und in einer Schale mit der Marinade mischen, so dass der Fisch ganz bedeckt ist. Den eingelegten Fisch mit Folie zudecken und mindestens 12 Stunden durchziehen lassen.

Beilage:
Pellkartoffeln, Butter, Gewürzgurken, Tomaten, hart gekochte Eier.

Fisch in Tomatenmarinade

4–6 Portionen

12 Matjesfilets (500–600 g)

Für die Marinade:
3 EL Weißweinessig
4 EL Speiseöl
2 EL Wasser
6 EL Tomatenketchup
1 1/2 gestr. EL Zucker
12 weiße oder schwarze Pfefferkörner
4 EL Sherry
3 EL gehackte rote Zwiebel
3 EL geschnittener Dill

Zubereitungszeit: 15 Minuten, ohne Marinierzeit

Insgesamt:
E: 102 g, F: 126 g, Kh: 54 g, kJ: 7555, kcal: 1802

Mit Alkohol

1. Matjesfilets unter fließendem kalten Wasser abspülen, trockentupfen und in schmale Streifen schneiden. Den Fisch in eine tiefe Schale oder in ein hohes Glas legen.
2. Für die Marinade die angegebenen Zutaten gut verrühren, auf dem Fisch verteilen und einige Stunden, am besten über Nacht marinieren.

Heringssalat

8–10 Portionen

3 Gläser (je 250 g) Bismarckheringe
10 Gewürzgurken
2 mittelgroße Zwiebeln
6 große Äpfel
500 g Schmand (Sauerrahm)

nach Belieben:
einige Dillspitzen

Zubereitungszeit: 40 Minuten, ohne Durchziehzeit

Insgesamt:
E: 136 g, F: 191 g, Kh: 127 g, kJ: 11739, kcal: 2805

Für Gäste

1. Die Fischfilets auseinander rollen und in etwa 3 cm große Stücke schneiden.
2. Gewürzgurken in dünne Scheiben schneiden. Zwiebeln abziehen, zuerst in dünne Scheiben schneiden, dann in Ringe teilen.
3. Äpfel schälen, vierteln, entkernen und in dünne Scheiben schneiden.
4. Die vorbereiteten Salatzutaten in eine Schüssel geben und mischen, mit Schmand verrühren. Den Salat zugedeckt mindestens 3 Stunden kalt stellen.
5. Den Salat nach Belieben mit Dillspitzen garnieren.

Tipp:
Nach Belieben kann der Heringssalat noch mit je 1 Esslöffel Meerrettich, Senf, Weinessig und 1 Prise Zucker abgeschmeckt werden. Interessant schmeckt auch die Variante mit 6 Esslöffeln Preiselbeeren. Mit Pellkartoffeln servieren.

Heringssalat

Heringssalat, geschichtet

Heringssalat, geschichtet

12 Portionen

Insgesamt:
E: 416 g, F: 338 g, Kh: 171 g,
kJ: 22668, kcal: 5409

Für den Salat:
400 g gekochtes Rindfleisch
8 hart gekochte Eier
6 mittelgroße, gegarte Pellkartoffeln
3 mittelgroße Zwiebeln
2 Gläser Rote Bete, in Scheiben (Abtropfgewicht je 220 g)
6 doppelte Matjesfilets (etwa 1,2 kg)
8 mittlere Gewürzgurken

Für die Sauce:
3 geh. EL Salatmayonnaise
300 g saure Sahne
5 EL Rote-Bete-Saft (aus den Gläsern)
Salz
frisch gemahlener Pfeffer
etwas Zucker
etwas Weißweinessig

Zubereitungszeit: 50 Minuten, ohne Durchziehzeit

Für Gäste – klassisch

1. Für den Salat Rindfleisch in Streifen schneiden. Eier pellen, achteln oder vierteln. Kartoffeln noch warm pellen, etwas abkühlen lassen und in Scheiben schneiden.
2. Zwiebeln abziehen, halbieren und in Streifen schneiden. Rote Bete in einem Sieb abtropfen lassen, den Saft dabei auffangen und 5 Esslöffel davon abmessen.
3. Matjesfilets in etwa 2 cm große Stücke schneiden, dabei die Gräten entfernen. Gurken in Scheiben schneiden.
4. Für die Sauce Mayonnaise mit saurer Sahne und Rote-Bete-Saft verrühren. Mit Salz, Pfeffer, Zucker und Essig kräftig abschmecken.
5. Jeweils einen Teil der vorbereiteten Zutaten der Reihe nach in eine hohe, große Schüssel schichten. Dabei die Kartoffelscheiben mit Salz bestreuen und jeweils etwas von der Sauce darauf träufeln. Die Oberfläche mit der restlichen Sauce bedecken.

Heringssalat, pikant

6. Nach Belieben mit 2 Rote-Bete-Scheiben garnieren. Salat mindestens 30 Minuten durchziehen lassen.

Heringssalat, pikant

4 Portionen

2 Salzheringe
250 g Rote-Bete-Kugeln (aus dem Glas)
1 Apfel
1 Zwiebel
2 kleine Gewürzgurken
100 g Schweinebraten-Aufschnitt
2 geh. EL Salatmayonnaise
4 EL Schlagsahne
Salz,
frisch gemahlener Pfeffer
etwas Petersilie
Apfelspalten

Zubereitungszeit: 30 Minuten, ohne Wässer- und Durchziehzeit

Insgesamt:

E: 74 g, F: 86 g, Kh: 50 g, kJ: 5402, kcal: 1290

Gut vorzubereiten

1. Salzheringe in eine flache Schale legen, mit Wasser übergießen und etwa 24 Stunden wässern. Das Wasser ab und zu erneuern.
2. Heringe herausnehmen und unter fließendem kalten Wasser abspülen, enthäuten, entgräten und in kleine Stücke schneiden.
3. Rote Bete abtropfen lassen und in Würfel schneiden. Apfel schälen, vierteln, entkernen und in kleine Würfel schneiden. Zwiebel abziehen und ebenfalls in kleine Würfel schneiden. Gurken und Bratenfleisch klein würfeln.
4. Die vorbereiteten Salatzutaten in eine Schüssel geben, mit Mayonnaise und Sahne vermengen. Den Salat über Nacht kalt stellen und durchziehen lassen. Den Salat mit Salz und Pfeffer abschmecken und in eine Salatschüssel füllen.
5. Den Salat mit Petersilie und Apfelspalten garniert servieren.

Rezeptvorschläge für ein Silvester-Buffet

Für ein Silvester-Buffet benötigen Sie für 10-12 Personen:

1 x Rezept **Fleischpastete** Seite 108
1 x Rezept **Heringssalat, geschichtet** Seite 156
3 x Rezept **Italienischer Bauernsalat** Seite 166
3 x Rezept **Pilzsalat mit Basilikum-Mayonnaise** Seite 282
1 x Rezept **Quarktaschen, pikant** Seite 302

Außerdem:

1,8 kg Brot oder Brötchen.

Vorbereitungen am Vortag:

- Fleischpastete zubereiten, erkalten lassen und kalt stellen.
- Heringsssalat zubereiten, zudecken und kalt stellen.
- Für den italienischen Bauernsalat Kichererbsen, Brechbohnen, weiße und grüne Bohnen mit der Salatsauce mischen, Salami in Streifen schneiden und beides getrennt kalt stellen.

Vorbereitungen am Tag des Buffets:

4-5 Stunden vorher:	• Pilzsalat zubereiten und kalt stellen, evtl. kurz vorher nachwürzen.
4 Stunden vorher:	• Quarktaschen zubereiten und backen.
2-3 Stunden vorher:	• Bauernsalat fertig zubereiten.
1-2 Stunden vorher:	• Fleischpastete aus der Form stürzen und anrichten.
Kurz vorher:	• Brot oder Brötchen aufschneiden und anrichten.

Es eignen sich auch folgende zusätzliche Rezepte:

1 x Rezept **Pastete mit Schafkäse** Seite 278
2 x Rezept **Eiersalat mit Rindfleisch** Seite 79
2 x Rezept **Konfettisalat** Seite 203
3 x Rezept **Wurstsalat** Seite 410
3 x Rezept **Kartoffel-Bohnen-Salat mit Tunfisch** Seite 174
plus Brot.

Herrentorte, pikant

Herrentorte, pikant

8–12 Stück

1 Fladenbrot (500 g, fertig gekauft)

Für die Füllung:
250 g Speisequark (Magerstufe)
400 g Doppelrahm-Frischkäse
5 EL Milch
2 Frühlingszwiebeln
150 g Lachsschinken
Salz, frisch gemahlener Pfeffer
Paprikapulver edelsüß

grüne Salatblätter
2 Tomaten
1 kleine Salatgurke
1 rote Paprikaschote
4 Scheiben Lachsschinken

Zubereitungszeit: 45 Minuten

Insgesamt:
E: 156 g, F: 145 g, Kh: 292 g, kJ: 13145, kcal: 3137

Für Gäste

1. Das Fladenbrot einmal waagerecht durchschneiden.
2. Für die Füllung Quark mit Frischkäse und Milch gut verrühren. Frühlingszwiebeln putzen, waschen, abtropfen lassen und in Ringe schneiden. Schinken in kleine Würfel schneiden. Frühlingszwiebelringe und Schinkenwürfel unter die Frischkäsemasse rühren. Mit Salz, Pfeffer und Paprika abschmecken.
3. Salatblätter abspülen und trockentupfen. Tomaten waschen, trockentupfen, halbieren, entkernen und die Stängelansätze herausschneiden. Tomatenhälften in Streifen schneiden. Gurke abspülen, trockentupfen, nach Belieben schälen und in Scheiben schneiden. Paprika entstielen, entkernen und die weißen Scheidewände entfernen. Die Schote waschen, trockentupfen und in Ringe schneiden.
4. Drei Esslöffel der Frischkäsemasse auf den unteren Boden des Fladenbrotes streichen. Mit Salatblättern, Tomatenscheiben, Gurkenscheiben und Paprikaringen belegen (jeweils etwas zum Garnieren beiseite legen).
5. Die restliche Frischkäsemasse darauf verteilen.
6. Die obere Fladenbrothälfte darauf legen und leicht andrücken. Die Torte mit den beiseite gelegten Gemüsezutaten und den Schinkenscheiben garnieren.

Tipp:
Drei hart gekochte, gepellte, in Scheiben geschnittene Eier mit einschichten. Statt Lachsschinken kann auch roher Schinken verwendet werden. Wenn Vegetarier zu Gast sind, kann auch ganz auf Schinken verzichtet werden.

Himbeeressig

Himbeeressig

500 ml (½ l)

300 g frische oder TK-Himbeeren
knapp 500 ml (½ l) Weißweinessig

Zubereitungszeit: 15 Minuten, ohne Durchziehzeit

Insgesamt:
E: 6 g, F: 1 g, Kh: 17 g, kJ: 813, kcal: 194

Raffiniert

1. Frische Himbeeren verlesen. TK-Himbeeren nach Packungsanleitung auftauen lassen.
2. Himbeeren in eine Flasche mit weitem Hals geben und mit Essig auffüllen. Die Flasche verschließen und etwa 14 Tage an einem sonnigen Platz (Fenster) oder einem warmen Ort (Küche) stehen lassen.
3. Den Essig abgießen, einmal aufkochen und abkühlen lassen. Den Essig wieder über die Himbeeren gießen und die Flasche verschließen.

Tipp:
Himbeeressig eignet sich zum Würzen feiner Salate und Saucen sowie von Wild, Geflügel und Leber.

Himbeer-Sahne-Türmchen

4–6 Portionen

4 Blatt weiße Gelatine
60 g Zucker
2 Eigelb (Größe M)
1 EL Zitronensaft
1 EL Orangensaft
250 ml (1/4 l) Schlagsahne
2 EL Himbeergeist
200 g angetaute TK-Himbeeren
1 Biskuittortenboden
(300 g, fertig gekauft)
40 g Zucker
3 EL Wasser
1 EL Himbeergeist

400 ml Schlagsahne

Zubereitungszeit: 25 Minuten, ohne Kühlzeit

Insgesamt:
E: 52 g, F: 236 g, Kh: 361 g, kJ: 16482, kcal: 3938

Raffiniert – mit Alkohol

1. Gelatine in kaltem Wasser nach Packungsanleitung einweichen.
2. Zucker, Eigelb, Zitronen- und Orangensaft in einer Schüssel im heißen Wasserbad zu einer cremeartigen Masse aufschlagen. Die Schüssel aus dem Wasserbad nehmen und die Masse kalt schlagen.
3. Gelatine ausdrücken und in einem kleinen Topf unter Rühren erwärmen (nicht kochen), bis sie völlig gelöst ist. Gelatine mit 3 Esslöffeln der Eigelbmasse verrühren, dann unter die restliche Eigelbmasse rühren. Sahne steif schlagen, mit dem Himbeergeist unter die Eigelbmasse heben, kalt stellen.
4. Wenn die Masse anfängt dicklich zu werden, Himbeeren (eine schöne Himbeere zum Garnieren beiseite legen) unterheben. Die Himbeercreme in eine kuppelartige Schüssel (Ø etwa 16 cm, 1 l Inhalt, kalt ausgespült) füllen.
5. Aus dem Biskuittortenboden eine runde Platte in Schüsselgröße (Ø etwa 16 cm) ausstechen oder ausschneiden. Zucker mit Wasser aufkochen und abkühlen lassen, Himbeergeist unterrühren. Den Boden damit tränken, auf die Himbeercreme legen, leicht andrücken und etwa 2 Stunden kalt stellen.
6. Die Schüssel kurz in heißes Wasser tauchen und auf einen Teller oder eine Platte stürzen. Sahne steif schlagen. Die Kuppel ganz damit bestreichen und mit der beiseite gelegten Himbeere garnieren.

Tipp:
Die Reste des Biskuitbodens zerbröseln, mit etwas Himbeergeist zu einer einheitlichen Masse vermengen und zu kleinen Kugeln formen. Die Kugeln mit Hilfe einer Gabel in aufgelöste, weiße Kuvertüre tauchen und auf einem Kuchenrost erkalten lassen.

Himbeerschälchen

8 Portionen

2–3 EL Butter
150 g Haferflocken, blütenzart
40 g Zucker

800 g frische Himbeeren
Schale von 1 Bio-Limette

Himbeerschälchen

(unbehandelt, ungewachst)
70 g Zucker

Für die Sahnecreme:
250 ml (1/4 l) Schlagsahne
2 Pck. Dr. Oetker Bourbon-Vanille-Zucker
250 g Crème fraîche

Zubereitungszeit: 30 Minuten, ohne Abkühlzeit

Insgesamt:
E: 42 g, F: 208 g, Kh: 266 g, kJ: 13304, kcal: 3180

Einfach

1. Butter in einer Pfanne zerlassen, Haferflocken hinzufügen und unter ständigem Rühren goldgelb rösten. Haferflocken mit Zucker bestreuen und noch etwa 1 Minute weiterrösten. Haferflocken herausnehmen und auf einem Teller erkalten lassen.
2. Himbeeren verlesen, Limettenschale unterheben, mit Zucker mischen.
3. Für die Sahnecreme Sahne mit Vanille-Zucker steif schlagen, Crème fraîche unterschlagen.
4. Haferflocken und Himbeeren in einer Schale anrichten. Sahnecreme darauf geben.

Hirschkeule, gespickt

Hirschkeule, gespickt

4–6 Portionen

2 kg Hirschkeule
150 g fetter Speck
frisch gemahlener Pfeffer, Salz
gerebelter Salbei
100 g fetter Speck in Scheiben
1 Bund Suppengrün

Preiselbeeren (aus dem Glas)
Eichsalatblätter

Zubereitungszeit: 30 Minuten
Garzeit: 1 1/2 – 2 Stunden

Insgesamt:
E: 364 g, F: 98 g, Kh: 44 g,
kJ: 10618, kcal: 2533

Für Gäste

1. Hirschkeule unter fließendem kalten Wasser abspülen, trockentupfen und enthäuten. Speck in Streifen schneiden und kurz kalt stellen. Anschließend die Speckstreifen in Pfeffer wenden, die Hirschkeule damit spicken.
2. Die Hirschkeule mit Salz, Pfeffer und Salbei einreiben. Speckscheiben in einer Fettfangschale verteilen, die Hirschkeule darauf legen.
3. Suppengrün putzen, waschen, abtropfen lassen, in grobe Stücke schneiden und zur Hirschkeule geben. Die Fettfangschale in den Backofen schieben.
   Ober-/Unterhitze: 200–220 °C (vorgeheizt)
   Heißluft: 180–200 °C (nicht vorgeheizt)
   Gas: Stufe 3–4 (nicht vorgeheizt)
   Garzeit: 1 1/2 – 2 Stunden.
4. Sobald der Bratensatz bräunt, je nach Bedarf heißes Wasser hinzugießen, die Hirschkeule zwischendurch damit begießen.
5. Die gare Hirschkeule aus der Fettfangschale nehmen, erkalten lassen und das Fleisch von den Knochen lösen. Das Fleisch in Scheiben schneiden und auf einer Platte anrichten. Mit Preiselbeeren, Eichsalatblättern oder Frisée-Salatblättern garnieren.

Hirschpastete

8 Portionen

Für die Füllung:
1 kg Hirschgulasch
3 EL Speiseöl
30 g Butter

2 Zwiebeln
1 EL Butter
250 g durchwachsener Speck
4 Eier
4 EL Madeira-Wein
50 g gehackte Pistazienkerne
Salz
frisch gemahlener Pfeffer
gerebelter Thymian
500 g Schweinefilet
3 EL Speiseöl

Für den Knetteig:
500 g Weizenmehl
1 TL Salz
7–8 EL eiskaltes Wasser
1 Eigelb (Größe M)
125 g Butter
125 g Butterschmalz

125 g fetter Speck, in Scheiben

Zum Bestreichen:
1 verschlagenes Eiweiß
1 Eigelb
1 EL Wasser

Zubereitungszeit: 70 Minuten, ohne Kühlzeit
Garzeit: etwa 1 Stunde

Insgesamt:
E: 459 g, F: 605 g, Kh: 379 g,
kJ: 37037, kcal: 8846

Dauert länger – mit Alkohol

1. Für die Füllung Hirschgulasch kurz unter fließendem kalten Wasser abspülen und trockentupfen.
2. Nussöl mit der Butter in einer Pfanne erhitzen, das Fleisch in 2 Portionen kurz darin anbraten.

Hirschpastete

3. Zwiebeln abziehen und fein würfeln. Butter zerlassen, Zwiebelwürfel darin glasig dünsten. Speck in Stücke schneiden, mit dem Hirschgulasch und den Zwiebelwürfeln durch die feine Scheibe des Fleischwolfs drehen und in eine Schüssel geben. Mit Eiern, Madeira und Pistazienkernen vermengen, mit Salz, Pfeffer und Thymian würzen. Die Fleischmasse gut durcharbeiten.
4. Schweinefilet unter fließendem kalten Wasser abspülen, trockentupfen, mit Salz und Pfeffer einreiben. Speiseöl in einer Pfanne erhitzen, Schweinefilet von allen Seiten darin anbraten, herausnehmen und erkalten lassen.
5. Für den Teig Mehl auf die Arbeitsfläche sieben, in die Mitte eine Vertiefung eindrücken. Salz, Wasser und Eigelb hineingeben und mit einem Teil des Mehls zu einer dicken Masse verarbeiten. Butter und Butterschmalz in Stücke schneiden, auf die Masse geben und mit Mehl bedecken. Von der Mitte aus alle Zutaten schnell zu einem glatten Teig verkneten. Den Teig etwa 1 Stunde kalt stellen.
6. Zwei Drittel des Teiges auf der bemehlten Arbeitsfläche ausrollen. Eine Kastenform (30 x 11 cm, Boden gefettet) damit auslegen. Die Hälfte der Fleischmasse in die Form geben.
7. Schweinefilet mit den Speckscheiben umwickeln und auf die Fleischmasse legen. Die restliche Fleischmasse darauf geben und glatt streichen. Den überstehenden Teig über die Füllung schlagen, die Teigränder mit verschlagenem Eiweiß bestreichen.
8. Aus dem restlichen Teig einen Deckel in Größe der Kastenform-Oberfläche ausrollen, auf die Füllung legen und fest andrücken. Aus den Teigresten Figuren (Motive) schneiden, mit Eiweiß bestreichen und die Pastetenoberfläche damit garnieren.

Rezeptvorschläge für eine Familienfeier

Für ein Buffet für eine Familienfeier benötigen Sie für 10–12 Personen:

1 x Rezept **Hirschpastete** Seite 160
3 x Rezept **Eiersalat in Basilikumvinaigrette** Seite 78
2 x Rezept **Gemüse, mariniert** Seite 126
3 x Rezept **Salat von Champignons, Zuckerschoten und Lachs** Seite 323
1 x Rezept **Die längste Pralinen-Eisbombe der Welt** Seite 71

Außerdem:

1,8 kg Brot oder Brötchen.

Vorbereitungen am Vortag:

- Hirschpastete zubereiten, erkalten lassen und kalt stellen.
- Für das marinierte Gemüse Paprika enthäuten, Marinade zubereiten und beides kalt stellen.
- Pralinen-Eisbombe zubereiten und einfrieren.

Vorbereitungen am Tag des Buffets:

4 Stunden vorher:	• Mariniertes Gemüse fertig stellen und bis zum Servieren kalt stellen.
3–4 Stunden vorher:	• Salat von Champignons, Zuckerschoten und Lachs zubereiten.
2–3 Stunden vorher:	• Eiersalat zubereiten.
1–2 Stunden vorher:	• Hirschpastete aus der Form stürzen und anrichten.
1 Stunde vorher:	• Pralinen-Eisbombe aus der Form stürzen und garnieren.
Kurz vorher:	• Brot und Brötchen aufschneiden und anrichten.

Es eignen sich auch folgende zusätzliche Rezepte:

1 x Rezept **Drei-Schichten-Käse, pikant** Seite 74
1,5 x Rezept **Spargelsalat mit Garnelen** Seite 362
2 x Rezept **Kartoffelsalat „Leichte Art“** Seite 175
3 x Rezept **Mandelmedaillons** Seite 236
3 x Rezept **Schweizer Reis** Seite 346
plus Brot.

9. In der Mitte der Pasteten-Oberfläche ein Loch ausstechen, damit der Dampf entweichen kann. Eigelb mit Wasser verschlagen, die Pastete damit bestreichen. Die Form auf dem Rost in den Backofen schieben.
Ober-/Unterhitze:180–200 °C (vorgeheizt)
Heißluft: 160–180 °C (nicht vorgeheizt)
Gas: Stufe 3–4 (nicht vorgeheizt)
Garzeit: etwa 1 Stunde.
10. Die Form auf einen Rost stellen. Die Pastete in der Form erkalten lassen, dann aus der Form auf eine Platte stürzen und in Scheiben schneiden.

Hühnerlebercreme, schnell

10 Portionen (etwa 350 g)

250 g Hühnerleber
1 Zwiebel
25 g Butter
1 Lorbeerblatt
2 zerdrückte Wacholderbeeren
Salz, frisch gemahlener Pfeffer
gerebelter Thymian
100 g weiche Butter
1 TL Dr. Oetker Finesse Geriebene Zitronenschale
1 EL Sherry oder Weinbrand

Zubereitungszeit: 25 Minuten, ohne Abkühlzeit

Insgesamt:
E: 49 g, F: 100 g, Kh: 19 g,
kJ: 5013, kcal: 1197

Mit Alkohol

1. Hühnerleber unter fließendem kalten Wasser abspülen, trockentupfen, evtl. Hautreste entfernen. Zwiebel abziehen und in kleine Würfel schneiden.
2. Butter in einer Pfanne zerlassen, Zwiebelwürfel darin andünsten. Die Leber, das Lorbeerblatt und die Wacholderbeeren hinzufügen. Die Leber von beiden Seiten 3–5 Minuten braten, mit Salz, Pfeffer und Thymian würzen, etwas abkühlen lassen.
3. Lorbeerblatt entfernen. Die Leber mit der Butter pürieren, Zitronenschale unterrühren. Die Creme mit Salz und Pfeffer abschmecken. Sherry oder Weinbrand unterrühren.
4. Die Hühnerlebercreme in 2 kleine gründlich gereinigte, gespülte und getrocknete Gläser füllen, mit Deckeln fest verschließen und kalt stellen.

Hühnerlebercreme, schnell

Brotempfehlung:
Fladen- oder Stangenweißbrot.

Tipp:
Die Hühnerlebercreme auf Baguettescheiben streichen und mit Feigenachteln garnieren.

Huhn in Sherryaspik

6–8 Portionen

1 küchenfertiges Huhn (etwa 1,3 kg)
1 $^{1}/_{2}$ l kochendes Salzwasser
1 Bund Suppengrün
2 mittelgroße Möhren
750 ml ($^{3}/_{4}$ l) Hühnerbrühe
16 Blatt weiße Gelatine
100 ml Sherry dry
3 EL Zitronensaft
Salz
frisch gemahlener Pfeffer
Worcestersauce
2 Stangen Staudensellerie (etwa 150 g)
125 g Champignons (aus dem Glas)
Petersiliensträußchen

Nach Belieben zum Garnieren:
Petersilienblättchen
Möhrenstifte
Staudensellerie

Zubereitungszeit: 90 Minuten, ohne Kühl- und Gelierzeit

Insgesamt:
E: 241 g, F: 51 g, Kh: 15 g,
kJ: 6719, kcal: 1608

Gut vorzubereiten – mit Alkohol

1. Das Huhn von innen und außen unter fließendem kalten Wasser abspülen, trockentupfen, in Salzwasser geben, zum Kochen bringen, abschäumen. Das Huhn zugedeckt etwa 45 Minuten gar kochen lassen.
2. Suppengrün putzen, waschen, abtropfen lassen, klein schneiden und hinzufügen. Möhren putzen, schälen, waschen und abtropfen lassen. Etwa 20 Minuten vor Beendigung der Garzeit Möhren hinzufügen.
3. Das gare Huhn aus der Brühe nehmen, erkalten lassen, von Haut, Knochen und Sehnen befreien. Das Hühnerfleisch in Würfel schneiden. Möhren ebenfalls herausnehmen und mit einem Buntmesser in Scheiben schneiden.

Huhn in Sherryaspik

4. Die Brühe durch ein Sieb in einen Topf gießen, erkalten lassen, entfetten und 750 ml ($^3/_4$ l) davon abmessen. Gelatine in kaltem Wasser nach Packungsanleitung einweichen.
5. Die abgemessene Brühe zum Kochen bringen. Topf von der Kochstelle nehmen. Gelatine ausdrücken und unter Rühren in der Brühe auflösen. Sherry und Zitronensaft unterrühren, mit Salz, Pfeffer und Worcestersauce abschmecken.
6. So viel von der Sherry-Brühe in eine Form oder Schüssel (etwa 1 $^1/_2$ l Inhalt) geben, dass der Boden bedeckt ist, im Kühlschrank erstarren lassen.
7. Staudensellerie putzen und die harten Außenfäden abziehen. Sellerie waschen, abtropfen lassen und quer in Streifen schneiden. Selleriestreifen in kochendem Salzwasser etwa 1 Minute blanchieren, in ein Sieb geben, mit kaltem Wasser übergießen und abtropfen lassen.
8. Champignons abtropfen lassen und vierteln. Petersiliensträußchen abspülen und trockentupfen.
9. Den Gelatinespiegel abwechselnd mit Möhrenscheiben und Petersiliensträußchen belegen. Jeweils einige Fleischwürfel, Möhrenscheiben, Selleriestreifen und Champignonviertel darauf verteilen. So weiter einschichten, bis alle Zutaten verbraucht sind. Mit der restlichen Sherry-Brühe übergießen und im Kühlschrank erstarren lassen.
10. Vor dem Servieren die Form kurz in heißes Wasser halten, die Sülze mit einem Messer vorsichtig vom Rand der Form oder Schüssel lösen und auf eine Platte stürzen. Nach Belieben mit Petersilienblättchen, Möhrenstiften und Staudensellerie garnieren.

Hummer Royal

Hummer Royal

4 Portionen

1 gekochter Hummer (750–1000 g, beim Fischhändler bestellen)
1 hart gekochtes Ei (in Scheiben)
Kresse
6 Artischockenböden (aus der Dose)
2 EL Salatmayonnaise
gekochte Spargelspitzen
Paprikastreifen

Zubereitungszeit: 20 Minuten

Insgesamt:
E: 72 g, F: 36 g, Kh: 11 g, kJ: 2753, kcal: 657

Für Gäste – etwas teurer

1. Das Hummerfleisch aus den Scheren und dem Schwanzteil lösen, dabei den Rückenpanzer nicht zerstören. Das Fleisch in Scheiben schneiden. Den Hummer auf einer Platte anrichten.
2. Die Fleischscheiben abwechselnd mit den Eischeiben auf den Hummerrücken legen und mit Kresse garnieren.
3. Artischockenböden abtropfen lassen und evtl. harte Stellen abschneiden. Hummerfleischreste mit Salatmayonnaise verrühren und in die Artischockenböden füllen. Mit Spargelspitzen belegen und mit Paprikastreifen garnieren. Artischockenböden mit auf die Platte setzen.

Beilage:
Cocktailsauce, Toast.

Indische Sauce

Etwa 200 g

2 säuerliche Äpfel
1 EL Speiseöl
1 EL Zucker
1 EL Currypulver
1 EL Zitronensaft
100 g Delikatessmayonnaise
3 EL fein geschnittenes Mango-Chutney
Worcestersauce

Zubereitungszeit: 15 Minuten

Insgesamt:
E: 4 g, F: 94 g, Kh: 71 g,
kJ: 4796, kcal: 1146

Schnell

1. Äpfel schälen, vierteln, entkernen und in kleine Würfel schneiden.
2. Speiseöl in einer Pfanne erhitzen. Apfelwürfel und Zucker hinzufügen, etwa 5 Minuten gar dünsten lassen. Apfelkompott in eine Schüssel geben und abkühlen lassen.
3. Curry, Zitronensaft, Mayonnaise, Chutney und Worcestersauce zum Apfelkompott geben, gut unterrühren und abschmecken.

Tipp: Indische Sauce zu gegrilltem Fleisch servieren.

Ingwer-Chutney-Dip

4 Portionen

1 kleine Dose Pfirsichhälften (Abtropfgewicht 240 g)
1 reife Mango
1 Stück Ingwer in Sirup oder
2 TL gemahlener Ingwer
einige Stängel Minze
150 g Zucker
Saft von 1 Limette
125 ml (1/8 l) Pfirsichsaft (aus der Dose)
Salz
frisch gemahlener Pfeffer
2 EL Himbeeressig
evtl. etwas Limettensaft

Zubereitungszeit: 30 Minuten

Insgesamt:
E: 5 g, F: 2 g, Kh: 239 g,
kJ: 4264, kcal: 1019

Für Gäste – raffiniert

1. Pfirsichhälften in einem Sieb abtropfen lassen, den Saft dabei auffangen und 125 ml (1/8 l) davon abmessen. Mango in der Mitte längs durchschneiden. Stein herausnehmen. Die Mango schälen. Pfirsichhälften und Mangofleisch in kleine Würfel schneiden. Ingwer fein hacken. Minze abspülen, trockentupfen. Die Blättchen von den Stängeln zupfen. Blättchen fein hacken.
2. Zucker in einem Topf unter Rühren goldbraun karamellisieren lassen. Mango-, Pfirsichwürfel, Limetten- und Pfirsichsaft hinzugeben (bei der Obstzugabe sehr vorsichtig arbeiten, da der Zucker zu diesem Zeitpunkt eine Temperatur von etwa 180 °C hat). Die Obstmasse einige Minuten kochen lassen, bis sich der Zucker wieder aufgelöst hat. Mit Salz, Pfeffer, Himbeeressig und evtl. Limettensaft pikant würzen. Dip etwas abkühlen lassen.

Tipp: Dieser Dip passt zu gebratenem und in Bierteig gebackenem Geflügel, zu in Bierteig ausgebackenem Gemüse oder zu frischen Ananasstücken oder Bananen.

Ingwer-Chutney-Dip

Ingwer-Curry-Dressing

Ingwer-Curry-Dressing

4 Portionen

1 Becher (150 g) Naturjoghurt
2 TL gemahlener Ingwer
1 TL Currypulver
1/2 TL gemahlener Koriander
1 TL flüssiger Honig
1 TL Dijon-Senf
1 EL Ingwerkonfitüre
gemahlener Zimt
Salz

Zubereitungszeit: 10 Minuten

Insgesamt:
E: 6 g, F: 6 g, Kh: 38 g,
kJ: 1064, kcal: 254

Schnell

1. Joghurt evtl. abtropfen lassen. Mit Ingwer, Curry, Koriander, Honig, Senf und Konfitüre verrühren. Mit Zimt und Salz abschmecken.

Tipp:
Zu Salaten, gegrilltem Fleisch oder Fondue reichen.

Ingwer-Tee-Eier

4 Portionen

4 Eier

Für die Marinade:
2 EL Teeblätter (z. B. Assam)
250 ml (1/4 l) kochendes Wasser
1 Stück frische Ingwerwurzel
(etwa 1 cm)

Zubereitungszeit: 15 Minuten, ohne Durchzieh- und Ziehzeit

Insgesamt:
E: 28 g, F: 25 g, Kh: 2 g,
kJ: 1421, kcal: 339

Raffiniert

1. Eier in kochendes Wasser geben, zum Kochen bringen und in 10 Minuten hart kochen. Eier abschrecken und rundherum anknicken.
2. Für die Marinade die Teeblätter in kochendes Wasser geben, etwa 10 Minuten ziehen lassen und durch ein Sieb geben.
3. Ingwerwurzel schälen, in dünne Scheiben schneiden und in den Tee geben.
4. Eier in dem Teesud zugedeckt etwa 1 Stunde ziehen lassen.

Ingwer-Tee-Eier

Italienischer Bauernsalat

4 Portionen

250 g Kichererbsen (aus der Dose)
220 g Brechbohnen (aus der Dose)
250 g weiße Bohnen (aus der Dose)
1 Gemüsezwiebel (etwa 200 g)
200 g Cocktailtomaten
150 g Salami (in Scheiben)
250 g gedünstete, grüne Bohnen

Für die Salatsauce:
3 EL Weißweinessig
1 TL mittelscharfer Senf
6 EL Speiseöl
Salz
frisch gemahlener Pfeffer
Zucker
1 EL gehackte Estragonblättchen

Zubereitungszeit: 45 Minuten, ohne Durchziehzeit

Insgesamt:
E: 77 g, F: 116 g, Kh: 114 g,
kJ: 7594, kcal: 1812

Gut vorzubereiten

1. Kichererbsen, Brechbohnen und weiße Bohnen in einem Sieb abtropfen lassen. Gemüsezwiebel abziehen, halbieren und in Streifen schneiden.
2. Tomaten waschen, abtrocknen und evtl. Stängelansätze entfernen. Tomaten halbieren. Salami in Streifen schneiden. Kichererbsen, Zwiebelstreifen, Tomatenhälften, Salamistreifen, grüne und weiße Bohnen in einer Schüssel mischen.
3. Für die Sauce Essig mit Senf verrühren, Speiseöl unterschlagen. Mit Salz, Pfeffer und Zucker würzen. Estragonblättchen unterrühren.
4. Die Sauce zu den Salatzutaten geben und untermischen. Den Salat gut durchziehen lassen. Nochmals mit Salz, Pfeffer und Zucker abschmecken.

Italienischer Bauernsalat

Italienische Tomaten

Italienische Tomaten

4 Portionen

12 kleine Tomaten
Salz
frisch gemahlener, weißer Pfeffer

Für die Füllung:
2 Pck. (je 125 g) Mozzarella
4 EL Basilikumstreifen
5 EL Mozzarella-Molke (aus den Packungen)
6 EL Balsamico-Essig
8 EL kalt gepresstes Olivenöl
etwas Basilikum

Zubereitungszeit: 40 Minuten, ohne Durchziehzeit

Insgesamt:
E: 53 g, F: 91 g, Kh: 13 g,
kJ: 4544, kcal: 1085

Klassisch

1. Tomaten waschen, abtrocknen und jeweils einen Deckel abschneiden. Tomaten mit einem kleinen Löffel aushöhlen. Die Tomaten innen mit Salz und Pfeffer ausstreuen.
2. Für die Füllung Mozzarella abtropfen lassen, die Molke dabei auffangen und 5 Esslöffel davon abmessen. Mozzarella in kleine Würfel schneiden, in eine kleine Schale geben und mit Basilikumstreifen vermengen.
3. Molke mit Essig verrühren, Olivenöl unterschlagen. Mit Salz und Pfeffer würzen.
4. Die Marinade auf den Mozzarellawürfeln verteilen und etwas durchziehen lassen.
5. Mozzarellawürfel etwas abtropfen lassen, in die Tomaten füllen und auf einer Platte anrichten. Basilikum abspülen und trockentupfen. Die Blättchen von den Stängeln zupfen. Die gefüllten Tomaten mit Basilikumblättchen garnieren.

Beilage: Fladenbrot.

Tipp:
In die Marinade 1 abgezogene, durchgepresste Knoblauchzehe geben. Evtl. nur 1 Päckchen Mozzarella verwenden, dafür zusätzlich klein geschnittene Frühlingszwiebeln hinzugeben. Besser als Mozzarella aus Kuhmilch schmeckt Büffel-Mozzarella.

Joghurtbällchen in Kräuteröl

Joghurtbällchen in Kräuteröl

6–8 Portionen, etwa 1 l

$1\frac{1}{2}$ kg Naturjoghurt
2 gestr. TL Salz
2 frische Lorbeerblätter
3 frische Thymianzweige
2 frische Oreganozweige
500 ml ($\frac{1}{2}$ l) kalt gepresstes Olivenöl

Außerdem:
evtl. 1 Passiertuch

Zubereitungszeit: 35 Minuten, ohne Abtropf- und Kühlzeit

Insgesamt:
E: 45 g, F: 543 g, Kh: 61 g, kJ: 22837, kcal: 5458

Raffiniert

1. Joghurt in eine Schüssel geben und mit Salz verrühren. Anschließend in ein Sieb geben (mit einem Passiertuch oder mit Küchenpapier ausgelegt). Sieb auf eine Schüssel setzen. Joghurt im Kühlschrank gut abtropfen lassen (am besten 2 Tage).
2. Den abgetropften Joghurt (er hat jetzt die Konsistenz von italienischem Ricottakäse) mit angefeuchteten Händen oder mit 2 Löffeln in Taubenei große Bällchen formen und auf einen flachen Teller legen. Die Bällchen nochmals zugedeckt etwa 3 Stunden kalt stellen, bis sie fest geworden sind.
3. Lorbeerblätter, Thymian- und Oreganozweige abspülen und trockentupfen.
4. Die Joghurtbällchen mit den Lorbeerblättern und den Kräuterzweigen in vorbereitete Twist-off-Gläser® geben und mit so viel Olivenöl übergießen, bis die Bällchen gut bedeckt sind. Gläser mit Twist-off-Deckeln® verschließen.
5. Joghurtbällchen mindestens 1–2 Wochen kalt, dunkel und trocken aufbewahren. Nach dem Öffnen dann möglichst innerhalb 6–8 Wochen verbrauchen.

Tipp:
Joghurtbällchen passen gut zu knusprigem Brot oder zu knackigen Blattsalaten.

Joghurthörnchen mit Käse

12 Stück

Für den Knetteig:
150 g Naturjoghurt
125 ml (1/8 l) Olivenöl
125 g geriebener Schafkäse
2–3 EL Milch
2 Eier (Größe M)
1 EL Zucker
1 Prise Salz
500 g Weizenmehl
1 TL Dr. Oetker Backin

Zum Bestreichen:
2 Eigelb
2 EL Olivenöl

Nach Belieben zum Bestreuen:
3 EL Mohnsamen
3 EL Sesamsamen

Zubereitungszeit: 65 Minuten, ohne Ruhezeit
Backzeit: 15–20 Minuten

Insgesamt:
E: 97 g, F: 203 g, Kh: 385 g,
kJ: 15848, kcal: 3787

Joghurthörnchen mit Käse

Raffiniert

1. Für den Teig Joghurt und Olivenöl in einer Schüssel glatt rühren. Schafkäse mit Milch verrühren, mit Eiern, Zucker und Salz zur Joghurtmasse geben und unterrühren.
2. Mehl mit Backpulver mischen und in eine Rührschüssel sieben. In die Mitte eine Vertiefung eindrücken und die Joghurtmasse hineingeben. Die Zutaten mit Handrührgerät mit Knethaken zunächst kurz auf niedrigster, dann auf höchster Stufe gut durcharbeiten.
3. Anschließend auf einer bemehlten Arbeitsfläche zu einem glatten Teig verkneten. Den Teig in Frischhaltefolie wickeln und mindestens 1 Stunde ruhen lassen.
4. Den Teig auf einer bemehlten Arbeitsfläche zu einer runden Platte (Ø etwa 28 cm) ausrollen. Teigplatte mit einem scharfen Messer in 12 Tortenstücke (Dreiecke) schneiden. Die Teigdreiecke von der breiten Seite her zusammenrollen und zu Hörnchen formen. Die Hörnchen auf ein Backblech (mit Backpapier belegt) legen.
5. Zum Bestreichen Eigelb mit Olivenöl verschlagen. Die Teighörnchen damit bestreichen. Nach Belieben mit Mohn oder Sesam bestreuen. Das Backblech in den Backofen schieben.
   Ober-/Unterhitze: etwa 180 °C (vorgeheizt)
   Heißluft: etwa 160 °C (vorgeheizt)
   Gas: Stufe 2–3 (vorgeheizt)
   Backzeit: 15–20 Minuten.
6. Die Hörnchen mit dem Backpapier vom Backblech auf einen Kuchenrost ziehen. Hörnchen abkühlen lassen. Lauwarm oder kalt servieren.

Kabeljausalsa mit Rote Bete

Kabeljausalsa mit Rote Bete

6–8 Portionen

300 g Kabeljaufilet
etwas Zitronensaft
400 ml Fischfond aus dem Glas
1 große Kartoffel
1 große Rote Bete
1/2 TL Kümmelsamen
1 Senfgurke (aus dem Glas)
1 kleine Salatgurke
1 Bund Schnittlauch
1 Becher (200 g) saure Sahne
1 EL geriebener Meerrettich aus dem Glas
Salz
frisch gemahlener Pfeffer
Zitronensaft

Zubereitungszeit:
75 Minuten,
ohne Abkühl- und Durchziehzeit

Insgesamt:
E: 68 g, F: 27 g, Kh: 51 g,
kJ: 3056, kcal:732

Etwas aufwändiger

1. Kabeljaufilet unter fließendem kalten Wasser abspülen, trockentupfen und mit Zitronensaft beträufeln.
2. Fond in einen Topf gießen und aufkochen. Fischfilet hineinlegen und bei schwacher Hitze 5–7 Minuten ziehen lassen (Fischfilet muss fest bleiben).
3. Fischfilet aus dem Fond heben, auf einen Teller legen und abkühlen lassen.
4. Kartoffel und Rote Bete gründlich waschen und in kochendem Salzwasser mit Kümmel zugedeckt etwa 30 Minuten garen. Kartoffel herausnehmen und etwas abkühlen lassen. Die Rote Bete zugedeckt weitere etwa 30 Minuten kochen lassen.
5. Rote Bete herausnehmen, in ein Sieb geben, mit kaltem Wasser übergießen und abtropfen lassen. Rote Bete schälen, mit der gepellten Kartoffel in kleine Würfel schneiden.
6. Senfgurke klein würfeln. Salatgurke waschen, abtrocknen, halbieren, entkernen und ebenfalls in kleine Würfel schneiden.
7. Zuerst Gurkenwürfel mit der sauren Sahne und dem Meerrettich mischen, dann mit Salz und Pfeffer würzen. Kartoffel- und Rote-Bete-Würfel unterheben.
8. Fischfilet evtl. von Gräten befreien, in kleine Würfel schneiden und ebenfalls vorsichtig unterheben. Mit Salz, Pfeffer und Zitronensaft abschmecken. Kabeljausalsa zugedeckt über Nacht kalt stellen und durchziehen lassen.

Tipp:
Reichen Sie Kabeljausalsa mit Folienkartoffeln, die in Folie serviert werden. Gut schmeckt auch ein Kartoffelsalat dazu oder Fladenbrot.

Kalbfleisch mit Tunfischsauce

4–6 Portionen

750 g mageres Kalbfleisch
(aus der Unterschale)
2 Zwiebeln
1 gestr. TL Salz
2 Lorbeerblätter
4 Gewürznelken

Für die Tunfischsauce:
2 Dosen Tunfisch, naturell
(Abtropfgewicht je 185 g)
2 EL Zitronensaft
150 g Salatmayonnaise
1 Becher (150 g) Crème fraîche
2 EL Kapern (aus dem Glas)
Salz
frisch gemahlener Pfeffer
einige Oliven
halbierte Gurkenscheiben
Salatblätter

Außerdem:
Holzstäbchen

Zubereitungszeit: 30 Minuten, ohne Abkühlzeit
Garzeit: etwa 90 Minuten

Insgesamt:
E: 236 g, F: 208 g, Kh: 19 g,
kJ: 12059, kcal: 2889

Dauert länger – gut vorzubereiten

1. Kalbfleisch unter fließendem kalten Wasser abspülen und trockentupfen. Zwiebeln abziehen und vierteln. Kalbfleisch mit Salz in kochendes Wasser geben, wieder zum Kochen bringen und den Schaum mit einer Schaumkelle entfernen. Lorbeerblätter, Nelken und Zwiebelviertel hinzufügen.
Etwa 90 Minuten ohne Deckel bei schwacher Hitze kochen lassen.
Das Kalbfleisch in dem Sud erkalten lassen.
2. Für die Sauce Tunfisch gut abtropfen lassen, in einen hohen Rührbecher geben und mit Zitronensaft pürieren. Mayonnaise und Crème fraîche unterrühren. 1 1/2 Esslöffel der Kapern fein hacken und unter die Masse rühren. Mit Salz und Pfeffer würzen.
3. Kalbfleisch aus dem Sud nehmen, trockentupfen, in sehr dünne Scheiben schneiden (am besten mit einer Aufschnittmaschine). Die Tunfischsauce auf die Fleischscheiben streichen, restliche Kapern darauf verteilen.
4. Fleischscheiben aufrollen. Jeweils 1 Olive auf ein Holzstäbchen spießen. Die Fleischröllchen damit feststecken.
5. Die Fleischröllchen mit halbierten dünnen Gurkenscheiben und Salatblättern auf einer Platte anrichten.

Tipp:
Sie können das Fleisch bereits am Tag vor dem Verzehr kochen und in dem Sud erkalten lassen.

Kalbfleisch mit Tunfischsauce

Rezeptvorschläge für ein Gala-Buffet

Für ein Gala-Buffet benötigen Sie für 10–12 Personen:

3 x Rezept **Carpaccio vom Fisch** Seite 51
1 x Rezept **Hirschpastete** Seite 160
3 x Rezept **Kalbsfilet mit Walnusscreme** Seite 172
3 x Rezept **Frühlings-Salatteller mit Italia-Dressing** Seite 120
3 x Rezept **Paprikasalat, gebraten** Seite 272
3 x Rezept **Walnusseisparfait** Seite 404

Außerdem: 1,5 kg gemischtes Brot

Vorbereitungen am Vortag:

- Kalbsfilet braten und kalt stellen.
- Gemüse für den Frühlings-Salatteller vorbereiten, nach Rezept blanchieren oder garen und kalt stellen, Italia-Dressing zubereiten und kalt stellen.
- Gebratenen Paprikasalat zubereiten und kalt stellen.
- Walnusseisparfait zubereiten und in 3 kleine Formen oder 1 große Form von etwa 3 Liter Inhalt füllen.

Vorbereitungen am Tag des Buffets:

6 Stunden vorher:	• Geflügelleber-Pastete zubereiten.
3–4 Stunden vorher:	• Walnusssauce für das Kalbsfilet zubereiten, das Fleisch aufschneiden und anrichten, die Sauce dazu servieren.
2–3 Stunden vorher:	• Für den Frühlings-Salatteller Gurke vorbereiten, das Gemüse anrichten.
2 Stunden vorher:	• Fisch für das Carpaccio vorbereiten, schneiden, aufrollen und anfrieren lassen, Sauce zubereiten, Fischrollen aufschneiden, anrichten und kalt stellen.
1-1,5 Std. vorher:	• Je nach Größe der Form die Form in Papier wickeln und das Parfait im Kühlschrank antauen lassen.
Kurz vorher:	• Sauce auf das Carpaccio geben, Fisch garnieren.
	• Das Italia-Dressing auf den Frühlings-Salatteller geben.
	• Paprikasalat nachwürzen und anrichten.
	• Parfait aus der Form stürzen und garnieren.
	• Brot aufschneiden und anrichten

Es eignen sich auch folgende zusätzliche Rezepte:

2 x Rezept **Hummer Royal Seite 163**
3 x Rezept **Carpaccio Seite 51**
2 x Rezept **Salatteller mit Sprossen Seite 322**
3 x Rezept **Räucherlachs auf Zitronenbohnen Seite 306**
2 x Rezept **Entenpastete Seite 86**
2 x Rezept **Kartoffel-Carpaccio Seite 174**
plus Brot oder Brötchen.

Kalbsfilet mit Walnusssahne

Kalbsfilet mit Walnusssahne

4 Portionen

1 Kalbsfilet (etwa 600 g)
Salz
frisch gemahlener Pfeffer
1 EL Weizenmehl
100 g Walnusskerne
1 Ei zum Bestreichen
50 g Butterschmalz

Für die Walnusscreme:

1 kleine Knoblauchzehe
1 Becher (150 g) Crème fraîche
50 g Walnusskerne

Zubereitungszeit: 40 Minuten

Insgesamt:

E: 142 g, F: 194 g, Kh: 25 g,
kJ: 10048, kcal: 2399

Gut vorzubereiten

1. Kalbsfilet unter fließendem kalten Wasser abspülen, trockentupfen, Haut und Sehnen entfernen. Filet mit Salz und Pfeffer würzen, mit Mehl bestäuben. Walnusskerne fein hacken und in einen Teller geben. Ei verschlagen, das Filet damit bestreichen und in den Walnusskernen wenden, Panade etwas andrücken.
2. Butterschmalz in einer Pfanne erhitzen. Das Filet von allen Seiten darin anbraten. Filet zugedeckt 15–20 Minuten schmoren lassen.
3. Das gare Filet aus der Pfanne nehmen und erkalten lassen.
4. Für die Walnusscreme Knoblauch abziehen, durch eine Knoblauchpresse drücken und mit Crème fraîche verrühren. Die Creme mit Salz und Pfeffer abschmecken. Walnusskerne hacken und unterrühren.
5. Filet in Scheiben schneiden und auf einer Platte anrichten. Die Walnusscreme zu dem Fleisch reichen.

Beilage:
Brokkolisalat, Stangenweißbrot.

Insgesamt:
E: 11 g, F: 66 g, Kh: 45 g,
kJ: 3400, kcal: 818

Kartoffelaufstrich

8–10 Portionen (etwa 400 g)

300 g mehlig kochende Kartoffeln
1 gestr. TL Salz
1 Zwiebel
2 EL Leinöl
1 Becher (150 g) Crème fraîche
1 Bund Petersilie
1 Bund Schnittlauch
Salz, frisch gemahlener Pfeffer

Zubereitungszeit: 30 Minuten, ohne Abkühlzeit

Einfach

1. Kartoffeln waschen, schälen und abspülen. Kartoffeln mit Wasser bedeckt zum Kochen bringen, Salz hinzufügen. Die Kartoffeln zugedeckt etwa 20 Minuten kochen.
2. Die garen Kartoffeln abgießen und grob zerstampfen. Kartoffelmasse erkalten lassen.
3. Zwiebel abziehen, halbieren und in kleine Würfel schneiden. Leinöl mit Crème fraîche verrühren, mit den Zwiebelwürfeln unter die Kartoffelmasse geben.
4. Petersilie und Schnittlauch abspülen und trockentupfen. Von der Petersilie die Blättchen von den Stängeln zupfen. Blättchen fein hacken. Schnittlauch in feine Röllchen schneiden. Petersilie und Schnittlauchröllchen unter die Kartoffelmasse rühren, mit Salz und Pfeffer abschmecken.
5. Kartoffelaufstrich in 2 gründlich gereinigte, gespülte und getrocknete Gläser füllen. Die Gläser mit Deckeln fest verschließen und kalt stellen.

Brotempfehlung:
Roggenmischbrot, Kasseler Brot oder Doppelbackbrot.

Kartoffelaufstrich

Kartoffel-Bohnen-Salat mit Tunfisch

Kartoffel-Bohnen-Salat mit Tunfisch

4 Portionen

4 mittelgroße, fest kochende Kartoffeln
200 g Keniabohnen
4 Stängel Bohnenkraut
4 Tomaten
2 kleine rote Zwiebeln
1 Salatgurke

Für das Dressing:
Saft von 1 Zitrone
Salz
frisch gemahlener Pfeffer
6 EL Olivenöl

1 Dose Tunfisch in Öl (Abtropfgewicht 200 g)
8 schwarze Oliven nach Belieben

Zubereitungszeit: 40 Minuten, ohne Kühlzeit

Insgesamt:
E: 59 g, F: 93 g, Kh: 90 g, kJ: 6097, kcal: 1453

Raffiniert

1. Kartoffeln waschen, schälen, abspülen und in Würfel schneiden. Kartoffelwürfel zugedeckt in Salzwasser zum Kochen bringen und in etwa 8 Minuten bissfest garen. Kartoffelwürfel abgießen und erkalten lassen. Von den Bohnen die Spitzen und Enden abschneiden, in etwa 3 cm lange Stücke brechen oder schneiden. Bohnenkraut abspülen und trockentupfen.
2. Bohnenstücke mit 2 Stängeln Bohnenkraut in kochendem Salzwasser etwa 5 Minuten garen. Anschließend in ein Sieb geben, mit eiskaltem Wasser übergießen und gut abtropfen lassen. Tomaten waschen, kreuzweise einschneiden und einige Sekunden in kochendes Wasser legen. Tomaten kurz in kaltem Wasser abschrecken, enthäuten, halbieren, entkernen und Stängelansätze entfernen. Tomaten in kleine Würfel schneiden.
3. Zwiebeln abziehen, Gurke schälen, beides ebenfalls in kleine Würfel schneiden. Die vorbereiteten Salatzutaten in eine große Schüssel geben und vorsichtig mischen.
4. Für das Dressing Zitronensaft mit Salz und Pfeffer verrühren, Olivenöl unterschlagen. Vom restlichen Bohnenkraut die Blättchen abzupfen. Blättchen fein hacken und zum Dressing geben.
5. Das Dressing zu den Salatzutaten geben und untermischen. Tunfisch abtropfen lassen und mit einer Gabel auseinander zupfen. Den Salat auf einer flachen Platte anrichten. Tunfischstücke und nach Belieben Oliven darauf verteilen.

Tipp:
Frisch gehacktes Bohnenkraut sorgt für eine raffiniert pikante Würze. Wenn Sie kein frisches Bohnenkraut bekommen, können Sie auch drei bis vier Esslöffel selbst hergestelltes oder gekauftes Pesto unter den Salat mischen. Pesto verleiht dem Salat eine mediterrane Note.

Kartoffel-Carpaccio

8–10 Portionen

1,2 kg fest kochende Kartoffeln
4 Bund Radieschen
24 große Champignons (etwa 600 g)
4 Becher (je 125 g) Kräuter Crème fraîche
Salz
grob gemahlener, bunter Pfeffer
2 Bund Schnittlauch
2 Beete Kresse
6 EL Olivenöl

Zubereitungszeit: 80 Minuten

Insgesamt:
E: 67 g, F: 202 g, Kh: 183 g, kJ: 11810, kcal: 2844

Raffiniert

Kartoffel-Carpaccio

1. Kartoffeln waschen, schälen, abspülen und in dünne Scheiben hobeln oder schneiden. Kartoffelscheiben in kochendem Salzwasser 5–10 Minuten garen. Kartoffelscheiben in einem Sieb gut abtropfen lassen, evtl. mit Küchenpapier trockentupfen.
2. Radieschen putzen, waschen und trockentupfen. Champignons putzen, mit Küchenpapier abreiben, evtl. kurz abspülen und trockentupfen. Radieschen und Champignons in dünne Scheiben schneiden.
3. Kräuter Crème fraîche mit Salz und Pfeffer abschmecken, auf einer großen runden Platte (oder 4 flachen Tellern) glatt verstreichen. Kartoffel-, Radieschen- und Champignonscheiben kranzförmig darauf anrichten.
4. Schnittlauch abspülen, trockentupfen und klein schneiden. Kresse abspülen, trockentupfen und vom Beet schneiden. Kartoffel-, Radieschen- und Champignonscheiben mit Schnittlauchröllchen, Kresseblättchen und Pfeffer bestreuen, mit Olivenöl beträufeln.

Kartoffelsalat „Leichte Art"

Kartoffelsalat „Leichte Art"

6 Portionen

Für den Salat:

1,2 kg fest kochende Kartoffeln
Salz
Kümmelsamen
6 Tomaten
1 Zucchini
2 Stangen Staudensellerie
Salzwasser

Für die Sauce:

2 Bund Schnittlauch
500 g Naturjoghurt
frisch gemahlener Pfeffer
Zucker
1 EL Kürbiskernöl

Zubereitungszeit: 70 Minuten, ohne Abkühl- und Durchziehzeit

Insgesamt:

E: 47 g, F: 28 g, Kh: 201 g, kJ: 5696, kcal: 1358

Vegetarisch

1. Für den Salat Kartoffeln waschen, mit Wasser bedeckt zum Kochen bringen, Salz und Kümmel hinzufügen, Kartoffeln zu-gedeckt etwa 25 Minuten garen. Die garen Kartoffeln abgießen, mit kaltem Wasser abschrecken, abtropfen lassen, sofort pellen und in Scheiben schneiden.
2. Tomaten waschen, kreuzweise einschneiden und einige Sekunden in kochendes Wasser legen. Tomaten kurz in kaltem Wasser abschrecken, enthäuten, halbieren, entkernen und Stängelansätze entfernen. Fruchtfleisch in Würfel schneiden.
3. Zucchini waschen, abtrocknen und die Enden abschneiden. Zucchini in feine Scheiben hobeln. Staudensellerie putzen und die harten Außenfäden abziehen. Sellerie waschen, abtropfen lassen und in Scheiben schneiden. Selleriescheiben in kochendem Salzwasser etwa 1 Minute blanchieren, mit kaltem Wasser übergießen und abtropfen lassen.
4. Für die Sauce Schnittlauch abspülen, trockentupfen und in Röllchen schneiden. Joghurt mit Salz, Pfeffer, Zucker und Kürbiskernöl verrühren. Schnittlauchröllchen unterrühren. Die vorbereiteten Salatzutaten in eine Schüssel geben und mit der Sauce vermengen. Den Salat gut durchziehen lassen.

Tipp:
Nach Belieben 4 Eier 7 Minuten kochen lassen, abschrecken, pellen und in Sechstel schneiden und zuletzt unter den Salat heben.

Kartoffelsalat mit Gemüse

8–10 Portionen

Für den Salat:

1,5 kg fest kochende Kartoffeln
150 ml heiße Fleischbrühe (Instant)
4 EL Weißweinessig
Salz
frisch gemahlener Pfeffer
500 g TK-Erbsen
2 Dosen Gemüsemais
(Abtropfgewicht je 285 g)
2 Zwiebeln
6 mittelgroße Gewürzgurken
(aus dem Glas)

Für die Sauce:

6 EL Salatmayonaise
300 g Naturjoghurt
2 TL mittelscharfer Senf
Salz
frisch gemahlener Pfeffer
etwas Weißweinessig oder
Gurkenwasser von den Gurken

Zubereitungszeit: 90 Minuten, ohne Abkühl – und Durchziehzeit

Insgesamt:
E: 95 g, F: 99 g, Kh: 367 g,
kJ: 11972, kcal: 2858

Gut vorzubereiten

1. Für den Salat Kartoffeln waschen, mit Salzwasser bedeckt zum Kochen bringen, zugedeckt in 20–25 Minuten gar kochen. Kartoffeln abgießen, mit kaltem Wasser abschrecken, abtropfen lassen, sofort pellen, in Scheiben schneiden. Brühe erwärmen, mit Essig, Salz und Pfeffer verrühren. Die Brühe über die Kartoffelscheiben gießen, gut durchziehen lassen.
2. Erbsen in wenig kochendem Salzwasser 3–5 Minuten garen, abgießen und erkalten lassen. Mais in einem Sieb abtropfen lassen. Zwiebeln abziehen und in kleine Würfel schneiden. Gurken in Scheiben schneiden.
3. Für die Sauce Mayonnaise mit Joghurt und Senf verrühren, mit Salz und Pfeffer würzen. Die vorbereiteten Salatzutaten in eine Schüssel geben und mit der Sauce mischen. Den Salat etwa 30 Minuten kalt stellen und durchziehen lassen.
4. Den Salat nochmals mit Salz, Pfeffer und Essig oder Gurkenwasser abschmecken.

Kartoffelsalat mit Gemüse

Kartoffelsalat mit Schinkenröllchen

6 Portionen

1 kg fest kochende Kartoffeln
Salz
Kümmelsamen
1 große Zwiebel
2 Gewürzgurken
1 säuerlicher Apfel

Kartoffelsalat mit Schinkenröllchen

Für die Sauce:
4 EL Fleischbrühe (Instant)
3 EL Weißweinessig
1 TL scharfer Senf
1 TL Zucker
1 EL Salatmayonnaise
4 EL Olivenöl
Salz, frisch gemahlener Pfeffer
Zucker
1 Bund Schnittlauch
1/2 Bund Dill

Zum Garnieren:
1/2 Bund Petersilie
1 Gewürzgurke (aus dem Glas)
6 Scheiben Schinkenspeck

Zubereitungszeit: 40 Minuten, ohne Abkühl- und Durchziehzeit

Insgesamt:
E: 32 g, F: 59 g, Kh: 161 g,
kJ: 5599, kcal: 1336

Raffiniert

1. Kartoffeln waschen, in einem Topf mit Wasser bedeckt zum Kochen bringen, Salz und Kümmel hinzufügen. Die Kartoffeln in 20–25 Minuten gar kochen.
2. Die garen Kartoffeln abgießen, mit kaltem Wasser abschrecken und sofort pellen, erkalten lassen. Kartoffeln in Scheiben schneiden und in eine Schüssel geben.
3. Zwiebel schälen und in kleine Würfel schneiden. Gurken abtropfen lassen und ebenfalls klein würfeln. Apfel schälen, vierteln, entkernen und in kleine Stücke schneiden. Zwiebel-, Gurkenwürfel und Apfelstückchen zu den Kartoffelscheiben geben und untermengen.
4. Für die Sauce Brühe mit Essig, Senf, Zucker und Mayonnaise verrühren, Olivenöl unterschlagen. Die Sauce unter die Salatzutaten heben. Mit Salz, Pfeffer und Zucker abschmecken.
5. Schnittlauch und Dill abspülen, trockentupfen. Schnittlauch in kleine Röllchen schneiden, von dem Dill die Spitzen von den Stängeln zupfen, Spitzen klein schneiden. Schnittlauchröllchen und Dill unter den Kartoffelsalat heben.
6. Zum Garnieren Petersilie abspülen und trockentupfen. Gurke in dünne Scheiben schneiden. Schinkenscheiben aufrollen.
7. Den Kartoffelsalat in einer großen Schüssel anrichten, mit Schinkenröllchen, Petersiliensträußchen und Gurkenscheiben garnieren.

Kartoffelsalat mit Speck und Zwiebeln

4 Portionen

8 dicke fest kochende Kartoffeln (etwa 800 g)
Salz
2 Zwiebeln oder Schalotten
4 dünne Scheiben durchwachsener Speck (30 g)
2 EL Speiseöl
2 EL Kräuteressig
Salz, frisch gemahlener Pfeffer
Borretschblätter (Gurkenkraut)

Zubereitungszeit: 25 Minuten, ohne Abkühlzeit

Insgesamt:
E: 21 g, F: 30 g, Kh: 114 g,
kJ: 3473, kcal: 828

Rustikal

1. Kartoffeln waschen, in einem Topf mit Wasser bedeckt zum Kochen bringen und zugedeckt in 20–25 Minuten gar kochen. Die garen Kartoffeln abgießen, mit kaltem Wasser abschrecken, abtropfen und erkalten lassen. Kartoffeln der Länge nach halbieren.
2. Vier Kartoffelhälften mit Salz bestreuen, restliche Kartoffelhälften pellen, längs halbieren und in Scheiben schneiden.
3. Zwiebeln oder Schalotten abziehen und in kleine Würfel schneiden. Speckscheiben in Streifen schneiden. Speiseöl in einer Pfanne erhitzen. Speckstreifen und Zwiebel- oder Schalottenwürfel darin glasig dünsten, Kräuteressig unterrühren. Mit Salz und Pfeffer würzen.
4. Zwiebel-Speck-Mischung zu den Kartoffelscheiben geben und untermischen. Den Kartoffelsalat auf den gesalzenen Kartoffelhälften verteilen.
5. Borretschblätter abspülen und trockentupfen. Einige Blätter in Streifen schneiden. Den Kartoffelsalat mit Borretschstreifen bestreuen und mit den Borretschblättern garnieren.

Kartoffelsalat mit Tunfisch

Kartoffelsalat mit Tunfisch

4–6 Portionen

2 rote Zwiebeln
1 Glas (250 g) Salatmayonnaise
2 Pck. (je 500 g) Baked Potatoes (Pellkartoffeln aus dem Kühlregal)
2 Dosen Tunfisch in Öl (Abtropfgewicht je 150 g)
200 g Staudensellerie
1 Bund glatte Petersilie
200 g Cocktailtomaten
1 rote Paprikaschote
Weißweinessig
Salz
frisch gemahlener Pfeffer
Zucker

Zubereitungszeit: 50 Minuten, ohne Durchziehzeit

Insgesamt:
E: 83 g, F: 179 g, Kh: 132 g,
kJ: 10376, kcal: 2478

Für Gäste

1. Zwiebeln abziehen und in kleine Würfel schneiden. Mayonnaise mit den Zwiebelwürfeln verrühren.
2. Kartoffeln pellen und in grobe Würfel schneiden. Tunfisch abtropfen lassen und mit einer Gabel zerpflücken.

3. Sellerie putzen und die harten Außenfäden abziehen. Stangen waschen, abtropfen lassen und in feine Scheiben schneiden. Petersilie abspülen und trockentupfen. Die Blättchen von den Stängeln zupfen. Blättchen klein schneiden.
4. Tomaten waschen und trockentupfen, evtl. halbieren. Paprika halbieren, entstielen, entkernen und die weißen Scheidewände entfernen. Schote waschen, trockentupfen und in feine Streifen schneiden.
5. Kartoffelwürfel, Tunfisch, Selleriescheiben, Petersilie, Tomaten und Paprikastreifen in eine Schüssel geben. Mayonnaise vorsichtig untermischen. Den Salat mit Essig, Salz, Pfeffer und Zucker abschmecken, etwa 20 Minuten durchziehen lassen.

Kartoffelsalat von Erstlingen

Kartoffelsalat von Erstlingen

8–10 Portionen

2 kg Erstlinge (kleine Frühkartoffeln)

Für die Sauce:
100 ml Sherry-Essig
1 EL Dijon-Senf
Salz
2 EL Zucker
frisch gemahlener, schwarzer Pfeffer
125 ml (1/8 l) Olivenöl
1 Zweig Rosmarin
2 Zweige Thymian
250 ml (1/4 l) Gemüsebrühe

400 g Champignons
4 EL Speiseöl
1 Pck. (200 g) Katenschinkenwürfel
1 rote Paprikaschote
1 Bund Frühlingszwiebeln

Zubereitungszeit: 70 Minuten, ohne Abkühlzeit

Insgesamt:
E: 102 g, F: 177 g, Kh: 358 g,
kJ: 14598, kcal: 3485

Raffiniert

1. Kartoffeln gründlich waschen, mit Salzwasser bedeckt zum Kochen bringen, zugedeckt in etwa 20 Minuten gar kochen. Kartoffeln abgießen, mit kaltem Wasser abschrecken, abtropfen und etwas abkühlen lassen.
2. Für die Sauce Essig mit Senf verrühren, mit Salz, Zucker und Pfeffer würzen, Olivenöl unterschlagen. Rosmarin und Thymian abspülen und trockentupfen. Die Nadeln bzw. Blättchen von den Stängeln zupfen, Nadeln und Blättchen klein schneiden. Gemüsebrühe mit Rosmarin und Thymian zur Sauce geben.
3. Die noch warmen Kartoffeln vierteln (nicht schälen), in eine Schüssel geben und vorsichtig mit der Sauce vermengen. Champignons putzen, mit Küchenpapier abreiben, evtl. kurz abspülen, trockentupfen und in Scheiben schneiden.
4. Zwei Esslöffel Speiseöl in einer Pfanne erhitzen, Katenschinkenwürfel darin knusprig braten, herausnehmen und auf Küchenpapier abtropfen lassen.
5. Champignonscheiben in der Pfanne im restlichen Speiseöl anbraten, mit Salz und Pfeffer würzen, erkalten lassen.
6. Paprika halbieren, entstielen, entkernen und die weißen Scheidewände entfernen. Schote waschen, trockentupfen und in Würfel schneiden. Frühlingszwiebeln putzen, waschen, abtropfen lassen und in feine Ringe schneiden.
7. Katenschinken, Champignonscheiben, Paprikawürfel und Frühlingszwiebelringe unter die Kartoffeln heben. Den Salat nochmals mit den Gewürzen abschmecken. Den Salat sofort servieren.

Kartoffelwaffeln

Kartoffelwaffeln

Etwa 24 Waffeln

Für den Teig:
325 g Butter oder Margarine
200 g Weizenmehl
2 gestr. TL Dr. Oetker Backin
2 gestr. TL Salz
750 ml (3/4 l) Milch
8 Eier (Größe M)
2 Pck. Kartoffelpüree
(für je 3 Portionen bzw. je 500 ml [1/2 l] Wasser)
frisch gemahlener Pfeffer
frisch geriebene Muskatnuss

2 Pck. (je 250 g) Fleischsalat als Beilage

Zubereitungszeit: 25 Minuten, ohne Abkühlzeit

Insgesamt:
E: 119 g, F: 499 g, Kh: 208 g, kJ: 24685, kcal: 5889

Raffiniert

1. Für den Teig Butter oder Margarine zerlassen und etwas abkühlen lassen.
2. Mehl mit Backpulver mischen und in eine Rührschüssel sieben. Salz, Milch, Eier und die abgekühlte Butter oder Margarine hinzufügen. Die Zutaten mit Handrührgerät mit Rührbesen zunächst kurz auf niedrigster, dann auf höchster Stufe zu einem glatten Teig verarbeiten. Püreepulver unterrühren. Mit Pfeffer und Muskat würzen.
3. Den Teig in nicht zu großen Portionen in ein gut erhitztes, gefettetes Waffeleisen füllen. Die Waffeln goldbraun backen, mit einer Gabel oder einem Pfannenheber herausnehmen und einzeln auf einen Kuchenrost legen. Die fertigen Waffeln auf einem Backblech im Backofen bei Ober-/Unterhitze etwa 80 °C warm halten.
4. Die Waffeln als Snack warm oder lauwarm mit dem Fleischsalat servieren.

Abwandlung:
Anstelle des Fleischsalates können Sie auch eine Kräutercreme oder einen Champignonquark zu den Kartoffelwaffeln servieren. Für die Kräutercreme 2 Becher (je 125 g) Crème fraîche mit frischen Kräutern und 300 g Naturjoghurt verrühren, mit Salz und Pfeffer abschmecken, 4 Esslöffel Schnittlauchröllchen unterrühren. Für den Champignonquark 2 Päckchen (je 250 g) Champignonquark mit 8–10 Esslöffeln Schlagsahne glatt rühren. 2 Frühlingszwiebeln putzen, waschen, abtropfen lassen und in Ringe schneiden. 1 Bund Schnittlauch abspülen, trockentupfen und in Röllchen schneiden. Frühlingszwiebelringe und Schnittlauchröllchen unter den Quark rühren, evtl. mit Salz und Pfeffer abschmecken.

Tipp:
Servieren Sie die Kartoffelwaffeln auch mal mit Crème fraîche und Schnippelschinken (klein geschnittener Schinken) oder Räucherlachs.

Käsebrot, gefüllt

6 Portionen

2 Stangenweißbrote (je etwa 250 g)
150 g weiche Butter
250 g Doppelrahm-Frischkäse
2 EL Tomatenmark
2 EL Remoulade
200 g magerer, gekochter Schinken
1 Bund Frühlingszwiebeln
1 Bund Schnittlauch
2 Gewürzgurken (aus dem Glas)
Salz
frisch gemahlener weißer Pfeffer
Paprikapulver edelsüß

Zubereitungszeit: 30 Minuten, ohne Kühlzeit

Insgesamt:
E: 99 g, F: 247 g, Kh: 184 g,
kJ: 14169, kcal: 3385

Für Gäste

1. Stangenweißbrote waagerecht halbieren und die Weißbrothälften aushöhlen.
2. Butter und Frischkäse in einer Schüssel zu einer geschmeidigen Masse verrühren. Tomatenmark und Remoulade unterrühren.
3. Schinken in kleine Würfel schneiden. Frühlingszwiebeln putzen, waschen, abtropfen lassen und sehr fein schneiden. Schnittlauch abspülen, trockentupfen und in feine Röllchen schneiden. Gurken abtropfen lassen und in kleine Würfel schneiden.
4. Schinkenwürfel, Frühlingszwiebelstückchen, Schnittlauchröllchen und Gurkenwürfel zur Butter-Frischkäse-Masse geben und gut unterrühren. Die Creme mit Salz, Pfeffer und Paprika abschmecken.
5. Die Weißbrothälften mit der Creme füllen und wieder zusammensetzen. Die Brote einzeln in Alufolie wickeln und etwa 3 Stunden kalt stellen.
6. Die Käsebrote vor dem Servieren mit einem elektrischen Messer in Scheiben schneiden.

Beilage: Tomaten-Ketchup, grüne Oliven, mit Paprika gefüllt.

Käsebrot, gefüllt

Käse-Crostini

10 Stück

50 g kräftiger Blauschimmelkäse,
z. B. Roquefort
50 g milder Blauschimmelkäse,
z. B. Bavaria oder Castello Blue
50 g Crème fraîche
10 Baguettescheiben
1–2 EL flüssiger Honig,
z. B. Lavendelhonig
rosa Pfefferbeeren

Zubereitungszeit: 30 Minuten, ohne Abkühlzeit

Insgesamt:
E: 40 g, F: 50 g, Kh: 130 g,
kJ: 4550, kcal: 1090

Gut vorzubereiten

1. Beide Käsesorten in kleine Stücke schneiden, mit Crème fraîche in eine Schüssel geben und mit Handrührgerät mit Rührbesen verrühren.
2. Baguettescheiben auf ein Backblech legen und unter dem Grill des Backofens von beiden Seiten goldbraun rösten, abkühlen lassen.
3. Baguettescheiben mit der Käsemasse bestreichen und mit Honig beträufeln. Pfefferbeeren zerdrücken und darauf streuen.

Käse-Dip mit Oliven

4 Portionen

50 g Edelpilzkäse
200 g Doppelrahm-Frischkäse
4–5 EL Milch
2 EL Tomatenmark
8 spanische Oliven, mit Paprika gefüllt
1 kleine, grüne Paprikaschote
2 Tomaten
4 Cornichons (aus dem Glas)
Salz, Cayennepfeffer

Zubereitungszeit: 20 Minuten

Insgesamt:
E: 41 g, F: 83 g, Kh: 23 g,
kJ: 4248, kcal: 1013

Für Gäste

1. Käse mit einer Gabel zerdrücken und in eine Schüssel geben. Frischkäse, Milch und Tomatenmark gut unterrühren.
2. Oliven in Scheiben schneiden. Paprika halbieren, entstielen, entkernen und die weißen Scheidewände entfernen. Die Schote waschen, trockentupfen und in kleine Würfel schneiden.
3. Tomaten waschen, kreuzweise einschneiden und einige Sekunden in kochendes Wasser legen. Tomaten kurz in kaltem Wasser abschrecken, enthäuten, halbieren, entkernen und die Stängelansätze entfernen. Fruchtfleisch klein würfeln. Cornichons ebenfalls in kleine Würfel schneiden.
4. Die vorbereiteten Salatzutaten zur Frischkäsemasse geben und unterrühren. Den Käse-Dip mit Salz und Cayennepfeffer abschmecken.

Tipp:
Käse-Dip zu Staudensellerie servieren.

Käsegebäck

Etwa 70 Stück

Für den Knetteig:
125 g Weizenmehl
50 g fein gemahlenes Weizenschrot
2 Eier (Größe M)
150 g geriebener Emmentaler-Käse
80 g Butter oder Margarine

Zum Bestreichen:
1 Eigelb

Nach Belieben zum Bestreuen:
Sesamsamen, gemahlener Mohn
geriebener Käse, z. B. Emmentaler,
gehobelte Mandeln

Zubereitungszeit: 45 Minuten
Backzeit: etwa 10 Minuten

Insgesamt:
E: 78 g, F: 132 g, Kh: 121 g,
kJ: 8356, kcal: 1996

Käse-Dip mit Oliven

Käse-Crostini

Käsegebäck

Für Gäste

1. Für den Teig Mehl in eine Rührschüssel sieben. Weizenschrot, Eier, Käse und Butter oder Margarine hinzufügen. Die Zutaten mit Handrührgerät mit Knethaken zunächst kurz auf niedrigster, dann auf höchster Stufe gut durcharbeiten.
2. Anschließend auf einer bemehlten Arbeitsfläche zu einem glatten Teig verkneten. Sollte er kleben, ihn in Folie gewickelt eine Zeit lang kalt stellen.
3. Den Teig auf der bemehlten Arbeitsfläche zu einem Rechteck (etwa 1/2 cm dick) ausrollen.
4. Aus dem Teigrechteck etwa 2 cm breite und 5 cm lange Streifen ausschneiden. Nach Belieben Motive formen, z. B. Mond, Quadrate, Rauten und auf ein Backblech (mit Backpapier belegt) legen.
5. Eigelb verschlagen. Die Teigstücke damit bestreichen. Nach Belieben mit Sesam, Mohn, und Käse oder gehobelten Mandeln bestreuen. Das Backblech in den Backofen schieben.
   Ober-/Unterhitze: etwa 200 °C (vorgeheizt)
   Heißluft: etwa 180 °C (vorgeheizt)
   Gas: Stufe 3–4 (vorgeheizt)
   Backzeit: etwa 10 Minuten.
6. Das Gebäck mit dem Backpapier vom Backblech auf einen Kuchenrost ziehen. Gebäck erkalten lassen.

Käsegebäck aus Blätterteig

Etwa 40 Stück

1 Pck. (450 g) TK-Blätterteig
1 Eiweiß

100 g frisch geriebener, alter Gouda-Käse
1 Eigelb, 1 EL Milch
15 g Sesamsamen
15 g Mohnsamen

Zubereitungszeit: 20 Minuten, ohne Auftau- und Kühlzeit
Backzeit: 10–12 Minuten

Insgesamt:
E: 60 g, F: 165 g, Kh: 169 g, kJ: 10005, kcal: 2391

Einfach

1. Blätterteigplatten nebeneinander zugedeckt bei Zimmertemperatur auftauen lassen.
2. Die Blätterteigplatten aufeinander legen, auf einer bemehlten Arbeitsfläche zu einer rechteckigen Platte ausrollen (halbe Teigstärke) und mit Eiweiß bestreichen.
3. Eine Teighälfte dick mit Käse bestreuen (etwa 3 Esslöffel beiseite legen). Die andere Teighälfte darüber klappen und gut andrücken.
4. Aus der Teigplatte etwa 1 cm breite und 10–15 cm lange Teigstreifen ausradeln (oder Kekse ausstechen). Eigelb mit Milch verschlagen. Die Teigstreifen damit bestreichen und mit dem beiseite gelegten Käse bestreuen. Abwechselnd Sesam und Mohn darauf streuen.
5. Die Teigstreifen zu Spiralen drehen, auf ein Backblech (mit Backpapier belegt) legen und etwa 15 Minuten kalt stellen. Das Backblech in den Backofen schieben.
   Ober-/Unterhitze: etwa 220 °C (vorgeheizt)
   Heißluft: etwa 200 °C (vorgeheizt)
   Gas: Stufe 4–5 (vorgeheizt)
   Backzeit: 10–12 Minuten.
6. Das Käsegebäck mit dem Backpapier vom Backblech auf einen Kuchenrost stellen. Käsegebäck erkalten lassen.

Tipp:
Als Knabbergebäck servieren. Aus dem Teig Plätzchen ausstechen oder kleine Brötchen formen und wie im Rezept angegeben backen.

Käsegebäck aus Blätterteig

Käse-Gurken-Sandwiches

Käse-Gurken-Sandwiches

16 Stück

Für die Walnussbutter:

100 g Walnusskerne
150 g weiche Butter
4–5 TL Birnendicksaft oder flüssiger Honig
Salz, Pfeffer

Für die Sandwiches:

16 Scheiben Toastbrot
8 Salatblätter
400 g Weichkäse mit Edelpilz
400 g Salatgurke
32 Walnusskernhälften

Zubereitungszeit: 30 Minuten, ohne Abkühlzeit

Insgesamt:
E: 131 g, F: 420 g, Kh: 333 g, kJ: 2327, kcal: 5644

Einfach

1. Für die Walnussbutter Walnusskerne fein mahlen und unter die Butter rühren. Mit Birnendicksaft oder Honig, Salz und Pfeffer würzen.
2. Für die Sandwiches Weißbrotscheiben toasten, abkühlen lassen und von einer Seite mit Walnussbutter bestreichen. Salatblätter waschen und trockentupfen. 8 Toastscheiben mit je 1 Salatblatt belegen.
3. Weichkäse in Scheiben schneiden. Gurke waschen, trockentupfen und die Enden abschneiden. Gurke ebenfalls in Scheiben schneiden.
4. Die mit Salatblättern belegten Brotscheiben mit Gurkenscheiben, Käsescheiben und Walnusskernhälften belegen. Restliche Brotscheiben darauf legen, leicht andrücken und diagonal halbieren.

Tipp:
Sie können die Sandwiches bereits einige Stunden vor dem Verzehr zubereiten. Dann einzeln in Frischhaltefolie wickeln oder in einer verschließbaren Dose aufbewahren. Sie können die Walnussbutter nach Belieben mit etwas Williamsgeist verfeinern.

Käsekugeln

Etwa 40 Kugeln

Für den Brandteig:

250 ml (¼ l) Wasser
70 g Butter oder Margarine
1 gestr. TL Salz
150 g Dinkel-Vollkornmehl
1 Msp. frisch geriebene Muskatnuss
4–5 Eier (Größe M)

Für den Knetteig:

50 g Dinkel-Vollkornmehl
1 Prise Salz
50 g Butter oder Margarine
50 g fein geriebener Emmentaler-Käse

Zum Bestreuen:

30 g geriebener Emmentaler-Käse

Zubereitungszeit: 45 Minuten, ohne Abkühlzeit
Backzeit: 20–25 Minuten je Backblech

Käsekugeln

Insgesamt:
E: 84 g, F: 156 g, Kh: 136 g, kJ: 9580, kcal: 2289

Raffiniert

1. Für den Brandteig Wasser mit Butter oder Margarine und Salz am besten in einem Stieltopf zum Kochen bringen. Dinkelmehl mit Muskat mischen, auf einmal in die von der Kochstelle genommene Flüssigkeit schütten. Mit einem Kochlöffel zu einem glatten Kloß rühren und unter Rühren etwa 1 Minute erhitzen.
2. Den heißen Kloß sofort in eine Rührschüssel geben. Nach und nach Eier mit Handrührgerät mit Knethaken auf höchster Stufe unterarbeiten. Die Eiermenge hängt von der Beschaffenheit des Teiges ab. Er muss stark glänzen und so von einem Löffel abreißen, dass lange Spitzen hängen bleiben. Den Brandteig abkühlen lassen.
3. Für den Knetteig Dinkelmehl in eine Rührschüssel geben. Salz und Butter oder Margarine hinzufügen. Die Zutaten mit Handrührgerät mit Knethaken zunächst kurz auf niedrigster, dann auf höchster Stufe gut durcharbeiten. Käse kurz unterkneten.
4. Anschließend auf einer bemehlten Arbeitsfläche zu einem glatten Teig verkneten. Sollte er kleben, ihn in Folie gewickelt eine Zeit lang kalt stellen.
5. Von dem Brandteig mit zwei Teelöffeln (mit kaltem Wasser abgespült) etwa 40 Häufchen abstechen und auf Backbleche (gefettet, mit Backpapier belegt) setzen. Dabei die Teelöffel zwischendurch gelegentlich abspülen.
6. Den Knetteig auf der leicht bemehlten Arbeitsfläche dünn ausrollen. Mit einem runden Ausstecher etwa 40 runde Plättchen (Ø 4 cm) ausstechen, auf die Brandteighäufchen legen und mit Käse bestreuen. Die Backbleche nacheinander (bei Heißluft zu-sammen) in den Backofen schieben.
   Ober-/Unterhitze: etwa 200 °C (vorgeheizt)
   Heißluft: etwa 180 °C (vorgeheizt)
   Gas: Stufe 3–4 (vorgeheizt)
   Backzeit: 20–25 Minuten je Backblech.
7. Die Käsekugeln mit dem Backpapier von den Backblechen auf Kuchenroste ziehen. Käsekugeln erkalten lassen.

Käsepäckchen, eingelegt

12 Stück

300 g Schafkäse
1 Zucchini (200 g)

Für die Marinade:
2 EL Weißweinessig
Salz, etwas Zucker
1 TL zerstoßene, rosa Pfefferkörner
1 TL schwarze Pfefferkörner
1 TL grüne Pfefferkörner (aus dem Glas)
250 ml (1/4 l) Olivenöl
1 Zwiebel
1 rote Chilischote
2 EL grob gehackte Kräuter, z. B. Thymian, Estragon, Rosmarin
1 Lorbeerblatt

Zubereitungszeit: 30 Minuten, ohne Durchziehzeit

Insgesamt:
E: 56 g, F: 307 g, Kh: 13 g, kJ: 12548, kcal: 2995

Raffiniert

Käsepäckchen, eingelgt

1. Schafkäse in 12 Würfel schneiden. Zucchini waschen, abtrocknen und die Enden abschneiden. Zucchini mit Hilfe eines Sparschälers längs in dünne Scheiben schneiden.
2. Zucchinischeiben in kochendes Salzwasser geben, einmal aufkochen lassen, mit einem Schaumlöffel herausnehmen und in kaltem Wasser abschrecken, abtropfen lassen. Zucchinischeiben trockentupfen.
3. Die Schafkäsewürfel mit den Zucchinischeiben umwickeln, evtl. mit einem Holzstäbchen feststecken und in gründlich gereinigte und gespülte Gläser schichten.
4. Für die Marinade Essig mit Salz, Zucker und Pfefferkörnern verrühren, Olivenöl unterschlagen. Zwiebel abziehen, zuerst in Scheiben schneiden, dann in Ringe teilen.
5. Chilischote abspülen, trockentupfen, halbieren, entstielen und entkernen. Chilihälften in kleine Würfel schneiden. Chiliwürfel, Kräuter und Lorbeerblatt unter die Marinade rühren.
6. Die Marinade über die eingeschichteten Käsepäckchen gießen. Die Gläser verschließen, 2–3 Tage kalt stellen und durchziehen lassen.

Käseplatte

6 Portionen

Für die Schwarzbrotecken:
125 g weiche Butter
125 g Doppelrahm-Frischkäse
etwas gehackte Petersilie
Salz, Paprikapulver edelsüß
8 Schwarzbrotscheiben

Für die Emmentaler-Rollen:
70 g Emmentaler-Käse im Stück
2 EL Kondensmilch
1/2 TL Sardellenpaste
4 Scheiben kalter Braten oder Bratenaufschnitt (nicht zu dünn geschnitten)

Für die Alm-Schnitten:
50 g weiche Butter
2 Ecken Sahneschmelzkäse (je 62,5 g)
1 TL Salatmayonnaise
2 EL Naturjoghurt, Salz
8 Scheiben Pumpernickel
halbierte, entkernte, grüne Weintrauben
Petersilienblättchen

Zubereitungszeit: 50 Minuten, ohne Kühlzeit

Insgesamt (Schwarzbrotecken):
E: 36 g, F: 148 g, Kh: 158 g,
kJ: 8953, kcal: 2129

Insgesamt (Emmentaler-Rollen):
E: 56 g, F: 37 g, Kh: 3 g,
kJ: 2381, kcal: 568

Insgesamt (Alm-Schnitten):
E: 41 g, F: 88 g, Kh: 170 g,
kJ: 6917, kcal: 1658

Für Gäste

1. Für die Schwarzbrotecken Butter mit Frischkäse und Petersilie verrühren. Mit Salz und Paprika abschmecken.
2. 6 Schwarzbrotscheiben mit der Creme bestreichen. Jeweils 3 Scheiben aufeinander legen und mit je 1 Schwarzbrotscheibe bedecken.
3. Die geschichteten Schwarzbrotschnitten gut beschweren (z. B. ein Schneidbrett darauf legen und zusätzlich mit Konservendosen beschweren) und über Nacht kalt stellen.
4. Die Schwarzbrotschnitten in Dreiecke schneiden.
5. Für die Emmentaler-Rollen Käse fein reiben, in eine Schüssel geben und mit Kondensmilch verrühren, Sardellenpaste unterrühren. Die Käsecreme auf den Bratenscheiben verteilen und jeweils aufrollen.
6. Für die Alm-Schnitten Butter mit Schmelzkäsecreme, Mayonnaise und Joghurt verrühren, mit Salz abschmecken. Die Käsecreme in einen Spritzbeutel mit Sterntülle füllen.
7. Die Pumpernickelscheiben in etwa 3 x 3 cm große Stücke schneiden. Die Hälfte der Pumpernickelstücke mit der Käsecreme bespritzen. Die restlichen Pumpernickelstücke darauf legen, leicht andrücken, mit kleinen Käse-cremetupfen verzieren und mit Weintraubenhälften garnieren.
8. Die Schwarzbrotecken, Emmentaler-Rollen und Alm-Schnitten auf einer Platte anrichten. Mit Petersilienblättchen garnieren.

Käseringe und -windbeutel

6 Portionen

Für den Brandteig:
125 ml (1/8 l) Wasser
1 Prise Salz
30 g Butter
75 g Weizenmehl
25 g Speisestärke
2–3 Eier (Größe M)
1/2 gestr. TL Dr. Oetker Backin

Zum Ausbacken:
1 kg Frittierfett

Für die Füllung:
125 g weiche Butter
100 g Roquefort
(Blauschimmelkäse)
125 ml (1/8 l) Schlagsahne
1 schwach geh. TL Dr. Oetker
Sahnesteif

Zum Bestreuen:
gehackte Petersilie
Kümmelsamen, Mohnsamen
Paprikapulver edelsüß

Zubereitungszeit: 60 Minuten
Backzeit: etwa 20 Minuten

Insgesamt:
E: 58 g, F: 235 g, Kh: 100 g,
kJ: 11600 , kcal: 2772

Käseringe und -windbeutel

Dauert länger

1. Für den Teig Wasser mit Salz und Butter am besten in einem Stieltopf zum Kochen bringen. Mehl mit Speisestärke mischen, sieben, auf einmal in die von der Kochstelle genommene Flüssigkeit schütten. Mit einem Kochlöffel zu einem glatten Kloß rühren, unter Rühren etwa 1 Minute erhitzen. Den heißen Kloß sofort in eine Rührschüssel geben. Nach und nach 2 Eier mit Handrührgerät mit Knethaken auf höchster Stufe unterrühren. Backpulver unter den erkalteten Teig arbeiten. Ein Drittel des Teiges für die Käseringe abnehmen.
2. Das restliche Ei verschlagen, nach und nach unter den restlichen Teig rühren. Die Eiermenge hängt von der Beschaffenheit des Teiges ab. Er muss stark glänzen und so von einem Löffel abreißen, dass lange Spitzen hängen bleiben.
3. Für die Käseringe den abgenommenen, festeren Teig in einen Spritzbeutel mit kleiner Sterntülle füllen. Jeweils 1–2 kleine Ringe (Ø etwa 4 cm) auf einen Bogen Backpapier (gefettet) spritzen.
4. Frittierfett in einem hohen Topf erhitzen (etwa 170 °C). Die Teigringe portionsweise mit dem Papier kurz in das heiße Fett tauchen. Das Papier herausziehen. Die Ringe schwimmend in dem siedenden Ausbackfett von beiden Seiten hellbraun backen. Käseringe mit einem Schaumlöffel herausnehmen, auf Küchenpapier abtropfen und erkalten lassen.
5. Für die Windbeutel den restlichen Teig in einen Spritzbeutel mit kleiner Sterntülle füllen und Teighäufchen in Größe einer halben Walnuss mit Abstand auf ein Backblech (gefettet, gemehlt) spritzen (die Teighäufchen werden etwa doppelt so groß). Das Backblech in den Backofen schieben.
   Ober-/Unterhitze: 200–220 °C (vorgeheizt)
   Heißluft: 180–200 °C (vorgeheizt)
   Gas: etwa Stufe 4 (vorgeheizt)
   Backzeit: etwa 20 Minuten.
6. Die Windbeutel mit dem Backpapier vom Backblech auf einen Kuchenrost ziehen. Von jedem Windbeutel einen kleinen Deckel abschneiden. Käseringe aufschneiden.
7. Für die Füllung Butter geschmeidig rühren. Roquefort mit einer Gabel zerdrücken und unterrühren. Sahne mit Sahnesteif steif schlagen und unter die Butter-Käse-Masse heben. Die Käseringe und -windbeutel mit der Käsecreme füllen.
8. Die Käseringe von einer Seite und die Deckel dünn mit der restllichen Käsecreme bestreichen, wahlweise mit Petersilie, Kümmel, Mohn oder Paprika bestreuen. Die Deckel wieder auf die Käseringe und -windbeutel legen.

Tipp:
Anstelle der Käsecreme können Sie auch fertigen Kräuterquark (evtl. mit etwas Milch glatt gerührt) und pikant abgeschmeckten Frischkäse verwenden.

Käse-Roulade

24 Scheiben

Für den Teig:
50 g Butter
50 g Weizenmehl
250 ml (1/4 l) Milch
150 g geriebener Bergkäse
4 Eigelb (Größe M)
Salz, frisch gemahlener Pfeffer
frisch geriebene Muskatnuss
4 Eiweiß (Größe M)

Für die Füllung:
je 1 gelbe und grüne Paprikaschote
2 Bund Schnittlauch
300 g Doppelrahm-Frischkäse
Cayennepfeffer
50 g geriebener Bergkäse

Zubereitungszeit: 60 Minuten, ohne Abkühlzeit
Backzeit: etwa 15 Minuten

Käsesalat in Tomaten

Insgesamt:
E: 134 g, F: 241 g, Kh: 68 g,
kJ: 12539, kcal: 2995

Vegetarisch

1. Für den Teig Butter in einem Topf zerlassen. Mehl hinzufügen, unter Rühren so lange erhitzen, bis es hellgelb ist. Milch hinzugießen und mit einem Schneebesen durchschlagen. Darauf achten, dass keine Klümpchen entstehen. Käse hinzufügen und unter Rühren darin schmelzen. Topf von der Kochstelle nehmen.
2. Eigelb unter die Milch-Käse-Masse rühren, mit Salz, Pfeffer und Muskat würzen. Eiweiß steif schlagen und unterheben.
3. Die Teigmasse auf ein Backblech (30 x 40 cm, mit Backpapier belegt) geben und glatt streichen. Das Backblech in den Backofen schieben.
   Ober-/Unterhitze: etwa 180 °C (vorgeheizt)
   Heißluft: etwa 160 °C (vorgeheizt)
   Gas: Stufe 2–3 (vorgeheizt)
   Backzeit: etwa 15 Minuten.
4. Das Backblech auf einen Kuchenrost stellen. Die Käse-Gebäckplatte leicht abkühlen lassen.
5. Für die Füllung Paprika halbieren, entstielen, entkernen und die weißen Scheidewände entfernen. Schoten waschen, trockentupfen und in kleine Würfel schneiden. Schnittlauch abspülen, trockentupfen und in feine Röllchen schneiden.
6. Frischkäse mit Paprikawürfeln und Schnittlauchröllchen verrühren. Mit Salz, Pfeffer und Cayennepfeffer abschmecken.
7. Die Käse-Gebäckplatte quer halbieren. Die Frischkäsemasse darauf verteilen und mit dem Backpapier zu zwei kleinen Rouladen aufrollen. Die Rouladen mit Käse bestreuen und kurz unter dem vorgeheizten Grill des Backofens gratinieren, abkühlen lassen.
8. Die Rouladen in Scheiben geschnitten und auf einer Platte anrichten.

Käsesalat in Tomaten

4–6 Portionen

300 g Emmentaler-Käse
(in 3 mm dicken Scheiben)
150 g Salatmayonnaise
2 EL Naturjoghurt
40 g abgezogene, gehackte Mandeln
1 roter Apfel
frisch gemahlener Pfeffer
8–10 Tomaten

Salatblätter nach Belieben

Zubereitungszeit: 35 Minuten

Käsesalat mit Putenbrust

Insgesamt:
E: 97 g, F: 188 g, Kh: 38 g,
kJ: 9312, kcal: 2222

Für Gäste

1. Käse entrinden und in Würfel schneiden. Mayonnaise mit Joghurt in einer Schüssel verrühren, Mandeln unterrühren.
2. Apfel gründlich waschen, abtrocknen, vierteln, entkernen und in Streifen schneiden. Apfelstreifen und Käsewürfel unter die Mayonnaise rühren, mit Pfeffer würzen.
3. Tomaten waschen, abtrocknen und jeweils einen Deckel abschneiden. Tomaten mit einem Teelöffel aushöhlen (das Innere für Tomatensuppe oder -sauce verwenden).
4. Die Tomaten mit dem Käsesalat füllen. Die Deckel jeweils darauf setzen. Restlichen Käsesalat nach Belieben auf gewaschenen, trockengetupften Salatblättern anrichten.

Käsesalat mit Putenbrust

8–10 Portionen

Für den Salat:
900 g Emmentaler-Käse, in Scheiben
350 g geräucherter Putenbrustaufschnitt
2 Bund Radieschen
2 gelbe Paprikaschoten
1 große Stange Porree (Lauch)

Für die Sauce:
100 ml Rotweinessig
Salz, frisch gemahlener Pfeffer
125 ml (1/8 l) kalt gepresstes Sonnenblumenöl

70 g Sonnenblumenkerne

Zubereitungszeit: 30 Minuten, ohne Kühlzeit

Insgesamt:
E: 342 g, F: 429 g, Kh: 37 g,
kJ: 22518, kcal: 5383

Schnell

1. Für den Salat Käsescheiben entrinden, der Länge nach dritteln, in schmale Streifen schneiden und in eine große Schüssel geben. Putenbrust ebenfalls in feine Streifen schneiden.
2. Radieschen putzen, waschen, trockentupfen und vierteln. Paprika halbieren, entstielen, entkernen und die weißen Scheidewände entfernen. Schoten waschen, trockentupfen und ebenfalls in Streifen schneiden. Porree putzen, die Stange längs halbieren, waschen, abtropfen lassen und sehr fein schneiden.
3. Für die Sauce Essig mit Salz und Pfeffer verrühren, Sonnenblumenöl unterschlagen. Putenbruststreifen und das vorbereitete Gemüse unter die Käsestreifen heben. Die Sauce untermengen. Den Salat mit Sonnenblumenkernen bestreuen und bis zum Servieren kalt stellen.

Käseschnittchen, gemischt

20 Schnitten, je 4 Stück pro Sorte

10 Scheiben Kastenvollkornbrot
100 g Schnittlauchbutter
4 rote Weintrauben
etwa 5 Radieschen
1 Stängel Petersilie
1 Stängel Basilikum
2 Tomaten
1 frische Feige
2 Physalis
4 Scheiben Butterkäse (etwa 120 g)
8 Käserosetten (Tête de moin) (etwa 120 g)
4 Scheiben Burlander-Käse (etwa 80 g)
2 dünne Scheiben Ziegenfrischkäse von der Rolle (etwa 20 g)
1 EL geröstete Sonnenblumenkerne
4 Scheiben Ziegenkäse (etwa 80 g)
Paprikapulver edelsüß

Außerdem:
8 Holzspießchen

Zubereitungszeit: 35 Minuten

Insgesamt:
E: 125 g, F: 208 g, Kh: 212 g,
kJ: 13618, kcal: 3258

Käseschnittchen, gemischt

Einfach

1. Brotscheiben dünn mit Schnittlauchbutter bestreichen und halbieren. Weintrauben waschen, trockentupfen, halbieren und entkernen. Radieschen putzen, waschen, abtrocknen und in dünne Scheiben schneiden.
2. Petersilie und Basilikum abspülen und trockentupfen. Die Blättchen von den Stängeln zupfen. Einige Petersilienblättchen fein hacken. Tomaten waschen, abtrocknen und halbieren. Die Stängelansätze herausschneiden. Die Tomaten in dünne Scheiben schneiden.
3. Feige vorsichtig abwaschen, trockentupfen und vierteln. Physalis aus der Hülle zupfen, abspülen, abtrocknen und halbieren.
4. Butterkäsescheiben halbieren und aufrollen. Auf 4 Schnittchen je 2 Käserollen und eine halbe Weintraube legen. Mit einem Holzstäbchen feststecken.
5. Jeweils 2 Käserosetten auf 4 weitere Schnittchen legen und diese mit Petersilienblättchen garnieren.
6. Burlander-Käse in kleine Dreiecke schneiden. Die Käsedreiecke abwechselnd dachziegelartig mit Radieschenscheiben auf 4 Schnittchen legen. Schnittchen mit fein gehackter Petersilie bestreuen.
7. Ziegenfrischkäsescheiben halbieren und auf 4 Schnittchen legen. Je eine halbe Physalis und ein Feigenstück darauf legen, mit Sonnenblumenkernen bestreuen.
8. Aus den Ziegenkäsescheiben kleine Rauten ausschneiden. Die restlichen 4 Schnittchen mit je 2 Tomatenscheiben und dekorativ mit den Käserauten belegen. Mit Basilikum garnieren und mit Paprika bestreuen.

Käseschnittchen, gerollt

9 Stück

3 große längliche Pumpernickelscheiben (etwa 150 g)
100 g Kräuter-Frischkäse
einige küchenfertig vorbereitete Blätter Römersalat
9 Scheiben Butterkäse (etwa 270 g)
5 grüne, gewaschene Weintrauben
etwas Basilikum-Pesto

Zubereitungszeit: 15 Minuten

Insgesamt:
E: 78 g, F: 103 g, Kh: 63 g,
kJ: 6272, kcal: 1500

Gut vorzubereiten

1. Pumpernickelscheiben etwas dicker mit Frischkäse bestreichen. Die Scheiben jeweils in 3 gleich große Schnittchen schneiden.
2. Salatblätter in kleine Stücke zupfen. Die Schnittchen am Rand damit belegen. Käsescheiben aufrollen und in die Mitte der Schnittchen legen, etwas eindrücken. Weintrauben halbieren. Die Schnittchen mit den Weintraubenhälften und etwas Basilikum-Pesto garnieren.

Tipp:
Die Käseröllchen mit den Weintrauben evtl. mit einem Holzstäbchen feststecken.

Käsestangen

Käsestangen

Etwa 35 Stück

300 g TK-Blätterteig

Zum Bestreichen:
1 Eigelb
1 EL Milch

Für die Füllung:
75 g geriebener Appenzeller-Käse
Paprikapulver edelsüß
frisch gemahlener Pfeffer, Hagelsalz
Mohnsamen
Sesamsamen
Kümmelsamen

Zubereitungszeit: 25 Minuten, ohne Auftau- und Abkühlzeit
Backzeit: etwa 15 Minuten je Backblech

Insgesamt:
E: 50 g, F: 121 g, Kh: 125 g,
kJ: 7502, kcal: 1793

Einfach

1. Blätterteig nebeneinander zugedeckt bei Zimmertemperatur auftauen lassen. Die Teigplatten aufeinander legen und auf einer leicht bemehlten Arbeitsfläche zu einem Rechteck (etwa 20 x 40 cm) ausrollen.
2. Zum Bestreichen Eigelb mit Milch verschlagen. Die Teigplatte mit etwas von der Eigelbmilch bestreichen. Eine Teighälfte mit Käse, Paprika und Pfeffer bestreuen. Die andere Teighälfte darüber klappen und gut andrücken.
3. Die Teigplatte in etwa 1 cm breite Streifen schneiden. Die Teigstreifen spiralförmig drehen und auf Backbleche (mit Backpapier belegt) legen. Die Enden der Teigstangen etwas fest drücken. Teigstangen mit der restlichen Eigelbmilch bestreichen. Mit Hagelsalz, Mohn, Sesam und Kümmel bestreuen. Die Backbleche nacheinander (bei Heißluft zusammen) in den Backofen schieben.
   Ober-/Unterhitze: 200–220 °C (vorgeheizt)
   Heißluft: 180–200 °C (vorgeheizt)
   Gas: etwa Stufe 4 (vorgeheizt)
   Backzeit: etwa 15 Minuten je Backblech.
4. Die Käsestangen mit dem Backpapier von den Backblechen auf Kuchenroste ziehen. Käsestangen erkalten lassen.

Abwandlung:
Käsestangen mit Bacon.
Die Käsestangen schmecken noch würziger, wenn Sie zusätzlich 75 g Bacon (Frühstücksspeck) in feine Streifen schneiden und zusammen mit dem Käse auf den Teig streuen.

Tipp:
Die Käsestangen schmecken frisch am besten. Sie können auch eingefroren und vor Verzehr kurz aufgebacken werden.

Käse-Wraps

12 Stück

Für den Teig:

80 g Butter oder Margarine
1 TL Fenchelsamen
80 g Weizenmehl
2 Eier (Größe M)
½ TL Salz
100 g geriebener Parmesan-Käse
100 g geriebener Raclette-Käse
1–2 TL getrockneter Thymian
125 ml (⅛ l) Milch

Für den Salat:

80 g Rauke (Rucola)
250 g Möhren
2 EL Balsamico-Essig
Salz, frisch gemahlener Pfeffer
1 TL mittelscharfer Senf
2 EL Olivenöl
30 g gehackte Haselnusskerne

Zubereitungszeit: 90 Minuten, ohne Abkühlzeit
Backzeit: etwa 12 Minuten je Backblech

Insgesamt:
E: 109 g, F: 184 g, Kh: 79 g, kJ: 10154, kcal: 2446

Vegetarisch

1. Für den Teig Butter oder Margarine zerlassen. Fenchelsamen im Mörser zerstoßen. Mehl, Eier, Salz, beide Käsesorten, Thymian, Fenchel, Butter oder Margarine und Milch in eine Rührschüssel geben. Die Zutaten mit Handrührgerät mit Rührbesen verrühren.
2. Den Teig esslöffelweise in großen Abständen voneinander auf Backbleche (mit Backpapier belegt) geben und zu runden Fladen (Ø etwa 14 cm) verstreichen. Die Backbleche nacheinander (bei Heißluft zusammen) in den Backofen schieben.
   Ober-/Unterhitze: etwa 200 °C (vorgeheizt)
   Heißluft: etwa 180 °C (vorgeheizt)
   Gas: Stufe 3–4 (vorgeheizt)
   Backzeit: etwa 12 Minuten je Backblech.
3. Die fertigen Fladen noch heiß vom Backpapier nehmen. Jeden Fladen bis zur Mitte einmal einschneiden und zu einer Tüte formen. Die Tüten in Gläser oder Tassen setzen und erkalten lassen.
4. Für den Salat Rauke putzen, waschen und abtropfen lassen oder trockenschleudern. Möhren putzen, schälen, waschen und grob raspeln.
5. Essig mit Salz, Pfeffer und Senf verrühren. Olivenöl unterschlagen. Die Sauce evtl. nochmals mit den Gewürzen abschmecken. Rauke, Möhrenraspel und Haselnusskerne in eine Schüssel geben und mit der Sauce vermengen.
6. Die Fladentüten mit dem Salat füllen. Fladentüten evtl. mit kleinen Holzstäbchen feststecken oder in Pergamentpapiertüten wickeln.

Tipp:
Wraps sind gefüllte und aufgewickelte Teigfladen. Wer die Fladen nicht selbst machen möchte, kann sie auch fertig kaufen. Es gibt sie in unterschiedlichen Größen z. B. unter den Namen »Soft Tacos«, »Spinach Wraps« oder »Wrap Tortillas« im Handel. Die Teigfladen vor dem Füllen nach Packungsanleitung erwärmen, damit sie geschmeidiger sind und beim Aufrollen nicht brechen.

Käse-Zucchini-Schnittchen

10 Stück

1 Zucchini
1–2 EL Olivenöl
Salz
frisch gemahlener Pfeffer
10 lange Schnittlauchhalme
1 Stängel glatte Petersilie
1 kleines Vollkornbaguette
2–3 EL Kräuter Crème fraîche
5 Scheiben Höhlenkäse (etwa 150 g)
100 g Schafkäse im Stück

Zubereitungszeit: 25 Minuten,
ohne Abkühlzeit

Insgesamt:
E: 70 g, F: 100 g, Kh: 110 g,
kJ: 6800, kcal: 1630

Raffiniert

1. Zucchini waschen, abtrocknen und die Enden abschneiden. Von der Zucchini längs 10 dünne Scheiben abschneiden. Olivenöl in einer großen Pfanne erhitzen. Die Zucchinischeiben darin kurz von beiden Seiten anbraten, mit Salz und Pfeffer würzen. Zucchinischeiben erkalten lassen.
2. Schnittlauch und Petersilie abspülen, trockentupfen. Von der Petersilie die Blättchen vom Stängel zupfen und zum Garnieren beiseite legen.
3. Baguette in 10 Scheiben schneiden und mit Crème fraîche bestreichen. 5 Zucchinischeiben mit je einer Käsescheibe belegen, von der schmalen Seite her aufrollen und mit einem Schnittlauchhalm zusammenbinden.
4. Schafkäse längs in 5 etwa 1 cm breite Streifen schneiden. Je einen Schafkäsestreifen in die restlichen Zucchinischeiben einrollen und ebenfalls mit einem Schnittlauchhalm zusammenbinden. Käse-Zucchini-Röllchen auf die Schnittchen legen, mit Petersilienblättchen und Pfeffer bestreut servieren.

Tipp:
Die Schnittlauchhalme lassen sich leicht binden, wenn man sie vorher von der Spitze zum Ende hin mit einem Finger glatt streicht oder sie für einige Sekunden in kochendes Wasser taucht.

Käse-Zucchini-Schnittchen

Kasseler-Kürbis-Spießchen

24 Stück

4 dicke Scheiben Kasseler Rücken (je etwa 100 g)
1 Glas eingelegter Kürbis (Abtropfgewicht 400 g)
2 Zucchini (etwa 300 g)
4 EL Speiseöl
Salz, frisch gemahlener Pfeffer

Außerdem:
Holzstäbchen

Kasseler-Kürbis-Spießchen

Zubereitungszeit: 35 Minuten,
ohne Abkühlzeit

Insgesamt:
E: 74 g, F: 74 g, Kh: 11 g,
kJ: 4200, kcal: 1000

Einfach

1. Kasselerscheiben unter fließendem kalten Wasser abspülen, trockentupfen und in etwa 2 x 2 cm große Würfel schneiden.
2. Kürbis in einem Sieb abtropfen lassen und 48 gleich große Würfel aussuchen. Zucchini waschen, abtrocknen und die Enden abschneiden. Zucchini in etwa 7 mm dicke Scheiben schneiden.
3. Speiseöl in einer Pfanne erhitzen. Nacheinander Kasselerwürfel, Zucchinischeiben und Kürbiswürfel darin kurz braten. Mit Salz und Pfeffer würzen, herausnehmen und erkalten lassen.
4. Zucchinischeiben, Kürbis- und Kasselerwürfel auf Holzstäbchen stecken und auf einer Platte anrichten.

Kastenkuchen mit grünem Pfeffer

Kastenkuchen mit grünem Pfeffer

Etwa 18 Scheiben

Zum Vorbereiten:
30 g eingelegter grüner Pfeffer

Für den Rührteig:
150 g Butter oder Margarine
2 gestr. TL Salz
1 Prise gemahlene Gewürznelken
1 Msp. gemahlener Kurkuma (Gelbwurz)
2 Eier (Größe M)
200 g Weizenmehl (Type 550)
150 g Maismehl
3 gestr. TL Dr. Oetker Backin
2 EL Obstessig
200 ml Wasser

Zubereitungszeit: etwa 25 Minuten
Backzeit: 40–45 Minuten

Insgesamt:
E: 48 g, F: 147 g, Kh: 252 g, kJ: 10675, kcal: 2550

Raffiniert – herzhaft

1. Zum Vorbereiten Pfefferkörner abspülen, abtropfen lassen und klein hacken.
2. Für den Teig Butter oder Margarine mit Handrührgerät mit Rührbesen auf höchster Stufe geschmeidig rühren. Gewürze hinzufügen. Eier nach und nach unterrühren (jedes Ei etwa 1/2 Minute).
3. Beide Mehlsorten mit Backpulver mischen, abwechselnd in 2 Portionen mit Essig und Wasser auf mittlerer Stufe unterrühren. Pfefferkörner unterheben.
4. Den Teig in eine Kastenform (25 x 11 cm, gefettet, gemehlt) füllen. Die Form auf dem Rost in den Backofen schieben.
   Ober-/Unterhitze: etwa 180 °C (vorgeheizt)
   Heißluft: etwa 160 °C (nicht vorgeheizt)
   Gas: Stufe 2–3 (nicht vorgeheizt)
   Backzeit: 40–45 Minuten.
5. Die Form auf einen Kuchenrost stellen. Den Kuchen etwa 10 Minuten abkühlen lassen, dann aus der Form lösen und auf einen mit Backpapier belegten Kuchenrost stürzen. Kuchen wieder umdrehen und erkalten lassen.

Tipp: Der Kastenkuchen passt gut zu Leberterrine oder Rillettes.

Kastenweißbrot

Etwa 30 Scheiben

500 g Weizenmehl
1 Pck. Dr. Oetker Trockenbackhefe
1 gestr. TL Zucker
1 schwach geh. TL Salz

2 Eier, 1 Eigelb (Größe M)
etwa 100 ml lauwarme Milch
1 Becher (150 g) Crème fraîche
Semmelbrösel

Zubereitungszeit: 20 Minuten, ohne Teiggehzeit
Backzeit: 40–50 Minuten

Insgesamt:
E: 79 g, F: 77 g, Kh: 386 g, kJ: 10797, kcal: 2587

Klassisch

1. Mehl in eine Rührschüssel sieben, mit Trockenbackhefe sorgfältig vermischen. Zucker, Salz, Eier, Eigelb, Milch und Crème fraîche hinzufügen.
2. Die Zutaten mit Handrührgerät mit Knethaken zunächst kurz auf niedrigster, dann auf höchster Stufe in etwa 5 Minuten zu einem Teig verarbeiten. Den Teig zugedeckt so lange an einem warmen Ort gehen lassen, bis er sich sichtbar vergrößert hat.
3. Den Teig kurz durchkneten, in eine Kastenform (30 x 11 cm gefettet, mit Semmelbröseln ausgestreut) geben und nochmals so lange an einem warmen Ort gehen lassen, bis er sich sichtbar vergrößert hat.
4. Die Teigoberfläche der Länge nach etwa 1 cm tief einschneiden (nicht drücken) und mit Wasser bestreichen. Die Form auf dem Rost in den Backofen schieben.
Ober-/Unterhitze: 180–200 °C (vorgeheizt)
Heißluft: 160–180 °C (nicht vorgeheizt)
Gas: etwa Stufe 3 (nicht vorgeheizt)
Backzeit: 40–50 Minuten.
5. Das Weißbrot aus der Form nehmen und auf einem Kuchenrost erkalten lassen.

Tipp:
Den Teig zubereiten und in einem Brotbackautomaten nach Anleitung backen (Herstellerhinweise beachten).

Kastenweißbrot

Kaviarschnitten

4 Portionen

75 g weiche Butter
50 g Beluga-Kaviar
8 kleine Scheiben Baguette-Brot
6-8 Blätter Kopfsalat
Zitronenscheiben
Zwiebelringe
gewaschene, trockengetupfte Petersilienzweige

Zubereitungszeit: 15 Minuten

Insgesamt:
E: 27 g, F: 73 g, Kh: 89 g,
kJ: 4729, kcal: 1130

Für Gäste

1. Butter schaumig rühren, knapp die Hälfte des Kaviars zerdrücken und unter die Butter rühren.

Kaviarschnitten

2. Die Baguettescheiben mit etwas Kaviarbutter bestreichen, restliche Kaviarbutter in einen Spritzbeutel mit Sterntülle geben und einen Kranz auf die Baguettescheiben spritzen. Den restlichen Kaviar jeweils in die Mitte der gespritzten Kränze geben.
3. Kopfsalat waschen, putzen, trockentupfen und auf einer Platte verteilen. Die Kaviarschnitten darauf anrichten. Mit Zitronenscheiben, Zwiebelringen und Petersilienzweigen garnieren.

Kefirkaltschale mit Früchten

2 Portionen

100 g frische Johannisbeeren
100 g frische Himbeeren
500 ml ($^1/_2$ l) Kefir oder Buttermilch
2-3 EL Zucker

4 gewaschene, trockengetupfte Johannisbeerrispen
Zitronenmelisseblättchen

Rezeptvorschläge für ein Tea-Time-Buffet

Für ein Tea-Time-Buffet benötigen Sie für 10-12 Personen:

1 x Rezept **Käseroulade** Seite 188
2 x Rezept **Lachsschnittchen, gefüllt** Seite 221
1,5 x Rezept **Kaviarschnitten** Seite 196
2 x Rezept **Canapés mit Parmaschinken und Melonen** Seite 49
2x Rezept **Florentiner Türmchen** Seite 110

Vorbereitungen am Tag des Buffets:

6 Stunden vorher: • Lachscremeschnittchen zubereiten, zudecken und kalt stellen.
5 Stunden vorher: • Für die Florentiner Türmchen die Hälfte der Himbeeren pürieren und süßen.
4-5 Stunden vorher: • Käseroulade backen, füllen, aufschneiden und mit Käse bestreuen.
• Evtl. kurz vor dem Essen gratinieren.
3-4 Stunden vorher: • Canapés zubereiten und kalt stellen.
2 Stunden vorher: • Florentiner Türmchen zusammensetzen und das Püree separat dazu servieren.
1 Stunde vorher: • Kaviarschnitten zubereiten und kalt stellen.

Es eignen sich auch folgende zusätzliche Rezepte:

1 x Rezept **Kräcker mit zweierlei Käsecreme** Seite 206
1 x Rezept **Tramezzini mit Eiercreme** Seite 395
1,5 x Rezept **Französisches Landbrot mit Lachstatar** Seite 114
2 x Rezept **Forellencreme** Seite 112
2 x Rezept **Chicken-Schnittchen** Seite 55

Kefirkaltschale mit Früchten

Zubereitungszeit: 20 Minuten, ohne Kühlzeit

Insgesamt:
E: 19 g, F: 6 g, Kh: 70 g,
kJ: 1865, kcal: 446

Preiswert

1. Johannisbeeren waschen, abtropfen lassen und von den Rispen lösen. Himbeeren verlesen, evtl. kurz abspülen und trockentupfen. Beeren in eine hohe Rührschüssel geben, Kefir oder Buttermilch und Zucker unterrühren, kalt stellen.
2. Kefirkaltschale in Suppentellern anrichten. Mit Johannisbeerrispen und Melisseblättchen garniert servieren.

Tipp:
Die Kaltschale mit dem Mixstab pürieren und durch ein Sieb gießen.

Kiwiaufstrich, fruchtig

8 Portionen (etwa 380 g)

2 Kiwis
2 EL Apfelkraut (Brotaufstrich)
2–3 EL Sanddorn (Fruchtzubereitung ungesüßt, aus dem Reformhaus)
3 EL Weizenkeime
4 EL Haferflocken, blütenzart

Zubereitungszeit: 15 Minuten

Insgesamt:
E: 19 g, F: 28 g, Kh: 88 g,
kJ: 2966, kcal: 707

Für Kinder

1. Kiwis schälen, halbieren und in kleine Würfel schneiden. Apfelkraut mit Sanddorn verrühren, Kiwiwürfel unterrühren. Weizenkeime und Haferflocken ebenfalls unterrühren.
2. Den Kiwiaufstrich in 2 gründlich gereinigte, gespülte und getrocknete Gläser füllen, mit Deckeln fest verschließen und kalt stellen.

Brotempfehlung: Frisch getoastetes Toast- oder Weißbrot.

Kiwiaufstrich, fruchtig

Knäckebrot mit Knochenschinken

10 Stück

1 Bund Schnittlauch
80 g Sahnemeerrettich
100 g Joghurt-Salat-Creme
10 Scheiben Knäckebrot mit Sesam
20 Scheiben Knochenschinken
5 hart gekochte, gepellte Eier
2 Frühlingszwiebeln

Zubereitungszeit: 20 Minuten

Insgesamt:
E: 110 g, F: 90 g, Kh: 110 g,
kJ: 7070, kcal: 1680

Einfach – schnell

1. Schnittlauch abspülen, trockentupfen und in kleine Röllchen schneiden. Sahnemeerrettich mit Joghurt-Salat-Creme und Schnittlauchröllchen verrühren.
2. Knäckebrotscheiben mit der Creme bestreichen. Schinkenscheiben zu Tütchen aufrollen. Eier vierteln und je ein Viertel in eine Schinkentüte geben. Jeweils 2 gefüllte Schinkentütchen auf eine Knäckebrotscheibe legen.
3. Frühlingszwiebeln putzen, waschen, abtropfen lassen und in feine Ringe schneiden. Die Knäckebrote mit den Frühlingszwiebelringen garniert servieren.

Tipp:
Sollten Sie sehr große Scheiben Knochenschinken bekommen, reichen auch 10 Scheiben, die Sie dann halbieren können. Knäckebrotschnittchen maximal eine Stunde vor dem Verzehr zubereiten, damit sie nicht durchweichen.

Knäckebrot mit Knochenschinken

Knoblauchbrot

Knoblauchbrot

2 kleine Brote

Für das Knoblauchbrot:
2 kleine Baguette-Brote (etwa 300 g)
6 Knoblauchzehen
1 Prise Salz
100 g weiche Butter
1 EL gehackte Petersilie
frisch gemahlener Pfeffer

Zubereitungszeit: 15 Minuten
Backzeit: etwa 12 Minuten

Insgesamt:
E: 28 g, F: 87 g, Kh: 156 g,
kJ: 6336, kcal: 1514

Schnell

1. Für das Knoblauchbrot Baguettes im Abstand von 2 cm mit einem Sägemesser tief einschneiden, dabei das Brot jedoch nicht durchschneiden.
2. Knoblauch abziehen, in Scheiben schneiden, mit Salz bestreuen und im Mörser zu einer Paste zerreiben. Knoblauchpaste mit Butter und Petersilie verkneten und mit Pfeffer würzen.

3. Knoblauchbutter in die Broteinschnitte streichen. Brote in Alufolie wickeln und auf ein Backblech legen. Das Backblech in den Backofen schieben.
   Ober-/Unterhitze: etwa 200 °C (vorgeheizt)
   Heißluft: etwa 180 °C (vorgeheizt)
   Gas: Stufe 3–4 (vorgeheizt)
   Backzeit: etwa 12 Minuten.
4. Die Knoblauchbrote aus der Folie nehmen, in Scheiben schneiden und lauwarm servieren.

Knoblauchschnittchen mit Garnelen

10 Stück

1 Bio-Limette (unbehandelt, ungewachst)
1 Bund Petersilie
3 Knoblauchzehen
140 g Salatmayonnaise
1 kleines Baguette (etwa 300 g)
6 EL Speiseöl, z. B. Rapsöl
10 große gegarte Garnelen in Knoblauch
10 kleine Salatblätter, z. B. Kopfsalat

Zubereitungszeit: 20 Minuten

Insgesamt:
E: 30 g, F: 180 g, Kh: 110 g, kJ: 9090, kcal: 2170

Etwas teurer

1. Limette heiß abwaschen, abtrocknen und halbieren. Eine Limettenhälfte in 5 Scheiben schneiden, nochmals halbieren und beiseite legen. Zweite Limettenhälfte auspressen.
2. Petersilie abspülen und trockentupfen. Die Blättchen von den Stängeln zupfen. Blättchen fein hacken.
3. Knoblauch abziehen. Eine Knoblauchzehe fein würfeln. Mayonnaise mit Limettensaft, Petersilie und Knoblauch verrühren.
4. Restliche Knoblauchzehen in dünne Scheiben schneiden. Speiseöl mit den Knoblauchscheiben in einer Pfanne erhitzen. Knoblauchscheiben herausnehmen. Die Baguettescheiben portionsweise von beiden Seiten in dem Öl knusprig braten.
5. Garnelen evtl. abtropfen lassen. Salatblätter waschen und trockentupfen. Die Baguettescheiben mit je einem Salatblatt belegen. Die Mayonnaisemischung darauf verteilen und mit den Knoblauchgarnelen belegen.
6. Knoblauchschnittchen mit den beiseite gelegten Limettenscheiben garniert servieren.

Tipp: Frische Garnelen selbst in Knoblauchöl braten.

Knoblauchschnittchen mit Garnelen

Knusperbrot mit Joghurt-Schafkäse-Creme

Knusperbrot mit Joghurt-Schafkäse-Creme

10 Stück

200 g Schafkäse
250 g Naturjoghurt
200 g Möhren
1 Bund Schnittlauch
60 g Rosinen
10 Salatblätter, z. B. Lollo bionda
10 Scheiben Knusperbrot (Knäckebrot ähnlich)

Zubereitungszeit: 20 Minuten

Insgesamt:
E: 60 g, F: 50 g, Kh: 100 g,
kJ: 4580, kcal: 1090

Schnell

1. Schafkäse in kleine Würfel schneiden und mit einer Gabel zerdrücken. Mit Joghurt verrühren.
2. Möhren putzen, schälen, waschen und abtropfen lassen. Möhren halbieren und in dünne, etwa 1 cm lange Stifte schneiden oder grob raspeln.
3. Schnittlauch abspülen, trockentupfen und in feine Röllchen schneiden. Etwa einen Esslöffel der Schnittlauchröllchen beiseite legen. Restliche Schnittlauchröllchen mit den Möhrenstiften oder -raspeln und Rosinen unter die Joghurt-Schafkäse-Creme rühren.
4. Salatblätter waschen und trockentupfen. Je ein Salatblatt auf eine Knusperscheibe legen und die Creme darauf verteilen. Mit den beiseite gelegten Schnittlauchröllchen bestreuen.

Knusperscheiben, fruchtig

10 Stück

200 g körniger Hüttenkäse
125 g Speisequark (Magerstufe)
2 EL flüssiger Honig
10 Erdbeeren
je 10 grüne und blaue kernlose Weintrauben
10 Physalis (Kapstachelbeeren)
10 Knusperreisscheiben mit Käse-Geschmack
Zitronenmelisse

Zubereitungszeit: 20 Minuten

Insgesamt:
E: 60 g, F: 10 g, Kh: 160 g,
kJ: 4140, kcal: 970

Raffiniert

1. Hüttenkäse mit Quark und Honig verrühren. Erdbeeren und Weintrauben waschen, trockentupfen, entstielen und halbieren. Physalis aus der Hülle zupfen, vorsichtig abspülen und trockentupfen.
2. Knusperreisscheiben jeweils in der Mitte mit einem Häufchen Hüttenkäsemasse belegen. Je eine Physalis darauf setzen. Jeweils 2 Erdbeer-, grüne und blaue Weintraubenhälften dekorativ an den Rand legen.
3. Zitronenmelisse abspülen und trockentupfen. Die Blättchen von den Stängeln zupfen. Blättchen fein schneiden. Die Knusperscheiben mit Zitronenmelissestreifen garniert servieren.

Tipp: Die belegten Knusperreisscheiben bleiben bis zu 2 Stunden knusprig.

Kochmettwurst-Schnittchen

12 Stück

6 Scheiben Doppelbackbrot oder Mischbrot
200 g Remoulade
400 g Kochmettwurstaufschnitt
$^1/_2$ Salatgurke

Zubereitungszeit: 15 Minuten

Insgesamt:
E: 73 g, F: 263 g, Kh: 170 g, kJ: 13864, kcal: 3314

Schnell

1. Brotscheiben halbieren und mit der Remoulade bestreichen. Je 2 Scheiben Aufschnitt zur Hälfte zusammenlegen und darauf legen.

Kochmettwurst-Schnittchen

2. Gurke waschen, abtrocknen, in dünne Scheiben schneiden und evtl. halbieren. Die Schnittchen mit den Gurkenscheiben garniert servieren.

Tipp: Gekochtes Mett bekommen Sie auch in Dosen oder Gläsern, außerdem als Aufschnitt unter der Bezeichnung Heidefrühstück.

Knusperscheiben, fruchtig

Kohlrabisalat mit Joghurtdressing

Kohlrabisalat mit Joghurtdressing

4 Portionen

1-2 Kohlrabi (etwa 1 kg)
500 ml (1/2 l) Salzwasser
1 Dose Mandarinen
(Abtropfgewicht 175 g)
300 g Naturjoghurt
1 EL Tomatenmark
2 EL flüssiger Lindenblütenhonig
1 Apfel, z. B. Cox Orange
50 g Rosinen
Salz
frisch gemahlener Pfeffer
1 Bund Petersilie

Zubereitungszeit: 15 Minuten, ohne Abkühlzeit

Insgesamt:
E: 22 g, F: 11 g, Kh: 139 g,
kJ: 3378, kcal: 808

Schnell

1. Kohlrabi schälen, die zarten grünen Blätter beiseite legen. Kohlrabi vierteln, waagerecht halbieren und in dünne Scheiben schneiden. Kohlrabischeiben in kochendem Salzwasser etwa 2 Minuten garen, in ein Sieb geben, mit kaltem Wasser übergießen und erkalten lassen.
2. Mandarinen in einem Sieb gut abtropfen lassen. Joghurt mit Tomatenmark und Honig in einer Schüssel glatt rühren. Apfel schälen, vierteln, entkernen und in kleine Würfel schneiden. Rosinen und Apfelwürfel unter die Joghurtmasse rühren.
3. Kohlrabischeiben unterheben und die Mandarinen hinzufügen. Den Salat mit Salz und Pfeffer abschmecken.
4. Petersilie abspülen und trockentupfen. Die Blättchen von den Stängeln zupfen. Blättchen klein hacken und unter den Salat rühren. Nach Belieben die beiseite gelegten Kohlrabiblätter abspülen und trockentupfen. Den Salat mit den Kohlrabiblättern garniert servieren.

Tipp:
Statt Honig süße Sojasauce verwenden.

Konfettibecher

4 Portionen

1 Beutel aus 1 Pck. Götterspeise
Himbeer-Geschmack
100 g Zucker
375 ml (3/8 l) Wasser
1 Beutel aus 1 Pck. Götterspeise
Waldmeister-Geschmack
100 g Zucker
375 ml (3/8 l) Wasser

1 Beutel aus 1 Pck. Götterspeise
Zitronen-Geschmack
100 g Zucker
250 ml (1/4 l) Wasser

250 g Speisequark (Magerstufe)
125 ml (1/8 l) Milch
50 g Zucker
oder
250 ml (1/4 l) steif geschlagene
Schlagsahne

Zubereitungszeit: 20 Minuten, ohne Abkühl- und Gelierzeit

Insgesamt:
E: 83 g, F: 4 g, Kh: 361 g,
kJ: 7887, kcal: 1881

Raffiniert

1. Himbeer- und Waldmeister-Götterspeise getrennt mit jeweils 100 g Zucker und 375 ml (3/8 l) Wasser nach Packungsanleitung erhitzen (nicht

kochen), abkühlen lassen, sehr kalt stellen, damit die Speisen schnell erstarren.

2. Die Zitronen-Götterspeise in 250 ml (1/4 l) heißem Wasser auflösen und ebenfalls kalt stellen.
3. In der Zwischenzeit Quark mit Milch und Zucker schaumig rühren, mit der gut gekühlten, noch flüssigen Zitronen-Götterspeise verrühren (wird statt Quark Sahne verwendet, vermischt man die Schlagsahne mit der noch flüssigen Götterspeise!).
4. Die Quarkmasse abwechselnd mit den gelierenden Götterspeisen (Kirsch und Waldmeister) in Gläser füllen, dazu jeweils von der Kirsch-, Waldmeister-Götterspeise und der Quarkmasse mit einem Teelöffel kleine Portionen abnehmen und in Gläser füllen.

Tipp:
Wenn die einzelnen Götterspeisen steif genug sind, können sie auch in Würfel geschnitten und abwechselnd mit der Quark- oder Sahnecreme in die Gläser gefüllt werden. Nach Belieben mit Sahnetupfen verzieren und mit Himbeeren garnieren.

Konfettibecher

Konfettisalat

4 Portionen

je 2 rote und gelbe Paprikaschoten
1 Salatgurke (etwa 500 g)
1 Dose Gemüsemais (Abtropfgewicht 230 g)
1 Glas (85 g) schwarze Oliven
100 g Silberzwiebeln
300 g Ziegenkäse
1 Bund Schnittlauch
200 g Grönland-Krabbenfleisch
1 Zwiebel
1 TL mittelscharfer Senf
Salz
frisch gemahlener Pfeffer
4 EL Kräuteressig
2-3 EL Silberzwiebelsud
5 EL Speiseöl

Zubereitungszeit: 40 Minuten, ohne Durchziehzeit

Insgesamt:
E: 111 g, F: 153 g, Kh: 100 g, kJ: 9405, kcal: 2254

Etwas teurer

1. Paprika halbieren, entstielen, entkernen und die weißen Scheidewände entfernen. Schoten waschen, trockentupfen und in kleine Würfel schneiden. Salatgurke waschen, abtrocknen, der Länge nach vierteln und quer in Scheiben schneiden. Gurkenscheiben vierteln.
2. Mais in einem Sieb abtropfen lassen. Oliven ebenfalls abtropfen lassen. Silberzwiebeln in einem Sieb abtropfen lassen, den Sud dabei auffangen und 2-3 Esslöffel davon abmessen. Die vorbereiteten Salatzutaten in einer Schüssel mischen.

Konfettisalat

3. Käse in kleine Würfel schneiden. Schnittlauch abspülen, trockentupfen und in Röllchen schneiden. Käsewürfel mit Krabben und 1 Esslöffel Schnittlauchröllchen vermengen und unter die Paprika-Gurken-Mais-Mischung heben.
4. Zwiebel abziehen, klein würfeln. Die restlichen Schnittlauchröllchen mit Senf, Zwiebelwürfeln, Salz, Pfeffer, Essig und Silberzwiebelsud verrühren, Speiseöl unterschlagen.
5. Die Sauce zu den Salatzutaten geben und gut untermischen. Den Salat etwa 15 Minuten durchziehen lassen.

Beilage:
Ofenwarmes Fladenbrot oder Baguette und Butter.

Krabbenbutter

10 Portionen (etwa 400 g)

200 g Krabben (ohne Schale)
200 g weiche Butter
Salz, frisch gemahlener Pfeffer
1 EL Cognac

Zubereitungszeit: 15 Minuten

Insgesamt:
E: 38 g, F: 169 g, Kh: 2 g,
kJ: 7183, kcal: 1716

Schnell – mit Alkohol

1. Krabben in sehr kleine Stücke schneiden. Butter geschmeidig rühren, Krabbenstücke unterrühren. Mit Salz, Pfeffer und Cognac abschmecken.

Tipp:
Auf Baguette als Appetitanreger servieren.

Krabbencocktail

4 Portionen

200 g Krabbenfleisch
100 g Champignonscheiben (aus der Dose)
150 g Ananasscheiben (aus der Dose)

Für die Cocktailsauce:
1 Eigelb (Größe M)
1–2 TL mittelscharfer Senf
1 TL Weißweinessig oder Zitronensaft
Salz
1 TL Zucker
125 ml (1/8 l) Speiseöl
4 EL aufgeschlagene Schlagsahne
1–2 TL Tomatenketchup
1 EL Sherry, trocken
einige Salatblätter
glatte Petersilie
Krabbenfleisch

Zubereitungszeit: 20 Minuten

Insgesamt:
E: 52 g, F: 149 g, Kh: 44 g,
kJ: 7270, kcal: 1736

Für Gäste – mit Alkohol

1. Krabbenfleisch in einem Sieb abtropfen lassen und in eine Schüssel geben. Champignon- und Ananasscheiben in kleine Stücke schneiden, mit dem Krabbenfleisch mischen.

Krabbenbutter

Krabben-cocktail

2. Für die Sauce Eigelb, Senf, Essig oder Zitronensaft, Salz und Zucker in einen hohen Rührbecher geben und mit Handrührgerät mit Rührbesen zu einer dicklichen Masse aufschlagen.
3. Speiseöl zuerst teelöffelweise, dann in einem dünnen Strahl unterschlagen. Sahne und Sherry unterrühren. Die Sauce mit Salz und Zucker abschmecken.
4. Salatblätter abspülen und trockentupfen. Petersilie abspülen und trockentupfen. Die Blättchen von den Stängeln zupfen. Vier Cocktailgläser mit den Salatblättern auslegen. Die Cocktailzutaten darauf anrichten und die Sauce darauf verteilen.
5. Den Krabbencocktail mit Krabbenfleisch und Petersilienblättchen garniert servieren.

Tipp:
Nur ganz frisches Eigelb verwenden, das nicht älter als 5 Tage ist (Legedatum beachten!).

Rezeptvorschläge für ein Brunch-Buffet

Für ein Brunch-Buffet benötigen Sie für 10–12 Personen:

3 x Rezept **Krabbencocktail** Seite 204
3 x Rezept **Kalbfleisch mit Tunfischsauce** Seite 171
1 x Rezept **Kräuterkugeln** Seite 210
1,5 x Rezept **Käsesalat mit Putenbrust** Seite 189
2 x Rezept **Tomatenschüssel Gerona, ohne Speck** Seite 392
dafür etwa 70 g in Ringe geschnittene, schwarze Oliven verwenden
3 x Rezept **Konfettibecher** Seite 202

Außerdem:

1,5 kg Brot oder Brötchen.

Vorbereitungen am Vortag:

- Kalbfleisch kochen und im Sud erkalten lassen, Tunfischsauce zubereiten und beides kalt stellen.
- Kräuterkugeln backen, erkalten lassen und in Dosen aufbewahren.
- Käse für den Käsesalat schneiden, in Folie wickeln und kalt stellen.
- Konfettibecher zubereiten und kalt aufbewahren.

Vorbereitungen am Tag des Buffets:

5 Stunden vorher:	• Ananas für den Krabbencocktail in Stücke schneiden, die Cocktailsauce zubereiten, Salat und Kräuter waschen und alles kalt stellen.
4–5 Stunden vorher:	• Käsesalat fertig zubereiten.
3–4 Stunden vorher:	• Tomatenschüssel Gerona zubereiten.
2–3 Stunden vorher:	• Kalbfleisch aufschneiden und mit der Tunfischsauce anrichten.
1–2 Stunden vorher:	• Krabbencocktail fertig zubereiten und anrichten.
Kurz vorher:	• Brot oder Brötchen anrichten.

Es eignen sich auch folgende zusätzliche Rezepte:

2 x Rezept **Pfefferschoten-Dip** Seite 280
3 x Rezept **Tunfisch mit gegrilltem Gemüse** Seite 396
1 x Rezept **Tomaten, gefüllt** Seite 386
3 x Rezept **Sommersalat, bunt** Seite 358
1 x Rezept **Würzeier in Rotwein** Seite 411
3 x Rezept **Obstsalatgelee** Seite 261
plus Brot.

Kräcker mit angemachtem Camembert

Kräcker mit angemachtem Camembert

20 Stück

1 Zwiebel
200 g Camembert
2–3 EL Schlagsahne oder Milch
2 gestr. TL Paprikapulver edelsüß
1 Bund Schnittlauch
frisch gemahlener Pfeffer
20 kleine, runde Kräcker

Zubereitungszeit: 30 Minuten

Insgesamt:
E: 49 g, F: 58 g, Kh: 51 g,
kJ: 3961, kcal: 947

Raffiniert

1. Zwiebel abziehen und in kleine Würfel schneiden. Camembert in kleine Stücke schneiden und in eine Schüssel geben. Zwiebelwürfel, Sahne oder Milch und Paprika mit einer Gabel unterrühren. Die Camembertstücke dabei mit der Gabel zerdrücken.
2. Schnittlauch abspülen, trockentupfen und in feine Röllchen schneiden. Etwa einen Esslöffel Schnittlauchröllchen zum Garnieren beiseite legen. Restliche Schnittlauchröllchen unter die Camembertmasse rühren, mit Pfeffer abschmecken.
3. Die Camembertmasse in kleinen Häufchen auf den Kräckern verteilen und mit den beiseite gelegten Schnittlauchröllchen bestreuen.

Kräcker mit zweierlei Käsecreme

Etwa 60 Stück

Für die Frischkäse-Paprika-Creme:
600 g Doppelrahm-Frischkäse
6–8 EL Milch oder Schlagsahne
Salz
frisch gemahlener Pfeffer
je 1 kleine rote, gelbe und grüne Paprikaschote
1 Bund Schnittlauch
1 Bund Petersilie

60 runde Kräcker
abgespülte, trockengetupfte Dillspitzen

Für die Frischkäse-Schinken-Creme:
400 g Doppelrahm-Frischkäse
2 Becher (je 150 g) Crème fraîche
Salz
frisch gemahlener Pfeffer
250 g fein gewürfelter, roher Schinken
5–6 Tomaten (etwa in Größe der Kräcker)

Zubereitungszeit: 45 Minuten

Insgesamt:
E: 194 g, F: 427 g, Kh: 206 g,
kJ: 22762, kcal: 5446

Einfach

1. Für die Frischkäse-Paprika-Creme Frischkäse mit Milch oder Sahne verrühren. Mit Salz und Pfeffer würzen.
2. Paprika halbieren, entstielen, entkernen und die weißen Scheidewände entfernen. Schoten waschen, trockentupfen und in kleine Würfel schneiden. Schnittlauch und Petersilie abspülen, trockentupfen. Schnittlauch in Röllchen schneiden. Petersilienblättchen von den Stängeln zupfen und hacken. Kräuter und Paprikawürfel mit der Frischkäsemasse verrühren.
3. Die Masse in einen Spritzbeutel ohne Tülle geben und Tuffs auf die Hälfte der Kräcker spritzen. Mit Dillspitzen garnieren.
4. Für die Frischkäse-Schinken-Creme Frischkäse und Crème fraîche verrühren. Mit Salz und Pfeffer würzen. Schinkenwürfel unterrühren. Tomaten waschen, abtrocknen und die Stängelansätze entfernen. Tomaten in Scheiben schneiden.
5. Die restlichen Kräcker jeweils mit etwas von der Frischkäse-Schinken-Creme bestreichen und mit je 1 Tomatenscheibe belegen. Restliche Creme als große Kleckse darauf verteilen.

Vorbereitungstipp:
Die Cremes können bereits einige Stunden vor dem Verzehr zubereitet werden. Sie sollten die Cremes aber erst maximal 2 Stunden vor dem Verzehr auf die Kräcker geben, die Kräcker weichen sonst durch.

Tipp:
Die Kräcker als Vorspeise für 12 Personen z. B. vor der pikanten Partysuppe reichen oder als Häppchen für ein Buffet.
Wenn Sie nur eine Cremesorte zubereiten möchten, verdoppeln Sie einfach die Zutatenmengen.
Die Frischkäse-Schinken-Creme schmeckt auch gut auf Schwarzbrot oder Pumpernickeltalern.

Kräuterbrötchen

12 Brötchen

Für den Hefeteig:
250 g Weizenmehl (Type 550)
250 g Weizenmehl (Type 1050)
1 Pck. Dr. Oetker Trockenbackhefe
1 TL Zucker
knapp 2 gestr. TL Salz
frisch gemahlener Pfeffer
3 EL Speiseöl
300 ml lauwarmes Wasser
2 EL gehackte Petersilie
2 EL fein geschnittener Schnittlauch
1 EL gehackter Dill

Zum Bestreichen:
1 Eigelb
1 EL Wasser

Zubereitungszeit: 30 Minuten, ohne Teiggehzeit

Insgesamt:
E: 61 g, F: 44 g, Kh: 360 g,
kJ: 8776, kcal: 2095

Pikant

1. Für den Teig beide Mehlsorten in eine Rührschüssel geben, mit Trockenbackhefe sorgfältig vermischen. Zucker, Salz, Pfeffer, Speiseöl und Wasser hinzufügen.
2. Die Zutaten mit Handrührgerät mit Knethaken zunächst kurz auf niedrigster, dann auf höchster Stufe in etwa 5 Minuten zu einem Teig verarbeiten. Zuletzt Petersilie, Schnittlauch und Dill unterkneten. Den Teig zugedeckt so lange an einem warmen Ort stehen lassen, bis er sich sichtbar vergrößert hat.

Kräcker mit zweierlei Käsecreme

Kräuterbrötchen

3. Den Teig leicht mit Mehl bestäuben, aus der Schüssel nehmen und auf einer bemehlten Arbeitsfläche nochmals kurz durchkneten. Aus dem Teig 12 Brötchen formen, auf ein Backblech (mit Backpapier belegt) legen und nochmals so lange an einem warmen Ort gehen lassen, bis sie sich sichtbar vergrößert haben.
4. Die Brötchenoberfläche kreuzweise mit einem scharfen Messer etwa 1 cm tief einschneiden (nicht drücken).
5. Zum Bestreichen Eigelb mit Wasser verschlagen, die Teigbrötchen damit bestreichen. Das Backblech in den Backofen schieben.
   Ober-/Unterhitze: 180–200 °C (vorgeheizt)
   Heißluft: 160–180 °C (vorgeheizt)
   Gas: etwa Stufe 3 (vorgeheizt)
   Backzeit: etwa 25 Minuten.
6. Die Brötchen mit dem Backpapier vom Backblech auf einen Kuchenrost ziehen, Brötchen erkalten lassen.

Kräuterbutter

10 Portionen (etwa 150 g)

125 g weiche Butter
1 TL fein gewürfelte Zwiebel
1 abgezogene, zerdrückte Knoblauchzehe
1 TL Zitronensaft
2 TL fein gehackte Petersilie
1 TL fein gehackte Estragonblättchen
Weißwein
Worcestersauce
Salz

Zubereitungszeit: 20 Minuten, ohne Kühlzeit

Insgesamt:
E: 0 g, F: 104 g, Kh: 2 g, kJ: 4003, kcal: 957

Gut vorzubereiten – mit Alkohol

1. Butter in einer kleinen Schüssel geschmeidig rühren, mit Zwiebelwürfeln, Knoblauch und Zitronensaft verrühren, Petersilie und Estragonblättchen unterrühren. Die Butter mit Weißwein, Worcestersauce und Salz würzen.
2. Die Buttermasse in die Mitte eines Stück Pergamentpapiers legen, eine Hälfte des Papiers überschlagen, das untere Papier festhalten, mit einem Messer das obere Papier der Länge nach gegen die Butter streichen und drücken, bis eine Rolle entstanden ist, kalt stellen.
3. Die fest gewordene Butterrolle aus dem Papier lösen und mit einem in heißes Wasser getauchten Messer in bleistiftdicke Scheiben schneiden.

Kräuterbutter

Tipp:
Kräuterbutter zu allen Grillgerichten, Käsebroten oder Weinbergschnecken reichen.

Kräuterfleisch, mariniert

Kräuterfleisch, mariniert

10 Portionen

600 g Schweinefilet
600 g Roastbeef
Salz
frisch gemahlener Pfeffer
6 EL Speiseöl

Für die Marinade:
4 EL Rotweinessig
2 TL Dijon-Senf
3 TL rosa Pfefferbeeren
6 EL Speiseöl
2 EL gehackte Petersilie
2 EL gehackter Dill
2 EL gehackter Kerbel
2 EL fein geschnittener Schnittlauch
Rotweinessig

Zubereitungszeit: 40 Minuten, ohne Durchziehzeit
Backzeit: etwa 25 Minuten

Insgesamt:
E: 270 g, F: 159 g, Kh: 6 g, kJ: 10629, kcal: 2536

Gut vorzubereiten

1. Schweinefilet unter fließendem kalten Wasser abspülen, trockentupfen, evtl. enthäuten. Roastbeef unter fließen-

dem kalten Wasser abspülen, trockentupfen, evtl. die Fettschicht abschneiden.

2. Beide Fleischsorten mit Salz und Pfeffer würzen. Speiseöl in einem Bräter erhitzen. Das Fleisch von allen Seiten darin anbraten, mit etwas Wasser ablöschen. Den Bräter auf dem Rost in den Backofen schieben.
   Ober-/Unterhitze: 200–220 °C (vorgeheizt)
   Heißluft: 180–200 °C (vorgeheizt)
   Gas: etwa Stufe 4 (vorgeheizt)
   Bratzeit: Schweinefilet etwa 10 Minuten, Roastbeef etwa 25 Minuten.
3. Das Fleisch herausnehmen und jeweils etwas ruhen lassen. Anschließend in etwa 1/2 cm dicke Scheiben schneiden (evtl. mit der Aufschnittmaschine). Die Fleischscheiben mit dem Bratensatz in eine Schüssel geben, mit Salz und Pfeffer bestreuen.
4. Für die Marinade Rotweinessig mit Dijon-Senf und rosa Pfefferbeeren verrühren, Speiseöl unterschlagen, mit Salz und Pfeffer würzen. Petersilie, Dill, Kerbel und Schnittlauchröllchen hinzufügen. Die Marinade mit den Fleischscheiben vorsichtig vermengen und gut durchziehen lassen, dabei ab und zu wenden.
5. Das Kräuterfleisch evtl. nochmals mit Salz, Pfeffer und Rotweinessig abschmecken, mit der Marinade auf einer Platte anrichten.

Beilage:
Stangenweißbrot, Salat.

Tipp:
Das Fleisch kann auch über Nacht mariniert werden. Statt der frischen Kräuter können Sie auch 2 Päckchen (je 25 g) TK-Kräuter verwenden.

Rezeptvorschläge für ein Oster-Buffet

Für ein Oster-Buffet benötigen Sie für 10–12 Personen:

3 x Rezept **Schnittchen mit Forellencreme** Seite 338
1 x Rezept **Zucchini-Mortadella-Röllchen** Seite 421
3 x Rezept **Frühlings-Salatteller mit Italia-Dressing** Seite 120
2 x Rezept **Kräuterfleisch, mariniert** Seite 208
2 x Rezept **Himbeer-Sahne-Türmchen** Seite 159

Außerdem:

1,5 kg gemischtes Brot oder Brötchen.

Vorbereitungen am Vortag:

- Gemüse für den Frühlings-Salatteller vorbereiten, nach Rezept blanchieren oder garen und kalt stellen. Italia-Dressing zubereiten und kalt stellen.
- Creme für die Himbeer-Sahne-Kuppeln zubereiten und wie im Rezept beschrieben verarbeiten – oder bei dem dreifachen Rezept – wie eine Torte mit den Böden einschichten und kalt stellen.

Vorbereitungen am Tag des Buffets:

6 Stunden vorher:	• Zucchini-Mortadella-Röllchen zubereiten und kalt stellen.
5 Stunden vorher:	• Fleisch für das marinierte Kräuterfleisch braten und erkalten lassen, die Marinade zubereiten.
4 Stunden vorher:	• Forellencreme für die Schnittchen vorbereiten, Salat und Radieschen waschen und kalt stellen.
2–3 Stunden vorher:	• Gurke für den Frühlings-Salatteller vorbereiten und Gemüse anrichten. • Fleisch für mariniertes Kräuterfleisch aufschneiden und mit der Marinade vermengen.
1–2 Stunden vorher:	• Schnittchen mit Forellencreme fertig zubereiten. • Die Himbeer-Sahne-Kuppeln oder die Torte mit Sahne verzieren.
Kurz vorher:	• Zucchini-Mortadella-Röllchen garnieren. • Dressing auf den Frühlings-Salat geben. • Brot oder Brötchen schneiden und anrichten.

Es eignen sich auch folgende zusätzliche Rezepte:

3 x Rezept **Kräutersuppe** Seite 212
1 x Rezept **Kartoffelwaffeln** Seite 180
3 x Rezept **Blumenkohlsalat** Seite 36
4 x Rezept **Aufschnitt in Radieschen-Vinaigrette** Seite 17
1 x Rezept **Zopf-Brioche** Seite 418
3 x Rezept **Bananen-Quark-Creme** Seite 24
plus Brot.

Kräuter-Joghurt-Dressing

Kräuter-Joghurt-Dressing

Etwa 350 ml

300 g Naturjoghurt
2–3 Schalotten
1–2 Knoblauchzehen
1 Bund Dill
1 Bund glatte Petersilie
1 Bund Basilikum
2 EL Zitronensaft
3 EL Olivenöl
Salz, frisch gemahlener Pfeffer
Zucker

Zubereitungszeit: 25 Minuten

Insgesamt:
E: 11 g, F: 39 g, Kh: 20 g,
kJ: 2187, kcal: 523

Schnell

1. Joghurt evtl. abtropfen lassen und in eine Schüssel geben. Schalotten abziehen und sehr fein würfeln. Knoblauch abziehen und durch eine Knoblauchpresse drücken.
2. Dill, Petersilie und Basilikum abspülen. Die Spitzen bzw. die Blättchen von den Stängeln zupfen. Spitzen und Blättchen klein hacken.
3. Zitronensaft und Olivenöl verrühren, mit Salz, Pfeffer und Zucker würzen. Die Marinade mit den Schalottenwürfeln, Knoblauch und Kräutern zum Joghurt geben und gut unterrühren.

Tipp:
Zu Salaten, Gemüsesticks, gegrilltem Fleisch, Fondue oder gebackenen Kartoffeln reichen.

Kräuterkugeln

Etwa 100 Kugeln

Für den Hefeteig:
250 g Weizenmehl (Type 550)
1 Pck. Dr. Oetker Trockenbackhefe
1 gestr. TL Zucker
$^1/_2$ gestr. TL Salz
125 ml ($^1/_8$ l) lauwarme Milch
50 g zerlassene, lauwarme Butter oder Margarine
1 geh. TL Kräuter der Provence

Zum Bestreichen:
Kondensmilch

Zum Bestreuen:
grobes Salz

Zubereitungszeit: 45 Minuten, ohne Teiggehzeit
Backzeit: etwa 15 Minuten je Backblech

Insgesamt:
E: 34 g, F: 50 g, Kh: 191 g,
kJ: 5779, kcal: 1380

Einfach – preiswert – für Kinder

1. Für den Teig Mehl in eine Rührschüssel sieben, mit Trockenbackhefe sorgfältig vermischen. Zucker, Salz, Milch und Butter oder Margarine hinzufügen.
2. Die Zutaten mit Handrührgerät mit Knethaken zunächst kurz auf niedrigster, dann auf höchster Stufe in etwa 5 Minuten zu einem glatten Teig verarbeiten. Kräuter unterkneten. Den Teig zugedeckt so lange an einem warmen Ort stehen lassen, bis er sich sichtbar vergrößert hat.
3. Den Teig leicht mit Mehl bestäuben, aus der Schüssel nehmen, auf einer bemehlten Arbeitsfläche nochmals kurz durchkneten und 4 etwa 1 cm dicke Rollen daraus formen. Teigrollen in etwa 1 $^1/_2$ cm breite Stücke schneiden und mit angefeuchteten Händen zu Kugeln formen.
4. Teigkugeln auf Backbleche (gefettet, mit Backpapier belegt) legen und zugedeckt so lange an einem warmen Ort gehen lassen, bis sie sich sichtbar vergrößert haben. Teigkugeln mit Kondensmilch bestreichen und mit Salz bestreuen. Die Backbleche nacheinander (bei Heißluft zusammen) in den Backofen schieben.
Ober-/Unterhitze: 180–200 °C (vorgeheizt)
Heißluft: 160–180 °C (vorgeheizt)
Gas: etwa Stufe 3 (vorgeheizt)
Backzeit: etwa 15 Minuten je Backblech.

Kräuterkugeln

5. Die Kräuterkugeln mit dem Backpapier vom Backblech auf einen Kuchenrost ziehen. Kräuterkugeln erkalten lassen.

Tipp:
Kräuterkugeln eignen sich hervorragend zum Einfrieren. Nach dem Auftauen etwa 5 Minuten bei der unter Punkt 4 angegebenen Backofeneinstellung aufbacken. Lauwarme Kräuterkugeln schmecken am besten zu Crème-fraîche-Dips. Oder Kräuterkugeln durchschneiden und mit Butter bestreichen.

Kräuterpfannkuchen mit Quarkcreme

4 Portionen

Für die Quarkcreme:
250 g Speisequark (Magerstufe)
4 EL Schlagsahne
1 TL geriebener Meerrettich (aus dem Glas)
3 EL Instant-Haferflocken
1–2 EL fein geschnittener Schnittlauch
Salz

Für die Kräuterpfannkuchen:
150 g Weizenmehl
2 EL kernige Haferflocken
3 Eier (Größe M)
250 ml (1/4 l) Mineralwasser
50 g frisch geriebener Käse, z. B. mittelalter Gouda
2 EL gemischte, gehackte Kräuter, z. B. Estragon, Kerbel, Petersilie, Schnittlauch, Thymian, je 1 EL gehacktes Basilikum und gehackter Dill
1 Zwiebel

8 EL Speiseöl zum Backen

glatte Petersilie
Schnittlauchhalme und -röllchen

Zubereitungszeit: 50 Minuten, ohne Quellzeit

Insgesamt:
E: 92 g, F: 140 g, Kh: 165 g, kJ: 9634, kcal: 2301

Für Kinder

1. Für die Quarkcreme Quark mit Sahne gut verrühren. Meerrettich, Haferflocken und Schnittlauchröllchen unterrühren, mit Salz abschmecken.
2. Für die Kräuterpfannkuchen Mehl in eine Rührschüssel sieben, mit Haferflocken mischen, in die Mitte eine Vertiefung eindrücken.
3. Eier mit Mineralwasser verschlagen, etwas davon in die Vertiefung geben, von der Mitte aus die Eierflüssigkeit und Mehl-Haferflocken-Mischung verrühren. Nach und nach die restliche Eierflüssigkeit unterrühren. Darauf achten, dass keine Klümpchen entstehen. Den Teig etwa 20 Minuten quellen lassen.
4. Käse und Kräuter unter den Teig rühren. Zwiebel abziehen, fein würfeln und hinzufügen. Den Teig mit Salz abschmecken.
5. Etwas Speiseöl in einer Pfanne erhitzen, eine dünne Teiglage hineingeben und von beiden Seiten goldgelb backen. Bevor der Pfannkuchen gewendet wird, wieder etwas Speiseöl in die Pfanne geben. Pfannkuchen herausnehmen, auf einen Teller legen und warm stellen.
6. Den restlichen Teig auf die gleiche Weise verarbeiten.
7. Petersilie abspülen und trockentupfen. Die Blättchen von den Stängeln zupfen. Schnittlauch abspülen und trockentupfen. Einige Halme beiseite legen. Restlichen Schnittlauch in Röllchen schneiden.
8. Die Pfannkuchen mit der Quarkcreme auf einer Platte anrichten. Mit Petersilienblättchen, Schnittlauchhalmen und -röllchen garniert servieren.

Kräuterpfannkuchen mit Quarkcreme

Kräutersuppe

Kräutersuppe

4 Portionen

1 Stange Porree (Lauch)
50 g Butter
30 g Instant-Haferflocken
750 ml ($^3/_4$ l) l heiße Hühnerbrühe
100 g gemischte, fein gehackte Kräuter (Kerbel, Petersilie, Estragon, Kresse, Dill, Schnittlauch, Sauerampfer)
1 Eigelb
125 ml ($^1/_8$ l) Schlagsahne
Zucker
frisch gemahlener Pfeffer
frisch geriebene Muskatnuss
Schnittlauchhalme
etwas Kresse vom Beet

Zubereitungszeit: 35 Minuten

Insgesamt:
E: 19 g, F: 91 g, Kh: 38 g,
kJ: 4444, kcal: 1062

Einfach

1. Porree putzen, die Stange längs halbieren. Porree waschen, abtropfen lassen und in kleine Stücke schneiden.
2. Butter in einem Topf zerlassen, die Porreestücke unter mehrmaligem Wenden darin andünsten, Haferflocken unterrühren. Hühnerbrühe hinzugießen, zum Kochen bringen und bei schwacher Hitze etwa 8 Minuten kochen lassen. Topf von der Kochstelle nehmen, Kräuter unterrühren.
3. Eigelb mit Sahne verschlagen. 6 Esslöffel von der Suppe nach und nach hinzugeben und unterrühren. Dann mit der restlichen Suppe verrühren. Die Suppe nicht mehr kochen lassen.
4. Die Kräutersuppe mit Zucker, Pfeffer und Muskat würzen, mit Schnittlauchhalmen und Kresse garniert lauwarm oder kalt servieren.

Kürbis-Dip

4 Portionen (etwa 250 ml [$^1/_4$])

1 Bio-Orange (unbehandelt, ungewachst)
30 g Kürbiskerne
3 TL Kürbiskernöl

1 Becher (150 g) Crème fraîche oder Schmand (Sauerrahm)
50 g Sahnejoghurt
Salz, frisch gemahlener Pfeffer

Zubereitungszeit: 20 Minuten, ohne Abkühlzeit

Insgesamt:
E: 13 g, F: 67 g, Kh: 28 g, kJ: 3258, kcal: 781

Raffiniert

1. Orange heiß abspülen, abtrocknen. Schale mit einer Haushaltsreibe abreiben oder mit einem Zestenreißer abziehen. Orange durchschneiden, auspressen.
2. Kürbiskerne in einer Pfanne ohne Fett unter mehrmaligem Wenden goldgelb rösten. Kürbiskerne erkalten lassen (ein Viertel der Kürbiskerne zum Garnieren beiseite legen) und klein hacken.
3. Orangenschale und -saft mit Kürbiskernöl, gehackten Kürbiskernen, Crème fraîche oder Sauerrahm und Joghurt glatt rühren. Den Dip mit Salz und Pfeffer abschmecken. Mit den beiseite gelegten Kürbiskernen garnieren.

Tipp: Kürbis-Dip passt zu Frikadellen, Reibe-kuchen mit Schnippelschinken oder Räucherlachs.

Kürbis-Dip

Rezeptvorschläge für ein Buffet für einen Fußballabend

Für ein Buffet für einen Fußballabend benötigen Sie für 10–12 Personen:
2 x Rezept **Pitabrote, gefüllt** Seite 286
2 x Rezept **Fleischpäckchen** Seite 108
1,5 x Rezept **Chili-Tomaten** Seite 56
(für die Fleischpäckchen und zum Dippen)
3 x Rezept **Kürbis-Dip** Seite 212
(Für die Fleischpäckchen und zum Dippen)
3 x Rezept **Knoblauchbrot** Seite 198

Außerdem:
2–3 Ciabattabrote, Brotchips, Nachos oder Salzgebäck zum Dippen.

Vorbereitungen am Vortag:
- Für die Pitabrote das Fleisch für die Hähnchenfleischfüllung marinieren und braten, die Joghurtsauce zubereiten und beides kalt stellen.
- Fleischpäcken braten, den Feldsalat waschen, in einem Gefrierbeutel im Kühlschrank aufbewahren.
- Sauce für die Chili-Tomaten zubereiten.
- Kürbiskerne für den Kürbis-Dip rösten, Dip ohne Kürbiskerne zubereiten und kalt stellen.
- Knoblauchbutter für das Knoblauchbrot zubereiten und kalt stellen.

Vorbereitungen am Tag des Buffets:

5 Stunden vorher:	• Chili-Tomaten fertig zubereiten.
4 Stunden vorher:	• Die Brote fertig zubereiten.
1–2 Stunden vorher:	• Fleischpäckchen anrichten. Für den Kürbis-Dip drei Viertel der Kürbiskerne hacken und zum Dip geben, Dip abschmecken und mit den restlichen Kürbiskernen anrichten.
1 Stunde vorher:	• Knoblauchbrote zubereiten und backen.
Kurz vorher:	• Brote aufschneiden, Gebäck zum Dippen anrichten.

Es eignen sich auch folgende zusätzliche Rezepte:
1 x Rezept **Käse-Wraps** Seite 192
3 x Rezept **Fleischplätzchen auf syrische Art** Seite 109
2 x Rezept **Pumpernickeltaler, scharf** Seite 294
1,5 x Rezept **Chicken-Schnittchen** Seite 55
1 x Rezept **Dreiecksschnittchen** Seite 74
plus Brot.

Kürbis, pikant eingelegt

Für 4 Gläser, je 1 l Inhalt

Zum Vorbereiten:
4 kg Kürbis

Zum Durchziehen:
(auf je 1 kg Kürbis, vorbereitet gewogen:
125 ml ($^1/_8$ l) Weißweinessig
125 ml ($^1/_8$ l) Wasser

Für die Essig-Zucker-Lösung:
375 ml ($^3/_8$ l) Weißweinessig
375 ml ($^3/_8$ l) Wasser
1,5 kg Zucker
Saft und Schale von $^1/_2$ Bio-Zitrone (unbehandelt, ungewachst)
1 kleines Stück geschälte Ingwerwurzel

Zubereitungszeit: 90 Minuten, ohne Kühl- und Durchziehzeit

Insgesamt (mit Essig-Zucker-Lösung):
E: 29 g, F: 4 g, Kh: 1580 g,
kJ: 27634, kcal: 6610

Gut vorzubereiten

1. Zum Vorbereiten Kürbis halbieren und in breite Spalten schneiden. Kürbiskerne und lose Fasern mit einem Löffel entfernen. Kürbisspalten schälen, in kleine Würfel schneiden und in eine große Schüssel geben.
2. Zum Durchziehen Weinessig und Wasser verrühren und auf die Kürbiswürfel gießen. Kürbiswürfel zugedeckt über Nacht kalt stellen und durchziehen lassen.
3. Kürbiswürfel mit einem Schaumlöffel herausnehmen und gut abtropfen lassen.
4. Für die Essig-Zucker-Lösung Essig, Wasser, Zucker, Zitronensaft, -schale und Ingwer in einem großen Topf zum Kochen bringen. Kürbiswürfel nach und nach darin glasig kochen (nicht zu weich werden lassen). Die Kürbiswürfel mit einem Schaumlöffel herausnehmen und in gründlich gereinigte und gespülte Schraubverschluss- und Einkochgläser füllen. Die Essig-Zucker-Lösung abkühlen lassen.
5. Die Gläser mit der Essig-Zucker-Lösung auffüllen. Die Gläser verschließen. Die Kürbiswürfel im Einkochtopf etwa 30 Minuten bei etwa 75 °C einkochen.

Tipp:
Kürbis zu Bratkartoffeln, Sülze oder Reisgerichten reichen.

Kürbis, pikant eingelegt

Kürbisspalten, gebraten

8–10 Portionen

etwa 2 $^{1}/_{2}$ kg Kürbis
4 gestr. TL Salz
3–4 Bund Rauke (Rucola, je 100 g)
etwa 200 ml Speiseöl
8 TL Balsamico-Essig
16 sehr dünne Scheiben Katenschinken (etwa 160 g)
8 TL frisch geriebener Meerrettich
frisch gemahlener Pfeffer

Zubereitungszeit: 70 Minuten, ohne Saftzieh- und Abkühlzeit

Insgesamt:
E: 56 g, F: 108 g, Kh: 70 g,
kJ: 6206, kcal: 1485

Raffiniert

1. Kürbis putzen, halbieren, Kerne und den faserigen Innenteil entfernen. Den Kürbis in 16 Spalten (je etwa 110 g) schneiden. Die Kürbisspalten mit Salz bestreuen und etwa 30 Minuten Saft ziehen lassen.
2. Rauke putzen, waschen, abtropfen lassen und gut trockentupfen oder schleudern. Die Kürbisspalten trockentupfen.
3. Portionsweise 8 Esslöffel von dem Speiseöl in einer Pfanne erhitzen. Die Kürbisspalten darin portionsweise 4–5 Minuten bei mittlerer Hitze von beiden Seiten braten, herausnehmen und erkalten lassen.
4. Restliches Speiseöl in der Pfanne erhitzen. Die Rauke portionsweise darin knusprig braten (vorsichtig, spritzt evtl.). Die Rauke mit einem Schaumlöffel herausnehmen, auf Küchenpapier abtropfen und abkühlen lassen.
5. Rauke auf Tellern anrichten und die Kürbisspalten darauf legen. Rauke und Kürbisspalten mit Essig beträufeln.
6. Schinkenscheiben auf den Kürbisspalten verteilen. Mit Meerrettich und Pfeffer bestreuen. Sofort servieren.

Lachscremeschnittchen

14 Schnittchen

200 g geräucherter Lachs
100 g fettarmer Frischkäse
1 EL Zitronensaft
2 EL Mineralwasser (kohlensäurehaltig)
7 Scheiben Toastbrot

Zum Garnieren:
Basilikum
Schnittlauch
30 g gehackte Walnusskerne

Zubereitungszeit: 30 Minuten

Insgesamt:
E: 63 g, F: 54 g, Kh: 83 g,
kJ: 4505, kcal: 1078

Raffiniert

1. Lachs in kleine Würfel schneiden und in eine hohe Rührschüssel geben. Frischkäse, Zitronensaft und Mineralwasser hinzufügen. Die Zutaten mit einem Mixstab pürieren.
2. Die Brotscheiben entrinden und mit dem Lachspüree bestreichen. Brotscheiben diagonal halbieren, so dass Dreiecke entstehen.
3. Zum Garnieren Basilikum und Schnittlauch abspülen, trockentupfen. Von den Basilikumstängeln die Blättchen abzupfen. Schnittlauch klein schneiden.
4. Die Hälfte der Lachscremeschnittchen mit Basilikumblättchen und gehackten Walnusskernen, die restlichen Schnittchen mit Schnittlauchröllchen garnieren.

Lachsforelle, gebeizt

Lachsforelle, gebeizt

4 Portionen

1 küchenfertige Lachsforelle (etwa 1 kg)
2–3 Bund grob gehackter Dill
2 EL grobes Salz
1 EL Zucker
1–2 EL frisch gemahlener, weißer Pfeffer
1 EL Weinbrand nach Belieben

Für die Dillsauce:
4 EL scharfer Senf
1 TL Senfpulver
3 EL Zucker
2 EL Weißweinessig
5 EL Speiseöl
3 EL gehackter Dill

Zubereitungszeit: 25 Minuten, ohne Marinierzeit

Insgesamt:
E: 174 g, F: 83 g, Kh: 50 g,
kJ: 6918, kcal: 1651

Für Gäste – mit Alkohol

1. Lachsforelle unter fließendem kalten Wasser abspülen, trockentupfen und in zwei Längshälften teilen. Das Rückgrat entfernen, die Forelle entgräten.
2. Eine Forellenhälfte mit der Haut nach unten in eine flache Schale legen und den Dill darauf verteilen. Salz mit Zucker und Pfeffer mischen, die Fisch-

hälfte damit bestreuen. Nach Belieben mit Weinbrand beträufeln.
3. Die zweite Fischhälfte mit der Hautseite nach oben darauf legen, mit Klarsichtfolie bedecken, darauf ein Brett (größer als der Fisch) legen und mit 2–3 geschlossenen, gefüllten Konservendosen gleichmäßig beschweren.
4. Forelle 2–3 Tage kalt stellen, dabei ab und zu mit der sich gesammelten Beize begießen und wenden.
5. Forelle aus der Beize nehmen, trockentupfen und in sehr dünne Scheiben schneiden. Die Fischscheiben auf einer Platte anrichten.
6. Für die Sauce Senf mit Senfpulver, Zucker und Essig verrühren. Nach und nach Speiseöl unterschlagen, Dill unterrühren. Die Dillsauce zu dem Fisch reichen.

Lachs-Frischkäse-Torte

Lachs-Frischkäse-Torte

12 Portionen

Für die weiße Creme:
400 g Doppelrahm-Frischkäse
1–2 TL Schweizer Kräutermischung

Für die Lachscreme:
600 g cremiger Doppelrahm-Frischkäse
300 g Graved Lachs
Salz
etwas Zitronensaft
2–3 Bund Dill

Zubereitungszeit: 25 Minuten, ohne Gefrierzeit

Insgesamt:
E: 165 g, F: 334 g, Kh: 25 g, kJ: 15685, kcal: 3746

Für Gäste

1. Für die weiße Creme Frischkäse mit der Kräutermischung verrühren. Die Masse in eine Springform (Ø 18 cm, mit Backpapier ausgelegt) geben und glatt streichen.
2. Für die Lachscreme Frischkäse verrühren. Einige Scheiben Lachs zum Garnieren beiseite legen. Die restlichen Lachsscheiben in kleine Würfel schneiden und unter die Frischkäsemasse rühren. Mit Salz und Zitronensaft abschmecken.
3. Dill abspülen und trockentupfen. Die Spitzen von den Stängeln zupfen. Spitzen klein schneiden. Ein Drittel davon unter die Lachscreme heben, auf die weiße Creme in die Springform geben und glatt streichen. Die Form etwa 1 Stunde in das Gefrierfach stellen, damit sich die Torte besser schneiden lässt.
4. Die Lachs-Frischkäse-Torte aus der Springform lösen, das Backpapier abziehen. Die Torte auf einer Platte anrichten. Den Rand der Tortenoberfläche mit dem restlichen Dill bestreuen. Die Torte mit den restlichen Lachsscheiben garnieren.

Tipp:
Sie können die weiße Creme auch mit Salz, Pfeffer, gerebeltem Oregano und etwas Worcestersauce würzen.

Lachs mit Tatarensauce

4 Portionen

4 Scheiben Lachs (je 150 g)
Salz
frisch gemahlener Pfeffer

Für die Tatarensauce:
1 Becher (150 g) Crème fraîche
2 EL Delikatessmayonnaise
2 hart gekochte Eier
4 EL gehackte Kräuter, z. B. Petersilie, Estragon, Kerbel, Pimpinelle
3 Knoblauchzehen

50 g weiche Butter zum Bestreichen

Zubereitungszeit: 25 Minuten

Insgesamt:
E: 130 g, F: 144 g, Kh: 10 g,
kJ: 7712, kcal: 1850

Raffiniert

1. Lachs unter fließendem kalten Wasser abspülen, trockentupfen, mit Salz und Pfeffer bestreuen.
2. Für die Tatarensauce Crème fraîche und Mayonnaise verrühren. Eier pellen, hacken und zusammen mit den Kräutern unterrühren.
3. Knoblauch abziehen, durch eine Knoblauchpresse drücken und hinzufügen. Die Sauce mit Salz und Pfeffer abschmecken.
4. Eine gefettete Grillpfanne erhitzen, die Lachsscheiben darin von beiden Seiten etwa 8 Minuten grillen, zwischendurch mit Butter bestreichen, erkalten lassen.
5. Die Lachsscheiben auf Tellern anrichten und die Tatarensauce dazu reichen.

Beilage:
Ofenfrisches Baguette und grüner Salat.

Lachsröllchen

24 Stück

250 ml (1/4 l) Milch
1 Beutel Kartoffelpüree mit Milch (für 3 Portionen)
1 Bund Dill
1 EL körniger Senf
100 g Crème fraîche
Salz
frisch gemahlener Pfeffer
1 Prise Zucker
400 g Räucherlachs (in dünnen Scheiben)

Zubereitungszeit: 35 Minuten, ohne Kühlzeit

Insgesamt:
E: 91 g, F: 66 g, Kh: 26 g,
kJ: 4533, kcal: 1088

Schnell

1. Milch aufkochen lassen und in eine Schüssel gießen. Püreeflocken hinzufügen und mit einem Kochlöffel unterrühren. Nach 1 Minute nochmals kräftig durchrühren, Püree erkalten lassen.
2. Dill abspülen und trockentupfen. Die Spitzen von den Stängeln zupfen. Die Hälfte der Spitzen klein hacken. Restliche Dillspitzen beiseite legen. Gehackten Dill, Senf und Crème fraîche mit dem Püree verrühren, mit Salz, Pfeffer und Zucker würzen. Aus der Püreemasse 2 lange Rollen (je etwa 36 cm Länge) formen.
3. Ein etwa 50 cm langes Stück Klarsichtfolie auf eine Arbeitsfläche legen. Die Hälfte der Lachsscheiben zu einem Rechteck (etwa 15 x 36 cm) darauf legen, dabei die Scheiben leicht überlappen lassen. Etwas von den beiseite gelegten Dillspitzen darauf verteilen.
4. Eine Püreerolle in die Mitte des Lachsrechtecks legen. Den Lachs mit Hilfe der Folie um die Rolle wickeln, dann fest aufrollen. Die zweite Hälfte Lachs, etwas Dill und die Püreerolle ebenso verarbeiten. Die Rollen etwa 60 Minuten kalt stellen.
5. Die Rollen aus der Folie lösen, in etwa 3 cm breite Stücke schneiden, auf einer Platte anrichten und mit den restlichen Dillspitzen garnieren.

Lachsröllchen

Lachsröllchen Gourmet

8 Portionen

1 Bund Schnittlauch
4 Eier (Größe M)
2 EL Milch
Salz
frisch gemahlener Pfeffer

1 EL Butter

8 große Scheiben Räucherlachs
Salatblätter

Nach Belieben zum Garnieren:
Spargelspitzen
rote und grüne Paprikastreifen
gefüllte Oliven

Gartenkresse

Zubereitungszeit: 20 Minuten, ohne Abkühlzeit

Insgesamt:
E: 70 g, F: 56 g, Kh: 6 g,
kJ: 3387, kcal: 808

Für Gäste

1. Schnittlauch abspülen, trockentupfen und in Röllchen schneiden. Eier mit Milch verschlagen, mit Salz und Pfeffer würzen, Schnittlauchröllchen unterrühren.
2. Butter in einer Pfanne zerlassen. Die Eiermilch hineingeben und bei schwacher Hitze stocken lassen.
3. Sobald die Masse zu stocken beginnt, sie mit einem Pfannenwender oder Holzspatel vom Pfannenboden lösen. Dabei die Masse immer wieder vom Rand zur Mitte schieben, bis keine Flüssigkeit mehr vorhanden ist. Rührei aus der Pfanne nehmen und erkalten lassen.
4. Rührei auf den Lachsscheiben verteilen und einrollen.
5. Salatblätter waschen, trockentupfen und auf einer Platte anrichten. Lachsröllchen darauf verteilen. Nach Belieben mit Spargelspitzen, Paprikastreifen und Oliven garnieren.
6. Kresse abspülen, trockentupfen und vom Beet schneiden. Die Lachsröllchen mit Kresse bestreut servieren.

Lachsröllchen mit verschiedenen Füllungen

32 Röllchen

32 Scheiben Räucherlachs
Remoulade aus dem Glas (Einwaage 200 g)

Für die Spargel-Füllung:
1 kleine Dose Spargelspitzen (Abtropfgewicht 235 g)

Für die Rührei-Füllung:
3 Eier (Größe M)
2 EL Milch
Salz
frisch gemahlener weißer Pfeffer
20 g Butter oder Margarine
Schnittlauchröllchen

Für die Meerrettichsahne-Füllung:
125 ml (1/8 l) Schlagsahne
Salz
1 Apfel
1 EL Meerrettich (frisch gerieben oder aus dem Glas)

Für die Eier-Füllung:
2 hart gekochte Eier
1 TL scharfer Senf
2 EL Schlagsahne
Salz
frisch gemahlener Pfeffer
1 EL gehackter Dill

Zum Garnieren:
Bio-Orangenscheiben, halbiert
1 Beet Kresse

Zubereitungszeit: 25 Minuten, ohne Abkühlzeit

Insgesamt:
E: 204 g, F: 279 g, Kh: 61 g, kJ: 14952, kcal: 3574

Für Gäste

1. Räucherlachsscheiben mit Remoulade bestreichen.
2. Für die Spargelfüllung Spargelspitzen in einem Sieb abtropfen lassen. Acht Lachsscheiben mit je 3 Spargelspitzen belegen und aufrollen.
3. Für die Rührei-Füllung Eier mit Milch verschlagen, mit Salz und Pfeffer würzen. Butter oder Margarine in einer kleinen Pfanne zerlassen, Eiermilch hinzugeben und unter Rühren bei mittlerer Hitze stocken lassen. Rührei aus der Pfanne nehmen und erkalten lassen. Rührei auf 8 Lachsscheiben verteilen, mit Schnittlauchröllchen bestreuen und aufrollen.
4. Für die Meerrettichsahne-Füllung Sahne mit etwas Salz sehr steif schlagen. Apfel schälen, vierteln, entkernen und in sehr kleine Würfel schneiden. Meerrettich und Apfelwürfel unter die Sahne heben. 8 Lachsscheiben mit der Meerrettichsahne füllen und aufrollen.
5. Für die Eier-Füllung Eier pellen und grob hacken, mit Senf und Sahne in einem hohen Rührbecher pürieren. Mit Salz und Pfeffer abschmecken, Dill unterrühren. Die Eiermasse auf die restlichen Lachsscheiben geben und aufrollen.
6. Zum Garnieren Kresse abspülen, trockentupfen und in Sträußchen vom Beet abschneiden. Die Lachsröllchen auf einer Platte anrichten, mit Orangenscheiben und Kressesträußchen garnieren.

Lachsröllchen mit verschiedenen Füllungen

Lachsschnittchen, gefüllt

12 Schnittchen

4 Scheiben Vollkornbrot (etwa 200 g)
100 g Meerrettich-Frischkäse
280 g Rote Bete (aus dem Glas)
Salz
frisch gemahlener Pfeffer

12 große Scheiben Graved Lachs (etwa 300 g)
1 Apfel
1 EL Zitronensaft

Außerdem:
12 Holzstäbchen

Zubereitungszeit: 25 Minuten

Insgesamt:
E: 84 g, F: 53 g, Kh: 108 g, kJ: 5232, kcal: 1250

Schnell

1. Vollkornbrotscheiben mit Meerrettich-Frischkäse bestreichen und in 12 Rechtecke schneiden.
2. Rote Bete in einem Sieb abtropfen lassen und in kleine Würfel schneiden, mit Salz und Pfeffer würzen.
3. Die Lachscheiben mit Rote-Bete-Würfeln belegen und aufrollen. Die Lachsröllchen auf die Vollkornbrotrechtecke legen.
4. Apfel schälen, vierteln, entkernen, in 12 Spalten schneiden und mit Zitronensaft beträufeln. Apfelspalten mit Holzstäbchen auf die Schnittchen stecken.

Tipp:
Die gefüllten Lachsschnittchen mit Dillstängeln garnieren.

Lachsschnittchen, pikant

10 Schnittchen

Für die Zitronenbutter:
200 g weiche Butter
etwas abgeriebene Zitronenschale von 1 Bio-Zitrone (unbehandelt, ungewachst)
Salz

10 Scheiben Weißbrot (etwa 400 g)

10 Salatblätter
2 Gläser Seelachsschnitzel in Öl (Einwaage je 185 g)

5 Scheiben Räucherlachs (etwa 150 g)

etwas frischer Meerrettich
Zwiebelringe
Eierscheiben

1 Beet Brunnenkresse

nach Belieben Zitronenscheiben zum Garnieren

Zubereitungszeit: 40 Minuten

Insgesamt:
E: 141 g, F: 226 g, Kh: 199 g, kJ: 14331, kcal: 3416

Einfach

Lachsschnittchen, pikant

1. Für die Zitronenbutter Butter schaumig rühren, Zitronenschale unterrühren, mit wenig Salz würzen. Die Weißbrotscheiben mit der Zitronenbutter bestreichen.
2. Salatblätter waschen und trockentupfen. Seelachsschnitzel gut abtropfen lassen. Auf jede Weißbrotscheibe ein Salatblatt legen und leicht andrücken. Die Räucherlachsscheiben jeweils dritteln und zu „Locken" aufrollen oder zusammendrücken. Je 3 „Lachslocken" auf einer Weißbrotscheibe anrichten (insgesamt 5 Scheiben).
3. Meerrettich schälen, mit einem Sparschäler zuerst in dünne Scheiben schneiden, dann sehr fein stifteln (Julienne). Die Lachsschnittchen („Lachslocken") damit bestreuen. Die restlichen Weißbrotscheiben mit Seelachsschnitzel belegen, mit Zwiebelringen und Eierscheiben garnieren.
4. Kresse abspülen, trockentupfen und mit einer Schere vom Beet abschneiden. Kresse als kleine Sträußchen auf den Lachsschnittchen („Lachslocken") verteilen. Nach Belieben mit Zitronenscheiben garnieren.

Variante:
Anstelle von Räucherlachs können Sie auch Graved Lachs verwenden, dann statt mit Kresse mit Dill garnieren und den Meerrettich weglassen.

Lachssülzchen

Lachssülzchen

6 Portionen

6 Blatt weiße Gelatine
400 ml Fischfond
2 EL Sherry-Essig oder Weißweinessig
1 gestr. TL Salz
frisch gemahlener Pfeffer
3 Frühlingszwiebeln
3 TL Sahnemeerrettich
250 g geräucherter Lachs in Scheiben

Zubereitungszeit: 40 Minuten, ohne Kühlzeit

Insgesamt:
E: 62 g, F: 24 g, Kh: 11 g, kJ: 2132, kcal: 508

Für Gäste

1. Sechs kleine, hohe Förmchen oder Tassen (je etwa 200 ml Inhalt) etwa 30 Minuten in den Kühlschrank stellen.
2. Gelatine in kaltem Wasser nach Packungsanleitung einweichen. Fischfond erhitzen (nicht kochen), Gelatine leicht ausdrücken und unter Rühren in dem Fischfond auflösen, Essig unterrühren.
3. Fischfond-Gelatine-Flüssigkeit mit Salz und Pfeffer kräftig würzen. Jeweils 1–2 Esslöffel der Flüssigkeit in die Förmchen füllen.
4. Den Innenrand der Förmchen oder Tassen dünn mit der Fischfond-Gelatine-Flüssigkeit bestreichen. Die Förmchen oder Tassen für etwa 10 Minuten in den Kühlschrank stellen.
5. Frühlingszwiebeln putzen, waschen, abtropfen lassen und in feine Ringe schneiden. Frühlingszwiebelringe unter die restliche Fischfond-Gelatine-Flüssigkeit rühren.
6. Je einen halben Teelöffel Sahnemeerrettich auf den erstarrten Flüssigkeitsspiegel geben und wieder 2 Esslöffel der Flüssigkeit darauf geben. Die Förmchen oder Tassen für etwa 10 Minuten in den Kühlschrank stellen.
7. Die Ränder der Förmchen oder Tassen mit einigen Lachsscheiben auskleiden (Lachsscheiben je nach Größe passend zuschneiden). Die restlichen Lachsscheiben in kleine Stücke schneiden. Lachsstücke in die Mitte der Förmchen oder Tassen geben. Restliche Flüssigkeit vorsichtig in die Förmchen oder Tassen füllen. Förmchen oder Tassen für mindestens 3 Stunden in den Kühlschrank stellen.
8. Zum Servieren Förmchen oder Tassen kurz in heißes Wasser tauchen. Die Lachssülzchen auf kleine Teller stürzen.

Tipp:
Zum Servieren die kleinen Sülzen mit Schnittlauchhalmen umwickeln. Mit Frühlingszwiebelringen und frischem Baguette servieren. Wenn die Förmchen nicht kalt genug sind, haftet die Gelatine nicht am Rand, sondern läuft ab.

Lachstatar auf dunklem Brot

8 Taler

Für das Lachstatar:
100 g grob gehackter, frischer Lachs ohne Gräten
1/2 zerkleinertes Sardellenfilet
1/2 fein gehackte Schalotte
1 EL Crème fraîche
5 Tropfen Cognac oder Weinbrand
1 TL gehackte Petersilie
Salz
frisch gemahlener, weißer Pfeffer

8 Pumpernickeltaler
50 g Lachskaviar

Lachstatar auf dunklem Brot

Zubereitungszeit: 25 Minuten

Insgesamt:
E: 32 g, F: 18 g, Kh: 33 g,
kJ: 1794, kcal: 430

Schnell – mit Alkohol

1. Für das Tatar Lachs, Sardellenfilet, Schalotte, Crème fraîche, Cognac oder Weinbrand und Petersilie in eine Schüssel geben, gut vermischen, mit Salz und Pfeffer würzen.
2. Das Tatar auf die Pumpernickeltaler verteilen und mit etwas Lachskaviar garnieren.

Tipp:
Statt Pumpernickeltaler können auch Kräcker oder runde Weißbrotscheiben (Ø etwa 4 cm) verwendet werden.

Lachsterrine

Etwa 18 Scheiben

1 kg TK-Lachsfilet
1 Stange Porree (Lauch)
3 EL Speiseöl
375 ml (3/8 l) Schlagsahne
Salz
frisch gemahlener Pfeffer
12 Blatt weiße Gelatine

Für die Dill-Senf-Sauce:
250 g Crème fraîche
2 TL mittelscharfer Senf
2 EL gemischte, gehackte Kräuter, z.B. Dill, Petersilie
125 ml (1/8 l) Schlagsahne

Zubereitungszeit: 30 Minuten, ohne Kühlzeit

Insgesamt:
E: 222 g, F: 325 g, Kh: 29 g,
kJ: 16559, kcal: 3971

Für Gäste

1. Lachsfilet antauen lassen. Porree putzen, die Stange längs halbieren, gut waschen. Porree in kochendem Salzwasser etwa 5 Minuten blanchieren, in ein Sieb geben, mit kaltem Wasser übergießen und abtropfen lassen. Lachsfilet kurz unter fließendem kalten Wasser abspülen, trockentupfen und in Stücke schneiden.
2. Speiseöl in einer Pfanne erhitzen. Lachsfiletstücke darin andünsten. Sahne hinzugießen. Mit Salz und Pfeffer würzen. Die Zutaten zum Kochen bringen und zugedeckt etwa 5 Minuten bei mittlerer Hitze garen.
3. Gelatine in kaltem Wasser nach Packungsanleitung einweichen.
4. Die Lachssahne in mehreren Portionen in eine hohe Rührschüssel geben und portionsweise mit einem Mixstab pürieren. Gelatine ausdrücken und unter Rühren in dem noch heißen Lachspüree auflösen. Nochmals mit Salz und Pfeffer abschmecken.
5. Eine Kastenform (25 x 11 cm) quer mit den Porreestreifen auslegen, dabei die Streifen überlappen lassen. Das Lachspüree in die Form geben und glatt streichen. Die überstehenden Porreestreifen darüber legen und etwas andrücken. Mindestens 6 Stunden kalt stellen.
6. Die Lachsterrine aus der Form lösen und mit einem elektrischen Messer in Scheiben schneiden.
7. Für die Dill-Senf-Sauce Crème fraîche mit Senf, Kräutern und Sahne verrühren. Die Sauce mit Salz und Pfeffer abschmecken.
8. Die Lachsscheiben auf Salatblättern anrichten und servieren. Die Sauce dazu reichen.

Lachsterrine

Lammfilet-Tomaten-Sülze

Lammfilet-Tomaten-Sülze

4 Portionen

300 g Lammfilet
Salz
frisch gemahlener Pfeffer
3 EL Olivenöl
1 kg Roma- oder Flaschentomaten
10–12 Blatt weiße Gelatine
70 g Zwiebeln
2 Knoblauchzehen
500 ml (1/2 l) Gemüsebrühe
150 ml Weißweinessig
1 gestr. TL Salz
1 gestr. EL Zucker
2 TL gerebeltes Basilikum
1 TL gerebelter Thymian
30 g geröstete Pinienkerne

Zubereitungszeit: 50 Minuten, ohne Kühlzeit

Insgesamt:
E: 95 g, F: 32 g, Kh: 39 g, kJ: 3593, kcal: 855

Raffiniert

1. Lammfilet unter fließendem kalten Wasser abspülen, trockentupfen, mit Salz und Pfeffer würzen. Olivenöl in einer Pfanne erhitzen. Das Lammfilet hinzufügen und in etwa 6 Minuten von allen Seiten gut anbraten, herausnehmen und erkalten lassen.
2. Tomaten waschen, kreuzweise einschneiden und einige Sekunden in kochendes Wasser legen. Tomaten kurz in kaltem Wasser abschrecken, enthäuten, vierteln, entkernen und Stängelansätze entfernen.
3. Gelatine in kaltem Wasser nach Packungsanleitung einweichen. Zwiebeln und Knoblauch abziehen und fein würfeln.
4. Etwa 150 ml Gemüsebrühe in einem kleinen Topf zum Kochen bringen. Zwiebel- und Knoblauchwürfel darin etwa 2 Minuten köcheln lassen. Topf von der Kochstelle nehmen.
5. Gelatine leicht ausdrücken und in der heißen Brühe unter Rühren auflösen. Restliche Gemüsebrühe und Essig unterrühren. Die Sülzenflüssigkeit mit Salz, Pfeffer, Zucker, Basilikum und Thymian kräftig abschmecken.
6. Den Boden einer dichten, länglichen Form (etwa 1,2 l Inhalt) etwa 1/2 cm hoch mit der Sülzenflüssigkeit bedecken. Die Form für etwa 10 Minuten in den Kühlschrank stellen. Dann die Hälfte der Tomatenviertel in die Form geben.
7. Das Lammfilet längs darauf legen und mit Pinienkernen bestreuen. Mit den restlichen Tomatenvierteln belegen. Die Sülzenflüssigkeit vorsichtig in die Form gießen. Die Form für mindestens 6 Stunden, am besten über Nacht, in den Kühlschrank stellen.
8. Die Form kurz in heißes Wasser tauchen, die Sülze auf eine Platte stürzen.

Tipp:
Mit frischen, gehackten Basilikumblättern servieren.

Lammfleisch in grüner Sauce

Lammfleisch in grüner Sauce

4–6 Portionen

700 g Lammfleisch (aus dem Rücken)
Salz
frisch gemahlener Pfeffer
3–4 EL Olivenöl

Für die Kräutersauce:
je 1 kleines Bund Majoran, Petersilie, Basilikum, Thymian
1 Stängel Rosmarin
3–4 Knoblauchzehen
3–4 EL Balsamico-Essig
8 EL Olivenöl

Zubereitungszeit: 50 Minuten, ohne Abkühlzeit
Garzeit: etwa 10 Minuten

Insgesamt:
E: 132 g, F: 188 g, Kh: 6 g,
kJ: 9345, kcal: 2231

Etwas teurer

1. Lammfleisch unter fließendem kalten Wasser abspülen und trockentupfen. Mit Salz und Pfeffer bestreuen.
2. Olivenöl in einer ofenfesten Pfanne erhitzen. Das Lammfleisch darin von beiden Seiten scharf anbraten. Die Pfanne auf dem Rost in den Backofen schieben und das Fleisch fertig garen.
   Ober-/Unterhitze: etwa 180 °C (vorgeheizt)
   Heißluft: etwa 160 °C (vorgeheizt)
   Gas: Stufe 2–3 (vorgeheizt)
   Garzeit: 10–15 Minuten.
3. Das Lammfleisch aus der Pfanne nehmen und erkalten lassen.
4. Für die Sauce Kräuter waschen und trockentupfen. Die Blättchen, bzw. Nadeln von den Stängeln zupfen. Blättchen und Nadeln fein hacken. Knoblauch abziehen und durch eine Knoblauchpresse drücken. Essig mit den Kräutern und Knoblauch verrühren, mit Salz und Pfeffer würzen, Olivenöl unterschlagen.
5. Das Lammfleisch in dünne Scheiben schneiden und mit frisch gemahlenem Pfeffer bestreuen. Die Fleischscheiben dachziegelartig auf einem großen Teller anrichten. Die Kräutersauce darauf träufeln oder dazu reichen.

Beilage:
Feldsalat, Friséesalat und Baguette.

Rezeptvorschläge für ein Buffet für einen Herrenabend

Für ein Buffet für einen Herrenabend benötigen Sie für 10–12 Personen:
2 x Rezept **Ciabatta-Ecken mit Parmaschinken oder Mortadella** Seite 62
1 x Rezept **Gurken-Käse-Salat** Seite 142
2 x Rezept **Lammfilet-Tomaten-Sülze** Seite 224
1,5 x Rezept **Gemüsesalat, süß-sauer** Seite 130
2 x Rezept **Löwenzahnsalat mit Orangen und Putenbrust** Seite 230

Außerdem:
1,5 k g gemischtes Brot oder Brötchen.

Vorbereitungen am Vortag:
- Für die Ciabatta-Ecken Tomaten würfeln und kalt stellen.
- Für den Gurken-Käse-Salat Käse und eingelegte Gurken schneiden, getrennt verpacken und kalt stellen.
- Lammfilet-Tomaten-Sülzen zubereiten und kalt stellen.
- Gemüsesalat süß-sauer zubereiten und kalt stellen.

Vorbereitungen am Tag des Buffets:

5 Stunden vorher:	• Ciabatta-Ecken fertig zubereiten.
4 Stunden vorher:	• Gurken-Käse-Salat fertig zubereiten.
3 Stunden vorher:	• Löwenzahnblätter für den Löwenzahnsalat waschen, Sauce zubereiten, Orangen filetieren, Zwiebeln schneiden, Fleisch braten und alles kalt stellen.
2 Stunden vorher:	• Lammfilet-Tomaten-Sülzen stürzen.
1 Stunde vorher:	• Löwenzahnsalat fertig stellen und anrichten.
Kurz vorher:	• Gemüsesalat süß-sauer nochmals abschmecken.
	• Brot oder Brötchen aufschneiden und anrichten.

Es eignen sich auch folgende zusätzliche Rezepte:
2 x Rezept **Herrentorte, pikant** Seite 158
1 x Rezept **Gurkenstücke, gefüllt** Seite 145
1,5 x Rezept **Käsesalat mit Putenbrust** Seite 189
2 x Rezept **Gemüse-Schinken-Sülze** Seite 132
1,5 x Rezept **Staudensellerie-Salat** Seite 370
plus etwas Brot.

Laugenbrezeln

Laugenbrezeln

10 Stück

Für den Hefeteig:

375 g Weizenmehl
1 Pck. (42 g) frische Hefe
1 TL Zucker
250 ml (1/4 l) lauwarmes Wasser
1 gestr. TL Salz

Für die Lauge:

1 l Wasser
30 g Hausnatron

Nach Belieben zum Bestreuen:

Hagelsalz
Kümmelsamen
geriebener Gouda-Käse

Zubereitungszeit: 50 Minuten
Backzeit: 15–20 Minuten,
ohne Teiggehzeit

Insgesamt:

E: 45 g, F: 4 g, Kh: 278 g,
kJ: 5654, kcal: 1352

Klassisch

1. Für den Teig Mehl in eine Rührschüssel sieben. In die Mitte eine Vertiefung drücken. Hefe hineinbröckeln, Zucker und etwas Wasser hinzufügen. Mit einer Gabel vorsichtig verrühren und etwa 10 Minuten gehen lassen.
2. Restliches Wasser und Salz hinzugeben. Die Zutaten mit Handrührgerät mit Knethaken zunächst kurz auf niedrigster, dann auf höchster Stufe in 5 Minuten zu einem glatten Teig verarbeiten. Den Teig zugedeckt so lange an einem warmen Ort stehen lassen, bis er sich sichtbar vergrößert hat.
3. Den Teig leicht mit Mehl bestäuben, aus der Schüssel nehmen und auf einer mit Mehl bestäubten Arbeitsfläche nochmals kurz durchkneten und in 10 Portionen teilen.
4. Teigportionen zu etwa 40 cm langen Rollen formen und zu Brezeln schlingen.
5. Für die Lauge Wasser in einem hohen Topf zum Kochen bringen. Den Topf von der Kochstelle nehmen und Natron langsam einrühren (die Lauge sprudelt).
6. Die Teigbrezeln jeweils mit Hilfe einer Teigkarte auf eine Schaumkelle legen und 10 Sekunden in die Lauge tauchen. Die Schaumkelle dabei schwenken, damit das Teigstück schwimmt.
7. Die Teigbrezeln auf der Schaumkelle abtropfen lassen und auf ein Backblech (mit Backpapier belegt) legen. Nach Belieben mit Salz, Kümmel oder Käse bestreuen. Das Backblech in den Backofen schieben.

Ober-/Unterhitze: etwa 200 °C (vorgeheizt)
Heißluft: etwa 180 °C (vorgeheizt)
Gas: Stufe 3–4 (vorgeheizt)
Backzeit: 15–20 Minuten.

8. Die Brezeln mit dem Backpapier vom Backblech auf einen Kuchenrost ziehen. Brezeln erkalten lassen.

Tipp:
Der Laugenteig kann auch zu Stangen (Teigstücke dann zu 12–15 cm langen Rollen formen), Ringen (wie Stangen, dann an den Enden zusammendrücken) oder Brötchen (Teigstücke zu Bällchen formen) weiterverarbeitet werden. Laugenbrötchen vor dem Backen mit einem scharfen Messer etwa 1 cm tief einschneiden.

Leberkäsehäppchen

8 Portionen

1 Glas Mixed Pickles (Abtropfgewicht 285 g)
8 Scheiben Leberkäse (je etwa 1/2 cm dick)
1 Bund Petersilie
einige Cocktailtomaten
einige mit Paprika gefüllte Oliven

Außerdem:
Holzstäbchen

Zubereitungszeit: 20 Minuten

Insgesamt:
E: 74 g, F: 95 g, Kh: 22 g, kJ: 5186, kcal: 1238

Für Kinder

1. Mixed Pickles in ein Sieb geben und abtropfen lassen.
2. Aus den Leberkäsescheiben mundgerechte Stücke schneiden oder ausstechen. Petersilie abspülen und trockentupfen. Die Blättchen von den Stängeln zupfen. Cocktailtomaten waschen, abtrocknen und je nach Größe evtl. halbieren.
3. Mixed Pickles in bunter Reihenfolge mit Oliven, Cocktailtomaten und Petersilienblättchen auf Holzstäbchen aufspießen. Je ein Stück Leberkäse darauf stecken.

Tipp:
Dazu passt süßer Senf und Laugengebäck.

Abwandlung:
Anstelle des Leberkäses können Sie auch Fleischwurst oder gebratene Hähnchenbrustfilets verwenden.

Leberkäsehäppchen

Leberterrine

6–8 Portionen

1 Entenbrustfilet (etwa 250 g)
600 g Geflügelleber, z. B. Hühner- oder Putenleber
Salz
frisch gemahlener Pfeffer
1 EL Speiseöl, z. B. Rapsöl
300 g ungeräucherter frischer Speck
70 g Zwiebeln
2 gestr. TL Salz
1 EL gerebelter Majoran
1 TL gerebelter Beifuß
2 EL Butter
2 EL Weizenmehl
200 ml Schlagsahne
100 ml Fleischbrühe
50 g getrocknete Tomaten
125 g Frühstücksspeck in Scheiben

Zubereitungszeit: 60 Minuten, ohne Kühlzeit
Garzeit: etwa 50 Minuten

Insgesamt:
E: 245 g, F: 293 g, Kh: 87 g, kJ: 16629, kcal: 3967

Etwas teurer

1. Entenbrustfilet und Geflügelleber unter fließendem kalten Wasser abspülen, trockentupfen. Von dem Filet die Haut abschneiden, Haut in kleine Stücke schneiden. Entenbrustfilet längs halbieren, mit Salz und Pfeffer würzen.
2. Speiseöl in einer Pfanne erhitzen. Die Entenbrusthälften darin unter gelegentlichem Wenden etwa 10 Minuten braten, herausnehmen und erkalten lassen.
3. Geflügelleber evtl. entsehnen, in kleine Stücke schneiden. Speck fein würfeln. Speckwürfel, Entenhaut- und Leberstücke etwa 10 Minuten tiefgefrieren, dann in einem Blitzhacker fein zerkleinern oder durch die feine Scheibe des Fleischwolfs drehen.
4. Zwiebeln abziehen, halbieren, fein würfeln und unter die Lebermasse rühren, mit Salz, Pfeffer, Majoran und Beifuß würzen.
5. Butter in einem Topf zerlassen. Mehl unter Rühren so lange darin erhitzen, bis es hellgelb ist. Sahne und Fleischbrühe nach und nach hinzugießen und mit einem Schneebesen gut durchrühren. Darauf achten, dass keine Klümpchen entstehen. Die Sauce unter Rühren kurz aufkochen und etwas abkühlen lassen.
6. Wasser in einem Topf zum Kochen bringen. Tomaten hinzufügen und kurz aufkochen lassen. Tomaten in ein Sieb geben, abtropfen lassen und in Stücke schneiden. Tomatenstücke mit der Sauce zur Lebermasse geben und gut unterrühren.
7. Eine Terrinenform oder ofenfeste Form (etwa 1,5 l Inhalt) mit den Speckscheiben so auslegen, dass die Scheiben etwas über den Rand hängen. Die Hälfte der Lebermasse in die Form geben und glatt streichen. Entenbrusthälften längs darauf legen, die restliche Lebermasse darauf verteilen. Überhängende Speckscheiben darüber klappen. Die Form auf dem Rost in den Backofen schieben.
   Ober-/Unterhitze: etwa 180 °C (vorgeheizt, unteres Drittel)
   Heißluft: etwa 160 °C (nicht vorgeheizt)
   Gas: Stufe 2–3 (nicht vorgeheizt, unteres Drittel)
   Garzeit: etwa 50 Minuten.
8. Die Leberterrine abkühlen lassen und mindestens 3 Stunden kalt stellen. Terrine in der Form servieren.

Leberterrine

Leberwurst-Radieschen-Flirt

8 Stück

150 g feine Kalbsleberwurst
2 EL Kräuter-Crème-fraîche
4–5 Tropfen Zitronensaft
1 Prise Zucker
Salz
1 Msp. gemahlener weißer Pfeffer
6–8 Radieschen
2 kleine Gewürzgurken (aus dem Glas)
1 Bund Schnittlauch
8 Scheiben Grau- oder Mehrkornbrot

Zubereitungszeit: 20 Minuten

Insgesamt:
E: 48 g, F: 56 g, Kh: 192 g, kJ: 6344, kcal: 1520

Schnell

1. Leberwurst mit Crème fraîche, Zitronensaft, Zucker, Salz und Pfeffer glatt rühren.
2. Radieschen putzen, waschen, trockentupfen, zusammen mit den Gewürzgurken in sehr kleine Würfel schneiden. Schnittlauch abspülen, trockentupfen und in kleine Röllchen schneiden. Radieschen- und Gurkenwürfel mit 2 Esslöffel von den Schnittlauchröllchen unter die Leberwurstcreme rühren.
3. Die Leberwurstcreme auf die Brotscheiben streichen. Nach Belieben mit den restlichen Schnittlauchröllchen bestreuen.

Linsenpaste

10–12 Portionen (etwa 500 g)

150 g Linsen, z. B. rote Linsen
300 ml Gemüsebrühe
1 Zwiebel
150 g Mangofruchtfleisch
1 EL Currypulver
2 EL Leinöl
Salz
frisch gemahlener Pfeffer

Zubereitungszeit: 30 Minuten, ohne Abkühlzeit

Insgesamt:
E: 38 g, F: 23 g, Kh: 87 g, kJ: 3043, kcal: 727

Raffiniert

1. Linsen mit der Gemüsebrühe in einen Topf geben und zum Kochen bringen. Linsen zugedeckt bei mittlerer Hitze etwa 12 Minuten köcheln lassen (die Flüssigkeit soll von den Linsen vollständig aufgenommen werden). Linsen erkalten lassen, dabei gelegentlich umrühren. Die Linsen mit einer Gabel zerdrücken.
2. Zwiebel abziehen, halbieren und in kleine Würfel schneiden. Von der Mango das Fruchtfleisch vom Stein schneiden. Mango schälen. Das Fruchtfleisch in kleine Würfel schneiden.
3. Linsen mit den Zwiebel- und Mangowürfeln vermengen. Leinöl und Curry unterrühren, mit Salz und Pfeffer abschmecken.
4. Die Linsenpaste in 2 gründlich gereinigte, gespülte und getrocknete Gläser füllen. Die Gläser mit Deckeln fest verschließen und kalt stellen.

Brotempfehlung: Vollkornbrot.

Tipp:
Aufgestrichene Linsenpaste mit gehackter Petersilie bestreuen.

Liptauer Brotaufstrich

Liptauer Brotaufstrich

8–10 Portionen

100 g weiche Butter
650 g Speisequark (Magerstufe)
5 EL saure Sahne
2 EL Crème fraîche oder Crème double
150 g Schalotten
½ Salatgurke (etwa 150 g)
1 Gewürzgurke (etwa 125 g)
3 TL fein gehackte Kapern
2 fein gehackte Sardellenfilets
2 ½ TL Kräutersenf
2 ½ TL Paprikapulver edelsüß
gemahlener Kümmel
Salz
frisch gemahlener Pfeffer
2 TL gehackte Petersilie
4 EL Schnittlauchröllchen

Zubereitungszeit: 40 Minuten

Insgesamt:
E: 99 g, F: 117 g, Kh: 40 g,
kJ: 6965, kcal: 1668

Einfach

1. Butter in einer Schüssel gut verrühren. Quark, saure Sahne und Crème fraîche oder Crème double hinzufügen. Die Zutaten zu einer geschmeidigen Masse verrühren.
2. Schalotten abziehen, Salatgurke schälen. Schalotten, Salat- und Gewürzgurke in Würfel schneiden und unter die Quarkmasse heben. Kapern und Sardellenstückchen hinzufügen. Mit Senf, Paprika, Kümmel, Salz und Pfeffer pikant würzen. Petersilie unterrühren.
3. Die Masse in einer Schüssel anrichten oder auf einer Platte zu einer Kuppel aufschichten und mit den Schnittlauchröllchen bestreuen.

Tipp:
Radieschen, Gurkenscheiben und Bauernbrot dazu reichen.

Löwenzahnsalat mit Orangen und Putenbrust

8–10 Portionen

500 g Löwenzahnblätter
750 g Putenbrustfilet
5 EL Speiseöl
Salz
frisch gemahlener Pfeffer

Für die Sauce:
2 Knoblauchzehen
4 EL Himbeeressig
rosa Pfefferbeeren
etwas Zucker
6 EL Olivenöl

Löwenzahnsalat mit Orangen und Putenbrust

4 EL Sonnenblumenöl
2–3 rote Zwiebeln
4 Orangen

Zubereitungszeit: 70 Minuten

Insgesamt:
E: 204 g, F: 119 g, Kh: 75 g,
kJ: 9402, kcal: 2250

Raffiniert

1. Löwenzahnblätter unter fließendem kalten Wasser abspülen, putzen, evtl. etwas zerkleinern und gut abtropfen lassen.

2. Putenbrustfilet unter fließendem kalten Wasser abspülen, trockentupfen und in breite Streifen schneiden.
3. Speiseöl in einer Pfanne erhitzen. Filetstreifen hinzufügen und 5–6 Minuten von beiden Seiten braten, herausnehmen, mit Salz und Pfeffer bestreuen und warm stellen.
4. Für die Sauce Knoblauch abziehen und durch eine Knoblauchpresse drücken. Essig mit Pfefferbeeren, Zucker und Knoblauch verrühren, Oliven- und Sonnenblumenöl unterschlagen.
5. Zwiebeln abziehen, zuerst in Scheiben schneiden, dann in dünne Ringe teilen. Orangen so schälen, dass die weiße Haut mit entfernt wird, Orangen filetieren, den Saft dabei auffangen und unter die Sauce rühren.
6. Löwenzahnblätter mit Orangenfilets und Zwiebelringen auf Tellern anrichten und mit der Sauce beträufeln.
7. Den Löwenzahnsalat mit den warm gestellten Putenbruststreifen servieren.

Tipp:
Löwenzahn ist ein wenig bitter und erinnert an Chicorée. Mit Weißbrot servieren.

Rezeptvorschläge für ein Richtfest-Buffet

Für ein Buffet für ein Richtfest benötigen Sie für 10–12 Personen:

2 x Rezept **Schmalzmuffins** Seite 337
1 x Rezept **Liptauer Brotaufstrich** Seite 230
2 x Rezept **Corned-Beef-Sülze** Seite 65
3 x Rezept **Kohlrabisalat mit Joghurtdressing** Seite 202
3 x Rezept **Italienischer Bauernsalat** Seite 166

Vorbereitungen am Vortag:

Im Laufe des Tages:
- Liptauer Brotaufstrich zubereiten und kalt stellen.
- Corned-Beef-Sülze zubereiten, in 1–2 Formen füllen und kalt stellen.
- Für den italienischen Bauernsalat Kichererbsen, Brechbohnen, weiße und grüne Bohnen mit der Salatsauce mischen, Salami in Streifen schneiden und getrennt kalt stellen.

Am Abend:
- Schmalzmuffins backen.

Vorbereitungen am Tag des Buffets:

4 Stunden vorher: • Bauernsalat fertig zubereiten.
3–4 Stunden vorher: • Kohlrabisalat fertig zubereiten.
2 Stunden vorher: • Sülze stürzen und evtl. aufschneiden.
1–2 Stunden vorher: • Liptauer Brotaufstrich aus dem Kühlschrank nehmen und garnieren.

Es eignen sich auch folgende zusätzliche Rezepte:

2 x Rezept **Schnittchenvariationen mit Schmalz** Seite 341
2 x Rezept **Schafkäsetatar** Seite 328
2 x Rezept **Gemüse-Schinken-Sülze** Seite 132
1,5 x Rezept **Bierknacker-Salat** Seite 32
3 x Rezept **Kartoffelsalat mit Tunfisch** Seite 178

Luau-Sauce

8–10 Portionen (etwa 400 g)

2 kleine Dosen fein geraspelte Ananas (Abtropfgewicht je 278 g)
10 EL Ananassaft (aus den Dosen)
5 gestr. EL brauner Zucker
4–5 EL Apfelessig
1 TL Knoblauchsalz
Cayennepfeffer
½ TL gemahlener, schwarzer Pfeffer
Tabasco

Zubereitungszeit: 25 Minuten

Insgesamt:
E: 3 g, F: 1 g, Kh: 136 g,
kJ: 2488, kcal: 594

Raffiniert – einfach

1. Ananasraspel in einem Sieb abtropfen lassen, den Saft dabei auffangen und 10 Esslöffel davon abnehmen. Ananassaft in einem kleinen Topf erhitzen. Zucker darin auflösen. Ananasraspel und Essig unterrühren. Die Sauce etwa 2 Minuten kochen lassen.
2. Mit Knoblauchsalz, Cayennepfeffer, Pfeffer und Tabasco würzen.

Tipp: Luau-Sauce eignet sich kalt oder warm für Geflügelgerichte, Ente und Fisch. Nach Belieben die Sauce mit 2 Teelöffeln angerührter Speisestärke binden.

Mai-Gouda-Carpaccio

4 Portionen

Für das Carpaccio:

250 g Mai-Gouda-Käse
250 g Himbeeren
250 g Erdbeeren
4 Kiwis

Für das Dressing:

2 EL Zitronensaft
2 EL Orangenlikör
2 EL Wasser
2–3 EL Olivenöl
frisch gemahlener Pfeffer

Zum Garnieren:

1–2 Kiwis
einige frische Erdbeeren und Himbeeren
Minzeblättchen
2 EL gehackte Pistazienkerne

Zubereitungszeit: 35 Minuten

Insgesamt:

E: 77 g, F: 117 g, Kh: 66 g,
kJ: 7193, kcal: 1718

Mit Alkohol

1. Für das Carpaccio Käse mit einem Käsehobel in hauchdünne Scheiben hobeln und auf 4 Tellern anrichten.
2. Himbeeren verlesen, evtl. kurz abspülen und trockentupfen. Erdbeeren waschen, trockentupfen, entstielen und je nach Größe halbieren oder vierteln. Kiwis schälen und in schmale Spalten schneiden.
3. Das vorbereitete Obst zwischen den Käsescheiben auf den Tellern anrichten.
4. Für das Dressing Zitronensaft mit Likör und Wasser verrühren. Olivenöl unterschlagen, mit Pfeffer abschmecken.
5. Das vorbereitete Carpaccio mit dem Dressing beträufeln.
6. Zum Garnieren Kiwis schälen, halbieren und in Spalten schneiden. Erdbeeren putzen, waschen, abtropfen lassen, halbieren oder vierteln. Himbeeren verlesen. Minzeblättchen abspülen und trockentupfen.
7. Carpaccio mit Kiwispalten, Erdbeeren und Minzeblättchen garnieren. Mit Pistazienkernen bestreut servieren.

Beilage:
Toastbrot oder Baguette.

Tipp:
Der Orangenlikör kann auch durch 2 Esslöffel Orangensaft ersetzt werden.

Maisbrot mit Pfefferschoten und Erdnusskernen

Etwa 20 kleine Scheiben

Für den Teig:

250 g Maisgrieß (Polenta)
125 g gesiebtes Weizenmehl
1 Pck. Dr. Oetker Backin
1 gestr. TL Salz
1 EL brauner Zucker
1 gestr. TL gemahlener Zimt
1 gestr. TL frisch gemahlener Pfeffer
1/2 gestr. TL gerebelter Thymian
1/2 gestr. TL frisch geriebene Muskatnuss
5 Eier (Größe M)
1 grüne Peperoni, entkernt, in Streifen geschnitten
100 g geraspelter Cheddar-Käse
80 g zerlassene, abgekühlte Butter
50 g gehackte, gesalzene Erdnusskerne

Zubereitungszeit: 30 Minuten
Backzeit: etwa 35 Minuten

Maisbrot mit Pfefferschoten und Erdnusskernen

Insgesamt:
E: 107 g, F: 158 g, Kh: 302 g,
kJ: 12918, kcal: 3086

Gut vorzubereiten – für Gäste

1. Für den Teig Maisgrieß, Mehl und Backpulver in einer Rührschüssel mischen. Salz, Zucker und die Gewürze hinzufügen. Eier mit Handrührgerät mit Rührbesen unterrühren. Peperonistreifen, Käseraspel, Butter und Erdnusskerne unterrühren.
2. Einen Backrahmen (25 x 25 cm) auf ein Backblech (gefettet, mit Backpapier belegt) stellen. Den Teig hineingeben und glatt streichen. Das Backblech in den Backofen schieben.
   Ober-/Unterhitze: etwa 180 °C (vorgeheizt)
   Heißluft: etwa 160 °C (nicht vorgeheizt)
   Gas: Stufe 2–3 (nicht vorgeheizt)
   Backzeit: etwa 35 Minuten.
3. Den Backrahmen vorsichtig mit einem Messer lösen und entfernen. Das Maisbrot auf einen Kuchenrost legen und erkalten lassen. Maisbrot in Scheiben schneiden.

Maissalat

4 Portionen

250 g Tomaten
1 Dose Gemüsemais (Abtropfgewicht 280 g)
250 g frische, gepulte Krabben

Für die Salatsauce:
1 Zwiebel
2 EL Weißweinessig
Salz, frisch gemahlener Pfeffer
1 Prise Zucker
4 EL Speiseöl
1–2 EL Schnittlauchröllchen
1–2 EL gehackte Petersilie

Zubereitungszeit: 20 Minuten, ohne Durchziehzeit

Insgesamt:
E: 59 g, F: 47 g, Kh: 48 g,
kJ: 3611, kcal: 862

Schnell

1. Tomaten waschen, kreuzweise einschneiden und einige Sekunden in kochendes Wasser legen. Tomaten kurz in kaltes Wasser legen, enthäuten, halbieren, entkernen und Stängelansätze entfernen. Fruchtfleisch in Würfel schneiden. Mais in einem Sieb abtropfen lassen.
2. Für die Sauce Zwiebel abziehen, fein würfeln und mit Essig verrühren, mit Salz, Pfeffer und Zucker würzen. Speiseöl unterschlagen. Schnittlauchröllchen und Petersilie unterrühren.
3. Die Salatsauce mit Tomatenwürfeln, Mais und Krabben vermengen. Den Salat etwas durchziehen lassen, evtl. mit Salz, Pfeffer und Zucker abschmecken.

Tipp:
Den Maissalat auf Friseé-Salatblättern anrichten.

Maissalat

Makkaroniwürfel

8–10 Portionen

120 g Sonnenblumenkerne
2 ½ l Wasser
2 ½ TL Salz
250 g Makkaroni
1 Bund Suppengrün (etwa 550 g)
20 g Butter
2 EL Wasser
Salz, frisch gemahlener Pfeffer
4 Eier (Größe M)
500 ml (½ l) Milch
frisch geriebene Muskatnuss

Zubereitungszeit: 90 Minuten, ohne Abkühlzeit
Garzeit: 45–60 Minuten

Insgesamt:
E: 106 g, F: 127 g, Kh: 220 g, kJ: 10489, kcal: 2507

Gut vorzubereiten

1. Sonnenblumenkerne in einer Pfanne ohne Fett goldbraun rösten, herausnehmen und erkalten lassen.
2. Wasser in einem großen Topf mit geschlossenem Deckel zum Kochen bringen. Dann Salz und Makkaroni zugeben. Die Makkaroni im geöffneten Topf bei mittlerer Hitze nach Packungsanleitung kochen lassen, dabei 4-5-mal umrühren.
3. Anschließend die Makkaroni in ein Sieb geben, mit heißem Wasser abspülen und abtropfen lassen.
4. Suppengrün putzen, waschen, abtropfen lassen und in kleine Würfel schneiden. Butter in einem Topf zerlassen. Gemüsewürfel darin kurz andünsten. Wasser hinzugeben und zugedeckt etwa 10 Minuten dünsten. Mit Salz und Pfeffer würzen.
5. Die Makkaroni auf etwa 24 cm Länge schneiden. Nacheinander jeweils ⅓ der Makkaroni, des Gemüses und der Sonnenblumenkerne in eine rechteckige Auflaufform (gefettet, etwa 24 x 16 cm) füllen. Den Vorgang noch zweimal wiederholen.
6. Eier und Milch verschlagen, mit Salz, Pfeffer und Muskat würzen. Die Eiermilch über die eingeschichteten Zutaten gießen. Die Form auf dem Rost in den Backofen schieben. Den Auflauf garen, bis die Eiermilch gestockt ist.
   Ober-/Unterhitze: etwa 180 °C (vorgeheizt)
   Heißluft: etwa 160 °C (nicht vorgeheizt)
   Gas: Stufe 2–3 (nicht vorgeheizt)
   Garzeit: 45–60 Minuten.
7. Die Form auf einen Rost stellen. Den Auflauf in der Form erkalten lassen.
8. Den Auflauf aus der Form stürzen und in 24 Würfel schneiden. Die Makkaroniwürfel auf einer Platte anrichten.

Tipp:
Die Makkaroniwürfel mit Tomaten-Mayonnaise servieren. Dazu Mayonnaise mit Tomatenketchup verrühren.

Vorbereitungstipp:
Sie können das Gericht bereits am Vortag zubereiten und zugedeckt kalt stellen. Die Masse aber erst kurz vor dem Verzehr in Würfel schneiden.

Makkaroniwürfel

Makrelenfiletaufstrich

12–15 Portionen (etwa 500 g)

450 g geräuchertes Makrelenfilet
2 Frühlingszwiebeln
80 g Delikatessmayonnaise
Saft von 1 Zitrone
frisch gemahlener Pfeffer
2–3 Tropfen Tabasco

Zubereitungszeit: 20 Minuten

Insgesamt:
E: 87 g, F: 120 g, Kh: 8 g,
kJ: 6096, kcal: 1456

Für Gäste

1. Makrelenfilet enthäuten, evtl. vorhandene Gräten entfernen. Filet in Stücke schneiden und mit einer Gabel etwas zerdrücken.
2. Frühlingszwiebeln putzen, waschen, gut abtropfen lassen und in dünne Ringe schneiden.
3. Mayonnaise mit Zitronensaft verrühren, mit den Frühlingszwiebelringen unter die Makrelenmasse rühren. Makrelenfiletaufstrich mit Pfeffer und Tabasco abschmecken.

Brotempfehlung:
Vollkornbaguette.

Makrelenfiletaufstrich

Malzkräcker

Etwa 220 Stück

Für den Knetteig:
200 g Roggenmehl (Type 1150)
200 g gesiebtes Weizenmehl (Type 550)
1 Pck. Sauerteig-Extrakt (15 g, aus dem Reformhaus)
½ gestr. TL gemahlener Koriander
1 gestr. TL Salz
200 ml lauwarmes Wasser
2 EL Obstessig
50 g Gerstenmalz (erhältlich im Reformhaus)

Zubereitungszeit: 90 Minuten, ohne Kühlzeit
Backzeit: 10–15 Minuten je Backblech

Insgesamt:
E: 42 g, F: 6 g, Kh: 323 g,
kJ: 6436, kcal: 1536

Preiswert – für Gäste – gut vorzubereiten

1. Für den Teig Roggen- und Weizenmehl, Sauerteig-Extrakt, Koriander und Salz in einer Rührschüssel mischen. Wasser, Essig und Gerstenmalz hinzufügen. Die Zutaten mit Handrührgerät mit Knethaken zunächst kurz auf niedrigster, dann auf höchster Stufe gut durcharbeiten.
2. Anschließend auf einer bemehlten Arbeitsfläche zu einem glatten Teig verkneten. Den Teig in Folie gewickelt etwa 60 Minuten kalt stellen.
3. Den Teig auf der bemehlten Arbeitsfläche nochmals kurz durchkneten und in mehreren Portionen sehr dünn (etwa 1 mm) ausrollen. Den Teig mit einem Teigrädchen oder Pizzaschneider in Rechtecke (etwa 3 x 4 cm) schneiden und auf Backbleche (gefettet, mit Backpapier belegt) legen. Die Backbleche nacheinander (bei Heißluft zusammen) in den Backofen schieben.
   Ober-/Unterhitze: etwa 180 °C (vorgeheizt)
   Heißluft: etwa 160 °C (vorgeheizt)
   Gas: Stufe 2–3 (vorgeheizt)
   Backzeit: 10–15 Minuten je Backblech.
4. Die Kräcker mit dem Backpapier von den Backblechen auf Kuchenroste ziehen. Kräcker erkalten lassen.

Malzkräcker

Tipp:
Die Kräcker mit Paprikastreifen, Möhrenstiften, Selleriestangen und Radieschen anrichten.

Manchego-Käsewürfel, mariniert

4 Portionen

Für die Marinade:
2 Schalotten
1 Rosmarinzweig
je 1 rote und grüne Chilischote
4 EL Olivenöl
400 g Manchego-Käse (spanischer Käse)
Salz
frisch gemahlener Pfeffer

Zubereitungszeit. 30 Minuten, ohne Durchziehzeit

Insgesamt:
E: 68 g, F: 116 g, Kh: 4 g,
kJ: 5544, kcal: 1324

Einfach – gut vorzubereiten

1. Für die Marinade Schalotten abziehen und in kleine Würfel schneiden. Rosmarinzweig abspülen und trockentupfen. Die Nadeln vom Stängel zupfen. Nadeln klein schneiden. Chilischoten abspülen, trockentupfen, halbieren, entkernen und in sehr kleine Würfel schneiden.

Manchego-Käsewürfel, mariniert

2. Schalottenwürfel mit Rosmarinnadeln, Chiliwürfeln und Olivenöl mischen.
3. Käse in Würfel schneiden, in eine Schüssel geben und mit der Marinade übergießen. Mit Salz und Pfeffer würzen. Käse kalt gestellt etwa 1 Stunde durchziehen lassen.

Beilage:
In Scheiben geschnittenes Baguette oder ein rustikales Roggenbrot.

Tipp:
Servieren Sie zu den Käsewürfeln eingelegte Oliven und frische Gemüsesticks, z. B. Möhren, Staudensellerie und Blumenkohl.

Mandelmedaillons

Mandelmedaillons

4–5 Portionen

800 g Schweinefilet
Salz
frisch gemahlener Pfeffer
1 verschlagenes Ei
75–100 g abgezogene, gehobelte Mandeln
40 g Butterschmalz
Brunnenkresse

Für die Sauce:
2 Tomaten
1 Gewürzgurke (aus dem Glas)
3 EL Salatmayonnaise
2 EL Crème fraîche
frisch gemahlener Pfeffer

Zubereitungszeit: 25 Minuten, ohne Abkühlzeit

Insgesamt:
E: 192 g, F: 126 g, Kh: 13 g,
kJ: 8142, kcal: 1946

Für Gäste

1. Schweinefilet unter fließendem kalten Wasser abspülen, trockentupfen, Haut und Sehnen entfernen. Das Filet in 1 1/2–2 cm dicke Scheiben schneiden, mit Salz und Pfeffer würzen.
2. Die Filetscheiben zunächst in dem verschlagenen Ei, dann in Mandeln wenden, gut andrücken. Butterschmalz in einer Pfanne erhitzen, die Filetscheiben darin von beiden Seiten 5–7 Minuten braten. Die Medaillons herausnehmen und erkalten lassen.
3. Brunnenkresse abspülen, trockentupfen und klein zupfen. Medaillons auf einer Platte anrichten und mit Brunnenkresse garnieren.
4. Für die Sauce Tomaten waschen, kreuzweise einschneiden und einige Sekunden in kochendes Wasser legen. Tomaten kurz in kaltem Wasser abschrecken, enthäuten, halbieren, entkernen und Stängelansätze entfernen. Fruchtfleisch in kleine Würfel schneiden. Gurke ebenfalls klein würfeln.
5. Mayonnaise mit Crème fraîche verrühren. Tomaten- und Gurkenwürfel unterrühren. Die Sauce mit Pfeffer abschmecken und zu den Medaillons reichen.

Beilage:
Toast.

Mangoldsalat mit Schupfnudeln

8–10 Portionen

1,5 kg Mangold
etwa 2 l Salzwasser
50 g Pinienkerne
3 EL Olivenöl
500 g Schupfnudeln (aus dem Kühlregal)
3 Knoblauchzehen
2 rote Zwiebeln

Für die Sauce:
6 EL Balsamico-Essig
Salz
etwas Zucker
frisch gemahlener, schwarzer Pfeffer
100 ml Olivenöl

400 g Räucherlachs am Stück

Zubereitungszeit: 60 Minuten, ohne Abkühlzeit

Insgesamt:
E: 133 g, F: 191 g, Kh: 196 g,
kJ: 12820, kcal: 3056

Raffiniert

1. Mangold putzen, waschen und abtropfen lassen. Die Stiele evtl. abziehen. Stiele in 2–3 cm große Stücke schneiden und beiseite legen. Die Blätter in ebenso große Stücke schneiden. Mangoldstiele etwa 3 Minuten in kochendem Salzwasser garen, dann die Blätter hinzufügen und weitere 2 Minuten kochen lassen. Mangold in ein Sieb geben, mit kaltem Wasser übergießen und abtropfen lassen.
2. Pinienkerne in einer Pfanne ohne Fett unter mehrmaligem Wenden goldbraun rösten und in eine Salatschüssel geben.
3. Olivenöl in der Pfanne erhitzen und die Schupfnudeln etwa 3 Minuten darin anbraten. Knoblauch abziehen, fein hacken, zum Ende der Garzeit zu den Schupfnudeln geben, kurz mit anrösten und erkalten lassen.
4. Mangold zu den Pinienkernen geben. Zwiebeln abziehen, in kleine Würfel schneiden und unterheben.
5. Für die Sauce Essig mit Salz, Zucker und Pfeffer verrühren, Olivenöl unterschlagen. Die Sauce mit den Salatzutaten vermengen.
6. Räucherlachs in kleine Stücke teilen, mit den Schupfnudeln unter den Mangold heben, Salat abschmecken und sofort servieren.

Mangoldsalat mit Schupfnudeln

Marshmallow-Kuppel

Marshmallow-Kuppel

4 Portionen

100 g weiße Mini-Marshmallows
50 g Zartbitterschokolade
1 Pck. Mousse au Chocolat
250 ml (1/4 l) Milch

Für die Himbeersahne:

125 ml (1/8 l) Schlagsahne
6-8 EL Himbeersirup

Zubereitungszeit: 20 Minuten, ohne Kühlzeit

Insgesamt:

E: 26 g, F: 73 g, Kh: 258 g,
kJ: 7699, kcal: 1838

Für Kinder

1. Für die Kuppel eine runde Schüssel (etwa 800 ml Inhalt) mit Marshmallows auslegen. Die Hälfte der Schokolade hacken.
2. Mousse au Chocolat mit Milch nach Packungsanleitung zubereiten. Die gehackte Schokolade unterheben. Die Mousse in die Schüssel füllen und mindestens 2 Stunden kalt stellen.
3. Die Mousse auf eine Platte stürzen. Die restliche Schokolade in einem kleinen Topf im Wasserbad bei schwacher Hitze zu einer geschmeidigen Masse verrühren. Die Schokolade mit Hilfe eines Löffel auf die Marshmallows träufeln.
4. Für die Himbeersahne Sahne steif schlagen, 2 Esslöffel Himbeersirup unterheben. Die Himbeersahne und den restlichen Himbeersirup zu der Kuppel servieren.

Matjes-Palette

8 Portionen

Für das Matjes-Tatar:

4 Matjesfilets
10 Kapern (aus dem Glas)
1 Gewürzgurke (aus dem Glas)
1 Schalotte
frisch gemahlener Pfeffer

Für Matjes in Chili:

4 Matjesfilets
2 milde Peperoni
4 EL süße Chilisauce

Für Matjes mit Pfeffercreme:

4 Matjesfilets
4 EL Crème fraîche
1 TL eingelegte, grüne Pfefferkörner

Für Matjes mit Pfifferlingen:

4 Matjesfilets
1 kleines Glas Pfifferlinge (Einwaage etwa 150 g)
2 EL kleine Perlzwiebeln (aus dem Glas)
2 EL Sherry-Essig

Für Matjes mit Dill:
4 Matjesfilets
$^{1}/_{2}$ Bund Dill
100 g Champignons
frisch gemahlener Pfeffer
1 EL Weißweinessig

Zum Garnieren:
Kopfsalatblätter
Radicchioblätter
Gewürzgurkenscheiben

Zubereitungszeit: 40 Minuten, ohne Durchziehzeit

Insgesamt:
E: 266 g, F: 250 g, Kh: 27 g,
kJ: 14273, kcal: 3407

Für Gäste

1. Für das Matjes-Tatar Matjes, Kapern und Gewürzgurke klein hacken. Schalotte abziehen, in kleine Würfel schneiden und untermengen, mit Pfeffer abschmecken.
2. Für Matjes in Chili Matjes in kleine Würfel schneiden. Peperoni abspülen, trockentupfen und entstielen. Peperoni klein würfeln. Matjes- und Peperoniwürfel mit der Chilisauce vermengen.
3. Für Matjes mit Pfeffercreme Matjes in kleine Würfel schneiden, mit Crème fraîche und Pfefferkörnern vermengen.
4. Für Matjes mit Pfifferlingen Matjes in kleine Würfel schneiden. Pfifferlinge abtropfen lassen. Matjeswürfel mit den Pfifferlingen und Perlzwiebeln mischen, mit Essig und Pfeffer abschmecken.
5. Für Matjes mit Dill Matjes klein würfeln. Dill abspülen und trockentupfen. Die Spitzen von den Stängeln zupfen, Spitzen klein hacken. Champignons putzen, mit Küchenpapier abreiben, evtl. abspülen, trockentupfen und in Scheiben schneiden. Matjeswürfel mit Dill und Champignonscheiben mischen, mit Pfeffer und Essig pikant abschmecken.
6. Die vorbereiteten Matjessalate zugedeckt etwa 1 Stunde kalt stellen. Matjessalate auf Salatblättern anrichten, mit Gurkenscheiben und Dillspitzen garnieren.

Tipp:
Frisches Bauernbrot und Butter dazu reichen.

Matjes-Palette

Matjessalat

4 Portionen

6 Matjesfilets (je etwa 70 g)
250 ml (1/4 l) Mineralwasser

2 Zwiebeln
2–3 Gewürzgurken (aus dem Glas)
175 g Champignonscheiben (aus dem Glas)

Für die Salatsauce:
1 Becher (150 g) Crème fraîche
1–2 EL Naturjoghurt
1–2 TL geriebener Meerrettich

vorbereitete Salatblätter

Zubereitungszeit: 30 Minuten, ohne Wässerungs- und Durchziehzeit

Insgesamt:
E: 87 g, F: 112 g, Kh: 18 g,
kJ: 5999, kcal: 1436

Gut vorzubereiten

Rezeptvorschläge für ein rustikales Buffet

Für ein rustikales Buffet benötigen Sie für 10–12 Personen:
2 x Rezept **Leberwurst-Radieschen-Flirt** Seite 229
1 x Rezept **Käseschnittchen, gemischt** Seite 190
2 x Rezept **Matjessalat** Seite 240
4 x Rezept **Fleischbällchen** mit Gemüse Seite 106
1 x Rezept **Schweizer Roggenbrotringe** Seite 347

Außerdem:
z. B. Pikant eingekochter Kürbis Seite 214 oder Senfgurken Seite 349

Vorbereitungen am Vortag:
- Schnittlauchbutter für die Käseschnittchen zubereiten.
- Matjessalat zubereiten und kalt stellen.

Vorbereitungen am Tag des Buffets:
6 Stunden vorher:
- Fleischbällchen mit Sauce zubereiten.
- Roggenbrotringe zubereiten und backen.

2 Stunden vorher:
- Brotscheiben für den Leberwurst-Radieschen-Flirt zubereiten.
- Käseschnittchen belegen.
- Fleischbällchen anrichten.

Es eignen sich auch folgende zusätzliche Rezepte:
1 x Rezept **Fischerschnittchen** Seite 96
2 x Rezept **Käseschnittchen, gerollt** Seite 191
2 x Rezept **Wachtelbohnensalat** Seite 402
3 x Rezept **Mettbällchen mit Senfsauce** Seite 246
2 x Rezept **Kräuterbrötchen** Seite 207

1. Matjesfilets unter fließendem kalten Wasser abspülen, in eine flache Schale legen und mit Mineralwasser übergießen. Matjesfilets 1 Stunde wässern, herausnehmen, trockentupfen und in 3–4 cm große Stücke schneiden.
2. Zwiebeln abziehen, zuerst in Scheiben schneiden, dann in Ringe teilen. Gewürzgurken abtropfen lassen und in Scheiben schneiden. Champignonscheiben in einem Sieb abtropfen lassen. Die vorbereiteten Salatzutaten in einer Schüssel mischen.
3. Für die Sauce Crème fraîche mit Joghurt und Meerrettich verrühren, mit den Salatzutaten vermengen. Salat etwas durchziehen lassen.
4. Salat in einer flachen Schale anrichten und mit Salatblättern garnieren.

Tipp:
Als Vorspeise reicht dieses Rezept für 8 Personen. Reichen Sie dann gebuttertes Schwarzbrot dazu.

Mayonnaise

Etwa 160 g

1 Eigelb (Größe M)
1–2 TL Weißweinessig oder Zitronensaft
Salz
½–1 TL mittelscharfer Senf
125 ml (⅛ l) Speiseöl, z. B. Sonnenblumenöl

Zubereitungszeit: etwa 10 Minuten

Insgesamt:
E: 4 g, F: 131 g, Kh: 0 g, kJ: 4934, kcal: 1178

Schnell

1. Eigelb mit Essig oder Zitronensaft, Salz und Senf in einer Rührschüssel mit einem Schneebesen oder einem Handrührgerät mit Rührbesen zu einer dicklichen Masse aufschlagen.
2. Speiseöl in Mengen von 1–2 Esslöffeln nach und nach darunter schlagen (bei dieser Zubereitung ist es nicht notwendig, das Öl tropfenweise zuzusetzen, die an das Eigelb gegebenen Gewürze verhindern eine Gerinnung).

Verwendung:
Die Mayonnaise eignet sich als Grundlage für kalte Saucen und Dips, zu Fondue oder als Brotaufstrich für Sandwiches.

Tipp:
Die Zutaten für die Mayonnaise sollten ungefähr die gleiche Temperatur haben, damit sich alle Zutaten gut verbinden. Sollte die Mayonnaise geronnen sein, nochmals 1 Eigelb mit Essig oder Zitronensaft verrühren und die Mayonnaise nach und nach unterrühren.

Hinweis:
Nur ganz frische Eier verwenden, die nicht älter als 5 Tage sind (Legedatum beachten!). Die fertige Mayonnaise im Kühlschrank aufbewahren und innerhalb von 24 Stunden verzehren.

Abwandlung 1:
Für eine **leichte Mayonnaise** (Foto oben) die Mayonnaise wie oben angegeben, aber nur mit 5 Esslöffeln Speiseöl zubereiten. Zum Schluss 4 Esslöffel Speisequark (Magerstufe) mit 1 Esslöffel Schlagsahne verrühren und unter die Mayonnaise rühren. Eventuell mit ½ abgezogenen, durchgepressten Knoblauchzehe würzen.

Abwandlung 2:
Für eine **kalte Currysauce** (Foto links unten) die Mayonnaise wie oben angegeben zubereiten und mit 1–2 Teelöffeln Currypulver und 150 g Naturjoghurt (3,5 % Fett) oder Dickmilch verrühren. Für eine süße Currysauce zusätzlich noch 1–2 Esslöffel durch ein Sieb gestrichene Aprikosenkonfitüre unterrühren.

Abwandlung 3:
Für eine **Remouladensauce** (Foto rechts Mitte) 2 hart gekochte Eier pellen, Eigelb durch ein Sieb streichen und Eiweiß klein hacken. Das Eigelb mit dem rohen Eigelb verrühren und die Mayonnaise wie oben angegeben zubereiten. Zum Schluss 1 mittelgroße, fein gewürfelte Gewürzgurke, 2 Esslöffel gehackte Kräuter (z. B. Petersilie, Schnittlauch, Dill, Kerbel, Kresse), 1 Teelöffel abgetropfte, gehackte Kapern und das gehackte Eiweiß unterrühren. Die Remouladensauce mit Salz, Pfeffer und Zucker abschmecken.

Abwandlung 4:
Für eine **Sauce tatare** (Foto links Mitte) 4 Schalotten oder kleine Zwiebeln abziehen, fein würfeln und mit 2 Teelöffeln abgetropften, gehackten Kapern, 2 Esslöffeln gehackten Kräutern (z. B. Petersilie, Dill, Kerbel) unter die Mayonnaise rühren. Mit Salz abschmecken.

Mayonnaise

Melone mit Geflügelsalat

4 Portionen

1 Wassermelone (etwa 800 g)
250 g gekochtes Geflügelfleisch
250 g Champignons
1 EL Butter
Salz
frisch gemahlener Pfeffer
Zitronensaft
2 EL Salatmayonnaise

vorbereitete Minzeblättchen

Zubereitungszeit: 40 Minuten, ohne Kühlzeit

Insgesamt:
E: 68 g, F: 45 g, Kh: 15 g,
kJ: 3092, kcal: 739

Für Gäste

1. Melone waschen, abtrocknen und in 4 gleich große Schiffchen schneiden. Das Fruchtfleisch mit einem Löffel so aus der Schale lösen, dass jeweils ein etwa 1 cm breiter Rand stehen bleibt. Melonenschiffchen kalt stellen.
2. Das ausgelöste Melonenfleisch entkernen, in kleine Stücke schneiden und gut abtropfen lassen.
3. Geflügelfleisch evtl. enthäuten und in Würfel schneiden. Champignons putzen, mit Küchenpapier abreiben, evtl. kurz abspülen, trockentupfen und in dünne Scheiben schneiden.
4. Butter in einer Pfanne zerlassen, Champignonscheiben hinzufügen und etwa 5 Minuten dünsten, mit Salz, Pfeffer und Zitronensaft würzen. Champignonscheiben herausnehmen und erkalten lassen.
5. Melonenstücke, Geflügelfleischwürfel und Champignonscheiben mit der Salatmayonnaise vermengen.
6. Den Salat auf den kalt gestellten Melonen-Schiffchen verteilen und mit Minzeblättchen garnieren.

Tipp:
Die Salatzutaten mit einigen Tropfen Worcestersauce oder Tabasco würzen, bevor die Mayonnaise untergehoben wird.

Melone mit Geflügelsalat

Melonen mit Eisteegelee

4 Portionen

1 Bio-Limette (unbehandelt, ungewachst)
4 EL Zucker
500 ml (1/2 l) Eistee mit Zitronengeschmack (Fertigprodukt)
7 Blatt weiße Gelatine
1 Pck. Saucenpulver Vanille-Geschmack (zum Kochen)
500 ml (1/2 l) Milch
2 Charentais- oder Cantaloupe-Melonen

Zubereitungszeit: 30 Minuten, ohne Kühlzeit

Insgesamt:
E: 27 g, F: 16 g, Kh: 158 g,
kJ: 3962, kcal: 945

Raffiniert

1. Die Limette heiß abwaschen, abtrocknen und halbieren. 1 Limettenhälfte auspressen. 2 Esslöffel Limettensaft und 2 Esslöffel des Zuckers mit dem Eistee verrühren. Gelatine in 250 ml (1/4 l) Eistee etwa 10 Minuten einweichen.
2. Gelatine in dem Eistee unter Rühren so lange erhitzen (nicht kochen), bis sie völlig gelöst ist. Den restlichen Eistee hinzugießen und unterrühren.

Melonen mit Eisteegelee

Die Flüssigkeit in eine flache, rechteckige Form gießen und mindestens 3 Stunden kalt stellen.

3. Aus Saucenpulver, Milch und restlichem Zucker nach Packungsanleitung eine Vanillesauce kochen und erkalten lassen.
4. Die Melonen waagerecht halbieren und die Kerne mit einem Löffel herauskratzen. Die zweite Limettenhälfte in Scheiben schneiden.
5. Die Form mit dem Teegelee kurz in heißes Wasser tauchen. Teegelee aus der Form stürzen und in Würfel schneiden. Die Geleewürfel und etwas Vanillesauce in die Melonenhälften füllen und mit Limettenscheiben garnieren. Mit der restlichen Vanillesauce servieren.

Abwandlung:
Wer keinen fertig gekauften Eistee verwenden möchte, kann natürlich den Eistee aus schwarzem Tee mit etwas Zitronensaft und -schale selbst zubereiten.

Tipp:
Cantalupe-Melonen sind nach der gleichnamigen Ortschaft nahe Rom benannt. Es sind relativ kleine Zuckermelonen, die eine stark warzig-wulstige, weiße bis gelbliche oder blaugrüne Schale mit dunkelgrünen Längsstreifen haben. Ihr gelboranges bis rotes Fruchtfleisch ist süß und sehr aromatisch. Sie sind sehr empfindlich, so dass sie nicht lange gelagert werden können. Charentais ist die feinste Cantalupe-Melonen-Sorte aus Frankreich.

Melonen-Paprika-Chutney

Etwa 6 Gläser (je 200 ml)

1 Honigmelone, Fruchtfleisch 500 g (vorbereitet gewogen)
2 rote Paprikaschoten, 300 g (vorbereitet gewogen)
1–2 Orangen, 150 g Orangenfilets (vorbereitet gewogen)
100 g Rosinen
200 ml Obstessig
300 ml Orangensaft
½ Pck. (250 g) Super Gelier Zucker
1 TL Senfkörner
Salz, frisch gemahlener Pfeffer
Paprikapulver rosenscharf

Zubereitungszeit: 60 Minuten

Insgesamt:
E: 10 g, F: 4 g, Kh: 429 g,
kJ: 8103, kcal: 1923
Dauert länger

1. Honigmelone halbieren und die Kerne mit einem Löffel herausnehmen. Melonenhälften in kleine Spalten schneiden, die Schale abschneiden. Das Fruchtfleisch in kleine Würfel schneiden und abwiegen (500 g).
2. Paprika halbieren, entstielen, entkernen und die weißen Scheidewände entfernen. Schoten waschen, trockentupfen, in sehr kleine Würfel schneiden und abwiegen (300 g). Orangen so schälen, dass die weiße Haut mit entfernt wird. Filets herausschneiden und abwiegen (150 g).
3. Die vorbereiteten Zutaten mit Rosinen, Obstessig, Orangensaft, Super Gelier Zucker und Senfkörnern in einem Topf zum Kochen bringen und etwa 5 Minuten kochen lassen, dabei ab und zu umrühren.
4. Chutney mit Salz, Pfeffer und Paprika abschmecken, sofort randvoll in gründlich gereinigte und gespülte Gläser füllen, mit Twist-off-Deckeln® verschließen, umdrehen und etwa 5 Minuten auf den Deckeln stehen lassen. Gläser wieder umdrehen.

Melonen-Paprika-Chutney

Melonensalat mit Vanillequark

Melonensalat mit Vanillequark

4 Portionen

4 kleine Netzmelonen
4 rote Johannisbeerrispen
500 g Speisequark (20 % Fett)
1 Vanilleschote
1–2 EL Zucker
Saft von einer Zitrone

Zubereitungszeit: 25 Minuten, ohne Kühlzeit

Insgesamt:
E: 60 g, F: 25 g, Kh: 229 g,
kJ: 6388, kcal: 1530

Schnell – einfach

1. Die Melonen im oberen Drittel ringsherum bis zur Mitte zickzackförmig einschneiden und den oberen Teil abheben. Kerne mit einem Löffel herausschaben. Das Fruchtfleisch mit einem Kugelausstecher herausstechen bzw. die Melonen mit einem Löffel aushöhlen. Das Fruchtfleisch in Würfel schneiden. Ausgehöhlte Melonen kalt stellen.
2. Johannisbeerrispen abspülen und trockentupfen. Quark in eine Schüssel geben. Vanilleschote der Länge nach aufschlitzen und das Vanillemark herausschaben. Vanillemark mit dem Zucker unter den Quark rühren. Vanillequark mit Zitronensaft abschmecken.
3. Melonenkugeln bzw. Melonenwürfel in die ausgehöhlten Melonen füllen. Je eine Quarkhaube darauf setzen. Mit Johannisbeerrispen garnieren.

Melonensalat, erfrischend

4 Portionen

Für den Salat:
1/2 Cantaloupe-Melone (etwa 600 g)
1/2 Galia-Melone (etwa 600 g)
1/4 Wassermelone (etwa 800 g)

Für das Salatdressing:
4 EL Orangensaft
2 EL Zitronensaft
2 EL weißer Portwein
1–2 EL brauner Zucker

400 g Gouda-Käse
Zitronenmelisseblättchen

Zubereitungszeit: 25 Minuten

Insgesamt:
E: 108 g, F: 104 g, Kh: 88 g,
kJ: 7416, kcal: 1768

Mit Alkohol

1. Cantaloupe- und Galia-Melone entkernen. Das Fruchtfleisch aus den Schalen lösen. Jeweils 8 oder 12 sehr dünne Spalten abschneiden und zum

Melonensalat, erfrischend

Garnieren beiseite legen. Restliches Melonenfleisch in mundgerechte Stücke schneiden. Das Fruchtfleisch der Wassermelone ebenfalls aus der Schale lösen, entkernen und in Stücke schneiden. Melonenstücke in eine Schüssel geben.

2. Für das Dressing Orangensaft mit Zitronensaft, Portwein und Zucker verrühren. Die Melonenstücke mit dem Dressing übergießen.
3. Käse entrinden, in etwa 1 x 1 cm große Würfel schneiden und unter die Melonenstücke heben. Melisseblättchen abspülen und trockentupfen. Die beiseite gelegten Melonenspalten fächerartig auf den Tellerrand von 4 Tellern legen. Den Melonensalat darauf anrichten und mit Melisseblättchen garnieren.

Melonensuppe

8–10 Portionen

3 reife Honigmelonen (etwa 3 kg)
1 l Multivitaminsaft
400 ml Gemüsefond
100 ml Portwein
20 g Speisestärke
etwas Wasser
150 g Serrano-Schinken
einige Stängel Minze

Zubereitungszeit: 50 Minuten, ohne Kühlzeit

Insgesamt:
E: 59 g, F: 11 g, Kh: 280 g, kJ: 6700, kcal: 1583

Raffiniert – mit Alkohol

Melonensuppe

1. Melonen halbieren, die Kerne mit einem Löffel herausschaben. Das Fruchtfleisch aus der Schale lösen, in Stücke schneiden, in einen hohen Rührbecher geben und mit einem Mixstab pürieren.
2. Melonenpüree in einen Topf geben, Multivitaminsaft und Gemüsefond hinzugießen, zum Kochen bringen. Portwein hinzufügen.
3. Speisestärke mit Wasser anrühren, in die Suppe einrühren und unter Rühren einmal aufkochen lassen. Den Topf von der Kochstelle nehmen. Die Suppe erkalten lassen.
4. Schinken in kleine Würfel schneiden. Minze abspülen und trockentupfen. Die Blättchen von den Stängeln zupfen. Blättchen in Streifen schneiden.
5. Vor dem Servieren Schinkenwürfel und Minzestreifen unter die Suppe rühren.

Tipp:
Nach Belieben die Suppe mit etwas gemahlenem Zimt würzen. Sie können die Suppe bereits am Vortag bis einschließlich Punkt 3 zubereiten.

Mettbällchen mit Senfsauce

Mettbällchen mit Senfsauce

36 Stück

3 Scheiben Toastbrot
1 Bund Frühlingszwiebeln
1 Bund Dill
500 g Thüringer Mett (gewürztes Schweinegehacktes)
3 TL mittelscharfer Senf
1 Ei (Größe M)
Salz
frisch gemahlener Pfeffer
250 ml (1/4 l) Speiseöl
1 geh. TL körniger Senf
50 g flüssiger Honig
100 g Vollmilchjoghurt

Zubereitungszeit: 60 Minuten, ohne Abkühlzeit

Insgesamt:
E: 108 g, F: 331 g, Kh: 94 g, kJ: 15766, kcal: 3768

Raffiniert

1. Toastbrot entrinden und in kaltem Wasser einweichen. Frühlingszwiebeln putzen, waschen, abtropfen lassen und fein hacken. Dill abspülen und trockentupfen. Einige Zweige zum Garnieren beiseite legen. Die restlichen Spitzen von den Stängeln zupfen und hacken.
2. Toastbrot ausdrücken, mit Frühlingszwiebelstückchen, der Hälfte des gehackten Dills, Thüringer Mett, 1 gehäuften Teelöffel mittelscharfen Senf und Ei verkneten, mit Salz und Pfeffer abschmecken. Aus der Fleischmasse mit angefeuchteten Händen 36 Bällchen formen.
3. Fünf Esslöffel des Speiseöls in einer Pfanne erhitzen. Die Mettbällchen portionsweise darin rundherum etwa 15 Minuten braten. Bällchen aus der Pfanne nehmen und erkalten lassen.
4. Den restlichen mittelscharfen Senf mit dem körnigen Senf und Honig verrühren. Restliches Speiseöl zuerst tropfenweise, dann in einem dünnen Strahl unterschlagen. Joghurt und restlichen gehackten Dill unterrühren. Die Sauce mit Salz und Pfeffer würzen.
5. Die Mettbällchen mit der Sauce anrichten und mit den beiseite gelegten Dillzweigen garnieren.

Mexikanisches Chutney

Etwa 700 ml

2 Gemüsezwiebeln (etwa 500 g)
je 1 rote und grüne Paprikaschote (je etwa 150 g)
3 Knoblauchzehen
1 TL Salz
2 Chilischoten
125 ml (1/8 l) Weißweinessig
250 g Extra-Gelierzucker (3 : 1)
1 TL Currypulver
1 EL Weinbrand
2 EL Schnittlauchröllchen

Zubereitungszeit: 45 Minuten

Insgesamt:
E: 11 g, F: 3 g, Kh: 283 g,
kJ: 5338, kcal: 1259

Gut vorzubereiten – mit Alkohol

1. Zwiebeln abziehen und in Würfel oder Streifen schneiden. Paprika halbieren, entstielen, entkernen und die weißen Scheidewände entfernen. Die Schoten waschen, trockentupfen und in kleine Würfel schneiden.
2. Knoblauch abziehen, mit Salz in einem Mörser zu einer Paste zerreiben. Chilischoten waschen, trockentupfen, längs halbieren, entkernen und fein würfeln.
3. Zwiebelwürfel oder -streifen, Paprika-, Chiliwürfel und Knoblauchpaste mit Essig, Gelierzucker und Curry in einen Kochtopf geben. Die Zutaten unter Rühren zum Kochen bringen und etwa 10 Minuten unter mehrmaligem Rühren kochen lassen. Den Topf von der Kochstelle nehmen. Weinbrand und Schnittlauchröllchen unterrühren.
4. Chutney sofort in vorbereitete Gläser füllen, mit Twist-off-Deckeln® verschließen, umdrehen und etwa 5 Minuten auf den Deckeln stehen lassen. Gläser wieder umdrehen.

Mexikanisches Chutney

Rezeptvorschläge für einen Karaoke-Abend

Für ein Karaoke-Buffet benötigen Sie für 10–12 Personen:

2 x Rezept **Griechisches Fladenbrot** Seite 139
2 x Rezept **Mexikanisches Chutney** Seite 246
3 x Rezept **Käse-Dip mit Oliven** Seite 182
1,5 x Rezept **Nudelsalat mit Gemüse** Seite 258
3 x Rezept **Orangen-Kokos-Tiramisu** Seite 267

Außerdem:

18 Hähnchenkeulen
etwa 2 kg Gemüse zum Dippen, z.B. Möhren und Staudensellerie
Brotchips oder Taco-Chips zum Dippen.

Vorbereitungen am Vortag:

- Mexikanisches Chutney kochen und kalt stellen (es muss bei dieser kurzen Lagerzeit nicht in Gläser mit Twist-off-Deckeln gefüllt werden).
- Käse-Dip zubereiten und kalt stellen.

Vorbereitungen am Tag des Buffets:

6–8 Stunden vorher:	• Griechische Fladenbrote zubereiten.
5 Stunden vorher:	• Hähnchenkeulen waschen, trockentupfen, rundherum mit Salz und Pfeffer einreiben, in eine gefettete Fettfangschale legen und im vorgeheizten Backofen bei etwa 200 °C Ober-Unterhitze/Heißluft: etwa 180 °C/ Gas Stufe 3-4 etwa 30 Minuten garen.
	• Hähnchenkeulen erkalten lassen und auf einer Platte anrichten.
4 Stunden vorher:	• Gemüse zum Dippen waschen, Möhren schälen, von den Staudensellerie die harten Außenfäden ziehen, Gemüse in Frischhaltefolie wickeln und bis zum Buffet kühlen.
	• Nudelsalat mit Gemüse zubereiten und kalt stellen.
3 Stunden vorher:	• Orangen-Kokos-Tiramisu zubereiten und kalt stellen.
Kurz vorher:	• Chips zum Dippen anrichten.

Es eignen sich auch folgende zusätzliche Rezepte:

2 x Rezept **Sesambrot** Seite...
2 x Rezept **Reismehl-Kräcker** Seite 307
3 x Rezept **Ingwer-Chutney-Dip** Seite 164
2 x Rezept **Mustard-Relish** Seite 257
4 x Rezept **Ingwer-Tee-Eier** Seite 165
plus etwa 3 kg Gemüse zum Dippen und etwa 2 kg gemischter Bratenaufschnitt.

Rezeptvorschläge für ein euro-asiatisches Buffet

Für ein euro-asiatisches Buffet benötigen Sie für 10–12 Personen:

1 x Rezept **Gemüsesalat, süß-sauer** Seite 130
3 x Rezept **Garnelen-Paprika-Salat** Seite 123
2 x Rezept **Eiersalat mit frittierten Möhren** Seite 78
3 x Rezept **Mini-Burger „Madras Style" mit insgesamt 24 Brötchen** Seite 248
3 x Rezept **Obstsalat, klassisch** Seite 262

Außerdem:

- Nach Belieben fertig gekauftes Kroepoek (würzige indonesische Chips mit gemahlenen Krabben) und 1–2 Weißbrote

Vorbereitungen am Vortag:

- Gemüse für den Gemüsesalat süß-sauer dünsten, Ananas zum Chutney geben.
- Für den Garnelen-Paprika-Salat Garnelen im Kühlschrank auftauen lassen, Sauce zubereiten.
- Für den Eiersalat mit frittierten Möhren Eier kochen und abschrecken, Sauce zubereiten, beides kühl stellen.

Vorbereitungen am Tag des Buffets:

5 Stunden vorher:	• 24 Frikadellen für die Mini-Burger braten, Sauce zubereiten. Burger fertig stellen.
3 Stunden vorher:	• Den Gemüsesalat süß-sauer und den Garnelen-Paprika-Salat fertig stellen.
2 Stunde vorher:	• Obstsalat zubereiten. Kroepoek anrichten, Weißbrot aufschneiden.
1–2 Stunden vorher:	• Restliche Zutaten für den Eiersalat vorbereiten, Möhren frittieren. Salat anrichten.

Es eignen sich auch folgende zusätzliche Rezepte:

2 x Rezept **Chinesische Sauce** Seite 57
zusätzlich besorgen: 600 g kalter Schweinebratenaufschnitt
1 x Rezept **Mixed Pickles** Seite 252
2 x Rezept **Rotkohlsalat mit Sesam und Tofubröseln** Seite 317
2 x Rezept **Reisnudelsalat mit Hähnchenbruststreifen** Seite 308
3 x Rezept **Sesamfladen** Seite 352
2 x Rezept **Schichtdessert** Seite 330

Mini-Burger „Madras Style"

12 Mini-Burger

Zum Vorbereiten:

6 kleine Scheiben Ananas (aus der Dose)

Für die Hamburger:

600 g Gehacktes (halb Rind-, halb Schweinefleisch)
Salz, frisch gemahlener Pfeffer

Für die Sauce:

1 Zwiebel
1 Banane
4 EL Speiseöl
1 TL Currypulver
200 ml Schlagsahne
etwas Ananassaft

12 kleine Hamburger Brötchen

evtl. Minzeblättchen zum Garnieren

Zubereitungszeit: 30 Minuten, ohne Abkühl- und Aufbackzeit

Insgesamt:

E: 162 g, F: 212 g, Kh: 348 g,
kJ: 16669, kcal: 3981

Einfach

1. Zum Vorbereiten Ananasscheiben in einem Sieb abtropfen lassen und den Saft dabei auffangen.
2. Gehacktes in eine Schüssel geben, mit Salz und Pfeffer würzen. Aus der Hackfleischmasse mit angefeuchteten Händen 12 kleine Hamburger formen.
3. Für die Sauce Zwiebel abziehen und Banane schälen. Zwiebel und Banane in Würfel schneiden.

Mini-Burger „Madras Style"

4. Zwei Esslöffel Speiseöl in einem kleinen Topf erhitzen, Zwiebel- und Bananenwürfel darin andünsten, mit Curry bestäuben. Sahne und Ananassaft hinzugießen, zum Kochen bringen und etwa 10 Minuten unter gelegentlichem Umrühren kochen lassen. Sauce erkalten lassen.
5. Hamburger Brötchen halbieren und im vorgeheizten Backofen bei Ober-/ Unterhitze: etwa 100 °C, Heißluft: etwa 80 °C, Gas: etwa Stufe 1 erwärmen.
6. Restliches Speiseöl in einer Pfanne erhitzen. Hamburger von allen Seiten darin anbraten, herausnehmen und erkalten lassen. Ananasscheiben in der Pfanne kurz anbraten, herausnehmen und ebenfalls erkalten lassen.
7. Die Hamburger auf die unteren Brötchenhälften legen, mit je einer halben Ananasscheibe garnieren, etwas Currysauce darauf geben und mit der zweiten Brötchenhälfte belegen. Nach Belieben mit Minzeblättchen garnieren.
8. Die restliche Currysauce dazu reichen.

Mini-Charlotten

4 Portionen

150 ml Schlagsahne
130 g Sahne-Crème-Schokolade
150 g Keksröllchen
100 g in Alkohol eingelegte Früchte (Fertigprodukt)
4 Kugeln Vanilleeis

Zubereitungszeit: 25 Minuten, ohne Kühlzeit

Insgesamt:
E: 25 g, F: 102 g, Kh: 233 g, kJ: 8562, kcal: 2046

Für Gäste – mit Alkohol

1. Die Sahne in einem Topf erwärmen. 100 g Schokolade in Stücke brechen und in der Sahne unter Rühren bei schwacher Hitze auflösen (nicht kochen!). Die Schokoladensahne zugedeckt mindestens 3 Stunden kalt stellen.
2. Die Keksröllchen mit einem Brotmesser quer halbieren. Röllchen aufrecht an den Außenrand von 4 runden Auflaufförmchen oder Tassen (Ø etwa 8 cm, Boden innen gefettet) stellen.
3. Die Schokoladensahne mit Handrührgerät mit Rührbesen steif schlagen, in die Förmchen füllen und mindestens 2 Stunden kalt stellen.
4. Die Förmchen kurz in heißes Wasser tauchen und die Mini-Charlotten vorsichtig auf 4 Teller stürzen. Die eingelegten Früchte auf den Tellern verteilen.
5. Restliche Schokolade mit einem Sparschäler hobeln und auf den Charlotten verteilen. Die Mini-Charlotten mit je 1 Kugel Vanilleeis servieren.

Tipp:
Anstelle der fertig gekauften, in Alkohol eingelegten Früchte die Mini-Charlotten mit in Rotwein gedünsteten Birnen oder gemischten frischen Früchten, z. B. Himbeeren, Erdbeeren oder in Scheiben geschnittenen Kiwis servieren.

Mini-Charlotten

Minicrêpes, gefüllt

24 Stück

Für den Teig:

75 g Butter
180 g Weizenmehl
4 Eier (Größe M)
1/2 TL Salz
375 ml (3/8 l) Milch

Für den Salat:

2 Dosen Kidneybohnen (Abtropfgewicht je 250 g)
2 Dosen weiße Riesenbohnen (Abtropfgewicht je 250 g)
1 Zwiebel
200 g geräucherter Putenbrustaufschnitt
1 Bund Estragon
4 EL weißer Balsamico-Essig
2 TL körniger Senf
Salz
frisch gemahlener Pfeffer
Cayennepfeffer
5 EL Olivenöl

Zum Backen:

5 EL Speiseöl

Zubereitungszeit: 90 Minuten

Insgesamt:

E: 158 g, F: 209 g, Kh: 272 g, kJ: 15281, kcal: 3648

Dauert länger

1. Für den Teig Butter zerlassen. Mehl in eine Rührschüssel sieben. Eier, Salz und Milch hinzufügen. Die Zutaten mit Handrührgerät mit Rührbesen zu einem glatten Teig verrühren. Butter unterrühren. Den Teig bis zur weiteren Verwendung stehen lassen.
2. Für den Salat beide Bohnensorten in ein Sieb geben, kalt abspülen und abtropfen lassen. Zwiebel abziehen und in kleine Würfel schneiden. Putenbrustaufschnitt in kleine Würfel schneiden. Estragon abspülen und trockentupfen. Die Blättchen von den Stängeln zupfen (einige Blättchen beiseite legen), Blättchen klein schneiden.
3. Essig, Senf, Salz, Pfeffer und Cayennepfeffer in einer Schüssel verrühren. Olivenöl unterschlagen. Bohnen, Estragon, Zwiebel- und Putenbrustwürfel hinzufügen und untermischen.
4. Jeweils etwas von dem Speiseöl in einer beschichteten Pfanne (Ø etwa 15 cm) erhitzen. Aus dem Teig nacheinander 24 dünne Crêpes backen.
5. Den Salat nochmals abschmecken. Die Crêpes zu Tüten formen und mit dem Salat füllen. Mit den beiseite gelegten Estragonblättchen garnieren.

Minicrêpes, gefüllt

Minigemüse mit Käsecreme

4–6 Portionen

16 Cocktailtomaten
4 Mini-Zucchini oder 2 kleine Zucchini
1 Avocado
Saft von 1/2 Zitrone
6 Stangen Staudensellerie
1 Bund Petersilie
1 Bund Dill
300 g Doppelrahm-Frischkäse
Salz
frisch gemahlener Pfeffer
Paprikapulver edelsüß
grob gemahlener Pfeffer
Kerbel- oder Petersilienblättchen

Zubereitungszeit: 40 Minuten

Insgesamt:

E: 55 g, F: 150 g, Kh: 35 g, kJ: 7195, kcal: 1720

Gut vorzubereiten

1. Tomaten waschen und abtrocknen. Von den Tomaten einen Deckel abschneiden. Tomaten vorsichtig mit einem kleinen Löffel aushöhlen.
2. Zucchini waschen und die Enden abschneiden. Zucchini je nach Größe einmal quer, dann längs halbieren, evtl. etwas aushöhlen und etwa 1 Minute in kochendem Wasser blanchieren. Anschließend in Eiswasser abschrecken und in einem Sieb abtropfen lassen.

Minigemüse mit Käsecreme

3. Avocado längs halbieren, den Stein herausnehmen. Avocado schälen und das Fruchtfleisch in Spalten schneiden. Avocadospalten mit Zitronensaft beträufeln, damit sie nicht braun werden.
4. Selleriestangen putzen und die harten Außenfäden abziehen. Stangen waschen, abtropfen lassen und in mundgerechte Stücke schneiden.
5. Petersilie abspülen und trockentupfen. Die Blättchen von den Stängeln zupfen. Blättchen fein hacken. Dill abspülen und trockentupfen. Die Spitzen von den Stängeln zupfen. Spitzen fein schneiden.
6. Die Hälfte des Frischkäses mit Salz, Pfeffer und Paprika, die andere Hälfte mit Petersilie, Dill, Salz und Pfeffer verrühren. Beide Käsemassen getrennt in je einen Spritzbeutel geben und in bzw. auf das vorbereitete Gemüse spritzen.
7. Die mit der Paprika-Frischkäse-Masse gefüllten Gemüse mit grob gemahlenem Pfeffer bestreuen, die restlichen mit Kerbel- oder Petersilienblättchen garnieren.

Minischnitzel mit verschiedenen Salaten

4 Portionen

Für die Schnitzel:

8 kleine Schweineschnitzel (je etwa 80 g)
Salz
frisch gemahlener Pfeffer
2 Eier
2 EL Weizenmehl
120 g Semmelbrösel
80 g Butter
2 EL Speiseöl

Für die Salate:

1 kleine Salatgurke (etwa 250 g)
Salz
frisch gemahlener Pfeffer
2 EL Schlagsahne
1–2 EL Weißweinessig

4 Möhren (etwa 350 g)
Salz
1 EL Zitronensaft
1–2 TL Zucker

2 gelbe Paprikaschoten
2 Bund Radieschen
3 EL Weißweinessig
4–5 EL Olivenöl

1 Kästchen Kresse

Zubereitungszeit: 45 Minuten, ohne Abkühl- und Durchziehzeit

Insgesamt:
E: 173 g, F: 122 g, Kh: 130 g, kJ: 9764, kcal: 2334

Minischnitzel mit verschiedenen Salaten

Gut vorzubereiten

1. Schnitzel unter fließendem kalten Wasser abspülen, trockentupfen und zwischen Frischhaltefolie dünn klopfen. Schnitzel mit Salz und Pfeffer bestreuen. Eier in einer flachen Schüssel verschlagen.
2. Die Schnitzel zuerst in Mehl (überschüssiges Mehl abklopfen), dann durch die verschlagenen Eier ziehen, am Schüsselrand etwas abstreifen und zuletzt in Semmelbröseln wenden. Panade fest andrücken.
3. Butter und Speiseöl in einer großen Pfanne erhitzen. Die Schnitzel darin (evtl. in 2 Portionen) von beiden Seiten goldbraun braten, herausnehmen und erkalten lassen.
4. Für die Salate Gurke waschen, abtrocknen und die Enden abschneiden. Gurke mit einem Gemüsehobel dünn hobeln, in eine Schüssel geben, mit Salz und Pfeffer würzen. Sahne mit Essig verrühren und unter die Gurkenscheiben mischen.
5. Möhren putzen, schälen, waschen, abtropfen lassen. Möhren grob raspeln, mit Salz, Zitronensaft und Zucker abschmecken.
6. Paprika halbieren, entstielen, entkernen und die weißen Scheidewände entfernen. Schoten waschen, trockentupfen und in schmale Streifen schneiden. Radieschen putzen, waschen, trockentupfen und in dünne Scheiben schneiden. Paprikastreifen und Radieschenscheiben getrennt voneinander mit Salz, Pfeffer, Essig und Olivenöl mischen. Salate etwa 1 Stunde kalt stellen.
7. Kresse abspülen und trockentupfen. Kresse abschneiden. Salate nochmals mit den Gewürzen abschmecken. Schnitzel mit den Salaten anrichten und mit Kresse garniert servieren.

Mixed Pickles

Mixed Pickles

Etwa 10 Portionen

1 kg kleine, feste Gurken
1 kleiner Kopf Blumenkohl
250 g grüne Bohnen
500 g Möhren
125 g Perlzwiebeln
3 Lorbeerblätter
20 Pfefferkörner
10 Gewürznelken

Für die Essig-Zucker-Lösung:
1 ½ l Kräuteressig
500 ml (½ l) Wasser
1 geh. EL Salz
4 geh. EL Zucker
2 Msp. Einmach-Hilfe

Zubereitungszeit: 85 Minuten, ohne Durchziehzeit

Insgesamt:
E: 34 g, F: 4 g, Kh: 121 g, kJ: 3940, kcal: 949

Klassisch

1. Gurken gründlich waschen und in eine Schüssel geben, mit Wasser übergießen und etwa 12 Stunden (am besten über Nacht) kalt stellen. Gurken herausnehmen, sorgfältig bürsten und abspülen. Gurken einzeln mit einem Tuch abtrocknen und schlechte Stellen entfernen.
2. Vom Blumenkohl die Blätter und schlechten Stellen entfernen. Den Strunk abschneiden. Blumenkohl in Röschen teilen, waschen (evtl. in Salzwasser legen, um Raupen zu entfernen) und abtropfen lassen.
3. Von den Bohnen die Enden abschneiden. Die Bohnen evtl. abfädeln, waschen, abtropfen lassen und in etwa 4 cm lange Stücke schneiden oder brechen.
4. Möhren putzen, schälen, waschen, abtropfen lassen und evtl. halbieren. Blumenkohlröschen, Bohnen und Möhren getrennt in etwas Salzwasser zum Kochen bringen und 6–12 Minuten garen. Das Gemüse in einem Sieb gut abtropfen lassen.
5. Perlzwiebeln abziehen. Das gegarte Gemüse, die Gurken und Perlzwiebeln mit Lorbeerblättern, Pfefferkörnern und Nelken in vorbereitete Gläser schichten.
6. Für die Essig-Zucker-Lösung Kräuteressig mit Wasser, Salz und Zucker in einem Topf zum Kochen bringen. Topf von der Kochstelle nehmen, Einmach-Hilfe unterrühren. Das eingeschichtete Gemüse mit der Essig-Zucker-Lösung übergießen. Die Gläser sofort mit Twist-off-Deckeln® verschließen.

Mohnrollen mit Ingwer-Curry-Dip

8–10 Portionen

Für den Teig:
2 TL rosa Pfefferbeeren
1 gestr. TL Salz
140 g gesiebtes Weizenmehl
60 g gemahlener Mohn (Reformhaus)
100 g Butter oder Margarine
2 EL heller Speisesirup
1 Becher (150 g) Crème fraîche
4 Eiweiß (Größe M)

Für den Ingwer-Curry-Dip:
30 g frischer Ingwer
375 g Speisequark (Magerstufe)
300 g Naturjoghurt
2 TL Currypulver
1 TL gemahlener Koriander
3–4 TL flüssiger Honig
2 TL mittelscharfer Senf
2 geh. EL Ingwerkonfitüre
Salz, gemahlener Zimt

Zubereitungszeit: 90 Minuten, ohne Abkühlzeit
Backzeit: 4–5 Minuten je Backblech

Insgesamt:
E: 107 g, F: 167 g, Kh: 225 g, kJ: 12180, kcal: 2918

Exotisch

1. Für den Teig Pfefferbeeren mit Salz in einem Mörser sehr fein zerstoßen, mit Mehl und Mohn mischen.
2. Butter oder Margarine und Sirup in eine Rührschüssel geben, mit Handrührgerät mit Rührbesen auf höchster Stufe geschmeidig rühren. Mohn-Mehl-Mischung und Crème fraîche unterrühren. Eiweiß steif schlagen und unterheben.
3. Jeweils etwa 4 Teelöffel Teig in breiten Abständen voneinander auf Backbleche (gefettet, mit Backpapier belegt) setzen. Die Teighäufchen mit einer Backpalette oder einem Messer zu dünnen Platten (Ø etwa 10 cm) verstreichen. Die Backbleche nacheinander (bei Heißluft zusammen) in den Backofen schieben.
   Ober-/Unterhitze: etwa 200 °C (vorgeheizt)
   Heißluft: etwa 180 °C (vorgeheizt)
   Gas: Stufe 3–4 (vorgeheizt)
   Backzeit: 4–5 Minuten je Backblech.
4. Die Gebäckplatten sofort nach dem Backen mit einem Messer an einer Seite vom Backblech lösen und mit Hilfe eines Kochlöffelstiels aufrollen. Die Rollen auf einen Kuchenrost legen und erkalten lassen. Die erkalteten Rollen bis zum Verzehr in einer gut schließenden Dose aufbewahren.
5. Für den Dip Ingwer schälen und auf einer Haushaltsreibe fein reiben. Quark und Joghurt in eine Schüssel geben. Ingwer, Curry, Koriander, Honig, Senf und Ingwerkonfitüre hinzufügen. Die Zutaten gut verrühren. Den Dip mit Salz und Zimt abschmecken. Die Mohnrollen mit dem Dip servieren.

Tipp:
Wenn die Gebäckplatten zu stark abgekühlt sind, lassen sie sich nicht mehr rollen. Dann das Backblech nochmals kurz in den Backofen schieben, bis die Gebäckplatten wieder warm sind.
Falls Sie keine Ingwerkonfitüre verwenden möchten, können Sie stattdessen zusätzlich 2 Teelöffel flüssigen Honig unter den Dip rühren.

Mohnrollen mit Ingwer-Curry-Dip

Möhrenaufstrich

10–12 Portionen (etwa 480 g)

220 g Möhren
200 g Speisequark (Magerstufe)
Saft von 1 Orange
1 EL flüssiger Honig, z. B. Sommerblütenhonig
2 EL Hefeflocken
2 EL Haferflocken
2 EL Rosinen
Salz

Zubereitungszeit: 30 Minuten

Insgesamt:
E: 37 g, F: 3 g, Kh: 72 g,
kJ: 2076, kcal: 496

Raffiniert

1. Möhren putzen, schälen, waschen, abtropfen lassen und fein raspeln. Quark mit Orangensaft und Honig verrühren. Möhrenraspel, Hefe-, Haferflocken und Rosinen unterrühren, mit Salz abschmecken.
2. Den Möhrenaufstrich in 2 gründlich gereinigte, gespülte und getrocknete Gläser füllen. Die Gläser mit Deckeln fest verschließen und kalt stellen. Der Aufstrich ist gekühlt 3–4 Tage haltbar.

Möhrenaufstrich

Brotempfehlung:
Kürbiskern- oder Sonnenblumenkernbrot oder -brötchen.

Tipp:
Würzen Sie den Aufstrich mit fein gehacktem Kerbel oder Koriander.

Moussaka

Moussaka

8–10 Portionen

4 mittelgroße Auberginen
Salz
125 g Weizenmehl
170 ml Olivenöl
6 Fleischtomaten
3 Zwiebeln
2 Dosen (je 800 g) geschälte Tomaten
Salz
frisch gemahlener Pfeffer
gerebelter Thymian
4–6 EL Rotwein

3 Pck. (je 125 g) Mozzarella
100 g geriebener Parmesan-Käse

Zubereitungszeit: 90 Minuten, ohne Zieh- und Abkühlzeit
Garzeit: etwa 30 Minuten

Insgesamt:
E: 163 g, F: 273 g, Kh: 200 g,
kJ: 16618, kcal: 3956

Gut vorzubereiten – vegetarisch – mit Alkohol

1. Auberginen waschen, abtrocknen und die Stängelansätze abschneiden. Die Auberginen der Länge nach in etwa 1 cm dicke Scheiben schneiden (evtl.

mit der Aufschnittmaschine), mit Salz bestreuen und 30 Minuten ziehen lassen. Auberginenscheiben kurz abspülen, trockentupfen und mit Mehl bestäuben.

2. Jeweils etwas von dem Olivenöl in einer großen Pfanne erhitzen, Auberginenscheiben portionsweise darin von beiden Seiten goldbraun braten, herausnehmen und auf Küchenpapier abtropfen lassen.
3. Tomaten waschen, kreuzweise einschneiden und einige Sekunden in kochendes Wasser legen. Tomaten kurz in kaltem Wasser abschrecken, enthäuten, halbieren, entkernen und Stängelansätze entfernen. Tomaten in Scheiben schneiden.
4. Zwiebeln abziehen und in kleine Würfel schneiden. Restliches Olivenöl in einem Topf erhitzen, Zwiebelwürfel darin andünsten. Tomaten mit der Flüssigkeit hinzugeben, mit Salz, Pfeffer und Thymian würzen. Die Zutaten zum Kochen bringen und in etwa 10 Minuten zu einer sämigen Sauce einkochen lassen. Rotwein unterrühren. Mit Salz, Pfeffer und Thymian abschmecken.
5. Mozzarella abtropfen lassen und in dünne Scheiben schneiden. Abwechselnd Tomatenscheiben, Auberginenscheiben und Mozzarellascheiben (einige Scheiben beiseite legen) in eine große Auflaufform (gefettet) schichten. Dabei jede einzelne Schicht mit Salz und Pfeffer würzen und etwas Tomatensauce darauf verteilen. Die obere Schicht sollte aus Sauce bestehen. Die beiseite gelegten Mozzarellascheiben darauf verteilen und mit Parmesan-Käse bestreuen.
6. Die Form auf dem Rost in den Backofen schieben.
   Ober-/Unterhitze: etwa 200 °C (vorgeheizt)
   Heißluft: etwa 180 °C (vorgeheizt)
   Gas: Stufe 3–4 (vorgeheizt)
   Garzeit: etwa 30 Minuten.
7. Die Form auf einen Rost stellen. Die Moussaka abkühlen lassen und in der Form servieren.

Tipp:
Dazu frisches Fladenbrot reichen.

Mozzarella-Sülzen, kleine

4 Portionen

6 Blatt weiße Gelatine
1 Schalotte
1 Knoblauchzehe
100 ml Gemüsebrühe
200 ml Schlagsahne
40 ml Weißweinessig
1 TL fein geschnittene Basilikumblättchen
Salz
frisch gemahlener Pfeffer
2 gleich große Tomaten
125 g Mozzarella-Käse

Zubereitungszeit: 25 Minuten, ohne Kühlzeit

Insgesamt:
E: 39 g, F: 87 g, Kh: 12 g, kJ: 4255, kcal: 1017

Raffiniert

1. Gelatine in kaltem Wasser nach Packungsanleitung einweichen. Schalotte und Knoblauch abziehen, in kleine Würfel schneiden.
2. Brühe in einem Topf erwärmen (nicht kochen). Gelatine leicht ausdrücken und in der Brühe unter Rühren auflösen. Sahne und Essig unterrühren. Mit Basilikum, Salz und Pfeffer kräftig abschmecken.
3. Jeweils 2 Esslöffel von der Gelatineflüssigkeit in 4 kleine Förmchen (je etwa 170 ml Inhalt) füllen und etwa 10 Minuten kalt stellen.
4. Tomaten waschen und die Stängelansätze entfernen. Von jeder Tomate 4 gleich große Scheiben abschneiden.
5. Mozzarella abtropfen lassen und in 4 Scheiben schneiden. In jedes Förmchen nacheinander je 1 Tomaten-, Mozzarella- und Tomatenscheibe legen. Die Gelatineflüssigkeit in die Förmchen gießen. Die Förmchen mindestens 3 Stunden kalt stellen.
6. Die Förmchen kurz in heißes Wasser tauchen. Die Sülzen jeweils auf einen Teller stürzen.

Tipp:
Garnieren Sie die kleinen Mozzarella-Sülzen mit frischem Basilikum und Tomatenstreifen.

Mozzarella-Sülzen, kleine

Müsliaufstrich

Müsliaufstrich

10–12 Portionen (etwa 500 g)

80 g getrocknete Feigen
150 g Früchtemüsli (ohne Zuckerzusatz)
50 g Haferflocken, blütenzart
100 g Rübenkraut (Brotaufstrich)
2–3 EL Sanddorn (Fruchtzubereitung ungesüßt, erhältlich im Reformhaus)
100 ml Orangensaft

Zubereitungszeit: 15 Minuten

Insgesamt:
E: 33 g, F: 34 g, Kh: 258 g, kJ: 6347, kcal: 1506

Schnell

1. Von den Feigen die Stängelansätze abschneiden. Feigen in kleine Würfel schneiden, mit Müsli und Haferflocken vermischen.
2. Rübenkraut mit Sanddorn und Orangensaft verrühren, unter die Müslimischung rühren und kurz pürieren.
3. Müsliaufstrich in 2 gründlich gereinigte, gespülte und getrocknete Gläser füllen. Die Gläser mit Deckeln fest verschließen und kalt stellen. Der Aufstrich ist gekühlt etwa 10 Tage haltbar.

Brotempfehlung:
Misch- oder Knäckebrot.

Müslistangen

15 Stück

150 g Früchtemüsli (ohne Zuckerzusatz)
300 ml kochend heiße Milch
400 g Weizenkörner
1 TL Korianderkörner
1 Pck. Dr. Oetker Trockenbackhefe
1 gestr. TL Meersalz
2 TL flüssiger Honig
200 g Speisequark (Magerstufe)
40 g weiche Butter

Zum Bestreichen und Bestreuen:
2–3 EL Milch
etwa 30 g gehobelte Haselnusskerne

Zubereitungszeit: 60 Minuten, ohne Quell- und Teiggehzeit

Insgesamt:
E: 103 g, F: 77 g, Kh: 372 g, kJ: 11215, kcal: 2677

Für Kinder

1. Müsli in eine Schüssel geben, mit Milch übergießen und etwa 30 Minuten quellen lassen.
2. Weizenkörner mit Korianderkörnern fein mahlen, in eine Rührschüssel geben, mit Trockenbackhefe sorgfältig

Müslistangen

vermischen. Meersalz, Honig, Quark, Butter und den Müslibrei hinzufügen.
3. Die Zutaten mit Handrührgerät mit Knethaken zunächst kurz auf niedrigster, dann auf höchster Stufe in etwa 5 Minuten zu einem glatten Teig verarbeiten, evtl. noch etwas Milch hinzufügen.
4. Den Teig zugedeckt so lange an einem warmen Ort stehen lassen, bis er sich sichtbar vergrößert hat.
5. Den Teig leicht mit Mehl bestäuben, aus der Schüssel nehmen und auf einer bemehlten Arbeitsfläche nochmals kurz durchkneten. Den Teig zu einer Rolle formen und in etwa 15 Stücke schneiden.
6. Die Teigstücke jeweils zu etwa 15 cm langen Stangen formen, mit Milch bestreichen und mit gehobelten Haselnusskernen bestreuen.
7. Teigstangen auf ein Backblech (gefettet) legen und nochmals zugedeckt so lange an einem warmen Ort gehen lassen, bis sie sich sichtbar vergrößert haben. Das Backblech in den Backofen schieben.
Ober-/Unterhitze: etwa 200 °C (vorgeheizt)
Heißluft: etwa 180 °C (vorgeheizt)
Gas: Stufe 3–4 (vorgeheizt)
Backzeit: 25–30 Minuten.
8. Die Müslistangen vom Backblech lösen und auf einem Kuchenrost erkalten lassen.

Mustard-Relish

Mustard-Relish

6 Portionen (etwa 400 ml)

1–2 EL gelbes Senfpulver
2 EL scharfer Senf oder etwas Weißweinessig
1 Becher (150 g) saure Sahne
2 EL Salatmayonnaise
2 hart gekochte Eier
2 Senfgurken
3 Cornichons
2 eingelegte rote Paprikaschoten (Piri-Piri)
1 EL Kapern
2–3 Perlzwiebeln
Salz
frisch gemahlener Pfeffer

Zubereitungszeit: 30 Minuten

Insgesamt:
E: 29 g, F: 62 g, Kh: 21 g,
kJ: 3167, kcal: 757

Raffiniert

1. Senfpulver mit Senf oder Essig verrühren, saure Sahne und Mayonnaise unterrühren.
2. Eier, Gurken, Cornichons, Paprikaschoten, Kapern und Zwiebeln sehr fein hacken und mit der Sahne-Mayonnaise-Creme vermengen. Mit Salz und Pfeffer abschmecken.

Tipp:
Mustard-Relish passt zu Aufschnitt, kaltem Braten, Fisch, Eiern und Schweinemedaillons. Es ist gekühlt 3–4 Tage haltbar.

Nudelsalat

Nudelsalat

8–10 Portionen

500 g Makkaroni
4 l Wasser
4 gestr. TL Salz
200 g Cornichons (aus dem Glas)
200 g roher Schinken
200 g Salami
200 g Edamer-Käse
6 Tomaten
3 säuerliche Äpfel

Für die Salatsauce:
5–6 EL Tomaten-Ketchup
4 EL Weißweinessig
4 EL Speiseöl
Salz
frisch gemahlener Pfeffer
1–2 Bund Petersilie
1–2 Bund Schnittlauch

Kresse zum Bestreuen

Zubereitungszeit: 30 Minuten, ohne Durchziehzeit

Insgesamt:
E: 198 g, F: 186 g, Kh: 428 g, kJ: 17659, kcal: 4215

Für Gäste

1. Makkaroni in mundgerechte Stücke brechen. Wasser in einem großen Topf mit geschlossenem Deckel zum Kochen bringen. Dann Salz und Makkaroni zugeben. Die Makkaroni im geöffneten Topf bei mittlerer Hitze nach Packungsanleitung kochen lassen, dabei 4–5-mal umrühren.
2. Anschließend die Makkaroni in ein Sieb geben, mit heißem Wasser abspülen und abtropfen lassen. Makkaroni erkalten lassen und in eine Schüssel geben.
3. Cornichons abtropfen lassen. Schinken, Salami, Käse und Cornichons in Streifen schneiden. Tomaten waschen, kreuzweise einschneiden und einige Sekunden in kochendes Wasser legen. Tomaten kurz in kaltem Wasser abschrecken, enthäuten, halbieren, entkernen und Stängelansätze entfernen. Tomatenhälften in Streifen schneiden. Äpfel schälen, vierteln, entkernen und ebenfalls in Streifen schneiden.
4. Die vorbereiteten Salatzutaten zu den Nudeln geben und untermischen.
5. Für die Sauce Ketchup mit Essig verrühren, Speiseöl unterschlagen. Mit Salz und Pfeffer abschmecken. Petersilie und Schnittlauch abspülen und trockentupfen. Von der Petersilie die Blättchen von den Stängeln zupfen, Blättchen fein schneiden. Schnittlauch in kleine Röllchen schneiden. Petersilie und Schnittlauchröllchen unter die Salatsauce rühren. Die Sauce unter die Salatzutaten rühren. Den Salat gut durchziehen lassen.
6. Kresse abspülen, trockentupfen und vom Beet abschneiden. Den Nudelsalat vor dem Servieren mit einem Kressesträußchen garnieren.

Nudelsalat mit Gemüse

8–10 Portionen

5 l Wasser
5 TL Salz
600 g Penne (Röhrennudeln)
1 kleine Zucchini
200 g Brokkoli
1 Dose Pfifferlinge (Abtropfgewicht 170 g)
2 Zwiebeln
3 EL Olivenöl
3 Tomaten

Für die Sauce:
5 EL Balsamico-Essig
Salz, frisch gemahlener Pfeffer

Nudelsalat mit Gemüse

2 abgezogene, durchgepresste Knoblauchzehen
1–2 EL Salbeistreifen
7–8 EL Walnussöl oder Olivenöl

evtl. einige Salatblätter

Zubereitungszeit: 60 Minuten, ohne Durchziehzeit

Insgesamt:
E: 87 g, F: 114 g, Kh: 442 g, kJ: 13296, kcal: 3177

Vegetarisch

1. Wasser in einem großen Topf mit geschlossenem Deckel zum Kochen bringen. Dann Salz und Nudeln zugeben. Die Nudeln im geöffneten Topf bei mittlerer Hitze nach Packungsanleitung kochen lassen, dabei 4–5-mal umrühren.
2. Anschließend die Nudeln in ein Sieb geben, mit heißem Wasser abspülen und abtropfen lassen.
3. Von der Zucchini die Enden abschneiden, Zucchini waschen, trockentupfen und in kleine Würfel schneiden. Von dem Brokkoli die Blätter entfernen. Brokkoli waschen, abtropfen lassen und in sehr kleine Röschen teilen. Brokkoliröschen in kochendem Salzwasser einige Minuten bissfest garen. Anschließend in ein Sieb geben, mit kaltem Wasser übergießen und gut abtropfen lassen.
4. Pfifferlinge in einem Sieb abtropfen lassen. Zwiebeln abziehen und fein würfeln. Olivenöl in einem Topf erhitzen. Zwiebelwürfel darin andünsten, Pfifferlinge hinzufügen und mitdünsten lassen. Brokkoliröschen und Zucchiniwürfel hinzugeben und kurz durchschwenken. Tomaten waschen, trockentupfen und die Stängelansätze herausschneiden. Tomaten in Würfel schneiden. Gedünstetes Gemüse mit den Nudeln und Tomatenwürfeln in einer Schüssel mischen.
5. Für die Sauce Essig mit Salz, Pfeffer, Knoblauch und Salbeistreifen verrühren, Walnuss- oder Olivenöl unterschlagen. Die Sauce über die Salatzutaten geben. Den Salat etwa 30 Minuten durchziehen lassen.
6. Den Salat vor dem Servieren nochmals mit den Gewürzen abschmecken und nach Belieben auf Salatblättern anrichten.

Rezeptvorschläge für ein Buffet für Kinder

Für ein Buffet für Kinder benötigen Sie für 10–12 Personen:

1 x Rezept **Nudelsalat** Seite 258
2 x Rezept **Eier, gefüllt mit Gemüsemus** Seite 76
2 x Rezept **Minischnitzel mit verschiedenen Salaten** Seite 251
1 x Rezept **Müslistangen** Seite 256
1 x Rezept **Götterspeisen-Mix** Seite 136

Außerdem

verschiedene Sorten Brot

Vorbereitungen am Vortag:

Am Vortag:
- Cornichons, Schinken, Salami, Käse und Tomaten vorbereiten und schneiden. Etwa 3 Std. vor dem Verzehr den Salat fertig stellen.
- Eier kochen und Füllungen vorbereiten.
- Am Vortag Götterspeisen gelieren lassen. Vanillesauce zubereiten.

Am Vorabend:
- Teig zubereiten, abdecken und über Nacht im Kühlschrank stehen lassen. Teig am Folgetag formen und backen.

Vorbereitungen am Tag des Buffets:

4 Stunden vorher:
- Schnitzel und Salate zubereiten.
- Radieschen erst kurz vor dem Verzehr unter den Paprikasalat mischen.
- Götterspeisen würfeln und in 10–12 Portionsschälchen füllen.

2 Stunden vorher:
- Eier füllen und garnieren.

Es eignen sich auch folgende zusätzliche Rezepte:

1 x Rezept **Schichtsalat mit Hähnchennuggets** Seite 332
1 x Rezept **Frühlingsbrötchen** Seite 119
2 x Rezept **Fladenbrotschnittchen, dreierlei** Seite 102
3 x Rezept **Flammeri mit Erdbeersauce** Seite 105

Obatzter

Obatzter

4–6 Portionen

4 Camembert (je 125 g, 45 % Fett)
50 g weiche Butter
2 Zwiebeln
1 EL ganze Kümmelsamen
Salz
frisch gemahlener Pfeffer
Paprikapulver edelsüß
gewaschene, glatte Petersilie

Zubereitungszeit: 30 Minuten

Insgesamt:
E: 105 g, F: 154 g, Kh: 12 g,
kJ: 7907, kcal: 1890

Klassisch

1. Camembert in Stücke teilen und in eine Rührschüssel geben. Butter hinzufügen und mit einer Gabel verkneten.
2. Zwiebeln abziehen, eine Zwiebel in kleine Würfel schneiden. Die zweite Zwiebel zuerst in dünne Scheiben schneiden, dann in Ringe teilen.
3. Zwiebelwürfel und Kümmel unter die Käsemasse kneten. Mit Salz, Pfeffer und Paprika abschmecken.
4. Die Zwiebelringe in Paprika wälzen. Obatzter mit Zwiebelringen und Petersilie garnieren.

Tipp:
Dazu passen Laugenbrezeln sehr gut. Größere Mengen sollten beim Bäcker vorbestellt werden. Laugenbrezeln werden auch tiefgefroren angeboten.

Obstsalat, fein

4 Portionen

3 mittelgroße Äpfel
1 Mango, 4 Nektarinen
4 Kiwis
2 Orangen
250 g Erdbeeren
3–4 EL Zitronensaft
4 EL Orangensaft
50 g Zucker

50 g abgezogene, gehobelte Mandeln

Zubereitungszeit: 40 Minuten, ohne Abkühlzeit

Insgesamt:
E: 24 g, F: 32 g, Kh: 244 g,
kJ: 6172, kcal: 1476

Klassisch

1. Äpfel waschen, abtrocknen, evtl. schälen, vierteln und entkernen. Mango halbieren, das Fruchtfleisch vom Stein schneiden und schälen. Nektarinen waschen, abtrocknen, halbieren und entsteinen. Kiwis schälen. Das Obst in Spalten schneiden.
2. Orangen so schälen, dass die weiße Haut mit entfernt wird. Orangen filetieren oder in Spalten schneiden. Erdbeeren waschen, abtropfen lassen, entstielen und vierteln.
3. Das vorbereitete Obst in eine Schüssel geben und vorsichtig vermischen.
4. Zitronensaft mit Orangensaft und Zucker verrühren und unter das Obst mischen. Mandeln in einer Pfanne ohne Fett rösten, auf einem Teller erkalten lassen. Den Obstsalat vor dem Servieren mit Mandeln bestreuen.

Tipp:
Stellen Sie sich einen Obstsalat mit Ihren Lieblingsfrüchten zusammen. Den Salat mit Schlagsahne (nach Belieben mit Eierlikör abgeschmeckt) oder Vanillesauce servieren.

Obstsalat, fein

Obstsalatgelee

Obstsalatgelee

4 Portionen

1 mittelgroßer Apfel (etwa 125 g)
1 mittelgroße Orange (etwa 150 g)
1 kleine Banane (etwa 125 g)
1 Pfirsich (etwa 150 g)
2 Nektarinen (je etwa 150 g)
25 g Zucker
1 Pck. gemahlene Gelatine, weiß
4 EL kaltes Wasser
250 ml (¹/₄ l) Wasser
75 g Zucker
250 ml (¹/₄ l) Weißwein

Zubereitungszeit: 30 Minuten, ohne Gelierzeit

Insgesamt:
E: 14 g, F: 1 g, Kh: 182 g,
kJ: 4139, kcal: 988

Gut vorzubereiten – mit Alkohol

1. Apfel schälen, achteln und entkernen. Orange so schälen, dass die weiße Haut mit entfernt wird. Orange evtl. filetieren und in Stücke schneiden. Banane schälen. Pfirsich und Nektarinen waschen, abtrocknen, halbieren, entsteinen und achteln. Das vorbereitete Obst in feine Scheiben schneiden, Zucker untermengen und in 4 Dessertschälchen verteilen.
2. Gelatine mit Wasser in einem kleinen Topf anrühren und 10 Minuten quellen lassen. Wasser mit Zucker erhitzen (Zucker muss sich lösen), Wein hinzugießen. Die gequollene Gelatine unter Rühren erwärmen, bis sie völlig gelöst ist. Gelatine unter die Wein-Wasser-Mischung rühren.
3. Etwa zwei Drittel der Flüssigkeit in den Dessertschälchen verteilen, kalt stellen und fest werden lassen. Restliche Flüssigkeit darauf gießen und kalt stellen.

Rezeptvorschläge für ein bayerisches Buffet

Für ein bayerisches Buffet benötigen Sie für 10–12 Personen:

2 x Rezept **Bierknacker-Salat** Seite 32
1 x Rezept **Leberkäsehäppchen** Seite 227
2 x Rezept **Rote-Bete-Salat, schneller** Seite 315
2 x Rezept **Obatzter** Seite 260
3 x Rezept **Apfel-Trauben-Gelee** Seite 12

Außerdem:

etwa 1,8 kg deftiges Krustenbrot und Laugengebäck

Vorbereitungen am Vortag:

- Apfel-Trauben-Gelee zubereiten und kühl stellen.
- Obatzter zubereiten und kühl stellen.

Vorbereitungen am Tag des Buffets:

4 Stunden vorher: • Leberkäsehäppchen zubereiten und bis zum Gebrauch kalt stellen.
3–4 Stunden vorher: • Bierknacker-Salat zubereiten.
2–3 Stunden vorher: • Rote-Bete-Salat zubereiten und kurz vorher nochmals abschmecken.
1–2 Stunden vorher: • Obatzten garnieren.
• Brot schneiden.

Es eignen sich auch folgende zusätzliche Rezepte:

2 x Rezept **Eisbeinsülze** Seite 81
1 x Rezept **Eier-Senf-Dip (zur Sülze)** Seite 80
2 x Rezept **Rohkostteller** Seite 313
3 x Rezept **Radieschen-Kartoffel-Salat** Seite 304
3 x Rezept **Beeren mit Orangen-Quark-Creme** Seite 31
plus Brot, 3–4 Baguettebrote oder 1–2 Weizenbrote.

Obstsalat, klassisch

4 Portionen

2 Nektarinen
2 mittelgroße Orangen (etwa 150 g)
2 Kiwis (etwa 50 g)
300 g Erdbeeren
3 EL Zitronensaft
3 EL Orangenlikör
30 g Zucker
30 g grob gehackte Walnusskerne

Zubereitungszeit: 25 Minuten, ohne Abkühlzeit

Insgesamt:
E: 12 g, F: 19 g, Kh: 118 g, kJ: 3154, kcal: 755

Klassisch – mit Alkohol

1. Nektarinen waschen, abtrocknen, halbieren und entsteinen. Orangen so schälen, dass die weiße Haut mit entfernt wird, Orangen filetieren. Kiwis schälen. Das vorbereitete Obst in kleine Stücke schneiden. Erdbeeren waschen, gut abtropfen lassen, entstielen, halbieren oder in Stücke schneiden.
2. Die Obstmischung mit Zitronensaft, Orangenlikör und Zucker vermengen und in eine Glasschale füllen.
3. Die Walnusskerne in einer Pfanne ohne Fett rösten, abkühlen lassen. Den Obstsalat damit bestreuen.

Beilage:
Dazu schmeckt steif geschlagene Schlagsahne (nach Belieben mit Eierlikör abgeschmeckt) oder Vanillesauce.

Tipp:
Die Zutaten für den Obstsalat können beliebig variiert werden. So schmeckt auch eine Mischung aus Ananasstück-chen, Mandarinen, Weintrauben und reifen Birnen (mit etwas Zitronensaft beträufelt, damit sie nicht braun werden).
Möglichst Früchte der Saison verwenden, da sie dann am besten schmecken und eine natürliche Süße haben. Wer möchte, kann den Obstsalat auch mit Kirschwasser oder Himbeergeist verfeinern.

Obstsalat mit Cream Sherry

4 Portionen

3 Ringe frische Ananas oder aus der Dose

Obstsalat, klassisch

Obstsalat, pi

4 Pfirsichhälften aus der Dose
3 Kiwis
1 Banane
200 g Erdbeeren
200 g grüne Weintrauben
1 EL Zucker
4 EL Cream Sherry

1 EL gehackte Pistazienkerne

Zubereitungszeit: 30 Minuten, ohne Durchziehzeit

Insgesamt:
E: 10 g, F: 10 g, Kh: 162 g,
kJ: 3636, kcal: 868

Gut vorzubereiten – mit Alkohol

1. Frische Ananas schälen, den Strunk herausschneiden und die Frucht in Ringe schneiden. Ananas aus der Dose in einem Sieb abtropfen lassen. Ananasringe in Stücke schneiden. Pfirsichhälften ebenfalls abtropfen lassen und in Spalten schneiden. Kiwis und Banane schälen, jeweils in Scheiben schneiden.
2. Erdbeeren waschen, gut abtropfen lassen, entstielen und halbieren. Weintrauben waschen, abtrocknen, halbieren und entkernen.
3. Das vorbereitete Obst mischen und in eine Schale oder ein großes Glas geben. Das Obst mit Zucker bestreuen und mit Cream Sherry beträufeln. Den Obstsalat etwa $^1/_2$ Stunde bei Zimmertemperatur stehen lassen.
4. Den Obstsalat kurz vor dem Servieren mit Pistazienkernen bestreuen.

Obstsalat, pikant

4 Portionen

1 Gemüsezwiebel (etwa 150 g)
250 g frische Pflaumen
2 Bananen
1 Dose Mandarinen (Abtropfgewicht 185 g)

Für die Salatsauce:
3 EL Zitronensaft
Salz, frisch gemahlener Pfeffer

Zucker, Currypulver
4 EL Speiseöl

1 Kästchen Gartenkresse

Zubereitungszeit: 25 Minuten

Insgesamt:
E: 7 g, F: 41 g, Kh: 114 g,
kJ: 3682 , kcal: 879

Schnell

1. Gemüsezwiebel abziehen und in Scheiben schneiden, evtl. in kochendem Wasser kurz blanchieren. Pflaumen waschen, trockenreiben, halbieren und entsteinen. Pflaumenhälften in Spalten schneiden. Bananen schälen und in Scheiben schneiden. Mandarinen in einem Sieb abtropfen lassen.
2. Für die Sauce Zitronensaft mit Salz, Pfeffer, Zucker und Curry verrühren, Speiseöl unterschlagen.
3. Zwiebelscheiben, Pflaumenspalten, Bananenscheiben und Mandarinen in einer Schüssel mischen. Die Sauce hinzufügen und vorsichtig unterrühren.
4. Kresse abspülen, trockentupfen und ein Sträußchen vom Beet abschneiden. Den Obstsalat mit dem Kressesträußchen garniert servieren.

Olivenbrot

1 Brot

Für den Hefeteig:

800 g Weizenmehl
1 Pck. (42 g) frische Hefe
1 TL Zucker
375 ml (3/8 l) lauwarmes Wasser
1 TL Salz
4 EL Olivenöl
250 g entsteinte Oliven, schwarz und grün

Zubereitungszeit: 35 Minuten, ohne Teiggehzeit
Backzeit: 50–60 Minuten

Insgesamt:
E: 91 g, F: 111 g, Kh: 588 g, kJ: 15715, kcal: 3757

Raffiniert – gut vorzubereiten

1. Für den Teig Mehl in eine Rührschüssel sieben. In die Mitte eine Vertiefung drücken. Hefe hineinbröckeln, Zucker und etwas von dem Wasser hinzufügen. Mit einer Gabel vorsichtig verrühren und etwa 10 Minuten gehen lassen.
2. Salz, Olivenöl und restliches Wasser hinzufügen. Die Zutaten mit Handrührgerät mit Knethaken zunächst kurz auf niedrigster, dann auf höchster Stufe in etwa 5 Minuten zu einem Teig verarbeiten. Den Teig zugedeckt so lange an einem warmen Ort stehen lassen, bis er sich sichtbar vergrößert hat.
3. Den Teig leicht mit Mehl bestäuben, aus der Schüssel nehmen und auf einer bemehlten Arbeitsfläche nochmals kurz durchkneten. Oliven unterarbeiten.
4. Den Teig auf der bemehlten Arbeitsfläche zu einem etwa 70 cm langen Strang rollen und formen. Den Teigstrang zu einer großen, in der Mitte leicht erhöhten Schnecke formen und auf ein Backblech (mit Backpapier belegt) setzen.
5. Teigschnecke nochmals so lange an einem warmen Ort gehen lassen, bis sie sich sichtbar vergrößert hat. Das Backblech in den Backofen schieben.
Ober-/Unterhitze: 180–200 °C (vorgeheizt)
Heißluft: 160–180 °C (nicht vorgeheizt)
Gas: etwa Stufe 3 (nicht vorgeheizt)
Backzeit: 50–60 Minuten.
6. Das Olivenbrot mit dem Backpapier vom Backblech auf einen Kuchenrost ziehen. Olivenbrot erkalten lassen.

Tipp:
Olivenbrot als Beilage zu spanischen Tapas oder italienischen Antipasti reichen.

Oliven im Speck-Käse-Mantel

24 Stück

24 große, grüne Oliven
24 abgezogene, ganze Mandeln
12 dünne Scheiben milder Schinkenspeck oder Bacon (Frühstücksspeck)
8 dünne Scheiben Edamer-Käse (etwa 250 g)
1 TL getrockneter Thymian

Zubereitungszeit: 35 Minuten
Bratzeit: etwa 6 Minuten

Insgesamt:
E: 70 g, F: 99 g, Kh: 5 g, kJ: 5018, kcal: 1198

Einfach

1. Oliven abspülen, abtropfen lassen und mit einem Kirschentkerner entsteinen. Jede Olive mit einer Mandel füllen.
2. Speckscheiben längs halbieren und nebeneinander auf eine Arbeitsfläche legen. Die Käsescheiben längs in 3 Streifen schneiden und auf den Speck legen. Käse mit etwas Thymian bestreuen. Die Oliven darin ein-

Oliven im Speck-Käse-Mantel

wickeln, mit einem Holzstäbchen feststecken und auf einen Backofenrost (mit Alufolie belegt) legen. Den Rost in den Backofen schieben.
Ober-/Unterhitze: etwa 250 °C (vorgeheizt)
Heißluft: etwa 230 °C (vorgeheizt)
Gas: etwa Stufe 5 (vorgeheizt)
Bratzeit: etwa 6 Minuten.

3. Die Oliven vom Rost nehmen und erkalten lassen. Oliven auf einer Platte anrichten und servieren.

Tipp:
Noch schneller geht es, wenn Sie mit Mandeln gefüllte Oliven verwenden.

Oliven-Tomaten-Crostini

8 Portionen (als Vorspeise)

2 Knoblauchzehen
etwa 120 ml Olivenöl
12 Scheiben Sandwich-Toast
150 g schwarze Oliven, ohne Stein (aus dem Glas)
600 g Tomaten
1 Bund Basilikum
Salz
frisch gemahlener Pfeffer
30 g geriebener Parmesan-Käse

Zubereitungszeit: 35 Minuten
Backzeit: etwa 8 Minuten

Insgesamt:
E: 51 g, F: 200 g, Kh: 236 g, kJ: 12358, kcal: 2949

Raffiniert

1. Knoblauch abziehen und durch eine Knoblauchpresse drücken. Die Hälfte des Olivenöls mit dem Knoblauch verrühren.
2. Toastscheiben vierteln, mit dem Knoblauchöl beträufeln und auf ein Backblech (mit Backpapier belegt) legen. Das Backblech in den Backofen schieben.
   Ober-/Unterhitze: etwa 200 °C (vorgeheizt)
   Heißluft: etwa 180 °C (vorgeheizt)
   Gas: Stufe 3–4 (vorgeheizt)
   Backzeit: etwa 5 Minuten.
3. Oliven in einem Sieb abtropfen lassen und in Ringe schneiden. Tomaten waschen, abtrocknen, vierteln, entkernen und die Stängelansätze entfernen. Tomatenviertel in kleine Würfel schneiden. Basilikum abspülen und trockentupfen. Die Blättchen von den Stängeln zupfen, Blättchen in Streifen schneiden.
4. Tomatenwürfel mit Olivenringen und Basilikumstreifen mischen, mit Salz und Pfeffer würzen.
5. Die Tomaten-Oliven-Mischung auf den Brotstücken verteilen, mit Käse bestreuen und mit dem restlichen Olivenöl beträufeln.
6. Die Crostini wieder in den Backofen schieben und weitere 2–3 Minuten **bei gleicher Backofeneinstellung** überbacken.
7. Die Crostini möglichst lauwarm servieren. Crostini evtl. in einer Pfanne überbacken.

Oliven-Tomaten-Crostini

Orangencreme

4 Portionen

2 große Bio-Orangen (unbehandelt, ungewachst)
1 Pck. weiße Gelatine, gemahlen
6 EL kaltes Wasser
3 Eigelb (Größe M)
4 EL warmes Wasser
100 g Zucker
10 EL Orangensaft (von den Orangen)
1 EL Zitronensaft
3 Eiweiß (Größe M)
125 ml (1/8 l) Schlagsahne

abgezogene, ganze Mandeln

Zubereitungszeit: 45 Minuten, ohne Quell- und Kühlzeit

Insgesamt:
E: 35 g, F: 69 g, Kh: 114 g, kJ: 5206, kcal: 1245

Erfrischend

1. Orangen waschen, abtrocknen und durchschneiden. Den Saft herauspressen und 10 Esslöffel davon abmessen. Die Orangenkörbchen (evtl. innen etwas säubern) in den Gefrierschrank setzen.
2. Gelatine mit Wasser in einem kleinen Topf anrühren und 10 Minuten zum Quellen stehen lassen.
3. Eigelb mit Wasser schaumig schlagen. Nach und nach zwei Drittel des Zuckers unterschlagen. So lange schlagen, bis eine cremeartige Masse entstanden ist.
4. Angerührte Gelatine unter Rühren erwärmen (nicht kochen), bis sie völlig gelöst ist, leicht abkühlen lassen.
5. Orangensaft, Zitronensaft und Gelatine unter die Eigelbcreme schlagen, kalt stellen.
6. Eiweiß steif schlagen, restlichen Zucker unterschlagen. Sahne ebenfalls steif schlagen. Wenn die Creme anfängt dicklich zu werden, Eischnee und Sahne unterheben.
7. Die Orangencreme in einen Spritzbeutel mit Lochtülle füllen und in die Orangenkörbchen spritzen. Mit Mandeln (nach Belieben in aufgelöste Schokolade getaucht) garnieren. Restliche Orangencreme dazu reichen.

Orangencreme

Orangen-Kokos-Tiramisu

Orangen-Kokos-Tiramisu

4 Portionen

3 Orangen
100 g Kokoszwiebäcke
evtl. 2 EL Orangenlikör
400 g Speisequark (Magerstufe)
2 EL Zucker
1 Eiweiß (Größe M)
1 Pck. Dr. Oetker Vanillin-Zucker
evtl. etwas gemahlener Zimt

Zubereitungszeit: 30 Minuten, ohne Kühlzeit

Insgesamt:
E: 61 g, F: 2 g, Kh: 72 g,
kJ: 2396, kcal: 572

Mit Alkohol – schnell – für Gäste

1. Eine Orange so schälen, dass die weiße Haut mit entfernt wird. Das Fruchtfleisch mit einem scharfen Messer von einer Trennhautseite abschneiden und von der anderen Seite abziehen oder auch abschneiden, so dass die Trennhäute stehen bleiben. Dabei den Saft in einer Schüssel auffangen. Fruchtfleisch klein schneiden. Restliche Orangen auspressen.
2. Zwiebäcke in eine flache Auflaufform legen. Mit etwa der Hälfte des Orangensaftes und evtl. Likör beträufeln. Orangenstückchen darauf verteilen. Eiweiß mit Vanillin-Zucker steif schlagen. Eischnee locker unter den Quark heben. Die Quarkcreme gleichmäßig auf den Zwiebäcken verstreichen.
3. Orangen-Kokos-Tiramisu zugedeckt etwa 1 Stunde kalt stellen. Vor dem Servieren evtl. mit etwas Zimt bestäuben.

Tipp:
Für die Creme nur ganz frisches Eiweiß verwenden, das nicht älter als 5 Tage ist (Legedatum beachten!). Fertiges Tiramisu im Kühlschrank aufbewahren und möglichst frisch verzehren.

Panecillos mit Mailänder Salami

10 Stück

150 g Joghurt-Salat-Creme
150 g Naturjoghurt
10 Panecillos (geröstete Knoblauchbrötchen, gibt es fertig in Tüten verpackt zu kaufen)
10 Radicchioblätter
200 g Mailänder Salamischeiben (20 längliche Scheiben)
100 g Senfgurken (aus dem Glas)

Zubereitungszeit: 15 Minuten

Insgesamt:
E: 60 g, F: 110 g, Kh: 110 g, kJ: 6920, kcal: 1660

Schnell – einfach

1. Joghurt-Salat-Creme mit Joghurt verrühren und auf den Panecillos verstreichen. Radicchioblätter waschen, trockentupfen und auf die bestrichenen Panecillos legen. Je 2 Salamischeiben locker aufrollen und auf die Panecillos geben.
2. Senfgurken etwas abtropfen lassen, in längliche Streifen schneiden und zum Garnieren in die aufgerollten Wurstscheiben legen.

Paprika-Käse-Spieße

4 Portionen (12 Spieße)

je 3 gelbe, rote und grüne Paprikaschoten
Salz
frisch gemahlener Pfeffer
300 g Schafkäse
300 g Gorgonzola (Blauschimmelkäse)
300 g Romadur (Weichkäse mit Rotschmiere)

Außerdem:
8 Holzspieße

Zubereitungszeit: 60 Minuten, ohne Abkühlzeit
Backzeit: 10–15 Minuten

Insgesamt:
E: 185 g, F: 224 g, Kh: 61 g, kJ: 12650, kcal: 3020

Für Gäste

1. Paprika vierteln, entstielen, entkernen und die weißen Scheidewände entfernen. Schoten waschen und trockentupfen. Paprikaviertel mit der Hautseite nach oben auf ein Backblech (gefettet) legen. Das Backblech in den Backofen schieben.
   Ober-/Unterhitze: etwa 220 °C (vorgeheizt)
   Heißluft: etwa 200 °C (vorgeheizt)
   Gas: Stufe 4–5 (vorgeheizt)
   Backzeit: 10–15 Minuten.
2. Paprikaviertel so lange backen, bis die Haut dunkel wird und Blasen wirft. Das Backblech auf einen Rost stellen. Paprikaviertel mit einem nassen Tuch zudecken und etwas abkühlen lassen.
3. Die Haut abziehen, große Paprikaviertel nochmals halbieren. Paprikastreifen mit Salz und Pfeffer würzen.

Paprika-Käse-Spieße

Einfach

1. Paprika halbieren, entstielen, entkernen und die weißen Scheidewände entfernen. Schoten waschen, trockentupfen und in kleine Würfel schneiden. Zwiebel und Knoblauch abziehen, in kleine Würfel schneiden. Die Salatzutaten in eine Schüssel geben.
2. Für die Sauce Essig mit Salz, Pfeffer, Zucker und Paprika gut verrühren, Haselnussöl unterschlagen. Die Sauce zu den Salatzutaten geben und untermischen.
3. Petersilie abspülen und trockentupfen. Die Blättchen von den Stängeln zupfen. Blättchen klein schneiden. Den Salat mit Petersilie bestreut servieren.

4. Die 3 Käsesorten in jeweils 12 Stücke schneiden. Schafkäse auf die gelben, Gorgonzola auf die grünen und Romadur auf die roten Paprikastreifen legen. Die Paprikastreifen so zusammenrollen, dass die Hautseite außen ist. Je 4 Paprika-Käse-Päckchen auf einen Holzspieß stecken und auf einer großen Platte anrichten.

Tipp:
Sie können auch andere Käsesorten verwenden, z. B. Brie oder mittelalten Gouda.

Sie können die Paprika-Käse-Päckchen auch einzeln auf einer Platte anrichten. Jedes Päckchen dann mit einem kleinen Holzstäbchen zusammenstecken. Nach Belieben mit getrocknetem Oregano, Kräutern der Provence, Paprikapulver edelsüß oder Schnittlauchröllchen bestreuen oder mit Basilikumblättchen belegen.

Paprika-Konfetti-Salat

4 Portionen

1 Beutel gemischte Paprikaschoten (rot, grün, gelb, etwa 500 g)
1 große Zwiebel
1 Knoblauchzehe

Für die Sauce:
3 EL Rotweinessig
Salz
frisch gemahlener Pfeffer
1 Prise Zucker
Paprikapulver edelsüß
4 EL Haselnussöl

1 Bund glatte Petersilie

Zubereitungszeit: 20 Minuten

Insgesamt:
E: 7 g, F: 52 g, Kh: 27 g, kJ: 2535, kcal: 605

Paprika-Konfetti-Salat

Paprika mit Frischkäsefüllung

8–10 Portionen

800 g gemischte Paprikaschoten

Für die Füllung:

5 hart gekochte Eier
150 g weiche Butter
300 g Doppelrahm-Frischkäse
1 1/2 Becher (225 g) Crème fraîche
Salz
frisch gemahlener Pfeffer
Paprikapulver edelsüß
Senf
Salatblätter

Zubereitungszeit: 50 Minuten, ohne Kühlzeit

Insgesamt:

E: 83 g, F: 321 g, Kh: 50 g,
kJ: 14297, kcal: 3423

Gut vorzubereiten

1. Paprikaschoten waschen, abtrocknen. Am Stielende jeweils einen Deckel abschneiden, mit Hilfe eines Löffels die Kerne und die weißen Scheidewände der Schoten entfernen.
2. Für die Füllung Eier pellen. Eigelb durch ein Sieb streichen, Eiweiß sehr fein hacken. Butter in einer Rührschüssel geschmeidig rühren, Frischkäse unterrühren.
3. Eigelb und Crème fraîche hinzufügen. Die Masse mit Salz, Pfeffer, Paprika und Senf würzen, Eiweißwürfel unterheben. Die Masse so in die Paprikaschoten geben, dass sie ganz gefüllt sind. Die Schoten einige Stunden kalt stellen (am besten über Nacht).
4. Die Paprikaschoten kurz vor dem Verzehr in etwa 1 cm dicke Scheiben schneiden und auf gewaschenen, gut abgetropften Salatblättern anrichten.

Beilage: Vollkornbrot.

Paprika mit Frischkäsefüllung

Paprika-Quark-Brot

4 Portionen

4 Scheiben Vollkornbrot
40 g Butter
2 EL fein geschnittener Schnittlauch
2 kleine, rote Paprikaschoten
1 Pck. (200 g) Paprika-Quark
2 EL Sonnenblumenkerne

Zubereitungszeit: 15 Minuten

Insgesamt:
E: 46 g, F: 61 g, Kh: 95 g,
kJ: 4764, kcal: 1139

Schnell

1. Vollkornbrot mit Butter bestreichen und mit Schnittlauchröllchen bestreuen (etwas zum Garnieren beiseite legen).
2. Paprika halbieren, entstielen, entkernen und die weißen Scheidewände entfernen. Schoten waschen, trockentupfen und in kleine Würfel schneiden.
3. Paprikawürfel (2 Esslöffel zum Garnieren beiseite legen) mit dem Paprika-Quark verrühren und auf den Brotscheiben anrichten. Mit Sonnenblumenkernen, den beiseite gelegten Schnittlauchröllchen und Paprikawürfeln bestreuen, sofort servieren.

Paprika-Quark-Brot

Rezeptvorschläge für ein Käse-Buffet

Für ein Käse-Buffet benötigen Sie für 10–12 Personen:

1 x Rezept **Malzkräcker** Seite 235
3 x Rezept **Käse-Dip mit Oliven** Seite 182
1 x Rezept **Frischkäse-Pesto-Kugeln** Seite 117
3 x Rezept **Paprika-Konfetti-Salat** Seite 269
2 x Rezept **Melonensalat, erfrischend** Seite 244

Außerdem:

Etwa 2 kg Gemüse zum Dippen, z. B. Bundmöhren, Kohlrabi und Staudensellerie
1,5 kg gemischtes Brot

Vorbereitungen am Vortag:

- Malzkräcker backen, erkalten lassen und bis zum Verzehr in einer Blechdose aufbewahren.

Vorbereitungen am Tag des Buffets:

6 Stunden vorher:	• Käse-Dip zubereiten und kalt stellen.
5 Stunden vorher:	• Frischkäse-Pesto für die Kugeln zubereiten. Rucola putzen, waschen, trockenschleudern und in einen Gefrierbeutel geben. Beides gekühlt aufbewahren.
4 Stunden vorher:	• Paprika-Konfetti-Salat zubereiten und kalt stellen.
3 Stunden vorher:	• Käse für den Melonensalat schneiden, Salatsauce zubereiten, Melonen vorbereiten.
2 Stunden vorher:	• Das gemischte Gemüse waschen, schälen, putzen und in Stifte oder Stücke schneiden. Gemüse bis zum Servieren zugedeckt kalt stellen.
1–2 Stunden vorher:	• Frischkäse-Pesto-Kugeln mit Rucola anrichten.
1 Stunde vorher:	• Melonensalat fertig stellen und anrichten.
Kurz vorher:	• Brot aufschneiden und anrichten.

Es eignen sich auch folgende zusätzliche Rezepte:

2 x Rezept **Blätterteigstangen** Seite 35
3 x Rezept **Stilton-Dip** Seite 372
3 x Rezept **Geraspelter Salat mit Ziegenfrischkäse-Klößchen** Seite 134
3 x Rezept **Salat von Austerpilzen und grünen Bohnen** Seite 322
1,5 x Rezept **Gurken-Käse-Salat** Seite 142
plus Brot oder Brötchen und etwas Gemüse für den Dip.

Paprikasalat

4 Portionen

je 2 kleine grüne, gelbe und rote Paprikaschoten
1 Zwiebel, 2 Knoblauchzehen

Für die Sauce:
3 EL Kräuteressig
1 TL italienische Kräutermischung (TK oder getrocknet)
frisch gemahlener Pfeffer
8 EL Olivenöl
Salz, 1 Prise Zucker

vorbereitete Majoran- oder Estragonblättchen

Zubereitungszeit: 25 Minuten, ohne Durchziehzeit

Insgesamt:
E: 8 g, F: 82 g, Kh: 34 g, kJ: 3804, kcal: 908

Vegetarisch

1. Paprika halbieren, entstielen, entkernen und die weißen Scheidewände entfernen. Schoten waschen, trockentupfen und in schmale Streifen schneiden. Zwiebel abziehen und fein hacken. Knoblauch abziehen und durch eine Knoblauchpresse drücken.
2. Für die Sauce Essig mit der Kräutermischung und Pfeffer verrühren, Olivenöl unterschlagen. Die Sauce mit den Salatzutaten vermischen. Den Salat mit Salz und Zucker abschmecken und kalt gestellt einige Stunden durchziehen lassen, dabei zwischendurch umrühren.
3. Den Salat vor dem Servieren mit Majoran- oder Estragonblättchen garnieren.

Paprikasalat

Tipp:
Nach Belieben den Paprikasalat in halbierten, geputzten Paprikaschoten anrichten.

Paprikasalat, gebraten

4 Portionen

je 2 große rote, grüne und gelbe Paprikaschoten (etwa 1,5 kg)
8 EL Olivenöl
4 Knoblauchzehen
etwa 6 Stängel Oregano
Saft von 1 Limette
Salz
frisch gemahlener Pfeffer
evtl. etwas Olivenöl

Zubereitungszeit: 40 Minuten, ohne Durchziehzeit

Insgesamt:
E: 16 g, F: 84 g, Kh: 60 g, kJ: 4472, kcal: 1068

Gut vorzubereiten

1. Paprika vierteln, entstielen, entkernen und die weißen Scheidewände entfernen. Schoten waschen, trockentupfen und in mundgerechte Stücke schneiden.
2. Jeweils etwas Olivenöl in einer großen Pfanne erhitzen. Paprikastücke portionsweise darin anbraten und herausnehmen. Knoblauch abziehen und in dünne Scheiben schneiden. Knoblauchscheiben in dem verbliebenen Olivenöl andünsten.
3. Oregano abspülen und trockentupfen (einige Zweige zum Garnieren beiseite legen). Die Blättchen von den Stängeln zupfen. Blättchen klein schneiden.
4. Paprikastücke, Knoblauchscheiben und Oregano in einer Schüssel mischen. Limettensaft hinzufügen. Mit Salz und Pfeffer würzen. Evtl. etwas Olivenöl unterrühren. Den Salat kalt gestellt etwa 1 Stunde durchziehen lassen.
5. Den Salat mit den beiseite gelegten Oreganozweigen garniert servieren.

Paprikasalat, gebraten

Beilage:
Gegrilltes Fleisch und Baguette.

Paprika-Schinken-Croissants

12 Stück

Für die Füllung:
1 große Zwiebel
2 Knoblauchzehen
500 g gemischte Paprikaschoten (rote, grüne, gelbe)
60 g getrocknete Tomaten in Öl (aus dem Glas)
2 EL Weizenkeimöl
40 g Schinkenwürfel
2 EL gehackte, glatte Petersilie
Salz
frisch gemahlener Pfeffer
2 EL Semmelbrösel
2 Rollen Croissant-Teig (für je 6 Croissants, aus dem Kühlregal)
2 EL Milch

Zubereitungszeit: 40 Minuten, ohne Abkühlzeit
Backzeit: 12–15 Minuten

Insgesamt:
E: 63 g, F: 119 g, Kh: 251 g,
kJ: 9792, kcal: 2339

Raffiniert

1. Für die Füllung Zwiebel und Knoblauch abziehen, klein würfeln. Paprika halbieren, entstielen, entkernen und die weißen Scheidewände entfernen. Schoten waschen, trockentupfen und ebenfalls in kleine Würfel schneiden. Tomaten abtropfen lassen und klein würfeln.
2. Weizenkeimöl in einem Topf erhitzen. Zwiebel- und Knoblauchwürfel darin andünsten. Paprika- und Schinkenwürfel hinzufügen, etwa 5 Minuten mitdünsten lassen, bis die Flüssigkeit verdampft ist.
3. Tomatenwürfel und Petersilie unterrühren, mit Salz und Pfeffer würzen. Die Masse etwas abkühlen lassen, Semmelbrösel unterrühren, damit die Masse etwas Bindung bekommt.
4. Den Croissantteig aus der Packung nehmen, je 1 Esslöffel der Füllung auf die breite Seite jedes Teigdreiecks geben, die Dreiecke zur Spitze hin aufrollen und zu Hörnchen formen.
5. Die Croissants auf ein Backblech (mit Backpapier belegt) legen und mit Milch bestreichen. Das Backblech in den Backofen schieben.
   Ober-/Unterhitze: etwa 200 °C (vorgeheizt, unteres Drittel)
   Heißluft: etwa 180 °C (vorgeheizt)
   Gas: Stufe 3–4 (vorgeheizt, unteres Drittel)
   Backzeit: 12–15 Minuten.
6. Die Croissants mit dem Backpapier vom Backblech auf einen Rost ziehen. Croissants erkalten lassen.

Paprika-Schinken-Croissants

Paprikaschoten mit Schafkäse

Paprikaschoten mit Schafkäse

3 Gläser (je 500 ml [1/2 l])

je 4 kleine grüne und rote Paprikaschoten
2 Zwiebeln
2 rote Peperoni
200 g Schafkäse
3 TL rosa Pfefferbeeren

600 ml Weißweinessig
250 g Zucker
1 gestr. TL Salz
1 TL Oregano
200 ml kalt gepresstes Olivenöl

Zubereitungszeit: 35 Minuten, ohne Abkühlzeit

Insgesamt:
E: 48 g, F: 241 g, Kh: 294 g, kJ: 15122, kcal: 3612

Raffiniert

1. Paprikaschoten entstielen, entkernen und die weißen Scheidewände entfernen. Schoten waschen und mit der Hautseite nach oben auf ein Backblech (gefettet) legen. Das Backblech in den Backofen schieben.
   Ober-/Unterhitze: etwa 220 °C (vorgeheizt)
   Heißluft: etwa 200 °C (vorgeheizt)
   Gas: etwa Stufe 5 (vorgeheizt)
   Backzeit: etwa 12 Minuten.
2. Wenn die Paprikaschoten dunkel werden und Blasen werfen, das Backblech herausnehmen und auf einen Rost stellen. Paprikaschoten mit einem nassen Tuch zudecken und etwas abkühlen lassen. Die Haut der Paprikaschoten abziehen.
3. Zwiebeln abziehen, zuerst in Scheiben schneiden, dann in Ringe teilen. Peperoni waschen, trockentupfen, entstielen, längs halbieren, entkernen und in Ringe schneiden. Schafkäse etwas zerkleinern.
4. Paprikaschoten mit Schafkäse füllen, zusammen mit den Zwiebel-, Peperoniringen und Pfefferbeeren in vorbereitete Gläser schichten.
5. Essig, Zucker und Salz in einem Topf aufkochen, bis der Zucker aufgelöst ist, Oregano hinzufügen. Olivenöl unterrühren. Die Paprikaschoten mit dem Sud übergießen, so dass die Schoten bedeckt sind. Die Gläser mit Twist-off-Deckeln® verschließen. Paprikaschoten kalt gestellt aufbewahren.

Tipp: Bis zum ersten Verzehr die Paprikaschoten etwa 3 Tage durchziehen lassen. Gut verschlossen und kalt und dunkel gelagert sind die Paprikaschoten 3–4 Wochen haltbar. Nach Belieben noch 2–3 abgezogene Knoblauchzehen hinzufügen.

Paprika-Tomaten, süß-sauer

6 Gläser (je 500 ml [1/2 l])

1 kg Paprikaschoten (rot, gelb und grün)
750 g vollreife Tomaten
1 frische Chilischote
4 Knoblauchzehen
einige Zweige Majoran oder Oregano

100 g Zucker oder flüssiger Blütenhonig
4 EL Meersalz
500 ml (1/2 l) Weißweinessig
500 ml (1/2 l) Wasser

Zubereitungszeit: 40 Minuten

Insgesamt:
E: 18 g, F: 4 g, Kh: 146 g,
kJ: 3318, kcal: 789

Einfach

1. Paprika halbieren, entstielen, entkernen und die weißen Scheidewände entfernen. Die Schoten waschen und trockentupfen. Jede Paprikahälfte in 2–3 Streifen schneiden.
2. Paprikastreifen in kochendem Salzwasser etwa 5 Minuten blanchieren, mit eiskaltem Wasser abschrecken und in einem Sieb abtropfen lassen. Die Haut der Paprikastreifen abziehen.
3. Tomaten waschen, trockentupfen und die Stängelansätze herausschneiden. Die Tomaten rundherum mit einem Holzstäbchen einstechen und abwechselnd mit den Paprikastreifen in vorbereitete Einweckgläser schichten.
4. Chilischote abspülen, trockentupfen, in kleine Stücke schneiden und in den Gläsern verteilen.
5. Knoblauch abziehen. Majoran oder Oregano abspülen und trockentupfen. Zucker oder Honig mit Salz, Essig, Wasser und Knoblauch in einem Topf aufkochen. Die eingelegten Tomaten und Paprikastreifen mit dem Sud übergießen. Majoran- oder Oreganozweige darauf verteilen.
6. Die Gläser mit Twist-off-Deckeln® verschließen und in einem Einkochapparat oder in einem großen Topf im Wasserdampf oder Wasserbad einkochen (etwa 30 Minuten).

Tipp:
Paprika-Tomaten sind gekühlt etwa 6 Monate haltbar. Sie passen sehr gut zu Barbecue, als Vorspeise oder Beilage.

Paprika-Tomaten, süß-sauer

Paprika und Avocado mit Frischkäse

4–6 Portionen

400 g Doppelrahm-Frischkäse
Salz
risch gemahlener Pfeffer
Paprikapulver edelsüß
1 EL gehackter Dill
1 TL gehackte Kapern
je 2 rote und grüne Paprikaschoten
2 Avocados
1 EL Zitronensaft
einige Dillzweige
einige Kapern, etwas Kresse

Außerdem:
einige Holzstäbchen

Zubereitungszeit: etwa 40 Minuten

Insgesamt:
E: 60 g, F: 235 g, Kh: 40 g,
kJ: 10485, kcal: 2505

Raffiniert

1. Frischkäse in eine Schüssel geben, mit Salz, Pfeffer, Paprika, Dill und Kapern zu einer geschmeidigen Masse verrühren.
2. Paprika vierteln, entstielen, entkernen und die weißen Scheidewände entfernen. Schoten waschen, trockentupfen und in Rauten schneiden. Paprikareste in Würfel schneiden. Avocados längs halbieren und den Stein herauslösen. Avocados schälen, Fruchtfleisch in Würfel oder Stücke schneiden und mit Zitronensaft beträufeln.
3. Paprikarauten und Avocadowürfel oder -stücke mit je einem Tupfen der Frischkäsemasse belegen, mit Holzstäbchen feststecken. Die Paprikarauten mit Paprikawürfeln und Dill, Avocadostücke mit Kapern und Kresse garnieren.

Paprika und Avokado mit Frischkäse

Parmaschinkenröllchen mit Rucola-Pesto

4 Portionen (12 Röllchen)

1 Stange Porree (Lauch, etwa 300 g)
4 dicke fest kochende Kartoffeln

Für das Pesto:
100 g Rucola (Rauke)
30 g Pinienkerne
20 g frisch geriebener Parmesan-Käse
125 ml ($^1/_8$ l) Olivenöl
Salz, frisch gemahlener Pfeffer
12 Scheiben Parmaschinken
(etwa 250 g)

Zum Garnieren:
1 Topf Basilikum

Zubereitungszeit: 50 Minuten, ohne Durchziehzeit

Insgesamt:
E: 76 g, F: 158 g, Kh: 82 g,
kJ: 8577, kcal: 2047

Gut vorzubereiten

1. Porree putzen, Stange längs halbieren, gründlich waschen und abtropfen lassen. Porreestange in 5–7 cm lange Stücke schneiden. Kartoffeln waschen, schälen, abspülen, abtropfen lassen und in 5–7 cm lange Stifte schneiden.
2. Kartoffelstifte in kochendem Salzwasser 10–15 Minuten garen.

Anschließend in ein Sieb geben, abtropfen und abkühlen lassen.

3. Für das Pesto Rucola putzen, waschen, abtropfen lassen, in kurze Stücke schneiden und in einen hohen Rührbecher geben. Pinienkerne hinzufügen und mit einem Mixstab pürieren. Parmesan-Käse und Olivenöl unterrühren. Mit etwas Salz und Pfeffer würzen.
4. Kartoffelstifte und Porreestücke in eine flache Schale legen, mit Pesto beträufeln und kalt gestellt etwa 1 Stunde durchziehen lassen.
5. Schinkenscheiben auf einer Arbeitsfläche ausbreiten. Jeweils einige Kartoffelstifte und Porreestücke darauf verteilen, aufrollen und mit Pfeffer bestreuen.
6. Zum Garnieren Basilikum abspülen und trockentupfen. Die Blättchen von den Stängeln zupfen. Parmaschinkenröllchen auf einer Platte anrichten und mit Basilikumblättchen garniert servieren. Restliches Pesto dazu reichen.

Tipp:
Anstelle des Parmaschinkens kann auch San Daniele, Serrano oder ein milder Westfälischer Schinken verwendet werden.

Parmaschinkenröllchen mit Rucola-Pesto

Pastete mit Schafkäse

Pastete mit Schafkäse

4–6 Portionen

2 Zwiebeln
2 EL Olivenöl
500 g Rindergehacktes
Salz
frisch gemahlener Pfeffer
1 EL Paprikapulver edelsüß
1/4 TL Pul Biber (geschrotete Pfefferschoten)
1 Bund glatte Petersilie
200 g Schafkäse
300 g Krautsalat
300 g Yufka- oder Filoteig (erhältlich in türkischen Geschäften)
250 g Tsatsiki
1–2 EL Olivenöl

Zubereitungszeit: 45 Minuten
Backzeit: 30–35 Minuten

Insgesamt:
E: 172 g, F: 186 g, Kh: 262 g, kJ: 14768, kcal: 3527

Raffiniert

1. Zwiebeln abziehen, zuerst in Scheiben schneiden, dann in Ringe teilen. Olivenöl in einer Pfanne erhitzen, Zwiebelringe darin anbraten. Gehacktes hinzufügen und unter Rühren darin anbraten, dabei die Fleischklümpchen mit einer Gabel zerdrücken. Gehacktes mit Salz, Pfeffer, Paprika und Pul Biber würzen.
2. Petersilie abspülen und trockentupfen. Die Blättchen von den Stängeln zupfen. Schafkäse fein zerbröseln. Krautsalat in einem Sieb abtropfen lassen.
3. Eine Springform (Ø 28 cm, gefettet) mit etwa einem Drittel der Teigplatten so auslegen, dass auch der Rand der Form mit Teig bedeckt ist. Nacheinander Gehacktes, Tsatsiki, Krautsalat, Schafkäsebrösel und Petersilie darauf schichten. Die restlichen Teigplatten dünn mit Olivenöl bestreichen und darauf legen. Die Form auf dem Rost in den Backofen schieben.
Ober-/Unterhitze: 180–200 °C (vorgeheizt, unteres Drittel)
Heißluft: 160–180 °C (nicht vorgeheizt)
Gas: etwa Stufe 3 (nicht vorgeheizt, unteres Drittel)
Backzeit: 30–35 Minuten.
4. Die Form auf einen Rost stellen. Die Pastete etwas ruhen lassen, dann den Springformrand lösen und entfernen. Die Pastete mit einem Sägemesser in Stücke schneiden.

Tipp:
Filo- bzw. Yufkateigplatten gibt es in unterschiedlichen Packungsgrößen. Die Platten lassen sich gut mit einer Haushaltsschere in die benötigte Größe schneiden.

Penne-Brokkoli-Salat

8–10 Portionen

750 g frischer Brokkoli oder
450 g TK-Brokkoli
Salzwasser, 5 l Wasser
5 TL Salz

Penne-Brokkoli-Salat

500 g Penne tricolori oder einfarbig
400 g Cocktailtomaten
1 Bund Petersilie
300 g Hähnchenbrustaufschnitt

Für die Sauce:
5 EL Weißweinessig
1 TL Salz
frisch gemahlener, schwarzer Pfeffer
1 EL Zucker
100 ml Walnussöl
30 g Pinienkerne
150 g fein geriebener Höhlenkäse

Zubereitungszeit: 35 Minuten

Insgesamt:
E: 192 g, F: 174 g, Kh: 398 g,
kJ: 16516, kcal: 3943

Raffiniert

1. Von dem frischen Brokkoli die Blätter entfernen. Brokkoli waschen, abtropfen lassen und in Röschen teilen. Brokkoliröschen in kochendem Salzwasser etwa 5 Minuten garen, in ein Sieb geben, mit kalten Wasser übergießen und abtropfen lassen.
   TK-Brokkoli nach Packungsanleitung garen.
2. Wasser in einem großen Topf mit geschlossenem Deckel zum Kochen bringen. Dann Salz und Nudeln zugeben. Die Nudeln im geöffneten Topf bei mittlerer Hitze nach Packungsanleitung kochen lassen, dabei 4–5-mal umrühren.
3. Anschließend die Nudeln in ein Sieb geben, mit heißem Wasser abspülen und abtropfen lassen.
4. Tomaten waschen, trockentupfen, evtl. halbieren und in eine große Schüssel geben. Petersilie abspülen und trockentupfen. Die Blättchen von den Stängeln zupfen, Blättchen grob hacken. Hähnchenbrustaufschnitt in schmale Streifen schneiden.
5. Für die Sauce Essig mit Salz, Pfeffer und Zucker verrühren, Walnussöl unterschlagen.
6. Pinienkerne in einer Pfanne ohne Fett anrösten. Brokkoliröschen, Nudeln, Tomaten, Hähnchenbruststreifen und Käse in eine Schüssel geben.
   Die Sauce hinzugeben und alles gut vermengen. Pinienkerne darauf streuen, nochmals gut vermengen und servieren.

Rezeptvorschläge für ein Pasta-Buffet

Für ein Pasta-Buffet benötigen Sie für 10–12 Personen:
1 x Rezept **Makkaroniwürfel** Seite 234
1,5 x Rezept **Penne-Brokkoli-Salat** Seite 278
1 x Rezept **Nudelsalat mit Gemüse** Seite 258
1,5 x Rezept **Rindfleischschnittchen** Seite 311
3 x Rezept **Pfirsiche auf orientalische Art** Seite 281

Außerdem:
nach Belieben Ciabatta-Brot

Vorbereitungen am Vortag:
- Auflauf für die Makkaroniwürfel zubereiten und in der Form kalt stellen.
- Pfirsiche dünsten und kalt aufbewahren, die Joghurtsahne zubereiten und kalt stellen.

Vorbereitungen am Tag des Buffets:

6 Stunden vorher:	• Salatzutaten für den Penne-Brokkoli-Salat vorbereiten und mischen, die Sauce zubereiten und separat kalt stellen.
4 Stunden vorher:	• Nudelsalat zubereiten und kalt aufbewahren.
3 Stunden vorher:	• Rindfleischschnittchen zubereiten und kurz vor dem Essen mit der Marinade beträufeln.
1–2 Stunden vorher:	• Auflauf für die Makkaroniwürfel stürzen und in Würfel schneiden. • Penne-Brokkoli-Salat mit der Sauce mischen und garnieren.
1 Stunde vorher:	• Pfirsiche anrichten, die Sauce dazu stellen.
Kurz vorher:	• Nach Belieben Ciabatta-Brot aufschneiden und anrichten.

Es eignen sich auch folgende zusätzliche Rezepte:
1 x Rezept Spaghettisülze Seite 361
2 x Rezept Lammfleisch in grüner Sauce Seite 224
1,5 x Rezept Reisnudelsalat mit Hähnchenbruststreifen Seite 308
1,5 x Rezept Mangoldsalat mit Schupfnudeln Seite 237
3 x Rezept Beeren mit Mandelcreme Seite 30
eventuell zusätzlich etwas Brot.

Pesto, scharf und sauer

5. Pesto in ein vorbereitetes Glas füllen, Olivenöl darauf verteilen und mit einem Twist-off-Deckel® verschließen. Pesto kalt gestellt aufbewahren und nach dem Öffnen schnell verbrauchen.

Pesto, scharf und sauer

1 Glas (etwa 200 ml)

8 EL Pinienkerne
4 große Knoblauchzehen
2 Bund oder Töpfe frisches Basilikum
1 Bund frische Petersilie
8 EL kalt gepresstes Olivenöl
2 frische Chilischoten
2 Bio-Zitronen (unbehandelt, ungewachst)
4 EL frisch geriebener Parmesan- oder Pecorino-Käse
1 EL Zucker
Salz, frisch gemahlener Pfeffer
etwa 20 ml Olivenöl

Zubereitungszeit: 25 Minuten

Insgesamt:
E: 51 g, F: 182 g, Kh: 38 g, kJ: 8364, kcal: 1998

Raffiniert

1. Pinienkerne in einer Pfanne ohne Fett goldbraun rösten. Knoblauch abziehen und grob hacken. Basilikum und Petersilie abspülen und trockentupfen. Die Blättchen von den Stängeln zupfen.
2. Basilikum-, Petersilienblättchen, Knoblauch, Pinienkerne und Olivenöl in einen hohen Rührbecher geben und mit einem Mixstab fein pürieren.
3. Chilischoten abspülen, trockentupfen, halbieren, entkernen und in kleine Würfel schneiden. Zitronen heiß waschen, die Schale abreiben oder mit einem Zestenreißer abziehen. Zitronen halbieren und den Saft herauspressen.
4. Chiliwürfel, Zitronenschale, -saft, Käse und Zucker mit dem Kräuterpüree vermengen, mit Salz und Pfeffer abschmecken.

Pfefferschoten-Dip

6 Portionen (etwa 300 ml)

1–2 grüne Pfefferschoten (etwa 20 g, große Chilischoten, erhältlich im Asialaden)
2 Knoblauchzehen
1/2 Bund frischer Koriander
1–2 EL Limettensaft
1 Becher (150 g) Crème fraîche oder Sauerrahm
1/2 gestr. TL Salz

Zubereitungszeit: 45 Minuten, ohne Ruhezeit

Insgesamt:
E: 4 g, F: 37 g, Kh: 10 g, kJ: 1642, kcal: 396

Raffiniert

Pfefferschoten-Dip

1. Pfefferschoten abspülen, trockentupfen, entstielen, längs halbieren und entkernen. Schotenhälften mit der Hautseite nach oben und die Knoblauchzehen auf einem Backblech verteilen.
2. Das Backblech in den Backofen schieben, die Schotenhälften und Knoblauch unter dem vorgeheizten Grill 3–5 Minuten rösten, bis die Haut schwarze Blasen wirft. Knoblauch während des Röstens mehrmals wenden.
3. Schotenhälften und Knoblauch in eine Schüssel geben, mit Frischhaltefolie zudecken und etwa 10 Minuten stehen lassen.
4. Schotenhälften und Knoblauch abziehen, grob hacken. Koriander abspülen und trockentupfen. Die Blättchen von den Stängeln zupfen. Blättchen klein schneiden. Die vorbereiteten Zutaten mit Limettensaft, Crème fraîche oder Sauerrahm und Salz in einen hohen Rührbecher geben und mit einem Mixstab fein pürieren.

Tipp:
Pfefferschoten-Dip passt gut zu feurigem Eintopf und Gemüse-Gerichten.

Pfirsiche auf orientalische Art

Pfirsiche auf orientalische Art

4 Portionen

1 kg enthäutete Pfirsiche
4 EL flüssiger Honig
gemahlener Zimt
Schale von 1 Bio-Zitrone (unbehandelt, ungewachst)
50 g abgezogene, geröstete Mandeln

Für die Joghurtsahne:
1 Becher (150 g) Crème fraîche
200 g Naturjoghurt
Zucker
Zitronensaft

Zubereitungszeit: 25 Minuten, ohne Abkühlzeit

Insgesamt:
E: 28 g, F: 79 g, Kh: 165 g, kJ: 6371, kcal: 1532

Für Gäste

1. Pfirsiche halbieren, entsteinen und vierteln. Honig in einem Topf erhitzen. Pfirsichviertel mit Zimt und Zitronenschale hinzufügen, zugedeckt zum Kochen bringen und 5–10 Minuten dünsten. Pfirsichviertel mit dem Sud auf einen Teller geben, erkalten lassen und mit Mandeln bestreuen.
2. Für die Joghurtsahne Crème fraîche und Joghurt verrühren, mit Zucker und Zitronensaft abschmecken.
3. Die Joghurtsahne zu den Pfirsichen reichen.

Pilzsalat mit Basilikum-Mayonnaise

4 Portionen

15 g getrocknete Steinpilze
125 ml (1/8 l) lauwarmes Wasser
250 g Pfifferlinge
200 g Hähnchenbrustfilet
2 EL Speiseöl
Salz
frisch gemahlener Pfeffer
1 Bund Frühlingszwiebeln

Für die Basilikum-Mayonnaise:
1 Eigelb (Größe M)
1 TL mittelscharfer Senf
1 EL Weißweinessig oder Zitronensaft
1 TL Zucker
125 ml (1/8 l) Speiseöl
2 EL Crème fraîche
3 EL gehackte Basilikumblättchen
Salz, frisch gemahlener Pfeffer

Basilikum

Zubereitungszeit: 35 Minuten, ohne Einweich- und Durchziehzeit

Insgesamt:
E: 62 g, F: 169 g, Kh: 28 g,
kJ: 7796, kcal: 1865

Für Gäste

Pilzsalat mit Basilikum-Mayonnaise

1. Steinpilze in Wasser nach Packungsanleitung einweichen. Pfifferlinge putzen und mit Küchenpapier abreiben. Größere Pfifferlinge in Scheiben schneiden oder halbieren. Hähnchenbrustfilet abspülen und trockentupfen.
2. Speiseöl in einer Pfanne erhitzen, Hähnchenbrustfilet hinzufügen und von jeder Seite 4–5 Minuten goldbraun braten, mit Salz und Pfeffer würzen.
3. Hähnchenbrustfilet aus der Pfanne nehmen, erkalten lassen und in Streifen schneiden.
4. Pfifferlinge in dem verbliebenen Bratfett anbraten, mit Salz und Pfeffer würzen. Steinpilze mit dem Einweichwasser hinzufügen, zum Kochen bringen und zugedeckt etwa 5 Minuten schmoren und erkalten lassen.
5. Frühlingszwiebeln putzen, waschen, abtropfen lassen und in dünne Ringe schneiden. Die vorbereiteten Salatzutaten in eine Salatschüssel geben und vorsichtig vermengen.
6. Für die Mayonnaise Eigelb mit Senf, Essig oder Zitronensaft, Zucker und Salz mit Handrührgerät mit Rührbesen zu einer dicklichen Masse aufschlagen, Speiseöl zuerst teelöffelweise, dann nach und nach unterschlagen. Crème fraîche und Basilikum unterrühren, mit Salz und Pfeffer abschmecken.
7. Basilikum abspülen und trockentupfen. Die Blättchen von den Stängeln zupfen. Eine flache Glasschale mit Basilikumblättchen auslegen. Den Salat darauf anrichten. Die Basilikum-Mayonnaise darauf verteilen. Den Salat gut durchziehen lassen.

Pilzsalat mit Hackfleischbällchen

8–10 Portionen

1 kg kleine Champignons
450 g TK-Erbsen
1 große Gemüsezwiebel (etwa 250 g)
2 Knoblauchzehen
4 EL Sonnenblumenöl
1 Pck. (200 g) Katenschinkenwürfel
Salz, frisch gemahlener Pfeffer

1 Glas Pfifferlinge (Abtropfgewicht 185 g)
1 Pck. (300 g) gegarte Truthahn-Hackfleischbällchen (Kühlregal)

Für die Sauce:
8 EL Rotweinessig
Salz
frisch gemahlener schwarzer Pfeffer
100 ml Sonnenblumenöl

1 Bund glatte Petersilie

Pilzsalat mit Hackfleischbällchen

Zubereitungszeit: 45 Minuten, ohne Auftau- und Abkühlzeit

Insgesamt:
E: 159 g, F: 194 g, Kh: 100 g,
kJ: 11660, kcal: 2789

Raffiniert

1. Champignons putzen, mit Küchenpapier abreiben, evtl. kurz abspülen und trockentupfen. Erbsen nach Packungsanleitung auftauen lassen. Zwiebel und Knoblauch abziehen, in kleine Würfel schneiden.
2. Sonnenblumenöl in einer Pfanne erhitzen, Zwiebel- und Knoblauchwürfel hinzufügen und goldbraun anrösten, Katenschinkenwürfel kurz mit andünsten, herausnehmen und in eine Salatschüssel geben.
3. Champignons in die Pfanne geben, anbraten, mit Salz und Pfeffer würzen. So lange garen, bis die Flüssigkeit fast verdampft ist. Dann Erbsen hinzufügen und etwa 3 Minuten mitgaren lassen. Champignonköpfe und Erbsen aus der Pfanne nehmen und abkühlen lassen. Pfifferlinge in einem Sieb abtropfen lassen.
4. Champignons, Erbsen, Pfifferlinge und Hackfleischbällchen zu den Schinkenwürfeln in die Salatschüssel geben.
5. Für die Sauce Essig mit Salz und Pfeffer verrühren, Sonnenblumenöl unterschlagen. Die Sauce mit den Salatzutaten vermengen.
6. Petersilie abspülen und trockentupfen. Die Blättchen von den Stängeln zupfen. Blättchen klein schneiden und unter den Salat heben.

Beilage:
Kräftiges Mischbrot oder Roggenstangen.

Pilzsauce, pikant

Pilzsauce, pikant

4–6 Portionen

200 g weiße Champignons
200 g Austernpilze
2 Zwiebeln (etwa 100 g)
150 g magerer, durchwachsener Speck
4 EL Pflanzenöl
150 ml Rotwein
500 ml (1/2 l) Schlagsahne
Salz
1 EL eingelegte, grüne Pfefferkörner
2 EL Preiselbeerkonfitüre

Zubereitungszeit: 50 Minuten

Insgesamt:
E: 52 g, F: 207 g, Kh: 64 g,
kJ: 10248, kcal: 2450

Etwas aufwändiger – mit Alkohol

1. Champignons und Austernpilze putzen, mit Küchenpapier abreiben, evtl. abspülen, trockentupfen und in grobe Stücke schneiden. Zwiebeln abziehen und in kleine Würfel schneiden. Speck ebenfalls klein würfeln.
2. Pflanzenöl in einem Topf erhitzen, Zwiebelwürfel darin glasig dünsten, Pilzstücke und Speckwürfel hinzufügen und einige Minuten andünsten. Pilzmasse mit einer Schaumkelle herausnehmen. Rotwein in den Topf gießen, zum Kochen bringen und einkochen lassen. Sahne unterrühren. Die Sauce mit Salz würzen.
3. Pfefferkörner und Konfitüre unterrühren. Die Sauce bis zur gewünschten Konsistenz einkochen lassen. Die Pilzmasse in die Sauce geben und aufkochen. Die Sauce nochmals mit Salz abschmecken. Lauwarm oder kalt servieren.

Tipp:
Pikante Pilzsauce passt zu kurz gebratenem Wildfleisch, z. B. Rehsteaks oder zu gebratenem Geflügel, z. B. Hähnchen- oder Poulardenbrust.

Pinzimonio

8 Portionen (etwa 325 ml)

Saft von 1 Zitrone
300 ml kalt gepresstes Olivenöl
Salz, frisch gemahlener Pfeffer

Zubereitungszeit: 10 Minuten

Insgesamt:
E: 0 g, F: 299 g, Kh: 2 g,
kJ: 11132, kcal: 2659

Schnell

1. Zitrone durchschneiden und den Saft auspressen. Zitronensaft mit etwas Olivenöl, Salz und Pfeffer in einen hohen Rührbecher geben und mit einem Mixstab so lange schlagen, bis das Salz aufgelöst ist.

Pinzimonio

2. Restliches Olivenöl mit der Zitronen-Öl-Mischung verschlagen (nicht zu lange schlagen, das Olivenöl wird sonst trübe).
3. Die Sauce in vorbereitete Flaschen füllen und verschließen. (Die Sauce vor jedem Gebrauch schütteln).

Tipp:
Pinzimonio eignet sich gut zum Dippen von Rohkoststicks (Möhren, Kohlrabi, Staudensellerie), Chicoréeblättern oder frischen Artischockenblättern. Man kann auch gebratenen oder gegrillten Fisch, Fleischspieße oder Maiskolben mit dem Pinzimonio beträufeln.

Pitabrot

Pitabrot

6 Stück

Für den Hefeteig:
400 g Weizenmehl
1 Pck. (42 g) frische Hefe
1 EL flüssiger Honig
250 ml (1/4 l) lauwarmes Wasser
8 EL Olivenöl
2 TL Meersalz

2 TL ungeschälte Sesamsamen
1 TL Kreuzkümmel (Cumin)

Zubereitungszeit: 45 Minuten, ohne Teiggehzeit
Backzeit: 25–30 Minuten je Backblech

Insgesamt:
E: 49 g, F: 94 g, Kh: 308 g, kJ: 9556, kcal: 2284

Für Gäste

1. Für den Teig Mehl in eine Rührschüssel sieben. In die Mitte eine Vertiefung drücken. Hefe hineinbröckeln, Honig und etwas von dem Wasser hinzufügen. Mit einer Gabel vorsichtig verrühren und etwa 10 Minuten gehen lassen.
2. Olivenöl, Meersalz und restliches Wasser hinzufügen. Die Zutaten mit Handrührgerät mit Knethaken zunächst kurz auf niedrigster, dann auf höchster Stufe in etwa 5 Minuten zu einem Teig verarbeiten. Den Teig zugedeckt so lange an einem warmen Ort stehen lassen, bis er sich sichtbar vergrößert hat.
3. Den Teig leicht mit Mehl bestäuben, aus der Schüssel nehmen und auf einer bemehlten Arbeitsfläche nochmals kurz durchkneten. Den Teig in 6 Portionen teilen. Jede Teigportion mit gemehlten Händen zu einem flachen, etwa 12 x 12 cm großen Fladen formen.
4. Die Teigfladen auf Backbleche (gefettet) legen, mit Wasser bestreichen, mit Sesam und Kreuzkümmel bestreuen. Mit einem Holzstäbchen mehrere Löcher in die Teigoberfläche stechen.
5. Die Backbleche nacheinander (bei Heißluft zusammen) in den Backofen schieben.
   Ober-/Unterhitze: etwa 220 °C (vorgeheizt)
   Heißluft: etwa 200 °C (vorgeheizt)
   Gas: Stufe 4–5 (vorgeheizt)
   Backzeit: 25–30 Minuten.
6. Die Pita-Brote im ausgeschalteten Backofen noch etwa 5 Minuten ruhen lassen. Dann die Brote vom Backblech lösen und auf einem Kuchenrost erkalten lassen.

Tipp:
Die Pita-Brote lassen sich besser aufschneiden, wenn man sie vorher noch einmal kurz aufwärmt. Mit Salat, Käse oder Fleisch gefüllt, sind sie eine leckere, kleine Mahlzeit.

Pitabrote, gefüllt

Pitabrote, gefüllt

12 Brote

Für die Schafkäsefüllung, Bild vorne:
400 g milder Schafkäse
12 Blätter Lollo rosso oder Kopfsalat
1 Gemüsezwiebel
6 mittelgroße Tomaten
1 Salatgurke (etwa 600 g)
6 Pitabrote (je etwa 100 g)
Salz
frisch gemahlener Pfeffer
gerebelter Oregano

Für die Hähnchenfleischfüllung, Bild oben:
600 g Hähnchenbrustfilet
5 EL Sojasauce
frisch gemahlener Pfeffer
Paprikapulver edelsüß
3 EL Speiseöl
2 mittelgroße, rote Paprikaschoten
3 rote Zwiebeln
6 Salatblätter
6 Pitabrote (je etwa 100 g)
120 g küchenfertige Sojasprossen

Für die Joghurtsauce:
500 g griechischer Joghurt oder Naturjoghurt
4 EL Olivenöl
4 Knoblauchzehen

Zubereitungszeit: 60 Minuten, ohne Marinierzeit
Backzeit: 6–8 Minuten

Insgesamt:
E: 334 g, F: 160 g, Kh: 689 g,
kJ: 23677, kcal: 5664

Klassisch

1. Für die Schafkäsefüllung Käse in Scheiben schneiden. Salatblätter putzen, waschen und trockentupfen. Gemüsezwiebel abziehen, zuerst in dünne Scheiben schneiden, dann in Ringe teilen oder die Zwiebelscheiben in Streifen schneiden. Tomaten waschen, abtrocknen, halbieren und die Stängelansätze herausschneiden.
   Tomaten in dünne Scheiben schneiden. Gurke waschen, nach Belieben schälen und in Scheiben schneiden.
2. In die Pitabrote jeweils eine Tasche einschneiden, so dass sie am längeren Ende noch zusammenhalten. Die Brote auf ein Backblech oder einen Rost legen, in den Backofen schieben und aufbacken.
   Ober-/Unterhitze: etwa 180 °C (vorgeheizt)
   Heißluft: etwa 160 °C (vorgeheizt)
   Gas: Stufe 2–3 (vorgeheizt)
   Backzeit: 6–8 Minuten.
3. Die Brote aus dem Backofen nehmen, abkühlen lassen. Die Salatblätter in den Brottaschen verteilen. Zunächst Zwiebelringe oder -streifen, dann Tomaten- und Gurkenscheiben darauf legen. Zuletzt die Käsescheiben darauf

verteilen. Mit Salz, Pfeffer und Oregano würzen.

4. Für die Hähnchenfleischfüllung Hähnchenbrustfilets unter fließendem kalten Wasser abspülen, trockentupfen und in breite Streifen schneiden. Fleischstreifen in eine flache Schale legen. Mit Sojasauce, Pfeffer und Paprika mischen, zugedeckt etwa 60 Minuten marinieren.
5. Die Fleischstreifen aus der Marinade nehmen und gut trockentupfen.
6. Speiseöl in einer Pfanne erhitzen. Fleischstreifen von allen Seiten darin anbraten, herausnehmen und abkühlen lassen.
7. Paprika halbieren, entstielen, entkernen und die weißen Scheidewände entfernen. Schoten waschen, trockentupfen und in Streifen schneiden. Zwiebeln abziehen, zuerst in dünne Scheiben schneiden, dann in Ringe teilen. Salatblätter waschen und trockentupfen.
8. Pitabrote wie unter Punkt 2 beschrieben aufbacken. Die Brote zuerst mit den Salatblättern, dann mit Paprikastreifen, Zwiebelringen und zuletzt mit Fleischstreifen und Sojasprossen füllen.
9. Für die Sauce Joghurt mit Olivenöl verrühren. Knoblauch abziehen, durch eine Knoblauchpresse drücken und unterrühren. Mit Salz und Pfeffer abschmecken. Die Sauce nach Belieben auf die gefüllten Pitabrote geben oder dazu reichen.

Pitabrot mit Schafkäse und Tomaten

4 Portionen

300 g Schafkäse
Salz
frisch gemahlener Pfeffer
1/2 TL gerebelter Thymian
1 Prise gemahlener Piment
16 Cocktailtomaten
2 Zwiebeln
200 g Naturjoghurt
1/2 TL Salz

1 abgezogene, zerdrückte Knoblauchzehe
1 EL Olivenöl

4 Pitabrote (je 100 g, fertig gekauft)
gewaschene, trockengetupfte Salatblätter, z. B. Kopfsalat
Paprikapulver rosenscharf

Zubereitungszeit: etwa 20 Minuten

Insgesamt:
E: 129 g, F: 111 g, Kh: 342 g, kJ: 12321, kcal: 2945

Schnell

Pitabrot mit Schafkäse und Tomaten

1. Schafkäse in schmale Streifen schneiden, mit Salz, Pfeffer, Thymian und Piment würzen.
2. Cocktailtomaten waschen, trockentupfen, evtl. Stängelansätze entfernen. Tomaten in Scheiben schneiden. Zwiebeln abziehen, zuerst in Scheiben schneiden, dann in Ringe teilen. Joghurt mit Salz, Pfeffer und Knoblauch verrühren, Olivenöl unterrühren.
3. Pitabrote im vorgeheizten Backofen erwärmen und waagerecht durchschneiden. Die Brothälften jeweils mit Salatblättern belegen. Schafkäsestreifen, Tomatenscheiben und Zwiebelringe darauf legen. Die Joghurtsauce darauf verteilen. Nach Belieben mit Paprika bestreuen.

Tipp:
Dieser Snack lässt sich gut für ein Picknick vorbereiten, zum Transportieren in Klarsichtfolie wickeln.

Pizzabrot (Focaccia)

Pizzabrot (Focaccia)

12 Stück

500 g Weizenmehl
$^1/_2$ Pck. (21 g) frische Hefe
250 ml ($^1/_4$ l) lauwarmes Wasser
1 TL Salz
30 g zerlassene, abgekühlte Butter oder Margarine
3 EL Olivenöl

gerebelter Oregano
gerebelter Thymian

Zubereitungszeit: 60 Minuten, ohne Teiggehzeit
Backzeit: 15–20 Minuten

Insgesamt:
E: 54 g, F: 80 g, Kh: 362 g, kJ: 10057, kcal: 2405

Für Gäste

1. Für den Teig Mehl in eine Rührschüssel sieben. In die Mitte eine Vertiefung drücken. Hefe hineinbröckeln und etwas von dem Wasser hinzufügen. Mit einer Gabel vorsichtig verrühren und etwa 10 Minuten gehen lassen.
2. Salz, Butter oder Margarine, Olivenöl und restliches Wasser hinzufügen. Die Zutaten mit Handrührgerät mit Knethaken zunächst kurz auf niedrigster, dann auf höchster Stufe in etwa 5 Minuten zu einem Teig verarbeiten. Den Teig zugedeckt so lange an einem warmen Ort stehen lassen, bis er sich sichtbar vergrößert hat.
3. Den Teig leicht mit Mehl bestäuben, aus der Schüssel nehmen, auf einer bemehlten Arbeitsfläche nochmals kurz durchkneten und in 12 Portionen teilen. Die Teigportionen jeweils zu ovalen Fladen ausrollen und auf ein Backblech (gefettet) legen.
4. Mit einem Kochlöffelstiel Vertiefungen in die Fladen drücken. Fladen mit Olivenöl bestreichen und mit den Kräutern bestreuen. Das Backblech in den Backofen schieben.
   Ober-/Unterhitze: etwa 220 °C (vorgeheizt)
   Heißluft: etwa 200 °C (vorgeheizt)
   Gas: Stufe 4–5 (vorgeheizt)
   Backzeit: 15–20 Minuten.
5. Die Pizzabrote vom Backblech lösen und auf einen Kuchenrost legen. Pizzabrote erkalten lassen.

Porreesalat mit Ziegenkäse

Porreesalat mit Ziegenkäse

4 Portionen

Für den Salat:
500 g Porree (Lauch)
Salzwasser, 300 g Cocktailtomaten
200 g Ziegenkäse, in Scheiben
grob gemahlener Pfeffer

Für das Dressing:
2 Knoblauchzehen
6 EL Zitronensaft
2–3 EL Wasser
1 Prise Salz, 3 EL Olivenöl

Zum Bestreuen:
1 EL Radieschenkresse oder Gartenkresse

Für die Beilage:
5–6 EL Olivenöl
12 Scheiben Baguette

Zubereitungszeit: 30 Minuten, ohne Abkühlzeit

Insgesamt:
E: 83 g, F: 154 g, Kh: 137 g, kJ: 9389, kcal: 2250

Gut vorzubereiten – vegetarisch

1. Für den Salat Porree putzen, die Stangen längs halbieren, waschen, abtropfen lassen und in schräge Stücke schneiden. Porreestücke in kochendem Salzwasser etwa 4 Minuten garen, in ein Sieb geben, mit kaltem Wasser übergießen, abtropfen und erkalten lassen.
2. Cocktailtomaten waschen, abtrocknen, halbieren und die Stängelansätze entfernen. Ziegenkäse in mundgerechte Stücke schneiden.
3. Porreestücke mit Tomatenhälften und Käsestücken in eine Schüssel geben, gut vermischen und mit Pfeffer bestreuen.
4. Für das Dressing Knoblauch abziehen und durch eine Knoblauchpresse drücken. Knoblauch mit Zitronensaft, Wasser und Salz verrühren, Olivenöl unterschlagen. Das Dressing über den Salat gießen. Kresse abspülen, trockentupfen und abschneiden. Den Salat mit der Kresse bestreuen.
5. Olivenöl in einer Pfanne erhitzen. Baguettescheiben von beiden Seiten darin anrösten. Die Baguettescheiben warm zum Salat servieren.

Rezeptvorschläge für ein Mitternachts-Buffet

Für ein Mitternachts-Buffet benötigen Sie für 10–12 Personen:
2 x Rezept **Fladenbrot** Seite 101
3 x Rezept **Porreesalat mit Ziegenkäse** Seite 289
3 x Rezept **Minischnitzel mit verschiedenen Salaten** Seite 251
3 x Rezept **Reis-Schillerlocken-Salat** Seite 310
3 x Rezept **Götter-Schicht-Speise** Seite 136

Außerdem:
etwa 1,8 kg Brot oder Brötchen

Vorbereitungen am Vortag:
Im Laufe des Tages: • Götter-Schicht-Speise zubereiten.
Am Vorabend: • Teig für die Fladenbrote zubereiten, in 1–2 verschließbaren Schüsseln über Nacht im Kühlschrank gehen lassen.

Vorbereitungen am Tag des Buffets:
5 Stunden vorher: • Porreesalat zubereiten.
4 Stunden vorher: • Teig kneten, formen, gehen lassen und backen.
3 Stunden vorher: • Reis-Schillerlocken-Salat zubereiten.
2 Stunden vorher: • Minischnitzel und Salate zubereiten.
kurz vorher: • Radieschen unter den Paprikasalat für die Minischnitzel mischen.
• Brot und Brötchen aufschneiden und anrichten.

Es eignen sich auch folgende zusätzliche Rezepte:
2 x Rezept **Quarktaschen, pikant** Seite 302
2 x Rezept **Basmatireissalat** Seite 26
2 x Rezept **Fleischspieße mit Käsecremebällchen** Seite 110
3 x Rezept **Apfel-Porree-Salat, pikant** Seite 12
1 x Rezept **Kartoffelsalat von Erstlingen** Seite 179
2 x Rezept **Soleier, süß-sauer** Seite 355
plus evtl. Brot.

Portwein-Pflaumen mit Bacon

20 Stück

20 große, entsteinte Backpflaumen
5 EL Portwein
10 Scheiben Bacon (Frühstücksspeck)
etwas Olivenöl zum Anbraten

Außerdem:
Holzstäbchen und -spieße
1 Wasserglas
Meersalz

Zubereitungszeit: 10 Minuten, ohne Marinierzeit

Insgesamt:
E: 20 g, F: 11 g, Kh: 69 g, kJ: 2233, kcal: 533

Portwein-Pflaumen mit Bacon

Mit Alkohol

1. Pflaumen in eine Schale legen und mit Portwein übergießen. Pflaumen mehrere Stunden darin marinieren.
2. Baconscheiben längs halbieren. Die Pflaumen aus der Marinade nehmen und jeweils mit den Speckscheiben umwickeln. Mit Holzstäbchen feststecken.
3. Olivenöl in einer Pfanne erhitzen. Die Speckpflaumen darin von allen Seiten anbraten, herausnehmen und abkühlen lassen.
4. Nach Belieben ein Wasserglas mit Meersalz füllen. Die Portwein-Pflaumen auf Holzstäbchen oder -spieße stecken und dekorativ ins Meersalz spießen.

Provenzalisches Gemüse, mariniert

Etwa 7 Gläser (je 370 ml)

je 3 rote und gelbe Paprikaschoten (etwa 1 kg)
500 g Zucchini
500 g Auberginen
500 g kleine Tomaten

Für den Sud:
1/2 Bio-Zitrone (unbehandelt, ungewachst), in Scheiben
500 ml (1/2 l) Weißwein
500 ml (1/2 l) Weißweinessig
500 ml (1/2 l) Wasser
1 EL Senfkörner
je 15 Piment- und schwarze Pfefferkörner
3 schwach geh. TL Salz
300 g Zucker
5 Knoblauchzehen
1/2 Bund Thymian
2–3 Zweige Rosmarin
1 Pck. Einmach-Hilfe

Zubereitungszeit: 60 Minuten

Insgesamt:
E: 31 g, F: 11 g, Kh: 385 g, kJ: 9412, kcal: 2246

Gut vorzubereiten

1. Paprika halbieren, entstielen, entkernen und die weißen Scheidewände entfernen. Schoten waschen, trockentupfen und in breite Streifen schneiden. Zucchini waschen und die Enden abschneiden. Zucchini in Scheiben oder in breite Streifen (Paprikastreifengröße) schneiden.
2. Auberginen waschen und die Stängelansätze abschneiden. Auberginen in Scheiben oder in breite Streifen

(Paprikastreifengröße) schneiden. Tomaten waschen, kreuzweise einschneiden und einige Sekunden in kochendes Wasser legen. Tomaten kurz in kaltem Wasser abschrecken, enthäuten, halbieren, entkernen und Stängelansätze entfernen.

3. Für den Sud Zitronenhälfte waschen, abtrocknen und in Scheiben schneiden. Zitronenscheiben, Weißwein, Essig, Wasser, Senf-, Piment-, Pfefferkörner, Salz und Zucker in einem Topf zum Kochen bringen, zugedeckt etwa 10 Minuten kochen lassen. Dann Paprikastreifen hinzugeben und 7 Minuten kochen lassen. Zucchini- und Auberginenscheiben oder -streifen hinzufügen und weitere 2 Minuten kochen lassen. Zuletzt Tomaten hinzugeben und mit erhitzen.
4. Knoblauch abziehen und in Scheiben schneiden. Thymian und Rosmarin waschen, trockentupfen. Die Blättchen und Nadeln von den Stängeln zupfen. Das Gemüse mit einer Schaumkelle aus dem Sud nehmen. Mit Knoblauch, Thymian und Rosmarin in gründlich gereinigte und gespülte Gläser füllen.
5. Den Sud zum Kochen bringen und etwa 10 Minuten ohne Deckel kochen lassen. Topf von der Kochstelle nehmen und Einmach-Hilfe unterrühren. Den Sud durch ein Sieb in einen Topf gießen. Den Sud sofort randvoll in die Gläser auf das Gemüse gießen. Die Gläser mit Twist-off-Deckeln® verschließen und etwa 5 Minuten auf den Deckeln stehen lassen. Gläser wieder umdrehen.

Tipp:
Kühl und dunkel aufbewahrt hält sich das marinierte Gemüse etwa 6 Monate. Mit Fladenbrot und Crème fraîche mit frischen Kräutern als frische Vorspeise oder kleine Mahlzeit servieren.

Pudding mit Keksen und Früchten

4 Portionen

Für die Vanillecreme:

2 Eier (Größe M)
75 g Zucker, 1 Prise Salz
30–35 g Speisestärke
500 ml (1/2 l) Milch
1/4 Vanilleschote oder 1 Pck. Dr. Oetker Vanillin-Zucker
200 ml steif geschlagene Schlagsahne nach Belieben

einige Löffelbiskuits oder Kekse
4 EL Rum, Arrak oder Wein

375 g gedünstete Früchte oder weiche, gezuckerte rohe Früchte

Früchte zum Garnieren

Zubereitungszeit: 20 Minuten, ohne Abkühlzeit

Insgesamt:
E: 43 g, F: 37 g, Kh: 228 g, kJ: 6560, kcal: 1568

Mit Alkohol

1. Für die Creme Eier trennen. Eigelb mit Zucker und Speisestärke in einem Topf gut verrühren. Vanilleschote der Länge nach aufschneiden, das Mark herauskratzen. Milch, Salz, Vanillemark und aufgeschnittene Vanillestange oder Vanillin-Zucker hinzufügen. Die Zutaten unter Rühren zum Kochen bringen. Topf von der Kochstelle nehmen. Die Creme etwas abkühlen lassen, dabei ab und zu umrühren. Vanillestange entfernen. Eiweiß steif schlagen und unter die noch heiße Creme heben.

Pudding mit Keksen und Früchten

2. Die Creme in eine Schüssel geben und kalt stellen. Nach Belieben Schlagsahne unterziehen.
3. Je eine Lage Löffelbiskuits oder Kekse in 4 Glasschälchen geben, mit Rum, Arrak oder Wein beträufeln. Die Früchte darauf verteilen, dann die Vanillecreme darauf geben. Pudding kalt stellen.
4. Den Pudding vor dem Servieren mit Früchten garnieren.

Tipp:
Für diese Speise können Sie auch Rumfrüchte verwenden. Pudding auf Eis anrichten, mit Schlagsahne verzieren und mit Früchten garnieren.

Pumpernickelcreme mit Erdbeeren

6 Portionen

Für die Creme:
1 Vanilleschote
500 ml (1/2 l) Milch
1 Prise Salz
10 Blatt weiße Gelatine
3 Eigelb (Größe M)
120 g Zucker
150 g Pumpernickel
250 ml (1/4 l) Schlagsahne

500 g Erdbeeren
3–4 EL Orangenlikör
evtl. 25 g Zucker

Zubereitungszeit: 35 Minuten, ohne Kühlzeit

Pumpernickelcreme mit Erdbeeren

Insgesamt:
E: 58 g, F: 115 g, Kh: 242 g, kJ: 10088, kcal: 2412

Gut vorzubereiten – raffiniert – mit Alkohol

1. Für die Creme Vanilleschote längs halbieren. Milch in einen Topf gießen, mit Vanilleschote und Salz bis kurz vor den Kochpunkt bringen und etwas ziehen lassen. Gelatine in kaltem Wasser nach Packungsanleitung einweichen.
2. Eigelb mit Zucker in einer Schüssel im heißen Wasserbad mit Handrührgerät mit Rührbesen etwa 2 Minuten schaumig schlagen. 100 ml von der heißen Milch unter Rühren zur Eigelb-Zucker-Masse geben und noch etwa 5 Minuten weiterschlagen, bis die Masse dicklich wird.
3. Gelatine ausdrücken, in der restlichen heißen Milch unter Rühren auflösen und unter die Eigelb-Zucker-Masse rühren. Die Masse kalt stellen, dabei zwischendurch umrühren.
4. Pumpernickel zerbröseln. Sahne steif schlagen. Wenn die Masse anfängt dicklich zu werden, Pumpernickelbrösel und Sahne unterheben.
5. Die Pumpernickelcreme in Förmchen füllen und etwa 3 Stunden kalt stellen.
6. Erdbeeren waschen, gut abtropfen lassen und entstielen. Die Hälfte der Früchte pürieren, die restlichen Erdbeeren halbieren. Erdbeerpüree mit Orangenlikör aromatisieren und evtl. mit Zucker abschmecken.
7. Die Förmchen mit der fest gewordenen Pumpernickelcreme kurz in heißes Wasser stellen, dann jeweils in die Mitte eines Tellers stürzen, mit dem Erdbeerpüree und den Erdbeeren anrichten.

Pumpernickeltaler

(3 Variationen)

je 12 Stück

Für die Pumpernickeltaler mit Frischkäse:

75 g Crème fraîche
100 g Doppelrahm-Frischkäse
1 Frühlingszwiebel
Worcestersauce
Salz
frisch gemahlener Pfeffer
12 Pumpernickeltaler

Zum Garnieren:

4 entsteinte grüne Oliven
je 1 EL grüne und rote Paprikawürfel

Für die Pumpernickeltaler mit Matjes:

200 g Matjesfilet
1 Schalotte
1 mittelgroße Gewürzgurke
(aus dem Glas)
1 Tomate
1 TL fein geschnittener Dill
1 TL fein geschnittene Petersilie
2 EL Sonnenblumenöl
1 EL Weißweinessig
Salz, Pfeffer
etwas Zucker
12 Pumpernickeltaler
15 g weiche Butter
einige vorbereitete Dillspitzen

Für die Pumpernickeltaler mit Quark:

100 g Doppelrahm-Frischkäse
75 g Speisequark (Magerstufe)
gemahlener Kümmel
Salz
frisch gemahlener Pfeffer
einige Spritzer Tabasco
Paprikapulver scharf und edelsüß
12 Pumpernickeltaler
blaue und grüne Weintrauben

Zubereitungszeit: 55 Minuten, ohne Durchziehzeit

Insgesamt (mit Frischkäse):
E: 22 g, F: 58 g, Kh: 55 g,
kJ: 3489, kcal: 837

Insgesamt (mit Matjes):
E: 45 g, F: 65 g, Kh: 51 g,
kJ: 4071, kcal: 971

Insgesamt (mit Quark):
E: 30 g, F: 33 g, Kh: 63 g,
kJ: 2846, kcal: 680

Raffiniert

1. Für die Pumpernickeltaler mit Frischkäse Crème fraîche mit Frischkäse verrühren. Frühlingszwiebel putzen, waschen, abtropfen lassen und in Ringe schneiden. Die Hälfte der Zwiebelringe unter die Frischkäsemasse rühren. Mit Worcestersauce, Salz und Pfeffer würzen. Die Frischkäsemasse kuppelartig auf die Pumpernickeltaler streichen.
2. Zum Garnieren Oliven in Scheiben schneiden. Pumpernickeltaler mit Paprikawürfeln und Olivenscheiben garnieren.
3. Für die Pumpernickeltaler mit Matjes Matjesfilets eventuell entgräten und sehr fein würfeln. Schalotte abziehen. Gurke und Schalotte fein würfeln.
4. Tomate waschen, abtropfen lassen, kreuzweise einschneiden, kurz in kochendes Wasser legen und in kaltem Wasser abschrecken. Tomate enthäuten, den Stängelansatz herausschneiden. Tomate in kleine Würfel schneiden.
5. Matjes-, Gurken-, Schalotten- und Tomatenwürfel mit Dill und Petersilie vermengen. Sonnenblumenöl und Essig unterrühren. Mit Salz, Pfeffer und Zucker würzen, etwas durchziehen lassen.
6. Pumpernickeltaler dünn mit Butter bestreichen. Die Matjesmischung mit einem kleinen Eisportionierer oder mit 2 Teelöffeln formen und auf die Pumpernickeltaler geben. Mit Dill garnieren.
7. Für die Pumpernickeltaler mit Quark Frischkäse mit Quark verrühren, mit Kümmel, Salz, Pfeffer, Tabasco und Paprika würzen. Die Masse in einen Spritzbeutel mit Sterntülle füllen und auf die Pumpernickeltaler spritzen.
8. Pumpernickeltaler auf einer Platte anrichten. Weintrauben waschen, trockentupfen und halbieren, evtl. entkernen. Pumpernickeltaler mit den Weintraubenhälften garnieren.

Pumpernickeltaler

Pumpernickeltaler mit Käse

24 Stück

150 g Camembert-Käse
100 g Doppelrahm-Frischkäse
1 TL mittelscharfer Senf
Salz
frisch gemahlener Pfeffer
Paprikapulver edelsüß
etwas Balsamico-Essig
Worcestersauce
1 Bund Schnittlauch
24 Pumpernickeltaler
Paprikapulver, edelsüß

Zubereitungszeit: 25 Minuten

Insgesamt:
E: 59 g, F: 69 g, Kh: 95 g,
kJ: 5180, kcal: 1238

Raffiniert

1. Camembert mit Hilfe einer Gabel zerdrücken. Mit Frischkäse und Senf verrühren. Mit Salz, Pfeffer, Paprika, Balsamico-Essig und Worcestersauce pikant würzen.
2. Schnittlauch abspülen, trockentupfen, in Röllchen schneiden und unter die Käsemasse rühren. Evtl. nochmals mit den Gewürzen abschmecken.
3. Jeweils 1 gut gehäuften Teelöffel der Käsemasse kuppelartig auf die Pumpernickeltaler geben und mit Paprika bestreuen. Die Pumpernickeltaler auf einer Platte anrichten.

Pumpernickeltaler mit Käse und Pumpernickeltaler, scharf

Pumpernickeltaler, scharf

24 Stück

1/2 Rettich (etwa 200 g)
Salz
4–5 rote Chilischoten
2 Dosen Chili-Bohnen (Abtropfgewicht je 400 g)
1 EL gemahlener Koriander
2 EL Tomatenmark
2–3 EL Olivenöl
24 Pumpernickeltaler
gewaschene, trockengetupfte Korianderblättchen

Zubereitungszeit: 35 Minuten, ohne Saftziehzeit

Insgesamt:
E: 63 g, F: 32 g, Kh: 179 g,
kJ: 5310, kcal: 1265

Für Gäste

1. Rettich putzen, waschen, schälen und in Scheiben schneiden. Rettichscheiben mit Salz bestreuen und bis zur weiteren Verwendung Saft ziehen lassen.
2. Zwei Chilischoten längs aufschneiden, entkernen, waschen, trockentupfen und in kleine Würfel schneiden. Bohnen in ein Sieb geben, mit kaltem Wasser abspülen und abtropfen lassen.
3. Bohnen und Chiliwürfel in einen hohen Rührbecher geben, mit einem Mixstab pürieren. Koriander, Tomaten-

mark und Olivenöl unterrühren, mit Salz würzen.

4. Pumpernickeltaler auf einer Platte anrichten. Rettichscheiben mit Küchenpapier abtupfen und jeweils 1 Scheibe auf die Pumpernickeltaler legen. Das Bohnenpüree in einen Spritzbeutel mit Lochtülle (Ø 10 mm) füllen und auf die Rettichscheiben spritzen.
5. Restliche Chilischoten putzen, waschen, abtropfen lassen und in Ringe schneiden. Die Pumpernickeltaler mit Chiliringen und Korianderblättchen garnieren.

Putenbraten in weißem Burgundergelee

Putenbraten in weißem Burgundergelee

4 Portionen

400 g kalte, gebratene Putenbrust (im Stück)
1 Zwiebel
2 Tomaten
2 Gewürzgurken (aus dem Glas)
6 Blatt weiße Gelatine
250 ml (1/4 l) Gemüsebrühe
200 ml trockener Weißwein, z. B. Weißer Burgunder
Salz
frisch gemahlener Pfeffer

Zubereitungszeit: 60 Minuten, ohne Kühlzeit

Insgesamt:
E: 101 g, F: 9 g, Kh: 13 g, kJ: 2891, kcal: 685

Für Gäste – mit Alkohol

1. Putenbraten zuerst in dickere Scheiben, dann in Würfel schneiden. Zwiebel abziehen und in feine Würfel schneiden. Etwas Wasser in einem Topf zum Kochen bringen. Zwiebelwürfel hinzugeben, kurz blanchieren, in ein feines Sieb geben, mit kaltem Wasser übergießen und gut abtropfen lassen.
2. Tomaten waschen, abtrocknen, halbieren, entkernen und die Stängelansätze herausschneiden. Tomaten in Würfel schneiden. Gewürzgurken ebenfalls in kleine Würfel schneiden.
3. Gelatine in kaltem Wasser nach Packungsanleitung einweichen. Brühe und Wein in einem Topf erhitzen, mit Salz und Pfeffer kräftig würzen. Topf von der Kochstelle nehmen, Gelatine leicht ausdrücken und in der Wein-Gemüse-Mischung unter Rühren auflösen.
4. Fleisch-, Zwiebel-, Tomaten- und Gurkenwürfel mischen, in 4 kleine Schüsseln füllen. Die Gelatineflüssigkeit hinzugießen, so dass die Zutaten bedeckt sind. Die Schüsseln für einige Stunden, am besten über Nacht, in den Kühlschrank stellen.
5. Burgundergelee jeweils mit einem spitzen Messer vom Rand der Schüssel lösen. Die Schüsseln kurz in heißes Wasser tauchen. Den Braten in Burgundergelee auf vorbereitete Teller stürzen.

Beilage:
Remouladensauce, Bauernbrot.

Tipp:
Wenn Sie die Schüsseln vor dem Befüllen mit Frischhaltefolie auslegen, lässt sich das Gelee besser stürzen.

Putenbrust-Baguette-Schnittchen

Putenbrust-Baguette-Schnittchen

10 Stück

1 Baguette (etwa 350 g)
etwas Remoulade (aus der Tube)
10 kleine Salatblätter, z. B. Lollo Bionda
5 Physalis (Kapstachelbeeren)
1 Kiwi
10 Scheiben Putenbrustaufschnitt (etwa 200 g)

Zubereitungszeit: 20 Minuten

Insgesamt:
E: 61 g, F: 33 g, Kh: 119 g, kJ: 4315, kcal: 1029

Für Kinder

1. Baguette in zehn $1\,^{1}/_{2}$–2 cm dicke Scheiben schneiden und dünn mit Remoulade bestreichen.
2. Salatblätter waschen und trockentupfen. Je ein Salatblatt auf eine bestrichene Baguettescheibe legen.
3. Physalis aus der Hülle zupfen, abwaschen, trockentupfen und halbieren. Kiwi schälen, längs halbieren und in Scheiben schneiden.
4. Putenbrustscheiben zuerst zur Hälfte und dann zu Vierteln zusammenlegen, die Schnittchen damit belegen. Die Schnittchen jeweils mit einer Kiwischeibe und einer Physalishälfte garnieren.

Tipp:
Belegen Sie die Schnittchen statt mit Putenbrustaufschnitt mit gebratenem Putenbrustfilet. Dazu benötigen Sie: etwa 400 g Putenbrustfilet, Salz und Pfeffer und 3 Esslöffel Speiseöl. Spülen Sie das Filet unter fließendem kalten

Puten-Champignon-Aufstrich „Exotik"

Wasser ab, tupfen Sie es trocken und würzen es mit Salz und Pfeffer. Erhitzen Sie das Öl in einer Pfanne und braten das Putenbrustfilet darin von allen Seiten etwa 15 Minuten. Nehmen Sie das Putenbrustfilet aus der Pfanne und lassen es erkalten. Schneiden Sie es anschließend in 20 Scheiben und belegen die Schnittchen damit.

Puten-Champignon-Aufstrich „Exotik"

10–12 Portionen (etwa 500 g)

100 g Champignons
250 g Putenschnitzel
3 EL Speiseöl, z. B. Rapsöl
Salz
1 TL Currypulver
1 Msp. Chilipulver
1 Dose Ananasstücke
(Abtropf gewicht 140 g)
Saft von 1 Orange
100 g Delikatessmayonnaise

Zubereitungszeit: 30 Minuten, ohne Abkühlzeit

Insgesamt:
E: 67 g, F: 115 g, Kh: 39 g, kJ: 6105, kcal: 1459

Raffiniert

1. Champignons putzen, mit Küchenpapier abreiben, evtl. kurz abspülen und abtropfen lassen. Champignons in kleine Stücke schneiden.
2. Putenschnitzel unter fließendem kalten Wasser abspülen, trockentupfen und in kleine Würfel schneiden.
3. Speiseöl in einer Pfanne erhitzen, die Putenwürfel darin anbraten. Champignonstücke hinzufügen und mit anbraten. Die Puten-Champignon-Mischung unter gelegentlichem Rühren etwa 8 Minuten weiterbraten. Mit Salz, Curry und Chili würzen.
4. Ananasstücke in einem Sieb abtropfen lassen und mit dem Orangensaft unter die Puten-Champignon-Mischung rühren, erkalten lassen. Die Masse grob pürieren und mit der Mayonnaise verrühren.
5. Den Puten-Champignon-Aufstrich in 2 gründlich gereinigte, gespülte und getrocknete Gläser füllen. Die Gläser mit Deckeln fest verschließen und kalt stellen. Der Aufstrich hält sich gekühlt etwa 3 Tage.

Brotempfehlung:
Brötchen oder Weißbrot.

Putenleberaufstrich

10–12 Portionen (etwa 500 g)

320 g frische Putenleber
1 rote Zwiebel

3 EL Rapsöl
40 ml trockener Sherry
4 Salbeiblätter
40 g Korinthen
30 g geräucherte Schinkenwürfel
150 g Naturjoghurt (10 % Fett)
Salz
frisch gemahlener Pfeffer

Zubereitungszeit: 25 Minuten, ohne Abkühlzeit

Insgesamt:
E: 72 g, F: 61 g, Kh: 52 g, kJ: 4569, kcal: 1090

Mit Alkohol

1. Leber unter fließendem kalten Wasser abspülen, trockentupfen und in etwa 1 x 1 cm große Würfel schneiden. Zwiebel abziehen, halbieren und in kleine Würfel schneiden.
2. Rapsöl in einer Pfanne erhitzen, Zwiebelwürfel darin bei mittlerer Hitze anbraten. Leberwürfel hinzugeben und mitbraten lassen.
3. Sherry hinzugießen und unter Rühren kurz aufkochen lassen. Lebermasse erkalten lassen.
4. Salbeiblätter waschen, trockentupfen, klein schneiden. Mit Korinthen und Schinkenwürfeln zur Lebermasse geben, fein pürieren, Joghurt unterrühren. Mit Salz und Pfeffer abschmecken.
5. Putenleberaufstrich in 2 gründlich gereinigte, gespülte, getrocknete Gläser füllen. Die Gläser mit Deckeln fest verschließen und kalt stellen. Aufstrich innerhalb von 2–3 Tagen verwenden.

Brotempfehlung: Warmes Fladenbrot.

Putenleberaufstrich

Putensülze

4 Portionen

750 g Putenbrust (ohne Haut und Knochen)
1 1/2 l Wasser
2–3 gestr. TL Salz
1 Bund Suppengrün
1/2 TL gerebelter Thymian
8–10 Blatt weiße Gelatine
Zitronensaft
Salz, frisch gemahlener Pfeffer
1 große rote Paprikaschote
125 ml (1/8 l) Fleischbrühe (von dem Putenfleisch)
1 Bund Dill

Zubereitungszeit: 40 Minuten, ohne Kühlzeit

Insgesamt:
E: 196 g, F: 8 g, Kh: 11 g, kJ: 3853, kcal: 924

Raffiniert

1. Putenbrust unter fließendem kalten Wasser abspülen. Wasser in einem großen Topf zum Kochen bringen. Salz und die Putenbrust hineingeben,

Putensülze

erneut zum Kochen bringen und abschäumen.

2. Suppengrün putzen, waschen, abtropfen lassen und in Stücke schneiden. Suppengrün und Thymian zur Putenbrust geben, zum Kochen bringen und zugedeckt in etwa 45 Minuten gar kochen.
3. Putenbrust in der Brühe erkalten lassen. Putenbrust herausnehmen und in fingerdicke Streifen schneiden. Die Brühe durch ein feines Sieb in einen Topf gießen und 500 ml (1/2 l) davon abmessen. Restliche Brühe beiseite stellen.
4. Gelatine in kaltem Wasser nach Packungsanleitung einweichen. Etwa 100 ml der abgemessenen Brühe erhitzen (nicht kochen). Gelatine ausdrücken und unter Rühren in der Brühe auflösen.
5. Restliche abgemessene Brühe unterrühren. Sülzenflüssigkeit mit Zitronensaft, Salz und Pfeffer kräftig würzen. Den Boden einer dichten, länglichen Form oder einer Schüssel (etwa 1,5 l Inhalt) etwa 1/2 cm hoch mit der Sülzenflüssigkeit bedecken. Die Form oder Schüssel etwa 10 Minuten kalt stellen.
6. Paprika halbieren, entstielen, entkernen und die weißen Scheidewände entfernen. Schote waschen, abtropfen lassen und in Streifen schneiden.
7. Von der restlichen beiseite gestellten Brühe 125 ml (1/8 l) abmessen und zum Kochen bringen. Paprikastreifen hinzufügen und etwa 2 Minuten kochen lassen. Paprikastreifen in ein Sieb geben, mit kaltem Wasser übergießen und abtropfen lassen.
8. Dill abspülen und trockentupfen (einen Dillstängel beiseite legen). Die Spitzen von den Stängeln zupfen.
9. Einige Dillspitzen in die Form oder Schüssel auf den erstarrten Sülzenspiegel legen. Fleisch- und Paprikastreifen darauf schichten und mit Dill bestreuen. Die restliche Sülzenflüssigkeit hinzugießen. Die Form oder Schüssel über Nacht kalt stellen.
10. Die Form kurz in heißes Wasser tauchen. Die Sülze mit einem Messer vorsichtig vom Rand der Form lösen, auf eine Platte stürzen und mit dem beiseite gelegten Dillstängel garnieren.

Tipp:
Mit Eiervierteln und einer Joghurt-Kräuter-Sauce servieren.

Quarkbrötchen

10–12 Stück

Für den Hefeteig:

500 g Weizenmehl (Type 550)
1 Pck. Dr. Oetker Trockenbackhefe
1 TL Zucker
1/2 gestr. TL Salz
250 g Speisequark (Magerstufe)
50 g zerlassene, lauwarme Margarine
etwa 200 ml lauwarmes Wasser

Zum Bestreichen:

1 EL Milch

Nach Belieben zum Bestreuen:

Sonnenblumenkerne
Sesamsamen
Mohnsamen

Zubereitungszeit: 30 Minuten, ohne Teiggehzeit
Backzeit: 20-25 Minuten

Insgesamt:

E: 87 g, F: 55 g, Kh: 376 g,
kJ: 9958, kcal: 2377

Für Kinder

1. Für den Teig Mehl in eine Rührschüssel sieben, mit Trockenbackhefe sorgfältig vermischen. Zucker, Salz, Quark, Margarine und Wasser hinzufügen.
2. Die Zutaten mit Handrührgerät mit Knethaken zunächst kurz auf niedrigster, dann auf höchster Stufe in etwa 5 Minuten zu einem glatten Teig verarbeiten. Den Teig zugedeckt so lange an einem warmen Ort stehen lassen, bis er sichtbar vergrößert hat.
3. Den Teig leicht mit Mehl bestäuben, aus der Schüssel nehmen und auf einer bemehlten Arbeitsfläche nochmals kurz durchkneten. Aus dem Teig 10–12 runde Brötchen formen und auf ein Backblech (gefettet) legen.
4. Die Teigbrötchen nochmals zugedeckt so lange an einem warmen Ort gehen lassen, bis sie sich sichtbar vergrößert haben.
5. Die Teigbrötchen mit Milch bestreichen. Nach Belieben mit Sonnenblumenkernen, Sesamsamen oder Mohnsamen bestreuen. Das Backblech in den Backofen schieben.
   Ober-/Unterhitze: 180–200 °C (vorgeheizt)
   Heißluft: 160–180 °C (vorgeheizt)
   Gas: etwa Stufe 3 (vorgeheizt)
   Backzeit: 20–25 Minuten.
6. Die Brötchen vom Backblech lösen und auf einem Kuchenrost erkalten lassen.

Quarkbrötchen

Quarkdip, fruchtig

4 Portionen

250 g Speisequark (Magerstufe)
125 g Crème double
8 EL Schlagsahne
1 EL Rosenwasser
1 TL Ahornsirup
100 g frische Datteln
2 Orangen
2 Äpfel, z. B. Golden- oder Red-Delicius
400 g Weintrauben

Zubereitungszeit: 30 Minuten

Insgesamt:

E: 45 g, F: 86 g, Kh: 178 g,
kJ: 7214, kcal: 1731

Für Gäste – mit Alkohol

1. Quark mit Crème double, Sahne, Rosenwasser und Ahornsirup in einer Rührschüssel cremig rühren.
2. Datteln entsteinen, soweit wie möglich die harte Schale abziehen. Das Fruchtfleisch klein hacken und unter die Creme rühren.
3. Orangen so schälen, dass die weiße Haut mit entfernt wird. Orangen filetieren. Äpfel waschen, trockentupfen und in Spalten schneiden. Wein-

trauben waschen, trockentupfen und entstielen.

4. Den Dip in eine flache Schüssel füllen. Die Fruchtspalten und Weintrauben auf einer Platte anrichten, für die Weintrauben kleine Spießchen dazu legen.

Tipp:
Sie können 100 g getrocknete Datteln verwenden.

Quark-Mayonnaise

Etwa 600 g

500 g Speisequark (Magerstufe)
4 EL mittelscharfer Senf
4 EL Weißweinessig
12 EL gutes Olivenöl
1 Prise Zucker
Salz
frisch gemahlener Pfeffer
1 EL Tomatenwürfel
einige Basilikumblättchen

Zubereitungszeit: 10 Minuten

Insgesamt:
E: 70 g, F: 123 g, Kh: 23 g, kJ: 6287, kcal: 1501

Schnell – einfach

1. Quark in eine Rührschüssel geben und mit Handrührgerät mit Rührbesen auf niedrigster Stufe verrühren. Senf und Essig unterrühren.
2. Nach und nach Olivenöl unterrühren. Die Mayonnaise mit Zucker, Salz und Pfeffer abschmecken.

Tipp:
Wer möchte, kann die Mayonnaise mit 1–2 Spritzern Worcestersauce abrunden.

Abwandlung: Cocktailsauce
(zu Garnelen und Meeresfrüchten)
Eine Quark-Mayonnaise aus den oben genannten Zutaten zubereiten und zusätzlich 4 Esslöffel Tomatenketchup, 2 Teelöffel Worcestersauce und etwas Tabasco oder Sambal Oelek unterrühren. Mit Tomatenwürfeln garnieren.

Quarkdip, fruchtig

Pestosauce

Abwandlung: Pestosauce
(für Gemüse- und Nudelsalate)
Eine Quark-Mayonnaise aus den oben genannten Zutaten, aber nur mit 400 g Quark, etwas Wasser oder Milch und 6 Esslöffeln Olivenöl zubereiten. Zusätzlich 6 Esslöffel Olivenöl in einen hohen Rührbecher geben. 2 Esslöffel leicht geröstete Pinienkerne und 4–6 abgezogene Knoblauchzehen hinzufügen. 2 kleine Bunde Basilikum waschen, trockentupfen und die Blättchen von den Stängeln zupfen. Blättchen ebenfalls zum Olivenöl geben. Die Zutaten mit einem Mixstab pürieren. Das Püree unter die Quark-Mayonnaise rühren. Mit Basilikumblättchen garnieren.

Quarkspeise mit Himbeeren

4 Portionen

3 Blatt weiße Gelatine
250 g Sahnequark (40 %)
75 g Zucker
Saft von 1 Zitrone
40 g abgezogene, gehackte Mandeln
4 EL Haferflocken, blütenzart
300 g verlesene Himbeeren

Schlagsahne nach Belieben

Zubereitungszeit: 30 Minuten, ohne Kühlzeit

Insgesamt:
E: 45 g, F: 52 g, Kh: 115 g,
kJ: 4919, kcal: 1175

Für Kinder

1. Gelatine in kaltem Wasser nach Packungsanleitung einweichen. Gelatine leicht ausdrücken, in einem kleinen Topf unter Rühren erwärmen (nicht kochen), bis sie gelöst ist.
2. Quark mit Zucker und Zitronensaft gut verrühren. Gelatine mit etwas von der Quarkmasse verrühren, dann unter die restliche Quarkmasse rühren. Mandeln und Haferflocken unterheben.
3. Himbeeren (einige zum Garnieren beiseite legen) vorsichtig unterheben. Die Himbeer-Quark-Masse in Förmchen füllen und kalt stellen, bis sie fest geworden ist.
4. Die Förmchen kurz in heißes Wasser tauchen. Die Quarkmasse aus der Form auf Dessertteller stürzen und mit den beiseite gelegten Himbeeren garnieren. Nach Belieben mit steif geschlagener Sahne verzieren.

Tipp:
Statt Himbeeren können auch Erdbeeren oder Heidelbeeren verwendet werden.

Quarkspeise mit Himbeeren

Quarktaschen, pikant

9 Stück

Für die Füllung:
1 Dose Gemüsemais
(Abtropfgewicht 285 g)
1/2 Bund Schnittlauch
125 g Speisequark (Magerstufe)
1 EL Olivenöl
1 Prise Salz
frisch gemahlener Pfeffer
Paprikapulver rosenscharf

Für den Quark-Öl-Teig:
250 g Weizenmehl
1 gestr. TL Dr. Oetker Backin
125 g Speisequark (Magerstufe)
4 EL Milch
125 ml (1/8 l) Speiseöl
1 Ei (Größe M)
1/2 gestr. TL Salz

Zum Bestreichen:
1 Ei
1 EL Milch

Quarktaschen, pikant

Zubereitungszeit: etwa 50 Minuten
Backzeit: etwa 25 Minuten

Insgesamt:
E: 83 g, F: 154 g, Kh: 232 g,
kJ: 11166, kcal: 2669

Für Gäste

1. Für die Füllung Mais in ein Sieb geben, mit kaltem Wasser abspülen und abtropfen lassen. Schnittlauch abspülen, trockentupfen und in Röllchen schneiden. Quark mit Olivenöl verrühren, Mais und Schnittlauchröllchen unterrühren. Mit Salz, Pfeffer und Paprika abschmecken.
2. Für den Teig Mehl mit Backpulver mischen, in eine Rührschüssel sieben. Quark, Milch, Speiseöl, Ei und Salz hinzufügen. Die Zutaten mit Handrührgerät mit Knethaken zunächst kurz auf niedrigster, dann auf höchster Stufe in etwa 1 Minute zu einem Teig verarbeiten (nicht zu lange, Teig klebt sonst).
3. Anschließend auf einer bemehlten Arbeitsfläche zu einem Quadrat (etwa 36 x 36 cm) ausrollen. Daraus 9 Quadrate (etwa 12 x 12 cm) schneiden.
4. Die Füllung auf jeweils eine Hälfte der Teigquadrate geben, dabei rundherum einen etwa 1 cm breiten Rand frei lassen.
5. Zum Bestreichen das Ei trennen. Eiweiß mit einer Gabel verschlagen. Die Teigränder damit bestreichen. Die Teigquadrate so zusammenklappen, dass Dreiecke entstehen. Die Teigränder mit der Gabel andrücken. Teigtaschen auf ein Backblech (mit Backpapier belegt) legen. Eigelb mit Milch verschlagen. Die Teigtaschen damit bestreichen. Das Backblech in den Backofen schieben.
   Ober-/Unterhitze: etwa 200 °C (vorgeheizt)
   Heißluft: etwa 180 °C (vorgeheizt)
   Gas: Stufe 3–4 (vorgeheizt)
   Backzeit: etwa 25 Minuten.
6. Die Quarktaschen mit dem Backpapier vom Backblech auf einen Kuchenrost ziehen. Quarktaschen erkalten lassen.

Radieschen-Kartoffel-Salat

Salat geben und vorsichtig untermengen. Den Salat so lange durchziehen lassen, bis die Marinade von den Kartoffelscheiben vollkommen aufgenommen worden ist. Ab und zu vorsichtig umrühren.
4. Radieschen putzen, waschen, trockentupfen, in Scheiben schneiden. Petersilie abspülen und trockentupfen. Die Blättchen von den Stängeln zupfen. Blättchen fein hacken. Sahne und evtl. noch etwas Brühe unter den Kartoffelsalat heben. Radieschenscheiben und Petersilie ebenfalls unterheben.
5. Den Salat vor dem Servieren nochmals mit Salz und Pfeffer abschmecken. Nach Belieben mit Eierscheiben und Schnittlauchhalmen garnieren.

Radieschen-Kartoffel-Salat

4 Portionen

750 g kleine, fest kochende Kartoffeln

Für die Marinade:
1 Zwiebel
2 Gewürzgurken (aus dem Glas)
200 ml Gemüsebrühe (Instant)
4 EL Weißweinessig
1 TL Zucker
Salz, frisch gemahlener Pfeffer

1 TL mittelscharfer Senf
1–2 EL geriebener Meerrettich (aus dem Glas)
1 Bund Radieschen
1 Bund Petersilie
75 g saure Sahne (10 % Fett)
evtl. etwas Gemüsebrühe

Nach Belieben:
1 hart gekochtes Ei
Schnittlauchhalme

Zubereitungszeit: 50 Minuten, ohne Durchziehzeit

Insgesamt:
E: 22 g, F: 9 g, Kh: 121 g, kJ: 2893, kcal: 691

Klassisch

1. Kartoffeln gründlich waschen, mit Wasser bedeckt zum Kochen bringen, zugedeckt in 20–25 Minuten gar kochen, abgießen, mit kaltem Wasser abschrecken, abtropfen lassen und heiß pellen. Kartoffeln in Scheiben schneiden und in eine Schüssel geben.
2. Für die Marinade Zwiebel abziehen und in kleine Würfel schneiden. Gurken ebenfalls in kleine Würfel schneiden.
3. Brühe, Essig, Zucker, Salz und Pfeffer in einem Topf zum Kochen bringen. Die Marinade über die noch warmen Kartoffelscheiben gießen. Senf und Meerrettich verrühren, zusammen mit den Zwiebel- und Gurkenwürfeln zum

Radieschensülze

4–6 Portionen

8 Blatt weiße Gelatine
300 ml Fleischbrühe
350 g Sülze vom Metzger, z. B. Eisbeinsülze
150 ml Weißweinessig
1 gestr. TL Salz

Radieschensülze

frisch gemahlener Pfeffer
2 Bund Radieschen
200 g Fleischwurst
1 rote Zwiebel
2 EL gehackte Petersilie

Zubereitungszeit: 40 Minuten, ohne Kühlzeit

Insgesamt:
E: 137 g, F: 62 g, Kh: 14 g,
kJ: 4969, kcal: 1189

Für Gäste

1. Gelatine in kaltem Wasser nach Packungsanleitung einweichen. Fleischbrühe erwärmen, die Sülze hinzufügen und unter Rühren auflösen. Gelatine leicht ausdrücken und in der warmen Sülzenflüssigkeit unter Rühren auflösen. Essig unterrühren. Die Sülzenflüssigkeit mit Salz und Pfeffer kräftig abschmecken.
2. Den Boden einer dichten Form (etwa 1,2 l Inhalt, evtl. mit Frischhaltefolie ausgelegt) etwa 1 cm hoch mit der Sülzenflüssigkeit bedecken. Die Form für etwa 10 Minuten in den Kühlschrank stellen.
3. Radieschen putzen, abspülen, trockentupfen. 10 Radieschen in Scheiben schneiden. Die restlichen Radieschen je nach Größe vierteln oder achteln. Fleischwurst enthäuten und in kleine Würfel schneiden. Zwiebel abziehen, halbieren und in Scheiben schneiden.
4. Die Radieschenscheiben dachziegelartig in die Form schichten. Fleischwurstwürfel, Radieschenstücke, Zwiebelscheiben und Petersilie unter die restliche Sülzenflüssigkeit rühren und vorsichtig in die Form füllen. Die Form für 6 Stunden oder über Nacht in den Kühlschrank stellen.
5. Die Form kurz in heißes Wasser tauchen. Die Radieschensülze auf eine Platte stürzen, evtl. Frischhaltefolie entfernen.
6. Die Radieschensülze mit gehackter Petersilie bestreut servieren.

Beilage: Kleine neue Kartoffeln und eine Joghurt-Senf-Sauce.

Tipp:
Die Sülze möglichst frisch verzehren, da sich die Farbe der Sülze verändert.

Rezeptvorschläge für ein deftiges Buffet

Für ein deftiges Buffet benötigen Sie für 10–12 Personen:
1 x Rezept **Schmalzmuffins** Seite 337
1 x Rezept **Käse-Gurken-Sandwiches** Seite 184
3 x Rezept **Eiersalat mit Rindfleisch** Seite 79
2 x Rezept **Radieschensülze** Seite 304
2 x Rezept **Kartoffelsalat „Leichte Art“** Seite 175

Außerdem:
1 kg Brot, z. B. Mischbrot oder Bauernbrot

Vorbereitungen am Vortag:
- Radieschensülze zubereiten und kalt stellen.
- Kartoffeln für den Kartoffelsalat kochen und pellen.
- Tomaten würfeln. Sellerie blanchieren. Vorbereitetes kühl lagern.

Vorbereitungen am Tag des Buffets:

5 Stunden vorher:	• Schmalzmuffins backen.
4 Stunden vorher:	• Eiersalat mit Rindfleisch zubereiten, zudecken und kalt stellen.
3 Stunden vorher:	• Kartoffelsalat fertig zubereiten.
2 Stunden vorher:	• Käse-Gurken-Sandwiches zubereiten, verpacken und kühl lagern.
1 Stunde vorher:	• Radieschensülze stürzen und garnieren. Brot schneiden.

Es eignen sich auch folgende zusätzliche Rezepte:
2 x Rezept **Vollkornschnittchen mit Radieschen** Seite 401
2 x Rezept **Heringssalat, geschichtet** Seite 156
3 x Rezept **Sülzkoteletts** Seite 376
2 x Rezept **Weißkohlsalat mit Speck** Seite 407
4 x Rezept **Apfel-Möhren-Rohkost** Seite 11
plus Brot.

Räucherlachs auf Zitronenbohnen

Räucherlachs auf Zitronenbohnen

4 Portionen

500 g Prinzessbohnen
Salzwasser

Für die Salatsauce:
1 kleine Zwiebel
2 EL Zitronensaft
3 EL Speiseöl
Salz
frisch gemahlener Pfeffer
1 Prise Zucker
Zitronensaft

200 g Räucherlachsscheiben
Scheiben von 1 Bio-Zitrone (unbehandelt, ungewachst)
1 Becher (150 g) Crème fraîche
abgeriebene Schale von $^1/_2$ Bio-Zitrone (unbehandelt, ungewachst)
1 EL Dillspitzen
Zucker
einige Dillspitzen zum Garnieren

Zubereitungszeit: 35 Minuten, ohne Abkühl- und Durchziehzeit

Insgesamt:
E: 56 g, F: 90 g, Kh: 46 g,
kJ: 5153 , kcal: 1235

Für Gäste

1. Von den Bohnen die Enden abschneiden. Bohnen evtl. abfädeln. Die Bohnen waschen, in kochendem Salzwasser 10–15 Minuten garen, in ein Sieb geben, mit kaltem Wasser übergießen, abtropfen und erkalten lassen. Bohnen in eine Schüssel geben.
2. Für die Sauce Zwiebel abziehen und in kleine Würfel schneiden, mit Zitronensaft und Speiseöl verrühren, mit Salz, Pfeffer und Zucker würzen. Die Sauce mit den Bohnen vermengen. Salat gut durchziehen lassen, mit Salz, Pfeffer, Zucker und Zitronensaft abschmecken.
3. Räucherlachsscheiben in 4 Portionen teilen. Die Räucherlachsscheiben mit dem Bohnensalat auf 4 Tellern anrichten und mit Zitronenscheiben garnieren.
4. Crème fraîche aufschlagen. Zitronenschale und Dill unterrühren, mit Salz, Pfeffer und Zucker würzen. Die Masse in einen Spritzbeutel mit Lochtülle füllen, auf die Zitronenscheiben spritzen und mit Dillspitzen garnieren.

Räucherlachs-Früchte-Spießchen mit Joghurt-Dip

8 Stück

4 Ananasscheiben (aus der Dose)
3 Kiwis
2 rote Äpfel
etwas Ananassaft

Für den Joghurt-Dip:
300 g Naturjoghurt
2 TL geriebener Meerrettich (aus dem Glas)
Salz
frisch gemahlener Pfeffer

16 kleine Scheiben Räucherlachs (etwa 320 g)
einige vorbereitete grüne Salatblätter

Außerdem:
Holzspieße

Zubereitungszeit: etwa 20 Minuten

Insgesamt:
E: 75 g, F: 33 g, Kh: 99 g,
kJ: 4431, kcal: 1058

Raffiniert

1. Ananasscheiben in einem Sieb abtropfen lassen und den Saft dabei auffangen. Kiwis schälen, längs halbieren und in nicht zu dünne Scheiben schneiden.
2. Äpfel waschen, trockentupfen, vierteln und entkernen. Apfelviertel mit Ananassaft beträufeln. Ananasscheiben in Stücke schneiden.
3. Für den Dip Joghurt in eine Schüssel geben und mit Meerrettich verrühren. Mit Salz und Pfeffer abschmecken.
4. Räucherlachs zu Röllchen formen, abwechselnd mit den vorbereiteten Früchten und Salatblättern auf Holzspieße aufreihen und auf einem Teller anrichten. Joghurt-Dip dazu reichen.

Tipp: Räucherlachs-Früchte-Spießchen mit frisch gemahlenem Pfeffer würzen. Nach Belieben können die Zutaten auch auf Zahnstocher gesteckt werden. Dafür den Lachs vor dem Einrollen mit Meerrettichsahne bestreichen.

Abwandlung:
4 geräucherte Forellenfilets evtl. entgräten. Jedes Filet in 3 Stücke schneiden. Die Fischstücke mit je einem Orangenfilet und entkernten Weintrauben auf 12 Zahnstocher stecken. Dazu schmeckt auch der Joghurt-Dip von den Räucherlachs-Früchte-Spießchen.

Reismehl-Kräcker

30 Stück

Für den Teig:
je 1 rote und grüne Chilischote (mittelgroß)
100 g Reismehl (erhältlich im Reformhaus)
70 g Weizenmehl
1 $^1/_2$ gestr. TL Salz
$^1/_2$ TL Zucker, 1 EL Speiseöl
100–125 ml Wasser
Mehl zum Bestäuben

Zum Frittieren:
etwa 1 l Speiseöl

Außerdem:
1 Glas Mango-Chutney (200 g)

Zubereitungszeit: 60 Minuten

Insgesamt:
E: 18 g, F: 28 g, Kh: 213 g, kJ: 5012, kcal: 1198

Pikant – für Gäste

1. Für den Teig Chilischoten der Länge nach aufschneiden und entkernen. Chilis abspülen, trockentupfen und sehr fein hacken. Die beiden Mehlsorten in eine Rührschüssel sieben. Mit Salz, Zucker und Chilistückchen mischen. Speiseöl unterrühren.
2. Wasser zum Kochen bringen und zur Mehlmasse geben. Die Zutaten mit Handrührgerät mit Knethaken zunächst kurz auf niedrigster, dann auf höchster Stufe zu einem glatten Teig verarbeiten. Den Teig mit den Händen so lange weiterkneten, bis er abgekühlt ist.
3. Den Teig auf einer bemehlten Arbeitsfläche zu einer Rolle formen und in 30 Scheiben schneiden. Die Teigscheiben jeweils zu walnussgroßen Kugeln formen und mit Mehl bestäuben.
4. Die Teigkugeln auf der bemehlten Arbeitsfläche zu hauchdünnen Fladen ausrollen.
5. Zum Frittieren Speiseöl in einer Fritteuse auf etwa 180 °C erhitzen. Die Teigfladen portionsweise in dem siedenden Speiseöl unter gelegentlichem Wenden goldbraun backen. Mit einem Schaumlöffel herausheben und auf Küchenpapier abtropfen lassen.
6. Die Kräcker nach Belieben mit grünen und roten Chilischoten garnieren und mit Mango-Chutney servieren.

Räucherlachs-Früchte-Spießchen mit Joghurt-Dip

Reisnudelsalat mit Hähnchenbruststreifen

Reisnudelsalat mit Hähnchenbruststreifen

6–8 Portionen

400 g Reisnudeln
Salzwasser

40 g getrocknete Mu-Err-Pilze
1 l Wasser

500 g Hähnchenbrustfilet
80 g frische Ingwerwurzel
4 Knoblauchzehen
3 EL Sojasauce
1 EL Currypulver
2 EL Austernsauce (erhältlich im Asialaden)
3 TL Speisestärke
5 EL Sojaöl
300 g gewaschene, geputzte Sojasprossen
400 g Möhren
300 g grüner Spargel
80 g geröstete Erdnusskerne

Für die Sauce:
4 EL Sojasauce
4 EL Reisessig
1–2 TL Sambal Oelek
Salz, 100 ml Sojaöl
1 Bund Koriander

Zubereitungszeit: 60 Minuten, ohne Abkühlzeit

Insgesamt:
E: 206 g, F: 198 g, Kh:458 g, kJ: 18399, kcal:4392

Für Gäste

1. Reisnudeln in kochendem Salzwasser nach Packungsanleitung garen. Nudeln in ein Sieb geben, mit kaltem Wasser abschrecken und abtropfen lassen. Pilze in kochendes Wasser geben und aufkochen lassen. Topf von der Kochstelle nehmen. Pilze im Kochsud erkalten lassen.
2. Hähnchenbrustfilets unter fließendem kalten Wasser abspülen, trockentupfen und in feine Streifen schneiden. Ingwer schälen und in kleine Würfel schneiden. Knoblauch abziehen und klein hacken.
3. Hähnchenbruststreifen mit Sojasauce, Curry, Austernsauce, Ingwerwürfeln und Knoblauch würzen, mit Speisestärke bestäuben. Sojaöl in einer Pfanne erhitzen. Die Hähnchenfleischstreifen darin in 2 Portionen rundherum anbraten. Sojasprossen hinzufügen und noch etwa 1 Minute weiter braten. Hähnchenfleischmasse erkalten lassen.
4. Reisnudeln in eine große Schüssel geben, evtl. mit einer Schere klein schneiden. Möhren putzen, waschen, schälen und in dünne Scheiben schneiden. Spargel waschen, im unteren Drittel schälen und die unteren Enden abschneiden. Spargel in sehr dünne Scheiben schneiden. Möhren- und Spargelscheiben unter die Reisnudeln heben. Pilze abgießen, abtropfen lassen, in Streifen schneiden und mit den Erdnusskernen zu den Reisnudeln geben.
5. Für die Sauce Sojasauce mit Reisessig und Sambal Olek verrühren, mit Salz würzen, Sojaöl unterschlagen. Die Sauce zu den Salatzutaten geben und untermischen. Hähnchenfleischmasse unterheben.
6. Koriander abspülen und trockentupfen. Die Blättchen von den Stängeln zupfen. Den Salat mit Korianderblättchen garniert servieren.

Reissalat mit Shrimps

8–10 Portionen

750 ml (3/4 l) Wasser
375 g Langkornreis
Salz
2 große Äpfel
1 Dose Ananasstücke (Abtropfgewicht 340 g)

Für die Sauce:
5 EL Salatmayonnaise
1 Becher (150 g) Crème fraîche
2–3 EL Currypulver
4–5 EL Zitronensaft
1 TL Zucker
frisch geriebener Ingwer
Cayennepfeffer

300 g geputzte, gegarte Shrimps
4 EL geschälte Kürbiskerne

Zubereitungszeit: 60 Minuten, ohne Abkühl- und Durchziehzeit

Insgesamt:
E: 106 g, F: 148 g, Kh: 426 g, kJ: 14597, kcal: 3493

Einfach

1. Wasser in einem geschlossenen Topf zum Kochen bringen. Dann Reis und

Salz hinzufügen, umrühren, wieder zum Kochen bringen und etwa 20 Minuten bei schwacher Hitze mit Deckel garen. Den Reis in ein Sieb geben, mit kaltem Wasser übergießen und gut abtropfen lassen.

2. Äpfel schälen, vierteln, entkernen und in kleine Würfel schneiden. Ananasstücke abtropfen lassen und klein schneiden. Apfelwürfel mit den Ananasstücken mischen.
3. Für die Sauce Mayonnaise mit Crème fraîche, Curry, Zitronensaft, Zucker, etwas Ingwer und Cayennepfeffer verrühren.
4. Apfelwürfel und Ananasstücke zusammen mit dem Reis unter die Sauce heben. Den Salat zugedeckt etwa 60 Minuten durchziehen lassen.
5. Shrimps unter den Salat heben. Kürbiskerne in einer Pfanne ohne Fett rösten und auf dem Salat verteilen.

Tipp:
Kochen Sie den Reis zusätzlich mit 2–3 Esslöffeln Wildreis.

Reissalat mit Shrimps

Rezeptvorschläge für ein Übersee-Buffet

Für ein Übersee-Buffet benötigen Sie für 10–12 Personen:

1,5 x Rezept **Reissalat mit Shrimps** Seite 308
3 x Rezept **Zigeunersalat** Seite 414
2 x Rezept **Zucchinischeiben, gebraten** Seite 422
3 x Rezept **Eiersalat in Basilikum-Vinaigrette** Seite 78
1,5 x Rezept **Penne-Brokkoli-Salat** Seite 278

Außerdem:

1 kg gemischtes Brot.

Vorbereitungen am Vortag:

- Reis für den Reissalat kochen und erkalten lassen, Sauce zubereiten, beides kalt stellen.
- Kürbiskerne rösten.

Vorbereitungen am Tag des Buffets:

6 Stunden vorher:	• Alle Salatzutaten für den Penne-Brokkoli-Salat vorbereiten und mischen, die Sauce zubereiten und separat kalt stellen.
4–5 Stunden vorher:	• Zigeunersalat zubereiten und kalt stellen.
3 Stunden vorher:	• Zucchinischeiben braten, Mozzarella schneiden und beides anrichten.
2 Stunden vorher:	• Reissalat fertig stellen und kalt stellen.
1–2 Stunden vorher:	• Eiersalat zubereiten und kalt stellen. • Penne-Brokkoli-Salat mit der Sauce mischen und garnieren.
Kurz vorher:	• Zucchinischeiben mit der Marinade beträufeln, durchziehen lassen und garnieren. • Brot aufschneiden und anrichten.

Es eignen sich auch folgende zusätzliche Rezepte:

3 x Rezept **Zucchinistifte, mariniert** Seite 423
3 x Rezept **Tunfischcocktail** Seite 396
1,5 x Rezept **Basmatireissalat** Seite 26
1,5 x Rezept **Eisbergsalat mit Ziegenkäse und Sherry-Pflaumen** Seite 82
3 x Rezept **Russische Eier** Seite 318
1 x Rezept **Erdbeeren mit Cashewcreme** Seite 88
plus Brot oder Brötchen.

Reis-Schillerlocken-Salat

4 Portionen

400 ml Wasser
200 g Langkornreis
Salz
1 Zwiebel
200 g Cornichons (aus dem Glas)
125 g eingelegte, rote Paprikastreifen
1 EL kleine Kapern
250 g Schillerlocken

Für die Salatsauce:

3–4 EL Kräuteressig
1 TL mittelscharfer Senf
Salz, frisch gemahlener Pfeffer
1 Prise Zucker
4 EL Olivenöl
1 Bund Schnittlauch
1 Bund Dill

Zubereitungszeit: 30 Minuten, ohne Durchziehzeit

Insgesamt:

E: 65 g, F: 65 g, Kh: 170 g,
kJ: 6456 , kcal: 1543

Raffiniert – etwas teurer

1. Wasser in einem geschlossenen Topf zum Kochen bringen. Dann Reis und Salz hinzufügen, umrühren, wieder zum Kochen bringen und etwa 20 Minuten bei schwacher Hitze mit Deckel garen. Den Reis in ein Sieb geben, mit kaltem Wasser übergießen und gut abtropfen lassen.
2. Zwiebel abziehen und fein würfeln. Cornichons in Scheiben schneiden. Paprikastreifen und Kapern in ein Sieb geben und abtropfen lassen. Schillerlocken in feine Streifen schneiden.
3. Für die Sauce Essig mit Senf, Salz, Pfeffer und Zucker verrühren, Olivenöl unterschlagen.
4. Schnittlauch abspülen, trockentupfen und in Röllchen schneiden. Dill abspülen und trockentupfen. Die Spitzen von den Stängeln zupfen, Spitzen klein schneiden. Schnittlauchröllchen und Dill unter die Sauce rühren.
5. Die vorbereiteten Salatzutaten in eine Schüssel geben und mit der Sauce vermengen. Den Salat etwa 1 Stunde durchziehen lassen.

Tipp:
Den Salat mit einer halbierten, roten Paprikaschote garnieren. Schillerlocken in dünne Scheiben schneiden und dachziegelartig auf den angerichteten Salat legen.

Reis-Schillerlocken-Salat

Remouladensauce

5–6 Portionen (etwa 300 g)

2 hart gekochte Eier
1 rohes Eigelb
Salz
125 ml (1/8 l) Speiseöl
2 EL Weißweinessig oder Zitronensaft
1 schwach geh. TL Senf
1 EL Kapern
1 mittelgroße Gewürzgurke
2 EL gehackte Kräuter, z. B. Petersilie, Schnittlauch, Dill, Kerbel, Kresse
frisch gemahlener Pfeffer
1 Prise Zucker

Zubereitungszeit: 20 Minuten

Insgesamt:

E: 11 g, F: 143 g, Kh: 5 g,
kJ: 5601, kcal: 1338

Klassisch

1. Eier pellen, das Eigelb durch ein Sieb streichen und in einen hohen Rührbecher geben. Das rohe Eigelb und Salz unterrühren. Die Hälfte des Speiseöls zunächst tropfenweise, dann in einem dünnen Strahl unter Schlagen hinzufügen. Wenn die Masse steif genug ist, Essig und Senf unterrühren. Restliches Speiseöl unter ständigem Rühren hinzugeben.
2. Kapern abtropfen lassen und klein schneiden. Gurke klein würfeln. Die Kräuter mit den Kapernstückchen und Gurkenwürfeln unter die Mayonnaise rühren. Mit Pfeffer und Zucker abschmecken.
3. Nach Belieben das Eiweiß von den gekochten Eiern in kleine Würfel schneiden und unter die Remoulade heben.

Tipp: Nur ganz frisches Eigelb verwenden, das nicht älter als 5 Tage ist (Legedatum beachten!).

Rindfleischschnittchen

4–6 Portionen

300 g Chinakohl
3 EL Speiseöl
50 g geriebener Parmesan-Käse
50 g Semmelbrösel
2 Eier (Größe M)
2 EL gehackte Petersilie
8 sehr dünne Scheiben Rindfleisch (je etwa 100 g, aus der Keule)
Salz, frisch gemahlener Pfeffer
3 EL Speiseöl

Für die Marinade:
2 Knoblauchzehen
3 EL Speiseöl
1–2 EL Zitronensaft
2 EL gehackte Petersilie
1 Kopf Römersalat

Außerdem:
8 kleine Bögen Alufolie

Zubereitungszeit: 70 Minuten, ohne Abkühlzeit
Garzeit: 20–25 Minuten

Insgesamt:
E: 206 g, F: 130 g, Kh: 48 g, kJ: 9167, kcal: 2190

Gut vorzubereiten

1. Vom Chinakohl die welken Blätter entfernen. Chinakohl halbieren und den Strunk herausschneiden. Den Kohl in sehr feine Streifen schneiden, waschen und gut abtropfen lassen.
2. Speiseöl in einem Topf erhitzen, Kohlstreifen darin andünsten. Topf von der Kochstelle nehmen. Käse, Semmelbrösel, Eier und Petersilie gut unterrühren.
3. Die Rindfleischscheiben auf einer Arbeitsfläche ausbreiten, mit Salz und Pfeffer bestreuen. Die Kohlmasse darauf verteilen. Die Fleischscheiben von der kurzen Seite her aufrollen.
4. Acht Bögen Alufolie mit Speiseöl bestreichen. Jeweils ein Fleischröllchen darin einwickeln, die Folie locker, aber dicht verschließen und auf ein Backblech legen. Das Backblech in den Backofen schieben.
Ober-/Unterhitze: etwa 200 °C (vorgeheizt)
Heißluft: etwa 180 °C (vorgeheizt)
Gas: etwa Stufe 4 (vorgeheizt)
Garzeit: 20–25 Minuten.
5. Die Fleischpäckchen vom Backblech nehmen und in der Folie erkalten lassen. Dann die Folie entfernen. Fleischröllchen in dünne Scheiben schneiden.
6. Für die Marinade Knoblauch abziehen und in kleine Würfel schneiden. Speiseöl mit Zitronensaft und Knoblauchwürfeln verrühren, mit Salz und Pfeffer würzen, Petersilie unterrühren.
7. Römersalat putzen und die schlechten Blätter entfernen. Salatblätter waschen, trockentupfen und auf einer großen Platte anrichten. Die Fleischscheiben darauf verteilen und mit der Marinade beträufeln.

Beilage:
Stangenweißbrot.

Rindfleischschnittchen

Roastbeef auf Knäckebrot

10 Stück

500 g grüner Spargel
250 ml ($^1/_4$ l) Wasser
1 gestr. TL Salz
$^1/_2$ TL Zucker
1 TL Butter
10 Kopfsalatblätter
10 Scheiben Roggen-Knäckebrot
50 g Remoulade aus der Tube
20 Scheiben Roastbeefaufschnitt (etwa 200 g)
Salz, frisch gemahlener Pfeffer

Zubereitungszeit: 35 Minuten, ohne Abkühlzeit

Insgesamt:
E: 80 g, F: 51 g, Kh: 94 g,
kJ: 4880, kcal: 1159

Klassisch

1. Vom Spargel das untere Drittel schälen, die unteren Enden abschneiden. Spargel waschen und abtropfen lassen. Wasser mit Salz, Zucker und Butter in einem großen Topf zum Kochen bringen, Spargel hinzugeben, zum Kochen bringen und zugedeckt etwa 8 Minuten garen.
2. Spargel in ein Sieb geben, kurz mit kaltem Wasser übergießen, abtropfen und erkalten lassen. Spargelstangen halbieren.
3. Salatblätter waschen und trockentupfen. Auf jede Knäckebrotscheibe ovalförmig etwas von der Remoulade spritzen, je ein Salatblatt darauf legen.
4. Jeweils 2 Scheiben Roastbeefaufschnitt längs überlappend aufeinander legen und mit Salz bestreuen. Je etwa 3 Spargelstücke darauf legen und einrollen. Roastbeefröllchen auf die Knäckebrotscheiben legen.
5. Auf die Roastbeefröllchen je 2 Tupfen Remoulade spritzen. Mit Pfeffer bestreut sofort servieren.

Roastbeef auf Knäckebrot

Roastbeefhappen

Roastbeefhappen

16 Stück

4 Scheiben Graubrot
30 g Remoulade (aus dem Glas)
8 Scheiben Roastbeefaufschnitt
abgetropfte Kapern (aus dem Glas)

glatte Petersilie zum Garnieren

Zubereitungszeit: 10 Minuten

Insgesamt:
E: 36 g, F: 28 g, Kh: 94 g,
kJ: 3223, kcal: 769

Schnell

1. Graubrotscheiben mit Remoulade bestreichen und vierteln.
2. Roastbeefscheiben halbieren und etwas zusammenlegen (zusammenfalten). Die Brotstücke damit belegen.
3. Petersilie abspülen und trockentupfen. Die Blättchen von den Stängeln zupfen. Die Roastbeefhappen mit Petersilienblättchen und Kapern garnieren.

Roggenbrotschnittchen mit Heringssalat

10 Stück

3 Matjes-Doppelfilets (etwa 420 g)
500 g roter Heringssalat (aus dem Kühlregal)
1 roter Apfel
1–2 EL Zitronensaft
10 Salatblätter, z. B. Friséesalat
5 große Scheiben Roggenbrot (je etwa 65 g)
1 Dillstängel

Zubereitungszeit: 20 Minuten

Insgesamt:
E: 116 g, F: 174 g, Kh: 184 g, kJ: 11656, kcal: 2784

Raffiniert

1. Matjesfilets in kleine Stücke schneiden, dabei evtl. vorhandene Gräten entfernen. Matjesstücke unter den Heringssalat mischen.
2. Apfel waschen, abtrocknen, vierteln und entkernen. Apfelviertel in dünne Spalten schneiden. Apfelspalten mit Zitronensaft beträufeln, damit sie sich nicht braun färben.
3. Salatblätter waschen und trockentupfen. Brotscheiben halbieren und mit je einem Salatblatt belegen. Den Heringssalat auf den Salatblättern ververteilen.
4. Dill abspülen und trockentupfen. Die Spitzen von dem Stängel zupfen. Die Schnittchen mit Apfelspalten und Dillspitzen garniert servieren.

Roggenbrotschnittchen mit Heringssalat

Rohkostteller

4 Portionen

200 g Weißkohl
200 g Rotkohl
1 EL Weißweinessig
4 EL Speiseöl
Salz, Pfeffer
1 EL Schnittlauchröllchen

4 kleine feste Tomaten
1 Apfel
100 g Schwarzwurzeln (aus dem Glas) oder 150 g Blumenkohl
2 EL Schlagsahne
1 EL Zitronensaft

150 g Blattsalat oder Feldsalat
2 hart gekochte Eier
2 EL Weißweinessig
4 EL Speiseöl
1 EL fein gehackte Kräuter, z. B. Dill, Petersilie, Borretsch

Zubereitungszeit: 80 Minuten

Insgesamt:
E: 25 g, F: 97 g, Kh: 25 g, kJ: 4494, kcal: 1073

Für Gäste

1. Weißkohl und Rotkohl putzen, vierteln und jeweils den Strunk herausschneiden. Weißkohl und Rotkohl getrennt auf einem Gemüsehobel hobeln und in 2 Schüsseln füllen. Jeweils die Hälfte des Essigs und des Speiseöls hinzufügen und mit den Händen kneten, damit der Kohl zart wird. Salate mit Salz und Pfeffer würzen. Zusätzlich Schnittlauchröllchen unter den Weißkohl heben.
2. Tomaten waschen, trockentupfen und einen Deckel abschneiden. Tomaten mit einem Teelöffel aushöhlen. Apfel schälen, halbieren, entkernen und in sehr kleine Würfel schneiden. Tomaten mit Apfelwürfeln und klein geschnittenen Schwarzwurzeln füllen oder die Tomaten mit geriebenem Blumenkohl, mit Sahne und Zitronensaft abgeschmeckt, füllen.
3. Blatt- oder Feldsalat putzen, waschen und trockentupfen. Eier pellen und in kleine Würfel schneiden. Essig mit Speiseöl und Salz verrühren. Salat, Kräuter und Eierwürfel untermengen. Den Salat kuppelartig in die Mitte eines großen Tellers geben.
4. Die beiden Kohlsorten abwechselnd als Kranz um den Blatt- oder Feldsalat legen. Die Tomaten als Abschluss auf den Tellerrand oder auch in die Mitte des Tellers setzen.

Roquefortsauce

Roquefortsauce

Etwa 150 ml

30 g Roquefort-Käse
125 ml (1/8 l) Schlagsahne
Salz
frisch gemahlener Pfeffer
Zitronensaft

Zubereitungszeit: 10 Minuten

Insgesamt:
E: 9 g, F: 48 g, Kh: 4 g,
kJ: 2074, kcal: 496

Schnell

1. Roquefort mit einer Gabel zerdrücken, Sahne unterrühren. Mit Salz, Pfeffer und Zitronensaft würzen.

Tipp:
Roquefortsauce zu allen herben Blattsalaten, wie Radicchio, Feldsalat, Spinat oder Endiviensalat reichen.

Rote-Bete-Aufstrich

10 Portionen (etwa 500 g)

1 Dose Ananasstücke (Abtropfgewicht 140 g)
200 g gekochte Rote Bete (vakuumverpackt, erhältlich im Supermarkt)
5 Sardellenfilets (aus dem Glas)
100 g Sellerie
1 Bund Schnittlauch
1 gestr. TL Bindobin (pflanzliches Bindemittel aus dem Reformhaus) oder 2 EL Semmelbrösel
4 EL Ananassaft (aus der Dose)
Saft von 1 Orange
20 g Kürbiskerne
1 EL Hefeflocken (aus dem Reformhaus)
1/2 gestr. TL Zucker
Salz
frisch gemahlener Pfeffer

Zubereitungszeit: 30 Minuten

Insgesamt:
E: 22 g, F: 11 g, Kh: 82 g,
kJ: 2253, kcal: 537

Raffiniert

1. Ananasstücke in einem Sieb abtropfen lassen, den Saft dabei auffangen und 4 Esslöffel davon abmessen. Ananasstücke und Rote Bete in kleine Würfel schneiden. Sardellen trockentupfen und in Stücke schneiden.
2. Sellerie schälen und in sehr kleine Würfel schneiden. Schnittlauch abspülen, trockentupfen und in Röllchen schneiden.
3. Rote-Bete-Würfel und Sardellenstücke pürieren. Bindobin oder Semmelbrösel unterrühren. Ananaswürfel, -saft und Orangensaft unter die Rote-Bete-Masse rühren. Selleriewürfel, Kürbiskerne und Hefeflocken unterrühren. Mit Zucker, Salz und Pfeffer würzen, Schnittlauchröllchen unterheben.
4. Den Rote-Bete-Aufstrich in 2 gründlich gereinigte, gespülte und getrocknete Gläser füllen. Die Gläser mit Deckeln fest verschließen und kalt stellen.

Rote-Bete-Aufstrich

Brotempfehlung:
Rustikales Bauernbrot oder Vollkornbrötchen.

Tipp: Der Aufstrich ist gekühlt etwa 5 Tage haltbar.

Rote-Bete-Salat

8 Portionen

2 Pck. (je 500 g) gegarte Rote Bete (vakuumverpackt, erhältlich im Supermarkt)

1 Pck. (450 g) gegarte Kartoffelscheiben (aus dem Kühlregal)

Für die Sauce:

6 EL Weißweinessig
2 TL geriebener Meerrettich (aus dem Glas)
4 EL Speiseöl, 2 gestr. TL Salz
frisch gemahlener, schwarzer Pfeffer
1 gestr. EL Zucker
2 Stangen Porree (Lauch)
400 g Bierschinken

200 g Salatmayonnaise
200 g Naturjoghurt

Zubereitungszeit: 40 Minuten, ohne Durchziehzeit

Insgesamt:
E: 109 g, F: 199 g, Kh: 163 g, kJ: 12250, kcal: 2927

Raffiniert

1. Rote Bete in grobe Würfel schneiden und in eine Schüssel geben. Kartoffelscheiben evtl. etwas zerkleinern und hinzufügen.
2. Für die Sauce Essig mit Meerrettich verrühren, Speiseöl unterschlagen, mit Salz, Pfeffer und Zucker würzen.
Die Sauce unter die Salatzutaten heben. Den Salat etwas durchziehen lassen.
3. Porree putzen, die Stangen längs halbieren, waschen, abtropfen lassen und in feine Streifen schneiden. Bierschinken ebenfalls in Streifen schneiden. Porree- und Schinkenstreifen zu den Salatzutaten geben.
4. Mayonnaise mit Joghurt verrühren und vorsichtig unter die Salatzutaten heben. Den Salat vor dem Servieren nochmals mit Salz, Pfeffer und Zucker abschmecken.

Rote-Bete-Salat

Rot-grüne Paprikatorte mit Salat

Rot-grüne Paprikatorte mit Salat

6–8 Portionen

4 grüne Paprikaschoten (etwa 800 g)
6 rote Paprikaschoten (etwa 1,2 kg)
1 l Gemüsebrühe
16 Blatt weiße Gelatine
300 ml Schlagsahne
Salz
frisch gemahlener Pfeffer
frisch geriebene Muskatnuss

Zum Garnieren:

8 Mini-Paprikaschoten, bunt gemischt
8 bunte kleine milde Peperoni

Für den Salat:

100 g Rucola (Rauke)
½ kleiner Kopf Frisée
100 g Feldsalat
2 EL Himbeeressig
Salz
frisch gemahlener Pfeffer
Knoblauchpulver nach Belieben
6 EL Olivenöl

Zubereitungszeit: 70 Minuten, ohne Kühlzeit

Insgesamt:

E: 61 g, F: 162 g, Kh: 120 g, kJ: 9356, kcal: 2236

Gut vorzubereiten – etwas aufwändiger

1. Paprika halbieren, entstielen, entkernen und die weißen Scheidewände entfernen. Die Schoten waschen, trockentupfen und in große Stücke schneiden. Die Paprikastücke nach Farben trennen. Jeweils die Hälfte der Gemüsebrühe in einem Topf erhitzen.
2. Paprikastücke getrennt in etwa 15 Minuten darin gar dünsten. Anschließend in je einem Sieb abtropfen lassen.
3. Zunächst die grünen Paprikastücke in einer hohen Rührschüssel mit einem Mixstab (oder mit einer Küchenmaschine mit Messereinsatz) pürieren.
4. Die Hälfte der Gelatine in kaltem Wasser nach Packungsanleitung einweichen, leicht ausdrücken. Die ausgedrückte Gelatine in einem kleinen Topf unter Rühren erwärmen (nicht kochen), bis sie völlig gelöst ist, leicht abkühlen lassen. Die Hälfte der Sahne steif schlagen.
5. Zunächst etwas von dem Paprika-Püree mit der Gelatine verrühren, dann restliches Paprika-Püree und zuletzt die steif geschlagene Sahne unterrühren. Mit Salz, Pfeffer und Muskat kräftig würzen, kalt stellen. Wenn die Masse anfängt dicklich zu werden, in eine Springform (Ø 20 cm, mit Frischhaltefolie ausgelegt) geben, glatt streichen und kalt stellen (am besten im Gefrierschrank fest werden lassen).
6. Die roten Paprikastücke mit der restlichen Gelatine und Sahne wie zuvor beschrieben zubereiten und auf dem grünen, fest gewordenen Paprika-Sahne-Püree verteilen. Die Form kalt stellen. Die Torte über Nacht fest werden lassen.
7. Zum Garnieren Paprikaschoten und Peperoni abspülen und trockentupfen. Die Torte aus der Form lösen und auf eine Tortenplatte legen. Die Tortenoberfläche mit Paprikaschoten und Peperoni garnieren.
8. Für den Salat alle Salatsorten putzen, gründlich waschen und trockentupfen oder trockenschleudern. Essig mit Salz, Pfeffer und nach Belieben mit Knob-

blauch würzen, Olivenöl unterschlagen. Den vorbereiteten Salat mit der Marinade mischen und nochmals abschmecken.

Tipp: Die Springform evtl. von außen mit Alufolie verkleiden, damit die Creme nicht herauslaufen kann.

Rotkohl-Rohkostsalat

4–6 Portionen

600 g Rotkohl
2 Orangen (etwa 450 g)

Für die Sauce:
1 Banane (etwa 150 g)
300 g Naturjoghurt (1,5 % Fett)
1 EL Nussöl
2 EL Schnittlauchröllchen
Salz
frisch gemahlener Pfeffer
15 g gehackte Pinienkerne

Zubereitungszeit: 35 Minuten

Insgesamt:
E: 22 g, F: 24 g, Kh: 70 g,
kJ: 2680, kcal: 642

Schnell

1. Den Rotkohl putzen, waschen, vierteln und den Strunk herausschneiden. Rotkohlviertel mit einem Gemüsehobel sehr fein hobeln. Orangen so schälen, dass die weiße Haut mit entfernt wird. Orangen filetieren.
2. Für die Sauce Banane schälen, in einen Rührbecher geben, mit Joghurt und Nussöl im Mixer pürieren. Schnittlauchröllchen unterrühren. Mit Salz und Pfeffer würzen.
3. Rotkohl mit Orangenfilets in einer Schüssel mischen. Die Sauce darauf verteilen und mit Pinienkernen bestreuen.

Tipp:
Die Pinienkerne schmecken aromatischer, wenn Sie die Pinienkerne zuvor in einer Pfanne ohne Fett rösten.

Rotkohl-Rohkostsalat

Rotkohlsalat mit Sesam und Tofubröseln

4 Portionen

1 kleiner Rotkohl (300–400 g)
1 mittelgroße Zwiebel
2–3 EL Weißweinessig
Salz, frisch gemahlener, weißer Pfeffer
1 Prise Zucker
4 EL Sonnenblumenöl

2 EL Sesamsamen
125 g Tofu

Zubereitungszeit: 50 Minuten, ohne Durchziehzeit

Insgesamt:
E: 29 g, F: 66 g, Kh: 16 g,
kJ: 3254, kcal: 779

Vegetarisch

1. Vom Rotkohl die groben äußeren Blätter entfernen. Kohl vierteln und den Strunk herausschneiden. Kohl waschen, abtropfen lassen, sehr fein schneiden oder hobeln. Zwiebel abziehen und in sehr kleine Würfel schneiden.
2. Essig mit Salz, Pfeffer und Zucker verrühren, Sonnenblumenöl unterschlagen. Rotkohl und die Zwiebelwürfel in eine Schüssel geben. Die Marinade hinzufügen und leicht unterkneten. Den Salat zugedeckt etwa 30 Minuten durchziehen lassen.
3. In der Zwischenzeit Sesam in einer Pfanne ohne Fett anrösten, abkühlen lassen und zum Salat geben.
4. Tofu mit den Händen zerbröseln und unter den Salat heben.

Russische Eier

Russische Eier

4 Portionen (8 Eierhälften)

4 hart gekochte Eier
1 schwach geh. EL Salatmayonnaise
1 schwach geh. TL mittelscharfer Senf
Salz
frisch gemahlener, schwarzer Pfeffer
1 Prise Zucker
einige gewaschene, trockengetupfte Salatblätter
3 Sardellenfilets (aus dem Glas)
1 Cornichon (aus dem Glas)

Zubereitungszeit: 30 Minuten

Insgesamt:
E: 33 g, F: 38 g, Kh: 7 g,
kJ: 2096, kcal: 500

Preiswert – gut vorzubereiten

1. Eier pellen und längs halbieren. Eigelb herauslösen und durch ein feines Sieb streichen.
2. Die Eigelbmasse mit Mayonnaise und Senf zu einer geschmeidigen Masse verrühren. Mit Salz, Pfeffer und Zucker abschmecken.
3. Die Masse in einen Spritzbeutel mit Sterntülle geben und in die Eierhälften spritzen. Eine Platte mit Salatblättern auslegen. Die Eierhälften darauf anrichten. Sardellenfilets und Cornichon trockentupfen und in jeweils 8 Streifen schneiden. Eierhälften mit Sardellen- und Gurkenstreifen garnieren.

Tipp:
Unter die Eigelbfüllung können auch gedünstete, fein geschnittene Pilze, Tomatenmark, fein gehackte, grüne Kräuter, fein gehackte Sardellen oder fein gehackter, roher Schinken gerührt werden.

Russischer Quarkdip

4 Portionen

200 g Salzgurken (aus dem Glas)
400 g Sahnequark
3 Eigelb (Größe M)
4–5 EL Wodka, 4 TL scharfer Senf
Salz, frisch gemahlener Pfeffer
1 Prise Zucker
2 EL Schnittlauchröllchen
2 EL fein gehackter Dill

Zubereitungszeit: 15 Minuten

Insgesamt:
E: 54 g, F: 64 g, Kh: 16 g,
kJ: 4394, kcal: 1050

Schnell

1. Gurken abtropfen lassen und in kleine Würfel schneiden. Quark mit Eigelb, Wodka und Senf verrühren, Gurkenwürfel unterrühren.
2. Die Quarkmasse mit Salz, Pfeffer und Zucker würzen, Schnittlauchröllchen und Dill unterrühren.

Tipp:
Den Quarkdip zu Räucherfisch, gekochtem Fleisch, gekochten Eiern oder Pellkartoffeln reichen.

Russischer Quarkdip

Salat „Dolma"

Salat „Dolma"

4 Portionen

500 g grüne türkische Paprikaschoten (Dolma biber)
1 Zwiebel
100 g Schafkäse
50 g schwarze Oliven

Für die Sauce:
3 EL Zitronensaft
Salz
gemahlener Kreuzkümmel (Cumin)
Pul Biber (erhältlich in türkischen Läden)
1 Prise Zucker
2 EL Olivenöl
2 EL Sesamsamen

1 Bund glatte Petersilie

Zubereitungszeit: 20 Minuten

Insgesamt:
E: 29 g, F: 73 g, Kh: 24 g,
kJ: 3684, kcal: 879

Raffiniert

1. Paprika entstielen, entkernen und die weißen Scheidewände entfernen. Schoten waschen, abtrocknen und von der Spitze her in dünne Ringe schneiden. Die Reste der weißen Scheidewände aus den Ringen herausschneiden und Kerne entfernen.
2. Zwiebel abziehen und in kleine Würfel schneiden. Schafkäse ebenfalls würfeln. Die vorbereiteten Salatzutaten mit den Oliven mischen.
3. Für die Sauce Zitronensaft mit Salz, Kreuzkümmel, Pul Biber und Zucker verrühren, Olivenöl unterschlagen, Sesam unterrühren. Die Sauce mit den Salatzutaten vermischen.
4. Petersilie abspülen und trockentupfen, die Blättchen von den Stängeln zupfen. Blättchen klein schneiden und unter den Salat heben.

Tipp: Wer keinen Pul Biber bekommt, kann ersatzweise auch geschrotete Pfefferschoten verwenden.

Salat „Dolores"

2–4 Portionen

375 g gegarte, fest kochende Pellkartoffeln
1–2 hart gekochte Eier
200 g Krabben, frisch gepult

Für die Sauce:
1 Becher (150 g) Crème fraîche
1–2 EL Tomaten-Ketchup
1 EL Portwein
3 EL Weißweinessig
Salz
frisch gemahlener Pfeffer
Zucker
fein geschnittener Dill
Dillblättchen

Zubereitungszeit: 20 Minuten

Salat „Dolores"

Insgesamt:
E: 60 g, F: 58 g, Kh: 69 g,
kJ: 4445, kcal: 1069

Mit Alkohol

1. Die Kartoffeln pellen und in Scheiben schneiden. Eier pellen und in Würfel schneiden.
2. Kartoffelscheiben, Eierwürfel und Krabben in einer Schüssel mischen.
3. Für die Salatsauce Crème fraîche mit Ketchup, Portwein und Essig verrühren. Mit Salz, Pfeffer und Zucker würzen.
4. Die Sauce mit den Salatzutaten vorsichtig mischen und in einer Salatschüssel anrichten, mit Dill bestreuen und garnieren.

Salat „Fiesole“

4 Portionen

2 $^1/_2$ l Wasser
2 $^1/_2$ gestr. TL Salz
250 g bunte Nudeln

4 Schweinesteaks (je etwa 100 g)
2 EL Sojaöl
Salz
frisch gemahlener Pfeffer
gerebelter Salbei
50 g Kapern
100 g gehobelte Haselnuss- oder Pinienkerne

Für die Mayonnaise:
1 Eigelb (Größe M)
2 TL mittelscharfer Senf
1 EL Weißweinessig
125 ml ($^1/_8$ l) Sojaöl
1 TL gerebelter Salbei
etwas Kapernflüssigkeit
gewaschene Salatblätter

Zubereitungszeit: 60 Minuten, ohne Abkühl- und Durchziehzeit

Insgesamt:
E: 141 g, F: 219 g, Kh: 184 g,
kJ: 13650, kcal: 3258

Für Gäste

1. Wasser in einem großen Topf mit geschlossenem Deckel zum Kochen bringen. Dann Salz und Nudeln zugeben. Die Nudeln im geöffneten Topf bei mittlerer Hitze nach Packungsanleitung kochen lassen, dabei 4–5-mal umrühren.
2. Anschließend die Nudeln in ein Sieb geben, mit heißem Wasser abspülen, abtropfen und erkalten lassen. Nudeln in eine Schüssel geben.
3. Steaks kurz unter fließendem kalten Wasser abspülen und trockentupfen. Sojaöl in einer Pfanne erhitzen. Die Steaks darin von jeder Seite 5–8 Minuten braten, mit Salz, Pfeffer und Salbei würzen. Steaks herausnehmen, erkalten lassen und in Streifen schneiden.
4. Kapern abtropfen lassen und den Sud dabei auffangen. Haselnuss- oder Pinienkerne mit den Fleischstreifen mischen, mit den Kapern zu den Nudeln geben und vorsichtig untermischen.
5. Für die Mayonnaise Eigelb mit Senf und Essig zu einer dicklichen Masse aufschlagen. Sojaöl zuerst teelöffelweise, dann nach und nach unter ständigem Schlagen hinzufügen, Salbei und etwas Kapernflüssigkeit unterrühren.
6. Die Mayonnaise unter die Salatzutaten heben. Den Salat gut durchziehen lassen und evtl. nochmals mit den Gewürzen abschmecken. Eine Schale mit Salatblättern auslegen, den Salat darin anrichten.

Tipp: Nur ganz frisches Eigelb verwenden, das nicht älter als 5 Tage ist (Legedatum beachten!).

Salat „Fiesole“

Salatteller mit Sprossen

8 Portionen

250 g Feldsalat
1 Kopf Lollo Bionda
200 g Radieschensprossen
375 g Champignons
350 g kleine Tomaten

Für die Sauce:
4–6 EL Estragon-Essig
2–3 TL körniger Senf
Salz
frisch gemahlener Pfeffer
150 ml Weizenkeim- oder Sonnenblumenöl

Zum Bestreuen:
1/2 Bund Estragon
60 g Pinienkerne

Zubereitungszeit: 60 Minuten

Insgesamt:
E: 50 g, F: 184 g, Kh: 21 g,
kJ: 8077, kcal: 1928

Salatteller mit Sprossen

Salat von Austernpilzen und grünen Bohnen

Raffiniert

1. Salate verlesen, putzen, waschen und gut abtropfen lassen. Lollo Bionda in mundgerechte Stücke zupfen.
2. Radieschensprossen waschen und abtropfen lassen. Champignons putzen, mit Küchenpapier abreiben, evtl. abspülen, trockentupfen und in dünne Scheiben schneiden. Tomaten waschen, trockentupfen, halbieren oder vierteln und Stängelansätze herausschneiden.
3. Für die Sauce Essig und Senf verrühren, mit Salz und Pfeffer würzen, Weizenkeim- oder Sonnenblumenöl unterrühren.
4. Die vorbereiteten Salatzutaten auf einer großen Platte anrichten. Die Sauce darauf verteilen.
5. Zum Bestreuen Estragon abspülen und trockentupfen. Die Blättchen von den Stängeln zupfen. Pinienkerne in einer Pfanne ohne Fett leicht anrösten. Den Salat mit Estragonblättchen und Pinienkernen bestreut servieren.

Salat von Austernpilzen und grünen Bohnen

4 Portionen

300 g junge grüne Bohnen (Filetbohnen)
Salzwasser
400 g junge Austernpilze
2 EL Olivenöl
Salz
frisch gemahlener Pfeffer

Für die Sauce:
1–2 EL Sherryessig
1 EL Crème fraîche
1 TL Zucker
4 EL Olivenöl
Salz
frisch gemahlener Pfeffer
1 EL gehackte Kerbelblättchen
1 EL gehackte Estragonblättchen

Zubereitungszeit: 30 Minuten, ohne Abkühl- und Durchziehzeit

Insgesamt:
E: 20 g, F: 68 g, Kh: 16 g,
kJ: 3125, kcal: 747

Vegetarisch

1. Von den Bohnen die Enden abschneiden, Bohnen evtl. abfädeln, waschen. Etwas Salzwasser in einem Topf zum Kochen bringen, Bohnen hinzugeben, zum Kochen bringen und 10–12 Minuten garen. Bohnen in ein Sieb geben, mit kaltem Wasser übergießen und abtropfen lassen.
2. Austernpilze putzen, mit Küchenpapier abreiben, evtl. kurz abspülen und trockentupfen. Pilze in dünne Scheiben schneiden.
3. Olivenöl in einer Pfanne erhitzen, Pilzscheiben hinzufügen und etwa 5 Minuten gar dünsten lassen, mit Salz und Pfeffer würzen, erkalten lassen.
4. Für die Sauce Essig mit Crème fraîche, Zucker, Salz und Pfeffer verrühren, Olivenöl unterschlagen. Kerbel- und Estragonblättchen unterrühren.
5. Die vorbereiteten Salatzutaten in einer Schüssel mischen. Die Sauce vorsichtig untermischen. Den Salat kurz durchziehen lassen.

Salat von Champignons, Zuckerschoten und Lachs

4 Portionen

250 g frische Champignons
250 g Zuckerschoten
300 g Räucherlachs

Für die Sauce:
1 Becher (150 g) Crème fraîche
1–2 EL Zitronensaft
Salz
frisch gemahlener Pfeffer

Zum Garnieren:
1 Bund Kerbel
1 TL rosa Pfefferbeeren

Zubereitungszeit: 40 Minuten

Insgesamt:
E: 83 g, F: 66 g, Kh: 32 g,
kJ: 4415, kcal: 1059

Einfach

1. Champignons putzen, mit Küchenpapier abreiben, evtl. kurz abspülen, trockentupfen und in Scheiben schneiden .
2. Zuckerschoten putzen und die Enden abschneiden. Schoten waschen, abtropfen lassen und in kochendem Salzwasser 1–2 Minuten blanchieren. Anschließend in ein Sieb geben, mit eiskaltem Wasser übergießen und abtropfen lassen. Zuckerschoten halbieren. Räucherlachs in Würfel schneiden.
3. Für die Sauce Crème fraîche mit Zitronensaft verrühren, mit Salz und Pfeffer würzen. Die Sauce auf flache Teller geben. Die vorbereiteten Salatzutaten darauf anrichten.
4. Zum Garnieren Kerbel abspülen und trockentupfen. Die Blättchen von den Stängeln zupfen. Den Salat mit Kerbelblättchen und rosa Pfefferbeeren garniert servieren.

Salat von Champignons, Zuckerschoten und Lachs

Salat von großen weißen Bohnen

4 Portionen

2 kleine Dosen große weiße Bohnen (Abtropfgewicht je 250 g)
je 250 g rote und gelbe Cocktailtomaten
6–8 Sardellenfilets in Öl (etwa 60 g)
1 Topf Basilikum
3 EL Balsamico-Essig
Salz
frisch gemahlener Pfeffer
6 EL Olivenöl

Zubereitungszeit: 25 Minuten, ohne Durchziehzeit

Insgesamt:
E: 44 g, F: 65 g, Kh: 86 g,
kJ: 4639, kcal: 1103

Schnell – einfach

1. Bohnen in einem Sieb abtropfen lassen. Tomaten waschen, trockentupfen, vierteln, entkernen und die Stängelansätze herausschneiden. Sardellenfilets trockentupfen und in kleine Stücke schneiden.
2. Basilikum abspülen und trockentupfen. Die Blättchen von den Stängeln zupfen (einige Blättchen beiseite legen). Blättchen in schmale Streifen schneiden.
3. Bohnen, Tomatenviertel, Sardellenstücke und Basilikumstreifen in einer Schüssel mischen.
4. Essig mit Salz und Pfeffer verrühren, Olivenöl unterschlagen. Die Marinade zu den Salatzutaten geben und untermischen. Den Salat kalt gestellt 1–2 Stunden durchziehen lassen.
5. Den Salat nochmals mit den Gewürzen abschmecken und mit den beiseite gelegten Basilikumblättchen garniert servieren.

Beilage: Kurz gebratene Lammfilets oder Geflügelmedaillons.

Tipp: Statt weißer Bohnen können auch Kidney-, Wachtel- oder grüne Bohnen verwendet werden.

Salat von Sardellenfilets

4 Portionen

1 Glas Sardellenfilets (Abtropfgewicht 180 g)
je 1 Glas grüne und schwarze Oliven ohne Stein (Abtropfgewicht je 170 g)
1 Bund Schnittlauch
2 Schalotten
4 EL Olivenöl
frisch gemahlener Pfeffer
Saft von 1 Limette

Zubereitungszeit: 30 Minuten

Insgesamt:
E: 44 g, F: 129 g, Kh: 20 g,
kJ: 6014, kcal: 1437

Gut vorzubereiten

1. Sardellenfilets abtropfen lassen, evtl. kurz unter kaltem Wasser abspülen. Jedes Filet in drei Teile schneiden. Beide Olivensorten in einem Sieb abtropfen lassen und in Scheiben schneiden.
2. Schnittlauch abspülen, trockentupfen und in Röllchen schneiden. Schalotten abziehen und in Würfel schneiden.
3. Sardellenstücke mit Olivenscheiben, Schnittlauchröllchen und Zwiebelwürfeln in einer Schüssel mischen. Mit Pfeffer bestreuen. Limettensaft unterrühren.

Beilage:
Aufgebackenes warmes Ciabatta-Brot.

Sandwichschnittchen

3 x je 24 Stück

18 Scheiben Sandwichtoast

Für die Cornedbeef-Schnittchen:
2 EL Salatmayonnaise
1 EL Naturjoghurt
1–2 geh. TL mittelscharfer Senf
Salz

frisch gemahlener Pfeffer
3 vorbereitete Salatblätter
6 Scheiben Cornedbeef
3 mittelgroße Gewürzgurken (aus dem Glas)

Für die Putenbrust-Schnittchen:

1 Mango
2 EL Mango-Chutney
Salz
frisch gemahlener Pfeffer
1 EL Zitronensaft
1 Banane
3 vorbereitete Salatblätter
150 g Putenbrustaufschnitt

Für die Roastbeef-Schnittchen:

2 hart gekochte, gepellte Eier
3 mittelgroße Gewürzgurken (aus dem Glas)
2 geh. EL Sahnemeerrettich
3 vorbereitete Salatblätter
6 Scheiben Roastbeef-Aufschnitt

Außerdem: Frischhaltefolie

Zubereitungszeit: 60 Minuten, ohne Kühlzeit

Pro Stück Cornedbeef-Schnittchen:
E: 4 g, F: 4 g, Kh: 9 g, kJ: 376, kcal: 90

Pro Stück Putenbrust-Schnittchen:
E: 3 g, F: 3 g, Kh: 13 g, kJ: 390, kcal: 93

Pro Stück Roastbeef-Schnittchen:
E: 4 g, F: 3 g, Kh: 9 g, kJ: 337, kcal: 80

Gut vorzubereiten

1. Von den Sandwichscheiben die Rinden abschneiden.
2. Für die Cornedbeef-Schnittchen Mayonnaise, Joghurt und Senf verrühren, mit Salz und Pfeffer würzen. 6 Sandwichscheiben mit der Masse bestreichen. 3 Sandwichscheiben mit je einem Salatblatt und zwei Scheiben Cornedbeef belegen.
3. Gurken in Scheiben schneiden und auf den Cornedbeef-Scheiben verteilen. Die restlichen 3 bestrichenen Sandwichscheiben auf die belegten Sandwichscheiben legen und fest andrücken.
4. Für die Putenbrust-Schnittchen Mango halbieren und den Stein entfernen. Mango schälen, etwa 100 g Mangofruchtfleisch in kleine Würfel schneiden und mit dem Mango-Chutney verrühren. Mit Salz, Pfeffer und Zitronensaft würzen. Banane schälen, fein würfeln und ebenfalls unterrühren.
5. Die Mangomasse auf 6 Sandwichscheiben streichen, 3 Scheiben mit je 1 Salatblatt belegen. Putenbrustaufschnitt fein würfeln und auf den Salatblättern verteilen. Je eine bestrichene Sandwichscheibe darauf legen und fest andrücken.
6. Für die Roastbeef-Schnittchen Eier und Gurken in dünne Scheiben schneiden. Restliche 6 Sandwichscheiben mit Sahnemeerrettich bestreichen. 3 Sandwichscheiben jeweils mit 1 Salatblatt und 2 Scheiben Roastbeef-Aufschnitt belegen. Eier- und Gurkenscheiben darauf verteilen, mit den restlichen 3 Sandwichscheiben belegen und fest andrücken.
7. Sandwiches in Frischhaltefolie wickeln, etwa 1 Stunde beschweren (z. B. mit einem Schneidbrett und Konserven) und kalt stellen.
8. Sandwiches aus der Folie nehmen, zweimal diagonal durchschneiden, so dass jeweils 4 kleine Schnittchen entstehen.

Sandwichschnittchen

Tipp:
Die Schnittchen auf einer Platte anrichten und mit Schnittlauchröllchen und Paprikapulver garnieren.

Sardellen-Toast-Schnittchen

10 Stück

10 Scheiben Toastbrot
40 g weiche Butter
4 Tomaten
3 hart gekochte Eier
Salz
frisch gemahlener Pfeffer
10 Sardellenfilets (aus dem Glas)
10 abgetropfte Kapern
10 gewaschene, trockengetupfte Basilikumblättchen

Zubereitungszeit: 20 Minuten

Insgesamt:
E: 60 g, F: 60 g, Kh: 150 g,
kJ: 590, kcal: 1420

Klassisch

1. Toastbrotscheiben toasten. Aus jeder Toastscheibe mit einem runden Ausstecher oder Glas (Ø etwa 6 cm) Taler ausstechen und mit Butter bestreichen.
2. Tomaten waschen, abtrocknen und halbieren, Stängelansätze entfernen. Tomatenhälften in 10 etwas dickere Scheiben schneiden. Eier pellen, ebenfalls in 10 Scheiben schneiden.
3. Je eine Tomatenscheibe auf einen Brottaler legen, mit Salz und Pfeffer bestreuen. Jeweils eine Eischeibe darauf legen.
4. Sardellen abtropfen lassen und aufrollen. Die Sardellenröllchen auf den Eierscheiben verteilen. Je eine Kaper in die Mitte der Sardellenröllchen legen. Sardellen-Toast-Schnittchen mit Basilikumblättchen garniert servieren.

Sardinenaufstrich

Sardellen-Toast-Schnittchen

Sardinenaufstrich

8–9 Portionen (etwa 380 g)

200 g Zucchini
1 Zwiebel
3 EL Olivenöl
2 Dosen Sardinen in Öl (je 90 g, ohne Haut und Gräten)
50 g getrocknete Tomaten, in Öl eingelegt
1 EL Kapern (aus dem Glas)
Salz
frisch gemahlener Pfeffer

Zubereitungszeit: 25 Minuten, ohne Abkühlzeit

Insgesamt:
E: 39 g, F: 54 g, Kh: 20 g,
kJ: 3029, kcal: 724

Einfach

1. Zucchini waschen, abtrocknen und die Enden abschneiden. Zucchini in kleine Würfel schneiden. Zwiebel abziehen, halbieren und ebenfalls fein würfeln.
2. Olivenöl in einer Pfanne erhitzen, Zucchini- und Zwiebelwürfel darin unter Rühren andünsten, herausnehmen und abkühlen lassen.
3. Sardinen und Tomaten in je einem Sieb abtropfen lassen. Sardinen, Tomaten und Kapern in kleine Stücke schneiden.
4. Sardinen-, Tomaten- und Kapernstücke mit der Zucchinimasse verrühren, mit Salz und Pfeffer würzen. Sardinenaufstrich in 2 gründlich gereinigte, gespülte und getrocknete Gläser füllen. Die Gläser mit Deckeln fest verschließen und kalt stellen.

Brotempfehlung:
Roggen- oder Kürbiskernbrot.

Schafkäse-Bärlauch-Schnittchen

15 Schnittchen

1 Bund Bärlauch (etwa 100 g)
150 g Schafkäse
200 g Doppelrahm-Frischkäse
100 ml Olivenöl
etwa 50 ml Milch
Salz
5 Scheiben Vollkorn-Kastenbrot
1/2 rote Paprikaschote
grob gemahlener Pfeffer

Zubereitungszeit: 20 Minuten

Insgesamt:
E: 66 g, F: 195 g, Kh: 108 g,
kJ: 10245, kcal: 2447

Gut vorzubereiten

Schafkäse-Bärlauch-Schnittchen

1. Bärlauch verlesen und evtl. dickere Stiele entfernen. Bärlauch abspülen, abtropfen lassen und klein schneiden oder fein hacken.
2. Schafkäse in kleine Stücke schneiden, mit Frischkäse, Olivenöl und Milch verrühren. Bärlauch unterrühren und mit einem Mixstab pürieren, evtl. mit Salz abschmecken.
3. Brotscheiben mit dem Käseaufstrich bestreichen und in je 3 Streifen schneiden. Paprika entstielen, entkernen und die weißen Scheidewände entfernen. Paprika waschen, abtropfen lassen und in kleine Würfel schneiden.
4. Die belegten Brotstreifen mit Paprikawürfeln garnieren und mit Pfeffer bestreut servieren.

Schafkäse-Dip

8 Portionen

2 Bund (etwa 6 Stück) Frühlingszwiebeln
300 g Schafkäse
6 eingelegte Kirschpaprika
2 Becher (je 150 g) Crème fraîche
150 g Naturjoghurt
100 ml Milch
Salz, frisch gemahlener Pfeffer

Zubereitungszeit: 40 Minuten

Insgesamt:
E: 69 g, F: 155 g, Kh: 40 g,
kJ: 7776, kcal: 1870

Für Gäste

1. Frühlingszwiebeln putzen, waschen, abtropfen lassen und in feine Ringe schneiden.
2. Schafkäse mit einer Gabel zerdrücken. Kirschpaprika abtropfen lassen und in kleine Würfel schneiden.
3. Crème fraîche mit Joghurt und Milch verrühren. Frühlingszwiebelringe, Schafkäse und Paprikawürfel unterrühren. Den Dip mit Salz und Pfeffer abschmecken.

Tipp:
Der Schafkäse-Dip passt zu Lammfleisch.

Schafkäse-Dip

Schafkäseröllchen

4–6 Portionen

Für die Füllung:
375 g Schafkäse
1 Becher (150 g) Crème fraîche
1 Knoblauchzehe
1 EL eingelegter, grüner Pfeffer
einige frische, gewaschene Basilikumblättchen
15 große Mangoldblätter (etwa 700 g)

Für die Marinade:
125 ml (1/8 l) Weißwein
1 EL Zitronensaft
125 ml (1/8 l) Olivenöl
Salz, frisch gemahlener Pfeffer
1 Prise Zucker

Für den Tomatensalat:
500–750 g reife Tomaten
10 abgespülte, trockengetupfte Basilikumblättchen
1 Knoblauchzehe, 1–2 EL Olivenöl
Basilikumblättchen

Zubereitungszeit: 30 Minuten, ohne Marinier- und Durchziehzeit

Schafkäseröllchen

Schafkäsetatar

Insgesamt:
E: 83 g, F: 148 g, Kh: 34 g,
kJ: 7603, kcal: 1821

Vegetarisch

1. Für die Füllung Schafkäse fein zerbröseln und in eine Schüssel geben, Crème fraîche unterrühren.
2. Knoblauch abziehen und durch eine Knoblauchpresse drücken. Pfefferkörner zerdrücken. Basilikum mit Knoblauch und zerdrücktem Pfeffer zur Käsemasse geben und unterrühren.
3. Mangold zerteilen und abspülen. Die Stiele keilförmig aus den Blättern schneiden (Stiele anderweitig verwenden). Die Blätter in kochendem Salzwasser etwa 2 Minuten garen. Mangoldblätter in ein Sieb geben, mit kaltem Wasser übergießen und gut abtropfen lassen.
4. Die Mangoldblätter auf einer Arbeitsfläche ausbreiten. Jeweils etwa 1 Esslöffel der Käsemasse darauf geben und einrollen. Die Rollen nebeneinander in eine flache Auflaufform legen.
5. Für die Marinade Wein mit Zitronensaft verrühren, Olivenöl unterschlagen. Mit Salz, Pfeffer und Zucker würzen. Die Marinade über die Röllchen gießen und zugedeckt etwa 1 Stunde durchziehen lassen.
6. Für den Salat Tomaten waschen, kreuzweise einschneiden und einige Sekunden in kochendes Wasser legen. Tomaten kurz in kaltem Wasser abschrecken, enthäuten, halbieren, entkernen und Stängelansätze entfernen. Tomaten in Würfel schneiden. Basilikumblättchen in Streifen schneiden und mit den Tomatenwürfeln mischen. Mit Salz, Pfeffer, Zucker und Basilikum würzen.
7. Knoblauch abziehen, durch eine Knoblauchpresse drücken, mit dem Olivenöl verrühren und zu den Tomatenwürfeln geben. Den Salat kurz durchziehen lassen und in eine Schüssel geben.
8. Die Schafkäseröllchen aus der Marinade nehmen, auf einer Platte anrichten und mit etwas Tomatensalat garnieren. Restlichen Tomatensalat dazu reichen.

Beilage: Fladenbrot oder Baguette.

Schafkäsetatar

7–8 Portionen (etwa 300 g)

200 g Schafkäse
1 rote Zwiebel
1 Knoblauchzehe
50 g schwarze Oliven, trocken eingelegt
1 Bund glatte Petersilie
3 EL Olivenöl
frisch gemahlener Pfeffer

Zubereitungszeit: 20 Minuten

Insgesamt:
E: 36 g, F: 86 g, Kh: 7 g,
kJ: 3924, kcal: 936

Raffiniert

1. Schafkäse zuerst in kleine Würfel schneiden, dann mit einer Gabel zerdrücken. Zwiebel und Knoblauch abziehen und in kleine Würfel schneiden.
2. Oliven entsteinen und in Stücke schneiden. Petersilie abspülen und trockentupfen. Die Blättchen von den Stängeln zupfen. Blättchen fein hacken.
3. Schafkäse, Zwiebel- und Knoblauchwürfel mit dem Olivenöl verrühren. Olivenstücke und Petersilie unterrühren, mit Pfeffer abschmecken.

Schafkäse und Chili in Olivenöl

4–6 Portionen, 2 Gläser (je 500 ml [1/2 l])

400 g Schafkäse
3 kleine getrocknete Chilischoten
3 frische Thymianzweige
1 frischer Rosmarinzweig
3 kleine Knoblauchzehen
12 schwarze Pfefferkörner
etwa 400 ml kalt gepresstes Olivenöl

Zubereitungszeit: 15 Minuten, ohne Durchziehzeit

Insgesamt:
E: 70 g, F: 474 g, Kh: 10 g,
kJ: 18928, kcal: 4519

Einfach

1. Schafkäse würfeln und in vorbereitete Gläser geben. Chilischoten evtl. halbieren, entkernen und klein schneiden. Thymianzweige und Rosmarinzweig abspülen und trockentupfen. Knoblauch abziehen, mit den Pfefferkörnern etwas zerdrücken.
2. Chili, Thymian, Rosmarin, Knoblauch und Pfeffer zu den Käsewürfeln geben, mit so viel Olivenöl übergießen, dass die Käsewürfel gut bedeckt sind. Die Gläser mit Twist-off-Deckeln® verschließen, kalt und dunkel gestellt mindestens 1 Woche durchziehen lassen. Nach dem Öffnen innerhalb von 2 Wochen verbrauchen.

Tipp:
Schafkäse passt gut zu knusprigem Brot oder zu knackigen Blattsalaten. In Scheiben geschnitten ist der Schafkäse ein vorzüglicher Pizzabelag. Das Olivenöl, in dem der Käse eingelegt war, kann für Salatsaucen oder zum Bestreichen von gegrilltem Fleisch, Fisch oder gebratenem Gemüse verwendet werden.

Schafkäse und Chili in Olivenöl

Schichtdessert

8 Portionen

Für die Rote Grütze:
1 Pck. Rote-Grütze-Pulver Himbeer-Geschmack
3–4 EL Zucker
500 ml (1/2 l) Wasser

Für den Vanille-Pudding:
1/2 Pck. Pudding-Pulver Vanille-Geschmack
3 EL Zucker
250 ml (1/4 l) Milch

Für den Schokoladen-Pudding:
1/2 Pck. Pudding-Pulver Schokolade
3–4 EL Zucker
250 ml (1/4 l) Milch

Zubereitungszeit: 20 Minuten, ohne Kühlzeit

Insgesamt:
E: 16 g, F: 16 g, Kh: 233 g,
kJ: 5021, kcal: 1197

Raffiniert

1. Für die Rote Grütze aus Rote-Grütze-Pulver, Zucker und Wasser eine Rote Grütze nach Packungsanleitung zubereiten, etwas abkühlen lassen. Die Rote-Grütze in 8 Gläser füllen und abkühlen lassen.
2. Für den Vanille-Pudding aus den angegebenen Zutaten einen Pudding nach Packungsanleitung zubereiten und vorsichtig auf der Roten Grütze verteilen, abkühlen lassen.
3. Für den Schokoladen-Pudding ebenfalls aus Pudding-Pulver, Zucker und Milch einen Pudding zubereiten und vorsichtig auf den Vanille-Pudding geben. Schichtdessert mit Frischhaltefolie bedecken und kalt stellen.

Schichtdessert

Tipp:
Schichtdessert nach Belieben mit steif geschlagener Schlagsahne und Früchten verzieren und garnieren.

Schichtkuchen, pikant

6–8 Portionen

Zum Vorbereiten:
60 g Pinienkerne

Für den Rührteig:
150 g Butter oder Margarine
3 Eier (Größe M)
80 g Weizenmehl
80 g Speisestärke
2 gestr. TL Dr. Oetker Backin
5 EL Milch

Für die Füllung:
1 Glas grüne, entsteinte Oliven mit Kräutern (Abtropfgewicht 65 g)
1 Glas Pesto (Einwaage 90 g)
30 g Semmelbrösel
4 EL Wasser
schwarze, entsteinte Oliven

Zubereitungszeit: 90 Minuten, ohne Abkühlzeit

Insgesamt:
E: 54 g, F: 241 g, Kh: 161 g,
kJ: 12845, kcal: 3068

Für Gäste – raffiniert

Schichtkuchen, pikant

1. Zum Vorbereiten Pinienkerne fein mahlen und in einer Pfanne ohne Fett goldbraun rösten. Pinienkerne auf einem Teller erkalten lassen.
2. Für den Teig Butter oder Margarine mit Handrührgerät mit Rührbesen auf höchster Stufe geschmeidig rühren. Eier nach und nach unterrühren (jedes Ei etwa $^{1}/_{2}$ Minute).
3. Mehl mit Speisestärke und Backpulver mischen, sieben, abwechselnd in 2 Portionen mit der Milch auf mittlerer Stufe unterrühren.
4. Für die Füllung Oliven in einem Sieb abtropfen lassen und fein hacken. Olivenstücke mit Pesto, Semmelbröseln, Pinienkernen und Wasser verrühren.
5. Etwa 3 Esslöffel des Teiges in eine Springform (Ø 24 cm, Boden gefettet) füllen und mit einer Teigkarte glatt streichen. Die Form auf dem Rost unter den vorgeheizten Grill des Backofens schieben. Den Teig in 4–5 Minuten goldbraun backen.
6. Die Form auf einen Kuchenrost stellen. Den vorgebackenen Teig mit etwas von der Olivenfüllung bestreichen. Etwa 3 Esslöffel Teig darauf geben und glatt streichen. Die Form wieder auf dem Rost unter den Backofengrill schieben und den Teig in 4–5 Minuten goldbraun backen. Den Vorgang so lange wiederholen, bis der Teig und die Olivenfüllung verbraucht sind.
7. Die Form auf einen Rost stellen. Den Schichtkuchen etwas abkühlen lassen, dann aus der Form lösen und auf einem Kuchenrost erkalten lassen. Schichtkuchen in Streifen oder Würfel schneiden. Mit Oliven garniert servieren.

Rezeptvorschläge für ein Buffet nach dem Theater

Für ein Buffet nach dem Theater benötigen Sie für 10–12 Personen:

2 x Rezept **Lachssülzchen** Seite 222
2 x Rezept **Manchego-Käsewürfel, mariniert** Seite 236
2 x Rezept **Kasseler-Kürbis-Spießchen** Seite 193
2 x Rezept **Schichtsalat mit Hähnchennuggets** Seite 332
3 x Rezept **Orangencreme** Seite 266

Außerdem:

3–4 Baguettebrote.

Vorbereitungen am Vortag:

- Lachssülzchen zubereiten und kalt stellen.
- Manchegokäse marinieren und kalt stellen.

Vorbereitungen am Tag des Buffets:

Am Vormittag:
- Kasseler-Kürbis-Spieße zubereiten, auf einer Platte anrichten, zudecken und kalt stellen.
- Orangencreme zubereiten, in die Orangen oder in Portionsschälchen füllen und bis zum Servieren kalt stellen.

Am Nachmittag:
- Schichtsalat mit Hähnchennuggets zubereiten und bis zum Servieren kalt stellen.

Kurz vorher:
- Lachssülzchen stürzen und anrichten. Baguettes aufschneiden und anrichten.

Es eignen sich auch folgende zusätzliche Rezepte:

2 x Rezept **Spargelsülze mit Eier-Vinaigrette** Seite 361
1,5 x Rezept **Schafkäseröllchen** Seite 328
1,5 x Rezept **Knoblauchschnittchen mit Garnelen** Seite 199
1,5 x Rezept **Brokkoli-Lachs-Salat** Seite 39
2 x Rezept **Kartoffelsalat mit Schinkenröllchen** Seite 176
plus Brot.

Schichtsalat mit Hähnchennuggets

6–8 Portionen

Für den Salat:

500 g grüner Spargel
Salzwasser
8–10 EL Maiskeimöl
2 Pck. (je 450 g) TK-Hähnchen-Crossies
1 Dose Kidneybohnen (Abtropfgewicht 500 g)
1 Dose Gemüsemais (Abtropfgewicht 500 g)
2 rote Paprikaschoten
2 Bund Frühlingszwiebeln

Für die Sauce:

200 g Doppelrahm-Frischkäse
300 g Naturjoghurt
150 ml Schlagsahne
100 g Tomatenketchup
2 TL geriebener Meerrettich (aus dem Glas)
1 TL Sambal Oelek
Salz
Zucker
frisch gemahlener Pfeffer

Zubereitungszeit: 50 Minuten, ohne Abkühl- und Durchziehzeit

Insgesamt:
E: 228 g, F: 253 g, Kh: 373 g, kJ: 19948, kcal: 4765

Raffiniert

1. Für den Salat vom Spargel das untere Drittel dünn schälen, die unteren Enden abschneiden. Spargel abspülen und 5–10 Minuten in kochendem Salzwasser bissfest garen. Spargel in ein Sieb geben, mit kaltem Wasser übergießen und abtropfen lassen. Spargel in Stücke schneiden.

2. Maiskeimöl in einer großen Pfanne erhitzen. Hähnchen-Crossies darin von allen Seiten knusprig braun braten, herausnehmen und erkalten lassen.
3. Kidneybohnen und Mais getrennt in je einem Sieb abtropfen lassen. Paprika halbieren, entstielen, entkernen und die weißen Scheidewände entfernen. Schoten waschen, trockentupfen und in feine Streifen schneiden. Frühlingszwiebeln putzen, waschen, abtropfen lassen und in kleine Stücke schneiden.
4. Für die Sauce Frischkäse mit Joghurt, Sahne, Ketchup und Meerrettich verrühren. Mit Sambal Oelek, Salz, Zucker und Pfeffer würzen.
5. Jeweils die Hälfte der Zutaten schichtweise in eine große Salatschüssel geben. (Kidneybohnen, Frühlingszwiebeln, Paprika, Spargel, Mais, Salatsauce, Hähnchen-Crossies). Nun die andere Hälfte der Zutaten ebenso einschichten.
6. Den Salat vor dem Servieren 1–2 Stunden durchziehen lassen.

Tipp:
Verwenden Sie anstelle von grünem Spargel auch einmal Brokkoli. Dazu Brokkoli putzen, in Röschen teilen, waschen und in kochendem Salzwasser bissfest garen. Brokkoli in ein Sieb geben, mit kaltem Wasser übergießen und abtropfen lassen.

Schichtsalat mit Hähnchennuggets

Schinkeneier, bunt

Schinkeneier, bunt

8–10 Portionen

500 g Delikatessmayonnaise
Saft von 1/2 Zitrone
2 EL Tomatenketchup
Worcestersauce, Sojasauce
1 kleine Dose Ananasscheiben (Abtropfgewicht 140 g)
2 Gläser Selleriesalat (Abtropfgewicht je 195 g)
450 g fein geschnittener Knochenschinken (vom Metzger)
6 hart gekochte Eier
2 Bund Schnittlauch

Zubereitungszeit: 30 Minuten

Insgesamt:
E: 142 g, F: 335 g, Kh: 82 g, kJ: 16268, kcal: 3885

Beliebt

1. Mayonnaise mit Zitronensaft und Ketchup verrühren, mit Worcester- und Sojasauce abschmecken.
2. Ananasscheiben und Selleriestreifen getrennt in je einem Sieb abtropfen lassen. Ananassscheiben in kleine Würfel schneiden. Selleriestreifen evtl. etwas kleiner schneiden. Ananas würfel und Selleriestreifen unter die Mayonnaisemasse rühren. Ein Viertel des Schinkens ebenfalls unterrühren.
3. Eier pellen, halbieren und mit der Wölbung nach oben auf einer großen Platte anrichten. Die Schinken-Mayonnaise-Masse in der Mitte der Platte verteilen, so dass die Eier noch etwa zur Hälfte herausschauen.
4. Schnittlauch abspülen, trockentupfen und in kleine Röllchen schneiden. Restlichen Schinken und die Schnittlauchröllchen als Kranz außen um die Eierhälften legen.

Beilage:
Weißbrot oder Kräcker.

Tipp:
Falls Sie bei Ihrem Metzger keinen fertigen Schnippelschinken bekommen, können Sie auch Knochenschinkenscheiben in sehr feine Streifen schneiden. Die Mayonnaise sollte eine feste Konsistenz haben, verwenden Sie deshalb keine Salatmayonnaise.

Schinken-Mango-Aufstrich

10–12 Portionen (etwa 500 g)

1 kleine Porreestange (Lauch)
1 reife Mango
70 g gekochter Schinken
50 g Knochenschinken
200 g Frischkäse (17% Fett)
Salz
frisch gemahlener Pfeffer
knapp 1/4 TL Tabasco
Zucker

Zubereitungszeit: 20 Minuten

Insgesamt:
E: 44 g, F: 39 g, Kh: 33 g, kJ: 2777, kcal: 668

Für Gäste

1. Von dem Porree die Außenblätter entfernen, Wurzelende und dunkles Grün abschneiden. Die Stange der Länge nach aufschneiden, gründlich waschen und abtropfen lassen. Porree quer in feine Streifen schneiden.
2. Mango halbieren. Das Fruchtfleisch vom Stein schneiden. Die Mangohälften schälen und fein würfeln (etwa 160 g Fruchtfleisch). Beide Schinkensorten in kleine Würfel schneiden.
3. Frischkäse glatt rühren. Schinken-, Mangowürfel und Porreestreifen unterrühren. Den Aufstrich mit Salz, Pfeffer, Tabasco und Zucker abschmecken und in 2 gründlich gereinigte, gespülte und getrocknete Gläser füllen. Die Gläser mit Deckeln fest verschließen und kalt stellen.

Brotempfehlung: Weizenmischbrot.

Schinken-Mango-Aufstrich

Schinkenplatte

Schinkenbeutelchen

10 Stück

5 Scheiben (etwa 250 g) Holsteiner Schinken
3–4 EL Kartoffelsalat
Schnittlauchhalme

Insgesamt:
E: 50 g, F: 26 g, Kh: 15 g, kJ: 2106, kcal: 502

1. Schinkenscheiben halbieren. Die Kartoffelstücke des Salates evtl. etwas zerkleinern.
2. Kartoffelsalat auf den Schinkenscheiben verteilen. Den Schinken zu Beuteln zusammenfassen. Schnittlauchhalme kurz in kochendes Wasser tauchen und trockentupfen.
3. Die Beutelchen mit Schnittlauchhalmen zusammenbinden.

Schwarzwälder Schinken mit Pflaumen-Chutney

8–10 Stück

8–10 Scheiben Schwarzwälder Schinken
3–4 Scheiben Schwarzbrot
3–4 EL Backpflaumen-Chutney (aus dem Glas, Fertigprodukt)

Insgesamt:
E: 35 g, F: 8 g, Kh: 97 g, kJ: 2581, kcal: 612

1. Schinken zu Röllchen formen und auf einer Platte in einer Reihe anrichten.
2. Schwarzbrot mit Backpflaumen-Chutney bestreichen und in Streifen schneiden. Eine Reihe Brotstreifen parallel zu den Schinkenröllchen legen.

Schinkenröllchen mit Gemüsestreifen

8 Stück

1 gelbe Paprikaschote
1 Möhre
Salz, frisch gemahlener Pfeffer
2 Frühlingszwiebeln
2 EL Weißweinessig
1 EL Zucker
4 EL Speiseöl
8 Scheiben gekochter Schinken

Insgesamt:
E: 91 g, F: 52 g, Kh: 32 g,
kJ: 4207, kcal: 1005

1. Paprika halbieren, entstielen, entkernen und die weißen Scheidewände entfernen. Schote waschen, trockentupfen und der Länge nach in Streifen schneiden. Möhre putzen, schälen, waschen, trockentupfen und in dünne Streifen schneiden. Die Möhrenstreifen sollen so lang wie die Paprikastreifen sein.
2. Die Gemüsestreifen in kochendem Salzwasser 2–3 Minuten blanchieren. Das Gemüse mit einer Schaumkelle aus dem Wasser nehmen und dann in Eiswasser geben (damit das Gemüse die Farbe behält). Gemüsestreifen abtropfen lassen.
3. Von den Frühlingszwiebeln das weiße Stück abschneiden, in feine Streifen schneiden (in Länge der anderen Gemüsestreifen), waschen und trockentupfen. Die Gemüsestreifen in eine flache Schale geben.
4. Essig, Zucker und Salz aufkochen, mit Pfeffer und Speiseöl verrühren, auf den Gemüsestreifen verteilen, etwa 60 Minuten durchziehen lassen.
5. Die Schinkenscheiben ausbreiten, das Gemüse so darauf verteilen, dass es an einem Ende des Schinkens sichtbar bleibt. Schinkenscheiben aufrollen.
6. Das Grün der Frühlingszwiebeln waschen, kurz blanchieren, dann in kaltes Wasser legen, trockentupfen und um die Schinkenscheiben wickeln.

Westfälischer Schinken auf Gurkenscheiben

12 Stück

125 g Speisequark (Magerstufe)
1 EL Weizenkorn
1 Scheibe Schwarzbrot
3–4 Radieschen
Salz
frisch gemahlener Pfeffer
12 Salatgurkenscheiben
3 dünne Scheiben Westfälischer Knochenschinken

Insgesamt:
E: 33 g, F: 4 g, Kh: 35 g,
kJ: 1351, kcal: 321

Mit Alkohol

1. Quark mit Korn verrühren. Schwarzbrot zerbröseln. Radieschen putzen, waschen, trockentupfen und in kleine Würfel schneiden. Schwarzbrotbrösel und Radieschenwürfel unter die Quarkmasse rühren. Mit Salz und Pfeffer abschmecken.
2. Die Quarkmasse auf den Gurkenscheiben verteilen. Die Schinkenscheiben jeweils in 4 Streifen schneiden, zu Rosen drehen und auf den Quark setzen.

Bündnerfleisch

15 Stück

15 Scheiben (200 g) Bündnerfleisch, hauchdünn geschnitten
Cornichons (aus dem Glas)
Perlzwiebeln (aus dem Glas)

Insgesamt:
E: 79 g, F: 18 g, Kh: 2 g,
kJ: 2092, kcal: 500

1. Bündnerfleisch zu Rosen drehen und diese kreisförmig anordnen. Mit Cornichons und Perlzwiebeln garnieren.

Zubereitungszeit (insgesamt): 1 Stunde

Für Gäste

Schinkenterrine

Schinkenterrine

4–6 Portionen

7 Blatt weiße Gelatine
25 g Butter
1 geh. EL Weizenmehl
400 ml Kalbsfond
250 g gekochter Schinken in Scheiben
Salz, frisch gemahlener Pfeffer
30 g Zuckerschoten
60 g Doppelrahm-Frischkäse
200 ml Schlagsahne
120 g Lachsschinken in Scheiben

Zubereitungszeit: 50 Minuten, ohne Durchzieh- und Kühlzeit

Insgesamt:
E: 103 g, F: 115 g, Kh: 24 g, kJ: 6652, kcal: 1589

Für Gäste

1. Gelatine in kaltem Wasser nach Packungsanleitung einweichen. Butter in einem Topf zerlassen. Mehl unter Rühren so lange darin erhitzen, bis es hellgelb ist. Kalbsfond nach und nach hinzugießen und mit einem Schneebesen gut durchschlagen. Darauf achten, dass keine Klümpchen entstehen.
2. Die Sauce zum Kochen bringen und etwa 2 Minuten kochen lassen, Topf von der Kochstelle nehmen. Gelatine leicht ausdrücken und in der Sauce unter Rühren auflösen.
3. Von dem gekochten Schinken 4 Scheiben beiseite legen, restlichen Schinken in kleine Würfel schneiden. Schinkenwürfel in die Sauce rühren und mit einem Mixstab fein pürieren. Sauce mit Salz und Pfeffer würzen, abkühlen lassen.
4. Von den Zuckerschoten die Enden abschneiden, die Schoten evtl. abfädeln, waschen und abtropfen lassen. Wasser in einem Topf zum Kochen bringen. Die Zuckerschoten etwa 2 Minuten darin blanchieren. Anschließend in ein Sieb geben, mit kaltem Wasser übergießen und abtropfen lassen.
5. Die beiseite gelegten Schinkenscheiben überlappend aneinander legen, mit dem Frischkäse bestreichen und aufrollen. Sahne steif schlagen und unter die Schinkensauce heben.
6. Eine Terrinenform (etwa 1,2 l Inhalt, evtl. mit Frischhaltefolie ausgelegt) mit den Lachsschinkenscheiben auskleiden. Die Hälfte der Schinkensauce vorsichtig in die Form geben und glatt streichen. Die Form für etwa 5 Minuten in den Kühlschrank stellen.
7. Anschließend die Schinkenrolle längs in die Mitte der Schinkenmasse legen. Restliche Schinkensauce darauf geben und glatt streichen. Zuckerschoten nebeneinander darauf legen und etwas andrücken. Die Form für mindestens 6 Stunden, am besten über Nacht, in den Kühlschrank stellen.
8. Terrine vorsichtig aus der Form stürzen, evtl. Frischhaltefolie entfernen.

Beilage: Vollkorn-Toast.

Schlemmerbaguette

2 Portionen

1 kleines Baguette (etwa 125 g, 25 cm lang)
40 g Butter
gewaschene, trockengetupfte Eisbergsalatblätter
2 Scheiben gekochter Schinken
Tomatenscheiben von 2 Tomaten
Gurkenscheiben (150 g)
Radieschenscheiben von 10 Radieschen
grüne Paprikastreifen von $^{1}/_{2}$ Paprikaschote

Zwiebelringe von 2 Zwiebeln
Eierviertel von 2 hart gekochten Eiern

Zubereitungszeit: 15 Minuten

Insgesamt:
E: 52 g, F: 52 g, Kh: 82 g,
kJ: 4263, kcal: 1017

Schnell

1. Das Baguette längs halbieren. Die Schnittflächen mit Butter bestreichen.
2. Die untere Baguettehälfte mit Eisbergsalatblättern belegen.
3. Schinkenscheiben, Tomatenscheiben, Gurkenscheiben, Radieschenscheiben, Paprikastreifen, Zwiebelringe und Eierviertel darauf legen.
4. Die obere Hälfte des Baguettes darauf legen und sofort servieren.

Schmalzmuffins

12 Muffins

Schlemmerbaguette

Für den Teig:
150 g Möhren
1 Bund Schnittlauch
200 g Griebenschmalz
3 Eier (Größe M)
350 g Vollkorn-Weizenmehl
2 gestr. TL Dr. Oetker Backin
1 gestr. TL Salz
2 TL Kümmelsamen
150 ml Wasser

Zubereitungszeit: 35 Minuten
Backzeit: etwa 35 Minuten

Insgesamt:
E: 66 g, F: 232 g, Kh: 226 g,
kJ: 13539, kcal: 3235

Für Gäste

1. Für den Teig Möhren putzen, schälen, waschen, abtropfen lassen und grob raspeln. Schnittlauch abspülen, trockentupfen und in Röllchen schneiden.
2. Griebenschmalz in eine Rührschüssel geben und mit Handrührgerät mit Rührbesen auf höchster Stufe geschmeidig rühren. Eier nach und nach unterrühren (jedes Ei etwa $^1/_2$ Minute).
3. Mehl mit Backpulver, Salz und Kümmel mischen, abwechselnd in 2 Portionen mit dem Wasser auf mittlerer Stufe unterrühren. Möhrenraspel (1 Esslöffel Möhrenraspel beiseite legen) und Schnittlauchröllchen unterheben.
4. Den Teig in eine Muffinform (für 12 Muffins, gefettet, gemehlt) geben, glatt streichen und mit den beiseite gelegten Möhrenraspeln belegen. Die Form auf dem Rost in den Backofen schieben.
   Ober-/Unterhitze: etwa 180 °C (vorgeheizt)
   Heißluft: etwa 160 °C (nicht vorgeheizt)
   Gas: Stufe 2–3 (nicht vorgeheizt)
   Backzeit: etwa 35 Minuten.
5. Die Muffins etwa 10 Minuten in der Form stehen lassen, dann aus der Form lösen und auf einem Kuchenrost erkalten lassen.

Schmalzmuffins

Beilage:
Gemischter Salat.

Schmandkräcker

50–60 Stück

Für den Knetteig:
275 g Weizenmehl
1 gestr. TL Salz
200 g Schmand (Sauerrahm)
70 g Butter oder Margarine

Zum Bestreichen:
1 Eigelb, 1 EL Milch

Für den Belag:
70 g geröstete, gesalzene Cashewkerne

Zum Bestreuen:
grobes Meersalz

Zubereitungszeit: 60 Minuten, ohne Kühlzeit
Backzeit: etwa 15 Minuten je Backblech

Insgesamt:
E: 48 g, F: 141 g, Kh: 227 g,
kJ: 9965, kcal: 2382

Für Gäste – raffiniert

1. Für den Teig Mehl in eine Rührschüssel sieben. Salz, Schmand und Butter oder Margarine hinzufügen. Die Zutaten mit Handrührgerät mit Knethaken zunächst kurz auf niedrigster, dann auf höchster Stufe gut durcharbeiten.
2. Anschließend auf einer bemehlten Arbeitsfläche zu einem glatten Teig verkneten. Sollte er kleben, ihn in Folie gewickelt eine Zeit lang kalt stellen.
3. Den Teig in mehreren Portionen auf einer bemehlten Arbeitsfläche dünn ausrollen, mit einem ovalen Ausstecher (etwa 6 x 8 cm) Ovale ausstechen und auf Backbleche (gefettet, mit Backpapier belegt) legen. Teigkräcker mit einer Gabel mehrmals einstechen.
4. Zum Bestreichen Eigelb mit Milch verschlagen, die Teigkräcker damit bestreichen.
5. Für den Belag Cashewkerne der Länge nach halbieren. Jeden Teigkräcker mit zwei Cashewkernhälften belegen und mit etwas Meersalz bestreuen. Die Backbleche nacheinander (bei Heißluft zusammen) in den Backofen schieben.
   Ober-/Unterhitze: etwa 200 °C (vorgeheizt)
   Heißluft: etwa 180 °C (vorgeheizt)
   Gas: Stufe 3–4 (vorgeheizt)
   Backzeit: etwa 15 Minuten je Backblech.
6. Die Kräcker mit dem Backpapier von den Backblechen auf Kuchenroste ziehen. Kräcker erkalten lassen.

Tipp:
Kräcker halten sich in einer gut schließenden Dose etwa 14 Tage frisch. Sie schmecken noch besser, wenn sie nochmals im Backofen bei der oben angegebenen Backofeneinstellung 3–4 Minuten aufgebacken werden.

Schmandkräcker

Schnittchen mit Forellencreme

10–12 Stück

125 g geräuchertes Forellenfilet (ohne Haut)
1 Schalotte
4–5 EL Sahnemeerrettich
250 g Speisequark (Magerstufe)
Salz
frisch gemahlener Pfeffer
10 kleine Salatblätter, z. B. Frisée oder Lollo Bionda
2–3 Radieschen
10–12 Baguettescheiben

Zubereitungszeit: 15 Minuten

Schnittchen mit Forellencreme

Insgesamt:
E: 80 g, F: 34 g, Kh: 128 g,
kJ: 4898, kcal: 1169

Für Gäste

1. Evtl. vorhandene Gräten vom Forellenfilet entfernen. Das Filet in kleine Würfel schneiden. Schalotte abziehen und fein würfeln. Meerrettich mit Quark verrühren, Forellenfilet- und Schalottenwürfel unterheben, mit Salz und Pfeffer abschmecken.
2. Salatblätter waschen und trockentupfen. Radieschen putzen, waschen, abtrocknen und in Scheiben schneiden, evtl. je nach Größe nochmals halbieren. Baguettescheiben mit je einem Salatblatt belegen und die Forellencreme in Häufchen darauf geben. Die Schnittchen mit Radieschenscheiben garnieren.

Schnittchen mit Grünkernpaste

10 Stück

20 g gemischte Trockenpilze
200 g Grünkernkörner
(erhältlich im Reformhaus)
500 ml (1/2 l) Wasser
1 Lorbeerblatt
frisch gemahlener weißer Pfeffer
1/2 TL Kräutersalz
1 Zwiebel
2 Gewürznelken
1/2 TL gerebelter Thymian
3 EL Nussöl oder Traubenkernöl

Nach Belieben zum Garnieren:
einige Kopfsalatblätter
1/2 Salatgurke
1 gelbe Paprikaschote
1 Tomate
einige Stängel glatte Petersilie
1 Stängel Thymian

10 Scheiben Vollkornbrot

Zubereitungszeit: 80 Minuten, ohne Abkühlzeit

Insgesamt:
E: 62 g, F: 41 g, Kh: 316 g,
kJ: 7929, kcal: 1894

Vegetarisch

1. Trockenpilze abspülen und abtropfen lassen. Grünkern mit Trockenpilzen, Wasser, Lorbeerblatt, Pfeffer und Kräutersalz in einen Topf geben.
2. Zwiebel abziehen, mit Nelken spicken und ebenfalls in den Topf geben. Die Zutaten zum Kochen bringen und zugedeckt unter gelegentlichem Rühren etwa 60 Minuten kochen lassen, bis der Grünkern weich ist.
3. Zwiebel und Lorbeerblatt entfernen. Restliche Zutaten mit Thymian, Nuss- oder Traubenkernöl im Mixer pürieren, abkühlen lassen.
4. Nach Belieben zum Garnieren Salatblätter waschen und trockentupfen, evtl. in kleinere Stücke zupfen. Gurke waschen, abtrocknen und den Stängelansatz abschneiden. Gurke in dünne Scheiben schneiden. Paprika halbieren, entstielen, entkernen und die weißen Scheidewände entfernen. Die Schote waschen, abtrocknen und in kleine Würfel schneiden.
5. Tomate waschen, abtrocknen und halbieren. Den Stängelansatz herausschneiden. Tomate in Scheiben schneiden. Kräuter abspülen und trockentupfen. Von der Petersilie die Blättchen von den Stängeln zupfen. Thymian in kleinere Stücke zupfen.
6. Die Brotscheiben mit der Grünkernpaste bestreichen und nach Belieben mit Salatblättern, Gurkenscheiben, Paprikawürfeln, Tomatenscheiben und Kräutern garnieren.

Tipp:
Schnittchen in Streifen schneiden.

Schnittchen mit Grünkernpaste

Schnittchen mit Krabbenbutter

Schnittchen mit Krabbenbutter

8–10 Stück

50 g geschälte Krabben
4 TL Krabbenpaste (aus der Tube)
150 g weiche Butter
Salz
frisch gemahlener Pfeffer
1 EL Cognac
8–10 Scheiben Stangenweißbrot

Zum Garnieren:

1–2 Stängel glatte Petersilie
50 g geschälte Krabben

Zubereitungszeit: 15 Minuten

Insgesamt:

E: 35 g, F: 142 g, Kh: 93 g,
kJ: 7655, kcal: 1830

Mit Alkohol

1. Krabben evtl. abtropfen lassen und in kleine Stücke schneiden. Krabbenstücke mit Krabbenpaste und Butter verrühren. Mit Salz, Pfeffer und Cognac abschmecken. Die Brotscheiben damit bestreichen.
2. Zum Garnieren Petersilie abspülen und trockentupfen. Die Blättchen von den Stängeln zupfen.
3. Die Krabben als kleine Häufchen auf die Schnittchen geben und mit den Petersilienblättchen garniert servieren.

Schnittchen mit Lachs

10 Stück

5 Scheiben Weizenmischbrot (etwa 100 g)
2 EL weiche Butter
1/2–1 EL Zitronensaft
Salz
frisch gemahlener Pfeffer
5 dünne Scheiben Räucherlachs (etwa 125 g)
1–2 EL geriebener Meerrettich
1 Dillzweig
2 Zitronenscheiben von einer gewaschenen Bio-Zitrone (unbehandelt, ungewachst)

Zubereitungszeit: 15 Minuten

Insgesamt:

E: 32 g, F: 43 g, Kh: 50 g,
kJ: 3036, kcal: 725

Klassisch

1. Aus jeder Brotscheibe mit einem runden Ausstecher oder Glas (Ø etwa 4 cm) 2 Taler ausstechen. Butter mit Zitronensaft geschmeidig rühren, mit Salz und Pfeffer würzen. Die Brottaler damit bestreichen.

Schnittchen

2. Räucherlachs längs halbieren und jeweils von der schmalen Seite her aufrollen. Lachsröllchen auf die Brottaler legen. Jeweils einen Meerrettichtupfen auf die Lachsröllchen geben.
3. Dill abspülen und trockentupfen. Die Spitzen von dem Stängel zupfen. Die Zitronenscheiben in je 5 Ecken schneiden. Die Schnittchen mit den Dillspitzen und Zitronenecken garnieren.

Abwandlung:
Lachsschnittchen: 5 Toastbrotscheiben entrinden und diagonal halbieren. In einer Pfanne mit 1 Esslöffel Olivenöl von beiden Seiten knusprig braten und etwas abkühlen lassen.
10 Räucherlachsscheiben rosettenförmig auf die Toastdreiecke legen. Die Schnittchen mit Meerrettichsahne, Dillspitzen und Limettenecken garnieren.

Schnittchen mit Tunfisch-Zwiebel-Aufstrich

10–12 Stück

2 Dosen Tunfisch in Öl (Abtropfgewicht 135 g)
2 rote Zwiebeln
200 g Schmand (Sauerrahm)
Salz
frisch gemahlener Pfeffer
1–2 Stängel glatte Petersilie
10–12 Scheiben Vollkorn-Baguette

Zubereitungszeit: 15 Minuten

Insgesamt:
E: 77 g, F: 88 g, Kh: 99 g, kJ: 6072, kcal: 1452

Preiswert

1. Tunfisch in einem Sieb abtropfen lassen und mit einer Gabel zerpflücken. Zwiebeln abziehen und halbieren. 3 dünne Zwiebelscheiben abschneiden, in Ringe teilen und beiseite legen. Restliche Zwiebeln in kleine Würfel schneiden.
2. Schmand mit Tunfisch und Zwiebelwürfeln verrühren. Mit Salz und Pfeffer abschmecken.
3. Petersilie abspülen und trockentupfen. Die Blättchen von den Stängeln zupfen.
4. Baguettescheiben mit der Creme bestreichen und mit den beiseite gelegten Zwiebelringen und Petersilienblättchen garnieren.

Schnittchen mit Tunfisch-Zwiebel-Aufstrich

Schnittchenvariationen mit Schmalz

10 Stück

250 g geräucherter fetter Speck
1 große Zwiebel
1 kleiner säuerlicher Apfel
1 TL gerebelter Majoran
10 Scheiben Mischbrot
2 EL Schnittlauchröllchen
einige rote Zwiebelringe

Zubereitungszeit: 30 Minuten, ohne Abkühlzeit

Insgesamt:
E: 40 g, F: 230 g, Kh: 240 g, kJ: 13220, kcal: 3160

Gut vorzubereiten

1. Speck in feine Würfel schneiden und in einer Pfanne mit hohem Rand auslassen.
2. Zwiebel abziehen, in kleine Würfel schneiden, zu dem ausgelassenen Speck in die Pfanne geben und goldgelb werden lassen. Die Hälfte des flüssigen Schmalzes mit den Grieben (ausgelassene Speckstückchen) in ein feuerfestes Gefäß füllen.
3. Apfel waschen, abtrocknen, vierteln und entkernen. Apfelviertel in kleine Würfel schneiden und zu dem restlichen Schmalz in die Pfanne geben. Etwa 5 Minuten ziehen lassen. Pfanne von der Kochstelle nehmen. Majoran unterrühren, Schmalz erkalten lassen.
4. Jeweils 5 Brotscheiben mit Griebenbzw. Apfelschmalz bestreichen und mit Schnittlauchröllchen oder Zwiebelringen garnieren.

Tipp: Nach Belieben die Apfelschmalzschnittchen mit in Zitronensaft eingelegten dünnen Apfelspalten garnieren. Harzer Käse in Scheiben schneiden und die mit Zwiebelringen garnierten Schmalzschnittchen zusätzlich mit den Käsescheiben belegen. Restliches Schmalz in ein Gefäß füllen und verschließen. Schmalz hält sich kalt gestellt 3–4 Wochen frisch.

Schnittchenvariationen mit Schmalz

Schnittlauchbutter

7–8 Portionen (etwa 150 g)

125 g weiche Butter
6 EL fein geschnittener Schnittlauch
Salz
frisch gemahlener, weißer Pfeffer

Zubereitungszeit: 15 Minuten

Insgesamt:
E: 1 g, F: 104 g, Kh: 0 g,
kJ: 3955, kcal: 945

Schnell – gut vorzubereiten

1. Butter geschmeidig rühren, mit Schnittlauchröllchen verrühren, mit Salz und Pfeffer würzen.

Tipp: Zu Brot, gegrillten Schweinesteaks oder Fischfilet reichen.

Schnittlauchbutter

Schnitzelrollen

12 Stück

150 g alter Gouda-Käse
100 g Semmelbrösel
12 hauchdünne Schweineschnitzel (je etwa 40 g)
Salz
frisch gemahlener Pfeffer
etwas Weizenmehl
2 verschlagene Eier
8 EL Speiseöl
gewaschene, trockengetupfte Salatblätter
12 getrocknete Pflaumen (ohne Stein)

Außerdem:
Holzstäbchen

Zubereitungszeit: 50 Minuten, ohne Abkühlzeit

Insgesamt:
E: 151 g, F: 112 g, Kh: 120 g,
kJ: 8813, kcal: 2105

Raffiniert

1. Käse fein raspeln und mit Semmelbröseln mischen.
2. Schnitzel unter fließendem kalten Wasser abspülen, trockentupfen, mit Salz und Pfeffer würzen. Die Schnitzel zuerst in Mehl wenden, dann durch die verschlagenen Eier ziehen, am Schüsselrand abstreifen und zuletzt in der Käse-Semmelbrösel-Mischung wenden. Panade etwas andrücken.
3. Speiseöl in einer Pfanne erhitzen. Die Schnitzel portionsweise hineingeben und von jeder Seite etwa 2 Minuten braten. Schnitzel herausnehmen und erkalten lassen.
4. Schnitzel mit Salatblättern belegen. Jeweils auf die untere Schnitzelhälfte

Schnitzelrollen

eine Pflaume legen. Die Schnitzel aufrollen und mit Holzstäbchen feststecken.

Schokoladenpudding

4 Portionen

1 Pck. Dr. Oetker Pudding-Pulver Schokoladen-Geschmack
200 ml Schlagsahne
300 ml Milch
50 g Zucker
1 Tafel (100 g) Zartbitter- oder Vollmilchschokolade

125 ml (1/8 l) Schlagsahne
50 g Mini-Makronen

Zubereitungszeit: 15 Minuten, ohne Kühlzeit

Insgesamt:
E: 31 g, F: 155 g, Kh: 176 g,
kJ: 9550, kcal: 2281

Schnell – einfach

Schokoladenpudding

1. Pudding-Pulver mit etwas Sahne und Zucker anrühren. Milch und restliche Sahne in einem Topf zum Kochen bringen. Angerührtes Pudding-Pulver in die von der Kochstelle genommene Milchsahne rühren, zum Kochen bringen und unter Rühren etwa 1 Minute kochen lassen. Schokolade zuerst in Stücke brechen, dann hacken. Schokoladenstückchen in dem heißen Pudding unter Rühren auflösen.
2. Den heißen Pudding sofort in eine kalt ausgespülte Puddingform oder -schale geben. Die Puddingoberfläche mit Frischhaltfolie belegen oder dünn Zucker auf die Puddingoberfläche streuen, damit sich keine Haut bildet. Pudding etwa 3 Stunden kalt stellen.
3. Den Pudding am Formrand mit einem Messer lösen. Die Puddingform oder -schale kurz in heißes Wasser tauchen und den Pudding auf einen Teller stürzen.
4. Sahne steif schlagen und in einen Spritzbeutel mit Sterntülle geben. Die Puddingoberfläche mit Sahnetuffs verzieren und mit Makronen garnieren.

Schokoladenverführung

7–8 Portionen (etwa 350 g)

150 g Halbbitter-Kuvertüre
50 g Nuss-Nougat
200 ml Schlagsahne
1–2 EL lösliches Kaffeepulver

Zubereitungszeit: 15 Minuten, ohne Abkühlzeit

Insgesamt:
E: 17 g, F: 124 g, Kh: 123 g, kJ: 7060, kcal: 1695

Schnell

1. Kuvertüre und Nuss-Nougat in kleine Stücke schneiden und in einem kleinen Topf im Wasserbad bei schwacher Hitze zu einer geschmeidigen Masse verrühren.
2. Sahne in einen Topf gießen, Kaffeepulver unterrühren, unter Rühren zum Kochen bringen und kurz aufkochen lassen.
3. Die Kaffee-Sahne-Mischung mit einem Schneebesen unter die Kuvertüre-Nougat-Masse rühren, etwas abkühlen lassen.
4. Schokoladenmasse in 2 gründlich gereinigte, gespülte, getrocknete Gläser füllen und erkalten lassen. Gläser mit Deckeln fest verschließen und mindestens 3 Stunden kalt stellen.

Brotempfehlung:
Buttertoast oder Hörnchen.

Tipp:
Rühren Sie vor dem Erkalten noch einen Teelöffel Dr. Oetker Finesse Geriebene Zitronenschale oder Dr. Oetker Orangenfrucht unter die Schokoladenmasse.

Schokoladenverführung

Rezeptvorschläge für ein preiswertes Buffet

Für ein preiswertes Buffet benötigen Sie für 10–12 Personen:

2 x Rezept **Schwarzbrottürmchen** Seite 345
3 x Rezept **Wurstsalat** Seite 410
3 x Rezept **Hähnchenbrust-Häppchen** Seite 146
2 x Rezept **Fladenbrotschnittchen „Dreierlei"** Seite 102
2 x Rezept **Gurkenschiffchen** Seite 144
2 x Rezept **Eier-Tomaten-Salat** Seite 80

Außerdem:

1,5 k g gemischtes Brot oder Brötchen.

Vorbereitungen am Vortag:

- Wurst für den Wurstsalat schneiden und zugedeckt kalt stellen.
- Hähnchenbrust für die Häppchen braten und kalt stellen.
- Reis für die Gurkenschiffchen kochen, Schinken würfeln und beides zugedeckt kalt stellen.

Vorbereitungen am Tag des Buffets:

5 Stunden vorher:	• Schwarzbrottürmchen zubereiten.
	• Wurstsalat fertig stellen.
4 Stunden vorher:	• Hähnchenbrust-Häppchen fertig zubereiten.
3 Stunden vorher:	• Fladenschnittchen zubereiten.
2 Stunden vorher:	• Gurkenschiffchen fertig stellen.
1 Stunde vorher:	• Eier-Tomaten-Salat zubereiten.
Kurz vorher:	• Brot oder Brötchen aufschneiden und anrichten.

Es eignen sich auch folgende zusätzliche Rezepte:

3 x Rezept **Frühlingsschnittchen** Seite 120
2 x Rezept **Käse-Zucchini-Schnittchen** Seite 192
2 x Rezept **Makkaroniwürfel** Seite 234
3 x Rezept **Frikadellen** Seite 116
3 x Rezept **Amerikanischer Salat** Seite 8
3 x Rezept **Apfel-Möhren-Rohkost** Seite 11
plus etwas Brot.

Schwarzbrottaler

30 Stück

100 g Kräuter-Frischkäse
100 g Doppelrahm-Frischkäse
3 hart gekochte, gepellte Eier
etwas klein geschnittener Dill
etwas Worcestersauce
Salz, frisch gemahlener Pfeffer
5 große Scheiben Gouda-Käse (etwa 200 g)
30 Schwarzbrot- oder Pumpernickeltaler
25 g weiche Butter
Paprikapulver edelsüß
Schnittlauchröllchen

Außerdem:

Alufolie

Zubereitungszeit: 20 Minuten, ohne Kühlzeit

Insgesamt:

E: 109 g, F: 162 g, Kh: 116 g, kJ: 9924, kcal: 2368

Beliebt

1. Beide Käsesorten in eine Schüssel geben und gut verrühren. Eier fein würfeln, mit Dill und Worcestersauce unter die Käsemasse rühren, mit Salz und Pfeffer würzen.
2. Von dem Käsescheiben die Rinden abschneiden. Auf jede Käsescheibe etwas von der Käsemasse streichen und von der schmalen Seite her fest aufrollen. Jeweils eine Käserolle fest in Alufolie wickeln und 1–2 Stunden kalt stellen.
3. Die Käserollen aus der Folie nehmen und in etwa 1 $^{1}/_{2}$ cm dicke Scheiben schneiden. Die Schwarzbrot- oder Pumpernickeltaler mit etwas Butter

bestreichen und mit je einer Käsescheibe belegen. Schwarzbrottaler mit Paprika bestreuen und mit Schnittlauchröllchen garnieren.

Schwarzbrottaler und -türmchen

Schwarzbrottürmchen

8 Stück

5 Scheiben Schwarzbrot oder Pumpernickel
40 g weiche Butter
4 Scheiben Schnittkäse (in Größe der Schwarzbrotscheiben)

Außerdem:
Frischhaltefolie

Zubereitungszeit: 20 Minuten, ohne Kühl- und Durchziehzeit

Insgesamt:
E: 45 g, F: 69 g, Kh: 88 g, kJ: 4897, kcal: 1164

Raffiniert

1. Für die Schwarzbrottürmchen vier Scheiben Schwarzbrot mit etwas Butter bestreichen und mit je 1 Scheibe Käse belegen.
2. Die belegten Schwarzbrotscheiben aufeinander legen und mit der restlichen Schwarzbrotscheibe abschließen. Gut andrücken, in Frischhaltefolie verpackt einige Stunden kalt stellen und durchziehen lassen.
3. Schwarzbrotpäckchen aus der Folie nehmen, mit einem scharfen Messer türmchenartige Stücke schneiden.

Schwedenhappen

16 Stück

4 Scheiben Vollkornbrot
40 g Butter
2 Bund Schnittlauch
4 Matjesfilets
1 Apfel mit roter Schale
etwas Zitronensaft
eingelegter, grüner Pfeffer in Lake

Zubereitungszeit: 15 Minuten

Insgesamt:
E: 65 g, F: 79 g, Kh: 89 g, kJ: 5583, kcal: 1333

Schnell

1. Die Brotscheiben mit Butter bestreichen. Schnittlauch abspülen, trockentupfen und in feine Röllchen schneiden. Die Brotscheiben in die Schnittlauchröllchen drücken. Brotscheiben vierteln.
2. Matjes abspülen, trockentupfen und auf den Brotstücken anrichten.
3. Apfel waschen, trockentupfen, vierteln und das Kerngehäuse herausschneiden. Apfelviertel in dünne Spalten schneiden und mit Zitronensaft beträufeln. Die Schwedenhappen damit garnieren. Pfeffer abtropfen lassen und grob hacken. Die Schwedenhappen mit Pfeffer bestreuen.

Tipp: Schwedenhappen zur Hälfte mit Toastbrot zubereiten, mit Eischeiben und Zwiebelringen garnieren.

Schwedenhappen

Schwedisches Knäckebrot

6. Etwas Sechskornschrot oder Weizenschrot auf die Arbeitsfläche streuen. Jede Kugel darauf zu einem dünnen Fladen ausrollen, dabei häufig wenden und wieder Schrot auf die Arbeitsfläche streuen.
7. Zuletzt die Fladen mit einer Gabel mehrmals einstechen. Je 4 Fladen auf ein Backblech (gefettet) legen. Die Backbleche nacheinander (bei Heißluft zusammen) in den Backofen schieben.
   Ober-/Unterhitze: etwa 180 °C (vorgeheizt)
   Heißluft: etwa 160 °C (vorgeheizt)
   Gas: Stufe 2–3 (vorgeheizt)
   Backzeit: 15–20 Minuten je Backblech.
8. Das Knäckebrot von den Backblechen lösen und auf Kuchenrosten erkalten lassen.

Schwedisches Knäckebrot

16 Stück

50 g Weizenmehl (Type 1050)
200 g Weizenschrot (Type 1700)
200 g Roggenschrot (Type 1800)
1 Pck. Dr. Oetker Trockenbackhefe
1 TL Zucker, 2 TL Salz
1 TL Kümmelsamen
125 ml (1/8 l) lauwarme Milch
100 ml lauwarmes Wasser

75 g Sechskorn, grob geschrotet (erhältlich im Bioladen, ersatzweise Weizenschrot)

Zubereitungszeit: 30 Minuten, ohne Teiggehzeit
Backzeit: 15–20 Minuten je Backblech

Insgesamt:
E: 66 g, F: 22 g, Kh: 343 g, kJ: 7827, kcal: 1867

Raffiniert

1. Mehl in eine Rührschüssel geben und mit beiden Schrotsorten und Trockenbackhefe sorgfältig vermischen. Zucker, Salz, Kümmel, Milch und Wasser hinzufügen.
2. Die Zutaten mit Handrührgerät mit Knethaken zunächst kurz auf niedrigster, dann auf höchster Stufe in etwa 5 Minuten zu einem Teig verarbeiten. Evtl. noch etwas Wasser hinzugeben.
3. Den Teig zugedeckt so lange an einem warmen Ort stehen lassen, bis er sich sichtbar vergrößert hat.
4. Den Teig aus der Schüssel nehmen, auf einer bemehlten Arbeitsfläche nochmals kurz durchkneten und zu einer Rolle formen. Teigrolle in 16 Stücke schneiden.
5. Aus den Teigstücken Kugeln formen und diese so lange an einem warmen Ort gehen lassen, bis sie sich sichtbar vergrößert haben.

Schweizer Reis

4–6 Portionen

750 ml (3/4 l) Milch
1 Prise Salz
75 g Zucker
1 Pck. Dr. Oetker Vanillin-Zucker
150 g Milchreis (Rundkornreis)
250 ml (1/4 l) Schlagsahne

Für die Erdbeersauce:
500 g Erdbeeren
1 Pck. Dr. Oetker Vanillin-Zucker
25 g Zucker

Zubereitungszeit: 40 Minuten, ohne Kühlzeit

Insgesamt:
E: 46 g, F: 103 g, Kh: 295 g, kJ: 10095, kcal: 2414

Klassisch

1. Milch mit Salz, Zucker und Vanillin-Zucker in einem Topf zum Kochen bringen. Milchreis hinzufügen und ohne Deckel etwa 20 Minuten bei schwacher Hitze ausquellen lassen, dabei ab und zu umrühren (der Reis muss noch körnig sein). Den Reisbrei kalt stellen.
2. Sahne steif schlagen und unter den kalten Reisbrei heben. Die Reiscreme in eine Glasschale füllen und bis zum Verzehr kalt stellen.
3. Für die Erdbeersauce Erdbeeren waschen, abtropfen lassen und entstielen. Erdbeeren mit dem Mixstab zu einer dickflüssigen Sauce mit Fruchtstückchen pürieren. Die Sauce mit Vanillin-Zucker und Zucker verrühren.

Tipp:
Es können zusätzlich unter den Reis noch gehackte Pistazienkerne, Mandeln oder Rosinen gegeben werden.

Schweizer Reis

Schweizer Roggenbrotringe

2 Stück

Für den Hefeteig:

350 g Vollkorn-Weizenmehl
1 Pck. (42 g) frische Hefe
1 TL Zucker
750 ml ($^3/_4$ l) lauwarmes Wasser
650 g Roggenmehl (Type 1150)
1 Pck. (100 g) Sauerteig (erhältlich im Reformhaus)
2 gestr. TL Koriandersamen
2 gestr. TL Salz
2 EL Obstessig

Zubereitungszeit: 30 Minuten, ohne Teiggehzeit
Backzeit: etwa 40 Minuten je Backblech

Insgesamt:
E: 117 g, F: 20 g, Kh: 733 g, kJ: 15127, kcal: 3608

Für Gäste – gut vorzubereiten

1. Für den Teig Mehl in eine Rührschüssel geben, in die Mitte eine Vertiefung drücken, Hefe hineinbröckeln, Zucker und etwas Wasser hinzufügen. Alles mit einer Gabel vorsichtig verrühren und etwa 10 Minuten stehen lassen.
2. Roggenmehl, Sauerteig, Koriander, Salz, Obstessig und restliches Wasser hinzufügen. Die Zutaten mit Handrührgerät mit Knethaken zunächst kurz auf niedrigster, dann auf höchster Stufe in etwa 5 Minuten zu einem glatten Teig verarbeiten. Den Teig zugedeckt so lange an einem warmen Ort stehen lassen, bis er sich sichtbar vergrößert hat.
3. Den Teig leicht mit Mehl bestäuben, aus der Schüssel nehmen, auf einer leicht bemehlten Arbeitsfläche nochmals gut durchkneten und zu 2 Stangen (je knapp 60 cm lang) formen. Die Teigstangen jeweils zu einem Ring zusammensetzen und auf je ein Backblech (mit Backpapier belegt) legen.
4. Teigringe mit einem scharfen Messer mehrmals tief einschneiden (nicht drücken), mit Mehl bestäuben und zugedeckt etwa 15 Minuten an einem warmen Ort gehen lassen, bis sie sich sichtbar vergrößert haben. Die Backbleche nacheinander (bei Heißluft zusammen) in den Backofen schieben.
   Ober-/Unterhitze: etwa 200 °C (vorgeheizt)
   Heißluft: etwa 180 °C (nicht vorgeheizt)
   Gas: Stufe 3–4 (nicht vorgeheizt)
   Backzeit: etwa 40 Minuten je Backblech.
5. Die Brotringe mit dem Backpapier von den Backblechen auf Kuchenroste ziehen. Brotringe erkalten lassen.

Tipp:
Können die Brote nicht gleichzeitig gebacken werden, den Teig für das zweite Brot erst dann zu einem Ring formen und gehen lassen, wenn das erste Brot im Backofen ist. Den Teig in der Zwischenzeit im Kühlschrank aufbewahren. Aus dem Teig können auch Brotstangen gebacken werden, dann nach Belieben zusätzlich 2–3 Esslöffel frisch gehackte Kräuter unterkneten.

Schweizer Roggenbrotringe

Senf, hausgemacht (Grundrezept)

Senf, hausgemacht
(Grundrezept)

4 Gläser (je 200 ml)

Zum Vorbereiten:
je 250 g weißes und schwarzes Senfmehl
750 ml (3/4 l) Weißweinessig
Saft von 2 Zitronen

1 EL Kräutersalz
1 1/2 EL fein gehackte Estragonblätter
1 TL frisch gemahlener schwarzer Pfeffer
je 1/4 TL Zimt und Nelken, gemahlen
1 Prise frisch geriebene Muskatnuss
3 EL flüssiger Blütenhonig
1–2 Knoblauchzehen (im Mörser mit etwas Meersalz zerstoßen)
5 Schalotten oder 3 kleine Zwiebeln, in sehr kleine Würfel geschnitten
1/2 EL frisch geriebener Meerrettich oder 1/2 EL fein gehackte Brennnesselspitzen

Zubereitungszeit: 25 Minuten, ohne Durchziehzeit

Insgesamt:
E: 131 g, F: 145 g, Kh: 203 g,
kJ: 11656, kcal: 2787

Klassisch

1. Zum Vorbereiten Senfmehl mit Essig und Zitronensaft in einer Porzellan- oder Glasschüssel mischen, quellen lassen und je nach gewünschter Schärfe bis zu 7 Stunden handwarm temperieren (nicht zu milde machen, da die Schärfe (Senföl) konservierend wirkt.
2. Salz, Estragon, Pfeffer, Zimt, Nelken, Muskat, Honig, Knoblauch, Schalotten- oder Zwiebelwürfel und Meerrettich oder Brennnesselspitzen unter die Senfmehlmasse rühren.
3. Den Senf in vorbereitete Gläser füllen, mit Twist-off-Deckeln® verschließen. Den Senf mindestens 2 Wochen kalt stellen und dunkel aufbewahren.

Tipp:
Der Senf schmeckt vorzüglich zu frischem Brot mit Schinken. Oder nehmen Sie dieses Rezept als Grundlage für andere Senfsaucen, z. B. scharfe oder süße Senfsauce. Statt weißes und schwarzes Senfmehl können Sie auch braunes Senfmehl verwenden.

Senf-Dill-Sauce, scharf

8 Portionen (etwa 500 ml [1/2 l])

12 EL mittelscharfer Senf
8 EL flüssiger Honig
6 EL Sojasauce
3–4 EL frisch gehackter Dill
etwas Zucker

Zubereitungszeit: 10 Minuten

Insgesamt:
E: 22 g, F: 10 g, Kh: 145 g,
kJ: 3228, kcal: 769

Senf-Dill-Sauce, scharf

Schnell

1. Senf mit Honig, Sojasauce, Dill und Zucker verrühren.

Tipp:
Senf-Dill-Sauce passt besonders gut zu gegrilltem und gebratenem Fischfilet und Meeresfrüchten sowie zu Graved Lachs.

Senfgurken

12 – 14 Portionen

6 kg große, ausgewachsene, feste Gurken
200 g Salz
250 g Perlzwiebeln
1 Stück Ingwer
10 Gewürzkörner
3 Lorbeerblätter
15–20 weiße und schwarze Pfefferkörner
100 g gelbe Senfkörner

Für die Essig-Zucker-Lösung:
1 1/2 l Weißweinessig (5 %)
1 l Wasser
600 g Zucker
1 Pck. Einmach-Hilfe

Zubereitungszeit: 50 Minuten, ohne Abkühl- und Durchziehzeit

Insgesamt (mit Essig-Zucker-Lösung):
E: 28 g, F: 7 g, Kh: 697 g, kJ: 13595, kcal: 3257

Klassisch

1. Gurken schälen, der Länge nach durchschneiden. Die Kerne mit einem Löffel herauskratzen. Die Gurkenhälften in fingerlange Streifen schneiden, mit Salz in eine Schüssel schichten.

Senfgurken

2. Die Gurken zugedeckt 12–24 Stunden an einem kühlen Ort stehen lassen. Gurken abtropfen lassen und sorgfältig abtrocknen.
3. Perlzwiebeln abziehen. Ingwer putzen, schälen, abspülen, trockentupfen und in Stücke schneiden. Die Gurken mit Zwiebeln, Ingwer, Gewürzkörnern, Lorbeerblättern, weißen und schwarzen Pfefferkörnern und Senfkörnern (evtl. in einem Mullbeutel) in einen Steintopf oder in vorbereitete Gläser schichten.
4. Für die Essig-Zucker-Lösung Weinessig mit Wasser und Zucker zum Kochen bringen. Topf von der Kochstelle nehmen, Einmach-Hilfe unterrühren.
5. Die Essig-Zucker-Lösung über die Gurken gießen, erkalten lassen. Den Steintopf oder die Gläser mit Twist-off-Gläsern® verschließen.
6. Nach etwa 4 Wochen können die Gurken verwendet werden.

Senfsauce, scharf

9-10 Portionen (etwa 450 ml)

1 kleine frische rote Chilischote
6 EL hausgemachter Senf (siehe Grundrezept Seite 348)
12 EL helle Sojasauce
12 EL Sake (japanischer Reiswein)

Zubereitungszeit: 15 Minuten, ohne Durchziehzeit

Insgesamt:
E: 23 g, F: 11 g, Kh: 31 g, kJ: 1678, kcal: 401

Schnell

1. Chilischote abspülen, trockentupfen, halbieren und entkernen. Chilihälften in sehr kleine Würfel schneiden.
2. Senf in eine Schüssel geben, Chiliwürfel, Sojasauce und Sake gut unterrühren.
3. Die Senfsauce in vorbereitete Flaschen füllen und fest verschließen. Die Sauce einige Stunden durchziehen lassen und vor Gebrauch gut schütteln.

Tipp:
Die Sauce hält sich kalt und dunkel gestellt bis zu 1 Jahr.

Senfsauce, scharf

Senfstängel

Etwa 30 Stück

Für den Hefeteig:

250 g Weizenmehl (Type 550)
1 Pck. Dr. Oetker Trockenbackhefe
1 gestr. TL Zucker
1 gestr. TL Salz
50 g mittelscharfer Senf
100 g weiche Butter oder Margarine
50 ml lauwarmes Wasser

Zum Bestreichen:

1 Eiweiß

Zum Bestreuen:

30 g Senfkörner

Zubereitungszeit: 50 Minuten, ohne Teiggehzeit
Backzeit: etwa 15 Minuten je Backblech

Insgesamt:

E: 44 g, F: 97 g, Kh: 203 g,
kJ: 7846, kcal: 1874

Für Gäste

1. Für den Teig Mehl in eine Rührschüssel sieben und sorgfältig mit der Trockenbackhefe vermischen. Zucker, Salz, Senf, Butter oder Margarine und Wasser hinzufügen.
2. Die Zutaten mit Handrührgerät mit Knethaken zunächst kurz auf niedrigster, dann auf höchster Stufe in etwa 5 Minuten zu einem Teig verarbeiten. Den Teig zugedeckt so lange an einem warmen Ort stehen lassen, bis er sich sichtbar vergrößert hat.
3. Den Teig leicht mit Mehl bestäuben, aus der Schüssel nehmen, auf einer leicht bemehlten Arbeitsfläche nochmals gut durchkneten und zu einer Rolle formen. Teigrolle in 30 Scheiben schneiden. Die Teigscheiben zu gut 20 cm langen Stangen formen und auf Backbleche (mit Backpapier belegt) legen. Die Teigstangen zugedeckt etwa 15 Minuten an einem warmen Ort gehen lassen.
4. Zum Bestreichen Eiweiß verschlagen, Teigstangen damit bestreichen und mit Senfkörnern bestreuen. Die Backbleche nacheinander (bei Heißluft zusammen) in den Backofen schieben.
   Ober-/Unterhitze: etwa 200 °C (vorgeheizt)
   Heißluft: etwa 180 °C (vorgeheizt)
   Gas: Stufe 3–4 (vorgeheizt)
   Backzeit: etwa 15 Minuten je Backblech.
5. Die Senfstängel mit dem Backpapier von den Backblechen auf Kuchenroste ziehen. Senfstängel erkalten lassen.

Tipp:
Kaltes Bier oder Weizenbier zu den Senfstängeln reichen. Senfstängel lassen sich sehr gut einfrieren. Aufgetaut im vorgeheizten Backofen bei der oben angegebenen Backofeneinstellung 3–4 Minuten aufbacken.

Senf- und Meerrettichbutter

2 x 125 g weiche Butter

Für die Senfbutter:

2–3 TL mittelscharfer Senf
2 EL Zitronensaft

Für die Meerrettichbutter:

3 EL frisch geriebener Meerrettich

Außerdem:

Salz
frisch gemahlener Pfeffer

Zubereitungszeit: 20 Minuten

Insgesamt Senfbutter:

E: 2 g, F: 105 g, Kh: 2 g,
kJ: 4023, kcal: 961

Insgesamt Meerrettichbutter:

E: 3 g, F: 104 g, Kh: 7 g,
kJ: 4093, kcal: 978

Raffiniert

Senfstängel

1. Die Butter jeweils mit Senf und Zitronensaft oder mit Meerrettich verrühren. Die Senfbutter mit Salz und die Meerrettichbutter zusätzlich mit Pfeffer abschmecken.

Sesambrot

Sesambrot

1 Brot (etwa 20 Scheiben)

Für den Hefeteig:

3 EL Sesamsamen, geschält
500 g Weizenmehl (Type 550)
1 Pck. Dr. Oetker Trockenbackhefe
1 TL Zucker, gut 1 TL Salz
250 ml (¹/₄ l) lauwarmes Wasser
4 EL Olivenöl

Zum Bestreichen und Bestreuen:

etwas Wasser
20 g Sesamsamen, geschält

Zubereitungszeit: 40 Minuten, ohne Teiggehzeit
Backzeit: etwa 45 Minuten

Insgesamt:

E: 65 g, F: 83 g, Kh: 374 g, kJ: 10537, kcal: 2515

Möglich im Brotbackautomat (Herstellerangaben beachten)

1. Sesamsamen in einer Pfanne ohne Fett rösten.
2. Weizenmehl in eine Rührschüssel sieben, mit Trockenbackhefe sorgfältig vermischen.
3. Zucker, Salz, Wasser und Olivenöl hinzufügen. Die Zutaten mit Handrührgerät mit Knethaken zunächst kurz auf niedrigster, dann auf höchster Stufe in etwa 5 Minuten zu einem Teig verarbeiten.
4. Zuletzt geröstete Sesamsamen unterkneten. Den Teig zugedeckt so lange an einem warmen Ort stehen lassen, bis er sich sichtbar vergrößert hat.
5. Den Teig leicht mit Mehl bestäuben, aus der Schüssel nehmen, auf einer bemehlten Arbeitsfläche nochmals kurz durchkneten und in eine Kastenform (30 x 11 cm, gefettet) geben. Nochmals zugedeckt so lange an einem warmen Ort gehen lassen, bis er sich sichtbar vergrößert hat.
6. Die Teigoberfläche mit Wasser bestreichen und mit Sesam bestreuen. Die Form auf dem Rost in den Backofen schieben.
   Ober-/Unterhitze: 180–200 °C (vorgeheizt)
   Heißluft: 160–180 °C (nicht vorgeheizt)
   Gas: Stufe 3–4 (nicht vorgeheizt)
   Backzeit: etwa 45 Minuten.
7. Die Form auf einen Kuchenrost stellen. Das Brot etwas abkühlen lassen, dann aus der Form lösen und auf dem Kuchenrost erkalten lassen.

Tipp:

Einfacher geht es, wenn Sie eine Backmischung Landbrot (für ein Brot von 750 g) nehmen. Den Teig nach Packungsanleitung zubereiten. Gegen Ende der Knetzeit Sesamsamen unterkneten, dann wie im Rezept beschrieben weiter zubereiten und backen.

Sesamfladen

Sesamfladen

4 Fladen

Für den Hefeteig:

50 g Sesamsamen, geschält
300 g Weizenmehl (Type 1050)
50 g geschrotete Weizenkörner (erhältlich im Bioladen)
1/2 TL gemahlener Koriander
1 Pck. Dr. Oetker Trockenbackhefe
1 TL Meersalz
250 ml (1/4 l) lauwarmes Wasser

Zum Bestreichen:

1 Eigelb
1 EL Wasser

Zubereitungszeit: 30 Minuten, ohne Abkühl- und Teiggehzeit
Backzeit: etwa 20 Minuten je Backblech

Insgesamt:

E: 56 g, F: 38 g, Kh: 246 g, kJ: 6544, kcal: 1563

Raffiniert

1. Für den Teig Sesam in einer Pfanne ohne Fett leicht rösten und etwas abkühlen lassen (etwas Sesam zum Bestreuen beiseite legen). Weizenmehl und geschrotete Weizenkörner in eine Schüssel geben. Sesam hinzufügen und sorgfältig mit der Trockenbackhefe vermischen. Salz und Wasser hinzufügen.
2. Die Zutaten mit Handrührgerät mit Knethaken zunächst kurz auf niedrigster, dann auf höchster Stufe in etwa 5 Minuten zu einem Teig verarbeiten. Den Teig zugedeckt so lange an einem warmen Ort stehen lassen, bis er sich sichtbar vergrößert hat.
3. Den Teig leicht mit Mehl bestäuben, aus der Schüssel nehmen, auf einer leicht bemehlten Arbeitsfläche nochmals gut durchkneten und in 4 Portionen teilen. Aus den Teigportionen jeweils einen flachen Fladen formen.
4. Zum Bestreichen Eigelb mit Wasser verschlagen, die Teigfladen damit bestreichen und mit dem beiseite gelegten Sesam bestreuen. Die Teigfladen auf Backbleche (mit Backpapier belegt) legen und nochmals zugedeckt so lange an einem warmen Ort gehen lassen, bis sie sichtbar vergrößert haben. Die Backbleche nacheinander (bei Heißluft zusammen) in den Backofen schieben.
   Ober-/Unterhitze: etwa 180 °C (vorgeheizt)
   Heißluft: etwa 160 °C (vorgeheizt)
   Gas: Stufe 2–3 (vorgeheizt)
   Backzeit: etwa 20 Minuten je Backblech.
5. Die Fladen mit dem Backpapier von den Backblechen auf Kuchenroste ziehen. Fladen erkalten lassen.

Beilage:
Käse, Oliven und Rotwein.

Tipp:
Fladen können sehr gut auf Vorrat gebacken und eingefroren werden. Nach dem Auftauen im Backofen bei der oben angegebenen Backofeneinstellung kurz wieder aufbacken.

Sesam-Pesto

Sesam-Pesto

1 Glas (etwa 200 ml)

2 Bund glatte Petersilie
1 Bund frisches Basilikum
3 Knoblauchzehen
50 g Sesamsamen
1 EL weiche Butter
100 ml kalt gepresstes Olivenöl
40 g frisch geriebener Parmesan-Käse
Salz
frisch gemahlener Pfeffer

Zubereitungszeit: 25 Minuten

Insgesamt:
E: 23 g, F: 155 g, Kh: 9 g,
kJ: 6320, kcal: 1510

Raffiniert

1. Petersilie und Basilikum abspülen, trockentupfen. Die Blättchen von den Stängeln zupfen. Blättchen fein hacken.
2. Knoblauch abziehen, grob hacken und in eine Schüssel geben. Petersilie, Basilikum, Sesam und Butter unterrühren. Olivenöl unterschlagen, Parmesan-Käse unterrühren. Mit Salz und Pfeffer abschmecken.

Tipp:
Pesto in ein gut schließendes Glas füllen, Olivenöl darauf geben, so dass das Pesto gut bedeckt ist. Glas verschließen und kalt stellen. Pesto hält sich dadurch mindestens 3–4 Tage.

Sesamwaffeln

10–12 Waffeln

Für den Rührteig:
170 g Butter oder Margarine
1 gestr. TL Salz
4 Eier (Größe M)
200 g Weizenmehl
1 gestr. TL Dr. Oetker Backin
250 ml (¼ l) Milch
100 g Sesamsamen

Zum Bestreuen:
50 g Sesamsamen

Für das Dressing:
1–2 EL Apfelessig
Salz
frisch gemahlener Pfeffer
4 EL Speiseöl

Für den Salat:
1 Bund Frühlingszwiebeln
2 Gläser Stangenspargel
(Abtropfgewicht je 205 g)
200 g geräucherter Putenbrust-Aufschnitt

Außerdem:
1 Pck. (200 g) Meerrettichquark

Zubereitungszeit: 60 Minuten, ohne Abkühlzeit

Insgesamt:
E: 155 g, F: 312 g, Kh: 197 g,
kJ: 17924, kcal: 4287

Preiswert – einfach

Sesamwaffeln

1. Für den Teig Butter oder Margarine in einem Topf zerlassen, in eine Rührschüssel geben, wieder fest werden lassen und mit Handrührgerät mit Rührbesen auf höchster Stufe geschmeidig rühren. Salz hinzufügen.
2. Eier nach und nach unterrühren (jedes Ei etwa ½ Minute). Mehl mit Backpulver mischen, sieben, abwechselnd in 2 Portionen mit der Milch auf mittlerer Stufe unterrühren (nur so viel Milch verwenden, dass der Teig schwer reißend vom Löffel fällt). Zuletzt Sesam unterrühren.
3. Den Teig in nicht zu großen Portionen in ein gut erhitztes, gefettetes, mit etwa 1 Teelöffel Sesam bestreutes Waffeleisen (1 Teelöffel Sesam je Waffel) füllen. Die Waffeln goldbraun backen, mit einer Gabel oder einem Pfannenwender herausnehmen und einzeln auf einem Kuchenrost erkalten lassen.
4. Für das Dressing Essig mit Salz und Pfeffer verrühren. Speiseöl unterschlagen.
5. Für den Salat Frühlingszwiebeln putzen, waschen, abtropfen lassen und in dünne Ringe schneiden. Spargel abtropfen lassen und in Stücke schneiden. Putenbrust-Aufschnitt in Streifen schneiden.
6. Zwiebelringe, Spargelstücke und Putenbruststreifen in eine Schüssel geben, Dressing hinzufügen und gut vermischen. Salat und Meerrettichquark zu den Waffeln servieren.

Smörrebröd mit Bauernbrot

16 Stück

16 kleine Scheiben rustikales Bauernbrot
125 g weiche Butter
16 Salatblätter
1 Zwiebel
8 Scheiben magerer, durchwachsener Speck,1 EL Speiseöl
8 Scheiben Leberpastete
8 Cornichons (aus dem Glas)
16 Scheiben Roastbeef
2 Tomaten
1/2 Kästchen Kresse
2 EL Sahnemeerrettich (aus dem Glas)
frisch gemahlener Pfeffer

Zubereitungszeit: 40 Minuten

Insgesamt:
E: 147 g, F: 195 g, Kh: 371 g,
kJ: 16152, kcal: 3856

1. Brotscheiben mit Butter bestreichen. Salatblätter waschen, trockentupfen oder -schleudern und auf die Brotscheiben legen. Zwiebel abziehen, zuerst in Scheiben schneiden, dann in Ringe teilen.
2. Speckscheiben in einer Pfanne ohne Fett kross braten, herausnehmen und auf Küchenpapier abtropfen lassen. Speiseöl in dem Speckfett erhitzen, die Zwiebelringe darin hellbraun braten.
3. Acht Brotscheiben mit Leberpastete belegen, mit Speckscheiben, Zwiebelringen und Cornichons garnieren.
4. Die restlichen Brotscheiben mit je 2 Scheiben Roastbeef belegen. Tomaten waschen, trockentupfen und die Stängelansätze herausschneiden. Tomaten in Scheiben schneiden. Kresse abspülen, trockenschütteln und abschneiden.
5. Sahnemeerrettich auf das Roastbeef geben und Tomatenscheiben darauf legen. Die Brote mit Kresse garnieren und mit Pfeffer bestreuen.

Smörrebröd mit Bauernbrot

Smörrebröd mit Braten und Makrele

8 belegte Brotscheiben

Für den kalten Schweinebraten mit Rotkohl und Pfirsich:
100 g Rotkohlstreifen, blanchiert
Salz
frisch gemahlener Pfeffer
etwas Weißweinessig
etwas Speiseöl
4 runde Scheiben Vollkorn-Knäckebrot
40 g Butter
4 Pfirsichhälften (aus der Dose)
4 Scheiben Schweinebraten
grob gemahlener Pfeffer

Für die geräucherten Makrelenfilets mit Rührei und Kaviar:
2 Eier (Größe M)
Salz, frisch gemahlener Pfeffer
40 g Butter
4 Blätter Kopfsalat
2 geräucherte Makrelenfilets
4 Scheiben rustikales Graubrot
2 EL deutscher Kaviar
1 EL Dillspitzen
frisch gemahlener Pfeffer

Zubereitungszeit: 45 Minuten, ohne Durchziehzeit

Insgesamt (mit Braten und Makrele):
E: 115 g, F: 136 g, Kh: 162 g,
kJ: 9819, kcal: 2342

Einfach

1. Für den kalten Schweinebraten Rotkohlstreifen in eine Schüssel geben, mit Salz, Pfeffer, Essig und Speiseöl pikant würzen, etwa 30 Minuten durchziehen lassen.
2. Knäckebrotscheiben mit Butter bestreichen. Pfirsichhälften in einem

Smörrebröd mit Braten und Makrele

Zubereitungszeit: 15 Minuten, ohne Marinierzeit

Insgesamt:
E: 57 g, F: 49 g, Kh: 6 g, kJ: 2901, kcal: 692

Preiswert

1. Eier am runden Ende mit einem Eierpick anstechen, in kochendes Salzwasser geben, 7 Minuten kochen lassen und mit kaltem Wasser abschrecken.
2. Für die Marinade Wasser mit Salz, Senfkörnern, Essig, Zucker und Pfefferkörnern aufkochen lassen. Eierschalen rundherum anschlagen.
3. Eier in die Marinade legen und mindestens 24 Stunden ziehen lassen, aber nicht länger als 4 Tage.

Beilage: Vollkornbrot.

Tipp:
Die Eier halbieren, mit Senf, Worcestersauce, Essig und Speiseöl servieren.

Sieb gut abtropfen lassen. Pfirsichhälften jeweils in einen Fächer schneiden.
3. Knäckebrotscheiben mit je einer Schweinebratenscheibe belegen und mit grob gemahlenem Pfeffer bestreuen. Rotkohlsalat darauf anrichten und mit Pfirsichfächern garnieren.
4. Für die geräucherten Makrelenfilets Eier in einer Schüssel verschlagen, mit Salz und evtl. Pfeffer abschmecken. Butter in einer Pfanne erhitzen. Die Eiermasse hinzugeben und bei mittlerer Hitze stocken lassen.
5. Salatblätter abspülen und trockentupfen. Zuerst die Salatblätter, dann die Makrelenfilets auf den Brotscheiben verteilen. Rührei darauf geben, mit Kaviar und Dillspitzen garnieren, mit Pfeffer bestreuen.

Tipp:
Statt Pfirsichhälften können Sie auch Apfelspalten oder Birnenspalten und Blattpetersilie verwenden.

Soleier, süß-sauer

4 Portionen

8 Eier (Größe M)

Für die Marinade:
400 ml Wasser, 2 EL Salz
2 EL Senfkörner
100 ml Obstessig
2 EL Rohrzucker
10 weiße Pfefferkörner

Soleier, süß-sauer

Rezeptvorschläge für ein nordisches Buffet

Für ein nordisches Buffet benötigen Sie für 10–12 Personen:

3 x Rezept **Gurkensuppe, kalt** Seite 145
2 x Rezept **Smörrebröd mit Braten und Makrele** Seite 354
2 x Rezept **Fischplatte, gemischt** Seite 98
1,5 x Rezept **Kartoffelsalat mit Gemüse** Seite 176
2 x Rezept **Schinkeneier, bunt** Seite 333
1 x Rezept **Kastenweißbrot** Seite 194

Außerdem:

Knäckebrot und etwa 12 Scheiben dunkles Volkornbrot

Vorbereitungen am Vortag:

Im Laufe des Tages:
- Gurkensuppe zubereiten, kalt stellen.

Am Vorabend:
- Rotkohl für Smörrebröd mit Bratenaufschnitt marinieren.
- Eier für die Schinkeneier kochen und abschrecken.

Am Vorabend:
- Kartoffelscheiben und Brühe für den Kartoffelsalat mit Gemüse mischen.
- Hefeteig für das Kastenweißbrot zubereiten und zugedeckt über Nacht im Kühlschrank stehen lassen.

Vorbereitungen am Tag des Buffets:

5 Stunden vorher:
- Kastenweißbrot in der Form gehen lassen und backen.

3 Stunden vorher:
- Schinkeneier fertig stellen, zudecken und kühl stellen.

2 Stunden vorher:
- Smörrebröd belegen.Kartoffelsalat mit Gemüse fertig zubereiten.

1 Stunde vorher:
- Die Räucherfischplatte anrichten.
- Gurkensuppe nochmals abschmecken.
- Knäckebrot, Vollkornbrot und Kastenweißbrot anrichten.

Es eignen sich auch folgende zusätzliche Rezepte:

3 x Rezept **Kartoffelsalat mit Speck und Zwiebeln** Seite 178
2 x Rezept **Schinkenterrine** Seite 336
1 x Rezept **Heringssalat** Seite 155
2 x Rezept **Gurkenscheiben, gefüllt** Seite 145
1 x Rezept **Kochmettwurst-Schnittchen** Seite 201
1,5 x Rezept **Westfälische Erdbeeren** Seite 408

Sommer-Kaltschale mit Pfannkuchenstreifen

8 Portionen

Für die Pfannkuchenstreifen:

175 g Weizenmehl
2 Eier (Größe M)
1 EL Zucker
1 Prise Salz
375 ml (3/8 l) Milch
125 ml (1/8 l) Mineralwasser

Zum Backen:

60 g Butter oder Margarine

Für die Kaltschale:

1 Pck. Dr. Oetker Pudding-Pulver Sahne-Geschmack
200 g Zucker
500 ml (1/2 l) Wasser
500 ml (1/2 l) Aprikosennektar
2 Pck. Dr. Oetker Vanillin-Zucker
1 Pck. Dr. Oetker Finesse Geriebene Zitronenschale
1 Prise Salz
1 l Orangensaft
500 g Erdbeeren
8 Kugeln Vanille-Eis
gewaschene, trockengetupfte Zitronenmelisseblättchen

Zubereitungszeit: 55 Minuten, ohne Abkühlzeit
Backzeit: etwa 10 Minuten

Insgesamt:

E: 54 g, F: 83 g, Kh: 610 g,
kJ: 15049, kcal: 3595

Erfrischend

1. Für die Pfannkuchenstreifen Mehl in eine Rührschüssel sieben, in die Mitte eine Vertiefung drücken. Eier mit Zucker und Salz verrühren, Milch und

Mineralwasser unterschlagen. Etwas davon in die Vertiefung geben. Von der Mitte aus Eierflüssigkeit und Mehl verrühren. Nach und nach die restliche Eierflüssigkeit hinzugeben. Darauf achten, dass keine Klümpchen entstehen.

2. Etwas von der Butter oder Margarine in einer kleinen Pfanne zerlassen. Eine dünne Teiglage hineingeben. Sobald die Ränder goldgelb sind, den Pfannkuchen vorsichtig mit einem Pfannenwender wenden und die zweite Seite goldbraun backen. Aus dem Teig 8 Pfannkuchen backen.
3. Die Pfannkuchen in feine Streifen schneiden und auf einem Backblech verteilen. Das Backblech in den Backofen schieben und die Pfannkuchenstreifen rösten.
   Ober-/Unterhitze: etwa 180 °C (vorgeheizt)
   Heißluft: etwa 160 °C (vorgeheizt)
   Gas: Stufe 2–3 (vorgeheizt)
   Backzeit: etwa 10 Minuten.
4. Die Pfannkuchenstreifen vom Backblech nehmen und erkalten lassen.
5. Für die Kaltschale Pudding-Pulver mit Zucker und 6 Esslöffeln Wasser anrühren. Restliches Wasser und Aprikosennektar mit Vanillin-Zucker, Zitronenschale und Salz zum Kochen bringen, angerührtes Pudding-Pulver einrühren und unter Rühren aufkochen lassen.

Sommer-Kaltschale mit Pfannkuchenstreifen

Sommerliche Salatschüssel

Topf von der Kochstelle nehmen und Orangensaft unterrühren, kalt stellen. Erdbeeren putzen, waschen, abtropfen lassen und entstielen. Erdbeeren in Würfel schneiden.

6. Erdbeerwürfel auf 8 Suppenteller verteilen und mit der Kaltschale auffüllen. Die Pfannkuchenstreifen und je 1 Eiskugel hinzufügen. Mit Melisseblättchen garnieren.

Sommerliche Salatschüssel

8–10 Portionen

2 große Kopfsalate
2–3 Bund Radieschen
1 große Salatgurke
250 g grüne Oliven, mit Paprika gefüllt

Für die Sauce:
150 g Edelpilzkäse (Blue Castello oder Bavaria blue)
1 Becher (150 g) Crème fraîche
6 EL Weißweinessig
100 ml Olivenöl
frisch gemahlener, schwarzer Pfeffer
etwas Zucker
3 EL gemischte, gehackte Kräuter, z. B. glatte Petersilie, Estragon, Pimpinelle, Sauerampfer

Zubereitungszeit: 70 Minuten

Insgesamt:
E: 56 g, F: 219 g, Kh: 41 g, kJ: 9915, kcal: 2376

Raffiniert

1. Von den Kopfsalaten die äußeren schlechten Blätter entfernen. Die restlichen Blätter vom Strunk lösen, die großen Blätter teilen, die Herzblätter ganz lassen. Salatblätter waschen und gut abtropfen lassen.
2. Radieschen putzen, waschen, trockentupfen und vierteln. Salatgurke gründlich waschen, längs halbieren und entkernen. Gurkenfleisch in etwa 1 cm dicke Scheiben schneiden. Die Salatzutaten in eine Schüssel geben und vermengen.
3. Die Hälfte der Oliven fein hacken, die restlichen Oliven halbieren oder ganz lassen.
4. Für die Sauce Edelpilzkäse durch ein Sieb streichen, mit Crème fraîche, Essig und Olivenöl verrühren. Mit Pfeffer und Zucker würzen.
5. Gehackte Oliven und Kräuter unter die Sauce rühren und über die Salatzutaten geben. Restliche Oliven darauf streuen und den Salat sofort servieren.

Sommerliches Butterbrot

6 belegte Brotscheiben

2 Kopfsalatherzen
1/2 Kopf Lollo Rosso
80 g Rucola (Rauke)
1 Bund Radieschen
1 Topf Petersilie oder Kerbel
1 Topf Schnittlauch

Für die Vinaigrette:
2 EL Essig, z. B. Sherry-Essig
1 TL mittelscharfer Senf
4 EL Olivenöl
Salz. frisch gemahlener Pfeffer

100 g Butter
6 dickere Scheiben Mischbrot
100 g gehobelter Parmesan-Käse

Zubereitungszeit: 40 Minuten

Insgesamt:
E: 59 g, F: 161 g, Kh: 125 g,
kJ: 9184, kcal: 2195

Vegetarisch

1. Von den Kopfsalatherzen und dem Lollo Rosso äußere welke Blätter entfernen. Rucola verlesen, dicke Stängel entfernen. Salat waschen, trockentupfen oder -schleudern und in mundgerechte Stücke zupfen.
2. Von den Radieschen die Wurzelenden und das Grün entfernen. Radieschen waschen, trockentupfen und in dünne Scheiben schneiden.
3. Petersilie oder Kerbel und Schnittlauch abspülen und trockentupfen. Die Petersilien- oder Kerbelblättchen von den Stängeln zupfen. Schnittlauch in kleine Röllchen schneiden.
4. Für die Vinaigrette Essig mit Senf verrühren, Olivenöl unterschlagen, mit Salz und Pfeffer abschmecken. Vorbereitete Salatblätter und Radieschenscheiben in einer Schüssel mischen, die Vinaigrette unterheben.
5. Butter in einer großen Pfanne zerlassen. Die Brotscheiben darin von beiden Seiten rösten.
6. Jede Brotscheibe mit dem Salat belegen. Die Butterbrote mit dem gehobelten Käse, den Petersilien- oder Kerbelblättchen und Schnittlauchröllchen bestreut sofort servieren.

Sommerliches Butterbrot

Sommersalat, bunt

4 Portionen

8 Tomaten
200 g Rucola (Rauke)
1 Bund oder 1/2 Topf Schnittlauch
2 Dosen Artischockenherzen (Abtropfgewicht je 210 g)
200 g Parmesan-Käse
40 g Pinienkerne

Für die Salatsauce:
1 Knoblauchzehe
3 EL Kräuteressig
8 EL Olivenöl
Salz
frisch gemahlener Pfeffer

2 Hähnchenbrustfilets (je etwa 120 g)
2 EL Olivenöl

Zubereitungszeit: 50 Minuten

Insgesamt:
E: 150 g, F: 176 g, Kh: 33 g,
kJ: 9710, kcal: 2316

Einfach – für Gäste

1. Tomaten waschen, abtrocknen, vierteln und die Stängelansätze herausschneiden. Rucola verlesen und dicke Stängel herausschneiden. Rucola waschen, trockentupfen oder -schleudern und in mundgerechte Stücke zupfen. Schnittlauch abspülen, trockentupfen und in kleine Röllchen schneiden.

Sommersalat, bunt

2. Artischockenherzen in einem Sieb abtropfen lassen. Artischockenherzen halbieren oder vierteln. Parmesan-Käse in dünne Scheiben hobeln. Pinienkerne in einer Pfanne ohne Fett hellbraun rösten.
3. Für die Salatsauce Knoblauch abziehen und in kleine Würfel schneiden. Essig mit Olivenöl und Knoblauch verrühren, mit Salz und Pfeffer abschmecken.
4. Hähnchenbrustfilets unter fließendem kalten Wasser abspülen, trockentupfen, mit Pfeffer und Salz würzen. Olivenöl in einer Pfanne erhitzen. Hähnchenbrustfilets darin von beiden Seiten anbraten und in etwa 10 Minuten fertig braten.
5. Tomatenviertel mit Rucola und Artischockenherzen mischen und mit der Salatsauce vermengen. Hähnchenbrustfilets in Scheiben schneiden und mit dem Käse zu dem Salat geben. Salat mit Pinienkernen und Schnittlauchröllchen bestreut servieren.

Beilage:
Vollkornbaguette.

Sommersalat mit Roquefortsauce

8–10 Portionen

Für den Salat:
1 Kopf Blumenkohl
2 Köpfe Eisbergsalat
1 große Salatgurke
1 Pck. Gartenkresse
8–9 Tomaten

Für die Sauce:
200 g Roquefort-Käse
125 ml ($^1/_8$ l) Schlagsahne
1 Becher (150 g) Crème fraîche
3 EL Sherry-Essig
6 EL Sherry (fino)
Salz, frisch gemahlener Pfeffer

Zubereitungszeit: 60 Minuten, ohne Abkühlzeit

Insgesamt:
E: 84 g, F: 153 g, Kh: 69 g, kJ: 8797, kcal: 2104

Raffiniert – mit Alkohol

1. Für den Salat vom Blumenkohl die Blätter und schlechten Stellen entfernen. Kohl in winzige Röschen teilen, gründlich waschen und in kochendem Salzwasser etwa 5 Minuten bissfest garen. Röschen in ein Sieb geben, mit kaltem Wasser übergießen, gut abtropfen und abkühlen lassen.
2. Eisbergsalat von den schlechten, äußeren Blättern befreien, Innenblätter lösen, in grobe Stücke zerteilen, waschen und gut abtropfen lassen.
3. Salatgurke waschen, abtrocknen und in dünne Scheiben hobeln. Kresse abspülen, abtropfen lassen und abschneiden. Tomaten waschen, abtrocknen und Stängelansätze entfernen. Tomaten in Scheiben schneiden.
4. Eine große Salatschüssel mit den Eisbergsalatblättern auslegen. Gurkenscheiben, Brunnenkresse, Tomatenscheiben und Blumenkohlröschen vorsichtig mischen und auf den Salatblättern anrichten.
5. Für die Sauce Roquefort mit einer Gabel zerdrücken, mit Sahne, Crème fraîche, Essig und Sherry verrühren. Die Sauce mit Salz und Pfeffer abschmecken und über den Salat gießen. Den Salat sofort servieren.

Sommersalaat mit Roquefortsauce

Rezeptvorschläge für ein Picknick-Buffet

Für ein Picknick benötigen Sie für 10–12 Personen:

2 x Rezept **Speckschnecken** Seite 366
1,5 x Rezept **Sommerliche Salatschüssel** Seite 357
1,5 x Rezept **Spaghettisalat** Seite 360
2 x Rezept **Schnitzelrollen** Seite 342
3 x Rezept **Wiener Beerenkaltschale** Seite 409

Außerdem:

Brot oder Brötchen.

Vorbereitungen am Vortag:

- Speckschnecken backen.

Vorbereitungen am Tag des Buffets:

6 Stunden vorher:
- Schnitzel für die Schnitzelrollen braten, erkalten lassen, füllen und verpacken.

4–5 Stunden vorher:
- Für die sommerliche Salatschüssel Salate, Radieschen, Salatgurke und ganze Oliven vorbereiten und in einer verschließbaren Schüssel mischen.
- Die Salatsauce mit Kräutern und gehackten Oliven zubereiten, separat transportieren und vor dem Essen unter den Salat mischen.

3 Stunden vorher:
- Spaghettisalat zubereiten, verpacken und kühlen.

2–3 Stunden vorher:
- Beeren für die Kaltschale mit den angegebenen Zutaten mischen und verpacken.
- Die Dickmilch erst beim Picknick unterrühren.

Es eignen sich auch folgende zusätzliche Rezepte:

1 x Rezept **Tomaten-Buchteln** Seite 384
3 x Rezept **Champignons, mariniert** Seite 54
1 x Rezept **Zucchinistifte, mariniert** Seite 423
2 x Rezept **Käsepäckchen, eingelegt** Seite 185
1,5 Rezept **Kräuterfleisch, mariniert** Seite 208
plus Brot oder Brötchen.

Spaghettisalat

8–10 Portionen

750 g Spaghetti
5 l Wasser
5 gestr. TL Salz
2 Gläser getrocknete Tomaten in Öl (Abtropfgewicht je 340 g)
1 Glas (230 g) schwarze Oliven, trocken eingelegt
2 Knoblauchzehen
2 EL abgetropfte Kapern
2 EL Tomatenmark
1 Bund Basilikum
8 EL Olivenöl
Salz
frisch gemahlener Pfeffer
120 g frisch gehobelter Parmesan-Käse

Zubereitungszeit: 30 Minuten

Insgesamt:

E: 202 g, F: 259 g, Kh: 716 g,
kJ: 25639, kcal: 6129

Spaghettisalat

Schnell

1. Spaghetti evtl. in Stücke brechen. Wasser in einem großen Topf mit geschlossenem Deckel zum Kochen bringen. Dann Salz und Spaghetti zugeben. Die Spaghetti im geöffneten Topf bei mittlerer Hitze nach Packungsanleitung kochen lassen, dabei 4–5-mal umrühren.
2. Anschließend die Spaghetti in ein Sieb geben, mit heißem Wasser abspülen und abtropfen lassen.
3. Tomaten abtropfen lassen und in feine Streifen schneiden. Oliven entsteinen und grob zerkleinern.
4. Knoblauch abziehen, fein hacken und in eine große Salatschüssel geben. Tomatenstreifen, Oliven, Kapern und Tomatenmark hinzufügen, gut vermischen, Spaghetti unterheben.
5. Basilikum abspülen und trockentupfen. Die Blättchen von den Stängeln zupfen, Blättchen fein schneiden, mit Olivenöl vermischen, mit Salz und Pfeffer würzen. Die Sauce mit den Salatzutaten gut vermengen. Den Salat mit Parmesan-Käse bestreuen.

Spaghettisülze

4–6 Portionen

2 1/2 l Wasser
2 1/2 TL Salz
250 g Spaghetti

10 Blatt weiße Gelatine
300 g Möhren
160 g Knollensellerie
300 ml Gemüsebrühe
200 ml Schlagsahne
70 g geraspelter Parmesan-Käse
2 TL fein geschnittene Rosmarinnadeln
1 TL fein geschnittene Thymianblättchen
1 gestr. TL Salz
frisch gemahlener Pfeffer

Zubereitungszeit: 60 Minuten, ohne Kühlzeit

Insgesamt:
E: 77 g, F: 90 g, Kh: 197 g, kJ: 8129, kcal: 1944

Raffiniert

1. Wasser in einem Topf mit geschlossenem Deckel zum Kochen bringen. Salz und Spaghetti hinzufügen. Spaghetti im geöffneten Topf nach Packungsanleitung kochen lassen, dabei gelegentlich umrühren. Dann die Spaghetti in ein Sieb geben, mit kaltem Wasser abspülen, abtropfen und erkalten lassen.
2. Gelatine in kaltem Wasser nach Packungsanleitung einweichen. Möhren und Sellerie putzen, schälen, waschen, abtropfen lassen und in etwa 4 cm lange feine Stifte schneiden. Wasser in einem Topf zum Kochen bringen, Gemüsestifte darin 2 Minuten kochen. Gemüsestifte in ein Sieb geben, mit kaltem Wasser übergießen und abtropfen lassen.
3. Gemüsebrühe in einem Topf zum Kochen bringen. Topf von der Kochstelle nehmen. Gelatine leicht ausdrücken und in der heißen Brühe unter Rühren auflösen, etwas abkühlen lassen.
4. Sahne und Parmesan unter die Brühe rühren, mit Rosmarin, Thymian, Salz und Pfeffer kräftig würzen. Den Boden einer dichten Form (etwa 1,5 l Inhalt) etwa 1 cm hoch mit der Sülzenflüssigkeit bedecken. Die Form für etwa 10 Minuten in den Kühlschrank stellen.

Spaghettisülze

5. Ein Drittel der Spaghetti längs in die Form schichten, etwa die Hälfte der Möhren- und Selleriestifte darauf verteilen. Wieder ein Drittel der Spaghetti längs darauf schichten. Etwa die Hälfte der Sülzenflüssigkeit darauf geben.
6. Restliche Möhren- und Selleriestifte darauf geben. Zuletzt die restlichen Spaghetti längs einschichten. Mit der restlichen Sülzenflüssigkeit begießen. Die Form für mindestens 6 Stunden oder über Nacht kalt stellen.
7. Zum Servieren die Form kurz in heißes Wasser tauchen. Die Sülze auf eine Platte stürzen.

Tipp:
Mit frischem Salat und Basilikum-Pesto (Seite 26) servieren.

Spanische Bauernsuppe

6 Portionen

250 g Rindfleisch (ohne Knochen)
250 g Lammfleisch (ohne Knochen)
4 EL Speiseöl
1 Zwiebel
1–2 Knoblauchzehen
Salz
frisch gemahlener Pfeffer
gerebelter Thymian
gerebeltes Basilikum
2 l Fleischbrühe
200 g Kartoffeln
200 g Möhren
2 Stangen Porree (Lauch)
300 g TK-Erbsen
1 Paar grobe Mettwürstchen (Rauchenden)
100 g roher Schinken
grob gehackte Petersilie

Zubereitungszeit: 90 Minuten

Insgesamt:
E: 177 g, F: 173 g, Kh: 89 g, kJ: 10940, kcal: 2620

Gut vorzubereiten

Spanische Bauernsuppe

1. Rind- und Lammfleisch unter fließendem kalten Wasser abspülen, trockentupfen und in Würfel schneiden. Speiseöl in einem großen Topf erhitzen. Fleischwürfel von allen Seiten darin anbraten.
2. Zwiebel und Knoblauch abziehen, in kleine Würfel schneiden, zu den Fleischwürfeln geben und mitbraten lassen. Mit Salz, Pfeffer, Thymian, Basilikum und Knoblauch würzen.
3. Fleischbrühe hinzugießen, zum Kochen bringen und zugedeckt etwa 30 Minuten leicht kochen lassen.
4. Kartoffeln schälen, waschen, abtropfen lassen. Möhren putzen, schälen, waschen, abtropfen lassen. Möhren und Kartoffeln in Würfel schneiden. Porree putzen, die Stangen längs halbieren, gründlich waschen, abtropfen lassen und in Streifen schneiden, evtl. nochmals waschen.
5. Kartoffel-, Möhrenwürfel und Porreestreifen in die Suppe geben, zum Kochen bringen und zugedeckt etwa 30 Minuten kochen lassen. Etwa 10 Minuten vor Beendigung der Garzeit Erbsen hinzugeben.
6. Mettwürstchen in Scheiben und Schinken in Streifen schneiden. Beide Zutaten kurz vor Beendigung der Kochzeit in die Suppe geben und mit erhitzen.
7. Die Suppe mit Petersilie bestreuen.

Spargelsalat mit Garnelen

8–10 Portionen

600 g TK-Garnelen, gekocht, ohne Schale
750 g weißer Spargel
500 g grüner Spargel
250 g Zuckerschoten

Spargelsalat mit Garnelen

Für die Sauce:
250 g Salatmayonnaise
6 EL Schlagsahne
3–4 EL Sherry medium
2 EL Zitronensaft
Salz
frisch gemahlener Pfeffer

100 g Feldsalat
1/2 Kopf Lollo Bionda

1–2 kleine Bio-Limetten (unbehandelt, ungewachst)
rosa Pfefferbeeren

Zubereitungszeit: 45 Minuten, ohne Auftau- und Abkühlzeit

Insgesamt:
E: 124 g, F: 165 g, Kh: 70 g, kJ: 9729, kcal: 2321

Etwas teurer

1. Garnelen bei Zimmertemperatur auftauen lassen.
2. Den weißen Spargel von oben nach unten schälen, darauf achten, dass die Schalen vollständig entfernt, die Köpfe aber nicht verletzt werden. Die

unteren Enden abschneiden (holzige Stellen vollkommen entfernen). Den grünen Spargel nur im unteren Drittel schälen und die unteren Enden abschneiden. Spargel waschen, abtropfen lassen und in Stücke schneiden. Spargelstücke in kochendem Salzwasser etwa 10 Minuten bissfest garen. Spargelstücke in einem Sieb abtropfen und abkühlen lassen.

3. Zuckerschoten putzen und die Enden abschneiden. Schoten waschen und in kochendem Salzwasser etwa 2 Minuten bissfest garen. Schoten kurz in kaltes Wasser geben (damit sie ihre Farbe behalten), abtropfen und abkühlen lassen. Garnelen unter fließendem kalten Wasser abspülen, trockentupfen, mit den Spargelstücken und Zuckerschoten in eine Schüssel geben und vermengen.
4. Für die Sauce Mayonnaise mit Sahne, Sherry und Zitronensaft verrühren, mit Salz und Pfeffer würzen.
5. Salate putzen, Blätter lösen, abspülen und abtropfen lassen. Die Sauce zu den vorbereiteten Salatzutaten geben und vorsichtig untermengen. Die Salatblätter auf eine Platte legen und den Salat darauf anrichten.
6. Limetten heiß abwaschen, abtrocknen und in Scheiben schneiden. Limettenscheiben an den Salat legen und mit rotem Pfeffer bestreuen.

Tipp: Den Salat mit Toastbrot servieren. Zusätzlich 1 Orange filetieren, Filets in Stücke schneiden und unter den Salat geben. Den Salat als Vorspeise reichen.

Abwandlung Foto:
Den Salat mit einer Sauce ohne Mayonnaise zubereiten. Dazu 6 Esslöffel Weißweinessig mit Salz,
Pfeffer und etwas Zucker verrühren,
100 ml Olivenöl unterschlagen.

Spargelsülze mit Eier-Vinaigrette

6 Portionen

10 Blatt weiße Gelatine
500 g weißer Spargel
250 ml (1/4 l) Wasser
Salz, Zucker
500 ml (1/2 l) Gemüsebrühe
6 EL Sherry
4–6 EL Sherryessig
frisch gemahlener Pfeffer
1–2 Bund Kerbel
1 Bund Schnittlauch

Für die Eier-Vinaigrette:
2 hart gekochte Eier
1 kleine Zwiebel
3 EL Sherryessig
5 EL Olivenöl

Zubereitungszeit: 50 Minuten, ohne Kühlzeit

Insgesamt:
E: 40 g, F: 76 g, Kh: 21 g,
kJ: 4265, kcal: 1020

Dauert länger – gut vorzubereiten

1. Gelatine in kaltem Wasser nach Packungsanleitung einweichen. Den Spargel von oben nach unten schälen. Darauf achten, dass die Schalen vollständig entfernt, die Köpfe aber nicht verletzt werden. Die unteren Enden abschneiden (holzige Stellen vollkommen entfernen). Spargel waschen und abtropfen lassen.
2. Wasser mit Salz und Zucker in einem großen Topf zum Kochen bringen. Spargel hinzufügen, zum Kochen bringen und in 12–15 Minuten gar kochen. Spargel in einem Sieb abtropfen lassen, dabei das Spargelwasser auffangen. Spargel in Stücke schneiden.
3. Spargelwasser mit Brühe auf 700 ml auffüllen und in einen Topf geben.
4. Die ausgedrückte Gelatine in einem kleinen Topf mit etwas von der heißen Spargelbrühe unter Rühren erwärmen (nicht kochen), bis sie völlig gelöst ist. Restliche Spargelbrühe hinzugießen. Sherry und Essig hinzugeben. Mit Salz und Pfeffer kräftig würzen, kalt stellen.
5. Kerbel und Schnittlauch abspülen und trockentupfen. Von dem Kerbel die Blättchen von den Stängeln zupfen. Schnittlauch in kleine Röllchen schneiden. Wenn die Spargelbrühe anfängt dicklich zu werden, Spargelstücke mit Kerbelblättchen und Schnittlauchröllchen vermischen und in 6 Schälchen gleichmäßig verteilen. Die Brühe hinzugießen, bis die Spargel-Kräuter-Mischung bedeckt ist, kalt stellen und erstarren lassen. Dann restliche Spargelbrühe darüber gießen. Die Sülze mindestens 6 Stunden kalt stellen und vollständig erstarren lassen.
6. Für die Eier-Vinaigrette Eier pellen, Zwiebel abziehen. Eier und Zwiebel in kleine Würfel schneiden. Essig und Olivenöl vorsichtig unterrühren. Mit Salz und Pfeffer kräftig würzen.
7. Die Spargelsülze mit einem scharfen Messer vom Rand lösen und aus den Schüsseln auf Teller stürzen (evtl. vorher kurz in heißes Wasser setzen). Spargelsülze mit der Eier-Vinaigrette überziehen und servieren.

Spargelsülze mit Eier-Vinaigrette

Rezeptvorschläge für ein Wahlparty-Buffet

Für ein Wahlparty-Buffet benötigen Sie für 10–12 Personen:

1 x Rezept **Gemüsesülze** Seite 133
1,5 x Rezept **Ajvar** Seite 6
3 x Rezept **Frikadellen** Seite 116
1,5 x Rezept **Spaghettisalat** Seite 360
3 x Rezept **Maissalat** Seite 233
1 x Rezept **Kräcker mit zweierlei Käsecreme** Seite 206
3 x Rezept **Orangen-Kokos-Tiramisu** Seite 267

Außerdem:

etwa 5 Baguettebrote.

Vorbereitungen am Vortag:

- Gemüsesülze zubereiten und kalt aufbewahren.
- Ajvar zubereiten, bis zum Verzehr kalt stellen, evtl. kurz vorher nachwürzen und zu den Frikadellen servieren.

Vorbereitungen am Tag des Buffets:

5 Stunden vorher: • Frikadellen zubereiten und bis zum Servieren kalt aufbewahren.
4 Stunden vorher: • Spaghettisalat zubereiten und kalt gestellt durchziehen lassen.
3 Stunden vorher: • Maissalat zubereiten, zudecken und kalt aufbewahren, evtl. kurz vor dem Essen nachwürzen.
• Orangen-Kokos-Tiramisu zubereiten und kalt stellen.
2 Stunden vorher: • Käsecreme für die Kräcker zubereiten, auf die Kräcker streichen und garnieren.
1 Stunde vorher: • Gemüsesülze stürzen und evtl. aufschneiden.
Kurz vorher: • Baguettes aufschneiden und anrichten.

Es eignen sich auch folgende zusätzliche Rezepte:

2 x Rezept **Gemüse-Schinken-Sülze** Seite 132
1 x Rezept **Wurstsalat** Seite 410
2 x Rezept **Eier, gefüllt mit Gemüsemus** Seite 76
3 x Rezept **Bohnensalat mit Kasseler** Seite 36
1 x Rezept **Schwarzbrottaler** Seite 344
plus Brot oder Brötchen.

Spargelsülze mit Kräutern

1 kg weißer Spargel
375 ml (3/8 l) Salzwasser
1 TL Zucker
20 g Butter
40 g Porree (Lauch)
40 g Möhren
40 g Knollensellerie
12 Blatt weiße Gelatine
800 ml kräftiger Kalbsfond
100 ml Weißweinessig
Salz
frisch gemahlener Pfeffer

Für die Sauce:

3 EL Delikatessmayonnaise
1 Becher (150 g) Crème fraîche
150 g Naturjoghurt
100 ml Schlagsahne
1/2 TL mittelscharfer Senf
1/2 TL Zitronensaft
Salz, frisch gemahlener Pfeffer
1 Prise Zucker
3 EL gemischte, gehackte Kräuter, z. B. Kerbel, Petersilie

Zubereitungszeit: 70 Minuten, ohne Gelierzeit

Insgesamt:

E: 51 g, F: 145 g, Kh: 41 g, kJ: 7168, kcal: 1721

Für Gäste – gut vorzubereiten

1. Spargel von oben nach unten schälen, die unteren Enden abschneiden (holzige Stellen vollkommen wegschneiden). Spargel abspülen und in kochendem Salzwasser mit Zucker und Butter etwa 15 Minuten kochen. Spargel mit einer Schaumkelle herausnehmen und abtropfen lassen.

2. Porree, Möhren und Sellerie putzen, waschen, abtropfen lassen und in kleine Stücke schneiden. Gemüsestücke kurz in kochendem Wasser blanchieren (Porree etwa 3 Minuten, Möhren und Sellerie je etwa 6 Minuten). Gemüsestücke in ein Sieb geben, mit kaltem Wasser übergießen und abtropfen lassen.
3. Gelatine in kaltem Wasser nach Packungsanleitung einweichen. Etwas Kalbsfond erhitzen (nicht kochen). Gelatine leicht ausdrücken und unter Rühren in dem Kalbsfond auflösen, dann mit dem restlichen Kalbsfond verrühren, Essig unterrühren. Mit Salz und Pfeffer abschmecken.
4. Etwas von dem Kalbsfond in eine Terrinenform geben, schichtweise Spargel und Gemüse einlegen, kalt stellen und fest werden lassen. Wieder etwas Fond hinzugießen und Spargel mit dem Gemüse einschichten, kalt stellen. Den Vorgang so oft wiederholen, bis der Spargel und das Gemüse eingeschichtet sind. Die Spargelsülze etwa 6 Stunden kalt stellen.
5. Für die Sauce Mayonnaise mit Crème fraîche, Joghurt, Sahne, Senf, Zitronensaft, Salz, Pfeffer und Zucker verrühren, Kräuter unterrühren.
6. Die Form kurz in heißes Wasser stellen, dann die Sülze vorsichtig stürzen, mit einem elektrischen Messer in Scheiben schneiden und mit der Sauce anrichten.

Beilage:
Toast oder Baguette.

Tipp:
Sülze 1 Tag vor dem Verzehr zubereiten. Besser lässt sich die Sülze lösen, wenn die Form vorher mit Frischhaltefolie ausgelegt wird.

Spargelsülze mit Kräutern

Speck-Quiche

6–8 Portionen

Für den Knetteig:
200 g Weizenmehl
1 gestr. TL Dr. Oetker Backin
½ gestr. TL Salz
3 EL kalte Milch oder Wasser
100 g Butter oder Margarine

Für den Belag:
3 Zwiebeln
250 g Schinkenspeck
2 Eier (Größe M)
1 Becher (150 g) Crème fraîche
3 EL Milch
1 Msp. frisch gemahlener Pfeffer
Kümmelsamen
1 Pck. (25 g) TK-Petersilie

Zubereitungszeit: 45 Minuten, ohne Abkühlzeit
Backzeit: etwa 40 Minuten

Insgesamt:
E: 95 g, F: 168 g, Kh: 168 g, kJ: 10809, kcal: 2589

Für Gäste

1. Für den Teig Mehl mit Backpulver mischen und in eine Rührschüssel sieben. Salz, Milch oder Wasser und Butter oder Margarine hinzufügen. Die Zutaten mit Handrührgerät mit Knethaken zunächst kurz auf niedrigster, dann auf höchster Stufe gut durcharbeiten.
2. Anschließend auf einer bemehlten Arbeitsfläche zu einem glatten Teig verkneten. Sollte er kleben, ihn in Folie gewickelt eine Zeit lang kalt stellen.
3. Zwei Drittel des Teiges auf der bemehlten Arbeitsfläche zu einer runden Platte (Ø 30 cm) ausrollen und in eine Tarteform (Ø 28 cm, Boden gefettet) legen. Den Teigboden mehrmals mit einer Gabel einstechen. Die Form auf dem Rost in den Backofen schieben und den Boden vorbacken.
   Ober-/Unterhitze: 180–200 °C (vorgeheizt)
   Heißluft: 160–180 °C (vorgeheizt)
   Gas: etwa Stufe 3 (vorgeheizt)
   Backzeit: etwa 10 Minuten.
4. Die Form auf einen Kuchenrost stellen. Den Boden etwas abkühlen lassen.
5. Restlichen Teig zu einer Rolle formen, sie als Rand auf den vorgebackenen Boden legen und so an die Form drücken, dass ein etwa 2 cm hoher Rand entsteht.
6. Für den Belag Zwiebeln abziehen. Zwiebeln und Schinkenspeck in kleine Würfel schneiden. Eier mit Crème fraîche, Milch, Pfeffer und Kümmel gut verrühren. Petersilie, Zwiebel- und Speckwürfel unterrühren.
7. Die Masse gleichmäßig auf dem vorgebackenen Boden verteilen. Die Form wieder auf dem Rost in den Backofen schieben und die Quiche bei gleicher Backofeneinstellung in etwa 30 Minuten fertig backen.
8. Die Form auf einen Kuchenrost stellen. Die Quiche abkühlen lassen. Lauwarm oder kalt servieren.

Tipp: Die Quiche mit einem frischen Salat servieren.

Speck-Quiche

Speckschnecken

Etwa 40 Stück

Zum Vorbereiten:
100 g fetter Speck

Für den Knetteig:
200 g Weizenmehl
½ gestr. TL Salz
1 Ei (Größe M)
2–3 EL kaltes Wasser
Mehl zum Bestäuben

Speckschnecken

Für die Füllung:
1–2 Bund Schnittlauch
4 gestr. EL Semmelbrösel
200 g Baconscheiben (Frühstücksspeck)
frisch gemahlener Pfeffer

Zubereitungszeit: 60 Minuten, ohne Kühlzeit

Backzeit: 15–20 Minuten je Backblech

Insgesamt:
E: 69 g, F: 156 g, Kh: 186 g,
kJ: 10100, kcal: 2413

1. Zum Vorbereiten Speck in kleine Würfel schneiden, in eine Pfanne geben, bei mittlerer Hitze ausbraten und abkühlen lassen.
2. Für den Teig Mehl in eine Rührschüssel sieben. Salz, Speckwürfel mit dem Speckfett, Ei und Wasser hinzufügen. Die Zutaten mit Handrührgerät mit Knethaken zunächst kurz auf niedrigster, dann auf höchster Stufe gut durcharbeiten.
3. Anschließend auf einer leicht bemehlten Arbeitsfläche zu einem glatten Teig verkneten. Den Teig mit Mehl bestäuben und zugedeckt etwa 1 Stunde kalt stellen.
4. Für die Füllung Schnittlauch abspülen, trockentupfen und in feine Röllchen schneiden. Schnittlauchröllchen mit etwas von den Semmelbröseln mischen.
5. Den Teig auf der leicht bemehlten Arbeitsfläche zu einem Rechteck (etwa 30 x 50 cm) ausrollen. Baconscheiben nebeneinander auf den Teig legen, mit Pfeffer und den restlichen Semmelbröseln bestreuen. Schnittlauchröllchen-Semmelbrösel-Mischung darauf verteilen.
6. Den Teig von der längeren Seite her aufrollen. Die Teigrolle mit einem scharfen Messer in etwa 1 cm breite Scheiben schneiden. Die Teigschnecken auf Backbleche (mit Backpapier belegt) legen. Die Backbleche nacheinander (bei Heißluft zusammen) in den Backofen schieben.
   Ober-/Unterhitze: etwa 200 °C (vorgeheizt)
   Heißluft: etwa 180 °C (vorgeheizt)
   Gas: Stufe 3–4 (vorgeheizt)
   Backzeit: 15–20 Minuten je Backblech.
7. Die Speckschnecken mit dem Backpapier von den Backblechen auf mit Küchenpapier belegte Kuchenroste ziehen. Speckschnecken erkalten lassen.

Tipp:
Die Speckschnecken lassen sich gut einfrieren und aufgetaut im vorgeheizten Backofen bei der oben angegebenen Backofeneinstellung in 2–3 Minuten aufbacken. Speckschnecken mit einem Bier servieren.

Spinatsalat mit Buttermilchdressing

Spinatsalat mit Buttermilchdressing

8–10 Portionen

1 kg junger Blattspinat
300 g Cocktailtomaten
300 g Champignons
2 Bund Frühlingszwiebeln

Für das Buttermilchdressing:
125 ml (1/8 l) Buttermilch
3 EL Zitronensaft
Salz
frisch gemahlener Pfeffer
etwas Zucker
100 ml Speiseöl

Zum Bestreuen:
250 g zerbröckelter Edelpilzkäse (z. B. Roquefort)
5 TL Sesamsamen, geschält

Zubereitungszeit: 50 Minuten

Insgesamt:
E: 97 g, F: 194 g, Kh: 56 g, kJ: 9924, kcal: 2373

Vegetarisch

1. Spinat putzen und die Stiele entfernen. Blätter gründlich waschen und abtropfen lassen. Blätter evtl. etwas klein schneiden.
2. Cocktailtomaten waschen, trockentupfen, halbieren oder vierteln. Champignons putzen, mit Küchenpapier abreiben, evtl. abspülen, trockentupfen und in Scheiben schneiden.
3. Frühlingszwiebeln putzen, waschen, abtropfen lassen und in feine Ringe schneiden.
4. Für das Dressing Buttermilch mit Zitronensaft verrühren, mit Salz, Pfeffer und Zucker würzen, Speiseöl unterschlagen.
5. Spinat mit Cocktailtomaten, Champignonscheiben und Frühlingszwiebelringen in einer Schüssel oder auf Tellern anrichten, mit dem Buttermilchdressing übergießen, mit Edelpilzkäse und Sesam bestreuen, sofort servieren.

Spinattaler, klein

12 Stück

1/2 Pck. (225 g) TK-Blattspinat
150 g Speisequark (Magerstufe)
2 Eier (Größe M)
50 g Hartweizengrieß
Salz, frisch gemahlener Pfeffer
frische geriebene Muskatnuss
5 EL Speiseöl
2–3 Tomaten
150 g Mozzarella-Käse
12 Basilikumblättchen

Außerdem:
Holzstäbchen

Zubereitungszeit: 60 Minuten, ohne Auftau- und Abkühlzeit

Insgesamt:
E: 75 g, F: 93 g, Kh: 47 g, kJ: 5614, kcal: 1340

Einfach

1. Spinat auftauen lassen, anschließend ausdrücken, hacken und in eine Schüssel geben. Quark, Eier und Grieß unterrühren. Mit Salz, Pfeffer und Muskat würzen.
2. Speiseöl portionsweise in einer Pfanne erhitzen. Jeweils einige Portionen Teig hineingeben, mit einem Löffel zu Talern formen und von beiden Seiten goldbraun backen. Die Taler aus der Pfanne nehmen und erkalten lassen. Auf diese Weise 12 Taler backen.
3. Tomaten waschen, abtrocknen und die Stängelansätze herausschneiden. Tomaten in Scheiben schneiden. Mozzarella abtropfen lassen und ebenfalls in Scheiben schneiden.
4. Die Spinattaler mit je 1 Tomaten- und Mozzarellascheibe belegen, mit Holzstäbchen feststecken. Basilikumblättchen abspülen und trockentupfen. Die Spinattaler mit je einem Basilikumblättchen garnieren.

Spinattaler, klein

Rezeptvorschläge für ein Frühlings-Buffet

Für ein Frühlings-Buffet benötigen Sie für 10–12 Personen:

2 x Rezept **Lachscremeschnittchen** Seite 216
3 x Rezept **Frühlingsbrötchen** Seite 119
2 x Rezept **Spargelsülze mit Kräutern** Seite 364
4 x Rezept **Hähnchenbrustscheiben, pikant gebraten** Seite 147
2 x Rezept **Mai-Gouda-Carpaccio** Seite 232

Außerdem:

etwa 12 Scheiben Bauern- oder Volkornbrot, 2-3 Baguettebrote und evtl. Maiskräcker

Vorbereitungen am Vortag:

Im Laufe des Tages:
- Lachscreme für die Lachscremeschnittchen zubereiten.
- Spargelsülzen und Sauce zubereiten und kalt stellen.
- Gemüse-Sardellen-Mischung für die Hähnchenbrustscheiben zubereiten und kalt stellen.

Am Abend:
- Hefeteig für die Frühlingsbrötchen zubereiten, über Nacht zugedeckt in einer Schüssel im Kühlschrank gehen lassen.

Vorbereitungen am Tag des Buffets:

5 Stunden vorher:
- Fleisch für die Hähnchenbrustscheiben braten und die vorbereitete Mischung darauf geben.

4 Stunden vorher:
- Teig für Frühlingsbrötchen kneten, formen und wie beschrieben fertig stellen.
- Quark zubereiten und bis zum Gebrauch kühlen.

3 Stunden vorher:
- Käse für das Mai-Gouda-Carpaccio hobeln und auf 1–2 Platten anrichten, Obst vorbereiten, Dressing zubereiten.
- Spargelsülzen stürzen und mit der Sauce anrichten.

2 Stunden vorher:
- Lachscremeschnittchen zubereiten. Hähnchenbrustscheiben garnieren.

Kurz vorher:
- Mai-Gouda-Carpaccio fertig stellen.
- Baguette aufschneiden und mit Brot und Kräckern anrichten.

Es eignen sich auch folgende zusätzliche Rezepte:

2 x Rezept **Roastbeef auf Knäckebrot** Seite 312
2 x Rezept **Schnittchen mit Grünkernpaste** Seite 339
2 x Rezept **Lachsterrine** Seite 223
1,5 x Rezept **Kartoffelsalat von Erstlingen** Seite 179
1,5 x Rezept **Löwenzahnsalat mit Orangen und Putenbrust** Seite 230
plus Brot.

Sprossenaufstrich

10 Portionen (etwa 500 g)

200 g frische, gemischte Sprossen, z. B. Mungobohnen- und Sojasprossen
1 Bund glatte Petersilie
160 g Joghurt-Salat-Creme
80 g Speisequark (20 % Fett)
3 EL Weizenkeime (Granulat)
Salz, frisch gemahlener Pfeffer
Zucker

Zubereitungszeit: 15 Minuten

Insgesamt:
E: 33 g, F: 58 g, Kh: 50 g,
kJ: 3595, kcal: 859

Für Gäste

1. Die Sprossen in ein Sieb geben, unter fließendem kalten Wasser abspülen und gut abtropfen lassen (evtl. auf Küchenpapier legen). Sprossen je nach Größe in kleinere Stücke schneiden.
2. Petersilie abspülen und trockentupfen. Die Blättchen von den Stängeln zupfen. Blättchen fein hacken. Joghurt-Salat-Creme mit Quark verrühren. Sprossen, Petersilie und Weizenkeime unterrühren, mit Salz, Pfeffer und Zucker abschmecken.
3. Den Sprossenaufstrich in 2 gründlich gereinigte, gespülte und getrocknete Gläser füllen. Die Gläser mit Deckeln fest verschließen und kalt stellen.

Sprossenaufstrich

Brotempfehlung:
Kasselerbrot.

Tipp:
Etwas würziger schmeckt der Sprossenaufstrich, wenn Sie Senf- oder Rettichsprossen verwenden. Der Aufstrich ist gekühlt 3–4 Tage haltbar.

Staudensellerie mit Roquefort

Staudensellerie mit Roquefort

16 Stück

4 Stängel Staudensellerie (etwa 200 g ohne Grün)
150 g Roquefort-Käse
6 EL Schlagsahne
frisch grob gemahlener Pfeffer
Paprikapulver edelsüß
einige Kräuterzweige, z. B. Kerbel

Zubereitungszeit: 25 Minuten

Insgesamt:
E: 34 g, F: 71 g, Kh: 5 g,
kJ: 3353, kcal: 802

Schnell

1. Staudensellerie putzen und die harten Außenfäden abziehen. Selleriestängel waschen und trockentupfen.
2. Käse mit einer Gabel zerdrücken. Sahne nach und nach unterrühren. So lange rühren, bis eine geschmeidige Masse entstanden ist.
3. Die Käsecreme in die Selleriestangen füllen. Die Stangen in 16 Stücke schneiden.
4. Ein Drittel der Selleriestücke mit grobem Pfeffer bestreuen, ein Drittel mit Paprika bestäuben und die restlichen Selleriestücke mit den Kräuterzweigen garnieren.

Tipp:
Raffiniert ist es auch, einen Avocado-Dip in die Selleriestangen zu füllen. Dazu das Fruchtfleisch einer reifen Avocado mit 2 Teelöffeln Zitronensaft und 75 g Frischkäse pürieren. Mit Salz und Pfeffer und evtl. nach Belieben mit einer abgezogenen, zerdrückten Knoblauchzehe abschmecken. Allerdings müssen die mit Avocado gefüllten Selleriestangen sofort verzehrt werden, da sie schnell braun werden.

Staudensellerie-Salat

8–10 Portionen

2 Staudensellerie (etwa 1 kg)
3 Birnen, 3 Äpfel
etwas Zitronensaft
2 rote Paprikaschoten

Für die Gorgonzolacreme:
200 g Gorgonzola-Käse
1 Becher (150 g) Crème fraîche
5 EL Milch
4–5 EL Weinbrand
Salz
etwas Zucker
frisch gemahlener schwarzer Pfeffer
80 g Haselnusskerne, grob gehackt

Zubereitungszeit: 60 Minuten

Insgesamt:
E: 66 g, F: 164 g, Kh: 140 g,
kJ: 10125, kcal: 2427

Raffiniert – mit Alkohol

1. Staudensellerie putzen und die harten Außenfäden abziehen. Sellerie waschen und abtropfen lassen. Die Stangen in etwa 1 cm große Stücke schneiden, das zarte Blattgrün beiseite legen und später fein geschnitten mit unter den Salat heben. Selleriestücke in kochendem Wasser etwa 2 Minuten garen, in ein Sieb geben, mit kaltem Wasser übergießen und abtropfen lassen.

Staudensellerie-Salat

2. Birnen und Äpfel waschen, abtrocknen, vierteln, entkernen, in kleine Würfel schneiden und mit Zitronensaft mischen. Paprika halbieren, entstielen, entkernen und die weißen Scheidewände entfernen. Schoten waschen, trockentupfen und ebenfalls in kleine Würfel schneiden.
3. Für die Gorgonzolacreme Gorgonzola in eine Salatschüssel geben, mit einer Gabel fein zerdrücken. Crème fraîche, Milch und Weinbrand unterrühren, mit Salz, Zucker und Pfeffer würzen.
4. Die vorbereiteten Salatzutaten zur Gorgonzolacreme geben und untermengen. Den Salat nochmals abschmecken und gehackte Haselnusskerne unterheben. Den Salat sofort servieren.

Rezeptvorschläge für einen Spieleabend

Für ein Buffet für einen Spieleabend benötigen Sie für 10–12 Personen:
2 x Rezept **Zwiebelkuchen-Häppchen** Seite 425
2 x Rezept **Staudensellerie mit Roquefort** Seite 370
4 x Rezept **Chips mit Paprika-Dip** Seite 58
2 x Rezept **Chips mit Avocado-Dip** Seite 58
3 x Rezept **Konfettisalat** Seite 203

Außerdem:
Chips, Nachos oder Salzgebäck zum Dippen.

Vorbereitungen am Tag des Buffets:

6 Stunden vorher:	• Zwiebelkuchen für die Häppchen backen.
5 Stunden vorher:	• Paprika-Dip für die Chips zubereiten und kalt stellen.
4 Stunden vorher:	• Konfettisalat zubereiten.
3 Stunden vorher:	• Für die Staudensellerie mit Roquefort den Käse in die Selleriestangen füllen, zudecken und kalt stellen.
1–2 Stunden vorher:	• Avocado-Dip für die Chips zubereiten und kalt stellen.
Kurz vorher:	• Die gefüllten Staudenselleriestangen garnieren. • Paprika-Dip und Avocado-Dip nochmals abschmecken. • Chips, Nachos oder Salzgebäck anrichten.

Es eignen sich auch folgende zusätzliche Rezepte:
2 x Rezept **Speck-Quiche** Seite 366
1,5 x Rezept **Sardellen-Toast-Schnittchen** Seite 326
2 x Rezept **Smörrebröd mit Bauernbrot** Seite 354
2 x Rezept **Käsesalat in Tomaten** Seite 188
3 x Rezept **Orangen-Kokos-Tiramisu** Seite 267
plus etwas Salz- oder Laugengebäck.

Steinpilz-Pesto

1 Glas (etwa 150 ml)

10 g getrocknete Steinpilze
125 ml (1/8 l) heißes Wasser
30 g Pinienkerne
1 Knoblauchzehe
100 ml kalt gepresstes Olivenöl
1 gestr. TL gekörnte Gemüsebrühe
1 Stängel Minze
50 g frisch geriebener Parmesan-Käse
Salz
frisch gemahlener Pfeffer

Zubereitungszeit: 35 Minuten, ohne Einweichzeit

Insgesamt:
E: 27 g, F: 133 g, Kh: 4 g, kJ: 5429, kcal: 1297

Für Gäste

1. Steinpilze in ein Sieb geben, mit kaltem Wasser abspülen, in eine Schale geben, mit heißem Wasser übergießen und etwa 20 Minuten einweichen. Pinienkerne in einer Pfanne ohne Fett goldbraun rösten, abkühlen lassen.
2. Knoblauch abziehen und in kleine Würfel schneiden. Steinpilze in einem Sieb abtropfen lassen, dabei das Einweichwasser auffangen. Steinpilze klein hacken.
3. Einen Esslöffel Olivenöl erhitzen. Knoblauchwürfel darin andünsten. Gehackte Steinpilze mit dem Einweichwasser und der gekörnten Brühe hinzugeben und etwa 5 Minuten dünsten.
4. Minze abspülen und trockentupfen. Die Blättchen von den Stängeln zupfen. Blättchen grob hacken.
5. Steinpilze mit der Flüssigkeit, Pinienkernen, Minzeblättchen, Parmesan-Käse und restlichem Olivenöl in einen hohen Rührbecher geben und mit einem Mixstab pürieren. Pesto mit Salz und Pfeffer abschmecken.

Tipp: Falls die Pestomasse geronnen ist, sie in einem kleinen Topf unter Rühren erwärmen (nicht kochen lassen), erkalten lassen.

Steinpilz-Pesto

Stilton-Dip

4 Portionen

2–3 Frühlingszwiebeln
1 Stange Staudensellerie
3 EL Portwein
100 g Crème fraîche
125 ml (1/8 l) Schlagsahne
100 g Stilton-Käse
Salz
frisch gemahlener, weißer Pfeffer

Zubereitungszeit: 15 Minuten

Insgesamt:
E: 33 g, F: 109 g, Kh: 20 g, kJ: 5187, kcal: 1244

Raffiniert – mit Alkohol

1. Frühlingszwiebeln putzen, waschen, abtropfen lassen und grob zerkleinern. Staudensellerie putzen und die harten Außenfäden abziehen. Sellerie waschen, abtropfen lassen und ebenfalls grob zerkleinern. Nach Belieben einige Selleriestücke zum Garnieren beiseite legen.
2. Frühlingszwiebel- und Selleriestücke in einen hohen Rührbecher geben, Portwein, Crème fraîche und Sahne hinzufügen, mit einem Mixstab pürieren. Käse zerdrücken und unterrühren. Den Dip mit Salz und Pfeffer abschmecken.
3. Nach Belieben die beiseite gelegten Selleriestücke in dünne Scheiben schneiden. Den Dip damit garnieren.

Tipp:
Zu rohem Gemüse reichen, z. B. Zucchini, Paprikaschoten, Möhren.

Stilton-Dip

Sülze von Shrimps mit Wachteleiern

4 Portionen

8 Blatt weiße Gelatine
250 ml (1/4 l) Fischfond
100 ml Weißwein
50 ml Wermut (Noilly Prat)
240 g Shrimps, gekocht, ohne Schale
60 g blanchierte Champignonscheiben
1 EL Kerbelblättchen
Salz
frisch gemahlener Pfeffer
4 EL Crème fraîche
1 Pck. Kresse
1 EL Forellenkaviar
4 gekochte Wachteleier (aus dem Glas)

Zubereitungszeit: 35 Minuten, ohne Abkühl- und Gelierzeit

Insgesamt:
E: 70 g, F: 39 g, Kh: 13 g,
kJ: 3329, kcal: 799

Dauert länger – mit Alkohol

Sülze von Shrimps mit Wachteleiern

1. Gelatine in kaltem Wasser nach Packungsanleitung einweichen. Fischfond, Wein und Wermut erhitzen (nicht kochen). Gelatine ausdrücken und unter Rühren in der heißen Flüssigkeit auflösen, etwas abkühlen lassen.
2. Shrimps mit Champignonscheiben und Kerbelblättchen mischen, mit Salz und Pfeffer würzen. Jeweils etwas von der Shrimps-Champignon-Mischung in eine längliche dichte Form füllen. Etwas von der Gelatineflüssigkeit darauf gießen, kalt stellen und erstarren lassen. Diesen Vorgang so lange wiederholen, bis alle Zutaten aufgebraucht sind. Form kalt stellen und Sülze erstarren lassen.
3. Die Form kurz in heißes Wasser tauchen. Die erstarrte Sülze aus der Form stürzen und in Scheiben schneiden. Die Sülzscheiben mit jeweils 1 Esslöffel Crème fraîche anrichten. Mit Kresse, Kaviar und halbierten Wachteleiern garnieren.

Rezeptvorschläge für ein Weihnachtsbuffet

Für ein Weihnachtsbuffet benötigen Sie für 10–12 Personen:

3 x Rezept **Sülze von Shrimps mit Wachteleiern** Seite 373
1,5 x Rezept **Speckschnecken** Seite 366
3 x Rezept **Kalbsfilet mit Walnusssahne** Seite 172
3 x Rezept **Vinaigrette, pikant** Seite 401
(dazu außerdem 2,5 kg Möhren und 3 Chicorée)
1 x Rezept **Die längste Pralinen-Eisbombe der Welt** Seite 71

Vorbereitungen am Vortag:

- Sülze mit Shrimps zubereiten und kalt stellen.
- Kalbsfilet braten und kalt stellen.
- Pralinen-Eisbombe zubereiten und tiefgefrieren.

Vorbereitungen am Tag des Buffets:

5–6 Stunden vorher:	• Speckschnecken backen.
5 Stunden vorher:	• Möhren für die Vinaigrette waschen, schälen, putzen und schräg in längliche, dünne Scheiben schneiden.
	• Möhrenscheiben in etwas kochendem Salzwasser 6–8 Minuten garen, in ein Sieb geben, mit eiskaltem Wasser abspülen und abtropfen lassen.
4 Stunden vorher:	• Vinaigrette zubereiten, gegarte Möhren mit der Vinaigrette mischen und kalt stellen.
3–4 Stunden vorher:	• Walnusssauce für das Kalbsfilet zubereiten, das Fleisch aufschneiden, anrichten und die Sauce dazu servieren.
2 Stunden vorher:	• Sülze mit Shrimps stürzen, evtl. aufschneiden und anrichten.
1–2 Stunden vorher:	• Chicorée in einzelne Blätter teilen, dabei die bitteren Mittelteile zurücklassen. Blätter waschen, trockentupfen und in breite Streifen schneiden. Möhren und Chicorée auf einer Platte anrichten.
1 Stunde vorher:	• Pralinen-Eisbombe aus der Form stürzen, garnieren und bis zum Servieren im Kühlschrank antauen lassen.

Es eignen sich auch folgende zusätzliche Rezepte:

1 x Rezept **Wildsalat** Seite 409
2 x Rezept **Hühnerlebercreme, schnell** Seite 162
3 x Rezept **Salat Dolores** Seite 320
2 x Rezept **Mandelmedaillons** Seite 236
3x Rezept **French Dressing** Seite 115
Dazu außerdem 3–4 Köpfe Salat, z. B. Endiviensalat oder Eisbergsalat und etwa 4 Baguettebrote.

Sülze von Zuckerschoten

6 Portionen

1 gelbe Paprikaschote
200 g Zuckerschoten
10 Blatt weiße Gelatine
2 Schalotten
500 ml (½ l) Gemüsefond
100 ml Sherry-Essig
1 TL Instant-Gemüsebrühe
1 gestr. TL Salz
frisch gemahlener Pfeffer
1 Glas Teufli mit Frischkäse (mit Frischkäse gefüllte Paprika, Abtropfgewicht 190 g)
einige Kerbelstängel zum Garnieren

Zubereitungszeit: 40 Minuten, ohne Kühlzeit

Insgesamt:
E: 38 g, F: 32 g, Kh: 43 g, kJ: 2634, kcal: 631

Für Gäste

1. Paprika halbieren, entstielen, entkernen und die weißen Scheidewände entfernen. Schote waschen, trockentupfen und vierteln. Wasser in einem Topf zum Kochen bringen, Paprikaviertel hinzufügen und etwa 6 Minuten kochen. Anschließend in ein Sieb geben, mit kaltem Wasser übergießen und abtropfen lassen.
2. Von den Zuckerschoten die Enden abschneiden, evtl. abfädeln. Schoten waschen und abtropfen lassen. Die Schoten in kochendem Wasser 1–2 Minuten blanchieren. Schoten in ein Sieb geben, mit kaltem Wasser übergießen und abtropfen lassen.
3. Gelatine in kaltem Wasser nach Packungsanleitung einweichen.

Schalotten abziehen und in kleine Würfel schneiden. Etwa ein Drittel des Gemüsefonds in einem Topf zum Kochen bringen, Schalottenwürfel hinzugeben und 2 Minuten kochen lassen. Topf von der Kochstelle nehmen. Gelatine leicht ausdrücken und unter Rühren in dem heißen Gemüsefond auflösen.

4. Restlichen Gemüsefond und Essig unterrühren. Die Sülzenflüssigkeit mit Instant-Gemüsebrühe, Salz und Pfeffer kräftig abschmecken.
5. Den Boden einer dichten, runden Form (etwa 1,2 l Inhalt, mit Frischhaltefolie ausgelegt) etwa 1 cm hoch mit der Sülzenflüssigkeit bedecken. Die Form für etwa 10 Minuten in den Kühlschrank stellen.
6. Teufli in einem Sieb abtropfen lassen. Die Hälfte der Zuckerschoten in Form einer Blüte in die Form legen. Die blanchierten Paprikaviertel an die Innenwände der Form legen. Teufli in die Form legen. Die restlichen Zuckerschoten in die Form schichten, mit der Sülzenflüssigkeit übergießen. Die Form über Nacht in den Kühlschrank stellen.
7. Zum Servieren die Sülze auf eine Platte stürzen und die Frischhaltefolie entfernen. Kerbel abspülen und trockentupfen. Die Sülze damit garnieren.

Sülze von Zuckerschoten

Sülzkoteletts

4 Portionen

Für die Sülzkoteletts:
600 g Schweinerücken (ohne Knochen)
1 ½ l Salzwasser
1 mittelgroße Zwiebel
1 Bund Suppengrün
4 Pfefferkörner
2 Pimentkörner (Nelkenpfeffer)
1 kleines Lorbeerblatt
375 ml (3/8 l) Fleischbrühe
125 ml (1/8 l) Weißweinessig
Salz
1 Pck. gemahlene Gelatine, weiß
5 EL kaltes Wasser

1 mittelgroße Tomate
1 hart gekochtes Ei
1 Gewürzgurke

Nach Belieben zum Garnieren:
Petersilie
Mayonnaise aus der Tube

Zubereitungszeit: 70 Minuten, ohne Abkühl- und Gelierzeit

Insgesamt:
E: 139 g, F: 70 g, Kh: 4 g,
kJ: 5123, kcal: 1224

Deftig

1. Für die Sülzkoteletts Schweinerücken unter fließendem kalten Wasser abspülen, trockentupfen, in einem Topf mit Salzwasser zum Kochen bringen, Brühe mit einer Schaumkelle abschäumen.
2. Zwiebel abziehen und in Würfel schneiden. Suppengrün putzen, waschen, abtropfen lassen und klein schneiden. Zwiebelwürfel mit Suppengrün, Pfefferkörnern, Pimentkörnern und Lorbeerblatt zum Fleisch geben, wieder zum Kochen bringen und zugedeckt etwa 90 Minuten garen. Das Fleisch aus der Brühe nehmen, erkalten lassen und in 4 gleich große Scheiben schneiden.
3. Brühe durch ein Sieb in einen Topf gießen, 375 ml (3/8 l) davon abmessen, Essig hinzufügen. Brühe mit Salz abschmecken.
4. Gelatine mit kaltem Wasser in einem kleinen Topf anrühren und 10 Minuten zum Quellen stehen lassen. Brühe wieder zum Kochen bringen. Topf von der Kochstelle nehmen, Brühe leicht abkühlen lassen, Gelatine unterrühren. So lange rühren, bis sie völlig gelöst ist. Brühe kalt stellen.
5. In vier Formen, etwas größer als die Fleischscheiben, so viel von der erkalteten Brühe hineingießen, dass der Boden bedeckt ist.
6. Tomate waschen, trockentupfen und den Stängelansatz entfernen, Ei pellen. Tomate, Ei und Gewürzgurke in Scheiben schneiden. Die fest gewordene Brühe (in der Form) damit garnieren. Einige Esslöffel der restlichen Brühe darauf geben, kalt stellen und erstarren lassen.
7. Die Kotelettscheiben in die Formen legen. Je ein Viertel der restlichen Brühe darauf gießen, kalt stellen und erstarren lassen.
8. Vor dem Servieren Gelee mit einem Messer vom Rand der Form lösen. Die Formen kurz in heißes Wasser stellen und die Sülzkoteletts auf eine Platte stürzen. Nach Belieben mit Petersilie und Mayonnaise aus der Tube garnieren.

Sülzkoteletts

Beilage:
Bratkartoffeln und Kräuter-Sahne-Sauce oder Remouladensauce.

Süßer Senf, hausgemacht

45 g gelbes Senfmehl (aus dem Glas)
80 g grünes Senfmehl
(aus schwarzen Senfkörnern)

Für die Essig-Zucker-Lösung:
125 ml (1/8 l) Weißweinessig
125 ml (1/8 l) Wasser
100 g Farinzucker
Salz

Zubereitungszeit: 25 Minuten

Insgesamt:
E: 32 g, F: 36 g, Kh: 135 g,
kJ: 4252, kcal: 1017

Süßer Senf, hausgemacht

Süße Senfsauce

Schnell

1. Beide Senfmehle in eine Schüssel geben und gut vermischen.
2. Für die Essig-Zucker-Lösung Essig mit Wasser, Farinzucker und Salz zum Kochen bringen. Anschließend mit dem Senfmehl gut verrühren, Senfmasse erkalten lassen.
3. Den Senf in gründlich gereinigte und gespülte, kleine Gläser füllen.

Tipp:
Einige ganze Senfkörner unterrühren. Süßer Senf passt zu Weißwürsten und Leberkäse.

Süße Senfsauce

etwa 500 ml (1/2 l)

12 EL hausgemachter Senf (siehe Grundrezept, Seite 348)
6 EL Reisweinessig
12 EL kalt gepresstes mildes Olivenöl
6 EL Mirin (japanischer gesüßter Sake [Reiswein])

Zubereitungszeit: 15 Minuten, ohne Durchziehzeit

Insgesamt:
E: 20 g, F: 141 g, Kh: 37 g,
kJ: 6477, kcal: 1548

Schnell

1. Senf in einen Rührbecher geben und mit Handrührgerät mit Rührbesen Essig unterrühren. Olivenöl unter ständigem Schlagen in einem dünnen Strahl einlaufen lassen. Zuletzt Mirin unterrühren.
2. Die Senfsauce in eine vorbereitete Flasche füllen und fest verschließen. Senfsauce einige Stunden durchziehen lassen. Vor Gebrauch kräftig schütteln.

Tipp: Die Sauce hält sich kalt und dunkel gestellt bis zu 1 Jahr. Süße Senfsauce zu Weißwürsten, gebratenem Fisch und Eiern reichen.

Tatar-Schnittchen

20 Stück

3 Schalotten
2 Cornichons (aus dem Glas)
1 Eigelb
250 g Tatar
Salz, frisch gemahlener Pfeffer
Paprikapulver edelsüß
1 EL abgetropfte Kapern
1 TL scharfer Senf
einige Friséesalatblätter
20 Pumpernickeltaler
50 g weiche Butter
3 Cocktailtomaten

Zubereitungszeit: 20 Minuten

Insgesamt:
E: 73 g, F: 58 g, Kh: 81 g,
kJ: 4831, kcal: 1153

Schnell

1. Schalotten abziehen und in kleine Würfel schneiden, Cornichons ebenfalls würfeln. Die Hälfte der Schalottenwürfel mit Cornichonwürfeln, Eigelb und Tatar vermengen. Mit Salz, Pfeffer und Paprika abschmecken. Kapern und Senf unterrühren.
2. Friséesalatblätter abspülen, trockentupfen und in kleine Stücke zupfen. Pumpernickeltaler mit Butter bestreichen, Salatblätter darauf legen und die Tatarmischung darauf verteilen.
3. Tomaten waschen, abtrocknen und vierteln. Tatar-Schnittchen mit Tomatenvierteln und den restlichen Schalottenwürfeln garnieren. Tatar-Schnittchen frisch und gut gekühlt servieren.

Abwandlung: Aus 400 g Thüringer Mett etwa 20 kleine Bällchen formen, in 3 Esslöffeln Speiseöl rundherum anbraten und erkalten lassen. Von einer Salatgurke 20 dickere Scheiben abschneiden, das Gurkeninnere etwas aushöhlen. 200 g zerbröselten Schafkäse mit gut 1 Esslöffel Ajvar (fertig gekauftes Paprikamus) verrühren, mit etwas Pfeffer abschmecken und in die Mitte der Gurken geben. Je ein Fleischbällchen auf die Gurkenscheibe setzen und mit einem Holzspießchen feststecken.

Tipp: Eigelb nur von einem frischen Ei verwenden, das nicht älter als 5 Tage ist (Legedatum beachten!). Tatar noch am selben Tag verwenden. Nach Belieben die angerichteten Schnittchen mit einigen Dillstängeln garnieren.

Tellersülze mit Forellenfilets

4 Portionen

4 Blatt weiße Gelatine
400 ml Fischfond
Salz
2 Orangen
4 geräucherte Forellenfilets, ohne Haut (etwa 250 g)

2–3 Dillstängel
1 Bio-Zitrone (unbehandelt, ungewachst)
4 TL Sahnemeerrettich
4 vorbereitete Salatblätter

Zubereitungszeit: 15 Minuten, ohne Kühlzeit

Insgesamt:
E: 68 g, F: 19 g, Kh: 38 g,
kJ: 2599, kcal: 620

Raffiniert

1. Gelatine in kaltem Wasser nach Packungsanleitung einweichen. Gelatine leicht ausdrücken und in einem kleinen Topf mit 3 Esslöffeln von dem Fischfond unter Rühren erwärmen (nicht kochen), bis sie völlig gelöst ist. Zuerst etwas von dem restlichen Fischfond unterrühren, dann den restlichen Fond unterrühren, evtl. mit Salz abschmecken.
2. Orangen so schälen, dass die weiße Haut mit entfernt wird. Fruchtfilets herausschneiden.
3. In 4 tiefe Teller jeweils 2 Esslöffel von der Fischfond-Gelatine-Flüssigkeit geben. Die Teller für etwa 5 Minuten in den Kühlschrank stellen. Anschließend je ein Forellenfilet und die Orangenfi-

Tellersülze mit Forellenfilets

lets auf den Gelatinespiegel legen. Restliche Fischfond-Gelatine-Flüssigkeit esslöffelweise darauf geben. Die Teller für mindestens 1 Stunde in den Kühlschrank stellen.

4. Dill abspülen und trockentupfen. Die Spitzen von den Stängeln zupfen. Zitrone heiß abwaschen, erst halbieren, dann in Scheiben schneiden. Tellersülze mit Dill und Zitronenscheiben garnieren. Je einen Teelöffel Meerrettich auf ein Salatblatt geben und als Dekoration auf den Tellerrand legen.

Beilage: Toastbrot.

Tipp:
Die Tellersülze ist gut gekühlt etwa 3 Tage haltbar.

Rezeptvorschläge für ein Advents-Buffet

Für ein Advents-Buffet benötigen Sie für 10–12 Personen:

1 x Rezept **Torteletts, gefüllt** Seite 394
1,5 x Rezept **Canapés mit Wildpastete und Preiselbeeren** Seite 50
1 x Rezept **Datteln mit Käse im Schinkenmantel** Seite 70
3 x Rezept **Tellersülze mit Forellenfilets** Seite 378
3 x Rezept **Fenchelviertel, gebraten** Seite 94
3 x Rezept **Marshmallow-Kuppel** Seite 238

Außerdem:

3–4 Baguettebrote oder 1–2 Weizenbrote.

Vorbereitungen am Vortag:

Im Laufe des Tages:
- Datteln mit Käse füllen und umwickeln.
- Tellersülzen zubereiten, in kleine Teller oder eine große, tiefe Platte geben und kalt stellen.

Am Abend:
- Creme der Marshmallow-Kuppel zubereiten, in eine große Form (etwa 2,4 l Inhalt, mit Frischhaltefolie ausgelegt) füllen und Marshmallows darauf verteilen. Oder, wie beschrieben, 3 Schüsseln mit Marshmallows auslegen, Creme einfüllen und kalt stellen.

Vorbereitungen am Tag des Buffets:

5 Stunden vorher:
- Champignonmasse für die Torteletts zubereiten und kalt stellen.

4 Stunden vorher:
- Brottaler für die Canapés ausstechen und rösten. Die Wildpastete mit Weinbrand verrühren und kalt stellen.

3 Stunden vorher:
- Fenchelviertel zubereiten und kalt stellen.

2 Stunden vorher:
- Torteletts belegen und garnieren. Canapés fertig stellen.

1 Stunde vorher:
- Datteln backen.
- Marshmallow-Kuppel(n) stürzen und verzieren.

Kurz vorher:
- Tellersülzen garnieren. Brote aufschneiden und anrichten.

Es eignen sich auch folgende zusätzliche Rezepte:

1,5 x Rezept **Schnittchen mit Krabbenbutter** Seite 340
1 x Rezept **Portwein-Pflaumen mit Bacon** Seite 290
2 x Rezept **Canapés mit Käse** Seite 48
2 x Rezept **Filetpastete** Seite 94
3 x Rezept **Apfel-Porree-Salat, pikant** Seite 12
3 x Rezept **Pudding mit Keksen und Früchten** Seite 291
plus Brot.

Tintenfischringe, mariniert

4 Portionen

400 g TK-Tintenfischringe (natur)
250 g Cocktailtomaten
1 kleine Dose rote Bohnen
(Abtropfgewicht 250 g)
1 Bund glatte Petersilie

Für die Marinade:
1 Knoblauchzehe
4 EL Balsamico-Essig
Salz
frisch gemahlener Pfeffer
8 EL Olivenöl

Zubereitungszeit: 25 Minuten, ohne Auftau- und Durchziehzeit

Insgesamt:
E: 80 g, F: 85 g, Kh: 38 g,
kJ: 5187, kcal: 1238

Einfach

1. Tintenfischringe nach Packungsanleitung auftauen. Anschließend in kochendem Salzwasser etwa 10 Minuten blanchieren. Tintenfischringe in ein Sieb geben, mit kaltem Wasser übergießen und abtropfen lassen.
2. Tomaten waschen, trockentupfen, vierteln, entkernen und die Stängelansätze herausschneiden. Bohnen in einem Sieb abtropfen lassen. Petersilie abspülen und trockentupfen. Die Blättchen von den Stängeln zupfen. Blättchen grob hacken.
3. Für die Marinade Knoblauch abziehen, durch eine Knoblauchpresse drücken. Mit Essig, Salz und Pfeffer verrühren, Olivenöl unterschlagen. Tintenfischringe mit Tomatenvierteln, Bohnen und Petersilie in einer großen Schüssel mischen. Marinade untermengen und herzhaft abschmecken. Tintenfischringe 1–2 Stunden kalt stellen und durchziehen lassen.

Beilage: Kleine Pizzabrötchen mit Oliven. Dafür 1 Päckchen (175 g) Pizzateig nach Packungsanleitung zubereiten. Zusätzlich etwa 2 Esslöffel Olivenscheiben unter den Teig kneten. Aus dem Teig kleine Brötchen formen, auf ein Backblech (mit Backpapier belegt) legen und zugedeckt an einem warmen Ort 10–15 Minuten gehen lassen, bis sie sich sichtbar vergrößert haben. Die Brötchen im vorgeheizten Backofen bei Ober-/Unterhitze: etwa 180 °C, Heißluft: etwa 160 °C, Gas: Stufe 2–3 etwa 15 Minuten knusprig braun backen.

Tintenfische, mariniert

Toastschnittchen mit Geflügelaspik

10 Stück

30 g Rucola (Rauke)
60 g weiche Butter
10 Scheiben Toastbrot
20 Scheiben Geflügelaspik
(etwa 240 g)
1 roter Apfel
Saft von $^1/_2$ Zitrone

Zubereitungszeit: 20 Minuten, ohne Abkühlzeit

Insgesamt:
E: 60 g, F: 63 g, Kh: 136 g, kJ: 5744, kcal: 1370

Einfach

1. Rucola verlesen, dicke Stängel abschneiden. Rucola waschen und trockenschleudern. 10 Rucolablätter zum Garnieren beiseite legen. Restliche Rucolablätter fein schneiden und mit der Butter verrühren.
2. Toastscheiben goldbraun toasten, etwas abkühlen lassen und mit der Rucolabutter bestreichen. Die Toastbrotscheiben (bestrichene Seite) mit 2 Scheiben zur Hälfte zusammengelegtem Geflügelaspik belegen.
3. Apfel waschen, abtrocknen und vierteln. Das Kerngehäuse entfernen, Apfelviertel in dünne Spalten schneiden. Die Apfelspalten mit Zitronensaft beträufeln, damit sie nicht braun werden.
4. Toastschnittchen mit Apfelspalten und den beiseite gelegten Rucolablättern garnieren.

Toastschnittchen mit Geflügelaspik

Tofuaufstrich, grün

Tofuaufstrich, grün

10–12 Portionen (etwa 480 g)

325 g Tofu
1 Zwiebel
1 Knoblauchzehe
8–10 gemischte Kräuterstängel, z. B. Petersilie, Basilikum, Dill, Schnittlauch
1 EL Sesamöl
2 EL Sojasauce
1 TL Sambal Oelek
Salz

Zubereitungszeit: 20 Minuten

Insgesamt:
E: 55 g, F: 39 g, Kh: 9 g, kJ: 2521, kcal: 604

Vegetarisch

1. Tofu abtropfen lassen, in kleine Würfel schneiden und grob pürieren. Zwiebel und Knoblauch abziehen, ebenfalls klein würfeln.
2. Kräuter abspülen und trockentupfen. Die Blättchen bzw. Spitzen von den Stängeln zupfen. Blättchen, Spitzen und Schnittlauch fein hacken.
3. Sesamöl mit Sojasauce und Sambal Oelek verrühren. Gehackte Kräuter, Tofu-, Zwiebel- und Knoblauchwürfel unterrühren, mit Salz abschmecken.
4. Tofuaufstrich in 2 gründlich gereinigte, gespülte und getrocknete Gläser füllen. Gläser mit Deckeln fest verschließen und kalt stellen.

Brotempfehlung: Grau- oder Roggenmischbrot.

Tipp: Der Tofuaufstrich ist gekühlt etwa 3 Tage haltbar.

Tofu-Dip mit Kräutern und Schalotten

Tofu-Dip mit Kräutern und Schalotten

4 Portionen

250 g Tofu
2–3 EL Milch
2 Schalotten
3 EL gehackte Kräuter, z. B. Petersilie, Dill, Schnittlauch, Kerbel
Salz
frisch gemahlener Pfeffer

Zubereitungszeit: 10 Minuten

Insgesamt:
E: 42 g, F: 23 g, Kh: 6 g,
kJ: 1663, kcal: 398

Schnell

1. Tofu und Milch in einen Rührbecher geben und mit einem Pürierstab cremig rühren.
2. Schalotten abziehen, in kleine Würfel schneiden und mit den Kräutern unter die Tofumasse rühren. Mit Salz und Pfeffer abschmecken.

Tipp:
Zu Folienkartoffeln oder Bircher-Benner-Kartoffeln und frischem Salat reichen.

Tomaten-Aprikosen-Suppe

4 Portionen

2 Schalotten
1 EL Olivenöl
1 Dose (850 g) geschälte Tomaten
1 TL gerebelter Oregano
Salz, frisch gemahlener Pfeffer
1 TL Zucker
1 Dose Aprikosenhälften
(Abtropfgewicht 240 g)
1 Becher (150 g) Crème légère
etwas Zitronensaft

Nach Belieben:
einige Minzeblättchen

Zubereitungszeit: 40 Minuten, ohne Abkühlzeit

Insgesamt:
E: 19 g, F: 35 g, Kh: 105 g,
kJ: 3540, kcal: 842

Gut vorzubereiten

1. Schalotten abziehen und sehr fein würfeln. Olivenöl in einer Pfanne mit hohem Rand erhitzen, Schalottenwürfel darin andünsten. Tomaten mit der Flüssigkeit hinzufügen, zum Kochen bringen und unter gelegentlichem Rühren etwa 10 Minuten köcheln lassen. Tomatensuppe mit Oregano, Salz, Pfeffer und Zucker abschmecken. Suppe pürieren und erkalten lassen.
2. Aprikosenhälften mit dem Saft pürieren. Créme lègére unterrühren, mit Zitronensaft abschmecken.
3. Vier tiefe Teller bereitstellen. In jeden Teller gleichzeitig von rechts und links, jeweils eine Kelle Tomaten- und Aprikosensuppe geben.
4. Nach Belieben Minzeblättchen abspülen und trockentupfen. Die Tomaten-Aprikosen-Suppe mit den Minzeblättchen garnieren.

Tipp:
Die Suppe mit geschrotetem Pfeffer bestreuen und geröstete Weißbrotwürfel dazu reichen.

Tomaten-Aprikosen-Suppe

Tomaten-Buchteln

36 Stück

- $^1/_2$ Pck. (21 g) frische Hefe
- 170 ml lauwarmes Wasser
- 350 g Weizenmehl (Type 550)
- 1 TL Zucker
- 36 Cocktailtomaten (etwa 250 g)
- 2 Knoblauchzehen
- 50 g getrocknete Tomaten in Öl
- 1 TL getrocknete Kräuter der Provence
- 2 EL Tomatenöl von den getrockneten Tomaten
- 4 EL Olivenöl
- 1 TL Salz
- 125 ml ($^1/_8$ l) Schlagsahne
- 125 ml ($^1/_8$ l) Gemüsebrühe
- 500 g Aioli (Knoblauchmayonnaise)

Zubereitungszeit: 75 Minuten, ohne Teiggeh- und Durchziehzeit
Backzeit: 30–35 Minuten

Insgesamt:
E: 56 g, F: 457 g, Kh: 299 g, kJ: 23087, kcal: 5512

Raffiniert

1. Hefe mit Wasser, 1 Esslöffel von dem Mehl und Zucker in einer kleinen Rührschüssel verrühren, zugedeckt an einem warmen Ort etwa 10 Minuten stehen lassen.
2. Tomaten waschen, abtropfen lassen und die Haut mehrmals mit einem scharfen Messer einritzen. Knoblauch abziehen und fein hacken. Getrocknete Tomaten abtropfen lassen und das Öl dabei auffangen. Tomaten, Knoblauch und Kräuter der Provence in eine Schüssel geben. Mit 2 Esslöffeln von dem aufgefangenen Tomatenöl mischen und bis zur weiteren Verwendung durchziehen lassen.
3. Getrocknete Tomaten in kleine Würfel schneiden. Restliches Mehl in eine Rührschüssel sieben. Olivenöl, Salz und den Teigansatz hinzufügen. Die Zutaten mit Handrührgerät mit Knethaken zunächst kurz auf niedrigster, dann auf höchster Stufe in etwa 5 Minuten zu einem Teig verarbeiten. Den Teig zugedeckt so lange an einem warmen Ort stehen lassen, bis er sich sichtbar vergrößert hat (etwa 40 Minuten).
4. Den Teig leicht mit Mehl bestäuben, aus der Schüssel nehmen, auf einer bemehlten Arbeitsfläche nochmals kurz durchkneten und zu einer Rolle formen. Teigrolle in 36 Stücke teilen.
5. Jedes Teigstück zu einer Kugel formen, flach drücken, eine abgetropfte Cocktailtomate darauf geben, mit dem Teig umschließen und wieder zu einer Kugel formen.
6. Die Teigkugeln nebeneinander in eine flache Auflaufform (gefettet, etwa 2 $^1/_2$ l Inhalt) setzen und zugedeckt nochmals etwa 30 Minuten gehen lassen. Sahne und Brühe verschlagen, gleichmäßig über die Teigkugeln gießen. Die Form auf dem Rost in den Backofen schieben.
   Ober-/Unterhitze: etwa 200 °C (vorgeheizt)
   Heißluft: etwa 180 °C (nicht vorgeheizt)
   Gas: Stufe 3–4 (nicht vorgeheizt)
   Backzeit: 30–35 Minuten.
7. Die Form auf einen Rost stellen. Die Buchteln etwas abkühlen lassen, dann aus der Form nehmen und auf dem Rost erkalten lassen.
8. Die Tomaten-Buchteln mit Aioli servieren.

Tomaten-Buchteln

Tomaten-Carpaccio mit blanchierten Zucchinischeiben

Tomaten-Carpaccio mit blanchierten Zucchinischeiben

4 Portionen

4 Fleischtomaten (etwa 600 g)
4 kleine Zucchini (etwa 600 g)
1 gestr. TL Salz
Wasser
300 g Ricotta (italienischer Frischkäse)
Salz, frisch gemahlener Pfeffer
6 EL Olivenöl

Zum Garnieren:
einige Dillstängel

Zubereitungszeit: 30 Minuten

Insgesamt:
E: 41 g, F: 108 g, Kh: 25 g,
kJ: 5170, kcal: 1231

Vegetarisch – schnell

1. Tomaten waschen, abtrocknen, halbieren und die Stängelansätze herausschneiden. Tomaten in Scheiben schneiden. Zucchini waschen, abtrocknen und die Enden abschneiden. Zucchini längs in dünne Scheiben schneiden (evtl. mit einer Aufschnitt- bzw. Brotschneidemaschine).
2. Zucchinischeiben portionsweise in kochendem Salzwasser blanchieren. Anschließend in ein Sieb geben, mit kaltem Wasser übergießen und gut abtropfen lassen.
3. Ricotta verrühren, mit Salz und Pfeffer würzen. Den Rand von 4 Tellern schuppenförmig mit den Tomatenscheiben belegen. Jeweils ein Viertel der Käsemasse in die Mitte setzen. Die Zucchinischeiben dekorativ an den Käse legen. Tomaten-Carpaccio mit Salz und Pfeffer bestreuen, mit Olivenöl beträufeln.
4. Zum Garnieren Dill abspülen und trockentupfen. Die Spitzen von den Stängeln zupfen. Das Tomaten-Carpaccio damit garnieren.

Beilage: Warmes Baguette mit Knoblauch- oder Kräuterbutter.

Tomaten, gefüllt

4 Portionen

100 g Langkornreis
250 ml (1/4 l) Salzwasser
24 kleine Tomaten
1 kleine grüne Paprikaschote
2 Bund Frühlingszwiebeln
1 kleine Dose (140 g) Gemüsemais
2–3 EL Speiseöl
Salz
frisch gemahlener Pfeffer

Zubereitungszeit: 40 Minuten, ohne Abkühlzeit

Insgesamt:
E: 20 g, F: 29 g, Kh: 125 g, kJ: 3600, kcal: 858

Preiswert – gut vorzubereiten

1. Reis in kochendes Salzwasser geben, zugedeckt zum Kochen bringen und nach Packungsanleitung garen. Reis in ein Sieb geben, mit kaltem Wasser übergießen, abtropfen und erkalten lassen.
2. Tomaten waschen und trockentupfen. Von den Tomaten je einen Deckel abschneiden. Tomaten vorsichtig mit einem Teelöffel aushöhlen.
3. Paprika halbieren, entstielen, entkernen und die weißen Scheidewände entfernen. Schote waschen, trockentupfen und in kleine Würfel schneiden. Frühlingszwiebeln putzen, waschen, abtropfen lassen und in dünne Scheiben schneiden. Mais in einem Sieb abtropfen lassen.
4. Paprikawürfel, Frühlingszwiebelscheiben und Mais zum Reis geben und untermischen. Speiseöl unterrühren. Mit Salz und Pfeffer abschmecken.
5. Die ausgehöhlten Tomaten mit der Gemüsemasse füllen. Den Deckel darauf legen.

Tipp:
Die Tomaten können gut einige Stunden vor Verzehr zubereitet werden. Mais kann durch 100 g Käsewürfel ersetzt werden.

Abwandlung:
6 Stangen gegarten weißen Spargel in sehr dünne Scheiben schneiden. Aus 1 Esslöffel Zitronensaft, 1 Teelöffel Dijon-Senf, Salz, Pfeffer, 1 Prise Zucker und 4 Esslöffeln Olivenöl eine Vinaigrette zubereiten und mit den Spargelscheiben mischen. 2 Esslöffel gehackte glatte Petersilie unterrühren. Die Tomaten damit füllen.

Tomaten, gefüllt

Tomatenketchup

$1^1/_2$ l

1 kg Fleischtomaten
8 mittelgroße Zwiebeln
100 g Knollensellerie
je 250 g rote und grüne Paprikaschoten
100 g brauner Zucker
1 EL Salz
1 TL Paprikapulver edelsüß
1 TL Cayennepfeffer
1 TL frisch gemahlener, schwarzer Pfeffer
125 ml ($^1/_8$ l) Weinessig
2 Msp. Einmach-Hilfe

Zubereitungszeit: 40 Minuten

Insgesamt:
E: 22 g, F: 6 g, Kh: 166 g, kJ: 3590, kcal: 853

Einfach

1. Tomaten waschen, abtrocknen und die Stängelansätze herausschneiden. Zwiebeln abziehen. Sellerie putzen, schälen, waschen und abtropfen lassen.
2. Paprika halbieren, entstielen, entkernen und die weißen Scheidewände entfernen. Schoten waschen, abtropfen lassen.
3. Tomaten, Zwiebeln, Sellerie und Paprika in Stücke schneiden und in einen Topf geben. Zucker unterrühren. Mit Salz, Paprika, Cayennepfeffer, Pfeffer und Essig würzen. Die Zutaten zum Kochen bringen und zugedeckt etwa 45 Minuten dünsten lassen. Die Gemüsemasse durch ein Sieb in einen Topf streichen.
4. Die passierte Gemüsemasse wieder zum Kochen bringen und so lange kochen lassen, bis sie dicklich geworden ist. Ketchup nochmals mit den Gewürzen abschmecken. Den Topf von der Kochstelle nehmen und Einmach-Hilfe unterrühren.
5. Ketchup sofort randvoll in gründlich gereinigte und gespülte Gläser oder Flaschen füllen, mit Twist-off-Deckeln® verschließen und etwa 5 Minuten auf den Deckeln stehen lassen.

Tipp:
Es sollten möglichst kleine Gläser verwendet werden, da das Ketchup, wenn es geöffnet ist, sich im Kühlschrank nur etwa 1 Woche hält. Wenn Sie das Ketchup nur kurzfristig aufbewahren möchten, können Sie es auch in Flaschen mit Korkdeckeln füllen.

Tomatenketchup

Tomatenkörbchen, gefüllt

4 Portionen

20 g Butter
etwa 200 g TK-Erbsen-Möhren
Salz
frisch gemahlener Pfeffer
Zucker
etwa 100 ml Wasser
gehackte Petersilie

8 Tomaten
nach Belieben Kerbel- oder Petersilienblättchen

Zubereitungszeit: 20 Minuten, ohne Abkühlzeit

Insgesamt:
E: 12 g, F: 18 g, Kh: 32 g,
kJ: 1448, kcal: 344

Schnell – einfach

1. Butter in einem Topf zerlassen. Die gefrorenen Erbsen und Möhren hinzufügen und kurz andünsten. Mit Salz, Pfeffer und Zucker würzen, Wasser hinzugießen. Gemüse zum Kochen bringen und zugedeckt etwa 8 Minuten bei schwacher Hitze garen. Gemüse mit Petersilie bestreuen und abkühlen lassen.
2. Tomaten waschen, abtrocknen und jeweils einen Deckel abschneiden. Die Tomaten vorsichtig mit einem kleinen Löffel aushöhlen, evtl. auf der Unterseite etwas flach schneiden und auf einer Platte anrichten. Tomaten mit dem Gemüse füllen.
3. Die Tomatenkörbchen mit Kerbelblättchen garniert servieren.

Tipp: Tomatendeckel klein schneiden und zum gegarten Gemüse geben.

Tomatenkörbchen, gefüllt

Tomaten mit Auberginen-Hähnchen-Füllung

24 Portionen

2 mittelgroße Auberginen (je 200 g)
Salz
24 mittelgroße Tomaten (etwa 1,4 kg)
je 1 kleine rote und gelbe Paprikaschote
300 g Hähnchenbrustfilet
6 EL Olivenöl
frisch gemahlener Pfeffer
1–2 Knoblauchzehen
einige Spritzer Tabasco
2–3 EL Tomatenmark
2 Bund Schnittlauch

Zubereitungszeit: 70 Minuten, ohne Zieh- und Abkühlzeit

Insgesamt:
E: 94 g, F: 61 g, Kh: 64 g,
kJ: 5017, kcal: 1193

Dauert länger

1. Auberginen waschen, abtrocknen und die Stängelansätze entfernen. Auberginen in etwa 1 x 1 cm große Würfel schneiden, mit Salz bestreuen und etwa 20 Minuten ziehen lassen.
2. Tomaten waschen, abtrocknen und jeweils einen Deckel abschneiden. Tomaten mit Hilfe eines Teelöffels aushöhlen. Das Innere pürieren, durch ein Sieb streichen und beiseite stellen.
3. Paprika halbieren, entstielen, entkernen und die weißen Scheidewände entfernen. Schoten waschen, trockentupfen und klein würfeln. Hähnchenbrustfilet unter fließendem kalten Wasser abspülen, trockentupfen und in kleine Würfel schneiden. Auberginenwürfel in einem Sieb abtropfen lassen.
4. Einen Esslöffel Olivenöl in einer Pfan-

Tomaten mit Auberginen-Hähnchen-Füllung

ne erhitzen. Die Fleischwürfel darin rundherum anbraten, mit Salz und Pfeffer würzen. Fleischwürfel aus der Pfanne nehmen.

5. Vier Esslöffel Olivenöl in der Pfanne erhitzen. Auberginen- und Paprikawürfel darin unter gelegentlichem Rühren etwa 5 Minuten braten. Knoblauch abziehen, durch eine Knoblauchpresse drücken und unterrühren. Beiseite gestelltes Tomatenpüree hinzufügen.
6. Die Gemüsemasse mit Tabasco, Tomatenmark, Salz und Pfeffer würzen, Fleischwürfel unterheben, erkalten lassen.
7. Schnittlauch abspülen, trockentupfen und in kleine Röllchen schneiden. Die Hälfte der Schnittlauchröllchen unter die Gemüse-Fleisch-Masse heben, evtl. nochmals mit den Gewürzen abschmecken. Die Gemüse-Fleisch-Masse in die Tomaten füllen.
8. Die Schnittflächen der Tomatendeckel mit dem restlichen Olivenöl dünn bestreichen, leicht in die Schnittlauchröllchen drücken und auf die Tomaten legen.

Tomaten-Paprika-Relish

10 Portionen (1 kg)

250 g Tomaten
je 250 g rote und grüne Paprikaschoten
125 g Zwiebeln
250 g Zucker
Salz
1 Msp. gemahlener Ingwer
1 TL Cayennepfeffer
1 Msp. gemahlene Nelken
1 TL Paprikapulver edelsüß
10 Pfefferkörner
125 ml (1/8 l) Rotweinessig
gut 1 Msp. Einmach-Hilfe

Zubereitungszeit: 60 Minuten

Insgesamt:
E: 10 g, F: 3 g, Kh: 281 g,
kJ: 5129, kcal: 1225

Gut vorzubereiten

1. Tomaten waschen, kreuzweise einschneiden und einige Sekunden in kochendes Wasser legen. Tomaten kurz in kaltem Wasser abschrecken, enthäuten, halbieren, entkernen und Stängelansätze entfernen. Fruchtfleisch in grobe Stücke schneiden.
2. Paprika halbieren, entstielen, entkernen und die weißen Scheidewände entfernen. Schoten waschen, trockentupfen und ebenfalls grob zerkleinern. Zwiebeln abziehen und in grobe Würfel schneiden.
3. Die vorbereiteten Zutaten in einem Topf mit Zucker, Salz, Ingwer, Cayennepfeffer, Nelken, Paprika, Pfefferkörnern und Essig zum Kochen bringen und 30–45 Minuten dünsten lassen.
4. Die Gemüsemasse portionsweise im Mixer kurz pürieren und Einmach-Hilfe unterrühren.
5. Relish randvoll in gründlich gereinigte und gespülte Gläser füllen und sofort mit Twist-off-Deckeln® verschließen. Die Gläser umdrehen und 5 Minuten auf den Deckeln stehen lassen, dann wieder umdrehen.

Tomaten-Paprika-Relish

Tomaten-Pesto

Tomaten-Pesto

1 Glas (etwa 150 ml)

150 g getrocknete Tomaten in Öl
3 Knoblauchzehen
1 Bund Basilikum
20 g frischer Parmesan-Käse
30 g abgezogene, gehobelte Mandeln
100 ml kalt gepresstes Olivenöl
Salz
frisch gemahlener Pfeffer

Zubereitungszeit: 20 Minuten

Insgesamt:
E: 26 g, F: 133 g, Kh: 40 g,
kJ: 6136, kcal: 1466

Klassisch

1. Tomaten in einem Sieb abtropfen lassen. Knoblauch abziehen und durch eine Knoblauchpresse drücken. Basilikum abspülen und trockentupfen. Die Blättchen von den Stängeln zupfen. Parmesan-Käse fein reiben.
2. Tomaten, Mandeln und Basilikumblättchen sehr fein hacken oder pürieren und in eine Schüssel geben. Knoblauch, Parmesan-Käse und Olivenöl untermengen. Mit Salz und Pfeffer würzen.

Tipp: Tomaten-Pesto hält sich gekühlt etwa 3 Wochen. Tomaten-Pesto passt gut zu Fisch, Fleisch, Reis, Pasta und Gemüse. Pesto in ein Schraubverschlussglas geben, mit Olivenöl bedecken und mit dem Deckel verschließen.

Tomaten-Pfeffer-Sauce

4 Portionen (250 g)

3 mittelgroße Tomaten (etwa 200 g)
2 EL Tomatenketchup
1 TL eingelegte, grüne Pfefferkörner
2 EL Olivenöl
$^{1}/_{2}$ TL geriebener Meerrettich
(aus dem Glas)
Salz
1 TL Kerbelblättchen

Zubereitungszeit: 10 Minuten

Insgesamt:
E: 3 g, F: 20 g, Kh: 12 g,
kJ: 1017, kcal: 242

Schnell

1. Tomaten waschen, kreuzweise einschneiden und einige Sekunden in kochendes Wasser legen. Tomaten kurz in kaltem Wasser abschrecken, enthäuten, halbieren, entkernen und Stängelansätze entfernen. Tomaten in Würfel schneiden.
2. Tomatenwürfel mit Ketchup und Pfefferkörnern mischen. Olivenöl unterrühren. Mit Meerrettich und Salz würzen, Kerbelblättchen unterrühren.

Tipp: Die Sauce passt zu gegrilltem Fleisch und gebackenem Geflügel.

Tomaten-Pfeffer-Sauce

Tomaten-Quark-Dip mit Gemüse

Tomaten-Quark-Dip mit Gemüse

8 Portionen (etwa 750 g)

500 g Fleischtomaten
400 g grüner Pfefferquark
5-6 Stangen Staudensellerie
1 Chicorée

Zubereitungszeit: 25 Minuten

Insgesamt:
E: 33 g, F: 21 g, Kh: 72 g,
kJ: 2633, kcal: 628

Raffiniert

1. Tomaten waschen, kreuzweise einschneiden und einige Sekunden in kochendes Wasser legen. Tomaten kurz in kaltem Wasser abschrecken, enthäuten, halbieren, entkernen und Stängelansätze entfernen. Fruchtfleisch in feine Würfel schneiden.
2. Tomatenwürfel mit Quark verrühren und in einen tiefen Teller geben.
3. Sellerie putzen und die harten Außenfäden abziehen. Sellerie abspülen, gut abtropfen lassen, evtl. halbieren und in etwa 10 cm lange Stücke schneiden.
4. Vom Chicorée die äußeren Blätter entfernen, Strunk keilförmig herausschneiden, Chicorée in Blätter teilen, waschen und gut abtropfen lassen. Selleriestücke und Chicorée mit dem Dip anrichten.

Tomaten-Relish mit Basilikum

10 Portinen (1 kg)

700 g Tomaten (vorbereitet gewogen)
1 Bund Basilikum
175 ml Rotweinessig
50 ml Rotwein
Currypulver
Paprikapulver edelsüß
Salz
1 TL zerdrückter, eingelegter grüner Pfeffer
1/2 Pck. (250 g) Extra Gelier Zucker

Zubereitungszeit: 35 Minuten

Insgesamt:
E: 8 g, F: 2 g, Kh: 266 g,
kJ: 5012, kcal: 1180

Einfach – mit Alkohol

1. Tomaten waschen, kreuzweise einschneiden und einige Sekunden in kochendes Wasser legen. Tomaten kurz in kaltem Wasser abschrecken, enthäuten, halbieren, entkernen und Stängelansätze entfernen. Tomaten in kleine Würfel schneiden.
2. Basilikum abspülen und trockentupfen. Die Blättchen von den Stängeln zupfen. Blättchen klein hacken.
3. Tomatenwürfel in einen Topf geben. Essig, Rotwein, Curry, Paprika, Salz, Pfeffer und Zucker hinzufügen. Die Zutaten unter Rühren zum Kochen bringen und etwa 10 Minuten kochen lassen, dabei ab und zu umrühren. Basilikum unterrühren.
4. Die Tomatenmasse sofort randvoll in gründlich gereinigte und gespülte Gläser füllen und mit Twist-off-Deckeln® verschließen. Gläser etwa 5 Minuten auf den Deckeln stehen lassen und wieder umdrehen.

Tomaten-Relisch mit Basilikum

Tomaten-Relish, scharf

3 Gläser (je 200 ml)

2 rote Paprikaschoten
1 kg vollreife Tomaten
2–4 Knoblauchzehen
1–2 EL Harissa
4 EL kalt gepresstes Olivenöl
Meersalz

Zubereitungszeit: 35 Minuten, ohne Ruhe-, Abkühl- und Durchziehzeit

Insgesamt:
E: 12 g, F: 44 g, Kh: 43 g,
kJ: 2639, kcal: 627

Für Gäste

1. Paprika halbieren, entstielen, vierteln, entkernen, weiße Scheidewände entfernen. Schoten waschen, trockentupfen und auf ein Backblech (gefettet) legen. Das Backblech unter den vorgeheizten Grill schieben. Die Paprikaschoten so lange rösten, bis die Haut schwarz wird und Blasen wirft. Schoten in eine Schale legen, mit Frischhaltefolie zugedeckt etwa 15 Minuten stehen lassen.
2. Tomaten waschen, abtrocknen, mit den Knoblauchzehen auf das Backblech legen, ebenfalls unter dem vorgeheizten Grill rösten, bis die Haut schwarz wird und Blasen wirft, dabei gelegentlich wenden; die Knoblauchzehen sollten noch weich sein. Tomaten und Knoblauch abkühlen lassen.
3. Die Haut der Paprikaschoten abziehen. Paprika in sehr kleine Würfel schneiden. Tomaten enthäuten, entkernen und Stängelansätze entfernen. Tomaten grob zerkleinern. Knoblauch abziehen und in sehr kleine Würfel schneiden.
4. Paprikawürfel mit Tomatenstücken, Knoblauchwürfeln, Harissa und Olivenöl mischen, mit Meersalz abschmecken, etwa 2 Stunden durchziehen lassen.
5. Überschüssiges Olivenöl abgießen. Relish in vorbereitete Gläser füllen und mit Twist-off-Deckeln® verschließen. Relish kalt und dunkel gestellt etwa 2 Wochen durchziehen lassen.

Tipp:
Das Relish passt gut zu gegrilltem oder gebratenem Fleisch oder Geflügel und zu gebackenem, pochiertem, gegrilltem oder gebratenem Fisch.

Tomaten-Relish, scharf

Tomatenschüssel Gerona

8–10 Portionen

800 g Tomaten
3 mittelgroße Zwiebeln

Für die Sauce:
2 Knoblauchzehen
2 hart gekochte Eier
3 EL Balsamico-Essig
1 EL Zucker
1/2 TL mittelscharfer Senf
Salz, frisch gemahlener Pfeffer
5 EL Speiseöl

75 g durchwachsener Speck
2–3 EL gehackte Basilikumblättchen

Tomatenschüssel Gerona

Zubereitungszeit: 30 Minuten

Insgesamt:
E: 36 g, F: 70 g, Kh: 43 g,
kJ: 3989, kcal: 950

Preiswert

1. Tomaten waschen, kreuzweise einschneiden und einige Sekunden in kochendes Wasser legen. Tomaten kurz in kaltem Wasser abschrecken, enthäuten, halbieren, entkernen und Stängelansätze entfernen. Tomaten in Scheiben schneiden.
2. Zwiebeln abziehen, zuerst in sehr dünne Scheiben schneiden, dann in Ringe teilen. Zwiebelringe mit den Tomatenscheiben in einer Schüssel anrichten.
3. Für die Sauce Knoblauch abziehen und fein würfeln. Eier pellen und halbieren. Eiweiß in Würfel schneiden und beiseite stellen. Eigelb durch ein Sieb streichen. Essig mit Zucker, Senf, Salz und Pfeffer verrühren, Speiseöl unterschlagen. Knoblauchwürfel und das durchgestrichene Eigelb unterrühren. Die Sauce über die Salatzutaten gießen.
4. Speck in kleine Würfel schneiden und in einer Pfanne ohne Fett knusprig braun braten. Die Speckwürfel auf Küchenpapier abtropfen lassen. Speck- und Eiweißwürfel mit Basilikum auf den Salat streuen.

Abwandlung:
Für eine vegetarische Variante den Speck weglassen und einige entsteinte schwarze Oliven (nach Belieben in Ringe geschnitten) über den Salat streuen.

Tipp:
Die Zwiebelringe werden etwas weicher, wenn Sie sie in dem Speiseöl für die Salatsauce etwa 1 Stunde marinieren. Die Zwiebelringe dann herausnehmen und das Speiseöl für die Sauce verwenden.

Tomaten-Zucchini-Salat, bunt

4 Portionen

1 mittelgroße Zucchini (etwa 250 g)
1 grüne Paprikaschote
1 kleine Gemüsezwiebel (etwa 150 g)
1 Knoblauchzehe
4 hart gekochte Eier
etwa 10 grüne Oliven mit Paprikafüllung
6 mittelgroße Tomaten
1 Bund Schnittlauch
Salz
frisch gemahlener, schwarzer Pfeffer
einige Blättchen Oregano
etwas frischer Dill
1 TL Zucker
3 EL Zitronensaft
6 EL Olivenöl
200 g griechischer Schafkäse

Zubereitungszeit: 20 Minuten

Insgesamt:
E: 74 g, F: 131 g, Kh: 34 g,
kJ: 6800, kcal: 1620

Vegetarisch

1. Zucchini waschen, abtrocknen und die Enden abschneiden. Zucchini in Scheiben schneiden.
2. Paprika halbieren, entstielen, entkernen und die weißen Scheidewände entfernen. Schote waschen, trockentupfen und in Streifen schneiden.
3. Gemüsezwiebel und Knoblauch abziehen. Gemüsezwiebel in dünne Scheiben schneiden und die Knoblauchzehe durch eine Knoblauchpresse drücken.
4. Eier pellen und achteln. Oliven in Scheiben schneiden. Tomaten waschen, trockentupfen, halbieren, entkernen und die Stängelansätze herausschneiden. Tomaten in Spalten schneiden. Schnittlauch abspülen, trockentupfen und in Röllchen schneiden.
5. Die vorbereiteten Salatzutaten der Reihe nach in eine Schüssel geben. Mit Salz, Pfeffer, Oregano, Dill und Zucker bestreuen. Zitronensaft und Olivenöl darauf träufeln, Salat mischen.
6. Käse zerbröseln und auf dem Salat verteilen.

Tomaten-Zucchini-Salat, bunt

Torteletts, gefüllt

12 Stück

300 g Champignons
3 EL Zitronensaft
Salz, frisch gemahlener Pfeffer
1 TL getrocknete, italienische Kräuter
2 EL Crème fraîche
6 Scheiben Mortadella
12 Torteletts für salzige Füllungen (Ø etwa 6 cm, fertig gekauft)
6 Scheiben Salami
Basilikumblättchen
Rosmarinnadeln

Zubereitungszeit: 25 Minuten, ohne Durchziehzeit

Insgesamt:
E: 50 g, F: 118 g, Kh: 197 g,
kJ: 8594, kcal: 2057

Für Gäste

1. Champignons putzen, mit Küchenpapier abreiben, evtl. kurz abspülen, trockentupfen und in dünne Scheiben schneiden. Champignonscheiben mit Zitronensaft beträufeln, mit Salz und Pfeffer bestreuen. Kräuter unterrühren. Champignonscheiben einige Stunden durchziehen lassen.
2. Crème fraîche unter die Champignonscheiben rühren, mit Salz und Pfeffer abschmecken.
3. Aus Mortadella mit einer Ausstechform (Ø 8–9 cm) runde Scheiben ausstechen. Die einzelnen Wurstscheiben bis zur Hälfte einschneiden, je zu einer Tüte formen und in sechs Torteletts legen.
4. Salamischeiben ebenfalls bis zur Mitte einschneiden, zu Tüten formen und in die restlichen Torteletts legen.
5. Die Champignonmasse kurz vor dem Servieren in die Wursttütchen füllen. Die Torteletts mit Basilikumblättchen und Rosmarinnadeln garniert servieren.

Torteletts, gefüllt

Tramezzini mit Eiercreme

10 Stück

8 hart gekochte Eier
1 Becher (150 g) Crème fraîche
2 EL Salatmayonnaise
2 TL körniger Senf
Salz
frisch gemahlener Pfeffer
4 Frühlingszwiebeln
etwa 100 g marinierte, rote Paprikaschoten (aus dem Glas)
10 Scheiben Mehrkorn-Toastbrot

10 Scheiben Bacon (Frühstücksspeck)
einige Salatblätter, z. B. Lollo Bionda

Zubereitungszeit: 35 Minuten, ohne Durchziehzeit

Insgesamt:
E: 98 g, F: 137 g, Kh: 136 g, kJ: 9059, kcal: 2169

Für Gäste

Tramezzi mit Eiercreme

1. Eier pellen, in Stücke schneiden und grob pürieren, mit Crème fraîche, Mayonnaise und Senf verrühren. Mit Salz und Pfeffer würzen.
2. Frühlingszwiebeln putzen, waschen, gut abtropfen lassen und in feine Ringe schneiden. Paprikaschoten aus der Marinade nehmen, abtropfen lassen, trockentupfen und in kleine Würfel schneiden.
3. Von dem Toastbrot die Rinde abschneiden. Die Rinde von 4 Scheiben in kleine Würfel schneiden und unter die Eiermasse rühren. Paprikawürfel und Frühlingszwiebelringe unterheben.
4. Baconscheiben in je 3 Stücke schneiden und in einer Pfanne ohne Fett kross ausbraten. Salatblätter abspülen und trockentupfen.
5. Die Hälfte der Toastbrotscheiben mit den Salatblättern belegen, die Eiermasse darauf streichen und die Speckscheiben darauf verteilen. Restliche Brotscheiben darauf legen und etwas andrücken. Die Brotscheiben diagonal halbieren, fest in Klarsichtfolie einwickeln und etwas durchziehen lassen.

Tunfisch mit gegrilltem Gemüse

Tunfischcocktail

4 Portionen

300 g Tunfisch naturell (aus der Dose)
3 Schalotten

Für die Cocktailsauce:
1 Becher (150 g) Crème fraîche
1 EL mittelscharfer Senf
2 EL Tomatenketchup
1 EL Weinbrand
1 Knoblauchzehe
Worcestersauce
Salz
1 Prise Zucker
1 EL gehackter Dill
gewaschene, trockengetupfte Salatblätter

1 EL Kapern

Zubereitungszeit: 20 Minuten

Insgesamt:
E: 74 g, F: 91 g, Kh: 22 g,
kJ: 5117, kcal: 1229

Schnell – mit Alkohol

1. Tunfisch abtropfen lassen und mit einer Gabel zerpflücken. Schalotten abziehen und in kleine Würfel schneiden.
2. Für die Cocktailsauce Crème fraîche mit Senf, Ketchup und Weinbrand verrühren. Knoblauch abziehen, durch eine Knoblauchpresse drücken und unterrühren. Mit Worcestersauce, Salz und Zucker würzen, Dill unterrühren.
3. Vier Cocktailgläser mit Salatblättern auslegen. Tunfisch, Schalottenwürfel und Kapern darauf anrichten und mit der Sauce übergießen.

Beilage: Weißbrot und Kräuterbutter.

Tunfisch mit gegrilltem Gemüse

4 Portionen

400 g frischer Tunfisch
je 1 rote, grüne und gelbe Paprikaschote (etwa 600 g)
1 Zucchini (etwa 220 g)
2 rote Zwiebeln (etwa 100 g)
4 EL Olivenöl
12 große grüne, gefüllte Oliven (etwa 150 g)
etwas Limettensaft
1 Pck. TK-Kräuter der Provence
Salz
frisch gemahlener Pfeffer

Zubereitungszeit: 60 Minuten, ohne Durchziehzeit

Insgesamt:
E: 100 g, F: 124 g, Kh: 36 g,
kJ: 6966, kcal: 1663

Für Gäste

1. Tunfisch unter fließendem kalten Wasser abspülen, trockentupfen und in kleine Stücke schneiden.

Tunfischcocktail

2. Paprika halbieren, entstielen, entkernen und die weißen Scheidewände entfernen. Die Schoten waschen, trockentupfen und in mundgerechte Stücke schneiden.
3. Zucchini waschen, abtrocknen und die Enden abschneiden. Zucchini in etwas dickere Scheiben schneiden. Zwiebeln abziehen und vierteln.
4. Etwas Olivenöl in einer Pfanne (Grillpfanne) erhitzen. Portionsweise Tunfisch-, Paprikastücke, Zucchinischeiben und Zwiebelviertel darin bei schwacher Hitze unter mehrmaligem Wenden garen, herausnehmen und in eine Schüssel füllen. Oliven unterheben.
5. Limettensaft mit Kräutern der Provence, Salz und Pfeffer verrühren, restliches Olivenöl unterschlagen. Die Marinade über die vorbereiteten Zutaten geben, zugedeckt 1–2 Stunden kalt stellen und durchziehen lassen.

Beilage: Warmes ofenfrisches Baguette mit Knoblauch- oder Kräuterbutter.

Tipp: Servieren Sie das Gericht als Salat oder auf Holzspieße aufgespießt als Fingerfood.

Tunfischsalat

4 Portionen

400 g frischer Tunfisch
200 g Austernpilze
je 1 rote und grüne Paprikaschote (je etwa 250 g)
8 EL Olivenöl
Salz, frisch gemahlener Pfeffer

Für die Marinade:
4–5 Stängel Thymian
3 EL weißer Balsamico-Essig
Salz, frisch gemahlener Pfeffer

Zubereitungszeit: 40 Minuten, ohne Durchziehzeit

Insgesamt:
E: 100 g, F: 140 g, Kh: 20 g, kJ: 7256, kcal: 1732

Raffiniert

1. Tunfisch abspülen, trockentupfen und in mundgerechte Stücke schneiden. Pilze putzen, mit Küchenpapier abreiben, evtl. kurz abspülen, trockentupfen und in große Stücke schneiden. Paprika halbieren, entstielen, entkernen und die weißen Scheidewände entfernen. Die Schoten waschen, trockentupfen und in Würfel schneiden.
2. Paprikawürfel in kochendem Salzwasser etwa 2 Minuten blanchieren. Anschließend in ein Sieb geben, mit eiskaltem Wasser übergießen und gut abtropfen lassen.
3. Etwas von dem Olivenöl in einer Pfanne erhitzen. Tunfischstücke von allen Seiten etwa 5 Minuten darin braten, herausnehmen, mit Salz und Pfeffer würzen. Tunfischstücke in eine Schüssel geben.
4. Paprikawürfel und Pilzstücke in 1 Esslöffel des verbliebenen Olivenöls unter Rühren andünsten und zu den Tunfischstücken geben.
5. Für die Marinade Thymian abspülen und trockentupfen (einige Stängel beiseite legen). Die Blättchen von den Stängeln zupfen. Essig mit Salz und Pfeffer verrühren. Restliches Olivenöl unterschlagen. Die Marinade zu den Salatzutaten geben, vorsichtig untermischen und kalt gestellt 1–2 Stunden durchziehen lassen, dabei ab und zu umrühren. Den Salat mit den Gewürzen pikant abschmecken und mit den beiseite gelegten Thymianstängeln garniert servieren.

Tunfischsalat

Türkischer Reisnudelsalat

8–10 Portionen

Für den Salat:

500 g Reisnudeln
Salzwasser
60 g Pinienkerne
600 g ausgelöster Lammrücken
Salz
frisch gemahlener Pfeffer
3 EL Olivenöl
500 g Dolma Biber (Spitzpaprika)
350 g Zucchini
1 Bund Frühlingszwiebeln
1 Bund glatte Petersilie

Für die Sauce:

8 EL Zitronensaft
Salz
frisch gemahlener schwarzer Pfeffer
etwas Pul Biber (erhältlich in türkischen Läden)
gemahlener Kreuzkümmel
100 ml Olivenöl

Zubereitungszeit: 50 Minuten, ohne Ruhe- und Abkühlzeit

Insgesamt:

E: 183 g, F: 162 g, Kh: 476 g, kJ: 17150, kcal: 4090

Raffiniert

1. Für den Salat Reisnudeln in kochendem Salzwasser bissfest garen, abgießen, kalt abschrecken und abtropfen lassen.
2. Pinienkerne in einer Pfanne ohne Fett anrösten, herausnehmen und auf einem Teller erkalten lassen. Lammfleisch unter fließendem kalten Wasser abspülen, trockentupfen, mit Salz und Pfeffer würzen. Olivenöl in einer Pfanne erhitzen. Lammfleisch darin von allen Seiten etwa 10 Minuten anbraten, herausnehmen, in Alufolie wickeln und ruhen lassen.
3. Reisnudeln und Pinienkerne in eine große Schüssel geben. Dolma Biber entstielen, entkernen und die weißen Scheidewände entfernen. Schoten waschen, trockentupfen und in schmale Streifen oder Ringe schneiden. Zucchini waschen, abtrocknen und die Enden abschneiden. Zucchini in kleine Würfel schneiden. Paprikastreifen oder -ringe und Zucchiniwürfel zu den Reisnudeln geben.
4. Frühlingszwiebeln putzen, waschen, abtropfen lassen und in feine Ringe schneiden. Petersilie abspülen, trockentupfen, Blättchen von den Stängeln zupfen. Blättchen fein hacken. Frühlingszwiebelringe und Petersilie ebenfalls zu den Reisnudeln geben.
5. Für die Sauce Zitronensaft mit Salz, Pfeffer, Pul Biber und Kreuzkümmel verrühren, Olivenöl unterschlagen. Die Sauce mit den Salatzutaten vermengen, den Salat nochmals abschmecken.
6. Lammfleisch aus der Folie nehmen, in Würfel oder Scheiben schneiden und auf dem Salat verteilen, sofort servieren.

Türkischer Reisnudelsalat

Tipp: Reisnudeln sind kleine, reisförmige Nudeln. In Griechenland heißen sie Kritharaki und in der Türkei Arpa Sehriye. Pul Biber ist ein Gewürz aus getrockneten, geschroteten Pfefferschoten. Dazu aufgebackenes Pide-Brot servieren.

Milch anrühren, in die Schokoladen-Milch einrühren und unter Rühren aufkochen lassen. Die Schokoladensauce mit Zucker abschmecken und erkalten lassen. Die Sauce zu der Löffelbiskuit-Früchte-Mischung servieren.

Tipp: Die Löffelbiskuits nach Belieben mit etwas Amaretto (nicht für Kinder) beträufeln. Noch schneller geht es, wenn man anstelle der selbst gekochten Schokosauce eine fertige Schokoladensauce verwendet.

Tuttifrutti mit Schokosauce

4 Portionen

150 g Löffelbiskuits
1 Dose Fruchtcocktail
(Abtropfgewicht 500 g)

Für die Schokoladensauce:
200 ml Milch
50 g Zartbitterschokolade
10 g Speisestärke
20 g Zucker

Zubereitungszeit: 20 Minuten, ohne Durchziehzeit

Insgesamt:
E: 30 g, F: 35 g, Kh: 222 g,
kJ: 5687, kcal: 1360

Für Kinder

1. Löffelbiskuits nach Bedarf ein- oder zweimal durchbrechen, damit sie in 4 Glasschälchen passen. Löffelbiskuits abwechselnd mit den gemischten Früchten (mit etwas von dem Saft) in die Schälchen schichten und einige Zeit durchziehen lassen.
2. Für die Schokoladensauce von der Milch 3 Esslöffel abnehmen. Restliche Milch in einem Topf erhitzen. Schokolade grob zerkleinern und unter Rühren in der Milch auflösen.
3. Speisestärke mit der abgenommenen

Tuttifrutti mit Schokosauce

Vegetarische Schnittchen

10 Stück

1 Bund Frühlingszwiebeln
1 Bund Schnittlauch
250 g Speisequark (Magerstufe)
200 g Doppelrahm-Frischkäse
2 EL Crème fraîche
1 EL TK-Gartenkräuter oder gemischte, gehackte Kräuter
Salz, frisch gemahlener Pfeffer

5 große Scheiben Roggenvollkornbrot (je etwa 65 g)

Zubereitungszeit: 25 Minuten

Insgesamt:
E: 80 g, F: 82 g, Kh: 154 g, kJ: 7096, kcal: 1699

Gut vorzubereiten

1. Frühlingszwiebeln putzen, waschen, abtropfen lassen. Eine Frühlingszwiebel in dünne Scheiben schneiden und zum Garnieren beiseite legen. Restliche Frühlingszwiebeln klein schneiden. Schnittlauch abspülen, trockentupfen und in Röllchen schneiden. Einen Esslöffel Schnittlauchröllchen zum Garnieren beiseite legen.
2. Quark mit Frischkäse und Crème fraîche zu einer geschmeidigen Masse verrühren. Frühlingszwiebelstückchen, Schnittlauchröllchen und Kräuter unterrühren. Die Creme mit Salz und Pfeffer abschmecken.
3. Die Brotscheiben halbieren und mit der Frühlingszwiebelcreme bestreichen. Mit den beiseite gelegten Frühlingszwiebelscheiben und Schnittlauchröllchen garniert servieren.

Vegetarische Schnittchen

Vinaigrette, pikant

4 Portionen

2–3 EL Weißweinessig
1 gestr. TL mittelscharfer Senf
6 EL Speiseöl

1 kleine Zwiebel
1 hart gekochtes Ei
4 Cornichons
1 Bund Petersilie
einige gehackte Kapern
Salz
frisch gemahlener Pfeffer

Zubereitungszeit: 20 Minuten

Insgesamt:
E: 9 g, F: 66 g, Kh: 5 g,
kJ: 2706, kcal: 646

Raffiniert

1. Essig mit Senf verrühren, Speiseöl unterschlagen.
2. Zwiebel abziehen und in kleine Würfel schneiden. Ei pellen und sehr fein hacken. Cornichons fein würfeln. Petersilie abspülen und trockentupfen. Die Blättchen von den Stängeln zupfen. Blättchen fein hacken.
3. Die vorbereiteten Zutaten mit der Sauce verrühren, Kapern unterrühren. Mit Salz und Pfeffer abschmecken.

Tipp:
Vinaigrette passt gut zu Gemüse-, Blatt- und Fischsalaten.

Vollkornschnittchen mit Radieschen

Vollkornschnittchen mit Radieschen

10 Stück

1 Bund Radieschen
5 Scheiben Vollkornbrot
50 g weiche Butter
10 kleine Ziegenfrischkäse (etwa 400 g), z. B. Picandou
3 EL Sonnenblumenkerne
1 Bund Schnittlauch

Zubereitungszeit: 20 Minuten

Insgesamt:
E: 50 g, F: 170 g, Kh: 110 g,
kJ: 9000, kcal: 2160

Schnell

1. Radieschen putzen, waschen, abtropfen lassen und in dünne Scheiben schneiden.
2. Brotscheiben mit Butter bestreichen, halbieren und mit Radieschenscheiben belegen. Ziegenkäse waagerecht halbieren. Jeweils zwei Käsehälften auf ein Radieschenbrot legen.
3. Sonnenblumenkerne in einer Pfanne ohne Fett rösten und erkalten lassen. Schnittlauch abspülen, trockentupfen und in Röllchen schneiden.
4. Vollkornschnittchen mit Sonnenblumenkernen und Schnittlauchröllchen bestreut servieren.

Wachtelbohnensalat

8–10 Portionen

Für den Salat:

500 g Wachtelbohnen
300 g weiße Bohnen
5–6 Knoblauchzehen
4 Thymianzweige
5 Lorbeerblätter
Salz, 2 Zwiebeln
je 2 grüne, rote und gelbe Paprikaschoten
200 g Pökelzunge (aus der Wursttheke)
200 g Fleischwurst
200 g Gewürzgurken (aus dem Glas)
1 Dose Champignonköpfe (Abtropfgewicht 230 g)
5 eingelegte Peperoni

Für die Sauce:

6–7 EL Weißweinessig
etwa 100 ml Bohnen-Kochsud
3 abgezogene, fein gehackte Knoblauchzehen
Salz, frisch gemahlener Pfeffer
100 ml Kürbiskernöl

Zum Garnieren:

einige Salatblätter, z. B. Feldsalat, Friséesalat, Lollo Rosso
6 hart gekochte Eier
6 Tomaten
1 Bund Schnittlauch
etwas Kürbiskernöl

Zubereitungszeit: 100 Minuten, ohne Einweich-, Abkühl- und Durchziehzeit

Wachtelbohnensalat

Insgesamt:

E: 329 g, F: 239 g, Kh: 427 g,
kJ: 22009, kcal: 5253

Dauert länger

1. Für den Salat beide Bohnensorten waschen und etwa 12 Stunden in kaltem Wasser einweichen.
2. Die eingeweichten Bohnen abtropfen lassen, in einen Topf geben, mit Wasser bedecken, aufkochen lassen und abschäumen.
3. Knoblauch abziehen und durch eine Knoblauchpresse drücken. Thymian abspülen und trockentupfen.
4. Knoblauch, Thymian und Lorbeerblätter zu den Bohnen geben, zum Kochen bringen und etwa 60 Minuten garen. Anschließend in ein Sieb geben, den Kochsud dabei auffangen und 100 ml davon abmessen. Bohnen salzen und Kräuter entfernen. Bohnen erkalten lassen.
5. In der Zwischenzeit Zwiebeln abziehen und in Würfel schneiden. Paprika halbieren, entstielen, entkernen und die weißen Scheidewände entfernen. Schoten waschen, trockentupfen und in Rauten oder Würfel schneiden.
6. Pökelzunge, Fleischwurst und abgetropfte Gewürzgurken in Rauten oder Würfel schneiden. Champignonköpfe gut abtropfen lassen. Peperoni evtl. halbieren, entkernen und klein schneiden. Die Salatzutaten kalt stellen.
7. Für die Sauce Essig mit dem Kochsud, Knoblauch, Salz und Pfeffer verrühren, Kürbiskernöl unterschlagen. Zwei Drittel der Sauce zu den Bohnen geben, untermengen und etwa 30 Minuten durchziehen lassen. Die kalt gestellten Salatzutaten unter die durchgezogenen Bohnen heben. Den Salat evtl. nochmals abschmecken.
8. Zum Garnieren Salatblätter putzen, waschen und trockentupfen. Die Salat-

blätter auf Tellern anrichten oder eine große Schale damit auslegen. Bohnensalat darauf geben, nochmals mit der restlichen Sauce beträufeln.

9. Eier pellen und längs in Viertel oder Sechstel schneiden. Tomaten waschen, trockentupfen und die Stängelansätze entfernen. Tomaten in Spalten schneiden. Schnittlauch abspülen, trockentupfen und in Röllchen schneiden.
10. Den Salat mit Eier-, Tomatenspalten und Schnittlauchröllchen garnieren. Zuletzt etwas Kürbiskernöl über den Salat träufeln.

Tipp: Kürbiskernöl hat einen starken Eigengeschmack, es kann mit neutralem Speiseöl gemischt werden.

Waffel-Eis-Burger

4 Portionen

150 g frische Himbeeren
30 g gesiebter Puderzucker
4 Toastwaffeln (fertig gekauft, je etwa 35 g)
4 Ananasscheiben (aus der Dose)
150 g Schokoladen-Eis

Zubereitungszeit: 20 Minuten

Insgesamt:
E: 21 g, F: 59 g, Kh: 182 g, kJ: 5692, kcal: 1359

Raffiniert

1. Himbeeren verlesen (nicht waschen), durch ein Sieb streichen und mit Puderzucker verrühren. Toastwaffeln im Toaster aufbacken und quer halbieren.
2. Ananasscheiben in einem Sieb abtropfen lassen. Aus dem Schokoladen-Eis 4 Kugeln formen.
3. Vier Waffelhälften mit je einer Kugel Eis und einer Ananasscheibe belegen. Etwas Himbeerpüree darauf träufeln und mit den restlichen Waffelhälften belegen. Die Waffel-Eis-Burger mit dem restlichen Himbeerpüree servieren.

Tipp: Die Burger nach Belieben mit Puderzucker bestäuben.

Waffel-Eis-Burger

Waldpilze, mariniert

4 Portionen (8 Gläser, je 300 ml Inhalt)

2 kg frische kleine Steinpilze (oder Pilze der Saison)
6 Knoblauchzehen
2 Rosmarinzweige
4 Thymianzweige
4 Petersilienstängel

1,2 l Wasser
400 ml Weißweinessig
600 ml Weißwein
150 g flüssiger Waldblütenhonig
4 gestr. TL Meersalz
20 weiße Pfefferkörner
etwa 500 ml (1/2 l) Olivenöl

Zubereitungszeit: 50 Minuten, ohne Abkühlzeit

Insgesamt:
E: 58 g, F: 504 g, Kh: 9 g, kJ: 19773, kcal: 4725

Mit Alkohol

1. Pilze putzen, mit Küchenpapier abreiben, evtl. kurz abspülen und trockentupfen. Pilze je nach Größe halbieren oder vierteln. Knoblauch abziehen. Rosmarin, Thymian und Petersilie abspülen und trockentupfen.
2. Wasser, Essig, Wein, Honig, Salz, Knoblauch und Pfefferkörner in einem großen Topf zum Kochen bringen. Dann Pilze und Kräuter hinzugeben, wieder zum Kochen bringen und etwa 8 Minuten ohne Deckel sprudelnd kochen lassen.
3. Pilze mit einem Schaumlöffel aus der Kochflüssigkeit heben, auf mehrfach zusammengelegtem Küchenpapier abtropfen und erkalten lassen.
4. Die Pilze in vorbereitete Gläser füllen und mit dem Olivenöl begießen, so dass die Pilze ganz bedeckt sind. Gläser mit Twist-off-Deckeln® verschließen, kalt und dunkel gestellt aufbewahren.

Tipp: Die marinierten Waldpilze halten sich kalt gestellt (Kühlschrank) etwa 4 Monate.

Waldpilze, mariniert

Walnusseisparfait

4 Portionen

2 Eier (Größe M)
4 Eigelb (Größe M)
130 g Zucker
70 g Walnusskerne
2 EL Wasser
2 EL Nuss-Nougat
2 TL Rum
2 TL Schokoladenlikör
350 ml Schlagsahne

Nach Belieben zum Garnieren und Verzieren:
Erdbeerhälften
geschlagene Sahne
Eierlikör

Zubereitungszeit: 30 Minuten, ohne Abkühl- und Gefrierzeit

Insgesamt:
E: 46 g, F: 199 g, Kh: 177 g,
kJ: 11482, kcal: 2743

Gut vorzubereiten – mit Alkohol

1. Eier, Eigelb und 100 g Zucker in einer Schüssel im heißen Wasserbad aufschlagen und in einer Schüssel mit Eiswasser wieder kalt schlagen.
2. Walnusskerne grob hacken. Restlichen Zucker und Wasser in einem Topf unter Rühren erhitzen und zu Karamell einkochen lassen. Walnusskerne unterrühren. Die Karamellmasse auf Backpapier geben und abkühlen lassen.
3. Die Walnuss-Karamell-Masse zerkleinern und unter den Eierschaum heben. Nougat in Stücke schneiden und nach Packungsanleitung auflösen. Rum und Likör unterrühren. Die Nougatmasse unter die Walnuss-Karamell-Masse rühren. Sahne steif schlagen und unterheben.
4. Die Creme in eine Parfaitform (Inhalt 1 Liter, mit Klarsichtfolie ausgelegt) füllen. Die Form 4–5 Stunden in den Gefrierschrank stellen.
5. Das Parfait aus der Form auf einen Teller stürzen. Nach Belieben mit Erdbeerhälften, Sahnetupfen und Eierlikör garnieren und verzieren.

Walnusseisparfait

Weinblätter, gefüllt

36 Stück

Für die Füllung:
50 g Fadennudeln
Salzwasser
1 EL Speiseöl
350 g Thüringer Mett (gewürztes Schweinegehacktes)
1 Glas eingelegter Kürbis (Abtropfgewicht 200 g)
50 g Sonnenblumenkerne
gemahlener Zimt
gemahlener Kreuzkümmel (Cumin)
Salz

36 eingelegte Weinblätter

Für den Dip:
250 g Schmand
2 EL Grenadinesirup (Granatapfelsirup)
1 EL Limettensaft
Salz, frisch gemahlener Pfeffer

Zubereitungszeit: 45 Minuten, ohne Abkühlzeit

Weinblätter, gefüllt

Rezeptvorschläge für ein Mittelmeer-Buffet

Für ein Mittelmeer-Buffet benötigen Sie für 10–12 Personen:

3 x Rezept **Tomaten-Aprikosen-Suppe** Seite 383
1 x Rezept **Weinblätter, gefüllt** Seite 404
je 3 x Rezept **Tintenfischringe, mariniert und Beilage** Seite 380
4 x Rezept **Salat „Dolma"** Seite 320
2 x Rezept **Brotsalat** Seite 43

Außerdem:

4–5 Ciabatta-Brote, evtl. mit Oliven oder getrockneten Tomaten

Vorbereitungen am Vortag:

Im Laufe des Tages:
- Tomaten- und Aprikosensuppe herstellen, kalt stellen. Weinblätter füllen und kalt stellen. Dip für die Weinblätter herstellen und kalt stellen.
- Tintenfrischringe blanchieren, Tomaten vorbereiten, Bohnen abgießen, alles kalt stellen.

Am Vorabend:
- Brot und Knoblauch für den „Brotsalat" rösten.

Vorbereitungen am Tag des Buffets:

3 Stunden vorher:
- Tintenfischringe fertig stellen, Pizzabrötchen backen.

2 Stunden vorher:
- Brotsalat und Salat „Dolma" zubereiten.

1 Stunde vorher:
- Weinblätter und Dip anrichten.
- Suppen nochmals abschmecken und einfüllen.
- Ciabatta-Brote aufschneiden.

Es eignen sich auch folgende zusätzliche Rezepte:

3 x Rezept **Tomaten-Carpaccio mit blanchierten Zucchinischeiben** Seite 385
2 x Rezept **Türkischer Reisnudelsalat** Seite 398
1 x Rezept **Ziegenfrischkäse mit Rauke-Pesto** Seite 412
3 x Rezept **Olivenbrot** Seite 264
3 x Rezept **Capuccinoparfait** Seite 50

Insgesamt:
E: 90 g, F: 157 g, Kh: 80 g,
kJ: 8751, kcal: 2091

Raffiniert

1. Für die Füllung Fadennudeln in kochendem Salzwasser etwa 3 Minuten garen. Die Nudeln in ein Sieb geben, mit kaltem Wasser übergießen und abtropfen lassen.
2. Speiseöl in einer Pfanne erhitzen. Thüringer Mett hinzufügen und unter Wenden anbraten, dabei die Fleischklümpchen mit einer Gabel zerdrücken. Mett aus der Pfanne nehmen und erkalten lassen. Kürbis in einem Sieb abtropfen lassen und in kleine Würfel schneiden. Sonnenblumenkerne in einer Pfanne ohne Fett goldbraun rösten, abkühlen lassen.
3. Nudeln, Mett, Kürbiswürfel und Sonnenblumenkerne in einer Schüssel mischen. Mit Zimt, Kreuzkümmel und Salz würzen. Die Weinblätter evtl. kurz wässern, abtropfen lassen und mit Küchenpapier trockentupfen.
4. Die Weinblätter auf einer Arbeitsfläche ausbreiten. Je 1 Esslöffel der Mett-Kürbis-Masse auf ein Weinblatt geben und einrollen. Dabei die Blattseiten zur Mitte hin einschlagen, dann fest aufrollen und mit der Nahtseite nach unten auf eine Platte legen.
5. Für den Dip Schmand mit Grenadinesirup und Limettensaft verrühren, mit Salz und Pfeffer würzen.

Tipp:
Die Röllchen können bereits am Vortag zubereitet werden.

Weintraubengelee

4 Portionen

Für das Gelee:

500 g grüne oder blaue Weintrauben
1 Beutel aus 1 Pck. Götterspeise Waldmeister-Geschmack (für 500 ml (1/2 l) Flüssigkeit)
500 ml (1/2 l) Cidre, süß (französischer Apfelwein)
1 schwach geh. EL Zucker

Für die Paradies-Sauce:

100 ml kalte Milch
2 gestr. EL Zucker
1 Pck. Dessert-Soße Vanille-Geschmack
1/2 Becher (75 g) Crème fraîche

Zubereitungszeit: 40 Minuten, ohne Kühlzeit

Insgesamt:

E: 24 g, F: 27 g, Kh: 164 g, kJ: 5075, kcal: 1214

Mit Alkohol

Weintraubengelee

Rezeptvorschläge für ein Herbst-Buffet

Für ein Herbst-Buffet benötigen Sie für 10–12 Personen:

3 x Rezept **Apfel-Lebercreme-Canapés** Seite 10
1 x Rezept **Schnittchen mit Tunfisch-Zwiebel-Aufstrich** Seite 341
3 x Rezept **Schnittchen mit Lachs** Seite 340
3 x Rezept **Lammfleisch in grüner Sauce,** Seite 224
3 x Rezept **Salat von Austernpilzen und grünen Bohnen** Seite 322
3 x Rezept **Weintraubengelee** Seite 406

Außerdem:

3–4 Ciabatta-Brote oder Zwiebel-Baguettes

Vorbereitungen am Vortag:

- Bohnen für den Austernpilzsalat garen, Salatsauce zubereiten und beides kalt stellen.
- Weintraubengelee zubereiten und kalt stellen.

Vorbereitungen am Tag des Buffets:

4 Stunden vorher:
- Die grüne Sauce für das Lammfleisch zubereiten. Fleisch braten und erkalten lassen, dann das Fleisch aufschneiden und anrichten.

3 Stunden vorher:
- Die Schnittchen mit Tunfisch-Zwiebel-Aufstrich zubereiten, zudecken und kalt stellen.
- Austernpilze für den Salat braten.
- Die Schnittchen mit Lachs zubereiten, Deko vorbereiten und alles kalt stellen.

2 Stunden vorher:
- Sauce für das Weintraubengelee zubereiten.
- Apfel-Lebercreme-Canapés zubereiten.

1 Stunde vorher:
- Austernpilzsalat mit Bohnen mischen und anrichten.

Kurz vorher:
- Lachsschnittchen garnieren.
- Lammfleisch mit der Sauce beträufeln.
- Brote oder Baguettes aufschneiden und anrichten.

Es eignen sich auch folgende zusätzliche Rezepte:

2 x Rezept **Tomaten-Zucchini-Salat, bunt** Seite 394
1 x Rezept **Kürbisspalten, gebraten** Seite 215
3 x Rezept **Artischockenblätter mit Shrimps** Seite 15
3 x Rezept **Lachs mit Tatarensauce** Seite 218
3 x Rezept **Paprika-Konfetti-Salat** Seite 269
3 x Rezept **Pfirsiche auf orientalische Art** Seite 281
plus Brot.

1. Für das Gelee Weintrauben waschen, trockentupfen, entstielen, halbieren und entkernen. Weintraubenhälften mischen und in 4 Dessertgläser geben. Aus Götterspeisepulver, Cidre und Zucker nach Packungsanleitung (aber mit den hier angegebenen Zutaten) eine Götterspeise zubereiten, in die Gläser füllen und kalt stellen. Götterspeise fest werden lassen.
2. Für die Sauce aus Milch, Zucker und Saucenpulver eine Vanillesauce nach Packungsanleitung (aber nur mit 100 ml Milch) zubereiten. Crème fraîche unterschlagen. Die Sauce zu dem Weintraubengelee reichen.

Weißkohlsalat mit Shiitake-Pilzen

Weißkohlsalat mit Shiitake-Pilzen

8–10 Portionen

1 kleiner Kopf Weißkohl (etwa 800 g)
Salzwasser
500 g Shiitake-Pilze
6 EL Speiseöl

Für die Sauce:
6 EL Himbeeressig
3 EL flüssiger Honig
Salz
frisch gemahlener Pfeffer
3 EL Sojasauce
100 ml Walnussöl
1 Bund Frühlingszwiebeln

Zubereitungszeit: 60 Minuten, ohne Abkühlzeit

Insgesamt:
E: 19 g, F: 122 g, Kh: 138 g,
kJ: 6951, kcal: 1658

Für Gäste

1. Weißkohl putzen, vierteln und den Strunk herausschneiden. Kohlviertel in Streifen schneiden. Weißkohlstreifen in kochendem Salzwasser etwa 2 Minuten garen, in ein Sieb geben, mit kaltem Wasser übergießen und abtropfen lassen.
2. Pilze putzen, mit Küchenpapier abreiben, evtl. abspülen und halbieren. Speiseöl in einer Pfanne erhitzen. Pilze hinzufügen und etwa 5 Minuten anbraten. Pilze herausnehmen, abkühlen lassen. Kohlstreifen mit den Pilzen in einer Schüssel mischen.
3. Für die Sauce Essig mit Honig, Salz, Pfeffer und Sojasauce verrühren, Walnussöl unterschlagen.
4. Frühlingszwiebeln putzen, waschen, abtropfen lassen, in Ringe schneiden und unter die Sauce rühren. Die Sauce zu den Kohlstreifen und Pilzen geben, gut unterrühren.

Weißkohlsalat mit Speck

6 Portionen

1 kleiner Kopf Weißkohl (etwa 750 g)
2 rote Paprikaschoten
Salz
frisch gemahlener Pfeffer
100 g fetter Speck
1 gestr. TL mittelscharfer Senf
etwas Weißweinessig
1/2 TL Zucker

Zubereitungszeit: 30 Minuten

Insgesamt:
E: 27 g, F: 32 g, Kh: 42 g,
kJ: 2366, kcal: 564

Raffiniert

1. Weißkohl putzen, vierteln und den Strunk herausschneiden. Weißkohl waschen, abtropfen lassen, fein hobeln oder schneiden. Weißkohl in ein Sieb geben, mit kochendem Wasser überbrühen und abtropfen lassen.
2. Paprika halbieren, entstielen, entkernen und die weißen Scheidewände entfernen. Die Schoten waschen, trockentupfen und in Streifen schneiden.
3. Weißkohl in eine Schüssel geben und mit den Paprikastreifen mischen. Mit Salz und Pfeffer würzen. Speck in kleine Würfel schneiden, in einer Pfanne goldbraun ausbraten und zu der Weißkohl-Paprika-Mischung geben. Senf mit Essig und Zucker verrühren und mit den Salatzutaten mischen. Nochmals mit Salz und Pfeffer abschmecken.

Tipp: Statt fetten Speck können Sie auch durchwachsenen Speck verwenden. Dann Speckwürfel auf Küchenpapier abtropfen lassen.

Weißkohlsalat mit Speck

Weizenkörnersalat mit Schafkäse

4 Portionen

Für den Salat:
150 g Weizenkörner (erhältlich im Reformhaus oder Bioladen)
750 ml (3/4 l) Wasser
Salz, 3 Möhren
je 1 grüne und gelbe Paprikaschote
1 Bund Frühlingszwiebeln
3 Tomaten
200 g Schafkäse

Für die Sauce:
4 EL Weißweinessig
3–4 EL Mineralwasser
1 TL körniger Senf
Salz, 1 Prise Zucker
frisch gemahlener Pfeffer
5 EL Olivenöl

Zubereitungszeit: 45 Minuten, ohne Einweich- und Durchziehzeit

Insgesamt:
E: 61 g, F: 92 g, Kh: 139 g, kJ: 6897, kcal: 1647

Vegetarisch

1. Für den Salat Weizen abspülen und in eine Schale geben. Wasser hinzugießen, so dass der Weizen bedeckt ist. Weizen über Nacht einweichen.
2. Weizen mit der Einweichflüssigkeit und Salz in einen Topf geben, zum Kochen bringen und zugedeckt etwa 25 Minuten garen. Weizen in einem Sieb abtropfen und erkalten lassen.
3. Möhren putzen, schälen, waschen, abtropfen lassen und in Stifte schneiden. Paprika halbieren, entstielen, entkernen und die weißen Scheidewände entfernen. Schoten waschen, trockentupfen und in Stücke schneiden.
4. Frühlingszwiebeln putzen, waschen, abtropfen lassen und in Ringe schneiden. Tomaten waschen, trockentupfen und die Stängelansätze herausschneiden. Tomaten vierteln. Schafkäse in Würfel schneiden. Die vorbereiteten Salatzutaten in eine Schüssel geben und mit dem Weizen mischen.
5. Für die Sauce Essig mit Mineralwasser, Senf, Salz, Zucker und Pfeffer verrühren, Olivenöl unterschlagen. Die Sauce mit den Salatzutaten vorsichtig mischen. Den Salat etwas durchziehen lassen und in einer Salatschüssel anrichten.

Weizenkörnersalat mit Schafkäse

Westfälische Erdbeeren

8 Portionen

1 kg Erdbeeren
4 Scheiben Pumpernickel
4 Becher (je 150 g) Crème fraîche
3 EL Milch
4 EL flüssiger Honig
etwas Zitronensaft

Zubereitungszeit: 25 Minuten, ohne Kühlzeit

Westfälische Erdbeeren

Insgesamt:
E: 38 g, F: 188 g, Kh: 211 g, kJ: 11318, kcal: 2728

Schnell

1. Erdbeeren waschen, gut abtropfen lassen, entstielen und in eine Glasschale geben. Erdbeeren kalt stellen.
2. Pumpernickelscheiben fein reiben oder zerbröseln. Pumpernickelbrösel in einer Pfanne ohne Fett unter Rühren rösten, herausnehmen und auf einem Teller erkalten lassen.
3. Crème fraîche mit Milch und Honig verrühren und auf den Erdbeeren verteilen.
4. Erdbeeren mit Pumpernickelbröseln bestreut servieren.

Wiener Beerenkaltschale

4–6 Portionen

750 g frisches Beerenobst, z. B. Erdbeeren, Johannisbeeren, Himbeeren, Heidelbeeren, Brombeeren
100–150 g gesiebter Puderzucker
2 EL Zitronensaft
1 EL Orangenlikör
1 Msp. gemahlener Zimt
1 l Dickmilch

Zubereitungszeit: 50 Minuten, ohne Durchziehzeit

Insgesamt:
E: 41 g, F: 38 g, Kh: 213 g, kJ: 6068, kcal: 1452

Für Gäste – mit Alkohol

1. Beeren waschen (Himbeeren nur verlesen), gut abtropfen lassen und entstielen.
2. Puderzucker mit Zitronensaft, Orangenlikör und Zimt verrühren, vorsichtig unter die Beeren rühren, zugedeckt etwa 30 Minuten durchziehen lassen.
3. Dickmilch unterrühren. Die Creme in 4 Dessertgläser füllen.

Tipp: Mit Vanilleeis anrichten.

Wiener Beerenkaltschale

Wildsalat

Wildsalat

4 Portionen

300 g gebratenes Wildfleisch, z B. Rehrücken
2 Zwiebeln
185 g Pfifferlinge (aus dem Glas)

Für die Salatsauce:
2 EL Weißweinessig
2–3 EL Schlagsahne
2 EL Preiselbeeren (aus dem Glas)
3 EL Speiseöl
Salz, frisch gemahlener Pfeffer
1 Prise Zucker

Zum Garnieren:
4 Stängel Thymian

Zubereitungszeit: 25 Minuten

Insgesamt:
E: 96 g, F: 53 g, Kh: 35 g, kJ: 4257, kcal: 1017

Schnell

1. Fleisch in Streifen schneiden. Zwiebeln abziehen und in sehr dünne Scheiben schneiden. Zwiebelscheiben in kochendem Salzwasser etwa 2 Minuten garen, in ein Sieb geben, mit kaltem Wasser übergießen und abtropfen lassen. Pfifferlinge in einem Sieb abtropfen lassen.
2. Fleischstreifen mit Zwiebelscheiben und Pfifferlingen in einer Schüssel mischen.
3. Für die Sauce Essig mit Sahne und Preiselbeeren verrühren, Speiseöl unterschlagen. Mit Salz, Pfeffer und Zucker würzen. Die Sauce zu den Salatzutaten geben und vorsichtig untermengen.
4. Den Salat gut durchziehen lassen. Evtl. nochmals mit Salz, Pfeffer und Zucker abschmecken.
5. Zum Garnieren Thymian abspülen und trockentupfen. Den Salat mit Thymian garniert servieren.

Tipp: Statt Pfifferlingen Champignons verwenden.

Wurstsalat

4 Portionen

400 g Fleischwurst
2 Zwiebeln
2 Gewürzgurken (aus dem Glas)
1 Röhrchen Kapern (35 g)

Für die Marinade:
4 EL Weißweinessig
Salz
frisch gemahlener Pfeffer
1 TL mittelscharfer Senf
4 EL Speiseöl

Zubereitungszeit: 15 Minuten, ohne Durchziehzeit

Insgesamt:
E: 58 g, F: 136 g, Kh: 10 g, kJ: 6251, kcal: 1495

Schnell

1. Von der Fleischwurst die Pelle abziehen. Fleischwurst in etwa 1/2 cm dicke Scheiben schneiden. Zwiebeln abziehen, zuerst in dünne Scheiben schneiden, dann in Ringe teilen. Gurken abtropfen lassen und in etwa 1/2 cm dicke Scheiben schneiden. Kapern abtropfen lassen.
2. Fleischwurstscheiben mit Zwiebel-, Gurkenscheiben und Kapern in einer Schüssel mischen.
3. Für die Marinade Essig mit Salz, Pfeffer und Senf verrühren, Speiseöl unterschlagen. Die Marinade zu den Salatzutaten geben und untermischen.
4. Den Salat etwa 20 Minuten durchziehen lassen, nochmals mit Salz und Pfeffer abschmecken.

Beilage: Bauernbrot.

Wurstsalat

Wurstschnittchen

10 Stück

40 g weiche Butter
1 EL mittelscharfer Senf
10 Scheiben Stangenweißbrot
1 hart gekochtes Ei
2–3 Kopfsalatblätter
10 große dünne Salamischeiben
5 eingelegte Maiskölbchen
10 dünne Scheiben Kasseleraufschnitt

Zubereitungszeit: 25 Minuten

Insgesamt:
E: 49 g, F: 63 g, Kh: 108 g, kJ: 5051, kcal: 1206

Klassisch

1. Butter mit Senf verrühren. Die Brotscheiben damit bestreichen. Ei pellen, längs halbieren und in 5 Spalten schneiden.
2. Salatblätter waschen, trockentupfen und in 10 kleinere Stücke zupfen. Je ein Salatstück auf eine bestrichene Brotscheibe legen.
3. Salamischeiben zur Hälfte einschneiden und zu Tütchen formen, je 2 Tütchen zur Hälfte ineinander stecken und auf eine Brotscheibe legen. In die Öffnung je eine Eierspalte legen. Salamischnittchen auf einer Platte anrichten.
4. Maiskölbchen abtropfen lassen. Kasselerscheiben zu Vierteln zusammenlegen und jeweils 2 Stück auf die restlichen bestrichenen Brotscheiben legen. Maiskölbchen längs etwas einschneiden, die Kasselerschnittchen damit garnieren und mit auf die Platte legen.

Wurstschnittchen

Insgesamt:
E: 88 g, F: 198 g, Kh: 16 g, kJ: 9825, kcal: 2345

Gut vorzubereiten – mit Alkohol

1. Eier in kochendem Wasser etwa 10 Minuten hart kochen und mit kaltem Wasser abschrecken. Eier pellen und erkalten lassen.
2. Schalotten und Knoblauch abziehen, vierteln. Rosmarin abspülen und trockentupfen. Die Nadeln von den Stängeln zupfen. Schalotten- und Knoblauchviertel mit Rosmarinnadeln, Oregano, Pfefferkörnern, Salz und der Chilischote in einen Topf geben. Rotwein und Essig hinzugießen, zum Kochen bringen und 10 Minuten kochen lassen.
3. Eier in ein Glas geben, mit dem heißen Sud übergießen, ganz erkalten lassen, dann Speiseöl hinzugießen. Das Glas luftdicht verschlossen zwei Wochen an einem kühlen Ort stehen lassen.

Tipp: Würzeier in Rotwein passen gut auf ein kaltes Buffet.

Würzeier in Rotwein

12 Stück

12 Eier
2 Schalotten
3 Knoblauchzehen
1 Zweig Rosmarin
1/2 TL gerebelter Oregano
1 EL Pfefferkörner
1 EL Salz
1 getrocknete Chilischote
250 ml (1/4 l) Rotwein
250 ml (1/4 l) Rotweinessig
125 ml (1/8 l) Speiseöl

Zubereitungszeit: 30 Minuten, ohne Durchziehzeit

Würzeier in Rotwein

Ziegenfrischkäseaufstrich

Etwa 350 g

30 g Sonnenblumenkerne
1 Rosmarinstängel
1 Thymianstängel
300 g Ziegenfrischkäse
2 EL flüssiger Honig, z. B. Sommerblütenhonig
Salz
frisch gemahlener Pfeffer

Zubereitungszeit: 20 Minuten

Insgesamt:
E: 25 g, F: 90 g, Kh: 40 g, kJ: 4426, kcal: 1068

Raffiniert

1. Sonnenblumenkerne in einer Pfanne ohne Fett goldbraun rösten und auf einem Teller abkühlen lassen.
2. Kräuter abspülen und trockentupfen. Nadeln bzw. Blättchen von den Stängeln zupfen. Nadeln bzw. Blättchen fein hacken.
3. Ziegenfrischkäse mit Honig verrühren, Thymian und Rosmarin unterrühren, mit Salz und Pfeffer würzen. Sonnenblumenkerne unter die Käsemasse rühren.
4. Ziegenfrischkäseaufstrich in 2 gründlich gereinigte, gespülte und getrocknete Gläser füllen. Die Gläser mit Deckeln fest verschließen und kalt stellen.

Brotempfehlung: Geröstete Baguette- oder Ciabattascheiben.

Tipp: Wenn Sie keinen Ziegenfrischkäse mögen, können Sie diesen durch Naturjoghurt (10 % Fett) ersetzen.

Ziegenfrischkäseaufstrich

Ziegenfrischkäsekugeln

20 Stück

300 g Ziegenfrischkäse-Taler (aus der Käsetheke)
2 EL gehackte Kräuter, z. B. Petersilie, Majoran, Basilikum
Salz
frisch gemahlener Pfeffer
½ TL Tabasco
blaue und grüne kernlose Weintrauben

Außerdem:
Holzstäbchen

Zubereitungszeit: 25 Minuten

Insgesamt:
E: 19 g, F: 75 g, Kh: 22 g, kJ: 3506, kcal: 848

Schnell

1. Ziegenfrischkäse in eine Schüssel geben, Kräuter unterrühren. Mit Salz, Pfeffer und Tabasco würzen. Aus der Käsemasse mit angefeuchteten Händen kleine Kugeln formen und etwas flach drücken.
2. Weintrauben gründlich waschen, trockentupfen, kreuzweise etwa 1 cm tief einschneiden.
3. Weintrauben und Frischkäsekugeln mit Holzstäbchen (Zahnstochern) feststecken.

Tipp:
Die Ziegenfrischkäsekugeln auf Kräcker setzen oder mit Holzstäbchen auf Pumpernickeltaler stecken. Nur Frischkäse-Taler verwenden, da der abgepackte Frischkäse zum Formen zu weich ist.

Ziegenfrischkäse mit Rauke-Pesto

12 Stück

3 Knoblauchzehen
50 g Pinienkerne
1 Bund (etwa 100 g) Rauke (Rucola)
1 gestr. TL Salz
frisch gemahlener Pfeffer
100 ml kalt gepresstes Olivenöl
50 ml Traubenkernöl
120 g fein geraspelter Parmesan- oder Grana-padano-Käse
12 kleine Ziegenfrischkäse (je 40 g)
10 Cocktailtomaten

Zubereitungszeit: etwa 20 Minuten

Insgesamt:
E: 84 g, F: 337 g, Kh: 23 g, kJ: 14305 , kcal: 3433

Raffiniert

1. Knoblauch abziehen. Pinienkerne in einer Pfanne ohne Fett unter mehrmaligem Wenden rösten, herausnehmen und auf einem Teller erkalten lassen.
2. Rauke putzen, waschen, trockenschleudern und fein schneiden. In ei-

Ziegenfrischkäse mit Rauke-Pesto

nem Blitzhacker zuerst Knoblauch, dann Pinienkerne mit Salz und Pfeffer hacken, dann Rauke, Olivenöl, Traubenkernöl und Parmesan- oder Grana-padano-Käse hinzugeben und zu einer feinen Paste zerhacken.
3. Ziegenkäse auf einer Platte anrichten. Rauke-Pesto darauf verteilen.
4. Cocktailtomaten waschen, trockentupfen, halbieren und auf der Platte verteilen.

Tipp:
Mit Vollkornbrötchen oder Ciabatta servieren. Das klassische Pesto wird mit der gleichen Menge Basilikum statt mit Rauke zubereitet.

Ziegenkäse und Kräuter in Olivenöl

4–6 Portionen, (1 Glas, etwa 500 ml [1/2 l])

3 frische Thymianzweige
1 frischer Rosmarinzweig
3 kleine Knoblauchzehen
6 Stück Ziegenkäse, z. B. Crottin de Chavignol (je 60–75 g)
3 kleine Lorbeerblätter
6 schwarze Pfefferkörner
etwa 350 ml kalt gepresstes Olivenöl

Zubereitungszeit: 20 Minuten, ohne Durchziehzeit

Insgesamt:
E: 69 g, F: 434 g, Kh: 15 g, kJ: 17524, kcal: 4196

Raffiniert

1. Thymian und Rosmarin abspülen und trockentupfen. Knoblauch abziehen.
2. Ziegenkäse, Lorbeerblätter, Kräuterzweige, Knoblauch und Pfefferkörner in 1 vorbereitetes Glas (500 ml [1/2 l] Inhalt) geben, mit so viel Olivenöl übergießen, dass der Ziegenkäse jeweils gut bedeckt ist.
3. Gläser mit Twist-off-Deckeln® verschließen, kalt und dunkel gestellt mindestens 1–2 Wochen durchziehen lassen.
4. Ziegenkäse nach dem Öffnen innerhalb von 6–8 Wochen verbrauchen.

Tipp:
Ziegenkäse passt gut zu knusprigem Brot oder zu knackigen Blattsalaten. In Scheiben geschnitten ist der Ziegenkäse ein vorzüglicher Pizzabelag. Das Olivenöl, in dem der Käse eingelegt war, kann für Salatsaucen oder zum Bestreichen von gegrilltem Fleisch, Fisch oder gebratenem Gemüse verwendet werden. Käse in Würfel schneiden, mit gegarten, heißen Nudeln mischen und servieren.

Ziegenkäse und Kräuter in Olivenöl

Zigeunerkäse

Etwa 500 g

400 g Doppelrahm-Frischkäse
6 EL Schlagsahne
2 Schalotten
Paprikapulver rosenscharf
Cayennepfeffer
Portulak
Radieschen

Paprikapulver edelsüß

Zubereitungszeit: 15 Minuten

Insgesamt:
E: 49 g, F: 151 g, Kh: 21 g,
kJ: 6869, kcal: 1641

Schnell

1. Frischkäse mit Sahne glatt rühren. Schalotten abziehen, in kleine Würfel schneiden und unterrühren. Mit Paprika und Cayennepfeffer pikant abschmecken (die Masse darf leicht rot gefärbt sein).
2. Portulak putzen, waschen und trockentupfen. Radieschen putzen, waschen, trockentupfen und in Scheiben schneiden.
3. Den Frischkäse zu Nocken formen, mit Portulak anrichten und mit Radieschenscheiben garnieren. Nach Belieben mit Paprika bestäuben.

Zigeunerkäse

Zigeunersalat

4 Portionen

125 g Fleischwurst im Stück
1 Apfel, z. B. Cox Orange
etwa 200 g Champignonscheiben (aus der Dose)
etwa 250 g Tomatenpaprikastreifen (aus dem Glas)
125 g kaltes Schweinebratenfleisch
4 Gewürzgurken
250 g Zwiebeln
250 ml ($^1/_4$ l) Wasser
3 EL Kräuteressig
1 gestr. TL Salz

Für die Salatsauce:
6 EL Tomatenketchup
1–2 EL Paprikapulver edelsüß
Salz
frisch gemahlener Pfeffer
Cayennepfeffer
1–2 EL Kräuteressig

Zigeunersalat

Zubereitungszeit: 35 Minuten, ohne Durchziehzeit

Insgesamt:
E: 68 g, F: 50 g, Kh: 69 g,
kJ: 4279, kcal: 1020

Einfach

1. Von der Fleischwurst die Pelle abziehen, Fleischwurst in Streifen schneiden. Apfel schälen, vierteln, entkernen und ebenfalls in Streifen schneiden. Champignonscheiben und Tomatenpaprikastreifen in einem Sieb abtropfen lassen. Bratenfleisch in Streifen und Gurken in Scheiben schneiden. Die vorbereiteten Salatzutaten in einer Schüssel mischen.
2. Zwiebeln abziehen und in dünne Scheiben schneiden. Wasser mit Essig und Salz in einem Topf zum Kochen bringen. Zwiebelscheiben hinzufügen, zum Kochen bringen und etwa 5 Minuten bei schwacher Hitze kochen lassen.
3. Zwiebelscheiben mit einem Schaumlöffel herausnehmen, zu den Salatzutaten geben und untermischen.
4. Für die Sauce Ketchup mit Paprika verrühren. Mit Salz, Pfeffer, Cayennepfeffer und Kräuteressig abschmecken.
5. Die Sauce mit den Salatzutaten vorsichtig vermischen. Den Salat gut durchziehen lassen.

Rezeptvorschläge für ein Dessert-Buffet

Für ein Dessert-Buffet benötigen Sie für 10–12 Personen:

2 x Rezept **Käse-Gurken-Sandwiches** Seite 184
2 x Rezept **Eisroulade** Seite 84
3 x Rezept **Zitronencreme** Seite 416
3 x Rezept **Birnen-Carpaccio mit Mousse à la Vanille** Seite 32
2 x Rezept **Beeren mit Mandelcreme** Seite 30

Vorbereitungen am Vortag:

- Eisrouladen zubereiten und tiefgefrieren.
- Mandelcreme zubereiten, in 12 Förmchen füllen, stocken lassen und kalt stellen.

Vorbereitungen am Tag des Buffets:

6 Stunden vorher: • Zitronencreme zubereiten, in Portionsschälchen füllen und kalt stellen.
5 Stunden vorher: • Mousse für Birnen-Carpaccio zubereiten und kalt stellen.
4 Stunden vorher: • Käse-Gurken-Sandwiches zubereiten, in Folie wickeln und kalt stellen.
2–3 Stunden vorher: • Beeren vorbereiten, das Dessert anrichten.
1–2 Stunden vorher: • Eisrouladen in Papier wickeln und im Kühlschrank antauen lassen.
• Birnen für Birnen-Carpaccio schälen, in Spalten schneiden und zusätzlich mit 5 Esslöffeln Zitronensaft mischen.
• Birnenspalten auf einer Platte anrichten, mit Portwein oder Apfelsaft beträufeln, Mousse darauf anrichten.
1 Stunde vorher: • Zitronencreme garnieren.
Kurz vorher: • Käse-Gurken-Sandwiches anrichten.
• Eisrouladen aufschneiden und mit Kirschen garnieren, den Likör separat dazu servieren.

Es eignen sich auch folgende zusätzliche Rezepte:

3 x Rezept **Kräuterpfannkuchen mit Quarkcreme** Seite 211
1 x Rezept **Eisbombe Bismarck** Seite 82
3 x Rezept **Bayerische Creme mit Himbeersauce** Seite 28
3 x Rezept **Obstsalatgelee** Seite 261
2 x Rezept **Pumpernickelcreme mit Erdbeeren** Seite 292

Zitronencreme

4 Portionen

4 Eigelb (Größe M), 100 g Zucker
1 Pck. Dr. Oetker Finesse Geriebene Zitronenschale
6 EL Zitronensaft
1 Beutel aus 1 Pck. Götterspeise Zitronen-Geschmack
125 ml (1/8 l) Wasser
4 Eiweiß (Größe M)

Nach Belieben zum Garnieren:
Zitronenscheiben
etwas Johannisbeergelee
Limettenspalten

Zubereitungszeit: 20 Minuten, ohne Kühlzeit

Insgesamt:
E: 44 g, F: 26 g, Kh: 105 g, kJ: 3582, kcal: 854

Raffiniert

1. Eigelb und Zucker in einer Rührschüssel mit Handrührgerät mit Rührbesen schaumig schlagen, Zitronenschale und -saft unterrühren.
2. Götterspeise mit Wasser nach Packungsanleitung (aber nur mit 125 ml [1/8 l] und ohne Zucker) zubereiten. Götterspeise abkühlen lassen und unter die Eigelbmasse rühren, kalt stellen.
3. Eiweiß steif schlagen. Sobald die Eigelb-Götterspeise-Masse anfängt dicklich zu werden, Eischnee vorsichtig unterheben. Die Zitronencreme in Schälchen verteilen und kalt stellen. Creme fest werden lassen.
4. Die Zitronencreme nach Belieben vor dem Servieren mit Zitronenscheiben, rotem Johannisbeergelee und Limettenschalenspalten garnieren.

Zitronencreme

Zitrusfrüchte, eingelegt

(Vorratsglas ausreichend für 12–15 Portionen)

3 Bio-Limetten (etwa 240 g, unbehandelt, ungewachst)
3 Bio-Zitronen (etwa 300g , unbehandelt, ungewachst)
3 kleine Bio-Orangen (etwa 450 g, unbehandelt, ungewachst)
10 Limequats (unbehandelt, etwa 150 g)
10 Kumquats (unbehandelt, etwa 150 g)
100 g grobes Salz

1 kleines Bund Zitronenthymian
einige Zweige Rosmarin
500 ml (1/2 l) Olivenöl
1 EL rosa Pfefferbeeren

Zubereitungszeit: 30 Minuten, ohne Durchzieh- und Reifezeit

Insgesamt:
E: 6 g, F: 504 g, Kh: 81 g, kJ: 20358, kcal: 4863

Zitrusfrüchte, eingelegte

Raffiniert

1. Limetten, Zitronen und Orangen gründlich waschen, abtrocknen und in etwa 1/2 cm dicke Scheiben schneiden oder nach Belieben vierteln oder achteln. Limequats und Kumquats ebenfalls gründlich waschen, abtrocknen und halbieren.
2. Fruchtstücke in ein hohes Gefäß schichten, dabei jede Schicht mit Salz bestreuen. Das Gefäß mit Klarsichtfolie zudecken. Die Fruchtstücke etwa 15 Stunden durchziehen lassen.
3. Fruchtstücke in ein Sieb geben und gut abtropfen lassen, auf ein Backblech geben, mit Küchenpapier trockentupfen und anschließend in vorbereitete Gläser schichten.
4. Thymian und Rosmarin abspülen, trockentupfen. Olivenöl mit Pfefferbeeren, Thymian und Rosmarin mischen. Die eingeschichteten Zitrusfrüchte mit dem Olivenöl auffüllen, mit Frischhaltefolie zudecken, dunkel und kalt gestellt etwa 10 Tage reifen lassen.

Tipp:
Die eingelegten Zitrusfrüchte sind mehrere Monate lagerfähig. Nach Entnahme einzelner Fruchtstücke darauf achten, dass die restlichen Fruchtstücke immer mit Olivenöl bedeckt sind. Reichen Sie die eingelegten Zitrusfrüchte zu gegrilltem Fleisch und Fisch oder als fruchtige Beilage zu Salaten. Das Olivenöl kann z. B. für Salatsaucen verwendet werden.

Zopf-Brioche

1 Brioche

Für den Hefeteig:
375 g Weizenmehl
1 Pck. (42 g) frische Hefe
40 g Zucker
4–5 EL lauwarme Milch
3 Eier (Größe M), 1/2 gestr. TL Salz
1 Pck. Dr. Oetker Vanillin-Zucker
185 g zerlassene, abgekühlte Butter oder Margarine
1 Pck. (50 g) rote Belegkirschen
1 Pck. (50 g) Frucht-Mix (kandierte, gewürfelte Früchte)

Zubereitungszeit: 30 Minuten, ohne Teiggehzeit
Backzeit: etwa 45 Minuten

Zopf-Brioche

Insgesamt:
E: 69 g, F: 183 g, Kh: 396 g,
kJ: 14796, kcal: 3536

Gut vorzubereiten

1. Für den Teig Mehl in eine Rührschüssel sieben. In die Mitte eine Vertiefung drücken. Hefe hineinbröckeln, etwas von dem Zucker und die Milch hinzufügen. Mit einer Gabel vorsichtig verrühren und etwa 10 Minuten gehen lassen.
2. Restlichen Zucker, Eier, Salz, Vanillin-Zucker und Butter oder Margarine hinzufügen. Die Zutaten mit Handrührgerät mit Knethaken zunächst kurz auf niedrigster, dann auf höchster Stufe in etwa 5 Minuten zu einem glatten Teig verarbeiten. Den Teig zugedeckt so lange an einem warmen Ort stehen lassen, bis er sich sichtbar vergrößert hat.
3. Den Teig leicht mit Mehl bestäuben, aus der Schüssel nehmen und auf einer bemehlten Arbeitsfläche nochmals kurz durchkneten. Belegkirschen klein hacken. Früchte-Mix und gehackte Belegkirschen unterkneten.
4. Den Teig in eine Zopfbackform (gefettet, gemehlt) geben und nochmals zugedeckt so lange an einem warmen Ort gehen lassen, bis er sich sichtbar vergrößert hat. Die Form auf dem Rost in den Backofen schieben.
   Ober-/Unterhitze: etwa 200 °C (vorgeheizt, unteres Drittel)
   Heißluft: etwa 180 °C (nicht vorgeheizt)
   Gas: Stufe 3–4 (nicht vorgeheizt, unteres Drittel)
   Backzeit: etwa 45 Minuten.
5. Den Zopf aus der Form lösen, auf einen Kuchenrost stürzen und erkalten lassen.

Tipp: Eventuell das Gebäck während des Backens mit einem doppelt gefalteten Bogen Backpapier abdecken, damit die Oberfläche nicht zu dunkel wird.

Zucchini-Honig-Dip

2 kleine Zucchini (etwa 450 g)
450 g Crème fraîche
3 EL flüssiger Akazienhonig
Salz
frisch gemahlener Pfeffer

Zubereitungszeit: 25 Minuten

Insgesamt:
E: 18 g, F: 137 g, Kh: 68 g,
kJ: 6547, kcal: 1581

Schnell

1. Zucchini waschen, abtrocknen und die Enden abschneiden. Zucchini in Würfel schneiden.
2. Zucchiniwürfel und Crème fraîche in einen hohen Rührbecher geben und mit einem Mixstab pürieren. Honig unterrühren. Den Dip mit Salz und Pfeffer pikant abschmecken.

Tipp: Zucchini-Honig-Dip passt zu gegrilltem Fleisch, Gemüse und Kartoffeln.

Zucchini-Honig-Dip

Zucchini-Käse-Muffins

Zucchini-Käse-Muffins

12 Stück

1 Zucchini
Salz
3 mittelgroße Tomaten

Für den Teig:

100 g alter Gouda-Käse
150 g Weizenmehl
2 gestr. TL Dr. Oetker Backin
100 g Maismehl
Salz
½ TL Fenchelsamen
3 Eier (Größe M)
5 EL Olivenöl
125 ml (⅛ l) Milch

Zum Bestreuen:

½ Bund Schnittlauch

Zubereitungszeit: 50 Minuten, ohne Saftziehzeit
Backzeit: etwa 30 Minuten

Insgesamt:

E: 74 g, F: 123 g, Kh: 198 g,
kJ: 9299, kcal: 2220

Vegetarisch

1. Zucchini waschen, abtrocknen und die Enden abschneiden. Zucchini auf einem Gemüsehobel der Länge nach in dünne Scheiben hobeln oder mit einer Aufschnittmaschine in Scheiben schneiden. Die Scheiben nebeneinander legen, mit Salz bestreuen und bis zur weiteren Verwendung Saft ziehen lassen.
2. Tomaten waschen, abtrocknen und die Stängelansätze herausschneiden. Tomaten in je 4 Scheiben schneiden.
3. Für den Teig Käse auf der groben Seite der Haushaltsreibe reiben. Mehl mit Backpulver mischen und in eine Rührschüssel sieben. Maismehl, etwas Salz, Fenchelsamen und geriebenen Käse untermengen. Eier, Olivenöl und Milch hinzufügen. Die Zutaten mit Handrührgerät mit Rührbesen kurz unterrühren.
4. Zucchinischeiben trockentupfen. Je 1 Scheibe in jede Vertiefung einer Muffinform (für 12 Muffins, gefettet, gemehlt) legen, dabei die Enden überstehen lassen. Den Teig hineingeben. Je 1 Tomatenscheibe auf den Muffinteig legen und die Zucchinienden darüber zusammenlegen. Die Form auf dem Rost in den Backofen schieben.
   Ober-/Unterhitze: etwa 180 °C (vorgeheizt)
   Heißluft: etwa 160 °C (vorgeheizt)
   Gas: Stufe 2–3 (vorgeheizt)
   Backzeit: etwa 30 Minuten.
5. Die Muffins etwa 10 Minuten in der Form stehen lassen, dann aus der Form lösen (evtl. vorsichtig mit Hilfe eines Messers herausheben) und auf einem Kuchenrost erkalten lassen.
6. Zum Bestreuen Schnittlauch abspülen, trockentupfen und in Röllchen schneiden. Schnittlauchröllchen auf den Muffins verteilen.

Tipp:
Die übergeklappten Zucchinienden nach Belieben vor dem Backen mit Olivenöl bestreichen, dann trocknen sie nicht so aus.

Zucchini-Mortadella-Röllchen

24 Stück

4 mittelgroße Zucchini (etwa 1,2 kg)
Salz
8 EL Olivenöl
frisch gemahlener Pfeffer
1 kleines Bund Majoran
einige Zweige Basilikum
2–3 EL heller Balsamico-Essig oder Weißweinessig
Paprikapulver rosenscharf
24 dünne, große Scheiben italienische Mortadella (etwa 350 g)

Zubereitungszeit: 60 Minuten, ohne Saftzieh- und Marinierzeit

Insgesamt:
E: 55 g, F: 143 g, Kh: 18 g, kJ: 6773, kcal: 1616

Dauert länger

1. Zucchini waschen, abtrocknen und die Enden abschneiden. 3 Zucchini auf einem Gemüsehobel oder auf einer Aufschnittmaschine der Länge nach in dünne Scheiben (etwa 2 mm) schneiden und mit Salz bestreuen.
2. Die restliche Zucchini der Länge nach in etwa $^1/_2$ cm dicke Streifen schneiden und ebenfalls salzen. Zucchinischeiben und -streifen etwa 20 Minuten zum Saft ziehen stehen lassen.
3. Sechs Esslöffel Olivenöl in einer Pfanne erhitzen. Die Zucchinischeiben trockentupfen und portionsweise darin von beiden Seiten braten, mit Pfeffer bestreuen, herausnehmen und erkalten lassen.
4. Majoran und Basilikum abspülen, trockentupfen. Die Blättchen von den Stängeln zupfen. Die Hälfte der Blättchen klein hacken. Zucchinistreifen trockentupfen. Gehackte Kräuter mit Essig verrühren, mit Salz, Pfeffer und Paprika würzen, Olivenöl unterschlagen. Zucchinistreifen trockentupfen, in eine flache Schale legen, mit der Marinade übergießen und etwa 20 Minuten durchziehen lassen. Zucchinistreifen herausnehmen und abtropfen lassen.
5. 24 Zucchinischeiben zum Umwickeln beiseite legen. Mortadellascheiben nebeneinander auf einer Arbeitsfläche ausbreiten. Zucchinistreifen und restliche Zucchinischeiben in die Mitte der Mortadellascheiben legen und einrollen. Die Rollen u-förmig zusammenklappen, mit den beiseite gelegten Zucchinischeiben in der Mitte umwickeln, auf einer Platte anrichten und mit den restlichen Kräutern garnieren.

Tipp:
Sie können die Mortadellascheiben nach Belieben durch dünne Schinken- oder Käsescheiben ersetzen.

Zucchini-Mortadella-Röllchen

Zucchinischeiben, gebraten

4 Portionen

2 Zucchini (etwa 500 g)
8 EL (80 ml) Olivenöl
2 längliche Mozzarella (Abtropfgewicht je 250 g)
12 Salbeiblättchen
4 EL (40 ml) Balsamico-Essig
Salz
frisch gemahlener Pfeffer

Zubereitungszeit: 40 Minuten, ohne Durchziehzeit

Insgesamt:
E: 101 g, F: 180 g, Kh: 8 g,
kJ: 8615, kcal: 2059

Einfach

1. Zucchini waschen, abtrocknen und die Enden abschneiden. Zucchini in etwa 1 cm dicke Scheiben schneiden.
2. Zwei Esslöffel Olivenöl in einer Pfanne erhitzen. Zucchinischeiben von beiden Seiten darin anbraten und herausnehmen.
3. Mozzarella in einem Sieb gut abtropfen lassen und in Scheiben schneiden. Salbei abspülen und trockentupfen. Die Blättchen von den Stängeln zupfen und in Streifen schneiden.
4. Restliches Olivenöl mit Essig verrühren. Abwechselnd Zucchini- und Mozzarellascheiben auf einer Platte anrichten, mit Salz und Pfeffer bestreuen. Öl-Essig-Mischung darauf träufeln, 10–15 Minuten kalt stellen und durchziehen lassen.
5. Zucchini- und Mozzarellascheiben mit Salbeistreifen bestreut servieren.

Zucchinischeiben, gebraten

Zucchinistifte, mariniert

4 Portionen

12 TK-Garnelen (gegart, etwa 360 g)
2 Zucchini (etwa 450 g)

Für die Marinade:
Saft von 1 Limette
frisch gemahlener Pfeffer
4 EL Olivenöl

12 Scheiben San Daniele oder Parmaschinken (etwa 360 g)

Zum Garnieren:
einige dünne Limettenscheiben von 1 Bio-Limette (unbehandelt, ungewachst)
einige gewaschene, trockengetupfte Petersilienblättchen

Für den Dip:
2 Knoblauchzehen
etwas Salz
100 g Salatmayonnaise

Zubereitungszeit: 50 Minuten, ohne Auftau- und Marinierzeit

Insgesamt:
E: 130 g, F: 110 g, Kh: 24 g, kJ: 6782, kcal: 1616

Etwas teurer

1. Garnelen nach Packungsanleitung auftauen. Zucchini waschen, abtrocknen und die Enden abschneiden. Zucchini zuerst längs in dicke Scheiben, dann in etwa 5 cm lange Stifte schneiden. Zucchinistifte in kochendem Salzwasser etwa 2 Minuten blanchieren. Anschließend in eiskaltes Wasser geben, herausnehmen und in einem Sieb abtropfen lassen.
2. Garnelen abspülen und trockentupfen. Zucchinistifte und Garnelen in eine flache Schale legen.
3. Für die Marinade Limettensaft mit Pfeffer verrühren, Olivenöl unterschlagen. Zucchinistifte und Garnelen mit der Marinade übergießen und etwa 30 Minuten durchziehen lassen.
4. Zucchinistifte und Garnelen aus der Marinade nehmen. Marinade aufbewahren. Schinkenscheiben auf einer Arbeitsfläche ausbreiten. Jeweils einige Zucchinistifte und 1 Garnele darauf verteilen, einrollen und auf einer Platte anrichten. Mit dünnen Limettenscheiben und Petersilienblättchen garnieren.
5. Für den Dip Knoblauch abziehen, in kleine Würfel schneiden und mit etwas Salz zu einer Paste reiben.
6. Restliche Marinade mit Mayonnaise und der Knoblauchpaste verrühren, mit Salz abschmecken. Den Dip zu den Schinkenröllchen reichen.

Zucchinistifte, mariniert

Rezeptvorschläge für ein Sommer-Buffet

Für ein Sommer-Buffet benötigen Sie für 10–12 Personen:

3 x Rezept **Zuckerschotensuppe, geeist** Seite 424
3 x Rezept **Knoblauchschnittchen mit Garnelen** Seite 199
2 x Rezept **Spinattaler, kleine** Seite 368
1 x Rezept **Artischockenherzen mit Tomaten und Oliven** Seite 16
3 x Rezept **Melone mit Geflügelsalat** Seite 242
1 x Rezept **Amaretti-Pfirsiche** Seite 7

Außerdem:

1,5 kg gemischtes Brot oder Brötchen.

Vorbereitungen am Vortag:

- Zuckerschotensuppe zubereiten, zudecken und kalt stellen.
- Pfirsiche für Amarettini-Pfirsiche garen und im Sud erkalten lassen, Amarettini zerbröseln, Obst vorbereiten.

Vorbereitungen am Tag des Buffets:

5 Stunden vorher:	• Sauce für die Knoblauchschnittchen zubereiten, Schnittchen rösten und Salat waschen.
4 Stunden vorher:	• Geflügelsalat ohne Melonenstücke zubereiten und kalt stellen, die Melonen vorbereiten.
3 Stunden vorher:	• Spinattaler braten, Tomaten und Mozzarella schneiden.
	• Artischockenherzen mti Tomaten und Oliven zubereiten und evtl. nochmals nachwürzen.
2 Stunden vorher:	• Klöße für die Zuckerschotensuppe vorbereiten und kalt stellen. Die Suppe evtl. für 1 Stunde in den Gefrierschrank stellen.
1 Stunde vorher:	• Knoblauchschnittchen fertig stellen.
	• Geflügelsalat und Melonenstücke mischen und anrichten.
	• Spinattaler belegen und garnieren.
Kurz vorher:	• Amarettini-Pfirsiche anrichten.
	• Brot oder Brötchen schneiden und anrichten.

Es eignen sich auch folgende zusätzliche Rezepte:

2 x Rezept **Minigemüse mit Käsecreme** Seite 250
3 x Rezept **Anchoiade-Schnittchen** Seite 9
2 x Rezept **Ciabatta-Schnittchen** Seite 62
3 x Rezept **Crostini mit Olivencreme** Seite 67
3 x Rezept **Sommersalat, bunt** Seite 358
3 x Rezept **Melonen mit Eisteegelee** Seite 242
plus Brot.

Zuckerschotensuppe, geeist

4 Portionen

400 g Zuckerschoten
200 g mehlig kochende Kartoffeln
750 ml (3/4 l) Gemüsebrühe
1 Bund Kerbel
Salz
frisch gemahlener Pfeffer
100 g Doppelrahm-Frischkäse

Zubereitungszeit: 50 Minuten, ohne Kühlzeit

Insgesamt:
E: 33 g, F: 33 g, Kh: 67 g, kJ: 2950, kcal: 702

Gut vorzubereiten

1. Von den Zuckerschoten die Enden abschneiden, evtl. abfädeln. Schoten waschen und abtropfen lassen. Kartoffeln waschen, schälen, abspülen und in kleine Stücke schneiden.
2. Zuckerschoten mit den Kartoffelstücken und der Gemüsebrühe in einem Topf zum Kochen bringen, etwa 30 Minuten kochen lassen.
3. Kerbel abspülen und trockentupfen. Die Blättchen von den Stängeln zupfen und beiseite legen. Kerbelstängel fein schneiden und mit in den Topf geben. Die Suppe fein pürieren, mit Salz und Pfeffer abschmecken. Suppe erkalten lassen.
4. Frischkäse in eine Schüssel geben, mit Salz und Pfeffer verrühren. Von der Käsemasse mit 2 Teelöffeln 4-8 Käseklößchen abstechen.
5. Die erkaltete Zuckerschotensuppe in ein gefriergeeignetes Gefäß füllen und etwa 1 Stunde vor dem Servieren in den Gefrierschrank stellen.

Zuckerschotensuppe, geeist

6. Zum Servieren die Suppe durchrühren und in 4 Suppentassen oder -teller füllen. Je ein bis zwei Käseklößchen hineingeben und mit den beiseite gelegten Kerbelblättchen garnieren. Die Suppe nach Belieben mit Pfeffer bestreuen.

Tipp: Statt frischer Zuckerschoten können Sie die Suppe auch mit 400 g TK-Erbsen zubereiten. Die Kochzeit reduziert sich dabei um etwa 20 Minuten.

Zwiebelkuchen-Häppchen

16–18 Stück

1 Pck. (230 g; Ø etwa 32 cm) Pizza-Fertigteig (aus dem Kühlregal)
1 Beutel Zwiebelsuppe
250 g Schmand (Sauerrahm)
100 g Schafkäse

Zubereitungszeit: 30 Minuten
etwa 10 Minuten je Backblech

Insgesamt:
E: 48 g, F: 98 g, Kh: 138 g,
kJ: 6795, kcal: 1622

Schnell

1. Den Pizzateig aus der Packung nehmen, auf eine Arbeitsfläche legen und mit einem Glas (Ø etwa 7 cm) Platten ausstechen. Die Teigreste nochmals ausrollen und ebenfalls ausstechen. Die Teigplatten auf Backbleche (mit Backpapier belegt) legen.
2. Zwiebelsuppenpulver mit Schmand verrühren und auf die Teigplatten streichen.
3. Schafkäse in Würfel schneiden oder mit einer Gabel zerdrücken und auf der Schmandmasse verteilen. Die Backbleche nacheinander (bei Heißluft zusammen) in den Backofen schieben.
   Ober-/Unterhitze: etwa 250 °C (vorgeheizt)
   Heißluft: etwa 230 °C (vorgeheizt)
   Gas: etwa Stufe 5 (vorgeheizt)
   Backzeit: etwa 10 Minuten je Backblech.
4. Die Zwiebelkuchen-Häppchen mit dem Backpapier von den Backblechen auf Kuchenroste ziehen, Zwiebelkuchen-Häppchen erkalten lassen.

Abwandlung: Sie können den Belag auch ohne Zwiebelsuppe zubereiten. Dazu 200–250 g mittelgroße Zwiebeln abziehen, zuerst in Scheiben schneiden, dann in Ringe teilen. Die Zwiebelringe in 2 Esslöffeln Speiseöl etwa 5 Minuten zugedeckt dünsten (die Zwiebelringe sollen nicht braun werden) und abkühlen lassen. Die Zwiebelringe mit 2 gehäuften Esslöffeln Schmand verrühren, mit Salz, Pfeffer und edelsüßem Paprikapulver würzen. Die Masse auf den Teigplatten verteilen und mit dem Schafkäse bestreuen.

Tipp: Anstelle von Pizza-Fertigteig können Sie auch 1 Beutel aus einer Packung Grundmischung Pizzateig verwenden. Den Teig nach Packungsanleitung zubereiten, dünn ausrollen und wie oben angegeben Platten daraus ausstechen.

Zwiebelkuchen-Häppchen

Salate und Salatcocktails

Kalte Suppen

Pasteten, Terrinen und Mousse

Sülzen und Aspik

Kaltes Fleisch (Rind, Schwein, Lamm, Kalb)

Kaltes Wild und Geflügel

Kalte Fischgerichte

Kalte Saucen und Dips

Buttermischungen

Schnittchen, Sandwich, Canapés

Brotaufstriche

Käsezubereitungen

Brotspezialitäten

Pikant Eingelegtes

Röllchen und allerlei Gefülltes

Desserts

Gemüse

Snacks

Eierspeisen

Pikantes Salzgebäck

Pikantes Gebäck

Buffets

Umwelthinweis Dieses Buch und der Einband wurden auf chlorfrei gebleichtem Papier gedruckt. Die Einschrumpffolie – zum Schutz vor Verschmutzung – ist aus umweltfreundlichem und recyclingfähigem PE-Material.

Wenn Sie Anregungen, Vorschläge oder Fragen zu unseren Büchern haben, rufen Sie uns unter folgender Nummer an 05 21 155-25 80 oder 52 06 50 oder schreiben Sie uns:
Dr. Oetker Verlag KG, Am Bach 11, 33602 Bielefeld oder besuchen Sie uns im Internet unter www.oetker.de.

Redaktion Carola Reich, Annette Riesenberg, Sabine Puppe

Innenfotos Thomas Diercks, Kai Boxhammer, Hamburg (S. 6–10, 12, 17, 23, 47, 51, 54, 64, 72, 75, 88, 92, 100, 104, 112, 119, 124, 130, 131, 137, 139, 145, 146, 160, 166, 168, 171, 175, 176, 180, 184, 194, 197, 198, 204, 208, 212, 214–216, 218, 224, 227, 230, 233, 239, 242, 250, 252–254, 258, 264, 265, 267, 270, 272, 286, 292, 303, 304, 322, 323, 331, 337, 338, 339, 340, 347, 350, 353, 354, 357, 367, 368, 373, 377, 378, 383, 384, 390, 394, 399, 407, 408, 411, 425)
Brigitte Wegner, Bielefeld (S. 18, 27, 32, 39, 42, 43, 48, 49, 50, 76, 77, 81–83, 88, 89, 91, 101, 106, 108, 109, 110, 115, 123, 135, 140, 142, 148, 151, 156, 158, 165, 179, 182, 185, 187, 189, 202, 207, 208, 210, 211, 235, 237, 247, 261, 269, 273, 274, 278, 283, 287, 306, 310, 320, 321, 333, 335, 360, 371, 390, 395, 398, 413, 419)
Axel Struwe, Bielefeld, (S. 9, 14, 17, 23, 27–29, 34, 35, 38, 40, 46, 53, 61, 65, 68, 70, 85, 86, 90, 95, 97, 114, 121, 128, 138, 150, 151, 169, 170, 173, 190, 193, 197, 198, 199–201, 206, 222, 224, 228, 229, 235, 254–257, 268, 275, 278, 280, 284, 296–298, 304, 312, 313, 314, 325–329, 334, 336, 339–341, 343, 348, 349, 350, 352, 361, 370, 372, 375, 377, 379, 381, 382, 392, 400, 401, 411, 412, 413)
Ulli Hartmann, Bielefeld (S. 13, 20, 24, 25, 34, 40, 44, 56, 57, 62, 63, 72, 74, 79, 80, 99, 103, 105, 110, 117, 118, 126, 132, 137, 144, 149, 164, 174, 177, 178, 181, 182, 186, 203, 205, 220, 221, 223, 241, 244, 251, 258, 266, 284, 291, 293, 295, 318, 327, 330, 333, 343, 345, 358, 359, 376, 383, 385, 388, 393, 407, 410, 415, 417, 419, 425)
Norbert Toelle, Bielefeld (S. 11, 16, 19, 22, 28, 30, 31, 36, 46, 50, 55, 98, 106, 115, 116, 120, 122, 126, 129, 138, 147, 150, 153, 155, 158, 160, 165, 195, 240, 262, 271, 281, 299, 300, 301, 322, 337, 342, 347, 349, 355, 359, 373, 387, 389, 402, 404, 414)
Walter Cimbal, Hamburg (S. 24, 41, 45, 67, 90, 112, 159, 162, 167, 188, 260, 263, 265, 290, 301, 302, 308, 311, 312, 315, 328, 396, 406, 408, 409)
Hans-Joachim Schmidt, Hamburg (S. 15, 18, 32, 37, 79, 84, 96, 111, 113, 134, 136, 172, 238, 243, 249, 260, 276, 307, 345, 370, 386, 403)
Bernd Lippert (S. 44, 60, 144, 154, 192, 193, 219, 234, 243, 245, 246, 250, 285, 288, 294, 342, 362, 369, 389, 395, 405, 420, 421)
Bela Hoche, Hamburg (S. 52, 58, 66, 68, 94. 95, 143, 147, 174, 236, 273, 277, 316, 324, 380, 396, 397, 403, 418, 422, 423)
Ulrich Kopp, Sindelfingen (S. 37, 38, 71, 123, 152, 207, 217, 233, 249, 269, 352, 355, 366)
Niederländisches Büro für Milcherzeugnisse, Rijswijk (S. 183, 203, 232, 244, 288)
Bernd Wohlgemuth, Hamburg (S. 13, 133, 191, 223, 226, 363)
Herbert Maass, Hamburg (S. 56, 125, 309, 319, 391)
Christiane Pries, Borgholzhausen (S. 210, 256, 282, 357)
Studio Büttner, Bielefeld (S. 116, 196, 236, 351)
Winkler Studios, Bremen (S. 78, 314)
Kramp & Gölling, Hamburg (S. 26)

Rezeptentwicklung und -beratung Dr. Oetker Versuchsküche, Mechthild Plogmaker, Bielefeld
Anke Rabeler, Berlin
Gerhard Ruhle, Hamburg
Hans-Peter Huke, Bielefeld
Olaf Brummel, Bielefeld

Nährwertberechnungen Nutri Service, Hennef

Grafisches Konzept kontur:design, Bielefeld
Titelgestaltung kontur:design, Bielefeld

Reproduktionen und Satz Mohn media Mohndruck GmbH, Gütersloh
Druck und Bindung Appl Druck GmbH & Co. KG, Wemding

ISBN 3-7670-0585-9